4판
신용관리와 소비생활

CREDIT
MANAGEMENT
AND
CONSUMPTION LIFE

4판

신용관리와 소비생활

이희숙 지음

교문사

머리말

필자가 대학에서 학생들을 가르치면서 항상 느꼈던 것은 학생들이 소비생활에 기본적으로 필요한 간단한 지식조차 모를 수 있다는 것이었다. 사례를 들면, 부모님 심부름으로 신용카드로 전기청소기를 구매하게 되었는데 계산하는 사람이 '할부로 해드릴까요?' 하는 질문에 매우 기뻤다고 했다. 이유는 단지 전기청소기 금액을 나누어 지불할 수 있다는 것만 알았고 할부수수료를 지불한다는 생각은 하지 못한 데 있었다. 곧 사회에서 경제활동을 해야 하는 대학생이 이런 정도라는 것은 상상조차 못한 일이었다. 특히 신용사회라고 부르는 사회에 살면서 자신의 신용관리의 필요성에 대한 의식조차 전혀 없었다. 대학에서 신용사회에서 소비생활에 필요한 사항을 배울 수 있는 기회가 있다면 다행이겠지만 그렇지 않은 경우, 어찌하면 좋을까 하는 생각이 늘 마음에 자리 잡고 있었다.

더군다나 청년 신용유의자가 되어 있거나, 불법 다단계 판매조직에 인생을 담보 잡힌 대학생들의 소식을 접할 때마다 대학생을 대상으로 한 교육이 절실히 필요함을 느끼고 2005년부터 '신용관리와 소비생활'이라는 교양과목을 충북대학교에 개설하게 되었다. 이 교양과목은 2008년 충북대학교 신문사에서 주관한 학생 설문조사 결과, 충북대학교 전체 교양과목 중 실생활에 가장 필요한 교양과목 순위 2위를 기록하면서 학생들 간에 서로 권하는 교양과목이 되었다. 더욱이 매 학기 수업이 끝나면 많은 학생들이 자신의 일, 부모님 일, 친구들과 관련된 신용 관련 문제, 소비자피해 문제 등을 들고 와서 상담을 요청하곤 한다. 시간이 많이 소요되는 상담들이지만 매우 큰 보람을 느낀다. 수업을 통하여 소비생활과 관련된 일을 중요하게 생각하고 관심을 갖게 되었음을 반증하는 것이기 때문이다.

본 교재는 12장으로 구성되어 있다. 1장부터 4장까지는 돈관리, 5장부터 7장까지는 신용관리와 신용카드, 8장과 9장은 소비자가 알아두면 좋은 판매전략과 소비자의 합리적인 소비행동이 무엇인지에 대해 설명하였고, 10장은 소비자에게 반드시 필요한 소비자보호 관련법을 쉽게 설명하였다. 11장은 소비자피해 및 이를 해결하는데 기초가 되는 소비자분쟁해결기준, 12장은 일생을 살면서 겪게 되는 경제적 위험을 관리할 수 있는 방법에 대하여 살펴보았다. 혹시 타 대학에서 대학생의 경제교육이 필요하다고 생각되는 경우, 본 교재를 이용하여 교양과목을 개설해 볼 것을 권유하고 싶다. 필자의 그동안 경험으로 볼 때 학생들의 만족도는 매우 높을 것이라는 확신이 있기 때문이다.

2018년 8월
저자 이희숙

차례

CHAPTER 11   소비자분쟁해결기준과 소비자피해구제

CHAPTER 12   예기치 못한 위험은 항상 존재 : 위험관리

CREDIT MANAGEMENT & CONSUMPTION LIFE

돈관리란

돈관리란

돈관리란 막연하게 무조건 많이 벌어 풍족하게 돈을 쓰려고 하는
것이 아니라, 내가 이루고 싶은 목표를 위해 돈을 모으고 쓰는 것을
의미한다. 본 장에서는 돈관리의 의의에 대해 살펴보기로 한다.

윤활유와 같은 돈!

돈은 우리의 일상생활에 있어서 윤활유와 같은 존재다. 아내의 생일에 자신의 사랑을 표현하기 위해 선물을 준비할 돈이 필요하며, 부모님 병원비, 자녀교육, 친구와의 만남, 여행 등처럼 우리의 일상을 영위하기 위해서는 대부분 돈이 필요하다. 이 때 필요한 돈이 없다면 우리의 삶에서도 윤활유가 부족한 기계에서 나는 삐걱거리는 소리가 들릴 것이다.

이처럼 돈은 매일의 생활에서 절대적인 것이며 돈으로 어느 정도의 안정된 일상생활을 윤택하게 이루어낼 수 있다. 이 때문에 가장의 경제력 상실이 이혼의 원인(2017년 통계청 자료에 따르면, 우리나라 이혼사유 중 경제문제로 인한 것은 10.1%, 10,742건에 해당됨)이 되기도 하며, 돈 때문에 친구의 우정이 깨지고 가족 간의 다툼이 일어나기도 한다.

이러한 사실에 기초해 볼 때 돈은 우리 일상생활에서 필수적으로 필요한 것임에는 틀림이 없다. 본 장에서는 이렇게 중요한 돈관리의 의미에 대해 살펴보기로 한다.

1. 돈과 가치

돈에 대한 관리를 배우기에 앞서 먼저 생각해 보아야 할 일은 돈에 대한 가치기준을 스스로 세우는 일이다.

옛말에 '논 99마지기 가진 자가 1마지기 가진 자의 전답을 탐한다'라는 말이 있다. 이는 부를 축적하는 데 인간의 욕망은 그 끝이 없다는 것을 의미하는 것으로 이러한 욕망 때문에 자칫 우리는 일생을 수전노처럼 돈을 모으기에만 열중하며, 생각처럼 부자가 될 수 없다는 사실에 좌절하면서 불행한 일생을 마칠 수도 있다.

경제적인 윤택함의 기준은 매우 상대적인 것이라서 항상 자신보다 경제적으로 높은 수준의 삶을 살아가려는 경향을 보인다. 이 때문에 객관적으로 충분히 경제적으로 여유가 있음에도 불구하고 늘 경제적 불만을 얼굴에 달고 살게 된다면 자기 자신은 물론 이를 바라보는 사람 역시 불행한 일이다. 또한 경제적으로 결코 만족할 수 없음으로 인한 스트레스가 매우 클 것임은 자명한 이치이다. 어떻게 하면 이러한 인간의 우매함에서 벗어날 수 있을까? 이에 대한 답은 자기 자신만이 할 수 있는 것이지만 다음의 돈관리의 원리 중 하나만을 기억해 두자. 즉, 돈 그 자체에 인생의 목표를 두지 말고 무엇을 할 것인가에 목표를 두고 이를 실현하기 위해 필요한 돈을 모으자.

돈, 그 자체에 인생의 목표를 두게 되면 무작정 많은 돈을 갖기 위해 수전노가 될 가능성이 크며 따라서 개인은 사회생활에 상당히 큰 어려움을 겪게 된다. 돈 쓰는 것이 아까워서 친구와 만나지도 않고 가족친지들도 멀리하며 먹는 것도 부실해진다면 정신적·신체적으로 건강하지 못한 생활로 얼마나 불행해 질지는 자명한 일이다. 여기서 우리가 고려해야 할 것은 검소한 생활과 수전노의 생활과는 다르며, 검소한 생활은 개인 혹은 가계가 원하는 목표를 위해 다른 부분의 낭비를 막는 생활이라고 해야 옳을 것이다.

1998년도 필자는 인도와 네팔을 10여 일에 걸쳐서 여행을 한 적이 있었다. 이때 만난 노부부와 한 청년의 이야기가 좋은 사례가 될 수 있을 것 같아 소개한다.

노부부는 초등학교 부부교사로 은퇴를 하고 노년의 여가를 여행으로 즐기고 있었는데, 젊은 시절부터 아이들을 모두 결혼시키고 나면 집을 줄여서 남은 돈으로 여행을 하기로 하였고 이를 실천하고 있는 중이라고 했다. 그리고 한 청년은 대학생이었으며 여름방학, 겨울방학 내내 아르바이트를 해서 모은 돈으로 인도와 네팔을 집중적으로 여행을 하고 있다고 했다. 그의 대학졸업 후 목표는 인도, 네팔 전문여행사를 운영하는 것이며 이를 위해 현재 자신이 갖고 있는 모든 돈과 에너지, 시간을 여행에 쏟고 있다고 했다.

돈관리란 이런 것이다. 막연하게 무조건 많이 벌어 풍족하게 돈을 쓰려는 것이 목적이 아니라, 내가 이루고 싶은 목표, 특히 돈이 필요한 목표(이를 재무목표라 한다)를 세우고 이를 달성하기 위해 필요한 돈을 관리하는 것이 진정한 돈관리인 것이다.

여러분은 일생을 무엇을 하며 지내고 싶은지 생각해 봅시다. 아래 예시는 단지 여러분의 생각을 돕고자 나열한 것뿐이니 크게 상관하지 말고 여러분의 생각을 적어 봅시다.

- 20대 : 자격증 취득, 인턴십 참여, 방학 중 국내 기차여행
- 30대 : 결혼, 내집마련, 노후 준비 시작, 국내 답사
- 40대 : 자녀 훌륭히 키우기, 주거공간 넓혀가기, 1년에 한 번 가족과 여행하기
- 50대 : 악기 배우기, 전원생활 해보기
- 60대 : 독서, 영화 등 정적인 활동, 봉사활동
- 70대 이후 : 실버타운으로 거처 옮기기, 건강유지운동, 가벼운 등산

여러분이 생각한 즐거운 꿈을 현실에서 이루기 위해 가장 필요한 것은 무엇입니까?
물론 돈이겠죠!

2. 돈관리는 나의 책임

아무도 돈관리에 대해 말해 주지 않는다. 다만, 책임만을 추궁할 뿐이다.

신용카드회사, 할부를 권유하는 판매자 모두 소비자에게 돈을 갚을 계획은 있는지, 대출을 할 때 주의점은 무엇인지 가르쳐 주지 않는다. 이들은 당장 자신의 물건만 팔면 그뿐이다.

그러나 돈을 제 때에 갚지 못하면 소비자의 책임을 모질게 추궁하며 '채무불이행자' 혹은 '연체자'라는 족쇄를 채운다. 돈을 갚으라는 독촉을 받아보지 않은 사람은 연체의 고통이 무엇인지 알지 못한다. 그리고 돈관리의 중요성을 뼈저리게 느끼게 된다.

3. 돈과 가족 간 의사소통

돈관리는 가족 간 의사소통을 잘 하는 것이다.

앞서 돈이란 이혼사유가 될 만큼 매우 중요한 것이며, 자칫 가족 간의 불화의 씨앗이 될 수 있음을 이야기하였다. 그러나 돈관리의 기본원리를 잘 알고 돈관리과 정에서 가족들 간에 의사소통이 잘되면 부족한 돈이 오히려 가족 간의 사랑을 더욱 돈독히 할 수도 있을 만큼 돈관리에서 진실한 의사소통은 매우 중요하다. 특히, 결혼하여 새롭게 시작하는 새내기 부부의 경우, 미혼 기간 동안 형성된 소비습관을 서로 이해하고 부부공통의 목표를 이루어 나가기 위해서는 부부간 솔직한 의사소통이 무엇보다 필수적이다. 가족 간의 의사소통이 돈관리에 있어서 얼마나 중요한지 다음의 실제 사례를 살펴보자.

어느 날, A씨가 자녀 문제를 들고 필자를 찾았다. 문제는 초등학교에 들어간 딸이 어찌나 옷을 사달라고 하는지 친구들이 새 옷만 입고 오면 그런 옷 사달라고 조르는 통에 힘들다면서 경제교육을 어떻게 해야 할지를 의논해 왔던 것이다.

이때 필자가 내놓은 해결책은 우선 우리 집 가계의 재무상태를 아이에게 잘 알려주라는 것이었다.

A씨의 경우 돈이 부족하여 집을 사는 데 많은 융자를 얻은 상황이었다. 그래서 A씨는 아이를 불러놓고, 현재 집을 구입하기 위해 은행에 빚이 3,000만 원이 있고 할머니한테 또 3,000만 원을 빌린 상태라 갚아야 할 돈이 이렇게 많다. 그런데 네가 자꾸 이것저것 사달라고 해서 엄마가 속상하다라고 했더니, 깜짝 놀란 눈으로 '얼마만큼 있어야 다 갚는데요?'라며 긴장한 모습을 보였다고 하였다. 그래서 '우리 집 식구들 먹지도 않고 엄마 아빠 버는 대로 모두 갚아도 10년은 걸릴거야.' 했더니 '10년 후면 내가 몇 학년이지?' 하면서 아이는 한참을 생각하더니 무언가 이해를 한 듯한 태도를 보였다고 한다.

문제는 지금부터였다. 다음 날 퇴근 후 시어머님께서 부르셔서 가보니, '아이한테 못하는 말이 없구나. 나한테 빌린 돈은 걱정하지 말고 다른 빚이나 빨리 갚도록 해라!' 하셔서 '어머니 왜요?' 라고 여쭈었더니 '딸이 울먹이면서 나한테 와서

는 할머니, 우리랑 같이 사시는데 엄마한테 빌려준 돈 안 받으면 안되요? 우리 엄마 아빠가 너무 불쌍해요! 하면서 애원하더라.'

일은 거기에서 끝나지 않고 어느 겨울 직장에서 가는 연수에 참여하려고 빌려온 털점퍼를 본 딸이 '엄마 이 옷 언제 샀어요?' 하기에 '엄마가 이런 옷이 어디있어, 빌려왔지!' 모녀간의 대화는 그렇게 끝나는 줄 알았는데, 어느 날 자신의 생일날 딸이 준 선물을 풀어 본 A씨는 그만 눈물이 핑 돌고 말았다고 한다. '그 속에는 엄마가 빌려왔던 털점퍼와 똑같이 생긴 점퍼가 사랑의 카드와 함께 들어 있었기 때문이었다. 엄마와 딸 사이에 진정한 사랑이 넘치는 순간이었다. 자녀는 숫자의 개념만 있으면 부모가 얼마나 힘들게 돈을 버는지 자신을 위해 얼마나 희생하고 있는지 충분히 이해할 수 있는 능력이 있다.

부부간에 있어서도 돈에 관한 솔직한 의사소통은 부족한 돈이 오히려 부부의 애정을 돈독히 한다. 그리고 솔직하게 의사소통을 하려면 우선 가계부를 차곡차곡 적어야 한다. 그리고는 매월 봉급날 저녁, 조그만 삼겹살 파티라도 열어놓고 부부가 가계부를 들여다보며 앞으로 저축을 얼마나 더 하면 아파트 크기를 늘려서

이사를 할 수 있겠다는 희망이 섞인 이야기를 하다보면, 적은 생활비로 가계를 잘 꾸려온 아내에게 감사하는 남편의 말, 한 달 동안 가족을 위해 열심히 일하느라 애쓴 남편에 대한 애잔한 아내의 사랑의 말들이 오갈 것이다.

이런 기쁨을 돈이 풍족한 사람들은 알까?

특히, 새내기 부부의 경우, 결혼 초기에는 각자 자신이 지출한 내역을 꼼꼼히 적어서 서로의 바람직하지 않은 소비습관을 고쳐나가기 위한 의사소통의 기초자료로 이용하는 것이 좋다.

이때 주의할 것은 서로 잘못을 지적하기보다는 돈에 대한 공통의 가치를 새로 형성하고 차츰 부부간의 소비습관을 맞추어 나가도록 충분한 의사소통을 하는 것이 바람직하며, 이 과정이 잘 이루어지면 부부간 금전관리에 대한 신뢰가 생기고 나아가 부부관계의 전반적인 신뢰형성에 많은 도움이 될 수 있을 것이다.

4. 돈관리의 필요성

❶ 쓸 수 있는 돈은 제한되어 있는데, 사고 싶은 것은 너무 많다

인간의 소유 욕망은 끝이 없어서 계획해서 쓰지 않으면 현재 버는 돈을 초과해서 쓰기 쉽다. 옷장에 옷이 넘쳐나도 새로운 옷을 보면 또 사고 싶어진다. 그리고 이 정도 집에서 살면 만족하겠다 싶어도 자꾸만 새집, 더 큰집에서 살고 싶어지는 것이 인간의 속성이다. 이 때문에 소득수준에 맞추어 계획적으로 돈관리를 하지 않으면 반드시 구매해야 하는 것을 사지 못함은 물론 소득수준을 넘어 지출하게 되는 경우가 발생하게 된다.

❷ 예기치 못했던 경제적 위험으로부터 자기 자신을 비롯한 가족을 보호하기 위해서이다

우리 인생은 어느 누구도 예측할 수 없다. 오늘 아침까지 멀쩡하던 가장이 갑자기 뇌졸중으로 쓰러져 사망하거나, 교통사고, 홍수피해, 화재, 암 발생 등 갑자기 목돈이 필요한 사건들이 발생하는 것이 인생이다. 그리고 또 내일 당장 일자리를

잃을 수도 있다. 미리 생각하기도 싫은 사건들이지만 그리고 나에게는 설마 일어나지 않겠지 하는 바람이 크겠지만 자신이 원하는 바와는 상관없이 찾아올 수 있다. 이러한 일들에 대비하기 위해 돈관리가 필요하다.

❸ 돈은 항상 쓰기에 빠듯하다

인간의 소유 욕구는 끝이 없어서 늘 부족하다고 느끼는 것이 돈이다. 재벌이 아닌 대부분의 우리는 이러한 느낌을 갖는 것이 일반적이다. 이러한 느낌은 한 가정을 꾸려나가거나 일상생활을 함에 있어서 돈이 필요한 곳이 그 만큼 많음을 의미한다. 의식주를 해결하고 세금을 내고, 부모님 회갑연 준비, 자녀교육비를 마련하는 등 돈이 필요한 곳은 무수히 많다. 이렇게 돈이 필요한 부분을 잘 꾸려 나가기 위해서는 돈관리가 필요하다.

❹ 주택구매, 노후대비, 자녀교육비 등 목돈이 필요한 재무목표를 달성하기 위해서는 장기적으로 돈을 마련할 구체적인 계획이 필요하다

주택구매는 물론 은퇴 후 소득 없이 지내야 하는 노후를 위해 필요한 돈은 많이 모을수록 편안한 노후를 보장받는다. 우리나라 통계청 자료에 의하면 2016년 평균 수명은 여성 85.4세, 남성 79.3세이다. 60세에 은퇴를 한다고 해도 약 20년 이상을 소득 없이 지출만을 해야 한다면 얼마나 많은 돈이 필요하겠는가? 그리고 자녀교육비는 어떠한가? 사교육비의 정도에 따라 다르겠지만 자녀 1인당 대학까지 최소 1억 원 정도의 교육비가 필요하다는 것이 일반적인 공론이다. 이 많은 돈을 어떻게 모을 수 있을까? 역시 돈관리를 통해 계획을 잘 세워 매월 일정 금액의 돈을 꾸준히 저축을 하지 않으면 이러한 목표를 달성하기가 어려울 것이다.

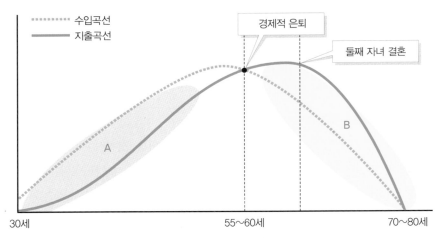

········· 수입곡선
───── 지출곡선

경제적 은퇴

둘째 자녀 결혼

A

B

그림 1-1
가족생활주기에
따른 소득과 지출

30세 55~60세 70~80세

* 장기 생활설계에 따라 경제적 은퇴 이전의 저축(A)이 경제적 은퇴 이후의 지출(B)과 같거나 많아야 한다.

자료 : 한국은행, 2010년 금융생활길라잡이, p. 3.

⑤ 가족생활주기에 따른 소득수준과 지출수준이 서로 다르다

가족생활주기는 결혼함으로써 형성된 새로운 가족이 시간의 흐름에 따라 변화하는 과정을 의미하며, 신혼기 → 자녀출산 및 양육기 → 자녀교육기(초등교육기, 중등교육기, 대학교육기) → 자녀독립기 → 은퇴기(노후기) 등 5단계로 구분한다. 가족생활주기에 따라 돈관리를 다르게 해야 하는 이유는 소득과 지출의 크기가 가족생활주기에 따라 다르기 때문이다.

개인이 25세에 직장생활을 시작한다고 가정하면(남성의 경우, 국방의 의무 등으로 대략 30세에 시작), 직장생활 초기에는 소득수준이 낮다가 직장 경력이 높아지면서 점차 소득수준이 향상되어 대략 45~50세부터 최고의 소득수준을 보이면서 55~60세에 은퇴를 하게 되는 것이 우리나라 근로자의 일반적인 경향이다. 은퇴 이후의 소득은 주로 연금이나 소일거리로 벌어들이는 소득으로 소득수준이 은퇴하기 전보다 매우 낮은 수준을 보인다.

이에 비해 개인의 지출수준은 자녀를 출산하고 양육하면서 점차 높은 수준을 보이다가 자녀의 대학교육기에 가장 높은 지출수준을 보이며, 대학교육기가 지나면 다시 점차 낮아지는 경향을 보인다.

소득과 지출수준을 가족생활주기에 따라 분석해 보면, 신혼기에는 결혼으로 인한 부채만 없으면 지출이 낮아 저축하기에 좋은 시기이다. 자녀출산 및 양육기부터 자녀교육(초등·중·고등학교)시기까지는 직장 내에서 경력과 승진 등으로 소득수준이 향상되는 시기이며 자녀출산과 함께 지출수준 또한 증가하는 시기이다. 그러나 소득증가가 지출증가보다 커서 역시 저축하기에 좋은 시기이다.

자녀교육기 중 대학교육기부터 자녀독립기까지 소득수준의 증가는 꾸준히 이루어지나 자녀의 대학교육으로 인한 지출(혹은 자녀결혼으로 인한 지출)이 매우 커서 지출수준이 소득수준을 넘게 되는 시기로 더 이상의 저축이 어려운 시기일 뿐더러 그동안 저축한 돈을 지출해야 하는 시기이다.

은퇴기(노후기)에는 소득과 지출은 매우 줄어드나 소득감소에 비해 지출감소가 적다. 따라서 노후대비를 하지 못한 경우 자녀에게 경제적으로 의지하거나 경제적 곤란을 겪을 가능성이 큰 시기이다.

CREDIT MANAGEMENT & CONSUMPTION LIFE

일생을 통해 이루어야 할 재무목표에는 무엇이 있을까

일생을 통해 이루어야 할
재무목표에는 무엇이 있을까

재무목표란 개인 혹은 가족이 필요로 하거나 원하는 것 중 이를
이루려면 돈이 필요한 것을 의미한다. 그리고 일생을 통해 이루어야
할 가장 중요한 재무목표는 주택구입, 자녀교육, 자녀결혼,
노후대비이다. 이를 일생의 4대 재무목표라고 한다. 재무목표는
개인 혹은 가족에 따라 매우 다를 수 있으나, 어느 가족이나 일생을
살면서 공통적으로 해당되는, 그리고 목돈이 필요한 재무목표
4가지를 살펴보기로 한다.

1. 주택구입

1) 준비시기 및 필요금액

집은 자산으로써의 가치뿐 아니라, 가족의 편안한 휴식처로써의 가치가 매우 크다. 가족이 함께할 수 있는 공간이 있다는 것은 심리적 안정감 측면에서 매우 중요하며 이 때문에 대부분 결혼을 하면서 가장 중요하게 생각하는 것이 내 집 마련이다.

그러나 집을 구입한다는 것은 많은 목돈을 필요로 하며 따라서 장기간의 계획을 필요로 한다. 신혼 초기에는 월세 혹은 전세로 거주문제를 해결하지만 점차 경제적으로 안정이 되고 어느 정도 목돈이 마련되면 주택구입을 적극적으로 고려해야 한다.

일반적으로 주택구입은 신혼기에서 자녀출산 및 양육기 동안에 이루어지는 것이 바람직 하며, 적어도 첫 자녀가 중학교에 입학하기 전까지 준비를 해야 한다. 그 이유는 자녀교육기가 되면 본격적으로 자녀교육비를 준비해야 하기 때문이다. 2016년 국토교통부의 주거실태조사 결과에 따르면, 우리나라 가계의 경우 가구주가 된 후 최초 평균주택마련 연수는 6.7년(수도권 7.2년, 광역시 7.4년, 도지역 5.8년)이었고(국토교통부 주거누리, www.hnuri.go.kr), 이는 결혼 후 자녀가 초등학교에 입학하기 전까지 주택을 마련하는 것이 평균적이라고 해석할 수 있다.

또한 2016년 연소득 대비 주택가격 비율이 전국의 경우 6.3배, 수도권은 7.6배로 나타났다. 이는 전국은 6.3년, 수도권은 7.6년 동안 소득을 모두 모아서 저축해야 집을 구입할 수 있다는 의미이며(국토교통부 주거누리, www.hnuri.go.kr), 집을 구매할 때 필요한 금액은 거주지역과 주택크기에 따라 매우 다양함을 의미한다.

이러한 통계는 집장만 계획을 세울 때에 참고할 만한 자료이다.

2) 주택마련에 유용한 금융상품

(1) 구매계획

주택구입을 위해서는 우선 주택형태(아파트, 단독)와 크기 그리고 이에 따라 필요한 금액을 조사한 다음에 계획을 세운다. 일생에 있어서 첫 번째 주택구입은 일반적으로 수억 원의 많은 돈을 필요로 하며, 이를 준비하기 위해서는 장기적인 계획을 필요로 한다. 그렇다면 집값은 도대체 얼마 정도나 될까? 집값은 거주하고자 하는 지역과 집 크기에 따라 매우 다르며 자신이 필요로 하는 주택 규모와 거주지역을 결정한 후 국토교통부 실거래가 공개 온라인 사이트(http://rt.molit.go.kr)를 방문해 보자. 현재 실시간으로 거래되는 주택의 시장가격을 알 수 있다.

아파트의 규모를 결정할 때 유의해야 할 점은 전용면적이라는 용어인데, 이는 주로 아파트의 경우에 해당되며 구매면적과 다르다. 전용면적은 우리 가족만이 사용할 수있는 안방, 거실 등의 공간으로, 예를 들면 일반적으로 105m²(32평) 아파트의 경우, 전용면적은 85m²(25.7평)를 의미하며 이는 구매면적에서 공용면적인 엘리베이터, 층계, 주차장, 노인정 등의 면적을 제외하였기 때문이다.

그림 2-1
국토교통부
부동산 실거래가
공개 사이트
(http://rt.molit.go.kr)

(2) 주택구매에 필요한 금융상품

다음은 우리나라 일반 직장인들이 가장 선호하는 공동주택인 아파트를 구입하는 경우를 중심으로 필요한 내용이다. 다음의 내용은 정부정책에 따라 변경될 수 있으므로 필요한 시점에서 관련 내용을 점검하는 것이 필요하다.

❶ 주택청약종합저축

아파트를 구입하기 위해서는 주택청약종합저축에 가입하는 것이 바람직하며, 이는 주택청약종합저축 상품이 아파트 분양을 1순위로 받을 수 있는 자격과 권리를 키워주기 때문이다.

- **가입조건** 1인 1통장만 가입이 가능하며, 다른 조건은 없다. 즉, 집을 현재 보유하고 있어도 되고(무주택자가 아니어도 되고), 연령제한도 없어 미성년자도 가입할 수 있다. 다만, 미성년자는 가입기간이 길더라도 만 19세 이후에야 주택을 분양받기 위한 청약을 할 수 있다.
- **납입방식** 일시금 예치식과 적립식 모두 가능하나 납입식의 경우 최소 월 2만 원~최대 50만 원을 10원 단위로 자유롭게 납입할 수 있으며, 납부한 총액이 1,500만 원 도달 시까지는 50만 원을 초과하여 자유적립이 가능하다.
- **아파트 청약자격 및 순위** 만 19세 이상의 개인이면 누구나 청약이 가능하다. 다만 공공주택은 무주택세대(세대주를 비롯한 모든 가족원이 무주택) 구성원이어야 하며, 민영주택의 경우, 아파트 규모와 지역에 따라 일정 금액 이상의 예치금이 주택청약종합통장에 적립되어 있어야 청약 자격이 주어진다(표 2-1 참조).

  아파트 청약순위는 '가입일'을 기준으로 수도권의 경우 가입 1년(12회 납입) 이상이면 1순위 자격을 얻게 되며, 수도권 이외의 지역은 6개월(6회 납입) 이상)이면 1순위 자격을 얻게 된다.
- **아파트분양 청약** 주민등록상 거주지역 거주자(일반적으로 거주기간 1년 이상 요건을 갖추어야 1순위 자격이 주어짐)에게 아파트분양 청약 1순위가 주어진

다. 청약 경쟁이 심하지 않은 지역의 경우 아파트분양 공고일 전일까지만 주민등록을 옮기면 새 거주지에서 아파트분양 청약 신청을 할 수 있다. 이때 청약 상품을 가입한 지역과는 전혀 관련이 없다. 따라서 주택청약종합저축은 가까운 취급 금융회사에서 가입하면 된다.

- **취급기관** KB국민은행, 기업은행, 농협은행, 신한은행, 우리은행, KEB하나은행, 대구은행, 부산은행에서 가입이 가능하다.
- **계약기간** 가입한 날로부터 주택입주자로 선정되는 날까지이다. 즉, 원하는 집에 당첨되면 통장은 자동으로 해지되며 저축한 돈은 돌려받아 주택구입비에 사용할 수 있다.
- **소득공제 대상자** 소득공제 혜택은 '주택청약종합저축' 가입자 중 연간 총급여액 7,000만 원 이하 근로자인 무주택 세대주로서 당해 연도 납입금액(최고한도 240만 원)의 40%(한도 96만 원)을 소득공제 받을 수 있다. 다만 국민주택

알 아 두 기

공공주택 : 한국토지주택공사(LH공사), 서울주택도시공사(SH공사), 경기도시공사, 한국도시개발공사 등에서 공급(시행)하는 주택
민영주택 : 삼성래미안, GS자이, 대림e편한세상 등의 브랜드를 갖고 일반 민간기업이 공급(시행)하는 주택
무주택세대 구성원 : 집이 없는 세대주 또는 그 가족

표 2-1 주택규모와 지역에 따른 예치금액

청약대상 주택규모 (전용면적 기준)	예치금액(만 원)		
	서울·부산	기타 광역시	기타 시·군
85m²(약 25.7평) 이하	300	250	200
102m²(약 30.8평) 이하	600	400	300
102m²(약 30.8평) 초과 135m²(약 40.8평) 이하	1,000	700	400
135m²(약 40.8평) 초과	1,500	1,000	500

규모(전용면적 85m²) 이하 주택에 청약하는 경우에만 적용된다. 소득공제를 받은 후 국민주택 규모(전용면적 85m²)를 초과하는 주택에 당첨되면 기존에 감면된 소득공제액이 추징된다. 소득공제를 받으려면 가입신청 시 은행에 무주택세대주임을 확인하는 서류를 제출하고 해당 통장에 '소득공제 대상'임을 확인받아야 한다.

▪ **예금자보호** 예금자보호법에 의해 보호되지는 않으나 국민주택기금의 조성 재원으로 정부가 관리하기 때문에 원금손실 가능성은 전혀 없이 안전하다.

알 아 두 기

2018년 청년 우대형 주택청약종합저축

정부는 청년들을 위한 '청년 우대형 주택청약종합저축상품'을 2018년 6월에 출시하였다. 일반 주택청약저축 상품과 다른 점은 ① 가입자격의 제한(연소득 3천만 원 이하인 근로소득자, 19~29세, 무주택 세대주), ② 우대금리(2년 이상 유지 시 최고 3.3%) 적용, ③ 2년 이상 유지 시 이자소득 500만 원까지 비과세이다. 따라서 이 상품은 내집마련과 목돈마련 목표를 동시에 추구하는데 좋은 금융상품이라고 할 수 있다.

대상	연소득 3천만 원 이하의 근로소득자 중, 만 19~29세(병역복무기간 인정)의 무주택 세대주
납입금액	월 2만 원 ~ 50만 원까지 자유롭게 납입
가입기간별 금리	1년 이하 2.5% 1~2년 3.0% 2년 이상 3.3%
우대금리 적용기간	10년(이후 초과기간에 대한 이자는 현행 청약저축금리 1.8% 적용)
소득공제	일반형 주택청약종합저축과 동일 (연 240만 원 한도, 납입액의 40% 공제)
비과세	2년 이상 유지 시, 이자소득 500만 원까지 비과세

청약이란 무엇일까요?

청약이란 계약과는 다르며 소비자가 구매하고자 하는 의도만을 표시하는 것을 의미한다. 이 때문에 아파트분양 공고가 나면 아파트를 구매하고자 하는 소비자는 일차적으로 아파트 청약서류를 제출하여 아파트 구매의도를 표시하게 되며 청약자가 많을 때에는 추첨을 하여 당첨자만이 실제 아파트 매매계약을 하게 된다.

알 아 두 기

가점제

가점제란 주택분양 시 주택청약종합저축 가입자 중 동일순위 내에서 경쟁이 있을 경우, 세대주가 된 이후 무주택기간, 자녀 수, 노인부양여부, 청약통장 가입기간을 기준으로 하여 점수가 높은 순으로 청약 당첨자를 선정하는 제도이다.

예금자보호제도

예금자보호제도는 투자 시 원금보존을 해주는 것과는 별도로 금융회사가 파산 등으로 고객예금을 지급할 수 없는 상황이 발생하였을 때 예금자를 보호하고 금융제도의 안정성을 유지하기 위하여 금융회사 예금 등을 정부가 일정한 범위 내에서 보장해 주는 제도이다. 우리나라에서는 예금자보호법에 의해 설립된 예금보험공사가 금융회사의 기금으로 이를 운영한다. 다만, 농·수협의 단위조합이나 신용협동조합의 경우, 자체적으로 실시하는 '예금자보호기금'을 이용하여 지급한다. 보호한도는 원금과 이자를 합쳐 최고 5,000만 원까지 보호한다. 이는 예금의 종류별 또는 지점별 금액이 아니라 동일한 금융회사 내에서 예금자 1인이 보호받을 수 있는 총 금액이다.

예금자보호대상은 은행의 정기예금, 적금 등과 같이 이자를 받는 금융상품인 경우에만 해당되며, 이들은 모두 원금이 보존된다는 것이 특징이다. 따라서 주식 혹은 채권에 투자하는 간접투자상품 등 주로 원금보존이 되지 않는 금융상품은 예금자보호대상이 아니다.

❷ 재형저축, 재형보험, 재형펀드

재형저축은 근로소득자로서 연봉 5천만 원 이하인 개인이면 누구나 가입이 가능한 비과세 금융상품(농어촌특별세 1.4%만 부과됨)이며, 대체로 직장생활 초기에 연봉이 낮을 때 가입하면 목돈을 모으기 좋은 금융상품이다. 재형저축에 가

표 2-2 재형저축, 재형보험, 재형펀드의 특성

구분	재형저축	재형보험	재형펀드
원금손실 가능성	없음	없음 (중도해지 시 원금손실 가능성 있음)	있음
수수료	없음	계약체결관리비용 지급	운용 및 판매보수 지급
예금자보호	5천만 원까지 보호	5천만 원까지 보호	비보호
수익률	이자	이자	펀드수익률에 따라 변동

입 시 연봉을 증명할 수 있는 서류, 즉 소득확인증명서(세무서 혹은 국세청 홈텍스 인터넷 사이트에서 발급가능)가 필요하며, 가입기간은 최소 7년이고 최장 10년이다. 가입한도는 분기당 300만 원 이내이며 재형저축, 재형보험, 재형펀드의 형태는 자유롭게 가입할 수 있으나 모든 금융회사를 통합하여 분기당 300만 원을 넘지 못한다.

❸ 주택구매자금 대출

주택구입에 필요한 돈을 모두 모아서 집을 구매하는 경우는 매우 드물며, 집값의 일부를 대출 받아 집을 구매하는 경우가 일반적이다. 그 이유는 워낙 큰 목돈이 필요하기도 하지만, 대출에 들어가는 이자비용보다는 인플레이션과 주택가격의 상승이 더 크기 때문에 기꺼이 대출이자비용을 택하는 것이라고 할 수 있다. 이를 레버리지 효과(leverage effect)라고 한다.

주택담보대출을 일반적으로 모기지(Mortgage Loan)론이라고 부르며, 대체로 대출기간이 10~30년으로 이루어져 있어 '장기주택담보대출'이라고 부른다. 주택담보대출 상품은 각 금융회사마다 다른 이름으로 판매되고 있으며, 대표적으로 정부차원에서 판매되고 있는 한국주택금융공사(www.hf.go.kr)의 모기지론을 간단히 살펴보면 다음과 같다. 한국주택금융공사의 모기지론은 일반 은행창구를 통하여 판매하고 있으며 '보금자리론'과 '내집마련 디딤돌대출' 상품이 있다.

- **보금자리론**
  - 신청대상 : 대출 신청일 현재 만 19세 이상인 자 / 무주택자 / 미혼은 대출 신청인 본인, 기혼은 부부합산 연소득 7천만 원 이하
  - 고정금리 : 대출 실행일부터 만기까지 고정금리 적용
  - 대상주택 : 6억 원 초과 주택 제외
  - 대출한도 : 주택담보가치의 최대 70%까지 / 최소 1백만 원~최대 3억 원
  - 대출기간 : 10년, 15년, 20년, 30년
  - 상환방식 : 원리금균등분할상환 / 조기(중도) 상환수수료 최대 3년(3년 이후에는 중도상환수수료 없이 상환이 가능함), 최대요율 1.2% 잔여일수에 따라 낮아짐

- **내집마련 디딤돌 대출(생애최초 주택자금대출 포함)**
  - 신청대상 : 대출 신청일 현재 만 19세 이상인 자 / 무주택 세대주(세대주를 포함한 세대원 전원이 무주택이어야 함), 단독세대주의 경우 30세 미만은 제외함 / 미혼은 대출신청인 본인, 기혼은 부부합산 연소득 6천만 원(생애최초 주택구입자는 연 7천만 원) 이하

그림 2-2
한국주택금융공사
홈페이지

- 금리 : 대출 실행일부터 만기까지 고정금리 또는 5년 단위 변동 적용
- 대상주택 : 5억 원 이하, 주거전용면적 85m² (읍면지역 100m²) 이하
- 대출한도 : 주택담보가치의 최대 70%까지 / 최소 1백만 원~최대 2억 원
- 대출기간 : 10년, 15년, 20년, 30년
- 상환방식 : 원리금균등분할상환 / 조기(중도) 상환수수료 최대 3년(3년 이후에는 중도상환수수료 없이 상환이 가능함), 최대요율 1.2% 잔여일수에 따라 낮아짐

알 아 두 기

비과세와 비과세 금융상품

금융회사에 저축을 하였을 때 받는 이자에는 이자소득세 15.4%(국세 14% + 지방세인 주민세 1.4%)가 부과된다. 이를 전혀 내지 않거나 주민세만 부과하는 경우가 비과세이며, 비과세 금융상품은 다음과 같다.

① 예탁금 : 상호금융(지역 농·축협, 지구별 수협, 새마을금고, 신용협동조합만이 해당되며, 저축은행은 해당되지 않음)에서 취급하며, 일인당 3천만 원까지 비과세의 혜택이 주어짐

② 농어가목돈마련저축 : 지역 농·수·축협에서 취급하며, 2ha 이하 농경지 보유 농민이나 20톤 이하 어선 보유 어민만 가입이 가능함

③ 재형저축/보험/펀드 : 7년 이상 유지 시 비과세 혜택이 주어짐

④ 생계형저축 : 생계형저축은 별도로 금융상품이 있는 것이 아니라, 정기예금 혹은 정기적금의 가입 시점에서 생계형저축으로 해 줄 것을 요청하면 됨. 일인당 5천만 원까지 비과세 혜택이 주어지며, 2019년부터 만 65세 이상의 개인이어야 함(단, 2018년에는 만 64세, 2019년부터 만 65세를 적용함)

⑤ 장기저축성보험 : 가입기간을 10년 이상 유지하여야 하며, 일시납 보험의 경우 최대 1억 원, 월 적립식 보험의 경우 월보험료 150만 원 이내에서 발생하는 이자소득에 대해 비과세 혜택이 주어짐

대출금리인하 요구권

대출은 크게 담보대출과 신용대출로 구분할 수 있다. 담보대출은 주택 등을 담보로 돈을 빌리는 반면 신용대출은 담보 없이 개인의 신용을 기준으로 대출을 하는 것을 의미한다. 이 중 대출금리인하 요구권은 신용대출과 관련이 있다.

즉, 대출자의 신용이 대출이 이루어지는 시점에 비하여 현저하게 개선된 경우(예 : 취직, 승진, 소득증가, 우수고객선정, 신용등급 개선, 변호사·공인회계사 등 전문자격시험에 합격한 경우 등) 대출을 해준 금융회사에 금리인하를 요구할 수 있다.

주택구매자금 대출시 고려할 사항

① DTI(Debt to Income Ratio(예상원리금 상환액/연간소득*100) : 개인의 연간소득에 대한 주택구매자금 대출로 인한 연간 예상 원리금 상환액의 비율을 의미하며 주택이나 부동산을 담보로 돈을 빌리려 할 때 개인의 부채부담능력을 측정하는 지표이다.

② LTV(Loan to Value Ratio, 대출금/주택가격*100) : 주택담보대출인정비율을 의미하며 해당 주택가격에 대한 대출금 크기를 나타내는 비율이다.

③ DSR(Debt Service Ratio) : 총부채원리금상환비율로 DTI를 강화한 개념이다. 기존 주택담보대출뿐 아니라, 전세자금대출, 신용대출, 마이너스통장, 할부금 등까지 모두 합하여 DTI를 산출하는 것이 DSR이다. 즉, DTI는 연소득에 대하여 대출한도를 결정하는 것인데 DSR은 기존에 받은 대출을 대출한도에서 차감하는 개념이다. 예를 들어 연소득 5천만 원, DTI 60%, 기존대출 1천만 원의 조건에서 DTI를 적용하면 대출한도는 3천만 원이나, DSR을 적용하면 2천만 원이 된다.

④ 대출금리 유형 : 변동형(금리하락 예상 시), 고정형(금리상승 예상 시), 혼합형(가까운 미래는 예측 가능하지만, 그 이상은 예측불가능 시)

⑤ 대출상환방식과 대출이자 비용 차이(만기일시상환>원리금균등분할상환>원금균등분할상환)
- 만기일시상환 : 매월 이자만 내다가 만기에 원금 모두를 상환하는 방법이며, 단기대출 이용자 또는 고소득자에게 적합하다. 왜냐하면 원금 모두에 대해 만기까지 이자를 납부해야 하므로 납부해야 하는 총이자액이 대출상환방식 중 가장 크고 원금을 한꺼번에 상환하는 것이 부담이 될 수 있기 때문이다.
- 원금균등분할상환방법 : 원금만 대출기간 동안 균등하게 나누어 상환하고, 이자는 매월 원금잔액에 대해서 부과된다. 따라서 매월 상환액은 점차 작아지는 특성을 갖는다. 상환방법 중 총이자액을 가장 적게 내는 방법이다.
- 원리금균등분할상환방법 : 원금과 이자를 모두 합하여 대출기간 동안 매월 균등하게 나누어 상환하는 방법이다. 장기주택담보대출의 대부분이 이에 해당되며, 매월 일정한 금액을 상환하기 때문에 부채관리에 편리하다는 장점이 있다. 원금균등분할상환방법보다 납부해야 하는 총이자액이 크다.

⑥ 적정 대출만기 결정 : 약속한 상환기간보다 짧은 기간 내에 상환을 할 경우, 대출을 해 준 금융회사에서는 중도(조기)상환수수료를 요구한다. 대출시점이 얼마나 경과되었느냐에 따라 차등은 있지만, 통상 1~2% 내외의 수수료를 부과하고 있다.

⑦ 소득공제혜택 : 대출 만기 15년 이상, 고정금리로 대출을 한 경우에 한하여 일년 동안의 이자상환금액(최대 1,800만 원까지)에 대하여 소득공제 혜택이 있다.

상환방법에 따른 실질이자율의 차이

상환방법	대출원금	이자율	대출기간	상환총액(원)	실질이자율
만기일시상환	1,000만 원	10%	5 년	15,000,000	10%
원리금균등상환				12,748,195	5.5%
원금균등상환				12,541,647	5.1%

자료: 금융감독원(2018). 대학생을 위한 실용금융. p. 173.

[알 아 두 기]

소득세, 세액공제와 소득공제

근로소득자인 경우 매월 받는 급여의 일정 %를 소득세로 정부에 납부하며 급여를 받을 때 아예 소득세를 뗀(이를 원천징수라 함) 후 급여를 받게 된다. 예를 들어 매월 100만 원의 급여를 받는 사람은 매월 6%를 세금으로 떼고 94만 원의 급여를 받게 된다(연봉 1,200만 원의 경우, 소득세율이 6%이기 때문). 이 사람의 경우 연말까지 매월 지불한 세금 총액은 6만 원×12개월 = 72만 원(혹은 연봉 1,200만 원 × 6% = 72만 원)이 된다. 또는 연봉 3천만 원인 경우 소득세는 3,420,000원(3천만 원 × 15% − 누진공제액 1,080,000 원)이다. 여기서 실제 소득세 적용 방법은 3천만 원 중 1,200만 원까지는 6%(72만 원)를 적용하고 나머지 1,800만 원은 15%(270만 원)를 적용하기 때문에 3천만 원에 대한 실제 소득세는 3,420,000원 (72만 원 + 270만 원)이 된다.1)

이와 같이 모든 근로소득자는 자신의 연봉에 따른 소득세를 매월 급여 시마다 원천징수하도록 되어 있다. 그런데 정부는 새해 초, 지난 1년 동안 납부했던 총 소득세 중 일부를 감면하여 다시 돌려주는데 이를 세액공제라고 한다.

예를 들어, 위 소득세 사례에서와 같이 어떤 근로소득자의 연봉이 1,200만 원이고 일년 동안 72만 원의 소득세를 납부했다고 가정해 보자. 그런데 연금저축으로 48만 원을 세액공제 받게 되었다면, 이 근로자는 다음 해 초에 이미 납부한 72만 원 중 48만 원을 돌려받게 된다.

이에 비해 소득공제란 소득세 대상이 되는 연봉에서 일부를 빼주어 소득세 대상금액을 줄여준다는 의미이다. 예를 들어, 연봉 1,200만 원을 받는 사람의 소득공제액이 400만 원이라면, 이 사람은 1,200만 원에 대한 6%를 소득세로 내는 것이 아니라 800만 원(1,200만 원 − 400만 원)에 대한 6%인 48만 원만 내면 된다. 따라서 이 경우의 근로자는 다음해 초에 지난 1년 동안 이미 납부한 72만 원의 소득세 중 24만 원을 돌려받게 된다.

세액공제와 소득공제에 대한 것은 정부가 정하며, 일반적으로 근로자가 납부한 연금저축, 의료비, 자녀 및 본인교육비, 보장성보험, 월세 등, 직접적인 소비를 위한 지출이 아닌 경우 정부는 정책적으로 세액공제 혹은 소득공제를 해 준다.

---

[1] 2018년 소득세

연봉(천원)	세율(%)	누진공제(천원)
12,000 이하	6	–
12,000 초과 46,000 이하	15	1,080
46,000 초과 88,000 이하	24	5,220
88,000 초과 150,000 이하	35	14,900
150,000 초과 300,000 이하	38	19,400
300,000 초과 500,000 이하	40	25,400
500,000 초과	42	35,400

2. 자녀교육비

1) 준비시기 및 필요금액

일반적으로 첫 자녀가 대학에 들어가기 전까지 자녀 모두에게 필요한 대학교육비를 마련하는 것이 바람직하다. 그렇지 않으면 대학교육비 때문에 노후대비를 못하는 것은 물론 자칫 빚을 질 수 있기 때문이다.

참고로 2012년 자료이기는 하지만 보건복지부와 한국보건사회연구원이 함께 연구하여 발표한 자료에 따르면, 자녀 1인당 대학졸업(22년간)까지의 총 양육비는 3억 896만 원으로 추정되었다. 이렇게 자녀양육비가 높은 것은 각종 학원 사교육비와 대학등록금 비용이 큰 비중을 차지하고 있기 때문으로 분석하였다(2013. 4. 11. 보도자료).

2) 자녀교육비 마련에 유용한 금융상품

자녀교육비를 마련하는 방법은 기본적으로 목돈마련을 위한 계획과 동일하다고 할 수 있다. 즉, 재형저축으로 만든 목돈을 주택구입을 위해서도 사용할 수 있지만 자녀교육비를 위한 목적으로도 이용할 수 있다. 이 외에는 어린이를 위한 금융상품 혹은 교육보험과 같은 교육비마련이 목적인 금융상품을 이용하는 것을 고려해 볼 수 있다.

(1) 어린이를 위한 금융상품

초·중·고등학생들의 저축심을 고취하고 학부모에게는 자녀들의 학자금을 용이하게 마련할 수 있도록 하기 위한 적금식 금융상품이며 금융회사마다 상품이름은 다르지만 어린이를 위한 금융상품을 출시하고 있다.

표 2-3 어린이를 위한 금융상품 특성

구분	특징
취급기관	시중은행 등
가입대상	미취학아동 및 초·중·고등학생
가입기간	1년 이상 연단위로 가입기간을 정할 수 있으며 일반적으로 연령을 제한함(예: 농협 '착한어린이적금'상품은 만 17세까지로 가입기간을 제한하고 있음)
적립방법	자유적립방법이며, 월적립금에 제한을 두고 있음(예: 농협 '착한어린이적금'상품은 월 불입금이 1백만 원으로 제한)
예금자보호	예금자보호에 의해 보호됨

(2) 교육보험

자녀가 학업을 마치고 경제적으로 독립할 때까지 연령에 따라 생일축하금, 학자금, 배낭여행자금, 자립자금 등 소정의 교육자금을 받을 수 있도록 부모가 자녀를 대상으로 한 보험상품이다. 예기치 못한 부모의 경제능력상실(사망 등) 시에도 자녀교육에 필요한 학자금 및 자립자금을 지급받을 수 있다.

표 2-4 교육보험의 특징

구분	특징
취급기관	생명보험회사
보험기간	가입자녀가 일정연령(일반적으로 만24~27세)이 될 때까지이며 생명보험사마다 다름
가입한도 및 보장내용	보험회사별로 가입한도와 보장내용이 다양하나, 주로 가입자녀의 학자금지급을 비롯하여 해외연수 비용, 의료비용 등이 포함됨
세금혜택	보험기간이 10년 이상 경과하면 이자에 대해 비과세 혜택이 주어짐
참고	부모 사망 시 지급되는 유자녀 학자금은 부모 생존 시 지급되는 학자금 보다 2배 이상인 경우가 많음
저축방법	월 일정금액 적립 혹은 자유적립
금리	확정금리, 일반 정기적금과 유사함
예금자보호	예금자보호법에 의거 보호됨

3. 자녀결혼비

1) 준비시기 및 필요금액

자녀의 교육기가 끝나면서 자연스럽게 자녀는 취업을 하여 경제적으로 독립을 하거나 결혼을 하여 새로운 세대를 형성하게 된다. 이때 자녀결혼 비용은 미리 준비하는 것이 좋으며 될 수 있으면 자녀 스스로 준비하도록 하는 것이 바람직하다. 왜냐하면 자녀결혼비용 준비 때문에 자칫 본인의 노후준비를 소홀히 하여 노년기 동안 어려움을 겪을 수 있기 때문이다.

참고로 2018년 웨딩컨설팅 듀오웨드의 설문조사 결과에 따르면 신혼부부의 총 결혼비용은 약 2억 3천만 원 정도이며, 이 중 주택마련으로 약 72.7%(1억6,791만 원)가 소요되고, 결혼식 및 신혼여행 관련 비용은 27.3%(6,294만 원)로 나타났다. 그리고 결혼비용 부담은 신랑과 신부가 5 : 5인 경우가 가장 많았다.

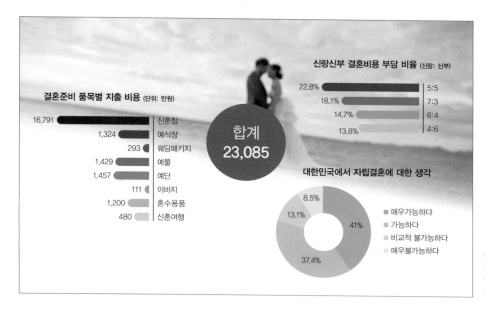

결혼준비 품목별 지출 비용 (단위: 만원)

16,791	신혼집
1,324	예식장
293	웨딩패키지
1,429	예물
1,457	예단
111	이바지
1,200	혼수용품
480	신혼여행

합계
23,085

신랑신부 결혼비용 부담 비율 (신랑: 신부)

22.8%	5:5
18.1%	7:3
14.7%	6:4
13.8%	4:6

대한민국에서 자립결혼에 대한 생각

8.5%
13.1%
41%
37.4%

- 매우가능하다
- 가능하다
- 비교적 불가능하다
- 매우불가능하다

그림 2-3
2018 결혼비용
실태보고서
자료: 듀오웨드

2) 자녀결혼자금 마련에 유용한 금융상품

자녀의 결혼자금 마련을 위해서는 가능한 장기간 조금씩 적립하여 예상비용을 정해 놓고 목돈을 마련하는 것이 바람직할 것이다. 이를 위해서는 앞서 살펴본 비과세 금융상품을 중심으로 목돈을 마련하는 방법을 고려해 볼 수 있다. 중요한 것은 결혼당시 분수에 맞지 않게 과도하게 대출을 하여 결혼을 하게 된다면 새로운 출발을 빚과 함께 시작하는 꼴이 된다. 이는 마치 첫 단추를 잘못 끼운 옷과 같아서 재무목표를 바람직한 시기에 이루지 못할 가능성이 높다.

한국소비자원은 2017년 '나만의 의미 있는 작은 결혼' 문화를 확산시키기 위해, 실천 사례 공모전을 실시하였다. 여기서 '나만의 의미 있는 작은 결혼'이라는 의미는 과시라는 거품을 빼되, 무조건 '비용을 적게 들이는 결혼'이라는 개념보다 '나만의 의미가 있는 그러나 비용이 적게 드는 결혼'을 의미한다.

공모전 결과, 대상은 '나는 집에서 결혼했다'라는 제목의 사례로 결혼 전 신부가 살았던 집에서 친지들이 직접 참여하는 예식을 진행하여 결혼의 진정한 의미

'나만의 의미 있는 작은결혼'

자료 : 한국소비자원 홈페이지

를 생각해볼 수 있었다는 점에서 좋은 평을 받았다. 최우수상은 '수원박물관 벚꽃나무 아래서의 마법 같던 작은 결혼식'이다. 박물관이라는 공공장소를 이용하면서 일회용품을 이용하지 않고 자연친화적인 결혼식을 몸소 실천한 사례였다. '우리를 닮은 결혼식' 사례도 최우수상을 수상했다. 오래된 식당을 개조해 직접 신혼집을 꾸미고 브런치 카페에서 가까운 친지만을 초청하여 가족행사로서 소박하고 의미 있는 결혼식을 올린 점에서 높은 점수를 받았다. 구체적인 실천사례 내용은 한국소비자원 홈페이지에서 확인할 수 있다.

4. 노후대비

1) 준비시기 및 필요금액

자녀독립기부터 본격적으로 준비하는 것이 좋으나 많은 돈이 필요하므로 될 수 있으면 일찍부터 계획을 세워 준비하는 것이 바람직하다. 가장 좋은 방법은 취업 즉시 노후대비를 하는 것이 바람직하다.

노후대비를 위한 준비는 우선 자신이 노후에 어떻게 살고 싶은지 목표를 세운 다음 필요한 돈을 계산하는 것으로부터 시작한다. 기본적으로 필요한 돈의 계산은 다음과 같이 하며, 그 외에 여행을 자주 하고 싶다거나 특별히 노인성 질병이 염려되면 좀 더 여유 있게 노후대비를 위한 준비를 한다.

은퇴 후 사망하기 전까지 필요한 비용은 다음 2개의 기간으로 나누어 계산한다. 즉, 부부가 함께 생활하는 기간의 비용으로 은퇴 전 생활비(자녀교육비, 주택구입비 등은 포함하지 않는 생활비로 부부의 생활만을 위한 비용)의 70%×기간이다. 또한 배우자 한쪽이 사망한 다음 혼자 살아 갈 기간의 비용으로 은퇴 전 생활비의 50%×기간이다.

통계청에서 발표한 2016년 기준 평균수명이 남자 79.3세, 여자 85.4세를 고려할 때 여자가 남자보다 약 6년 더 오래 산다는 사실과 남성의 결혼연령이 여성보다 높다는 점을 고려하면 남편에 비해 아내 혼자 지내야 하는 기간이 약 10여 년이 될 가능성이 높다.

노후 월 적정생활비 인식조사

노후 월 적정생활비 ⋯ 부부 230만9천원, 개인 145만7천원
노후 월 최소생활비 ⋯ 부부 167만3천원, 개인 103만 원

국민연금공단 국민연금연구원은 2016년 5월부터 9월까지 5개월에 걸쳐 중고령자의 노후준비 실태를 심층적으로 알아보고자 50세 이상 4천572가구를 대상으로 재무, 여가, 대인관계, 건강 등을 조사하였다. 그 결과, 우리나라 50대 이상 중고령자는 노후에 적정생활을 하려면 부부기준 월 230만9천원, 개인기준 월 145만7천원이 필요하다고 생각하며, 월평균 최소생활비는 부부기준 월 167만3천원이며, 개인기준 월 103만 원으로 나타났다고 하였다. 적정생활비는 특별한 질병 등이 없는 건강한 노년을 가정할 때, 표준적인 생활을 하는데 흡족한 비용을 의미하며, 최소생활비는 특별한 질병 등이 없는 건강한 노년을 가정할 때, 최저의 생활을 유지하는 데 필요한 비용을 말한다. 따라서 윤택한 여가생활과 노인성 질병 등을 고려하면 노후를 위한 준비금은 이보다 더 높은 수준이어야 함을 시사한다.

또한 국민연금연구원은 2016년 10월 현재 국민연금 가입기간 20년 이상 수급자의 평균 급여액이 월 88만 원인 점을 고려하면, 국민연금만으로는 50대 이상이 생각하는 개인기준 최소 노후 필요생활비를 충당하지 못하는 수준이라고 밝혔다.

자료 : 연합뉴스(2017).

2) 노후대비에 유용한 금융상품

노후는 소위 3층 구조로 탄탄하게 준비를 할 필요가 있는데, 1층은 정부가 운영하는 국민연금보험, 2층은 기업에서의 기업연금보험, 그리고 3층은 각 개인이 준비해야 하는 개인연금저축을 의미한다.

(1) 국민연금보험

국민연금은 우리가 선택할 수 있는 금융상품은 아니며 일하는 대한민국 국민이면 누구나 의무적으로 가입해야 하는 보험이다(공무원은 공무원연금, 교사·교수는 사학연금, 군인은 군인연금이 별도로 운영되기 때문에 국민연금에 가입하지 않음). 그리고 매월 봉급의 9%를 납부(개인 4.5%, 고용주 4.5% 납부)하되 20년(240개월) 이상 납부해야 한다. 이는 일한 기간이 20년 이상이 되어야 함을 의미한다. 보험금을 받으려면 이 조건 이외에 직장에서 은퇴를 해야 하며, 연령의 경우, 2012년까지 60세부터 받았지만 2013년부터 61세 이상이어야 한다. 그 뒤 5년마다 1세씩 올라가 2033년에는 65세가 되어야 수령이 가능하다. 다만 소득이 없는 경우, 가입기간이 10년(120개월) 이상이거나 60세 이상이라면 연금을 받을 수 있으나, 본래보다 감액된 연금을 받게 된다.

보험금은 사망 시까지 받을 수 있으며, 물가가 오르면 이를 연금액에 적용시키기 때문에 매우 유용한 노후대비책이 될 수 있다. 그러나 국민연금액은 기본적인

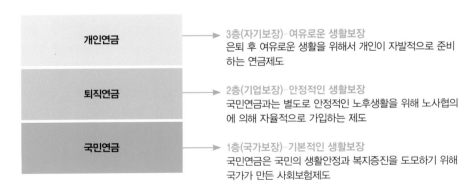

개인연금	3층(자기보장)-여유로운 생활보장 은퇴 후 여유로운 생활을 위해서 개인이 자발적으로 준비하는 연금제도
퇴직연금	2층(기업보장)-안정적인 생활보장 국민연금과는 별도로 안정적인 노후생활을 위해 노사협의에 의해 자율적으로 가입하는 제도
국민연금	1층(국가보장)-기본적인 생활보장 국민연금은 국민의 생활안정과 복지증진을 도모하기 위해 국가가 만든 사회보험제도

그림 2-4
노후대비 3층 구조

생활을 유지할 정도의 매우 낮은 수준으로 개인은 국민연금 이외의 노후대비책이 필요하다.

　이상의 설명은 국민연금보험 내용 중 주된 내용인 '노령연금'에 해당되며, 이 외에도 국민연금보험에서는 '장애연금'과 '유족연금'을 지급하고 있으며, '장애연금'은 가입자가 은퇴 전에 장애(질병)를 입을 경우, '유족연금'은 가입자가 사망할 경우 유가족에게 지급되는 연금이다.

(2) 퇴직연금보험

기업에서는 매년 1개월 봉급에 해당되는 금액을 퇴직금으로 적립하였다가 근로자가 퇴직하게 되면 지불하는 것이 이제까지의 관례였다. 그러나 최근 개인이 퇴직금을 잘못 운용하여 노후를 어렵게 보내는 문제점이 제기되면서 퇴직금을 기업 자체적으로 적립하지 않고 이를 연금 형태로 운용하고 있다. 기업은 일반적으로 자금운용회사와 연계하여 퇴직연금보험 제도를 운용하고 있으며 퇴직한 근로자는 퇴직금을 연금형태로 받는 것이 특징이다.

　퇴직금을 연금형태로 받기 위해, 퇴직 즈음에 개인은 퇴직연금(IRP, Individual Retirement Pension) 통장을 만들어야 하며 그 이유는 퇴직금은 IRP 통장으로 받은 다음 연금형태로 받을 수 있기 때문이다. 또한 연금수령은 55세 이상인 경우 가능하기 때문에 퇴직 연령이 55세 미만이면 IRP 통장으로 수령하여 우선 보관하게 된다. 그러나 IRP 통장을 미리 만드는 것도 좋으며 그 이유는 퇴직금과 별도로 개인자금을 IRP 통장에 저축하여 노후연금 자금으로 이용할 수 있기 때문이다.

(3) 개인연금저축

개인연금저축은 말 그대로 국민연금도 퇴직연금도 아닌 개인이 자체적으로 결정하여 노후를 위하여 가입할 수 있는 금융상품이며 신탁형, 보험형, 펀드형이 있고 각각 다음과 같은 특성이 있다.

❶ 연금저축의 종류

- **신탁형** 은행에서 판매하는 상품으로 연금지급방식은 확정기간형만 있고 종신형은 없다. 상품은 채권형, 주식형이 있으며 수익률은 실적 배당이다. 실적배당형 금융상품의 경우 원금보장이 되지 않는 것이 상례이지만 금융상품명에 '연금'이 포함된 금융상품의 경우는 국가에서 개인으로 하여금 노후 대비를 장려하기 위한 취지에서 원금보장을 하도록 하고 있다. 물론 5,000만 원까지 예금자보호도 된다.

- **보험형** 생명보험회사와 우체국에서 판매하는 상품으로 연금지급방식은 확정기간형과 종신연금형이 있다. 원금에 대한 이자를 고정금리(혹은 연동금리)로 받으며 원금과 이자(원리금)가 모두 보장된다. 이 역시 5,000만 원까지 예금자보호가 된다.

- **펀드형** 증권사, 금융투자기관에서 판매하며, 확정기간형과 종신연금형이 있다. 신탁형과 동일하게 채권과 주식에 투자하여 실적 배당을 고객에게 돌려주는 형식이나, 펀드형은 신탁형보다 좀 더 공격적으로 투자를 하는 특성이 있으며, 따라서 신탁형에 비해 수익률이 높을 수 있는 반면, 원금보장이 되지 않으며 예금자보호가 되지 않는 특성이 있다.

❷ 가입대상

만 18세 이상의 국내 거주자면 누구나 가입할 수 있다.

❸ 저축한도

금융회사별로 서로 다른 개인연금저축 상품과 IRP를 통합하여 연 1,800만 원까지 가능하다.

❹ 적립 및 지급

돈을 납입해야 하는 적립기간은 10년 이상 1년 단위로 정할 수 있다. 연금지급기간은 적립기간 만료일로부터 5년 이상 1년 단위로 정할 수 있으며, 만일 5년보다 짧은 기간이나 일시금으로 수령을 원할 경우 수수료를 지불해야 한다. 또한 연금 지급시작은 만 55세부터 가능하다.

⑤ 세금혜택

연간 적립액 중 최대 400만 원의 12%를 세액공제해 준다.

⑥ 연금 수령주기 및 지급방식

수령주기는 월단위 혹은 3개월, 6개월, 1년 단위로도 수령이 가능하며 지급방식은 일정한 금액(정액식)으로 지급한다.

⑦ 변경

가입자는 만기 전에는 연금의 지급기간(5년 이상~) 및 지급방법(매월지급, 분기별지급 등)을 변경할 수 있다.

알 아 두 기

연금계좌

연금계좌란 이미 살펴본 개인연금저축계좌(연금저축신탁, 연금저축펀드, 연금저축보험)와 퇴직연금계좌(기업의 퇴직연금, IRP)를 모두 포함한 계좌를 일컫는다. 그리고 연금계좌에 저축할 수 있는 금액은 기업의 퇴직연금을 제외하고 IRP + 개인연금저축계좌에 연간 총 1,800만 원으로 제한되어 있다. 이 중 세액공제는 총 700만 원까지 가능하되, 개인연금저축의 경우는 400만 원까지 가능하다. 구체적인 사례는 다음과 같다.

단위: 만 원

IRP	개인연금저축	세액공제 한도
700	0	700
500	200	700(IRP 500 + 개인연금저축 200)
200	400	600(IRP 200 + 개인연금저축 400)
0	700	400(개인연금저축 400)

세액공제가 안 되는 연금상품

변액연금보험

변액연금보험은 보험의 기능에 투자의 기능을 추가한 일종의 간접투자 상품이다. 따라서 변액보험은 지급되는 보험금이 투자수익에 따라 달라지는 것이 특징이다. 기존의 다른 금융권 간접투자 상품과 같이 보험료 중 투자부분에 해당하는 보험료를 주식이나 채권 등에 운용하여 얻은 이익(실적)을 고객에게 배당해 준다. 그러나 보험의 특성상 변액보험은 다른 간접투자상품과 달리 위험보장이 기본적으로 전제되며 특약을 통해 다양한 보장을 추가로 받을 수 있다. 변액연금보험은 생명보험사에서 판매중이며 투자실적이 악화되더라도 연금개시 시점의 일정금액(기납입 보험료 등)에 대해서는 최저보증을 하고 있다. 실적배당을 수익으로 하기 때문에 예금자보호는 되지 않고 세액공제의 혜택도 없다.

일반연금보험과 즉시연금보험

일반연금보험은 세액공제의 혜택은 없지만 적금형태로 매월 일정금액을 저축하여 10년이 지나면 비과세 세제혜택을 받는다. 개인연금저축과 달리 연간 납입액의 제한이 없으며, 연금 수령 시 (세액공제액 + 수익에 대하여) 5.5%의 세금을 내지 않아도 된다. 그리고 중도 해지하더라도 세액공제를 받지 않기 때문에 불이익은 없다. 따라서 어떤 사람은 현재 세액공제를 받지 못해도 노후 세금을 내지 않는 일반연금보험을 택하기도 한다.

즉시연금보험은 목돈을 한꺼번에 예치한 후 가입한 다음 달부터 매달 일정액의 연금을 수령하는 상품이다. 따라서 노후에 집이나 토지, 상가 등을 팔았다거나 퇴직금을 일시금으로 받아서 목돈을 노후자금으로 사용하고 싶은 경우 이용할 만한 금융상품이다. 즉시연금보험 역시 10년 이상 유지할 경우 이자소득에 대한 비과세혜택이 있다.

이상의 상품은 생명보험사에서 주로 판매하고 있으며, 최근에는 연금상품 비교사이트(금융감독원에서 운영하는 금융소비자 정보포털 파인(http://fine.fss.or.kr)도 개발되어 있으니, 일반연금보험, 변액연금보험, 즉시연금보험을 서로 비교하여 자신에게 가장 알맞은 상품을 선택하도록 하자.

그림 2-5
금융소비자
정보포털 사이트

생각해
보기

개인연금저축의 금융회사 간 이전

개인연금저축은 가입기간이 10년 이상 장기간 유지되어야 하는 반면 취급기관별로 위험보장여부, 운용수익률 등이 달라 가입자의 연령이 경과하거나 경제상태가 변화함에 따라 거래 금융회사를 변경할 필요성이 발생할 수 있다.

이러한 경우 종래에는 해지로 처리됨으로써 세액공제액 추징 및 이자소득세 납부 등 재산상의 손실을 입었으나 2001년 3월부터 이러한 불이익 없이 연금저축을 다른 취급기관으로 옮길 수 있게 되었다.

(4) 주택연금과 농지연금

주택연금(역모기지론)이란 거주하고 있는 주택을 소유하고 있으나 특별한 소득원이 없는 고령자에게 주택을 담보로 사망할 때까지 자신의 집에 거주하면서 노후 생활자금을 연금형태로 지급받을 수 있는 상품이다. 즉, 금융회사에 주택을 담보로 매월 일정금액의 돈을 받는다. 예상기간보다 늦게 사망하여도 그 집에 거주할 수 있으며, 반대로 일찍 사망하면 중간에 금융회사가 주택을 처분하여 그동안의 대출금(이미 연금형태로 지급한 돈)과 이자를 떼고 나머지는 상속자에게 제공한다. 특히 농촌의 경우 '농지연금'을 주택과 동일한 원리로 운용하고 있으며, 대부분의 농가가 농지를 보유하고 있다는 점을 고려하여 '농지연금'을 운영하고 있다. 주택연금은 한국주택금융공사 사이트(www.hf.go.kr)에서, 농지연금은 농지연금 포탈(www.fplove.or.kr)에서 자세하게 안내하고 있다.

❶ 주택연금

  ■ **자격조건**

  • 주택 소유자(또는 배우자)가 만 60세 이상이어야 한다.

  • 1세대(부부합산) 1주택만 소유하고 있으며 실제 거주하고 있어야 한다.

  • 시가기준 9억 원 이하인 주택에만 해당된다.

  ■ **지급방식**

  • 종신지급방식과 종신혼합방식 중 선택을 할 수 있으며 종신지급방식은 매월 동일한 금액을 사망 시까지 지급하는 방식이며, 종신혼합방식은 불가피한 경우(의료비, 자녀결혼, 주택수리비 등 목돈이 필요한 경우) 대출액(주택가치)의 50% 이내에서 인출한도를 설정 한 후 나머지는 매월 동일한 금액을 사망 시까지 지급하는 방식이다.

❷ 농지연금

  ■ **자격조건**

  • 만 65세 이상의 농업인이어야 한다.

  • 신청인의 영농경력이 5년 이상이어야 한다.

  • 지목이 전(밭), 답(논), 과수원으로서 실제 영농에 이용 중인 농지이어야 한다.

  ■ **지급방식**

  • 종신정액형은 가입자(배우자) 사망 시까지 매월 일정한 금액을 지급하는 유형이며, 전후후박형은 가입초기 10년 동안은 정액형보다 더 많이 11년째

부터는 더 적게 받는 유형이다. 일시인출형은 총지급가능액의 30% 이내에서 필요금액을 수시로 인출할 수 있는 유형이며, 기간정액형은 가입자가 선택한 일정기간 동안 매월 일정한 금액을 지급받는 유형이다.

CREDIT MANAGEMENT & CONSUMPTION LIFE

일생이 행복해요!
생애주기에 따른 돈관리

일생이 행복해요!
생애주기에 따른 돈관리

사람은 누구나 출생 → 성장 → 결혼 → 육아 → 노후 → 사망으로
이어지는 일련의 일생단계를 거치는데, 이를 생애주기라 한다.
본 장에서는 한 개인이 자신의 생애주기에 맞추어 돈관리 시
유의할 점과 돈관리에 유용한 금융상품 포트폴리오를 중심으로
살펴보기로 한다.

돈관리의 최종 목표는 가족 모두 경제적 위기 없이 일생을 행복하게 보내는 것이다. 그러기 위해서는 생애주기에 따라 적절한 돈관리를 잘 하여야 한다. 만일 멋진 결혼식을 위해 대출을 받았다면 이를 상환하기 위해 결혼 초 집장만이 늦어질 수 있다. 집장만이 늦어지면 자녀교육비 준비를 제때에 하지 못해 결국 노후준비를 제대로 하지 못하고 노후에 힘든 생활을 할 수 있다. 생애주기에 따라 돈관리를 잘못하면 마치 잘못 채우기 시작한 단추처럼 일생이 엇나가는 모습으로 불행이 나를 쫓아다닐 수 있다.

사람은 누구나 출생 → 성장 → 결혼 → 육아 → 노후 → 사망으로 이어지는 일련의 일생단계를 거치게 된다. 이를 생애주기(life cycle)라 한다. 이에 비해 가족생활주기(family life cycle)는 결혼 이후의 생애주기를 의미한다는 점에서 생애주기와 차이가 있다.

본 장에서는 한 개인이 자신의 생애주기에 맞추어 나이, 직업, 경제여건, 건강상태, 가족상황 등을 종합적으로 고려하여, 돈관리 시 유의할 점과 돈관리에 유용한 금융상품 포트폴리오를 중심으로 살펴보았다.

우리나라 평균 결혼연령은 1990년 남자 27.8세, 여자 24.8세에서 2017년 남자 35.8세, 여자 32.7세로 계속 높아지고 있다. 따라서 신혼기는 대체로 30대 초반에서 시작해서 30대 후반기는 자녀출산 및 양육기, 40대는 자녀교육기, 50대는 자녀독립기, 60대는 노년기에 해당된다.

알 아 두 기

금융상품 포트폴리오

포트폴리오는 어떠한 묶음 내의 내용물에 대한 구성을 의미하는 것으로 금융상품 포트폴리오란 많은 금융상품 중에서 개인(혹은 가계)이 선택한 금융상품들의 구성을 의미한다.

1. 10대 성장기

초·중·고교생들은 저축심을 고취하고 대학등록금 등의 목돈을 용이하게 마련할 수 있는 적금식 상품이 바람직하다. 그러나 미성년인 자녀 명의로 가입하는 적금이 10년 동안에 2,000만 원을 넘지 않아야 한다. 2,000만 원을 넘으면 증여세에 대한 문제가 발생할 수 있기 때문이다.

또 다른 금융상품으로 교육보험을 들 수 있으며, 상해사고뿐만 아니라 각종 질병과 상해로 인한 장해, 소아암 등을 보장해 주는 보험특약에 따라 여러 상품이 있으므로 필요에 따라 선택한다.

2. 20대 청년기

20대는 대학교육기를 거쳐 적극적으로 경제활동을 시작하는 시기이며 결혼을 앞두고 새로운 한 세대를 이루기 위한 준비가 필요한 시기이기도 한다. 이 시기동안에 필요한 사항으로 ① 경제활동을 시작하면서 알아두어야 할 팁, ② 결혼비용 등을 위한 종잣돈 마련, 그리고 ③ 내집 마련이라는 중요한 재무목표를 위한 금융상품 포트폴리오에 대해 살펴본다.

1) 20대에 명심해야 할 돈관리 팁

❶ 이 세상에 공짜는 없다. 많이 공부하고 공부한 것을 실천하라

돈관리자로서 능력을 향상시키려면 학교에서 배운 것만으로는 충분하지 않다. 우리를 둘러싼 경제환경은 늘 변하기 때문이다. 신문, TV, 라디오의 경제 프로그램에 관심을 갖는 것이 중요하다. 그리고 관심으로도 충분하지 않다.

실제 알고 있는 것을 실천하려는 노력이 더욱 중요하다. 실천하는 순간 돈관리의 효력은 발생한다. 이 세상에서 가장 어리석은 사람 중의 하나가 알고 있는 지식을 자랑만하고 실제 적용하지 못하는 사람이다.

❷ 일상생활 속에서의 돈모으기에 주력하라

재테크를 시작할 때는 기초부터 잡아나가야 한다. 어떤 운동이든 기초를 잘못 배우면 결과가 좋지 않다. 재테크도 마찬가지이다. 기초에 해당되는 생활 재테크를 소홀히 하면 투자재테크에 돌입해서도 그리 좋은 성적을 낼 수 없다. 생활 재테크란 일상생활에서 낭비되는 부분이 없도록 절약하여 저축금액을 최대로 확보하는 것을 말한다.

❸ 빨리 저축해서 오래 굴려라

금융상품에 투자하여 많은 수익을 내려면 무엇보다도 저축기간이 길어야 한다. 저축한 금액보다 저축기간이 수익을 내는 데 더 중요하기 때문이다. 그러므로 지금 재산이 없다고 해서 실망하기보다는 하루라도 빨리 저축을 시작한다.

많이 저축하는 사람보다 오래 저축하는 사람이 더 큰 부자가 되는 사례를 들어보자. 동갑내기인 A와 B가 복리 연이자율 2%인 정기적금에 가입했다. 그런데 A는 20세부터 60세까지 40년간 매월 10만 원씩 저축을 하였고, B는 40세부터 60세까지 20년 동안 매월 20만 원씩 저축을 했다고 하자. 이 경우 두 사람이 저축한 원금은 4,800만 원으로 동일하지만, 이자는 A가 2,540만 원으로 원금의 약 53%에 가까운 수익을 얻을 수 있지만, B는 1,100만 원으로 약 23%의 수익만을 얻을 수 있다. 만약 이자율이 연 4%라고 한다면 이러한 차이는 2배가 될 것이다(한국은행, 2012, p.32). 이는 물론 A의 경우 이자가 붙는 기간이 더 길었기 때문으로, 젊었을 때 한 푼이라도 아껴 저축을 많이 하면 할수록 멋진 결과가 나를 기쁘게 해줄 수 있음을 시사하고 있다.

❹ 소득의 50%는 저축한다

주식투자로 대박을 터뜨리겠다는 생각은 버려야 한다. 그렇게 된 사람이 있다는 말에 현혹될 수도 있지만 실제로 그런 사람은 거의 없다고 해도 틀림이 없다. 새내기 직장인은 아직 부양가족이 없고 크게 지출하는 비용이 없는 만큼 자신의 소득 가운데 50%는 미래를 위해 과감하게 저축하는 것이 바람직하다. 먼저 필요한 돈을 쓰고 남은 부분을 저축해서는 돈이 모이지 않는다.

❺ 자신의 몸집을 불리는 데 주력하자

현재의 위치에서 소득의 극대화를 위하는 길은 아마도 현재의 일에 전문인이 되어 연봉을 높이는 방법이다. 그리고 소득창출을 위해서 자격증이나 다른 조건이 필요하다면 그자격증을 취득하기 위하여 시간과 돈을 투자하는 것 역시 재테크이다. 젊었을 때 자신의 몸집을 불려놓으면 경력이 높아짐에 따라 소득의 증가속도는 매우 빠르게 증가할 것이다.

❻ 목돈마련과 절세를 동시에 추구하라

개인의 생애 중 20대에는 결혼 혹은 내집을 위한 종잣돈 마련이 중요하며 이를 위해서는 금융상품 선택 시 비과세 상품을 선택하는 것이 중요하다.

❼ 주거래 은행을 정한다

자신이 앞으로 거래할 은행을 골라 그 은행을 집중적으로 이용한다. 월급통장과 적금통장 등이 여러 금융회사에 분산되어 있으면 저축하는 것도 불편하며 거래실적도 분산되어 혜택이 적다. 월급을 비롯한 각종 적금이나 신용카드 결제금액·공과금 이체, 외화환전 등의 거래를 한 금융회사에 집중해 거래실적이 쌓이게 되면 예금금리를 다른 사람보다 높게(우대 예금금리), 대출금리는 낮게 적용받을 수 있으며, 자동이체 등 각종 서비스 수수료 면제 등의 인센티브를 받을 수 있다.

❽ 신용카드는 주 사용 카드 하나를 집중적으로 사용한다

최근 카드회사는 신용카드로 할부거래를 하였거나 현금서비스를 받았을 때 부과하는 수수료를 카드 실적에 따라 차등을 둔다. 또한 카드론(카드회사가 자기회사 카드를 발급받은 회원에게 해주는 대출)을 받았을 때 부과하는 이자 역시 개인의 카드사용 실적에 따라 차등을 둔다. 따라서 한 개의 카드를 집중적으로 사용하면 카드회사로부터 다양한 혜택을 받을 수 있다.

2) 금융상품 포트폴리오

20대 청년기에 적합한 금융상품은 다음과 같으며 개인 사정에 따라 포트폴리오를 짜면 좋을 것이다. 가장 명심해야 할 것은 '일찍 저축하여 오래 굴려라'이다. 즉, 20대에 가능한 소득의 많은 부분을 저축하는 것이 바람직하다. 취업하자마자 대학시절 열망했던 자동차를 할부로 구입하거나, 멋진 옷과 구두를 구입하는 것에 열중하다 보면 20대의 돈관리는 빵점이 되어 버릴 수 있다. 특히, 자동차는 구매하는 것에서 그치지 않고 끊임없이 자동차세, 자동차보험료, 기름값, 수리비 등 많은 유지비용을 필요로 함을 고려하자.

일찍 저축하여 오래 굴릴 수 있는 금융상품으로 적합한 것은 다음과 같다.

❶ 장기저축성 보험
보험사에서 판매하고 있는 저축성 보험 상품의 대부분은 10년 동안 유지할 경우 비과세 혜택이 있으므로 매월 조금씩 저축하여 목돈을 마련하는 데 유용하다. 저축성 보험 상품은 은행에서도 구입이 가능하며 이를 방카슈랑스(은행 bank + 보험 insurance의 합성어, 보험상품을 은행창구에서 판매하는 상품)라고 한다.

❷ 개인연금저축 및 IRP
취업을 하자마자 노후대비를 일찍부터 시작하는 것이 바람직하며 이를 위해 연금저축상품과 IRP를 이용하되, 특히 근로자인 경우 세액공제 혜택도 있다.

❸ 예탁금
은행의 정기예금과 유사한 상품으로 지역농협, 새마을금고, 신용협동조합 등이 취급하고 있는 비과세 상품으로 최대 3,000만 원까지 예금 혹은 적금이 가능하다.

④ 적립식 펀드

더 높은 수익을 원한다면 적립식 펀드 상품을 선택한다. 이는 적금처럼 매월 일정 금액을 일정하게 분산투자하는 것으로 개인의 성향에 따라 투자형태를 결정한다. 투자위험을 많이 감수할 수 있다면 주식형, 안정성을 원한다면 채권형, 혹은 주식과 채권을 섞은 혼합형을 선택한다.

적립식 펀드는 목돈을 한꺼번에 투자하는 대신 일정 기간 나누어 적립하는 형식이기 때문에 분산투자 효과가 나타나 직접 투자하는 위험을 줄여주는 것으로 알려져 있다. 즉, 때로는 주식가격이 높을 때 주식을 매입하기도 하고 주식가격이 낮을 때 주식을 매입하기도 하지만 평균적으로 매입단가가 낮아지는 효과가 있어 주가가 상승세로 돌아서면 수익률이 일반 은행이자보다 높다는 것이 펀드투자 매니저들의 주장이다. 그러나 중요한 것은 원금 손실 가능성이 있다는 점을 잊어서는 안된다.

⑤ 주택청약종합저축

아파트와 같이 공동주택을 구매할 계획이라면 주택청약종합저축에 가입하여 수도권은 1년 이상, 수도권 외 지역은 6개월 이상 동안 유지함으로써 분양 1순위의 자격을 미리 갖추어 놓는다. 특히, 일생에 처음 주택을 구입하게 되는 무주택 세대주인 경우, 주택공사에서 시공한 아파트 분양을 우선 고려하는 것이 바람직하다. 이는 정부에서 서민 주거안정을 위하여 시공하는 것으로 민간건설사에서 시공한 아파트에 비해 상대적으로 저렴하며 오직 무주택 세대주만이 분양 가능하기 때문이다.

주택공사에서 시공하는 아파트는 분양경쟁이 치열하기 때문에, 단순한 1순위 자격을 넘어 가산점을 고려하여 미리 준비하여야 한다. 즉, 주택청약종합저축 가입기간이 얼마나 오래되었는지도 순위경쟁 가산점에 포함될 수 있기 때문에 가능한 한 일찍 가입해 놓는 것이 바람직하다.

3. 30대 신혼기와 자녀출산 및 양육기

앞서 살펴보았듯이 신혼기는 남녀가 결혼하여 첫 자녀를 출산하기 전까지의 시기를 의미하며, 자녀출산 및 양육기는 첫 자녀가 태어나 초등학교에 입학하기 전까지의 시기를 말한다. 이 시기는 경제적으로 아직 소득보다 지출이 적어서 자녀교육과 주택마련을 위한 자금 축적을 위해 저축을 계속할 수 있는 시기이다.

30대 돈관리 시 유의할 팁과 금융상품 포트폴리오는 20대 청년기와 거의 동일하며 여기에 다음의 몇 가지가 더 필요하다.

❶ 결혼으로 인한 부채가 있으면 우선적으로 갚는다

돈관리의 팁 중 가장 중요한 것은 저축에 앞서 부채를 우선적으로 갚는 것이다. 주택을 비롯한 부동산 구입을 위하여 대출을 받는 것과 결혼비용 때문에 빚을 지는 것은 그 의미가 다르다. 부동산 구입은 자산을 늘리는 일이지만 결혼비용은 돈을 써서 없애 버리는 일이다. 이러한 부채를 악성부채라고 한다. 대출금리는 저축이자보다 당연히 비싸다. 그 이유는 은행이 고객 저축금을 가지고 돈이 필요한 사람에게 빌려주고 대출이자를 받으며, 이 중 은행이 일부 수수료로 떼고 나머지를 고객에게 저축이자로 돌려준다. 즉, 은행은 고객의 돈을 가지고 돈장사를 하기 때문에 저축이자보다 대출이자가 비싼 것이다. 그러니 부채가 있으면 대출이자를 많이 내면서 저축에 힘쓸 필요 없이 먼저 부채를 갚아 대출이자로 나가는 것을 막는 것이 우선되어야 한다.

❷ 전세 혹은 월세 보증금 상승에 대비한다

전세 혹은 월세 보증금은 주택가격 상승과 마찬가지로 대체로 상승하는 특성을 보인다. 따라서 전세 혹은 월세가 끝나는 시기에 맞추어 적금에 가입해서 예비자금을 확보한다. 그렇지 않으면 점차 주거조건이 좋지 않은 곳으로 옮겨야 할 상황이 계속된다. 전세 혹은 월세를 계약하면 최소 2년 동안 그 집에서 살 권리가 있다. 따라서 집주인이 집세를 올린다 하더라도 2년 후에 이루어질 일이니 미리 보증금 상승을 예상하여 2년 동안 적금의 형태로 준비하는 것이 바람직하다.

❸ 자녀출산에 따른 양육비를 준비하되 자녀교육비에 대한 준비도 장기목표로서 준비
하기 시작한다

자녀를 양육한다는 것은 매우 많은 비용이 요구되는 일이다. 특히, 맞벌이 부부의
경우에는 더욱 그렇다. 그리고 자녀의 교육비 마련을 위해 조금씩이라도 장기적으
로 목돈 마련을 위한 저축계획을 세우는 것이 바람직하다.

4. 40대 자녀 교육기

40대는 일생 중 여유자금을 다소 공격적으로 운용해 볼 수 있는 마지막 시기이
다. 50대 이후가 되면 여유자금이 있어도 원금손실의 위험이 있는 투자보다는 안
전성이 높은 재테크 전략이 요구되며, 그 이유는 원금손실 회복의 기회를 다시 갖
기 어렵기 때문이다.

이 시기에 다소 공격적으로 여유자금을 운용해 볼 수 있는 금융상품 포트폴리

알 아 두 기

주가지수연동예금과 주가지수연동증권

주가지수연동예금(ELD, Equity Linked Deposit)은 상품 이름 '~~정기예금'에서 알 수 있듯이 은
행 정기예금의 일종이다. 따라서 만기 시 원금은 보장되고 주가지수(KOSPI 200지수 등)의 움직임에
연동한 파생상품에 투자하여 수익을 추구하는 상품이다. 즉, 이자가 주가지수에 연계되어 결정된다
는 점이 특징이지만, 일반 은행의 정기예금과 동일한 특성을 갖는다.

동일유형의 상품으로 증권회사의 주가지수연동증권(ELS, Equity Linked Securities)이 있으며
이는 투자원금과 수익이 주가지수 또는 개별주가에 연동되는 금융상품으로, 일반적으로 운용자산의
대부분은 국·공채에 투자하여 원금을 보전하고, 나머지 일부자산을 주가와 연동되는 파생상품에
투자함으로써 초과수익을 확보하는 구조의 금융상품이다.

오로주가지수연동예금(ELD) 혹은 주가지수연동증권(ELS) 등을 고려해 볼 수 있다. 그리고 만일 자녀들이 성장하면서 좀 더 넓은 거주공간이 필요하다면 새롭게 주택청약종합저축을 가입하여 현재보다 큰 규모의 아파트로 옮겨 갈 계획을 하는 것도 고려해볼 만하다.

여기서 잠깐

투자자산의 유형과 주식시장 이해하기

투자자산에 대한 특성을 간단히 살펴보고, 투자방법 중 현대인의 상식이 되어 버린 주식투자에 대한 내용을 간단히 살펴봄으로써 대중매체에서 전달하는 주식 관련 내용을 이해할 수 있는 능력을 키워보자.

1. 투자자산 유형과 자산 포트폴리오

대표적인 자산유형(자산증식방법)은 크게 3가지 즉 은행예금, 주식 및 채권, 부동산으로 구분된다. 그리고 자산의 특성은 안전성(인플레이션 및 원금손실 위험으로부터 안전한 정도), 환금성(현금화의 용이한 정도), 수익성(투자한 금액에 대한 이익정도)으로 나타낸다. 자산유형에 따른 자산의 특성별 수준을 살펴보면 다음과 같다.

① 원금손실 위험 : 주식 및 채권 > 부동산 > 은행예금
② 인플레이션 위험 : 은행예금 > 주식 및 채권 > 부동산
③ 수익성 : 부동산 = 주식 및 채권 > 은행예금
④ 환금성 : 은행예금 > 주식 및 채권 > 부동산

이상과 같이 투자자산은 서로 다른 특성을 갖고 있어 시장상황에 따라 서로 장·단점이 다르다. 이 때문에 '달걀을 한 바구니에 담지 말아라'라고 하는 투자의 기본원칙이 생겨난 것이다. 즉, 자산을 한 종류만 주식으로 보유하고 있다고 가정하면, 시장상황에 따라 주식투자가 유리하다면 문제가 없지만 불리한 상황이라면 자산 손실로 인한 문제는 심각해질 수 있기 때문이다.

2. 주식시장 이해하기

1) 주식시세표 보기

주식투자를 직접하거나 펀드를 통해 간접적으로 투자할 경우에도 주식시장의 상황을 읽을 수 있는 능력이 필요하다. 시시각각 움직이는 주식시세는 온라인을 통해 확인할 수 있으며, 주식에 대한 전

반적인 정보와 개별종목에 대한 기본 정보를 제공해 준다.

2) 주식시장의 종류와 종목에 관한 정보

주식시장은 거래소시장과 코스닥시장으로 구분된다. 어떤 기업의 주식이 거래되기 위해서는 거래소시장이나 코스닥시장에서 요구하는 일정 요건을 충족하여야 한다. 이는 검증된 기업만 주식과 채권을 거래할 수 있도록 하기 위함이다. 거래소시장은 주로 자본규모가 큰 기업의 주식이 거래되는 반면, 코스닥시장은 성장가능성이 높은 벤처기업의 주식이 거래된다.

3) 주가지수 읽기

주가지수는 주식시장의 상황을 전반적으로 알려주는 수치이다. 거래소시장의 주가동향을 알려주는 종합주가지수 코스피(KOSPI)와 코스닥(KOSKAQ)시장의 주가동향을 알려주는 코스닥지수가 있다. 1월의 종합주가지수가 1,900이었는데, 2월의 주가지수가 2,000이라면 1월보다 2월의 주가가 전반적으로 올랐다는 것을 보여 준다. 그러나 주가지수는 전반적인 주식시장의 흐름을 나타내 주는 수치이므로 주가지수가 올랐다고 모든 기업의 주가가 오른 것은 아니다. 주가가 오른 기업도 있지만 내린 기업도 있다.

주가지수는 코스피와 코스닥만 있는 것은 아니다. 코스피 200(KOSPI 200)은 거래소에서의 대표적인 주식 200종목을 선정하여 산출한 지수이며, 코스닥 50지수는 코스닥시장에서 거래되는 대표적인 주식 50종목을 선정하여 산출한 지수이다.

4) 주식거래 관련 용어 이해하기

주식거래 관련 용어를 이해하려면 관련 용어에 대한 이해가 필요하며, 가장 기본적인 용어를 살펴보면 다음과 같다.

- 주가 : 주식의 시장거래가격을 의미하며 투자자의 수요와 공급에 따라 매 시간 변동한다.
- 배당 : 주식회사가 주주에게 출자자본(구매한 주식)에 대한 대가로 지불하는 것으로 일반적으로 연말 주주에게 현금으로 지불되며 배당금이라고 한다.
- 거래량 : 하루 동안 매입 또는 매수된 주식의 수를 말한다.
- 거래대금 : 하루 동안 주식매매에 소요된 자금규모로 일반적으로 거래대금이 증가하면 주가는 상승한다.
- 상승종목 수 : 전일 종가와 비교하여 해당일 종가가 올라간 종목의 수
- 하락종목 수 : 전일 종가와 비교하여 해당일 종가가 내려간 종목의 수
- 보합종목 수 : 전일 종가와 비교하여 주가변동이 없는 종목의 수

- 종가 : 하루 중 주식시장이 폐장된 시점에서의 주식가격
- 등락 : 전날 종가와 당일 종가 간의 주가의 차이를 의미하며, 상승(▲), 하락(▽) 또는 보합으로 표시함
- 시가 : 주식시장에서 해당일의 주식거래가 시작되어 처음 매매가 성립한 주식가격
- 고가 : 하루 동안 가장 높은 가격으로 거래되었을 때의 주식가격
- 저가 : 하루 동안 가장 낮은 가격으로 거래되었을 때의 주식가격
- 우(우선주)와 보통주 : 우선주는 기업 운영에 문제가 있을 때 이익의 배당이나 잔여재산의 분배에 관하여 우선적 지위가 인정되나 주주로서 의결권이 없는 주식을 의미함. 반면, 보통주(우선주 표시가 없으면 보통주임)는 소유주식의 수에 따라 주주의 권리가 주어지는 일반주식으로 주주로서 의결권이 있음.
- 상한가와 하한가 : 상한가(하한가)는 전일종가를 기준으로 하루 사이에 올라갈 수 있는(내려 갈 수 있는) 가격제한의 상한선(하한선)까지 오른(내린) 경우로 현행 가격제한의 상한선(하한선)은 15%(-15%)임.
- 액면가 : 주식에 기재되어 있는 금액으로 일반적으로 액면가는 5,000원임

주식과 채권은 어떻게 다른가?

한번더 생각해 보기

나는 어렸을 때 번데기를 매우 좋아했다. 지금 여러분들은 엽기적으로 생각될지 모르겠지만, 아무튼 나에게는 좋은 단백질 공급원이었던 셈이다. 그리고 성인이 되면 번데기 사업을 해보고 싶다고 생각했다. 지금 내가 어렸을 때의 꿈을 실현하기 위해 번데기 사업을 시작하려고 하는데, 자본이 없다고 가정하자. 이때 내가 자본을 만들 수 있는 방법은 은행에서 단순히 사업자금을 대출받을 수도 있지만, 주식을 발행하거나 채권을 발행하는 방법도 있다.

주식이나 채권은 모양이 꼭 상품권처럼 생겼다. 즉, 종이 위에 금액이 적혀 있고, 발행한 사람(기관) 등이 적혀 있다. 그런데 주식은 처음 발행할 때 액면가 5,000원으로 동일하게 발행하는 것이 일반적이지만 채권은 상품권처럼 10만 원짜리도 있고 1억 원짜리도 있다.

이제 나는 번데기 기업(주식회사 이희숙번데기)을 설립하기 위해 1,000만 원의 자본이 필요하여 100만 원짜리 채권 10장을 발행하기로 하였다. 그리고 채권을 사는 사람과 약속 내용을 채권에 적었다. 약속 내용은 채권을 구매한 사람에게 5년 후 채권에 적혀 있는 원금 100만 원을 돌려주고 이자는 매년 연말에 주겠다는 것이다. 그리고 이를 주식시장을 통해 팔아 사업자본을 만들기로 하였다. 이제 내가 이를 자본으로 장사를 하여 100% 수익을 얻었다고 가정하면 어떤 상황이 벌어질까?

단순히 채권을 구매한 사람들에게 약속한 이자만 주고 나머지 수익은 내가 가질 수 있다. 반대로

100% 손실이 발생했다면? 이때에는 모든 손실을 내가 책임져야 함은 물론 채권 구매자들에게 약속한 이자를 반드시 지급해야 한다.

이제 주식을 통해 1,000만 원의 자본을 만들어 보자. 이 경우, 주식 2,000장(액면가 5,000원)을 만들어 주식시장을 통해 팔아 자본을 만들어 장사를 하였다. 역시 100%의 수익이 발생하였다면, 이제는 주식을 구입한 사람들에게 골고루 100% 수익을 배당금으로 나누어 주어야 한다. 이희숙번데기 기업의 주식을 구매한 사람들은 큰 수익을 얻은 셈이다. 그리고 내년에도 동일한 배당금을 기대하며 많은 사람들이 주식회사 이희숙번데기 주식을 구매하려고 할 것이며 이 경우, 액면가 5,000원에 팔렸던 주식은 얼마로 상승할 지 아무도 모르는 상황이 발생한다. 반대로 100% 손실이 발생했다면? 이희숙번데기 주식을 구매한 사람들은 모두 휴지조각으로 변한 주식을 바라만 볼 뿐 원금과 배당금에 대한 요구를 나에게 하지 못한다.

이러한 상황은 채권과 주식의 차이에서 비롯된 것으로, '채권'은 돈을 빌려주고 받는 특성(채권을 구입한 사람에게 빌린 돈의 이자만 주는 형식)을 가졌고, '주식'은 투자의 특성(기업운영결과에 따라 투자수익을 배당금 형식으로 주는 형식)을 가졌기 때문에 발생한다.

5. 50대 자녀 독립기

이 시기는 자녀의 취업 등으로 자녀가 경제적으로 독립하는 시기이기도 하지만 자녀결혼으로 목돈이 필요한 시기이다. 또한 곧 닥칠 노후자금 준비에 이용할 수 있는 기간이다. 일부에서는 이미 조기(명예)퇴직을 하고 재취업을 하는 기간이기도 하다.

이 시기의 돈관리는 안전을 최고 우선으로 하여야 하며, 이를 위해서는 예금, 주식, 부동산 등 균형 잡힌 자산 포트폴리오를 구성하는 것이 바람직하다. 여유자금의 절반 이상은 가장 안전한 예·적금(확정금리상품)에 가입해 안전을 추구하는 것이 바람직하다. 나머지 여유자금의 절반 이상은 보수적인 채권형이나 원금보존형 투자상품을 활용하는 것이 바람직하다.

50대, 자산 포트폴리오를 어떻게?

생각해
보기

자산 〈 50% : 정기예금
50% : 채권형 혹은 원금보존형 투자상품

6. 60대 노후기

노후기는 퇴직을 하고 연금생활을 하게 되는 시기이며, 이 시기의 가장 중요한 돈 관리는 소득이 없는 상황에서 생활비를 확보하는 것이다. 그 외에 필요한 돈관리 팁은 다음과 같다.

❶ 자산의 유동성을 높이고 비상자금을 넉넉히 준비하라

노후에 나타나는 질병은 대체로 오래 지속되는 경우가 많다. 그리고 갑작스럽게 찾아오는 경우도 많아 언제라도 찾아 쓸 수 있는 비상자금을 반드시 준비할 필요가 있다. 그리고 자산의 유동성을 높이는 것이 중요하며 이를 위해서는 주택, 땅 등 부동산을 줄이고 금융자산을 늘리는 것이 좋다.

비상자금 준비는 은행의 MMF(Money Market Fund), 증권사와 종합금융사의 CMA(Cash Management Account) 등 입·출금이 자유롭고 하루만 맡겨도 이자가 붙는 상품에 가입하거나 중도에 인출이 가능한 금융상품을 이용하는 것이 좋다.

아울러 자신이 거주하고 있는 집을 이용하여 역모기지를 고려하는 것도 유동성을 높이는데 바람직하다.

❷ 배우자와 돈관리를 상의하고 상속계획을 한다

노후기에는 돈관리에 참여하지 않았던 배우자와 함께 재무활동을 공유하는 것이 필요하다. 집문서, 예금통장이 어디에 보관되어 있는지 서로 공유해야 한쪽 배우자가 사망하여도 당황하지 않고 돈관리를 지혜롭게 해나갈 수 있다. 특히, 상속계획을 부부가 서로 논의하여 절세혜택을 받을 수 있는 방법을 모색해 둘 시기이다.

❸ 월수입을 확보한다

은퇴하기 전까지 매월 소득에 기초하여 이루어지던 소비지출 습관은 소득이 없어졌다고 달라지기 어렵다. 이제까지 벌어놓은 자산을 이용하여 월수입을 확보하여야 한다. 이를 위해서는 비과세 금융상품을 이용하여 월수입을 극대화하도록 한다.

특히, 생계형 저축은 2019년부터 만 65세(2018년에는 만 64세부터) 개인에게 1인당 5,000만 원 한도 내에서 완전비과세로 제공되는 상품으로 부부 1억 원까지 비과세가 가능하다. 아울러 앞서 살펴본 조합예탁금(1인당 3,000만 원까지 비과세)상품도 고려해 본다. 이와 같은 금융상품을 이용하면 이자소득의 증대로 월수입 확보에 도움이 될 수 있다.

❹ 안전성을 고려한 돈관리가 중요하다

50대뿐 아니라, 60대 역시 돈을 늘리려고 욕심을 부려서는 안 되는 시기이다. 한 푼의 이자라도 더 받겠다고 공격적인 방법으로 돈을 굴리면 평생 동안 절약해 모은 재산을 한순간에 날릴 수도 있다. 풍요로운 노후생활을 보장받기 위해서는 은퇴 이후 수입의 감소를 염두에 두고 매월 생활비를 충당할 수 있는 범위에서 안정적으로 운용해야 한다.

상속인의 피상속인(사망자) 금융거래 조회

상속인의 피상속인 금융거래 조회는 주로 부모님의 갑작스런 사망으로, 자녀가 부모의 재산 상황을 파악하지 못한 경우, 자녀가 여러 금융회사를 일일이 방문해야 하는 어려움을 덜어주기 위한 서비스이다. 즉, 자녀(상속인)는 금융감독원에서 조회신청을 받아 각 금융회사를 대상으로, 사망한 부모의 금융거래를 확인할 수 있는 서비스로 부동산은 해당되지 않는다. 즉, 조회범위는 금융거래와 관련된 것으로 금융채권(예금, 적금, 보험계약 등), 금융채무(대출, 신용카드이용대금 등), 공공정보(국세, 지방세, 과태료 등) 등을 들 수 있다.

피상속인의 금융거래 조회서비스 신청은 인터넷이나 우편을 통하여 신청할 수는 없으며, 금융감독원 본원 및 각 지원, 은행, 삼성생명 고객프라자, 동양증권, 우체국, 교보생명, 한화생명, KB생명, 삼성화재 영업점을 방문하여 신청하면 된다.

CREDIT MANAGEMENT & CONSUMPTION LIFE

돈관리를
실제 시작해 볼까

돈관리를
실제 시작해 볼까

돈관리를 실제 시작해 볼까
돈관리는 일정한 단계를 거쳐 이루어진다.
본 장에서는 돈관리 단계와 단계별로 필요한 내용을 살펴보기로 한다.

1. 단계별 돈관리

1) 첫 단계 : 돈관리의 시작은 자신의 재무상태를 파악하는 것으로 시작한다

개인 혹은 우리 가계의 돈관리를 시작해 보자. 재무관리의 시작은 현재 재무상태가 어떤 상태이고, 문제점은 무엇인지를 파악하는 것으로부터 시작된다. 이를 위해 필요한 자료는 개인 혹은 가계의 수지상태와 자산상태이며 이에 대해 알아보자.

수지상태란 수입이 가계 내로 들어오고 지출되어 나가는 상태를 의미한다. 이때 지출금액이 수입금액보다 적으면 저축금액이 쌓이게 되고(수입 〉 지출 → 저축), 반대의 경우 빚이 쌓이게 된다(수입 〈 지출 → 빚). 자산이란 이렇게 수입 중 지출하고 남은 돈을 의미하며 따라서 '저축금액'뿐 아니라 '빚' 역시 자산으로 포함된다.

아울러 수입 중 지출하고 남은 돈(저축)은 은행에 예금이나 적금의 형태(금융자산)로 두기도 하지만 어느 정도 종자돈이 쌓이게 되면 이를 이용하여 땅을 사기도 하고 (부동자산) 주식·채권에도 투자를 하게 된다. 앞서 살펴보았지만 대표적인 자산의 3가지 형태는 은행의 금융자산, 땅이나 건물 등의 부동자산, 주식 및 채권이다.

재무상태를 파악하기 위해 가장 중요한 자료인 자산상태표와 수지상태표에 대해 알아보자.

(1) 자산상태표

수입과 지출은 돈이 집으로 흘러들어 왔다가 나가는 돈의 흐름을 나타낸 것이지만, 자산이란 이미 설명한 바와 같이, 돈이 흘러들어 왔다가 나가지 않고 쌓여져 있는 것을 의미한다. 이렇게 쌓이는 돈은 취업 초기에는 은행에 저축금의 형태로 갖고 있겠지만 얼마간의 종자돈이 만들어지면 점차 부동산도 구입하게 되고, 주식이나 채권에 투자함으로써 다양한 형태의 자산을 보유하게 된다. 그리고 어느

한 시점(예를 들면, 00년 1월 1일 기준)에서 모든 자산을 시장가격으로 환산한 값이 '총자산'이 된다.

여기서 주요한 개념 하나는 부채도 자산에 속한다는 사실이다. 그리고 '순자산'은 총자산에서 부채를 뺀 값(총자산 − 부채 = 순자산)을 의미한다. 예를 들어, 우리 집값이 00년 1월 1일 시장가격으로 2억 원이라고 하자. 그런데 그 집을 사기 위한 대출금 중 5,000만 원이 남아 있다면 순수하게 내가 보유하고 있는 자산의 가치(순자산)는 1억 5,000만 원이 된다.

또 다른 예를 들어보자. 내 소유의 건물은 00년 1월 1일 기준 시장가격이 1억 원이다. 그리고 전세를 주어서 전세보증금 5,000만 원을 받았다. 그러면 건물의 순자산은 얼마일까? 전세보증금은 전세계약이 끝나면 돌려주어야 하기 때문에 부채로 처리되며 순자산은 5,000만 원(1억 원 − 5,000만 원)이 된다.

이제 나의 자산을 일목요연하게 한눈에 살펴보기 위해 자산상태표를 만들어 보자. 자산상태표를 작성하기 위해서는 먼저 작성 시점(예 : 2018년 1월 1일)에서 소유자산 의 가치(부동산의 경우는 시장가격)를 조사한다. 그 다음에는 자산상태표 왼쪽에 이를 모두 열거하고 총 합계를 구한다. 오른쪽에는 빚(부채)을 모두 열거하고 빚의 총액을 구한다.

마지막으로 자산의 총 합계에서 빚의 합계를 빼어 순자산을 구한다. 이 순자산이 진정한 의미에서 자기 자산이 된다(표 4-1).

자산상태표는 6개월마다 혹은 1년마다 필요에 따라 작성하는 것이 바람직하다. 그러면 내 금융자산이 얼마나 증가했는지, 부동산 가격은 오르고 혹은 내리고 있는지의 동향도 알 수 있다. 이러한 자료는 자산관리하는 데 많은 도움을 준다.

표 4-1 자산상태표(예시)

자산상태표(2018년 1월 1일자)			
자산내역		**부채내역**	
주택	1억 5,000만 원	할부금 잔액	300만 원
정기예금	2,000만 원	은행 대출금	1,500만 원
		Ⅱ. 총 부채	1,800만 원
Ⅰ. 총 자산	1억 7,000만 원	Ⅲ. 순자산(=Ⅰ－Ⅱ)	1억 5,200만 원

(2) 수지상태표

수지상태표는 매월 수입과 지출 내역을 작성한 것으로, 수입과 지출을 정리하는 가계부, 혹은 용돈기입장과 비슷하며, 수입, 지출, 손익결산으로 구성되어 있다. 수입지출상태표는 일정기간(보통 1개월) 돈이 어디에서 들어와서 어디로 지출되었는가를 한눈에 보여 준다. 이를 통해 진정으로 원하는 곳에 돈을 소비하고 있는지, 과소비를 하는지, 가능한 다른 소득원은 없는지, 얼마만큼 저축할 수 있을지 구체적인 방법을 찾을 수도 있다.

수지상태표를 작성하려면 일정 기간 동안(급여가 월단위로 지급되면 월단위로 작성) 수입이 얼마나 되는지 기록하고, 그 수입을 어디에 지출했는지 기록한다. 그런 다음 수입과 지출의 차액으로 손익결산을 적는다. 손익결산은 저축과 투자를 위한 여분의 금액은 있는지 혹은 재무상태가 적자인지를 나타내 준다. 수지상태표를 작성하기 위해서는 매일의 지출을 기록하는 가계부 자료가 필요하다.

표 4-2의 지출내용 중 고정지출은 지출을 함에 있어서 금액의 증감을 할 수 없는 지출비목이며 변동지출은 돈관리 시 증감의 여지가 있는 지출비목이다.

표 4–2 수입지출상태표

수입지출상태표(2018년 1월 1일~31일)			
수입		지출	
수입내역	수입액(원)	지출내역	지출액(원)
봉급	2,000,000	고정지출	
임대수입	500,000	세금 및 공과금	
		부채상환액	
		보험료	
		주거비(월세 등)	
		차량유지비	
		공교육비	
		양육비	
		변동지출	
		식비(외식비)	
		의류비	
		교통비	
		여가비	
		통신비	
		용 돈	
		부모님 생활비	
		기타 잡비	
I. 총 수입	2,500,000	II. 총 지출	
III. 손익결산 (= I − II) (_____원)			

2) 둘째 단계 : 재무목표를 세운다

(1) 재무목표의 유형은 개인적, 가족 공통적 그리고 단기(간단한 것)와 장기(목 돈을 필요로 하는 것) 등으로 구분한다

돈관리의 두 번째 단계는 재무목표를 세우는 일이며, 재무목표는 개인적인 것에

서부터 가족 모두를 위한 공통의 목표로 구분하여 세우며, 가족 공통의 목표를 우선으로 한다. 또한 재무목표는 매우 간단한 것부터 목돈을 필요로 하는 것으로 구분하여 세우며, 보통 1년 이내의 단기간에 이루어질 수 있는 단기목표와 1년 이상의 기간을 필요로 하는 장기목표로 구분하기도 한다. 운동화 구매, 책가방 구매 등은 개인적이며 단기목표라고 할 수 있는 반면 자녀결혼, 내집마련, 자녀의 대학교육비, 노후준비자금 등은 가족 공통의 목표이며 장기목표로 구분된다.

특히, 장기목표 달성을 위해서는 매월 일정금액을 저축하는 등의 단기목표를 충실히 달성해야만 이루어질 수 있기 때문에 어떤 단기목표는 장기목표 달성을 위한 징검다리 역할을 하게 된다. 예를 들어, 집장만을 위해 7년 동안 재형저축에 가입하여 저축 계획을 세울 경우, 주택마련이라는 장기목표를 위해 매월 100만 원 저축이라는 단기목표가 필요하다.

(2) 재무목표는 실현 가능하도록 구체적으로 기술한다

재무목표는 머릿속으로 생각만 하면 실현가능성이 없으므로 재무목표를 글로 작성하되 다음 요령에 의해 작성하는 것이 바람직하다.

❶ 목표를 구체적으로 정한다

이루려고 하는 것이 무엇인지 정확히 알지 못하는 경우에는 그 목표가 성공하기 어렵다. 예를 들어, '아버지 생신을 위해 넥타이 선물 준비', '대학등록금 준비하기'와 같이 구체적으로 정한다.

❷ 목표달성에 필요한 액수를 정한다

위 사례의 경우, '3만 원짜리 넥타이', '대학등록금으로 1,200만 원 모으기'와 같이 기술하면 될 것이다.

❸ 목표달성에 필요한 기간을 정한다

목표를 언제까지 달성할 것인가를 명확히 한다. 며칠, 몇 주일, 일 년 내에 이룰 목표인지, 아니면 시간이 더 걸릴 목표인지를 정한다. 위 사례의 경우, '다음 달까지 3만 원 저축하기' 혹은 2년 동안 등록금 1,200만 원 모으기(2년 동안 매월 50만 원 저축하기) 등으로 작성한다.

❹ 목표의 우선순위를 정한다

재무목표 중 긴요한 순서대로 달성할 수 있도록 가족회의 등을 통해 재무목표의 우선순위를 정한다. 이는 예산이 제한되어 있기 때문이다.

❺ 목돈이 필요한 목표는 쉽게 실행할 수 있는 여러 개의 작은 목표로 나눈다

장기목표를 이루기 위해서는 작은 단기목표들을 이루어 나가야 하는 경우가 많이 있다. 예를 들어, 2년 동안 등록금 1,200만 원을 모으기 위해 2년 동안 매월 50만 원씩 저축하기에서 '매월 50만 원씩 저축하기'는 단기목표이며, '2년 동안 저축하기'는 장기목표에 해당된다.

3) 셋째 단계 : 재무목표를 어떻게 실현시킬 것인지에 대한 재무계획을 세운다

재무계획은 재무목표 달성을 위해 필요한 자금을 어떻게 마련할 것인가에 관한 자금준비계획이라고 할 수 있다. 다시 말해, 재무목표를 달성하기 위해 얼마의 자금을, 언제까지, 어떻게 준비하겠다는 계획을 의미한다. 예를 들어, '5년 동안 주택자금 5,000만 원 마련하기'를 위해 '정기적금 상품에 가입하여 매월 100만 원씩 5년 동안 저축하기'를 예로 들 수 있다.

4) 넷째 단계 : 재무계획을 실행한다

이제는 재무계획을 실행할 단계이다. 실행할 때는 충동적으로 다른 곳에 돈을 지출하지 않도록 재무계획을 수시로 상기시키는 등의 방법을 통한 자기통제가 필요하다.

5) 다섯째 단계 : 재무계획에 영향을 미치는 상황이 변하면 언제든지 재무계획을 검토하여 수정한다

돈관리는 어떤 특정한 행동을 취함으로써 끝나는 것이 아니라 역동적인 과정이다. 재무계획에 대한 결정을 정기적으로, 적어도 1년에 한 번씩은 검토해야 한다. 개인의 수입이 변하거나, 가족의 질병, 교통사고 등 개인적 상황의 변화는 재무계획의 변화를 필요로 한다.

2. 예산 세우기

재무목표를 계획대로 달성하려면 예산을 꼼꼼히 세워 이에 따라 실행에 옮기는 것이 중요하다. 예산은 소득이 발생하는 1개월 단위로 작성한다. 아울러 자녀 등록금, 자동차세금, 부모님 회갑연 등 1년 중 특정 시기에 1~2회 지출이 발생하는 경우를 고려하여 1년 동안의 예산 역시 작성한다. 그 이유는 1년 동안 특정 시점에서 어떠한 목돈이 필요하고 이를 어떻게 준비해야 하는지를 한 눈에 볼 수 있도록 해주기 때문이다.

예산 수립과정은 다음과 같다.

❶ **1단계 : 월소득을 계산한다**
남편과 아내 봉급, 이자소득, 임대료 등 가계 내로 들어오는 모든 소득을 포함하여 계산한다.

❷ **2단계 : 월지출을 계산한다**
주어진 소득 중 얼마를 저축하고, 얼마를 지출할지 결정해야 한다.

❸ 3단계 : 지출계획을 세운다

지출계획은 고정지출과 변동지출로 나누어 한다. 이 중 고정지출은 반드시 지출해야 하므로 전체 지출예산 중 이를 먼저 책정한 후 변동지출을 조정하여 지출계획을 세운다.

❹ 4단계 : 지출계획을 실행한다

소비지출을 할 때마다 지출계획의 범위 안에 있는 것인지 확인하는 것이 필요하다. 지출을 실행할 때는 가계부(금전출납부)에 꼭 기록하도록 한다.

❺ 5단계 : 지출계획을 평가한다(결산하기)

지출계획으로 생활을 해본 다음, 그것이 적절한지 평가해야 한다. 한 달에 20만 원을 저축한다고 했는데, 아무리해도 10만 원밖에 저축할 수 없었다면, 저축예산을 10만 원으로 줄여야 할 것이다. 지출계획의 검토는 현실적으로 얼마를 저축하고 지출할 수 있는지를 결정하게 해준다. 예산을 세웠다고 성공적인 재무목표 달성을 보증해 주는 것은 아니므로, 정기적인 결산을 통해 지출결과에 대해 분석하고 평가하여 실행 가능한 예산이 되도록 한다.

예산을 평가할 때는 표 4-3과 같은 예산결산표를 이용한다. 예산결산표는 매일 작성한 가계부 내용을 기초로 매월 작성하며, 연말에는 1년 동안의 예산결산표를 한 곳에 모아 작성해 보는 것이 바람직하다. 이러한 자료는 다음 해 해당 월의 예산을 계획하는데 커다란 도움이 된다. 그 이유는 1년 중 월마다 지출하는 규모와 지출내용이 매우 다르며, 가계마다 가족행사, 가족구성원 등이 서로 다르기 때문이다.

결산을 하려면 매일의 소득과 지출을 빠짐없이 기록한 자료, 즉 가계부(금전출납부)가 있어야 한다는 점을 간과하여서는 안 된다.

예산이 잘 실행되지 못하는 이유는 다음과 같다.

- 예산이 현실적이 아닌 경우이다. 즉, 어떤 예산은 비현실적인 재무목표와 가정을 토대로 한다. 이런 경우 아무리 소비를 줄인다고 해도 예산과 다르게 지

출이 이루어질 것이다. 또 너무 빠듯하게 예산을 세워 융통성이 전혀 없어도 문제가 된다.

- 계획을 잘 세우지 못한 경우이다. 즉, 너무 작은 소득, 너무 많은 부채, 너무 많은 소비지출, 너무 많은 재무목표, 재무관리지식의 부족 등은 예산을 잘 계획하지 못하게 하는 요인이 된다.

표 4-3 예산결산표(2018년 1~12월)

소득		1월		2월		...	12월	
지출		예산	결산	예산	결산	...	예산	결산
저축	장기재무목표를 위한 저축					...		
	단기재무목표를 위한 저축					...		
고정 지출	세금 및 공과금							
	부채상환액							
	보험료							
	주거비(월세 등)							
	공교육비							
	양육비							
변동 지출	식비					...		
	외식비					...		
	교통비					...		
통신비	휴대폰전화비					...		
	인터넷통신비					...		
피복비	옷 구입					...		
	신발 구입					...		
개인용품비						...		
교양오락비						...		
교육비						...		
기타 특별비						...		
여유자금						...		
지출합계						...		

CREDIT MANAGEMENT & CONSUMPTION LIFE

신용카드의
정체를 밝혀보자

신용카드의
정체를 밝혀보자

신용이란 일반적으로 사람에 대한 믿음을 의미한다. 돈을 빌리거나
외상으로 물건을 사고 언제까지 갚겠다는 약속을 잘 지키는 사람이
신용이 있는 사람이 될 것이다. 그런데 신용이 있는 사람이라는
것을 어떻게 알 수 있을까? 그 사람의 소득수준(지불능력), 연체한
기록여부, 약속을 잘 지켰던 기록 등으로 개인의 신용을 평가할
수 있으며, 신용카드사가 신용이 있다고 평가된 사람에게 징표로
주는 것이 신용카드이다. 본 장에서는 신용카드의 모든 것을 살펴볼
것이다.

1. 신용카드도 종류가 있나

1) 국내카드와 국제카드

국내카드는 말 그대로 국내에서만 통용되는 카드이며, 국제카드는 국내를 비롯하여 외국에서도 사용할 수 있는 카드이다. 이처럼 국제카드를 국내에서도 함께 사용할 수 있는 이유는, 해외카드사와 제휴를 맺은 국내카드사에 의해 국제카드가 발행되기 때문이다. 국제카드를 국내에서도 함께 사용할 수 있다는 특성은 카드 한 개로 국내외에서 모두 사용할 수 있어 편리하다고 생각할 수 있겠지만, 문제는 우리나라 소비자가 국내에서 사용한 국제카드 금액도 카드전산망 사용료(일종의 로열티)를 지급하도록 되어 있다는 점이다. 즉, 우리나라 신용카드사는 우리나라 소비자가 사용한 국제카드 금액의 일정 퍼센트를 국제카드사에게 지급하도록 되어 있는데, 해외에서 사용한 카드금액뿐 아니라 국내에서 사용한 카드금액까지 모두 포함한다.

이를 시정하려는 노력이 계속되고 있으나 아직 시정되고 있지 않은 상황이다. 이러한 상황에서 소비자가 지혜로울 필요가 있다. 즉, 국내에서는 국내전용카드만을 이용하고, 국제카드는 해외에서만 이용하는 지혜가 필요하다. 김정 국회의원이 발표한 보도자료(2011. 9. 21)에 의하면 2008년부터 2011년 3월까지 우리나라 카드사가 로열티로 지불한 금액이 총 3,844억 원이며 이 중 국제카드로 해외에서 사용한 금액에 대한 로열티는 겨우 19%에 불과하다는 것이다. 즉, 전체 로열티의 89%가 국내 사용금액에 따른 것이다. 따라서 쓸데없이 로열티로 외화를 낭비하지 않으려면 반드시 국내에서는 국내전용카드를 사용하는 소비자의 지혜가 필요하다는 것이다.

참고로 우리나라 카드사와 제휴를 맺은 대표적인 국제 신용카드사는 비자, 마스터, 다이너스, 아메리칸 익스프레스 등이다. 이 중 대표적인 것이 비자로 국내 신용카드사로부터 발급받은 신용카드 한쪽 귀퉁이에 'VISA' 표시가 되어 있는 것이 바로 국제카드이다.

2) 은행계 카드와 비은행계 카드

은행계 카드는 금융지주회사에서 은행과 카드사를 함께 운영하는 경우 발행되는 카드로 신한, 국민, 농협카드 등이 있으며 카드업무는 주로 카드사가 아닌 은행에서 이루어진다. 반면, 비은행계 카드는 삼성, 롯데, 현대, 백화점 등에서 발급한 카드를 의미한다.

3) 리볼빙결제 서비스가 포함된 카드

리볼빙결제 서비스는 신용카드로 물건을 구매하고 결제일에 결제금액의 일정 퍼센트만을 갚고 미결제된 금액은 다음 결제일로 이월되는 서비스이다. 대신 이월되는 결제금액에 대해서는 매우 높은 이자(리볼빙서비스 수수료)가 붙는 서비스이다. 리볼빙서비스 수수료율은 일반적으로 물품구매대금의 경우보다 현금서비스 대출금의 경우에 더 높은 경향이 있으며, 개인의 신용도(신용카드 이용실적)와 신용카드사에 따라 다르다.

리볼빙서비스 수수료율이 매우 높다는 비판이 사회적으로 확산되면서 조금씩 낮추는 추세이지만, 신용카드사별로 평균 15.0%~25.0%의 수준을 보이고 있다. 따라서 리볼빙결제 서비스는 갑작스러운 일로 연체를 할 수 밖에 없는 비상시에 사용하면 높은 이자를 지불하는 대신 연체자의 신분을 면할 수 있다는 차원에서 유용하지만, 습관적으로 리볼빙결제 서비스를 이용하면 높은 수수료로 경제적 손실이 매우 큰 것은 물론, 결제를 계속 뒤로 미룸으로써 눈덩이처럼 결제금액이 커지는 특성으로 인해 채무불이행자로 전락할 수 있는 위험성이 있다. 이 때문에 조금 오래 되었지만 2012년 6월 금융감독원은 '카드 리볼빙결제 서비스 피해주의보'를 발령한 적도 있다.

리볼링결제 서비스 이용 사례를 살펴보자.

예를 들어 A신용카드 리볼빙 결제율이 10%이고 리볼빙 수수료가 연 24%일 때, 그리고 첫째 달 카드사용액이 100만 원이라면 첫째 달 리볼빙 결제액은 10만

리볼빙 서비스 이용사례

1. 조건

- 신용카드 리볼빙 결제율이 10%이고 리볼빙 수수료가 연 24%일 때
- 첫째 달 카드사용액 : 100만 원, 둘째 달 카드사용액 : 100만 원,
  셋째 달 카드사용액 : 100만 원일 경우

2. 리볼빙결제 금액 계산

- 첫째 달 리볼빙 결제금액 : 10만 원(카드사용액 100만 원×10% = 10만 원)
- 둘째 달 리볼빙 결제금액 : 191,800 원

  (전달 남은 잔액+리볼빙 수수료+두 번째 달 카드사용액)×10%

  → 1,918,000원{전달 남은 90만 원+리볼빙 결제수수료 18,000원(90만 원×월 2%)+이달 카드사용
  액 100 만 원}×10% = 191,800 원

※ 참고 : 신용카드를 이용하여 할부구매를 했을 경우, 할부금은 리볼빙 결제대상금액에 포함되지 않고 따로
매월 할부금을 결제일에 지불해야 한다. 왜냐하면 할부는 리볼빙 서비스가 아니더라도 이미 할부 서비스를
받도록 되어 있는 거래이기 때문이다. 실제 미국 등지에서는 할부거래가 없고 리볼빙 서비스가 있을 뿐이다.

원(카드사용액 100만 원 × 10%)이 되며, 나머지 90만 원은 다음 달로 넘어가게
된다. 그리고 두 번째 달 카드사용액 역시 100만 원이라면, 두 번째 달의 리볼빙
결제액은 첫 번째 달에서 넘어온 90만 원, 90만 원에 대한 리볼빙 수수료 18,000
원(90만 원 × 24%/12), 그리고 이번 달 카드사용 결제금액 100만 원을 모두 합
한 금액 1,918,000원의 10%인 191,800 원이 된다. 그리고 나머지 1,726,200원은
다음 달로 이월된다.

　이상의 사례에서 살펴보았듯이 계속적인 리볼빙결제 서비스 이용은 자칫 갚아
야 할 원금을 급속도로 키우는 결과를 초래하기 때문에 아주 급한 비상시가 아니
면 이용을 자제해야 한다.

4) 현금영수증

현금영수증은 소액결제 시 신용카드 사용이 어렵거나 신용카드 결제 시스템이 갖추어져 있지 않은 소매점, 신용카드 사용이 어려운 미성년자들을 위해 만들어진 제도이다. 현금영수증제도가 실시된 가장 큰 이유는 정부 차원에서 거래를 투명하게 하여 탈세를 막기 위한 것이지만 소비자에게는 소득공제 시 도움이 된다.

현금영수증을 발급받는 방법은 거래가액에 상관없이 아무리 작은 금액이라도 물품구매 시 판매자에게 현금영수증을 요구하면 된다. 이때 가장 좋은 방법은 국세청 홈페이지에서 현금영수증카드를 발급받아 이를 이용하여 현금영수증을 발급받으면 된다. 이 외에도 주민번호, 핸드폰번호, 일반신용카드, 캐시백카드 등의 번호(이들 번호는 국세청 홈페이지에 등록해야 함)를 이용하여 현금영수증을 발급받을 수 있다. 그리고 핸드폰번호, 일반신용카드 등의 번호는 모두 국세청 홈페이지(국세청 현금영수증 홈페이지(http://www.taxsave.go.kr)에 등록한 후 사용하여야 한다.

연말정산 시 소비자는 국세청 홈페이지에 들어가 직접 사용내역을 출력하여 소득공제용 서류로 제출할 수 있으며, 현금영수증을 따로 모아 둘 필요는 없다. 그리고 가장의 경우 배우자(전업주부의 경우) 혹은 자녀들이 사용한 체크카드 금액, 현금영수증도 모두 합산하여 소득공제를 받을 수 있다.

알 아 두 기

월세 세액공제

연봉 7,000만 원 이하의 무주택 세대주의 경우, 월세로 지출한 금액의 10%를 세액 공제로 받을 수 있다. 세액공제를 받으려면 국세청 홈페이지 또는 각 세무서에 '현금거래 확인신청 신고서'와 '임대차계약서(사본)'를 제출하면 된다. 처음 한 번만 신고하면 근로자가 주소지를 변경하지 않는 한 매월 월세를 지급한 것으로 인정하여 세액공제를 받을 수 있다. 또 아파트 리모델링이나 인테리어 공사 등에 지급한 공사비도 공사 사실을 국세청에 입증하면 현금영수증 없이도 세액공제를 받을 수 있다.

2. 신용카드 바르게 이용하기

1) 신용카드 거래구조

신용카드를 바르게 이용하기 위해서는 먼저 신용카드를 통한 상거래가 어떻게 이루어 지는지 이해할 필요가 있다. 신용카드 거래구조는 기본적으로 카드회원(소비자), 카드회사, 가맹점(카드로 물품구매를 할 수 있는 상점) 사이의 거래로 이루어진다. 이러한 신용카드 거래구조는 그림 5-1과 같이 구체적으로 설명할 수 있다.

① 카드회사는 카드 신청자에 대하여 신용상태와 적격성을 심사한 후 카드를 발급한다.
② 카드회원은 미리 카드회사와 계약을 맺은 상점(가맹점)에서 카드를 제시하고 필요한 물품 등을 제공받고 매출전표(소비자에게 주는 영수증 역할을 함께 함)에 서명한다.
③ 가맹점은 물품 구매 시 전표에 사인한 서명이 신용카드 뒷면의 서명과 일치하는지를 통해 신용카드 소비자가 본인인지를 확인한 후 구매한 물품을 소비자에게 제공한다.

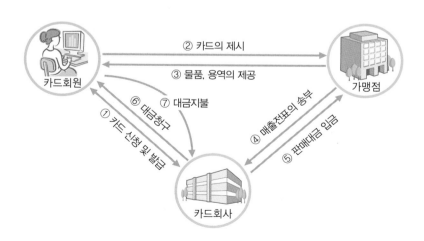

그림 5-1
신용카드 거래구조

④ 가맹점은 정해진 기간 내(보통 7~10일)에 소비자가 서명한 매출전표를 카드회사에 송부하여 대금을 청구한다.

⑤ 카드회사는 가맹점이 제출한 매출전표에 명시된 판매대금에서 미리 약정된 일정한 수수료(일반적으로 2~5%, 카드사, 물품의 유형, 가맹점 유형에 따라 다름)를 공제한 후 나머지 금액을 가맹점에 지불한다. 카드회사는 통상 카드회원(소비자)을 대신하여 가맹점에게 물품대금을 지불 할 의무를 지니며, 이는 카드회사가 카드회원의 신용을 보증하고 가맹점에게 카드를 제시하는 소비자에게 물품제공을 요청하였기 때문이다. 특히, 소비자가 할부로 구입한 상품이라도 카드회사는 가맹점에게 일시불로 지급한다.

⑥ 카드회사는 결제일(카드사에서 정해준 몇 개의 날짜 중 회원이 정한 날짜)에 카드회원(소비자)이 사용한 대금을 회원에게 청구한다.

⑦ 카드회원은 신용카드 사용대금을 카드사로 보낸다.

2) 신용카드의 기능

신용카드를 바르게 이용하려면 신용카드의 기능에 무엇이 있는지 제대로 알아야 할 것 이다. 신용카드에는 어떤 기능이 있는지 살펴보자.

(1) 구매기능

신용카드를 소지하고 있는 소비자는 저가품에서 고가품에 이르기까지 다양한 종류의 상품과 서비스를 현금 대신 카드로 대금을 지급할 수 있으며, 할부구매도 가능하다.

❶ 신용카드를 이용하여 일시금으로 제품구매를 할 때, 소비자가 합리적 구매를 위하여 이해해야 하는 것은 구매시기와 카드대금 결제일에 관한 것이다

표 5-1은 한 시중은행의 신용카드 구매시기와 대금결제시기를 하나의 예로 제시한 것으로 구매 후 대금결제일까지 소비자는 최고 50일 이상의 여유를 가질 수

표 5-1 결제일별 이용기간 안내

결제일	이용기간		결제일	이용기간	
	현금서비스	일시불 및 할부		현금서비스	일시불 및 할부
5, 8일	전전월 13일~전월 12일	전전월 18일~전월 17일	27일	전월 5일~당월 4일	전월 10일~당월 9일
12, 15일	전전월 20일~전월 19일	전전월 25일~전월 24일	1일	전전월 5일~전월 4일	전전월 10일~전월 9일
23, 25일	전월 1일~전월 말일	전월 6일~당월 5일			

있음을 보여준다. 예를 들어, 신용카드 결제일이 매월 1일인 경우 대금은 전전월 10일~전월 9일까지 소비자가 구매한 물품구매 금액을 청구하게 된다. 그렇다면 5월 1일에 결제해야 하는 물품대금은 3월 10일부터 4월 9일까지 구매한 것에 해당하는 것이다. 따라서 만일 소비자가 3월 10일에 물품을 구매하였다면 이를 5월 1일 결제하도록 되어 있으니까 물품구매시점부터 결제일까지 최장 52일 혹은 53일 동안(월 30일 혹은 31일이냐에 따라 달라짐) 구매대금을 갚지 않아도 된다.

그러나 이 소비자가 만일 4월 9일에 물품을 구입하였다면 위의 경우와 같은 5월 1일에 상품대금을 결제하여야 하며 구입일부터 대금결제일까지 겨우 21일밖에 이용할 수 없음을 이해하여야 한다. 한편, 이 소비자가 4월 9일에 상품을 구매하지 않고 다음 날인 4월 10일 구매를 하였다면 결제일은 언제가 될까? 물론 결제일은 다음 달인 6월 1일로 구매시점은 하루 차이이지만 대금결제일은 한 달 정도 차이가 날 수 있는 것이다.

이러한 지혜는 고가의 물품을 구입할 때는 결정적으로 소비자에게 이익을 줄 수 있다.

❷ 신용카드를 이용하여 할부로 제품구매를 할 때, 소비자가 합리적 구매를 위하여 다음을 이해하여야 한다

앞의 거래구조에서도 설명하였듯이 신용카드사는 소비자의 할부구매 시에도 소비자가 구매한 물품 대금을 일시금으로 가맹점에게 지불한다. 이는 소비자가 신용카드사로부터 물품대금만큼 돈을 빌린 후 할부기간 동안 매월 원금과 이자(할

할부기간이 중요하다구요? 사례를 통해 살펴봅시다

나할부씨는 540만 원짜리 TV를 할부로 구매하기로 결정하였다. 그러나 9개월 할부로 구매할지 10개월 할부로 구매할지 고민이다. 수수료가 얼마나 차이가 날지 모르기 때문이다. 그래서 차근차근 계산해 보기로 하였다.

9개월 할부로 구매하는 경우

- 할부수수료율 : 월 1.25%(연 15.0% ÷ 12)
- 매월 갚아야 할 원금 : 월 60만 원(540만 원 ÷ 9개월)
- 첫째 달 = 원금 60만 원 + 할부수수료 67,500원(540만 원 × 1.25%)
- 둘째 달 = 원금 60만 원 + 할부수수료 60,000원{480만 원(첫 달에 원금 60만 원을 갚았으므로) × 1.25%)}

이러한 방법으로 계산하면 원금을 제외하고 9개월 동안 지불하는 할부수수료 총액은 33만 7,500원이다.

10개월 할부로 구매하는 경우

- 할부수수료율 : 월 약 1.333%(연 16.0% ÷ 12)
- 매월 갚아야 할 원금 : 월 54만 원(540만 원 ÷ 10개월)
- 첫째 달 = 원금 54만 원 + 할부수수료 약 72,000원(540만 원 × 1.333%)
- 둘째 달 = 원금 54만 원 + 할부수수료 약 64,000원(486만 원 × 1.333%)

이러한 방법으로 계산하면 원금을 제외하고 10개월 동안 지불하는 할부수수료 총액은 39만 6,000원이다. 따라서 할부개월이 9개월이면 10개월보다 58,500원의 수수료를 덜 내게 된다.

부거래에서는 할부수수료라고 함)를 갚아 나가는 형태임을 의미한다. 그리고 판매자(가맹점)의 입장에서는 할부로 판매하여도 신용카드사로부터 일시불로 판매대금을 받으니, 판매자(가맹점) 입장에서는 일시불과 할부 판매 간에 차이가 없다.

이러한 사실에 기초하여 소비자가 주의해야 할 점은 다음과 같다.

첫째, 판매자는 소비자에게 고가의 상품을 할부로 구입하도록 은근히 유도할 수 있음을 주의한다. 신용카드사가 물품대금 지급을 보증하고 있고, 판매자(가맹점)는 물품 판매 시 일시불과 할부판매의 차이가 전혀 없기 때문에, 판매자는 많이 팔기 위해 소비자에게 고가의 상품을 할부로 구입하도록 은근히 유도할 수 있다는 사실에 주의해야 한다.

둘째, 할부수수료율은 시중 대출금리보다 높은 경향이 있다. 따라서 은행에서 소액신용대출 혹은 마이너스 서비스 이용이 가능하다면 이를 이용하여 물품을 구매하는 것이 할부구매보다 유리하다.

셋째, 할부수수료율은 신용카드회사에 따라 다르지만, 일반적으로 할부기간이 길수록 높아진다. 표 5-2는 어느 한 신용카드사의 할부수수료율을 사례로 제시한 것으로, 할부기간이 길수록 높아지고 있음을 보여 주고 있다. 좀 더 소비자가 주의를 기울여야 할 것은 할부기간이 9개월 할부와 10개월 할부는 1개월 차이이지만 할부수수료율은 각각 15.0%와 16.0%로 1% 차이를 나타낸다는 점이다. 특히, 고가의 물품을 할부로 구매하였을 경우 1% 차이의 수수료도 매우 큰 금액이 될 수 있다.

최근에는 개인 소비자의 신용카드 사용실적에 따라 할부수수료율이 다르다는 점 역시 알아두며, 주로 사용하는 카드 1개를 집중적으로 사용하는 지혜가 필요하다.

(2) 공평과세의 수단

신용카드는 그 동안 과소비 혹은 충동구매의 주범으로 비난받아 왔다. 그러던 것이 공평과세를 위하여 1999년 8월부터 신용카드 거래금액은 소득연말정산에서 공제될 수 있다는 정부발표가 있었다. 얼핏 이해하기에 모순된 듯한 이러한 정부시책이 행해져야 하는 이유는 신용카드가 공평과세의 수단이 될 수 있다는 것이다. 특히, 고소득이 예측 되는 의사, 변호사 등의 전문직, 음식·숙박업자, 도·소매

표 5-2 **할부수수료율(연체요율 : 연 25%)**

할부이용기간	2개월	3~5개월	6~9개월	10~17개월	18~24개월
수수료율	10.50%	14.25%	15.00%	16.00%	17.00%

업자 등 자영업자의 소득신고는 불투명한 것으로 평가되고 있으며, 소비자가 신용카드(체크카드, 현금영수증 이용 포함)를 이용하면 자영업자들의 거래내역이 명확히 밝혀지기 때문이다.

소비자가 신용카드를 이용했을 때 거래내역이 명확해지는 과정은 그림 5-2에서 보 는 것처럼 간단하다. 즉, 소비자가 신용카드(체크카드, 현금영수증 등)를 이용하여 물건을 구매하면 가맹점은 소비자에게 카드 영수증을 발행하게 되고, 가맹점은 신용카드사에 카드대금 청구를 위하여 소비자가 구매한 상품의 전표를 송부하도록 되어 있다. 이러한 과정에서 일차적으로 가맹점의 매출액이 노출되게 된다. 또한 신용카드사는 카드이용 실적을 가맹점을 대신하여 직접 1년에 2번 국세청에 신고하도록 되어 있기 때문에 이차적으로 가맹점의 매출액은 명확하게 노출되게 된다. 즉, 가맹점에서 매출액을 직접 신고한다면 매출액을 줄일 수도 있겠지만 신용카드사가 대신 신고하기 때문에 가맹점의 카드결제분은 전액 노출된다.

이렇게 되면, 상대적으로 소득이 투명하였던 근로자가 부담하여야 할 세금부분이 줄어들게 되는 효과도 가져올 수 있다.

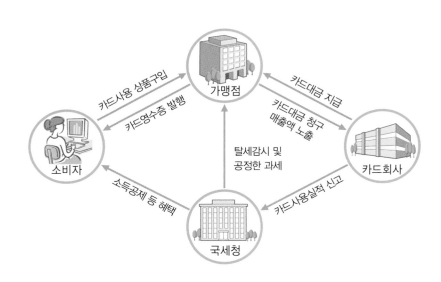

그림 5-2
신용카드를 통한
공평과세 실현과정
자료 : 조선일보(1999. 8. 9)

(3) 소득공제

① 신용카드 사용금액은 소득공제를 받을 수 있다

정부가 신용카드 사용금액에 대하여 소득공제를 해주는 이유는 소비자로 하여금 신용카드 사용을 촉진시키기 위해서이며, 이렇게 하는 이유는 앞에서 살펴본 바와 같이 판매자의 세금탈루를 막기 위함이다. 즉, 소비자가 신용카드를 비롯하여 체크카드, 현금영수증 등 전산망을 이용하여 결제를 하게 되면 모든 거래내역이 노출되기 때문에 판매자들은 판매금액을 속일 수 없게 된다.

그런데 신용카드 사용을 촉진시키다 보니, 신용카드 특성 상 과소비로 인한 신용카드연체자가 증가하게 되는 결과를 초래하는 문제점이 발생하게 되었다. 따라서 거래내역은 노출되면서 연체의 염려를 하지 않아도 되는 체크카드, 현금영수증은 신용카드보다 소득공제 비율을 더 크게 하는 소득공제 정책이 시행되고 있다. 2018년 기준 신용카드는 카드사용액의 15%를, 체크카드와 현금영수증은 30%를 소득공제 금액으로 적용하고 있다. 아울러 전통시장에서의 사용금액, 대중교통 이용금액은 결제수단에 상관없이 즉, (신용카드로 결제해도 상관없이) 모두 30%를 소득공제해 준다.

좀 더 구체적으로 살펴보면, 신용카드(체크카드, 현금영수증 포함) 사용금액에 대해 모두 소득공제를 해주는 것이 아니라, 연봉의 25%를 초과하는 신용카드(체크카드, 현금영수증 포함) 사용금액만 소득공제 대상이 된다. 따라서 연봉의 최소 25%는 신용카드를 사용하고, 초과분에 대해서는 체크카드를 사용하는 것이 30% 소득공제를 받기 때문에 유리하다.

이상의 내용을 잘 이해하고 지혜롭게 카드를 사용하면 소득공제 혜택을 최대화할 수 있을 것이다. 또한 카드사용금액으로부터 소득공제를 얼마나 받을 수 있는가를 계산하는 방법은 좀 복잡하기 때문에 굳이 알 필요는 없다고 생각된다. 다만 실제 구매를 하는 과정에서 어떤 결제수단을 이용하는 것이 자신에게 유리한가를 고려하여 결제하면 소득공제 계산은 계산 시스템이 알아서 해준다.

❷ 작은 금액이라도 신용카드를 이용하거나 현금영수증을 받자

작은 금액이라도 신용카드나 현금영수증을 이용한다면 소득공제 효과를 볼 수 있다. 옛말에 '가랑비에 옷 젖는 줄 모른다'라는 말이 있다. 아주 적은 몇천 원이라도 일 년 동안 가족들이 사용한 모든 돈을 모으면 의외의 큰 돈이 될 수 있다.

❸ 가족카드를 만들어 사용하자

배우자, 부모(배우자의 부모 포함), 직장이 없는 자녀에게 소득공제를 받고자 하는 가족이름(예, 아버지)으로 되어 있는 가족카드를 이용하도록 한다.

❹ 신용카드 사용액을 입증하기 위해 영수증을 일일이 모아 둘 필요가 없다

소득공제를 위해 영수증을 일일이 모아둘 필요는 없다. 필요 시 국세청 홈텍스(www.hometax.go.kr) 사이트에서 자신이 사용한 금액 자료를 다운받을 수 있기 때문이다. 그러나 신용카드 영수증은 신용카드 사용금액과 카드회사에서 청구하는 금액이 일치하는지 확인하기 위하여 결제일까지 영수증을 모을 필요는 있다.

(4) 현금서비스

급하게 소액의 현금이 필요할 경우, 다른 사람에게 빌리는 것도 입을 떼기 어려운

여기서 잠깐

신용카드 사용액에서 소득공제가 되지 않는 것들, 참고로 알아두세요

• 자동차(중고차 포함), 골프회원권 등 등록세가 부과되는 재산의 구입비용

• 부동산 구입비용

• 세금, 전기료, 수도료, 가스료, 전화료(정보사용료, 인터넷이용료 등), 핸드폰요금

• 외국에서 사용한 금액(단, 국내 면세판매장에서 사용한 것은 공제가능)

• 아파트관리비, 텔레비전시청료(종합유선방송의 이용료 포함), 고속도로통행료

• 상품권 등 유가증권 구입비. 단, 상품권을 물건과 교환한 후 현금영수증을 발급받으면 공제가능

• 기부금, 각종 보험료, 수업료(이들은 다른 명목으로 소득공제가 되기 때문에 신용카드로 지불하였다고 다시 소득공제가 되지 않음)

일이고 은행에서 대출을 신청하기도 어려운 일일 것이다. 이럴 때 신용카드를 이용하여 현금을 빌릴 수 있다면 매우 요긴할 것이다. 그러나 현금서비스의 수수료율은 매우 높은 편이어서 현금서비스 받는 일을 쉽게 생각하지 말아야 한다.

현금서비스를 이용할 때 알아두어야 할 점은 신용카드로 일시불로 구매하면 결제일까지 수수료가 붙지 않는 반면, 현금서비스는 서비스를 받는 순간부터 매일매일 수수료가 붙기 시작한다는 점이다. 따라서 현금서비스를 받은 경우 결제일까지 기다릴필요 없이 가능한 빨리 갚아야 한다.

(5) 카드론

신용카드사들은 자신의 카드를 소지하고 있는 개인에게 담보나 보증인 필요 없이 간편한 절차를 거쳐 현금을 대출받을 수 있는 카드론(card loan) 서비스를 제공한다. 카드사는 회원의 신용도, 카드이용실적 등을 고려하여 개인에게 대출한도와 대출이자율을 결정한다. 따라서 여러 개의 신용카드를 이용하는 것보다 하나의 신용카드를 집중적으로 사용하면 소비자혜택이 의외로 클 수 있다.

(6) 신용카드 포인트와 선포인트 서비스

신용카드 포인트란 카드사가 정한 가맹점에서 회원이 카드 사용 시 결제금액의 일부가 적립되고, 일정 금액 이상이 적립되면 카드이용대금 결제, 가맹점의 물품구입, 연회비 납부 등에 사용할 수 있는 제도이다. 그리고 신용카드 포인트는 적립된 지 일정한 기간이 지나면 소멸된다. 따라서 신용카드 포인트를 잘 챙겨서 소멸되기 전에 사용하도록 하고, 포인트 확인은 금융감독원 파인(http://fine.fss.or.kr) 사이트에서 자신이 갖고 있는 모든 카드에 대하여 가능하다.

선포인트란 말 그대로 구매 전에 포인트를 미리 받아 물품대금 결제에 이용하는 방식이다. 카드사나 가맹점에서는 소비자가 물품구입 시 지불해야 할 대금 일부를 카드사로부터 미리 지급받아 이용하고 향후 카드 사용 시 발생하는 포인트로 상환하게 되므로 결제부담이 줄어든다고 설명하지만, 결국 선포인트 서비스는 할인이 아니라 향후 일정 기간 동안 일정 금액 이상의 카드결제를 통해 발생된

그림 5-3
금융감독원 파인
홈페이지
(http://fine.fss.or.kr)

그림 5-4
금융감독원
파인 홈페이지 중
카드 포인트
통합조회 화면
(http://fine.fss.or.kr)

포인트로 상환해야 하는 부채이다. 따라서 구매를 통하여 약정 포인트를 적립하지 못하면(적립 포인트가 약정 금액만큼 되지 않으면) 선포인트로 할인받은 원금은 물론 이자도 상환해야 하며 경우에 따라 연체 시에는 연체이자 납부, 채권추심 등 어려움이 따를 수도 있다. 따라서 선지급 포인트를 이용할 때는 포인트 적립률, 상환 조건 등을 꼼꼼히 따져보고 평소 카드 이용 실적을 감안하여 상환 가능한 범위 내의 포인트만 선지급 받도록 한다.

(7) 해외에서의 물품구매 기능

해외에서의 신용카드 이용의 장점은 해외여행 시 현금소지의 위험과 환전에 따른 수수료, 여행 후 외국 잔돈을 가지고 있을 필요가 없는 점 등의 장점이 있다. 이외에 해외에서 신용카드 이용 시 반드시 알아두어야 할 점은 다음과 같다.

- 여권상 영문이름과 신용카드 이름이 다를 경우 카드 결제가 거부될 수 있으므로, 출국 전에 신용카드와 여권 영문이름을 일치하도록 교체 발급 받는 것이 좋다.
- 출국 전에 '출입국정보 활용서비스'와 SMS(Short Message Service)를 신청하면 해외에서의 부정사용 피해 예방에 도움이 된다. 소비자가 신용카드사 홈페이지 등을 통해 출입국정보 활용에 동의하면, 소비자가 국내에 있는 경우 해외에서 매출 승인이 제한되어 해외 부정사용을 예방할 수 있다. 또한 신용카드 사용내역에 대한 SMS를 신청하면 카드결제 즉시 휴대폰으로 확인할 수 있어서 부정 사용되는 경우에 곧바로 조치를 취할 수 있다.
- 해외에서 사용한 카드결제금액을 분할하여 납부하는 제도를 활용한다. 해외에서 카드 결제 시 일시불만 가능하나, 만약 해외 사용금액이 많아 상환부담이 클 경우에는 귀국 후 카드사에 분할 납부를 신청할 수 있다.
- 해외에서 사용한 신용카드 매출전표(영수증)는 보관하여 두는 것이 좋다. 매출전표 보관은 추후 만약에 있을 매출전표 변조, 과다 청구 등에 대비하여 이의 제기 증거자료로 매우 중요하며 해외사용 분의 거래취소나 환급에 걸리는

기간이 국내와 비교해 길기 때문에 최소한 6개월 정도는 보관하는 것이 안전하다.

- 해외에서 카드를 분실하거나 도난당할 경우 그 사실을 인지한 즉시 국내 카드사에 신고한다. 이를 위해 카드사 신고센터 연락처를 알아둔다. 그리고 카드 분실이나 도난 시 체류국가의 '긴급 대체카드 서비스'를 이용하면 편리하다. 각 나라의 긴급서비스센터를 이용하면 2일 내 새 카드를 여행지 현지에서 발급받을 수 있다(호텔 등으로 새로 발급한 카드를 직접 배달해 준다).
- 신용카드의 유효기간과 결제일은 출국 전 확인하는 습관을 가질 필요가 있다. 체류기간 동안 유효기간이 만료될 것으로 예상한다면 출국하기 전 카드사로 연락하여 갱신발급을 요청할 필요가 있다.

알 아 두 기

해외에서 카드 이용 시 '현지통화 기준'으로 결제하세요

해외 일부 가맹점(해외 인터넷 쇼핑몰 포함)에서 현지통화가 아닌 한국원화(KRW)로 결제하도록 권유하는 사례가 발생하고 있다. 해외에서 카드 이용 시 현지통화로 결제하면 "현지통화 결제 → 미화(USD)"로 변환하여 국제카드사(비자, 마스타 등)로 청구된다. 이때 한국 카드사에서는 미화(USD)를 접수일자의 환율을 적용하고 원화로 변환한 후 소비자에게 청구하는 단계를 거치게 된다. 반면, 원화(KRW)로 결제할 경우, "원화(KRW) 결제 → 현지통화 → 미화(USD)"의 순서를 거치게 된다. 즉, 미화(USD) 변환 단계 이전에 원화(KRW)가 현지통화로 전환되는 과정에서 환전수수료가 추가로 부과되어 결제금액이 상승되는 결과를 가져온다. 따라서 해외에서 카드 사용 시에는 현지통화 기준으로 결제하도록 하며, 전표에 서명하기 전에 반드시 확인한다. 가맹점에서 원화로 표기된 전표를 제시할 경우 거절하고 현지통화로 된 전표를 요구하면 된다.

DCDS{Debt Cancellation(채무면제) & Debt Suspension(채무유예)}

DCDS는 신용카드사가 제공하는 부가서비스로, '채무면제·채무유예' 상품을 의미하며, 최근 신용카드 가입 후 많은 소비자들이 전화로 가입하고 있다.

DCDS는 신용카드사가 매월 회원으로부터 일정율의 수수료(채무 잔액의 일정비율)를 받고 회원에게 사망, 질병 등의 사고가 발생했을 때 5,000만 원 한도 내에서 카드채무를 면제해 주거나 일정기간 동안 결제를 유예해 주는 상품이다. 현재 모든 카드사에서 취급하고 있다.

카드사마다 약간의 차이는 있지만 일반적으로 DCDS 서비스에 가입한 고객이 사망하거나 치명적인 질병(뇌졸중, 급성심근경색증, 만성신부전증, 암, 주요 장기 이식수술을 받은 경우 등) 또는 치명적인 상해(신체일부 및 시력상실, 사지마비, 정신·신경기능 장해 등), 61일 이상의 입원 등으로 장기간 무능력 상태에 처하게 되면 채무가 면제된다. 그리고 15일 이상의 단기 입원이나 비자발적인 실업 시에는 최장 12개월 내에서, 자연재해를 당했을 경우에는 최장 3개월 내에서 대금청구를 유예 받을 수 있다. 보상되는 금액은 회원이 카드로 사용한 일시불, 할부, 현금서비스, 카드론, 개인신용대출, 수수료, 이자, 연체료를 포함한 카드채무의 해당 월 청구 금액이며, 앞으로 회원이 갚아야 할 미청구 금액도 보상에 해당된다.

3. 신용카드 피해, 어떻게 예방할 수 있을까

신용카드는 우리에게 편리함을 주는 대신 관리를 소홀히 하면 의외로 상당한 피해를 입을 수 있다. 신용카드 관리에 필요한 사항을 살펴보자.

- 신용카드 회원가입 시 약관을 잘 읽어보고 카드의 이용방법, 회원의 책임, 도난, 분실 시의 보상제도 등을 확인한다.
- 신용카드를 수령한 즉시 카드 뒷면의 서명란에 서명을 한다. 그리고 서명한 부분을 복사하여 보관해 둔다. 이는 카드를 분실하였을 경우 서명을 하였다는 점을 쉽게 입증해 줄 수 있는 자료가 될 수 있기 때문이다. 서명하지 않은 채 분실하거나 도난당한 경우 카드사로부터 보상받기 어렵다.

- 수시로 카드소지 여부를 확인한다.
- 매출전표를 작성할 때는 반드시 입회하며 카드사용 내역이 정확한 지 확인하고 서명한다. 실제 주유소에서 5만 원어치의 기름을 주유하였는데, 50만 원이 청구된 사례, 2만 원짜리 셔츠를 구입하였는데, 20만 원이 청구된 사례 등을 예로 들 수 있다. 이 경우, 실제 여부를 확인하는 데 많은 시간과 에너지가 요구될 수 있으니, 항상 카드사용 내용을 확인한 후 서명하도록 한다.
- 가맹점 수수료는 소비자가 지불하지 않는다. 신용카드로 구매할 때와 현금으로 구매할 때 상품의 가격이 달라지는 판매점은, 카드사에 지불해야 하는 수수료를 상품가격에 포함시켜 소비자에게 전가시키는 것이 분명하다. 그리고 어느 가맹점은 노골적으로 신용카드로 물건을 구매하면 가맹점 수수료를 소비자에게 지불하라고 강요하는 경우도 있다. 분명한 것은 신용카드 거래구조에서 살펴본 가맹점 수수료는 소비자가 지불하지 않는다는 것이다.
- 타인에게 빌려주지 않는다. 신용카드는 플라스틱 머니라고 부를 만큼 현금과 같이 통용되는 것이기 때문에 카드를 타인에게 빌려주는 것은 현금을 직접 빌려주는 것과 마찬가지이다. 이는 아무리 부자지간이거나 부부사이라도 마

알 아 두 기

금융주소 한 번에 서비스

금융감독원은 2016년 1월부터 '금융주소 한번에' 서비스를 제공하고 있다. 즉, 개인은 거래하고 있는 금융회사 한 곳의 영업점 방문 또는 홈페이지에 접속하여 '금융주소 한번에' 서비스를 이용하여 주소변경을 하면, 거래하는 모든 금융회사에 주소가 한꺼번에 변경된다.

찬가지이다. 신용카드를 남에게 빌려주었다가 발생한 피해에 대해서는 보상을 받을 수 없다. 그러므로 신용카드는 절대로 남에게 빌려주지 않아야 한다. 조금 매정하게 들릴지도 모르겠지만 가족이라도 절대로 빌려주어서는 안된다.

- 여러 개의 카드를 특정한 이용 목적 없이 소지하면 위험할 수 있으며, 가능한 하나의 카드만 집중적으로 사용하면 관리를 하기 편하다.

- 주소변경 후 즉시 카드회사에 신고한다. 주소를 변경하면 카드회사는 물론 거래하고 있는 모든 금융회사, 백화점카드사 등에 주소변경을 요청하여야 한다. 그 이유는 여러 가지 소비자에게 알릴 사실이 소비자에게 적절한 시기에 전달되지 않음으로써 소비자가 의외의 큰 손해를 볼 수 있기 때문이다. 주소를 알리지 않아 전 주소로 배달되었다면 소비자의 책임을 물어 전액보상을 받기 어렵기 때문이다.

사례 **신용카드를 부정 수령하여 이용한 사례**

P씨는 얼마 전 통장을 정리하다가 부정 사용된 내역을 발견하고 자신의 신용카드가 타인에 의해 이용되었음을 알게 되었다. P씨는 2개월 전에 신용카드 발급신청을 한 적이 있는데, 당시에 카드를 수령하지 못하였고 그저 카드가 어떤 사정에 의해 발급되지 않은 것으로 생각하였다. 그러나 알고 보니 직장동료가 수령해서 부정 사용했던 것이었다.

- 신용카드를 해지할 때에는 해지신청을 하고 사용할 수 없는 신용카드는 확실히 잘라서 버리는 것이 좋다. 잘 사용하지 않는 신용카드는 해지하는 것이

바람직하다. 신용카드를 사용하지 않고 그냥 잘라버리는 것으로 그치지 않고 카드사에 해지신청을 반드시 해야 한다. 그 이유는 카드를 전혀 사용하지 않아도 연회비를 부가적으로 지출해야 하기 때문이다. 또한 유효기간이 다 되어가도 자신도 모르게 재발급되기도 하므로 유효기간을 확인하고 재발급을 원하지 않을 경우에는 신용카드사에 알려야 한다.

■ 다른 사람에 의해 부정 사용된 카드금액은 신고하여 처리한다. 카드 이용 대금명세서를 받은 후 이의가 있는 경우에는 해당 결제일로부터 14일 이내에 서면으로 이의를 제기할 수 있다. 그러면 신용카드사에서는 면밀한 조사를 통해 그 결과를 회원에게 통보하게 되는데, 이때에도 이의가 있는 경우에는 결과를 통보받은 날로부터 7일 이내에 금융감독원에 분쟁조정을 신청할 수 있고 분쟁이 끝날 때까지 이용대금을 납부하지 않아도 된다.

사례 타인에 의해 신용카드가 부정 사용된 사례

A씨는 카드 사용대금 청구서를 받아보니 전혀 사용한 적이 없는 가전제품 구입대금이 무려 500만 원이나 청구된 사실을 발견하였다. 카드회사에 이의제기를 하였는데, 카드회사 자체 조사 결과, B씨가 인터넷을 통해 전자상거래 업체로부터 컴퓨터 등 가전제품을 구입한 것으로 드러났다. 신용카드사에서는 은근히 B씨와 A씨가 연관이 있는 것으로 의심하고 있는 눈치이며 우선 사용대금부터 갚으라고 계속해서 독촉을 하고 있다. 그러나 A씨는 카드를 잃어버리거나 남에게 빌려준 적이 없다.

---

4. 신용카드의 분실과 보상

신용카드 사고 중 가장 문제가 되는 것이 신용카드 분실이며, 이에 대해 구체적으로 살펴보자.

신용카드는 직접 물품구매 시 비밀번호도 필요 없고 카드를 제시하고 서명하는 것만으로 물품과 서비스를 제공받을 수 있기 때문에 현금과 동일하다고 생각하면 된다. 이 때문에 카드는 제3자에 의해 부정 사용되는 경우가 종종 있으며, 다음은 이런 경우에 유용한 사항이다.

▪ 카드를 분실하거나 도난당한 경우에는, 즉시 전화로 카드사에 통지하고 지체 없이 그 내용을 서면으로 신고하여야 한다. 이 경우 카드사는 즉시 신고 접수자, 접수번호, 신고시점 등 접수 사실을 확인할 수 있는 사항을 회원(소비자)에게 알려주도록 되어 있으며, 회원(소비자)은 이러한 사항을 확인하여야 한다.

▪ 다음 절차로 회원은 분실, 도난 신고 접수일로부터 60일 이전(현금 인출, 현금서비스의 경우는 신고시점 이후, 이 경우에는 비밀번호를 필요로 하며 비밀번호관리의 책임을 묻는 차원에서)에 발생한 제3자의 카드 부정사용 금액에 대하여는 다음에서 정한 회원의 과실사유를 제외하고 카드사로부터 보상을 받을 수 있다. 다만, 부정사용조사 신청 시 카드 1매당 최고 2만 원의 부정사용조사 수수료를 회원이 부담하여야 한다.

• 회원의 고의에 의한 부정사용의 경우(자신이 사용한 카드대금을 카드분실로 위장하는 경우 등)
• 카드의 미서명, 관리소홀, 대여, 양도, 이용위임, 불법대출 등으로 인한 부정사용의 경우
• 회원의 가족에 의한 부정사용의 경우
• 회원이 분실·도난사실을 알고 정당한 사유 없이 신고를 지연한 경우
• 회원이 부정사용조사를 위한 카드사 요청에 협조하지 아니한 경우
• 카드 비밀번호 유출로 인한 부정사용의 경우
• 분실, 도난 신고일로부터 1년 이내에 정당한 이유 없이 보상신청을 하지 않은 경우

생각해 보기

다음의 조건일 때 신용카드 분실 시 피해를 보상받을 수 있는 기간을 따져보자

• 조건 : 카드 분실시점 불확실함 / 카드 분실을 인식하고 신고한 시점 5월 30일
• 물품구매 시 보상받을 수 있는 기간 : 4월 1일 ~ 5월 30일(신고시점)까지 다른 사람이 카드로 물품을 부정 구매한 금액
• 현금인출 시 보상 : 5월 30일(신고시점) 이후 다른 사람이 부정 인출한 현금

60일 이전 ←	신고시점	→ 신고시점 이후
(4월 1일~5월 30일)	(5월 30일)	(5월 30일 이후)
(부정 물품구매 보상)		(부정 물품 구매 및 현금 보상)

사례 **자신의 신용카드가 제3자에 의해 부정 사용된 사례**

은행인데요. 확인할 것이 있으니, 신용카드 비밀번호 좀…

은행에서 갑자기 급한 목소리로 전화가 걸려왔다. '저기 고객님 신용카드에 좀 문제가 있는 것 같은데요. 확인할 것이 있으니, 비밀번호 좀 부탁합니다.'라는 말에 무심코 불러준 비밀번호가 화근이었다. 조금 후 핸드폰의 SMS(Short Message System, 신용카드 사용내역을 실시간으로 알려주는 서비스) 문자 서비스로 현금 서비스 200만 원이 인출되었다는 내용이 도착했다. 그제서야 아차! 했지만 이미 때는 늦었고 급히 은행에 확인한 결과, 그런 일은 전혀 없었다는 답을 듣는 것과 카드 분실신고를 하는 것으로 마무리하였다.

신용카드를 가져간 사람이 친구로 밝혀졌어요. 어떻게 해요.

친구에게 화장실 좀 다녀오겠다고 가방을 맡긴 것이 화근이었다. 그리고 평소 은행에서 현금 인출을 할 때 그 친구와 함께 다니면서 아무런 생각없이 옆에서 이야기를 하면서 현금인출을 했던 것도 후회되었다. 아마도 친구는 무심코 비밀번호를 외우고 있었던 모양이었다. 신용카드로 인한 현금인출 사실을 인지하고 은행에 해당 현금 인출기 CCTV 화면을 요청하여 살펴본 결과, 카드 부정 사용자가 친구인 것으로 밝혀졌다. 차마 친구를 고발할 수가 없어 신용카드 관리를 잘 해야 한다는 교육비로 생각하기로 하고 사건을 마무리하였다.

CREDIT MANAGEMENT & CONSUMPTION LIFE

나의 신용정보는
어떻게 관리해야 하나

나의 신용정보는
어떻게 관리해야 하나

신용정보란 한 개인의 신용을 평가하기 위해서 필요한 자료를
의미한다. 본 장에서는 신용정보는 누가 어떻게 수집하는지, 개인의
신용평가에 가장 큰 영향을 끼치는 연체정보의 등록과 해제는
어떻게 이루어지는지, 그리고 나의 신용정보는 어떻게 확인할 수
있는지를 살펴보고자 한다.

1. 신용정보란

신용정보란 개인의 신용을 평가하기 위해서 필요한 자료를 의미한다. 신용이란 앞에서 살펴보았듯이 외상으로 물건을 구매하거나 돈을 빌려 쓰고 나중에 약속한 날에 제대로 갚는 것을 의미한다. 그러니 외상으로 구입한 물건이나 돈을 약속한 대로 얼마나 잘 갚을 수 있는지 평가하는 데 필요한 자료가 신용정보인 셈이다.

그렇다면 신용정보에는 무엇이 있을까?

개인 신용정보에는 개인이 누구인가를 알 수 있는 식별정보(성명, 주소 등), 채무불이행정보(연체정보, 부도정보 등), 돈을 빌리고 물건을 구매하면서 생성된 금융거래정보(대출정보, 채무보증정보 등), 신용능력정보(소득, 재산세, 소득세 등), 공공정보(국세 및 지방세 체납정보, 법원의 심판 및 결정정보 등) 등이 있다.

표 6-1 개인 신용정보

식별정보	개인을 식별할 수 있는 정보로서 성명, 주소, 주민등록번호, 성별, 국적 등의 정보
채무불이행정보	대출금 및 신용카드대금 등의 연체정보
금융거래정보	금융거래 내용을 판단할 수 있는 정보로서, 대출, 보증, 담보제공, 신용카드, 할부금융 등의 종류, 기간, 금액 등에 관한 정보
신용능력정보	돈을 빌리거나 신용카드 등으로 물품을 구매하고 이를 잘 갚을 수 있는 능력으로 소득 및 재산, 소득세 및 재산세 등의 정보
공공정보	법원의 재판결과 관련 정보, 세금 또는 공공요금 등의 체납정보

2. 신용정보 수집과 관리는 누가, 어떻게 하나

개인 신용정보는 CB(Credit Bureau)에서 모아 집중관리한다. CB는 공적 CB와 민간 CB로 구분할 수 있으며 공적 CB는 개인 신용정보만을 수집하되 신용평가는 하지 않는 반면, 민간 CB는 신용정보 수집뿐 아니라, 신용평가까지 담당한다. 즉, 민간 CB는 신용정보를 기초로 개인의 신용등급을 평가하며, 개인 대출심사 등 신용평가 결과를 필요로 하는 금융회사 등의 기관에 제공한다.

1) 공적 CB : 한국신용정보원

한국신용정보원은 은행연합회 등 5개 금융협회 및 보험개발원에서 분산하여 관리해 오던 신용정보를 집중하여 안전하게 관리하기 위하여 2016년에 설립된 국내 유일의 종합신용정보집중기관이다. 그리고 모든 금융회사가 한국신용정보원의 회원사로 되어 있다.

각 금융회사는 한국신용정보원의 회원사로 가입하여, 자신의 금융회사를 거래하는 고객의 신용정보를 한국신용정보원에 제공하고, 자신의 금융회사가 필요할 때(예: 개인의 대출을 위해 신용정보가 필요할 때) 한국신용정보원이 각 금융회사로부터 모아 놓은 개인정보를 요청하여 이용한다. 따라서 금융회사들은 자신의 고객이 타 금융회사에서 어떠한 금융거래를 하고 있는지 모두 알 수 있다.

한국신용정보원이 수집하는 주요 정보는 채무불이행정보(연체 90일 이상), 대출 및 채무보증정보, 카드개설정보, 국세청으로부터 받은 세금체납 등의 공공정보 등이다.

2) 민간 CB : KCB(korea Credit Bureau), NICE평가정보

민간 CB의 대표적인 회사로 코리아크레딧뷰(KCB)와 나이스신용평가정보(NICE)가 있다. 이들은 금융위원회로부터 신용조회업 허가를 받은 곳이다. 이들은 한국신용정보원에서 집중·관리하고 있는 개인신용정보를 제공받으며, 동시에 민간 CB에 회원사로 가입되어 있는 비금융회사(대부업체), 통신회사, 유통회사, 소매회사 등으로부터 개인신용정보를 수집하여 관리하면서 회원사가 필요로 할 때 개인신용정보는 물론 신용을 평가한 후 그 결과를 제공한다.

이상의 내용을 그림으로 설명하면 다음과 같다.

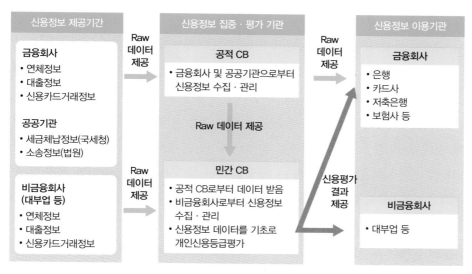

그림 6-1
CB의 개인신용정보
수집 및 관리 과정

표 6-2 신용정보 집중기관(CB) 및 관리 내용

집중기관(CB)	등록 대상 개인정보	개인정보 제공기관	이용기관
한국신용정보원	• 대출 및 채무보증정보 • 카드개설정보 • 채무불이행정보(연체 90일 이상) • 세금체납 등의 공공정보	금융회사 국세청, 법원 등 정부기관	금융회사
KCB, NICE평가정보	• 한국신용정보원으로부터 받은 정보	한국신용정보원	금융회사 및 비금융회사
	• 비금융회사로부터 받은 정보	비금융회사*	

주 : * 비금융회사 : 대부업체, 통신회사, 유통회사, 소매회사 등

3. 신용정보제공 동의 및 철회

각 금융회사 또는 백화점, 이동통신사 등이 고객의 개인신용정보를 CB사에게 제공하려면 미리 고객의 동의를 반드시 받도록 되어 있다. 이 때문에 금융회사, 이동통신사, 백화점 등은 거래를 개설할 때 개인으로부터 '신용정보의 제공 및 활용 동의서'를 받고 있다. 여러분들도 핸드폰을 개설하면서 개인정보제공 동의서에

사인한 경험을 갖고 있을 것이다. 한 가지 소비자가 유의할 사항은 동의서 작성 시 거래를 위하여 필수로 동의해야 하는 정보와 선택적으로 동의할 수 있는 정보가 있으니, 모든 신용정보에 무조건 동의한다고 체크하지 말고 신용정보에 따라 신중하게 동의여부를 체크하도록 한다.

계약 시에 동의한 '개인신용정보의 제공 및 활용 동의'는 철회할 수 있으며 이러한 소비자권리를 '신용정보제공동의 철회권'이라고 한다. 신용정보제공을 동의한 기관에 제공동의를 철회하겠다는 내용을 서면 등의 방법으로 알리면 되며, 만일 철회로 인하여 제휴서비스 등을 제공받지 못하는 경우 그 서비스를 포기하겠다는 의사를 표시하여야 한다. 다만, 계약 후 3개월 내에는 철회를 하지 못한다.

또한 소비자는 '연락중지 청구권'을 갖는다. 이는 광고(마케팅) 목적으로 본인에게 연락하는 것을 중지할 것을 청구하는 것을 의미하며, 자신의 개인신용정보 이용을 동의한 기관에 연락을 중지해달라는 내용을 서면 등의 방법으로 알리면 된다. 계약 시에는 광고 목적으로 전화번호를 사용할 것을 동의하였으나 지나치게 전화나 문자가 온다면 계약 후 언제든지 연락중지 청구가 가능하다.

4. 신용평가

개인신용평가는 CB사가 개인이 향후 1년 이내에 90일 이상 연체 등이 발생할 가능성을 수치화한 지표로 점수와 등급으로 평가된다. 개인신용평가는 점수와 등급으로 평가된다. 점수는 0점~1,000점까지, 등급은 1등급~10등급까지 분류하는데, 통상 1~2 등급은 최우량 등급으로 부채를 갚지 못할 가능성이 거의 없는 집단이고, 3~4등급은 우량등급으로 부채를 갚지 못할 가능성이 낮은 사람들이다. 5~6등급은 중등급으로 단기적으로 연체의 경험이 있거나 비우량 금융회사로부터 대출받은 경험이 있다고 할 수 있다. 7~8등급은 주의등급으로 연체 경험을 다수 가지고 있는 등급으로 부채상환을 하지 못할 위험이 높다고 할 수 있다. 9~10 등급은 위험등급으로 현재 연체중이거나 부채상환을 하지 못할 위험이 매우 높은 신용등급이다.

개인신용평가는 민간 CB사에 의해 이루어지며, 과거 부채상환기록(연체기록 포함), 현재 부채수준, 신용거래기간 및 신용거래기록 등을 평가요소로 하여 결정한다. 이들 개인신용평가 요소를 평가에 적용하는 비중(가중치)은 민간 CB사마다 다를 수 있으며, 어떤 민간 CB사는 개인신용평가의 정교화를 위해 CB사 차원에서 수집하기 어려운 세금, 건강보험료 및 국민연금보험료, 통신요금, 공공요금 등에 대한 성실납부 내역을 개인이 직접 CB사에 제출하면 신용등급 평가에 반영하고 있다. 이는 금융거래가 거의 없거나 적어서 신용정보가 거의 없는 사회초년생이나 직업의 특성상 현금거래가 많은 경우에 유리한 신용평가 시스템이라고 할 수 있다.

표 6-3 민간 CB사에 따른 주요 평가요소와 반영 비중

평가요소	설명	반영 비중(%)	
		NICE	KCB
상환이력정보	채무의 적시 상환 여부 및 그 이력(연체정보)	40.3	27
현재 부채수준	현재 보유 채무의 수준(대출금액, 신용카드 이용금액 등)	23.0	25
신용거래기간	신용거래기간(최초 혹은 최근 개설일로부터의 기간 등)	10.9	14
신용형태정보	신용거래의 종류 및 행태(상품별 계좌건수, 활용비율 등)	25.8	34

자료 : 나이스평가정보 및 KCB. 금융감독원(2017). 대학생을 위한 실용금융. p. 144.

표 6-4 개인신용등급별 의미 및 특징

등급	구분	거래실적	연체가능성
1~2	최우량	오랜 신용거래 경력을 보유하고 있으며 다양하고 우량한 신용거래 실적을 보유	매우 낮음
3~4	우량	활발한 신용거래 실적은 없으나 꾸준하고 우량한 거래를 지속한다면 상위등급 진입 가능	낮음
5~6	일반	주로 저신용 업체와의 거래가 있는 고객으로 단기연체 경험 있음	일반
7~8	주의	주로 저신용 업체와의 거래가 많은 고객으로 단기연체의 경험을 비교적 많이 보유하고 있어 단기적인 신용도의 하락이 예상됨	높음
9~10	위험	현재 연체 중이거나 매우 심각한 연체의 경험을 보유	매우 높음

자료 : 나이스평가정보. 금융감독원(2017). 대학생을 위한 실용금융. p. 145.

생각해보기

신용등급이 돈이다?

1억 원을 빌린다고 가정할 경우, 등급별 대출비용은 얼마나 차이가 날까?

금융회사마다 차이가 있겠지만 한 지방은행인 J은행에서 2017년 8월 기준, 공표한 신용등급별 연 대출금리는 1~2등급 3.39%, 3~4등급 3.68%, 5~6등급 5.09%, 7~8등급 10.32%, 9~10등급 12.23%이다. 원리금균등분할상환을 한다고 가정했을 때, 신용등급별 연 이자액은 다음 표와 같다. 특히 1~2등급과 9~10등급의 차이는 연 4,901,958원이며, 이러한 차이는 대출금액이 많을수록 더 커질 것이다. 참고로 금융감독원 금융소비자 정보포털인 파인(FINE)에서는 최신 각 금융회사별 대출금리를 제시하고 있으며, 금융거래 계산기를 이용하면 쉽게 대출이자를 산출하여 비교할 수 있다.

신용등급에 따른 이자비용 차이

신용등급	1~2등급	3~4등급	5~6등급	7~8등급	9~10등급
이자율(%)	3.39	3.68	5.09	10.32	12.23
연 이자액(원)	1,845,747	2,004,523	2,778,477	5,677,743	6,747,705

조건 : 1억원, 원리금균등분할상환.
자료 : 금융감독원(2017). 대학생을 위한 실용금융. p. 142.

5. 나의 신용관리

1) 신용관리방법

금융회사는 회사 자체기준에 의해 분석한 소비자의 신용등급과 민간 CB사로부터 제공받은 신용등급 등을 기초로 대출조건(대출여부, 대출금액, 대출금리, 대출기간 등)을 결정한다. 신용등급이 높으면 많은 대출금을 손쉽게 낮은 금리로 빌릴 수 있게 된다. 따라서 신용관리방법은 신용을 좋게 만들고 유지하기 위한 방법이라고 할 수 있다.

신용을 좋게 하기 위해서는 일정기간동안 신용이 좋다는 기록 즉, 카드나 돈을 빌려서 쓰고 약속한 날에 잘 갚았다는 기록이 쌓여야한다. 따라서 신용카드를 전혀 이용하지 않아도 기록이 없어서 신용등급이 낮게 평가될 수 있으며, 가장 주의해야 할 것은 연체가 되지 않도록 해야 하는 것이다. 결제일을 깜박하거나 청구서가 도착하지 않아 발생할 수 있는 연체를 예방하기 위해서는 자동이체 납부를 하는 것이 바람직하다.

그 외, 신용관리를 위한 팁으로 금융감독원이 제시한 '개인신용등급관리 10계명'을 알아두자.

❶ 인터넷, 전화 등을 통한 대출은 신중하게 결정하기

대부분 긴급자금이 필요한 상황에 해당하겠지만, 단지 신속하고 편리하다는 이유로 인터넷이나 전화 등을 통해 대출을 받거나 현금서비스를 이용하는 경우가 있다. 그러나 이러한 대출을 이용할 경우 연체 위험도를 높게 평가하게 되므로 실제 연체가 발생하지 않았더라도 신용등급이 하락하게 될 가능성이 크다. 다소 불편하더라도 금융회사를 직접 방문해 대출을 받는 것이 좋다.

❷ 건전한 신용거래 이력을 꾸준히 쌓아가기

개인신용등급은 개인의 과거 신용거래 실적과 현재 신용거래 내용에 대한 평가를 바탕으로 평가되기 때문에 신용거래가 거의 없는 개인은 평가 근거가 부족해 좋은 신용등급을 받기 어렵다. 따라서 개인신용등급을 적절히 유지·관리하기 위해서는 연체 없는 대출거래, 신용카드이용 등 신용거래 실적을 꾸준히 관리해야 한다.

❸ 갚을 능력을 고려해 적정한 채무 규모 설정하기

개인의 채무 규모가 과다하면 CB사 또는 금융회사에서 연체 위험이 상승한 것으로 평가하고 있어 개인신용등급이 하락하게 될 가능성이 높다. 따라서 본인의 소득 규모나 지출 등을 고려하여 감당할 수 있는 수준의 채무 규모를 설정하고, 정해진 규모 안에서 대출과 신용카드를 이용하는 것이 좋다.

❹ 주거래 금융회사를 정해 놓고 이용하기

오래 사귀거나 자주 만나는 친구를 더 많이 믿게 되듯이, 금융회사도 거래기간이 길거나 거래량이 많은 고객에 대한 신용도를 높게 평가하는 경향이 있다. 따라서 주거래 금융회사를 정해서 이용하면 신용평가에 긍정적인 영향을 미칠 수 있다.

❺ 타인을 위한 지급보증은 가급적 피하기

타인의 부채 상환을 위한 보증서에 사인을 한다는 의미는 타인이 빚을 갚지 못하면 내가 대신 갚겠다는 약속을 하는 것이다. 따라서 타인의 부채에 대한 보증내역은 CB사에 보내져 개인신용등급을 산출할 때 반영되며, 개인신용등급이 하락하거나 이 때문에 대출한도가 줄어들 수 있다.

❻ 주기적인 결제대금은 자동이체를 이용하기

카드 이용대금이나 통신요금 등은 소액이지만 그 연체횟수가 증가하면 개인신용등급이 하락할 수 있다. 소액연체는 대부분 개인의 관리 부주의 등으로 발생하는 경우가 많기 때문에 자동이체 서비스를 적극적으로 활용하고 미리 통장잔액을 확인해 소액 연체가 발생하지 않도록 미연에 방지할 필요가 있다.

❼ 연락처가 변경되면 반드시 거래하는 금융회사에 통보하기

금융회사에서는 대출 금액이 연체될 경우 이를 고객에게 안내하고 있다. 그러나 만일 주소나 이메일, 전화번호가 변경됐음에도 거래 금융회사에 알리지 않으면 연체가 발생하더라도 금융회사로부터 안내를 받지 못하는 상황이 발생할 수 있다. 따라서 주소·전화번호 등 주요연락처가 변경되는 경우 이를 반드시 거래하는 금융회사에 통보해야 한다. 앞에서 살펴본 것처럼 금융감독원에서 제공하는 '금융주소 한 번에' 서비스를 활용하면 편리하다.

❽ 소액이라도 절대 연체하지 않기

연체정보는 개인의 신용등급 평가에 가장 부정적인 영향을 미치는 요소다. 일단 소액이라도 연체가 발생하면 연체금액을 상환한 이후에도 일정 기간 개인신용등급 평가 시 부정적인 정보로 반영된다. 따라서 소액이라도 계획적이고 합리적인 소비습관을 통해 연체가 발생하지 않도록 유의해야 한다.

❾ 연체를 상환할 때에는 오래된 것부터 상환하기

연체는 그 기간이 길수록 개인신용등급에 불리하게 작용하므로 여러 건의 연체를 보유하고 있을 경우에는 가장 오래된 연체 건부터 상환함으로써 연체정보로 인한 불이익을 최소화해야 한다.

❿ 자신의 신용정보 현황을 자주 확인하기

본인의 개인신용등급은 CB사에서 1년에 3회(4개월에 1회) 무료로 확인할 수 있다. 이를 정기적으로 활용해 자신의 신용정보가 정확한지 점검할 필요가 있다. 자신의 신용정보는 아무리 자주 확인하여도 신용평가에 아무런 영향을 주지 않는다.

알 아 두 기

대출 권유와 보이스피싱 사기

금융감독원은 2016년 1~9월 대출사기 피해상담 사례 8,677건을 분석한 결과를 공개하였으며, 금융회사를 사칭한 대출사기에 당하지 않으려면 어떻게 해야 할지, 금융감독원이 내놓은 대처 요령을 소개한다.

"고객님, OO캐피탈입니다. 전화 한 통으로 대출해드립니다." (070-XXXX-XXXX)

인터넷전화 국번인 070으로 걸려오는 대출 권유 전화는 대부분 보이스피싱 사기인 것으로 조사되었으며, 인터넷전화 국번인 070 국번으로 걸려오는 전화 대출 권유에 응하지 말아야 한다. 인터넷전화의 국제전화 요금이 일반전화보다 저렴하다는 점을 악용한 대출 사기일 가능성이 크기 때문이다. 보이스피싱 조직이 해외에 근거지를 둔 채 국내 소비자에게 무작위로 전화를 하는 경우가 많다. 이들은 소비자가 관심을 보일 경우 "대출을 받으려면 신용등급 상향을 위해 보증기관의 보증서를 받아야 한다"며 보증료 입금을 요구한다. 그러나 막상 보증료를 보내면 연락이 두절되는 경우가 많다.

070 국번의 상담 전화번호가 적혀 있는 대출 전단을 팩스로 받았을 때도 마찬가지로 조심해야 한다.

"대출을 원하면 1번을 누르라"는 식의 자동응답시스템(ARS) 전화도 사기일 가능성이 크다. 정상적인 금융회사는 ARS로 대출을 권유하지 않기 때문이다. 사기범들은 주로 금융지주·대기업 계열 캐피탈이나 시중은행·저축은행을 사칭해 대출을 권유한다. 이들이 특정 금융회사 직원이라고 주장할 땐 반드시 신원 확인을 해야 한다. 위조된 재직증명서를 보내는 사기범도 있기 때문에 재직증명서를 믿어서는 안 된다.

자료 : 중앙일보(2016.11.10.)

신용상식 테스트 : 10가지 기본적인 신용 상식

오해		진실
신용정보조회를 하면 신용등급이 내려간다	→	2011년부터 신용정보조회는 신용등급에 반영되지 않음
공과금, 세금, 통신요금은 금융채무(금융회사에서 빌린 돈)가 아니므로 신용도와 상관없다	→	연체정보로 한국신용정보원이라는 곳에 기록되어 신용등급에 부정적인 영향을 끼침
개인 간 채무관계로 법원에서 패소하더라도 신용도에는 영향이 없다.	→	확정판결은 신용정보원이라는 곳에 기록되어, 신용등급에 부정적인 영향을 끼침
연체금을 갚으면 신용도가 이전으로 회복된다.	→	과거 연체기록은 일정기간 보존되므로 신용도가 바로 회복되지는 않음
금융회사 앞으로 보증을 서준 것은 내가 대출받은 것이 아니므로 신용등급에는 영향이 없다	→	실제 대출을 받은 사람이 상환을 못하면 내가 상환할 책임이 있는 것이 보증이므로 신용등급에 부정적으로 반영됨
대출을 아예 받지 않거나 신용카드를 전혀 사용하지 않으면 신용등급이 좋아진다	→	대출, 신용카드를 이용하고 잘 갚은 이력은 개인의 신용을 평가하는 자료로 이용되기 때문에 어느 정도의 신용거래가 있어야 개인신용등급이 올라감. 이러한 거래가 전혀 없으면 개인신용평가를 할 수 있는 자료가 부족하여 개인신용등급에 부정적인 영향을 끼침
금융회사나 금융회사 소속 대출모집인은 내 동의가 없어도 내 신용정보를 알 수 있다	→	본인이 정보제공동의를 하지 않는 이상 내 신용정보를 남이 볼 수 없음
개인회생 파산 신용회복을 받아 무사히 마쳤으면 신용이 회복되어 바로 대출받을 수 있다	→	금융회사는 신용정보회사의 신용등급 외에도 고객정보와 자체등급을 관리하고 있으므로 대출이 안되는 경우가 있음
소득이 높으면 신용등급이 올라간다	→	신용등급은 대출 등 채무상환과 관련된 정보 위주로 반영되므로 소득이 높으면 신용등급 상승에 도움이 되겠지만, 단순히 소득이 높다고 신용도가 올라가지는 않음
A은행에서 대출을 받았지만 다른 금융회사에서는 대출사실을 모른다	→	신용정보 조회 시 모든 금융권 신용거래 정보를 알 수 있음

자료: 금융감독원 홈페이지(www.fss.or.kr).

2) 연체정보 관리

신용평가에서 가장 부정적 영향을 끼치는 것이 연체정보이며 이에 대해 좀 더 구체적으로 살펴보면 다음과 같다.

(1) 금융채무 연체정보의 등록

금융채무란 신용카드사를 비롯한 금융회사에 진 빚을 의미하며 신용카드사를 비롯한 금융회사에 약속한 날짜까지 돈을 갚지 않는 것을 연체라고 하며 이에 대한 정보는 금융회사에 의해 공적 CB사인 신용정보원에 등록된다. 그러나 연체한 즉시 등록되는 것이 아니라, 금융회사는 연체를 갚도록 고객에게 미리 알리고 갚을 수 있는 기간을 일반적으로 3개월 가량 준다. 그래도 갚지 않으면 신용정보원에 등록한다.

(2) 등록된 금융채무의 연체정보 해제 및 기록 삭제

금융회사는 연체된 돈을 갚으면 연체정보 등록을 해제한다. 그러나 연체등록이 해제된다 하여도 연체 기록이 모두 삭제되는 것은 아니다.

금융채무의 경우, 연체채무로 등록되어 있는 기간이 90일 이내, 혹은 연체등록 기간이 아무리 길더라도 연체 대출금이 1,000만 원 이하 또는 연체 카드결제대금이 500만 원 이하인 경우, 돈을 갚으면 연체정보 해제와 동시에 기록이 삭제된다. 그러나 연체등록기간이 90일을 초과하면 돈을 갚아도 일정기간 연체기록이 보존된다. 따라서 연체가 되어 등록이 되었더라도 하루라도 빨리 연체금을 갚으려는 노력이 중요하다.

CREDIT MANAGEMENT & CONSUMPTION LIFE

연체가 되었는데,
어떻게 하나

연체가 되었는데,
어떻게 하나

연체란 대출을 받거나 외상으로 물건을 구매하고 약속한 기간까지
돈을 갚지 못하는 경우를 의미한다. 본 장에서는 연체가 되었을
때 연체자 스스로 해결할 수 있는 방법과 타인(타기관)으로부터
도움을 받을 수 있는 개인의 신용회복을 도와주는 지원제도에 대해
살펴본다.

금융회사로부터 돈을 빌리고 약속한 날 상환을 하지 못하거나, 신용카드로 물품을 구입하고 결제일에 물품구입대금을 갚지 못하면 연체자가 된다. 그리고 갚지 못하는 기간이 3개월이 되면 한국신용정보원에 등록되어 금융거래에 제약을 받게 된다. 신용카드를 사용할 수 없음은 물론 정상적인 직장생활 내지 경제생활을 유지하기 어려워진다. 특히, 젊은이의 경우 취업은 거의 불가능하게 된다.

연체자의 법적인 용어는 '금융채무불이행자'이며, 사회 곳곳에서 신용불량자라고 부르기도 하는데 이 말을 순화해 '신용유의자'로 부르기도 한다.

연체자가 많아지게 되면 개인 자신은 물론, 국가 측면에서도 사회문제(예 : 연체자가 돈 때문에 도둑질을 하거나 자신을 비관하여 자살하는 등의 문제)가 발생하는 등, 전반적으로 나라 전체의 신용도 평가 혹은 경제에 부정적인 영향을 끼치게 된다. 이 때문에 민간차원과 정부차원에서 금융채무불이행자들의 정상적인 경제생활로의 회복을 도와주는 제도를 운영하고 있다. 이러한 제도의 특성은 빚을 일정 기간 동안 나누어 갚도록 하고, 이자율을 낮추어 주거나, 이자(혹은 연체이자)를 탕감해 주는 등의 방식으로 연체자들의 신용회복을 도와주고 있다.

본 장에서는 연체가 되었을 때 연체자 스스로 해결할 수 있는 방법과 개인의 신용회복을 도와주는 지원제도에 대해 살펴본다. 여기서 개인이란 근로자, 자영업자를 의미하며 기관인 법인은 제외된다.

1. 연체자 스스로 해결하는 방법

1) 문제의 심각성을 인식하고 빨리 대처한다

연체는 말 그대로 빌린 돈을 갚기로 약속한 기한 내에 갚지 못한 것을 의미한다. 연체는 은행의 대출금, 신용카드와 백화점카드 대금뿐 아니라 휴대폰 요금, 인터넷 사용료, 각종 세금 등 많은 부분에서 발생할 수 있기 때문에 주의해야 한다. 이를 위한 한 가지 방법은 납부고지서를 받고 납부 마감일까지 기다리지 말고 가능한 한 빠른 시일 내에 처리하는 것이다.

　연체를 하였다는 것은 내가 현재 갚을 능력보다 많은 빚을 가지고 있음을 의미한다. 따라서 연체상황을 심각하게 생각하고 대처를 하지 않으면, 점점 연체자 신분에서 벗어나기 어려워지게 된다. 왜냐하면 CB를 통하여 모든 금융회사들이 나의 연체 사실을 이미 알 수 있도록 시스템이 만들어져 있기 때문에, 이제부터는 어느 금융회사도 나에게 더 이상 호락호락하게 돈을 빌려주지 않기 때문이다. 설상가상으로 연체가 되면 연 25% 이상 되는 높은 연체이자를 물어야 한다. 연 25%의 연체이자란, 이자로 원금의 1/4을 1년 후 원금과 함께 지불해야 한다는 의미이다. 예를 들어, 100만 원을 빌렸다면 1년 후 125만 원을 갚아야 한다는 것이다. 따라서 연체 초기에 정신을 바짝 차리지 않으면 연체의 수렁에서 빠져나오기 점점 어렵게 될 수 있다.

2) 자신 스스로 할 수 있는 방안을 강구한다

❶ 부채 목록을 만들고 부채별로 언제, 얼마를 갚아야 하는지 우선순위를 점검한다

누구에게 얼마만큼의 돈을 언제 갚아야 하는지 일목요연하게 기록하여 어떻게 빚을 갚아나가야 할지 계획을 세운다. 부채 목록을 만드는 양식은 자신이 편리한 대로 하되, 다음 양식을 참고로 한다. 부채 목록을 매월 정리하면서 부채가 실제 어느 정도 감소하는지, 연체 해결은 어떻게 되어 가는지 등을 체크해 나간다(표 7-1).

연체된 부채부터, 부채 규모가 작은 것부터, 만기가 짧은 것부터 갚기 시작한다.

표 7-1 **부채 목록**

부채유형	빌린 곳	상환잔액	상환계획	상환마감일	연체여부
자동차 할부	현대 캐피탈	840만 원	월 70만 원	2020.12.31	X

부채를 갚기 위한
자산 처분 순서

❷ 부채를 갚을 수 있는 여력을 모두 동원하여 부채를 갚는다

연체이자로 인한 부채의 급증을 막기 위해서는 가지고 있는 것 중 쉽게 현금화할 수 있는 것부터 처분하여 부채를 갚아 나가도록 한다. 가장 먼저, 은행의 예금, 적금, 주식 및 채권 등 쉽게 현금화할 수 있는 자산이 있다면 이를 현금화하여 부채를 갚는다. 연체이자율보다 높은 수익을 얻는다는 것은 거의 불가능하기 때문에 만기까지 기다리는 것보다 하루라도 빨리 해지하여 부채를 갚도록 한다.

다음으로 현금화하기 쉬운 자산인 자동차, 보석류 등과 같이 돈 가치가 있는 물품은 모두 팔아 부채를 갚는다. 특히, 자동차는 자동차세, 보험료, 유류 및 수선비 등의 유지비를 고려하여 자동차 자체의 가치가 적더라도 반드시 팔도록 한다.

마지막으로 현금화하는 데 시간이 좀 걸리지만 부동산(현재 살고 있는 집을 포함하여)도 현금화하여 부채를 갚는다. 특히, 부채의 규모가 크고 단기간에 갚을 수 있는 여력이 없다고 판단되면 집을 줄이거나 집을 팔아(전세 혹은 월세로 옮기면서) 부채를 갚도록 한다.

❸ 새로운 소득을 얻기 위해 노력한다

소유하고 있는 자산을 현금화하여 부채를 갚는 한편, 현재의 소득수준으로는 아무리 노력해도 부채를 갚기 어렵다고 판단되면, 퇴근 후 혹은 출근 전 시간을 이용하여 시간제로 부수적인 소득을 얻을 수 있는 일을 찾아야 한다.

❹ 지출을 최대한으로 줄인다

지출을 최대한으로 줄여 빚을 갚도록 한다. 이를 위해서는 기본적으로 가계부를 반드시 기록하여 지출을 줄일 수 있는 부분을 찾는다. 예를 들어, 아파트 베란다에 직접 채소를 재배하여 이용하기, 전기 및 수도세 줄이기, 빚을 모두 갚을 때까지 절대 옷 사지 않기, 외식금지는 물론 점심 도시락 이용하기, 자녀들 핸드폰 없애기 그리고 앞에서 설명한 자가용을 과감히 처분한다. 처음에는 일상생활이 너무 불편할 것 같지만 의외로 홀가분한 마음이 생길 뿐 아니라 생활비가 매우 절감되는 경험을 하게 될 것이다.

❺ 스스로 빚을 해결할 수 없으면 주변인들에게 현재 자신이 처한 상황을 솔직하게 털어 놓고 도움을 요청한다

자신 스스로 빚을 해결하는 것이 불가능하다고 판단될 경우, 가족을 비롯한 주변의 가까운 사람에게 폐가 되지 않는다면 더 큰 나락으로 떨어지기 전에 도움을 요청해 본다. 특히, 경제적 활동을 하고 있지 않은 학생의 신분이거나 미혼인 경우, 부모님께 적극적으로 도움을 청해야 하며, 기혼자일 경우에는 배우자와 자녀들에게 모든 상황을 솔직하게 털어놓고 가족 모두가 함께 어려움을 해결해 나가도록 하는 것도 좋은 방법일 것이다.

2. 신용회복지원제도

신용회복지원제도로써 대표적인 것은 민간지원제도인 신용회복위원회에서 제공하는 '개인워크아웃'과 '프리워크아웃'이 있으며, 공적지원제도로써 법원에서 제공하는 '개인회생'과 '개인파산'이 있다. 이들은 모두 일반 성인을 위한 신용회복지원제도이다.

그리고 학자금대출을 상환하지 못하여 신용유의자가 된 대학생 및 사회초년생만을 대상으로 한 신용회복지원 서비스가 한국장학재단과 신용회복위원회에서 제공되고 있다.

1) 대학생 및 사회초년생을 위한 신용회복지원제도

(1) 한국장학재단

한국장학재단에서는 학자금대출 상환을 연체하고 있는 사람이 신용유의자로 등록되어 취업을 하지 못하고 있는 등 정상적인 경제생활을 하고 있지 못하는 문제점을 완화하기 위해 다음과 같은 신용회복지원 서비스를 제공하고 있다.

❶ 분할상환제도

- **분할상환기간** 대출원금을 10년 이내에 분할 상환할 수 있으며, 단 채무가 2천만 원 이상인 경우 20년까지 분할상환이 가능하다.
- **분할상환 시 혜택** 신용·유의정보(연체정보)를 해제하여 준다.
- **주의사항** 채무가 10만 원 미만인 경우 분할상환이 안되며, 분할상환금을 3개월 이상 연체 시 분할상환 서비스가 중지되며 신용유의자로 다시 등록된다.

❷ 신용유의정보(연체정보) 등록자 회복제도

- **대상** 학자금대출 연체로 한국신용정보원에 신용·유의정보가 등록된 자로서 대학(학부) 재학, 휴학 또는 졸업 후 2년 이내인 자(혹은 중소기업에 재직 중인 자)
- **지원내용** 졸업 후 2년까지 신용·유의정보 등록 유예가 가능하다.

❸ 취업연계 신용회복지원제도

- **대상** 한국장학재단과 협약을 맺은 기관*에 취업할 경우, 신용·유의정보를 해제하고 분할상환기간 및 상환 조건을 완화해주는 제도이다.

(2) 신용회복위원회

❶ 대학생·미취업청년지원

- **대상** 금융회사 채무를 3개월 이상 연체하고 있는 대학생 및 미취업청년
- **지원내용** • 채무감면 : 개인워크아웃 기준에 의한 채무감면
  - 상환유예 : 대학 졸업 시까지 채무상환 유예
  - 졸업 후 취업 시까지 최장 4년 이내에서 추가 상환 유예
  - 최장 10년 이내 분할상환 지원

---

* 2016년 11월 기준 협약을 맺은 기관은 우리금융그룹, BNK경남은행, 광주은행, NH투자증권, DGB생명, KB캐피탈, 대구시청, 부산시청, 충남도청 외 다수이다.

❷ 소액금융 신용보증 지원

- **대상** 신청일 현재 대학(원)에 재학·휴학 중인 자 혹은 청년층으로 만 29세 (군필자의 경우 31세) 이하이며, 연 3천5백만 원 이하의 소득이 있는 자
- **지원내용**

구분	생활자금대출	고금리전환대출
지원용도	학업 및 생계유지에 필요한 생활비 대출	신청일 기준 6개월 이전에 받은 연이율 15% 이상의 고금리 대출의 상환
보증한도	최대 1,200만 원 이내(연간 500만 원 이내)	최대 1,200만 원 이내
거치기간	최대 6년(군복무 예정자는 8년)	
상환기간	최대 7년	최대 7년

2) 일반 성인을 위한 신용회복지원제도

(1) 민간기구인 신용회복위원회의 지원제도

신용회복위원회의 개인워크아웃과 프리워크아웃의 대상이 되는 채무는 오직 금융채무만 대상이 된다. 즉, 대부업자 혹은 개인 간에 이루어진 채무는 지원대상이 되지 않는다.

❶ 개인워크아웃

- **신청자격** 다음의 3가지 자격요건을 모두 갖추어야 한다.
  - 채무 중 어느 하나라도 연체기간이 3개월 이상인 자
  - 최저생계비 이상의 수입이 있는 자 또는 수입이 없더라도 부모 등 친인척의 도움으로 빚을 갚을 수 있다고 인정되는 자
  - 금융회사의 총채무액이 15억 원 이하인 자(담보채무 10억 원 이하, 무담보 채무 5억 원 이하)

■ **지원내용**

구분	채무감면	분할상환
무담보채무	• 이자와 연체이자 전액 감면 • 원금은 금융회사에서 손실 처리한 상각채권 중 신청인의 상환여력을 감안하여 감면(최대 60% 까지)	• 최장 8년 이내 분할 상환
담보채무	• 연체이자만 감면	• 최장 20년 이내 분할 상환

알 아 두 기

최저생계비

최저생계비란 '국민의 건강하고 문화적인 생활을 유지하기 위하여 소요되는 최소한의 비용'을 의미한다. 우리나라에서는 최저생계비를 가구원수별로 기준 중위소득의 60% 수준으로 정한다. 보건복지부는 매년 최저생계비를 발표하며, 2018년 최저생계비는 다음과 같다.

2018년 최저생계비(보건복지부 기준 중위소득의 60%) (단위 : 원)

가구원 수	1인	2인	3인	4인	5인	6인
기준 중위소득	1,672,105	2,847,097	3,683,150	4,519,202	5,355,254	6,191,307
기준 중위소득의 60%	1,003,263	1,708,258	2,209,890	2,711,521	3,213,152	3,714,784

주 1. 중위소득이란 모든 가구를 소득 순으로 순위를 매겼을 때, 가장 가운데를 차지한 가구의 소득을 의미함
주 2. 기준 중위소득이란 보건복지부장관이 급여의 기준 등에 활용하기 위하여 중앙생활보장위원회의 심의, 의결을 거쳐 고시하는 중위소득을 의미함

❷ 프리워크아웃

■ **신청자격** 다음의 5가지 자격요건을 모두 갖추어야 한다.

• 2곳 이상의 금융회사에 채무가 있으며, 그 중 1곳 이상의 연체기간이 31~89일 사이인 자

• 총 채무액이 15억 원 이하인 자(담보채무 10억 원, 무담보채무 5억 원)

• 신청일로부터 6개월 이내 신규발생 채무가 잔여 총 채무액의 30% 이하인 자

• 정상적으로 소득활동을 하고 있는 채무자 중 연간 채무 상환액이 총소득액의 30% 이상인 자

- 보유 자산의 가치가 10억 원 이하인 자

■ 지원내용

구분	채무감면	분할상환
무담보채무	이자율의 50%까지 인하	최장 10년 이내 분할 상환
담보채무	연체이자만 감면	최장 20년 이내 분할 상환

(2) 법원의 개인회생 및 개인파산면책제도

법원의 개인회생 및 개인파산면책제도는 사채를 포함한 모든 채무를 대상으로 한다. 따라서 사채가 많은 경우, 신용회복위원회 서비스 보다는 법원의 서비스가 적합하다. 특히 개인파산면책제도는, 채무규모가 총 15억 원(무담보채무 5억 원 + 담보채무 10억 원)을 초과하는 경우에 적합하다.

❶ 개인회생제도

총 채무액(사채 포함)이 무담보채무 5억 원, 담보채무 10억 원 이하인 개인채무자로써, 일정한 수입이 있는 자에 한한다.

개인회생제도는 재정적 어려움으로 인하여 파탄에 직면하였으나 장래에 안정적이고 정기적인 수입을 얻을 수 있는 개인채무자를 구제함을 목적으로 한다. 개인회생을 원하는 사람은 최대 5년 간 소득 중 최저생계비를 제외한 나머지를 모두 부채상환에 써야 한다. 이를 위해 개인회생을 원하는 자는 5년 간의 변제(빚을 갚을)계획을 작성하여 법원에 제출하여 허가를 받아야 하며, 개인회생 허가를 받게 될 경우 이 변제계획에 따라 상환을 하여야 한다. 그리고 최대 5년 간 부채상환후 남은 채무는 모두 면책(빚을 갚아야 할 책임에서 벗어남) 받을 수 있다.

❷ 개인파산면책제도

사채를 포함하여 총 채무액에 제한이 없으며, 일정한 수입이 없어도 된다.

개인파산면책제도는 개인파산 신청 시점에서 채무자가 보유하고 있는 모든 자산을 현금화하여 모든 채권자가 평등하게 채권을 변제 받도록 함과 동시에, 채무자에게는 면책절차를 통하여 남아 있는 채무에 대한 변제 책임을 면제하는 제도이다. 다만 부채가 낭비 또는 사기행위 등으로 파산에 이른 경우에는 면책이 허가되지 않는다.

3. 연체 해결과정에서 주의해야 할 사항

1) 신용카드 돌려막기는 절대 금지

신용카드 결제대금을 결제할 여력이 없는 경우 다른 카드로 현금서비스를 받아 결제하는 것이 돌려막기이며 당장 급할 경우, 돌려막기의 유혹을 뿌리치기는 힘들 것이다. 돌려막기를 위해 신용카드를 한 장에서 두 장, 두 장에서 세 장, 그 이상의 카드를 발급받아 계속해서 돌려막기를 하다보면 불어나는 현금서비스를 어찌하지 못해 파산에 이르는 경우가 많다. '한두 번쯤은 괜찮겠지'라고 생각할지 모르지만, 값비싼 현금서비스 수수료가 원금에 더해져, 빚덩이가 더 커질 뿐인 것

사례 카드깡 돌려막기 : 1년 최대원금 5배 빚 수렁, 400만 원이 2,140만 원으로

돌려막기의 새로운 방법으로 사채업자의 '카드깡' 방법이 사용되고 있다. 카드깡을 해주는 사채업자는 소비자에게 신용카드를 만들게 한 다음 이를 이용해 비싼 가전제품 혹은 가구 등을 할부로 구매하도록 한다. 그리고 이를 시중가격보다 싼 가격으로 되팔아 현금화한 후 10~20%의 수수료를 떼고 나머지 돈을 융통해 주고 있다고 한다.

신용카드를 이용한 '카드깡'은 불법이며 이를 이용해 '돌려막기'를 했을 경우 1년만에 원금의 최대 5배로 빚이 불어나는 것으로 조사되었다. 2004년 7월 15일 금융감독원 분석 결과, 총 이용한도가 500만 원인 신용카드 4장을 소지한 사람이 사채업자한테서 '카드깡'을 통해 15%의 수수료를 먼저 떼고 나머지 현금 400만 원을 일시불로 빌린 뒤, 다른 소득 없이 '돌려막기'로 빌린 돈을 갚는 행동을 1년간 반복했을 경우 빚이 원금의 5.23배인 2,140만 원으로 불어나는 것으로 나타났다. 금융감독원 관계자에 따르면 '카드깡을 이용하면 1년 뒤에는 최고 원금의 5배로 빚이 늘어 점점 빚을 갚기 어려운 상황에 빠지게 되는 것은 물론, 불법행위로 인하여 최장 7년간 금융거래가 금지되는 불이익을 당하게 된다'고 한다.

자료 : 한겨레신문(2004. 7. 15)

이다. 월급 이외에 아르바이트 등을 해서 빨리 카드값을 갚으려는 노력이 무엇보다 중요함을 인식하여야 한다.

2) 사채업자(대부업자)에게 절대 손을 내밀지 말라

(1) 사채업자는 누구인가

은행 등을 제도권금융회사(시중은행을 제1금융권, 저축은행, 새마을금고, 신협 등을 제2금융권)라고 하며, 이들은 법에 의해 정부의 인·허가를 받아야 하는 반면, 사채업(대부업)은 등록만 하면 영업을 할 수 있다.

대출이 필요할 때 가장 먼저 찾는 곳이 제1금융권이며, 그 다음으로 신용등급이 낮은 사람은 대출이자가 좀 비싸더라도 상대적으로 손쉽게 대출을 받을 수 있는 제2금융권에서의 대출을 고려할 것이다. 그러나 제도권금융회사에서 대출을 받기 어려운 사람은 마지막으로 사채업자를 찾게 된다. 하지 말아야 하지만, 어쩔 수 없는 상황에서 사채업자를 찾아야만 할 경우 다음 '대부업자가 지켜야 할 사항'을 잘 알아두어야 뒤탈이 없다.

(2) 사채이용 시에는 이렇게 한다

❶ 등록업체를 이용한다

금융위원회에 등록된 업체인지를 확인하고 이를 이용한다.

❷ 대표이사 명의 영수증을 필히 보관한다

채무자는 돈을 빌릴 때 맺은 계약서나 약정서를 반드시 받아두며 돈을 갚았을 때는 계약서상 대부업자 대표이사 명의로 된 영수증을 잘 보관한다.

❸ 협박이 있을 때 녹취 등 증거물을 확보한다

사채업자로부터 폭력, 협박을 받거나 채무와 관계없는 제3자에게 채무변제 등을 요구하는 경우에는 녹취 등 모든 증거를 확보하여 금융감독원 불법사금융피해 신고센터(금융감독원 통합콜센터 국번없이 1332)로 신고하면 된다. 아울러, 불법 스팸문자와 관련하여서는 한국인터넷진흥원 불법스팸대응센터(국번없이 118번, http://spam.kisa.or.kr)로 신고하면 된다.

④ 법원의 변제공탁제도를 이용한다

사채업자가 고의로 대출금 받는 것을 피할 경우에는 사채업자의 주소지 관할법 원에 '변제공탁제도'를 이용한다. 사채업자가 자리를 비우거나 전화를 받지 않는 등 고의로 돈을 갚는 것을 막는다면 채권자(사채업자)의 주소지 관할 법원에 갚 을 돈을 맡길 경우, 맡기는 시간부터 법적으로 이자를 물지 않아도 된다. 이처럼 돈을 갚으려고 함에도 불구하고 돈을 받을 대상을 찾지 못할 때에는 관할 법원에 갚을 돈을 맡기면 돈을 빌린 사람에게 갚은 것과 동일한 효과를 갖기 때문에 이 를 '변제공탁제도'라고 한다.

⑤ 신용카드, 은행통장, 도장 등을 사채업자에게 맡기면 절대 안 된다

카드 연체대납대출 시 신용카드를 사채업자에게 맡겨서는 안 되며 신용카드 비

표 7–2 대부업법에 명시된 대부업자가 지켜야 할 사항

구분	준수사항
법정 최고금리	• 2018년 기준 연 24.0%이며 지속적으로 낮아질 전망임
대부업 등록 및 교육 이수 의무	• 금융위원회에 등록 의무화 • 등록 시 교육 이수 의무
불법적 채권추심 행위 금지	• 폭행 또는 협박을 가하거나 위계 또는 위력을 사용하는 행위는 법으로 처벌 • 말, 글, 음향, 영상, 물건을 이용하거나 정당한 사유 없이 채무자 또는 그의 관계인을 방문하는 행위로 채무자 또는 그의 관계인에게 공포감과 불안감을 유발하여 사생활 또는 업무의 평온을 심히 해하는 행위 금지
계약서 교부	• 반드시 계약서를 교부해야 함
대부조건의 영업소 게시 및 설명의무	• 대부업자는 대부이자율·이자계산법·변제방법 등을 영업소에 게시하고 그 내용을 설명하여야 함

밀번호도 알려줘서는 안 된다. 또한 대출신청 시 통장 및 도장을 맡겨서도 안 된다. 이미 신용카드를 사채업자에게 맡긴 상태라서 사채업자가 자신의 카드를 부당하게 사용할 우려가 있는 상태라면 신용카드회사에 사용정지를 요청하여 피해를 최소화하여야 한다.

❻ 낯선 사람으로부터 잦은 전화가 오는 가족에게 관심을 갖자
자신의 가족 가운데 갑자기 사채 관련 뉴스에 부쩍 관심을 갖거나 낯선 사람으로부터 전화가 자주 걸려오거나 한다면, 대부분 사채를 이용하고 있는 경우가 많으므로 사정을 정확히 파악해서 문제를 해결하도록 노력한다.

(3) 사채업자는 양의 탈을 쓴 늑대일 수 있음을 알자

사채업 광고가 TV를 통해 많이 이루어지고 있어, 마치 일반 금융기관으로 착각하지 않도록 주의해야 한다. 그리고 이들 광고는 번거롭지 않으면서 신속한 대출을 강조하고 있는데, 이렇게 묻지도 따지지도 않는 사채일수록 못 받을 위험이 크기 때문에 이자가 매우 높은 특성을 갖는다.

또한 등록하지 않은 불법 사채업자들은 주로 생활정보지나 전단지·일간지·인터넷 광고를 통해 유혹의 손길을 뻗치기도 한다. 최근에는 핸드폰 문자 메시지를 통해 광고를 하는 경우가 많아지고 있다. 사채업자들은 '당장 200만 원 현금대출 가능' 등의 달콤함으로 빚 독촉에 힘든 사람들을 파리지옥으로 이끌고 있다.

그런데 실제 많은 사람들이 은행으로부터 대출이 가능한지 여부조차 확인하지 않고 미리 포기를 하는 경우가 있다고 한다. 이는 사채의 절차가 비교적 간단하기 때문이기도 하는데, 한편 생각해 보면, 깐깐한 절차를 요구하는 금융기관일수록 안전하고 대출이자도 싸다는 것을 알아야 한다.

집에다 알리지 않은 채 한 달만 넘기면 될 것 같아 사채를 잠시 쓰게 되지만 이를 갚지 못하면 사채가 불어나는 것은 물론 인생까지 망치는 경우가 속출한다. 특히, 악덕 사채업자를 만날 경우 빌려준 돈을 받기 위해 수단과 방법을 가리지 않고, 여성의 경우 성매매를 조건으로 가족에게 알리겠다고 협박하는 등 돌이킬 수 없는 피해를 입는 경우가 있다. 심지어 돈을 갚으려고 노력해도 고의적으로 자리를 비우는 등 비싼 이자를 받기 위해 온갖 술책을 부리기도 한다.

대출사기_보이스피싱 사례

최근, 보이스피싱 형태로 대출사기 사례가 빈번하여 정부가 적극적인 노력을 기울이고 있으나 새로운 형태의 보이스피싱이 지속적으로 나타나면서 좀처럼 근절되지 않고 있다. 문제는 사기를 당한 후 원상회복을 하기가 거의 불가능하다는 것이다. 다음은 보이스피싱일 가능성이 거의 100%라고 할 수 있는 사례이다.

1. 전화 문자를 통한 대출 권유

대출권유 전화(메시지, 이메일 등)는 대부분 불법이라고 생각하면 되며, 따라서 전화 등으로 대출권유를 받으면 무시하는 것이 상책이다.

2. 대출 처리비용 명목으로 선입금 요구

선입금이라는 것은 어떤 식으로도 위험성을 갖고 있으며, 정상적인 금융회사는 절대 선입금을 요구하는 경우는 없다. 주로 신용등급이 낮아도 대출이 가능하다고 하며 대출진행비 및 선이자를 받고 사라지는 경우가 이에 해당된다.

3. 저금리 정부대출이 가능하다고 유인

은행을 사칭하여 저금리 정부대출이 가능하다며, 그러기 위해서는 현재의 대출금을 일단 상환해야 하는데 자신이 불러주는 계좌(대포통장)로 입금하라고 하고는 사라지는 경우가 대부분이다.

금융감독원에서 제시하고 있는 일반적인 보이스피싱 피해예방을 위한 수칙을 정리해 보면 다음과 같다.

1. 정부기관이라며 자금이체 요구하면 100% 보이스피싱

검찰이나, 경찰, 금융감독원 등의 정부기관에서는 어떤 경우에도 전화로 자금이체나 금융거래정보 등을 요구하지 않는다.

2. 납치, 사고를 빙자한 전화라면 우선 확인부터

가족(특히 자녀의 경우)이 납치되어 당장 돈이 필요하다거나, 큰 사고를 당해 병원에 있는데 수술비가 필요하다는 전화를 받으면 당황하여 이성적인 판단을 하기 어렵다. 이러한 점을 노려 보이스피싱 범죄에 이용하는 사례가 많으니 주의한다. 이 경우, 일단 전화를 끊고 해당 가족에게 확인한다.

3. 채용을 미끼로 계좌비밀번호 요구시 응하지 않음

정상적인 회사에서는 급여이체를 위해 통장사본을 요구할 수는 있지만, 개인의 금융거래정보(비밀번호, 공인인증서, 보안카드 등)를 요구하지는 않는다.

4. 가족, 친구 등을 사칭하여 금전 요구시 응하지 않음

자녀 혹은 친구라며 다급한 목소리로 돈을 요구한다면 일단 전화를 끊고, 자녀 혹은 친구에게 전화를 하여 확인하는 것이 먼저이다. 혹시 전화를 받지 않는다고 조급해 하지 않도록 하며, 이유는 100% 보이스피싱이기 때문이다.

5. 출처가 분명하지 않은 이메일과 문자는 즉시 삭제

모르는 메일이나 문자는 절대 클릭하지 않고 삭제한다. 초대장, 혹은 '지난번 문의하셨던 사항' 등의 제목으로 클릭을 유도하는 이메일과 문자를 확인하는 순간 악성코드에 감염되어, 보이스피싱 대상이 될 가능성이 크다.

6. 금융감독원 팝업창이 뜨고 금융거래 정보 입력 요구시 무시

교묘하게 사이트를 똑같이 만들어 놓고 금융거래 정보 입력을 요구하면 100% 보이스피싱이다. 금융감독원에서 팝업창으로 금융거래 정보를 절대 요구하지 않기 때문이다.

7. 보이스피싱 피해발생 시 즉시 신고 및 피해금 환급 신청

보이스피싱이라고 인식되면 최대한 빨리 경찰, 금융감독원(1332)에 신고한다. 또한 예금인출을 막기 위해 바로 경찰이나 자신의 금융회사에 전화하여 지급정지 조치를 해야 한다. 그 후 경찰서에 가서 피해신고 및 금융회사에 피해금 환급을 신청하면 되며, 지급정지 조치로 돈이 빠져나가지 않았다면 별도의 소송절차 없이 돌려받을 수 있다.

CREDIT MANAGEMENT & CONSUMPTION LIFE

적을 알아야 내가 산다 :
소비자가 알아두어야 하는
판매전략

적을 알아야 내가 산다 :
소비자가 알아두어야 하는
판매전략

소비자의 비이성적 소비행동을 스스로 방지하려면 어떠한 노력이
필요할까? 전략적으로 소비를 이끌어 내는 판매전략을 알고 이를
조심하면 어떨까? 마치 적의 전략을 알고 전장에 나아가듯이
말이다. 나아가 오히려 판매전략을 소비자가 이용할 수는 있지
않을까? 본 장에서는 소비자가 알아두면 좋은 판매전략을
살펴보고자 한다.

1. 판매전략의 기본원리

판매전략은 시장환경과 소비자의 소득수준 향상, 1인가구 증가 등의 변화에 따라 소비자의 요구가 변화하기 때문에 그 유형은 수없이 많을 수 있다. 그러나 판매전략을 세우는 데에는 기본원리가 적용되며 이에 대해 살펴보자.

1) 지각

지각(perception)은 사람이 시각, 청각 등을 통하여 받게 되는 외부자극을 단순히 인식하거나, 외부자극을 자기 나름대로 해석하여 받아들이는 것을 의미한다. 그런데 인간이 외부자극에 대하여 인식을 하려면 일정 크기 이상의 자극을 받아야 하는데, 이처럼 외부자극에 대하여 반응을 나타내기 시작하는 최소한의 외부자극 크기 수준을 절대식역이라 한다.

또한 개인이 외부자극의 변화를 지각하기 위해서는 전(before) 자극의 크기와 변화된 후(after) 자극의 크기와의 차이가 일정 수준 이상이어야 하며, 이 차이가 크면 클수록 개인은 전후의 차이를 잘 지각하게 되며(아! 변했네~) 자극 전후의 (자극의 크기) 차이를 차이식역이라고 한다.

판매자는 이러한 지각의 원리를 이용하여 판매전략을 세우고 있으며 이에 대해 살펴보면 다음과 같다.

(1) 절대식역과 판매전략

소비자는 초기에는 작은 자극에도 민감하게 외부자극을 인식하지만, 동일한 자극에 노출되는 횟수가 많아질수록 자극에 대한 민감도가 떨어지기 때문에 절대식역(absolute threshold) 수준은 점차 높아지는 속성을 갖고 있다. 이러한 속성 때문에 기업은 광고의 내용을 자주 바꾸거나 제품의 디자인을 변경하는 전략을 세운다. 즉, 아무리 인기 있는 광고라도 주기적으로 광고내용을 조금씩 바꾸게 되는데, 이는 소비자들이 기존의 광고에 익숙해지면서 더 이상 그 광고가 소비구매욕

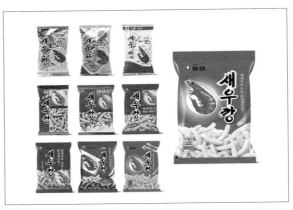

그림 8-1
과자봉지 디자인의 본래 이미지를 유지하면서 변화를 준 사례
자료 : 농심 홈페이지

2017년 쏘나타7세대
(뉴라이즈)

2014.03~현재
쏘나타7세대
(LF쏘나타)

2012.07~2014.03
쏘나타6세대
(쏘나타 더 브릴리언트)

2009.09~2012.07
쏘나타6세대 (YF쏘나타)

2007.11~2009.09
쏘나타5세대(쏘나타트랜스폼)

2004.09~2007.11
쏘나타5세대(NF쏘나타)

2001.01~2004.08
쏘나타4세대(뉴EF쏘나타)

1998.03~2001.01
쏘나타4세대(EF쏘나타)

19963.02~1998.07
쏘나타3세대(쏘나타3)

1993.05~1996.02
쏘나타3세대(쏘나타2)

1988.06~1991.02
쏘나타 2세대(뉴쏘나타)

1985.11~1987.12 쏘나타 1세대

현대자동차
쏘나타
디자인
변천 과정

그림 8-2
현대자동차의 최고 성공으로 일컫는 쏘나타 자동차의 경우, 쏘나타라는 이미지는 살리면서 조금씩 자동차 이름(쏘나타 I, II, III, EF 등)과 디자인에 변화를 준 사례
자료 : 뉴스워커(2017.07.21.). 현대자동차 '쏘나타' 디자인을 통해 보는 국산차 디자인 변천사 '자동차는 진화한다'.

구를 자극하지 못하기 때문이다. 또한 기업은 이러한 절대식역의 속성 때문에 아무리 훌륭한 상품이라도 얼마 동안의 시간이 경과하면 상품의 디자인 등을 조금씩 변화시키면서 소비자의 구매욕구를 자극한다.

예를 들면, 자동차 혹은 냉장고의 경우, 본래적 기능인 운전이나 식품의 보관에는 큰 차이가 없지만 디자인, 색깔, 부속기능 등 모델을 약간만 바꾸면서 해마다 끊임없이 새로운 상품을 출시하여, 기존 상품모델에 식상해 하는 소비자에게 신선한 구매자극을 주고 있다. 단, 여기서 중요한 점은 기존 제품에 대한 소비자 반응이 좋은 제품이라면, 이미 소비자들에게 인식된 이미지는 유지하면서 약간의 변화로 소비자의 구매를 자극하려는 시도가 많이 엿보인다.

(2) 절대식역 판매전략과 소비자구매행동

소비자는 절대식역 속성을 이용한 판매전략을 이해하여 조금 새로운 모델의 상품이 출시되었다고 하여 종전의 상품을 쉽게 버리는 등 비합리적인 구매행동을 삼가야 한다.

가장 좋은 방법은 광고 등 구매를 자극하는 상황이 올 때마다 광고 문구(카피)에 대해 말대꾸를 해보는 것이다. 예를 들어, '소비자 여러분 냉장고는 왜 흰색이어야 하냐는 의문을 가져본 적이 있으십니까? 이제부터는 가전제품도 디자인입니다'라는 광고 문구를 들었을 때, '오호라! 절대식역을 이용하는구나… 왜? 냉장고는 뭐니 뭐니 해도 냉장, 냉동 잘되는 것이 가장 중요하지. 그래, 네 말도 일리가 있지만, 내가 냉장고를 바꾸어야 할 때 그때 디자인을 한번 고려해 볼게…' 이렇게 말대꾸를 해보는 것이다. 그러면 충동구매욕구로 휘청거리던 자신의 마음을 잘 붙잡아주는 심리적 효과가 나타날 것이다.

(3) 차이식역

차이식역(differential threshold) 원리는 기업이 상품가격을 변화시키거나 용량을 변화시킬 때 이용한다. 즉, 상품가격을 올릴 때는 소비자가 지각하지 못하는(차이식역 미만) 최대한의 범위 내에서 가격을 올려 소비자로 하여금 가격상승을 인식하지 못하게 한다. 반면 가격을 내릴 때에는 소비자가 이 사실을 지각할 수 있는 (차이식역 이상) 범위 내에서 가격을 내려, 소비자로 하여금 가격인하를 지각하도록 하여 수요를 증대시키려 한다.

또한 기업은 상품의 가격을 올리는 대신, 상품의 용량을 소비자가 지각하지 못하는 수준에서 줄이는 방법을 택할 수도 있다. 따라서 소비자는 이러한 마케팅 전략을 이해하고 자신의 합리적인 구매의사결정을 위하여 구매할 때마다 가격과 상품의 용량 등의 변화에 민감하게 관심을 가져야 할 것이다.

앞서 살펴본 절대식역원리에서 기존 이미지를 변화시키지 않으면서 약간의 변화를 주어 지각의 효과를 노리는 광고의 경우, 이미지를 변화시키지 않는다는 점은 차이식역 이하의 원리를 적용했다고 볼 수 있다. 즉, 소비자가 갖고 있는 제품에 대한 이미지는 그대로 유지하는 차원에서 변화를 추구하는 사례라고 할 수 있다.

(4) 선택적 지각

소비자는 아침에 눈을 뜨면서 잠자리에 들 때까지 수많은 외부 구매자극에 노출되어 있다. 대표적인 것이 TV 광고이며 이외에도 길을 지나며 보게 되는 가게 전시해 놓은 제품들, 세일을 알리는 플래카드, 친구의 옷차림 등으로부터 많은 자극을 받게 된다. 이처럼 수많은 자극으로부터 받은 정보를 소비자는 모두 기억할 수 없다. 다만, 본인이 필요로 하였거나 매우 독특한 경우만이 소비자의 기억 속에 살아남아 실제 구매행동으로 연결될 수 있다.

다시 말하면, 소비자들은 모든 외부자극에 지각하여 반응하는 것은 아니며, 기업들이 끊임없이 제공하는 무한한 정보 중 자신이 필요로 하거나 선호하는 부분

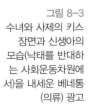

그림 8-3
수녀와 사제의 키스 장면과 신생아의 모습(낙태를 반대하는 사회운동차원에서)을 내세운 베네통 (의류) 광고

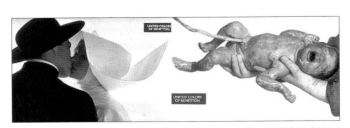

자료 : 베네통 회사 홈페이지

에 대해서만 선택적으로 지각한다. 따라서 기업은 수많은 다른 기업으로의 광고보다 자신의 광고만을 소비자들이 선택적으로 관심을 가져주기를 바라며 이를 위하여 광고 시 색깔을 자극적으로 한다거나 크기를 크게, 혹은 진기한 형태 등을 이용한다.

그림 8-3은 좀 오래된 광고이지만 선택적 지각(selective perception)을 이용한 광고 사례이다.

(5) 지각과 상품가격의 끝자리를 9로 끝내는 이유

상품의 가격표를 보면 가격의 끝자리가 11,900원, 39,900원으로 되어 있는 경우를 흔히 본다. 심지어 고가의 상품인 자동차의 경우도 2,999만 원으로 붙여 놓아 상품가격의 지각의 원리를 이용한다.

25~26세의 느낌과 29~30세는 동일하게 1세 차이이지만 1살을 더 먹는 느낌은 29~30세가 훨씬 더 클 것이다. 즉, 25세에서 26세로 넘어가는 것에 그리 민감하지 않던 여성이 29세에서 30세로 넘어갈 때는 나이를 만으로 따지거나 생일이 지나지 않았다는 등의 이유를 들어 29세를 몇 년간 고수하려 든다.

이는 지각하는 기저(베이스)가 다르기 때문이며 29세는 20이라는 숫자에 기저를 두지만 30세는 30이라는 숫자에 기저를 두기 때문에 29세보다 30세가 매우 크게 지각되는 것이다. 상품의 가격도 19,900원과 20,000원은 산술적으로 겨우 100원의 차이이지만 매우 가격차가 큰 것으로 지각하게 된다. 이러한 판매원리에 소비자가 현명하게 대응하려면 19,900원을 아예 20,000원으로 생각하고 구매의사결정을 하면 도움이 될 것이다.

2) 학습

학습(learning)은 개인이 갖고 있는 경험을 바탕으로 생성되는 비교적 지속적인 행동(순간적인 행동변화는 제외)의 변화로 정의되며, 이에 기초해 볼 때 소비자학습이란 기업 측의 판촉노력과 소비자 자신의 구매경험을 바탕으로 형성된 지속적인 행동의 변화라고 할 수 있다.

기업은 자사 제품에 대하여 긍정적인 소비자학습을 유도하기 위하여 구매 전에는 광고 등 판촉노력을, 구매 후에는 철저한 사후 서비스 등을 통하여 소비자들에게 긍정적 구매경험(만족감)을 제공하기 위하여 노력한다. 기업이 이용하는 효과적인 소비자학습방법은 다음과 같다.

(1) 소비자학습효과는 상품구매 후 만족으로 인한 강화가 이루어질수록 높다

구매한 제품에 대한 소비자의 만족도가 높을수록 그 제품에 대한 학습은 긍정적으로 강화되며 그 제품을 재구매할 가능성은 높아지는 반면, 불만족이 클수록 부정적으로 강화되어 다시 그 제품을 구매할 가능성은 낮아진다. 이러한 학습의 원리를 이용하여 기업은 구매 후 학습의 긍정적 강화가 이루어질 수 있도록 제품의 품질향상은 물론, 소비자문제 발생 시 철저한 사후 서비스를 통하여 제품에 대한 만족감을 높이려 한다. 이러한 기업의 노력은 소비자 측에서도 매우 반가운 현상이다.

(2) 소비자학습효과는 정보에 반복하여 노출될수록 높다

광고의 특성은 일정 기간 동안 동일한 내용을 지속적으로 반복하여 소비자에게 제공한다는 것이다. 이는 반복이 학습의 강도와 속도를 증가시키기 때문이며, 일반적으로 기업은 소비자를 세뇌시킬 만큼 동일한 광고를 계속적으로 반복한다.

그림 8-4
하이마트 광고 사례

이러한 기업의 의도적인 반복학습은 소비자로 하여금 기업에서 유도하는 제품의 이미지가 평가 없이 학습(세뇌)되도록 하고 있어, 물품을 구매해야 되겠다고 생각한 소비자는 특별한 시장조사 없이 이미 학습된 정보만을 가지고 구매를 할 가능성을 크게 한다.

가령 두통이 있을 때 한 번도 사용한 경험이 없는 약 이름을 기억하고서 그 약을 사서 복용하는 경우, 혹은 가전제품을 사야겠다고 생각하자마자 갑자기 하이마트가 떠올랐다면 이미 광고를 통하여 반복된 학습으로 세뇌되어 광고가 시키는 대로 소비행동을 하고 있다고 보면 틀림이 없다. 이러한 상황이면 소비자는 시장조사를 할 필요도 없이 자신도 모르게 하이마트로 향하는 자신을 발견하게 될 것이다. 이처럼 특별한 시장조사 등 정보탐색 없이 이루어지는 구매의사결정은 합리적이라고 할 수 없으며, 소비자는 구매의사결정과정에 이러한 비합리적 부분은 없는지 살펴보아야 할 것이다.

(3) 소비자학습효과는 심상효과가 높은 단어를 이용할 때 크다

심상효과(心像, imagery effect)가 높은 단어는 그 단어를 통하여 소비자가 추상적으로 이미지를 그릴 수 있는 단어를 의미한다. 예를 들어, 우리나라 소주 상표명인 진로는 상표명이 주는 '깨끗한(참眞이슬露)'이라는 심상효과를 이용하여 광고모델과 광고문구 모두를 '깨끗한' 것에 초점을 둠으로써 소주의 깨끗한 맛을 강조하고 있다.

심상효과가 높은 단어를 소비자가 잘 기억하는(소비자학습효과가 큰) 이유는 심상효과가 높은 단어가 학습과정에서 언어적 차원과 시각적 차원에서 동시에 처리되는 반면, 심상효과가 낮은 단어들은 단지 언어적으로만 처리되기 때문이다.

(4) 소비자학습효과는 핵심단어법을 이용하거나 장소법을 이용할 때 크다

핵심단어법(keyword method)은 한 단어가 지닌 이미지를 이용하여 다른 단어를 기억하도록 하는 학습기법이다. 예를 들어, 기업PR 광고 문구 중 '고객이 OK할 때까지, OK!, SK!'의 경우, OK의 이미지를 이용하여 SK의 이미지로 소비자가 기억하도록(학습하도록) 함을 목적으로 한다.

또한 장소법(method of loci)은 제품의 정보를 제공할 때, 그 제품과 밀접한 관련이 있는 장소를 함께 제공함으로써 학습효과를 높이는 방법이다. 가령, 에어컨 광고 시 폭포가 있는 시원한 장면을 배경으로 한다든가, 사과주스 광고 시 사과밭을 배경으로 하는 경우를 예로 들 수 있다.

3) 동기

동기(motive)는 목표를 향해서 행동의 방향을 지시하고 촉진시키며 가속하도록 하는 내적 상태라고 정의할 수 있다. 그리고 구매동기란 특정 제품을 구매하고자 하는 내적 상태라고 정의할 수 있다.

기업은 광고를 통하여 제품을 사용하면 경험하게 될 이상적인 상태를 제시함으로써 소비자로 하여금 미충족된 욕구를 강하게 갖게 하여 구매동기를 부여하게 된다. 즉, 기업은 소비자가 스스로 제품구매의 필요성을 인식하고 구매할 때까지 기다리지 않고 구매동기를 유발시킨다.

기본적인 소비자동기 유발원리는 기업이 광고를 함에 있어서 소비자가 원하는 상태(이상적인 상태)와 현재 상태 사이의 차이를 인지시킴으로써 구매동기를 발생시키는 것으로, 기업은 소비자가 원하는 상태에 도달할 수 있는 방법으로 상품구매를 유도한다.

예를 들어, 전혀 냉장고를 구매할 필요성(동기)을 느끼지 못했던 주부가 신형 냉장고(예, 냉장고 문을 열지 않고 내부를 모두 볼 수 있는 기능을 가진 것 혹은 조리법을 찾아볼 수 있도록 인터넷 화면을 포함시킨 것) 광고를 보고, 신형 냉장고를 갖고 싶은 강한 욕구(구매동기)가 생기게 될 수 있다. 이처럼 강한 구매욕구가 생기게 되면, 주부는 하루 빨리 냉장고를 사서 사용하고 싶어 안절부절 못할 것이다. 이와 같이 미충족된 욕구로 마음이 안정되지 않은 상태를 긴장상태(state of tension)라 하며, 이러한 긴장상태가 강하면 강할수록 주부의 냉장고를 구매하고자 하는 욕구는 강해질 것이고 마침내 냉장고를 구매하여 만족하게 되면 심리적인 불안감은 사라지게 된다. 이 때문에 광고는 강한 구매동기를 유발할 수 있도록 자극적으로 제작되는 것이 일반적이다.

사례로 한 가전업체에서는 중년주부들을 대상으로 이 세상에서 제일 귀찮은 것이 무엇인가 조사하였더니 저녁식사 후 설거지라고 대답하였다. 이에 착안하여 광고에 '주부 여러분, 이제 저녁식사 후 설거지는 저에게 맡겨주시고 가족들과 귀중한 시간을 함께 하세요!'라는 문구를 넣어 대박을 터뜨렸다고 한다. 그런데 식기세척기를 구매해 놓고 실제 가정에서 얼마나 이용하는지 한번 살펴볼 일이다.

또 다른 예로, 수동식 제품을 자동식으로 바꾸는 방법과 같이 제품의 기능을 강화시켜 '한 번 버튼만 누르면 만사 오케이' 혹은 '이 화장품을 사용하면 10년 전의 젊음을 되찾을 수 있다' 등으로, 소비자가 현재의 상태가 문제라고 전혀 인지하고 않고 있었던 점을 문제(불편함, 시간이 많이 걸림 등)로 인지시켜 줌과 동시에 이를 해결할 수 있는 방법(상품구매방법)을 제시하면 이상적인 상태를 찾을 수 있음을 강조함으로써 구매동기를 유발한다.

이러한 이유 때문에 소비자는 제품을 구매하기 전에 '왜 내가 이 제품을 구매하고 싶어 하는가', 즉 '이 제품을 구매하고자 하는 동기는 무엇인가'라는 질문을 해보고 이에 대한 대답이 합리적인가를 생각해 보는 시간을 가져보는 것이 중요하다. 왜냐하면, 우리의 구매행동이 늘 이성적으로 이루어지는 것이 아니며 기업이 유인하는 대로 움직일 수 있기 때문이다.

다음은 기업의 구매동기 유발의 원리를 설명한 것이며, 소비자가 구매의사결정 과정에서 합리적 구매를 위하여 반드시 이해해야 하는 사항이다.

(1) 결핍동기와 풍족동기

기본적인 생존과 안전을 위한 요구에서 나타나는 동기를 결핍동기라고 하며, 배고픔 때문에 음식물을 구입한 경우를 예로 들 수 있다. 그러나 구매동기는 생존과 안전에 대한 욕구가 충족된 후에도 계속 유발되는데 이를 풍족동기라 한다. 예를 들면, 배가 고프지는 않지만 즐거운 분위기를 맛보고 싶어 분위기와 서비스가 훌륭한 음식점을 찾는 경우를 들 수 있다.

우리 주변을 살펴보면, 목마를 때 마시는 음료수와 편안한 분위기를 즐길 때 마시는 음료수의 광고 내용이 다름을 볼 수 있다. 예를 들면, 스포츠음료는 운동 후 갈증상태에서 광고를 하며, 커피는 남녀가 여유 있는 모습으로 즐기는 모습을 광고로 보여 준다. 또한 소비자의 결핍동기만을 충족시키기 위하여 분위기에 상관 없이 음식만 간단히 먹을 수 있도록 해놓은 음식점이 있는 반면, 결핍·풍족동기 를 모두 만족시킬 수 있는 음식점이 있으며 이들은 가격 면에서 상당히 큰 차이 를 보인다.

(2) 합리적 동기와 무의식적 동기

합리적 동기는 제품구매 시 주로 제품의 효율적인 면, 기능적인 면, 경제적인 면에 서 평가하여 제품구매 의도를 갖는 경우를 의미한다. 무의식적 동기는 구체적으 로 명확히 생각은 하지 않지만 자신도 모르는 사이 그 제품을 선호하게 되는 이 유로 설명될 수 있으며, 제품의 상징성을 중시하고 타인에게 보이기 위한 동기에 서 제품을 구매하는 경우 등을 의미한다. 따라서 무의식적 동기는 주로 타인에게 보여 지는 제품(의류, 보석류, 자동차 등)에서 나타난다.

기업은 위 두 가지 구매동기를 모두 중시하여 광고에 이용하고 있다. 즉, 의복과 자동차의 경우를 예로 들어 설명하면, 기업은 광고 시 표면적으로는 상품의 기능 성 혹은 경제성에 대한 정보만을 전달하되, 의복인 경우 섹시한 모델을 등장시켜 그 옷을 입으면 섹시해 보일 수 있음을 간접적으로 암시한다거나, 자동차의 경우 모델을 고위 간부 분위기로 연출시킴으로써 그 제품을 사용했을 때 사회적으로 높은 지위에 있는 것으로 타인에게 인식될 수 있음을 묵시적으로 소비자에게 전 달해 주려고 노력한다. 이러한 정보에 노출된 소비자는 자신도 모르는 사이 의복 혹은 자동차를 구매할 때 묵시적으로 전달받은 메시지가 무의식적 동기로 작용 할 가능성이 크다. 따라서 소비자는 구매 전 '내가 왜 이 제품을 구매하고자 하는 가'라는 질문을 스스로 해보고, 비합리적인 동기는 없는가를 생각할 필요가 있다.

(3) 접근-접근 갈등과 구매동기 유발

접근-접근 갈등(approach-approach conflict)이란 소비자가 두 가지 이상의 제 품을 동시에 필요로 하는데, 모두 구매(접근-접근)하여 사용하기가 어려운 경우 에 발생한다. 기업은 이러한 점을 놓치지 않고 소비자의 구매갈등을 해소시켜 줄 수 있는 상품을 개발하여 끊임없이 구매동기를 유발시키고 있다. 예를 들어, 바쁜 아침시간에 매일 감아야 하는 머리에 샴푸와 린스 혹은 비듬치료제를 각각 사용하자니 너무 번거롭고 이 중 하나만 사용할 수도 없는 상황이어서 갈등을 겪는 소비자에게 초점을 두어(소구하여) 기업은 샴푸와 린스 그리고 비듬치료제를 한 번에 사용할 수 있는 샴푸를 개발해 냄으로써 구매동기를 유발시킨다.

(4) 접근-회피 갈등과 구매동기 유발

접근-회피 갈등(approach-avoidance conflict)은 하나의 상품이 소비자가 원하는 속성과 피하고 싶은 속성을 모두 갖고 있을 때 소비자가 갖는 갈등을 의미한다. 기업은 이러한 소비자 갈등을 해소할 수 있는 상품을 제시함으로써 구매동기를 유발하고 있다.

대표적인 예는 커피를 마시고 싶은데(접근), 카페인이 염려되고(회피), 피자를 먹고 싶은데(접근), 살찌는 것이 염려되는(회피) 소비자를 위하여 '디카페인 커피'를 개발한다든가 '지방을 뺀 피자'를 개발하여 구매동기를 유발한다.

(5) 회피-회피 갈등과 구매동기 유발

회피-회피 갈등(avoidance-avoidance conflict)은 제품을 구매할 필요성은 인식하고 있으나 실제 구매하고 싶지도 않을 뿐 아니라 그대로 있는 상황도 회피하고 싶은 경우가 발생한다. 예를 들면, 임신을 테스트하고 싶기는 한데, 병원에 가기는 싫고(회피) 그대로 있자니 불안한 경우(회피) 스스로 임신 테스트를 할 수 있는 자가임신검진기구를 고안하여 소개함으로써 소비자의 갈등을 해소시켜 주고 구매동기를 유발하는 경우이다. 이 경우 광고문구도 회피-회피 갈등에 소구하여 작성한다. 예를 들어, '임신여부....산부인과에 가는 것도 번거롭고, 그냥 있자니 불안하셨죠? 이제 자가임신검진기구로 간단히 해결하세요' 등의 문구를 이용하여 구매동기를 유발할 수 있다.

또한 식기세척기의 경우, 저녁식사 후 설거지하기도 싫고(회피) 그대로 두기도 싫은 경우(회피) 식기세척기는 이러한 회피-회피 갈등을 해결할 좋은 도구라는 광고를 들었을 때, 소비자는 분명히 식기세척기 구매동기를 강하게 갖게 될 수 있다.

이상의 내용은 소비자가 구매의욕이 없었던 부분도 기업의 판촉노력에 의하여 구매에 대한 동기가 부여되어 구매행동으로 옮겨지게 될 수 있음을 시사하고 있다. 그러나 동기와 관련된 이상의 판매전략을 이해한다면 광고도 소비자에게 훌륭한 제품정보가 될 수 있을 것이다.

광고와 중매쟁이와의 공통점은?

지금처럼 결혼정보회사가 없었던 시절, 중매쟁이는 인근 마을 결혼을 원하는 남성과 여성에게 필요한 정보를 물어다 주는 1인 결혼정보회사의 역할을 하였다. 이러한 중매쟁이의 이미지는 수다스럽고 조금은 과장된 표현으로 어떻게 하든 결혼을 성사시키기 위해 설득하려 드는 모습이다.

광고가 꼭 중매쟁이 모습을 닮았다. 즉, 생산자(혹은 판매자)의 제품에 대한 정보를 소비자에게 물어다 주는 중매쟁이 역할을 광고가 하고 있는 것이다. 그러나 광고는 중매쟁이처럼 단순히 정보를 물어다 소비자에게 주는 것이 아니라 어떻게 하든 제품을 판매해야(일을 성사시켜야) 하기 때문에 조금은 과장된 표현으로 소비자를 설득시키려는 모습을 보이는 속성이 있다.

이러한 속성을 소비자는 이해하고 광고를 대해야 한다. 즉, 광고는 속성상 조금은 과장된 표현이 따를 수 있으니 그대로 광고의 내용을 100% 믿기보다는 '아하! 저러한 신제품이 출시되었구나. 그래 다음에 구입할 필요가 있을 때는 저 제품도 한번 고려해 봐야겠다.' 정도로 상품의 정보를 얻는다는 태도로 광고를 대하는 것이 바람직하다. 그러나 광고를 대할 때 무덤덤하게 정보만을 얻는다고 생각하기는 쉽지 않다. 이때 사용할 수 있는 것이 바로 '말대꾸'이다. 예를 들어, '한 번만 발라도 피부가 20대로 돌아가는 느낌을 가질수 있다!'라는 광고 문구를 들었다면 '흥! 그래, 느낌만 그렇다는 거지 실제 그렇다는 것은 아니잖아! 얼핏 들으면 20대의 피부를 가질 수 있는 것으로 착각할 뻔했네. 그래 이 세상에 저런 화장품이 있다면 이 세상 대부분 사람이 20대의 피부를 갖고 있어야 하잖아. 말도 안 되는 소리.' 이렇게 말대꾸를 해보는 것이다.

소비자구매의사결정 과정과 광고

소비자가구매의사결정을 하는 과정은 문제인식, 정보탐색, 대체안 평가, 최종구매안 선택, 구매, 구매 후 평가의 순서를 거친다. 구매의사결정과정에서의 문제인식은 제품을 구매할 필요성을 인식하는 단계(예를 들면, 자동차를 구입해야 할 필요성)를 의미하며 소비자가 제품을 구매할 필요성을 인식하면 어디서, 어떤 제품을 구입하면 좋을지 정보탐색을 시작한다. 정보탐색에는 내적 정보탐색과 외적 정보탐색이 있다. 소비자가 기억하고 있는 정보만을 가지고 제품을 구매하는 것을 내적 정보탐색이라 하고, 직접 매장에 나가 시장조사를 하거나 인터넷 혹은 전문잡지 등을 통해 제품에 대한 정보를 탐색하는 것을 외적 정보탐색이라고 한다. 대부분 가격이 저렴하거나 다른 사람을 고려하지 않아도 되는 제품은 내적 정보탐색에 그치지만 자동차 등과 같이 고가의 상품은 내적은 물론 외적 정보탐색을 적극적으로 하게 될 것이다.

그 다음 단계는 대체안 평가 단계이며 자동차를 예로 들면, 자동차의 브랜드의 저명도, 연비, 가격, 디자인, 안전성 등 자동차가 갖추고 있어야 할 속성들을 자동차 브랜드별로 서로 비교하는 단계이다. 그리고 소비자에 따라 자신이 중요하다고 생각하는 속성에 강점을 보이는 자동차 브랜드를 최종구매안으로 선택하여 구매를 하게 될 것이다. 즉, 연비를 중요하게 생각하는 소비자는 이에 강점을 보이는 자동차를 선택하는 반면, 디자인을 중요하게 생각하는 소비자는 디자인이 뛰어난 자동차를 선택하게 될 것이다.

소비자구매의사결정과정의 마지막 단계는 구매 후 평가 단계로 소비자가 제품을 구매하여 사용하면서 만족 혹은 불만족으로 평가되는 단계이자, 불만이 있을 경우 제품을 만든 기업의 소비자상담실(혹은 고객만족센터) 등을 통하여 불만을 해결하는 단계이다.

이상과 같은 소비자구매의사결정 단계 중 광고는 정보탐색 단계와 밀접한 관련이 있다. 즉, 광고를 통하여 소비자는 새로운 제품에 대한 정보를 제공받게 되기 때문이다.

2. 구매시기를 이용한 판매전략

다음의 내용은 구매시기를 이용한 판매전략으로 1년 중, 일주일 중, 하루 중 구매시기에 따라 동일한 상품을 서로 다른 가격으로 판매하는 전략이다. 기본적인 원리는 소비자 수요가 집중되는 시기에는 정상가격을, 수요가 적은 시기에는 할인가격을 책정함으로써 수요가 적은 시기(기간, 시간) 동안 소비자수요를 불러일으키기 위한 전략이라고 할 수 있다.

소비자는 일반적으로 정상가격보다 저렴하게 판매하는 경우, 비이성적으로 충동구매를 하기 쉬운 것으로 알려져 있으며, 구매시기에 따른 할인가격 때문에 소비자가 충동구매를 한다면 판매자의 판매전략에 소비자가 이끌려 감을 의미하나, 반대로 소비자가 구매를 계획했던 제품인데, 구매시점을 할인가격이 책정되는 시기를 선택하였다면 이는 소비자가 판매자의 전략을 이용한 결과이며 이는 오히려 매우 바람직한 소비행동으로 설명할 수 있다.

1) 계절할인

계절할인(seasonal discounts)이란 의류, 에어컨, 선풍기, 수영복 혹은 난로 등과 같이 계절성이 뚜렷한 제품의 생산자(혹은 판매자)가 비수기에 구매하는 고객들에게 제공하는 가격할인정책이다. 이는 생산자 입장에서 볼 때 제품의 수요가 있는 시기는 1년 중 일정 시기에 불과하지만 생산설비나 고용근로자를 1년 내내 지속적으로 활용할 수 있도록 허용한다는 점에서 정당화된다. 이 경우 직접적인 제품할인의 형태가 아니더라도 겨울철 동안 냉방기의 설치비를 무료로 해준다거나 무이자할부 등을 통하여 할인의 효과를 주는 방법도 있다. 이 경우 역시 냉방설치기술이라는 인적 자원을 1년 내내 지속적으로 활용할 수 있다는 점에서 정당화된다.

또한 의복은 계절과 유행이라는 요소를 함께 갖고 있기 때문에 생산된 시기에 판매하지 못하면 다음 해, 다음 계절까지 판매를 기다려야 할 뿐 아니라, 다음 계절에는 이미 현재의 유행은 진부해 질 수 있다. 이처럼 의복은 비수기에 저렴하게 구입할 수 있는 대표적 제품이며, 재고비용과 제품진부화의 위험을 감소시켜 준다는 점에서 정당화된다.

그러나 농산물은 성수기에 최고의 품질을 가장 저렴한 가격으로 구입할 수 있는 반면, 비수기에 가장 비싼 대표적 제품이다. 이러한 제품은 계절에 따라 공급을 조절하기가 어려울 뿐 아니라 공급 후 즉시 판매되지 않으면 상품가치가 현저히 감소될 수 있다는 특성을 갖기 때문에 제철제품의 가격이 가장 저렴하다.

2) 시간대 할인

시간대 할인의 기본원리 역시 수요와 공급의 원칙에 따라 수요가 많은 시기 혹은 시간대에는 가격이 상대적으로 비싸고 그렇지 않은 시기는 저렴하다. 이 역시 비수요 시기 혹은 시간대 동안 기본시설이나 인적 자원을 최대한 활용할 수 있다는 점에서 정당화된다.

(1) 하루를 단위로 아침, 점심, 저녁 시간대에 따른 소비자수요를 이용한 할인

이 경우의 사례로 호텔을 들 수 있다. 호텔식당의 경우 점심과 저녁메뉴가 약간 다르지만 일반적으로 점심보다 손님이 많이 찾는 저녁 시간대에 음식값이 훨씬 비싸다. 또한 이른 아침 시간대가 다른 시간에 비하여 저렴한 경우로 영화관의 조조할인 정책을 들 수 있다. 이 경우 사업자는 저렴한 가격으로 아침시간의 수요를 증대시켜 아침 일찍 영화관 시설을 놀리지 않고 이용할 수 있다는 점에서 가격할인이 정당화된다. 반면, 채소 혹은 생선 등 저장성이 낮아, 생산된 날 판매해야 신선도 면에서 최고의 가격을 받을 수 있는 제품인 경우, 대체로 판매점의 폐장시간 즈음이 가장 저렴하게 구입할 수 있다.

(2) 일주일을 단위로 평일과 주말에 따른 소비자수요를 이용한 할인

이 경우의 사례로 골프장 주말 이용비가 평일보다 비싸다거나, 호텔, 비행기, 심지어 고속버스, 기차 등을 주말에 이용할 때, 가격이 평일보다 상대적으로 비싼 경우를 예로 들 수 있다.

3) 상층흡수 가격정책

상층흡수 가격정책(skimming pricing policy)이란 신제품에 대한 초기가격을 기준가격보다 비교적 높게 책정하는 방법이다. 기업은 제품생산 초기에 고가정책을 이용하여 시장에서 경쟁기업이 나타나기 전에 신제품 개발비를 빨리 회수할 목적으로 상층, 즉 구매리더의 구매를 흡수하고자 한다.

구매리더는 일반적으로 소득수준이 높고, 구매욕구가 크다는 특성을 갖는다. 따라서 이들은 원하기만 하면 제품가격에 구애받지 않고 구매가 가능한 집단이다.

상층흡수 가격정책 대상 제품의 조건은 신제품으로 하되, 신제품이 기존의 상품과는 매우 다르고, 품질과 기능 면에서 충분히 높은 가격이 정당화될 수 있을 때 이용된다. 가령, 미국의 경우 제2차 세계대전 직후 처음 출시된 볼펜가격이 20달러나 했던 사례, 혹은 우리나라에서 평면 TV, 김치냉장고, 오토메틱 자동차 등이 판매 초기에 고가정책으로 시장에 도입되었던 것을 사례로 들 수 있다.

상층흡수 가격수준은 제품생산 초기에 미래의 제품가격 인하를 고려하여 책정된다. 즉, 점차 후발 경쟁기업들의 유사한 제품 생산이 시작되면(후발 기업의 제품은 대체로 낮은 가격으로 판매되며 이는 제품개발비가 더 적게 소요되기 때문임), 선발기업은 가격을 낮출 수밖에 없으며, 후발기업이 유사제품 생산을 하기 전에 제품개발비용을 환수하여야 하고, 또, 초기가격을 고가로 책정하면 추후의 가격인하가 용이하기 때문에 상층흡수 가격정책을 이용한다.

이상에서 살펴본 바와 같이 상층흡수 가격정책은 제품 중 기능 면이나 디자인 면에서 기존의 상품과 매우 다른 신제품일 경우, 판매 초기에는 가격이 매우 높을 수 있음을 시사한다. 따라서 소비자는 최신제품이 시기적으로 지금 당장 필요하지 않다면, 신제품이 출시되자마자 즉시 구매하는 것은 바람직하지 못하다.

외국의 경우 책을 판매하는 데에 있어서도 상층흡수 가격정책을 이용한다. 즉, 출판사는 책을 처음 출시하는 시점에서는 단단하고 보기에도 훌륭한 겉표지와 좋은 품질의 종이를 이용하여 교수 혹은 연구원 등과 같이 구매력도 있고 최신정보의 필요성이 높은 집단을 대상으로 책값을 높게 책정하며, 1년 정도 지난 후에 종이표지와 품질이 상대적으로 낮은 종이를 이용한 책을 만들어 학생을 비롯한 구매력이 비교적 낮고 최신정보 입수의 필요성이 비교적 낮은 소비자집단을 대상으로 저렴한 가격으로 판매한다.

3. 이부요금

이부(二部)요금(two-part tariff)은 소비자가 사용하지 않더라도 지불하는 기본요금과 소비량에 따르는 종량(從量)요금을 2중으로 받는 요금징수제도로서 코스트

코와 같은 회원제 창고형(대형) 할인점의 경우를 예로 들 수 있다. 즉, 상품을 구입하기 위해서는 우선, 매점에 들어가기 위해 회원가입비를 지불해야 하며, 다음으로 매장 내에서 상품구입비를 또다시 지불해야 하는 경우이다. 또 하나의 예로서 에버랜드를 즐기기 위하여 입장료와 시설이용료를 이중으로 지불해야 하는 경우를 예로 들 수 있다. 즉, 비록 에버랜드 내에서 아무런 시설을 이용하지 않는다 하여도 입장료를 지불해야 하며, 입장료를 지불했다고 에버랜드 내의 시설물을 무료로 이용하도록 하지는 않는다.

이때 판매자는 입장료와 시설이용료의 가격설정 시 대체로 두 가지 방법을 택한다.

첫째는 입장료를 낮추어 더 많은 소비자가 입장할 수 있도록 하는 대신 시설이용료를 약간 높이는 방법으로 일단 많은 사람이 입장하면 시설을 이용할 사람이 상대적으로 더 많아질 수 있다는 계산이다. 둘째, 입장료를 높여 이용욕구가 큰 소비자만을 입장시킨 뒤 시설이용료를 낮게(혹은 무료로) 책정하여 입장한 거의 모든 소비자가 시설을 이용하도록 하는 방법이다. 이러한 이부요금 역시 판매자의 수익 극대화를 위한 하나의 판매전략이다.

그 외 이부요금의 예로는 폴라로이드 카메라와 필름을 따로 판매하는 경우를 들 수 있다. 즉, 이들은 두 가지를 따로 판매하지만, 이 둘을 합쳐야 비로소 하나의 상품으로서 효용을 가질 수 있는 경우로서 가격을 설정할 때 판매자는 카메라 가격을 저렴하게 하여 내구성을 가진 몸체를 구입하는 데 소비자로 하여금 주저함이 없도록 가격을 책정하는 반면, 필름은 약간 비싸게 가격을 책정할 수 있다. 이때 주어진 카메라를 사용하기 위해서는 반드시 동일 회사에서 제조한 필름을 사용하여야만 되도록 제조하며 이렇게 하는 이유는 소비자로 하여금 폴라로이드 카메라를 사용하기 위하여 그에 필요한 소모성 상품은 어쩔 수 없이 구매를 하도록 하기 위함이다.

따라서 이부요금 프로그램을 이용하여 가격을 설정한 상품이라고 생각되는 제품을 구입할 때에는 소비자는 제품사용 운용경비도 함께 고려하여야 한다.

4. 묶음판매

묶음판매(bundling)는 상품의 종류를 낱개로 구매할 때보다 관련된 상품을 여러 개를 묶어서 구매할 경우, 더 저렴한 가격을 설정하여 판매하는 방법이다. 이에 대한 예로서 여행상품에 호텔, 식당, 렌트카 서비스 등을 패키지(pakage)로 판매를 할 경우, 여행에 대한 서비스를 따로따로 구매했을 경우보다 저렴한 가격을 제시한다. 또한 결혼예식과 관련된 상품(화장, 사진, 드레스, 피아노연주 등을 패키지로), 혹은 자동차 판매 시 에어컨 장치, 파워윈도(power window), 스테레오(stereo)를 포함시켜 판매하는 경우도 묶음판매의 예로 들 수 있다.

여기에서 소비자가 구매의사결정 시 인식하여야 하는 것은 아무리 묶음판매로 인하여 전체적으로 구입하면 비용을 상당히 절약할 것 같지만 그로 인하여 필요 없는 상품을 구매하여 사용하지 않는 경우를 조심하여야 할 것이다.

5. 가격차별 정책

가격차별 정책은 상층흡수 가격정책과 유사한 부분(가격이 민감한 집단과 민감하지 않은 집단을 대상으로 가격차별을 두는 점)이 있지만 구매시기 측면에서는 서로 다르다. 상층흡수가격정책은 판매 시점 즉, 신상품 판매초기와 판매시작 후 일정기간이 지난 시점에서의 가격을 서로 다르게 책정하지만, 여기에서 설명하고자 하는 가격차별정책은 동일한 시점에서 동일한 제품을 판매하면서도 소비자집단에 따라 서로 다른 가격을 부과하는 판매전략이다.

그렇다면 판매자는 소비자를 어떻게 구분하여 동일한 상품에 대해 동일한 판매시점에서 다른 가격을 부과한단 말인가? 방법은 의외로 간단하다. 판매자는 소비자를 가격에 대한 민감도, 즉 가격탄력성 정도에 따라 나눈다. 일반적으로 소득이 높고 시간적으로 늘 쫓기는 라이프 스타일을 가진 소비자집단은 상품가격변화에 그리 민감하지 않은 성향을 보이는 반면(가격비탄력적 소비자집단), 그 반대의 소비자집단은 상품가격변화에 매우 민감한 성향을 보이는 집단이다(가격탄력적 소비자집단). 이 중 판매자는 소비자수요를 증가시키기 위해 가격탄력적 집단을 겨냥하여 상품가격을 약간 할인하여 가격변화에 민감한 소비자집단의 구매욕구를 자극한다.

그러면 판매자는 어떻게 가격탄력적 소비자집단과 비가격탄력적 소비자집단을 구분할 수 있을까? 바로 다음에서 살펴볼 쿠폰, 리베이트, 세일 등을 이용하거나, 인구통계학적으로 시간에 쫓기지 않으면서 경제적 수준이 낮은 노인, 학생 등을 가격탄력적 집단으로 구분하여 이들을 대상으로 가격차별 정책을 펼친다.

(1) 쿠폰과 리베이트를 이용한 가격차별전략

쿠폰(coupon)은 상품 및 서비스를 구매할 때, 무료 혹은 할인하여 구매할 수 있는 징표로서 생산자가 발행한다. 이러한 쿠폰은 대체로 광고의 일부로서 소비자에게 전달되며, 잡지 혹은 신문에 끼워져서, 특히 최근에는 인터넷을 통하여 소비자에게 전달되기도 한다. 예를 들어, 자동차 렌트 할인쿠폰은 자동차를 빌리는 소비자가 쿠폰을 가져올 경우, 누구에게나 20%의 할인을 해준다는 징표이다. 여기에서 우리는 왜 렌트카 회사가 모든 고객에게 20%를 할인해 주면 될 것을 굳이 쿠폰을 발행함으로써 쿠폰디자인에 필요한 비용, 프린트 비용, 소비자에게 쿠폰 전달 비용, 쿠폰을 모으는 비용을 절약하지 않는 것일까라는 의문을 가질 수 있다. 그 해답은 쿠폰이 바로 소비자를 분리하는 하나의 수단, 즉 가격차별의 수단을 제공하기 때문이다.

한 연구는 소비자의 약 20~30%만이 규칙적으로 쿠폰을 신문지나 전단지 등에서 오려서 정리하여 잘 모아두었다가 필요할 때 사용한다고 보고하였다(Pindyck & Rubinfeld, 1989).

이처럼 가격에 민감한 소비자는 인터넷 등을 찾아서 할인쿠폰 정보를 이용하지만, 소득이 높고 시간이 부족한 소비자집단은 20% 할인에 크게 매력을 느끼지 못하고 할인쿠폰에 관심을 따로 갖지 않는다. 따라서 렌트카 회사는 가격에 민감하지 않은 소비자, 즉 주어진 가격에 기꺼이 상품을 구매할 의지가 있는 집단에게 일률적으로 가격을 할인하여 판매자의 수익금을 감소시킬 이유는 없을 것이다. 그러나 가격에 민감한 소비자집단에게는 할인쿠폰이 상품구매의 커다란 동기가 될 수 있기 때문에, 할인쿠폰은 소비자수요의 증대 측면에서 중요한 역할을 한다.

리베이트(rebate)는 소비자 구매대금의 일정 비율을 구매 후에 소비자에게 되돌려 주는 판매전략이며, 리베이트 프로그램 역시 같은 방법으로 이해하면 된다. 예를 들면, 한 전자회사가 5% 리베이트 조건에 냉장고를 100만 원에 팔았다면, 소비자는 냉장고를 100만 원에 구입한 것을 증명할 수 있는 영수증을 주어진 기간 내(예를 들어, 구입한지 1개월 내)에 전자회사로 보내면, 전자회사는 소비자에게 100만 원의 5%인 5만 원을 다시 돌려주는 형태이다. 이 경우 역시 가격에 민감하지 않은 소비자집단은 영수증을 챙겨서 주어진 기간 내에 전자회사로 발송하는 일을 번거롭게 생각하지만, 가격에 민감한 소비자집단은 반드시 영수증을 챙겨 5% 리베이트를 받을 것이며, 따라서 리베이트 역시 할인쿠폰과 마찬가지로 소비자집단을 가격민감성에 따라 분리하는 수단으로 작용한다.

또한 전자회사가 냉장고를 구매한 모든 소비자에게 일률적으로 5% 할인하여 주면 될 것을, 굳이 왜 영수증을 확인하고 다시 구매대금의 5%를 구매한 모든 소비자에게 일일이 되돌려 주어야 하는 번거로움을 택하는 것일까 하는 의문을 갖게 된다. 그러나 만일 전자회사가 모든 소비자에게 일률적으로 5%를 할인하여 준다면, 전자회사는 정상가격에 충분히 구매할 의지를 갖고 있는 소비자에게까지 할인의 기회를 줌으로써 그만큼 판매손실을 가져오게 될 것이기 때문이다. 즉 가격에 민감한 소비자, 할인가격 아니면 구매할 의지가 적은 소비자에게만 기회를 주기 위하여 리베이트 프로그램을 실시하는 것이다.

참고로 우리나라에서는 일반 대중소비시장에 아직 리베이트 프로그램이 거의 실시되고 있지 않으며, 대신 언론에서 접할 수 있는 리베이트라는 단어는 회사임원이 고가의 기기를 구입하면서 불법으로 구매가격의 일정 비율을 리베이트로 받았다는 등의 구매와 관련된 불법비리가 많이 발표되면서 혹시 독자 중 리베이트를 나쁜 의미와 연계하여 이해하는 오류를 범하지 않았으면 한다.

(2) 세일을 이용한 가격차별전략

항공요금은 일반적으로 우등석(first class 혹은 business class)과 일반석(economy class)에 따라 큰 차이를 보인다. 그럼에도 불구하고 항공사측은 값이 비교적 저렴한 일반석에 한하여 비성수기 동안 세일티켓을 판매한다. 그 이유는 바로 소비자의 가격탄력성에 있으며, 우등석 이용객의 가격에 대한 탄력성은 일반석 이용객에 비하여 많이 낮기 때문이다. 이는 우등석인 경우 가격할인이 수요의 증대에 영향을 미치지 못하지만, 일반석 이용객에게는 매우 큰 영향을 미칠 수 있음을 의미한다. 따라서 비행기의 비성수기에는 비행기의 빈자리를 채우기 위하여 주로 일반석의 항공요금을 할인하되 원가 수준에서 설정하기도 한다.

(3) 인구통계학적 변수를 이용한 가격차별전략

쿠폰, 리베이트, 세일 이외에 소비자를 분리하는 방법으로 인구통계학적 변수를 이용하기도 한다. 예를 들면, 학생과 노인집단은 다른 소비자집단에 비하여 상대적으로 구매력이 낮고 따라서 가격에 민감한 집단으로 분류할 수 있다. 이에 대한 대표적인 가격차별의 예는 극장에서의 학생할인이다. 이때 약간의 제약이 따르기도 하는데, 예를 들면 저녁 7시부터 10시까지의 극장시간은 해당이 안 되며, 이 경우, 극장주인은 극장관람에 수요가 적은 시간대에 영화상영을 하기는 하되 빈자리를 그냥 두느니 가격에 민감한 학생(할인을 해주는 대신 기꺼이 불편함을 감수하고자 하는 집단)을 대상으로 입장료 할인을 하여 영화상영을 하는 편이 훨씬 이익이 되기 때문임을 이해할 수 있다.

　이상 가격차별 프로그램에서 소비자가 이해해야 할 점은 구매의사결정 시 적극적으로 쿠폰, 리베이트, 세일을 이용하되, 계획된 구매가 아니면 할인쿠폰을 발견하였다고 하여 불필요한 물품구매가 이루어져서는 안 된다는 점이다. 이렇게 되면, 오히려 판매자의 할인쿠폰을 이용한 판매 증대전략에 소비자가 항복하는 결과를 가져오기 때문이다.

세일과 의류제품

대부분의 의류는 매 계절의 끝에서 세일을 한다. 그 이유는 앞서 살펴본 대로 이번 계절에 판매하지 못하면 1년을 기다린 다음, 판매를 해야 한다는 점에서 세일을 한다. 의류는 처음 출시될 때는 가격이 매우 높은 수준이며, 이때는 소득수준도 높고 구매하고자 하는 욕구도 큰 소비자집단이 관심을 보이게 되고, 이들은 구매하고 싶은 품목이 절판되어 구입하지 못하거나 자신의 몸에 맞는 치수가 없어 고민할 필요가 없다. 그리고 그 계절에 입을 수 있는 충분한 시간을 확보한다는 점에서 다른 소비자에 비해 상대적으로 우선권을 갖는다. 반면, 가격에 민감한 가격탄력적 소비자집단은 계절이 지나가면서 이루어지는 할인(세일) 기간을 기다렸다가 구매를 하게 되며 이 때는 비세일 기간 동안 구입한 소비자의 경우와 반대의 제약을 받게 된다. 즉, 자기 몸에 맞는 옷, 혹은 자기가 좋아하는 색의 옷이 남아있지 않거나, 옷을 입고 즐길 기간이 짧다는 제약이 있다.

이와 같이 의류 세일의 경우, 상층흡수가격정책과 가격탄력성이 다른 소비자집단을 대상으로 한 가격차별정책이 복합적으로 적용되고 있다고 볼 수 있다.

6. 기업의 다양한 마케팅

앞에서 설명한 마케팅 원리 이외에 판매자가 사용하는 다양한 마케팅 전략을 살펴보자. 마케팅 전략은 매우 다양하여 여기서 모두 설명할 수는 없으며 소비자가 물품구매 시마다 숨어 있는 판매전략을 찾아내어, 반대로 판매자의 전략을 이용하는 지혜를 발휘해 보자.

(1) 분수효과와 샤워효과

백화점의 경우, 분수효과란 아래층에서 쇼핑하는 소비자의 동선을 위층으로 유도하여 매장 전체를 활성화하는 효과를 의미한다. 반면, 샤워효과란 최상층에서 쇼핑하는 소비자의 동선을 아래층으로 유도하여 매장 전체를 활성화하는 효과를 의미한다. 일반적으로 백화점은 소비자가 가장 많이 이용하는 이벤트 홀은 꼭대기 층에 위치시키며, 식품매장과 푸드코드는 맨 아래층에 위치시킨다. 따라서 소비자는 자신이 구매하려고 계획한 것과는 상관없이 백화점을 아래층에서 위층

매장을 훑어보고 있거나, 반대로 위층부터 아래층 매장을 헤매고 있다면 분수효과 혹은 샤워효과 때문은 아닌지 스스로 반문해 보아야 할 것이다.

(2) 인 스토어 머천다이징

인 스토어 머천다이징(in-store merchandising)은 소비자가 매장 내에서 구매 시 영향을 줄 수 있는 마케팅 전략으로 여러 가지가 있지만 이 중 몇 가지만 살펴보면 다음과 같다.

가격표를 작성할 때 인쇄체는 제조업체가 정한 정가라는 느낌을 주고 필기체는 판매업체가 정한 할인된 가격이라는 인상을 주므로 필기체로 작성한 가격표를 사용하는 것이 인쇄체를 사용하는 것보다 매출액을 매우 증가시킨다고 한다. 이는 소비자가 필기체로 적혀 있는 가격표를 보고 할인가격 여부를 확인하지 않고 물품을 구매하기 때문일 것이다.

그리고 참치캔이나 라면 또는 스낵 등의 과자류는 차곡차곡 쌓지 않고 큰 상자에 아무렇게 담아놓는 이른바 점블(jumble) 기법을 사용하여, 실제와는 다르게 할인판매라는 암시를 하여 매출을 증가시키는 데 이용한다. 계산대 옆에 깜박하기 쉬우면서도 부피가 크지 않은 필름, 건전지, 껌과 사탕을 진열하는 것은 쇼핑을 끝내고 계산대에서 계산을 기다리는 소비자의 관심을 다시 한번 붙잡기 위한 것이다.

그림 8-5
점블 기법 사례

(3) 음악 마케팅

느린 템포의 음악은 소비자로 하여금 매장에 머무는 시간을 길게 하기 때문에 주로 고급 레스토랑이나 백화점 등에서 이용하며, 빠른 템포의 음악은 패스트푸드점이나 할인매장 등에서 이용한다. 여러분도 스스로 자신을 시험해 보라. 빠른 음악 혹은 느린 음악에 맞추어 방청소를 해보고 방청소에 걸린 시간을 비교해 보면 음악의 속도가 자신의 행동 속도에 어떠한 영향을 미치는가를 확인할 수 있을 것이다.

(4) 향기 마케팅

향기는 소비자를 해당 매장으로 이끄는 힘을 갖는다. 이 때문에 제과점은 빵굽는 냄새를 길가로 향하게 하여 행인을 매장으로 이끄는 역할을 하도록 한다. 또한 향기가 매장에서 팔고 있는 제품이 진짜라는 신뢰감을 더해 제품판매에 긍정적 영향을 주는 것으로 알려져 있으며, 원목가구점에서 소나무향을 이용하거나, 구두점에서는 가죽향을 이용하는 것을 사례로 들 수 있다.

(5) 기상 마케팅

비가 오면 일반적으로 소비자는 밖으로 나가는 것을 꺼려한다. 이러한 것을 이용하여 비오는 날에 매장을 찾는 고객에게 일정 금액 할인을 해줌으로써 구매를 촉진시키는 전략을 이용한다. 또 특정한 날에 눈이 오면 상품가격을 할인해 주는 전략도 기상마케팅에 속한다.

한 예로 어느 가전제품 대리점은 한 해 동안 해당 대리점에서 가전제품을 구입한 고객의 경우, 크리스마스에 눈이 오면 구입가격의 20%를 되돌려 주겠다는 약속을 했다. 이 경우, 소비자는 어차피 대리점마다 유사한 가격이라면 대리점이 좀 멀더라도, 20% 할인 가능성이 있는 대리점을 이용할 것이다. 그러나 정말로 크리스마스에 눈이 내린다면 소비자에게는 이보다 더 좋을 수 없겠지만, 대리점은 재정적 부담을 갖지 않을 수 없을 것이다. 이러한 재정부담을 덜기 위해 대리점은 보험을 이용하기도 한다.

(6) 3무 마케팅

3무(無) 마케팅은 백화점에 없는 것 3가지를 의미하며, 첫째는 시계로서 시간에 쫓겨 쇼핑에 열중하는 것을 막을 수 있기 때문이다. 둘째는 밖을 볼 수 있는 창문이 없으며 이는 밖의 풍경에 신경을 분산시킬 수 있기 때문이다. 셋째는 1층에 화장실이 없다는 것이다. 이는 2층 이상에 화장실을 배치함으로써(동선을 늘림으로써) 화장실을 이용한 후 매장 하나라도 더 둘러보게 하려는 치밀한 계산에서 나온 것이다.

(7) PPL 마케팅

영화나 드라마 등에 기업의 제품(가구, 의류, 액세서리 등)을 자연스럽게 등장시켜 관객들에게 광고라는 인식을 주지 않으면서 관객들의 무의식 속에 상품의 이미지를 심어 간접광고효과를 노리는 것이 PPL 마케팅(Product in Placement Marketing) 기법이다. 이제부터는 TV 드라마 혹은 영화 속에서 PPL을 한번 찾아보자.

(8) 스타 마케팅

대중 스타나 유명인의 이미지를 이용하여 제품의 홍보나 판매를 촉진시키는 방법으로 상품 혹은 회사의 이미지를 스타모델과 동일시하는 소비자심리를 이용하는 것이다. 이 때문에 유명연예인으로 하여금 광고 계약기간 동안 결혼을 하지 못하게 하거나 스캔들 때문에 스타 이미지가 흐려지면 손해배상할 것을 계약에 포함시키기도 한다. 겨울연가로 일본에서 인기가 높은 배우 배용준이 욘사마의 칭호를 받으며 그가 등장하는 모든 것을 그와 동일시하며 구매하는 일본 소비자의 모습에서 스타 마케팅의 위력을 새삼 느낄 수 있다.

(9) 체험 마케팅

소비자가 제품을 직접 사용해 보게 함으로써 제품구매 후 불만족에 대한 불안감을 감소시키고 제품의 올바른 사용법을 소비자에게 교육함으로써 소비자의 불만족을 사전에 방지하는 등의 효과를 갖는다. 예를 들어, 가전제품 회사에서 제품평가라는 타이틀을 걸고 모니터요원을 모집하는 것은 소비자에게 제품의 사용기회를 부여하는 체험 마케팅의 한 예라고 할 수 있다. 또한 무차별적으로 샘플을

그림 8-5
네이밍 기법 사례

나누어 주어 소비자에게 사용기회를 제공하는 것 역시 체험 마케팅의 한 예이다.

(10) 네이밍 마케팅

여성복 I.N.V.U는 옷을 입은 모습이 예뻐서 질투가 난다는 뜻의 영어 문장 'I envy you'의 발음을 이니셜로 옮겨 그대로 브랜드명으로 사용한 예이다. 그 외 '딸기가 입술을 만날 때' 등을 들 수 있다. 그림 8-5는 '춘천과 담양 지역의 맛을 담은 구운 피자'의 의미를 담아 네이밍을 한 사례이다.

(11) 커플 마케팅

커플 중 한 사람의 마음만 사로잡으면 더블로 매출을 올릴 수 있다는 점에서 신혼부부, 연인, 친구들을 대상으로 똑같은 반지, 티셔츠, 청바지, 신발, 가방 등에 이르기까지 다양한 제품에서 커플 마케팅이 이용되고 있다.

CREDIT MANAGEMENT & CONSUMPTION LIFE

비이성적 소비행동과
착한 소비 이해하기

CHAPTER 9

비이성적 소비행동과
착한 소비 이해하기

앞 장에서는 소비자가 알아두면 좋은 판매전략을 살펴보았다.
판매전략은 소비자의 호주머니를 어떻게 하면 크게 그리고 자주
열 수 있을까에 집중되어 있다. 이로 인하여 소비자는 비합리적인
소비행동을 보일 수 있다.
본 장에서는 비이성적 소비행동을 살펴볼 것이며, 소비자는
비이성적 소비행동에 대한 이해를 높여 자신의 소비행동을
합리적으로 이끄는 데 도움이 될 것이다. 아울러, 최근 소비자
개인보다 공익을 우선하는 착한 소비에 대해 살펴보고자 한다.

1. 비이성적 소비행동

1) 과소비 이해하기

(1) 과소비란

과소비란 지나친 소비를 의미하며, 과소비 여부를 평가하는 기준의 하나는 첫째, 사회의 경제적 상황과 비교해 보는 것이다. 예를 들어, 나라경제가 어려운데 해외에 가서 지나치게 과소비를 하였다고 말할 때의 기준은, 비록 개인적으로는 충분한 경제적 능력이 있는 사람이지만 사회 전체적 기준에 비교하여 과소비라고 할 수 있다. 이러한 소비는 소득 불균형에 따른 소득계층 간 위화감을 조성할 뿐 아니라 한 사회 혹은 국가의 소비문화를 불건전하게 조장할 수 있다는 측면에서 바람직하지 못하다.

둘째, 과소비의 또 다른 기준은 개인이 자신의 소득이나 계획한 예산을 초과하여 소비할 때 이를 과소비라 한다. 예를 들어, 자신이 벌어들이는 소득이 월 200만 원인데, 250만 원을 지출한다면 이는 분명 과소비이다. 그러나 월소득이 100만 원인 사람의 지출이 120만 원이라면 이 경우 과소비라고 하기는 어렵다. 왜냐하면 이 경우 소득수준이 너무 낮아 지출이 소득을 초과할 수밖에 없기 때문이다.

셋째, 과소비는 소득의 증가속도보다 소비의 증가속도가 더 빠른 소비를 의미하기도 한다. 소득이 증가하면 소비지출도 자연스럽게 증가하게 된다. 그러나 소득의 증가속도보다 지출속도가 더 빠르다면 소득이 아무리 많이 증가하더라도 조만간 적자가 될 것이다.

넷째, 아울러 소득수준에 비해 지출수준이 적절하다 할지라도 특정 지출항목에 필요 이상으로 지출이 쏠려 있는 경우도 해당 지출항목에 대한 과소비라고 할 수 있다. 월소득 150만 원인 가족이 100만 원을 자녀 사교육비에 지출하는 경우를 사례로 들 수 있으며, 이는 다른 가족의 의료비, 식비 등의 적절한 지출을 줄여야만 하는 결과를 초래하기 때문이다.

과소비란

① 사회의 경제적 상황에 맞지 않는 소비

② 소득수준을 초과하는 소비

③ 소득의 증가속도보다 소비의 증가속도가 더 빠른 소비

④ 특정 지출 항목에 필요 이상으로 지출하는 소비

(2) 과소비 예방하기

- 예산을 세우고 지키려고 노력한다.
- 충동적으로 소비하지 않는다. 이를 위해서 지출계획을 세우는 것이 필요하며, 계획에 없던 물건을 보았다면 그 자리에서 사지 말고 집에 와서 다시 한번 생각해 본다.
- 세일을 피한다. 계획에 없던 10만 원 짜리를 8만 원에 샀다고 2만 원을 절약한 것이 아니라, 불필요한 8만 원을 쓴 것이다.
- 신용카드 사용을 자제한다. 지금 가지고 있는 돈으로 지불할 수 있을 경우에만 물품을 사도록 하되, 앞으로 들어올 소득을 믿고 구매하지 않도록 한다.

2) 과시소비 이해하기

(1) 과시소비란

과시소비란 남에게 보여 주기 위한 소비로 남보다 우월하게 보이고 자신의 경제적 부(지위 혹은 신분 등)를 과시하기 위하여 고가품, 대형제품, 유명브랜드를 선호하는 소비를 의미한다. 자신의 경제적 부가 많음을 보여 주기 위한 소비이기 때문에, 체면을 중시하는 경우나, 외모를 중시하는 사람일수록 과시소비성향이 높다.

(2) 과시소비의 특성

① 모방소비의 근원이 된다

과시소비는 모방소비의 근원이 되는 것으로 알려져 있다. 이에 대한 설명으로 과시소비로 인한 밴드웨건효과(bandwagon effect)를 들 수 있다. 밴드웨건효과는 일반적으로 대부분의 부유층이 구매하는 것으로 알려진 물품을 소비자가 원하는 현상을 의미하며, 이는 널리 알려진 유명브랜드 물품을 구입함으로써 남에게 인정받고 싶은 심리표현의 결과로도 해석된다. 즉, '나도 이 정도는 살 수 있다'는 것을 다른 사람에게 보여 주어 수평적 지위를 확고히 하기 위함이다. 이 때문에 소비자는 자기보다 소득수준이 높은 집단을 기준으로 소비생활을 모방하는 것이 상례이며, 과시소비 성향이 있는 사람은 소득수준이 높은 집단의 소비행동을 모방하는 경향이 있다.

② 스놉효과를 노린다

스놉효과(snob effect)는 좀 더 비싸고 남과 다른 상품을 구매하여 이용함으로써 상류층으로써 다른 집단과 스스로 구분 지으려는 현상을 의미한다. 과시소비 성향이 큰 사람은 보다 희귀하고 독특한 것을 통해 남과 차별화시키는 전략으로 '나는 너희와 다르게 이런 것을 살 수 있다'는 것을 보여 주어 수직적인 지위 상승을 꾀한다.

③ 상품가격이 비싸면 오히려 구매가 증가하는 현상이 나타난다

사람들은 상품의 품질을 제대로 알기 어렵다. 따라서 가격이 높으면 품질도 좋고, 싼게 비지떡이라는 생각을 많이 하게 된다. 물론 가격이 높으면 품질이 좋은 것은 어느정도 사실이지만 반드시 일치하지 않는다는 조사 자료는 얼마든지 있다. 그럼에도 불구하고 과시소비에서 가장 중요한 것은 '물건의 가격이 다른 것과 얼마나 차별화 되는가'하는 것과 '그 상품이 높은 가격이라는 것을 남들이 잘 알 수 있도록 표현된 것인가'이다. 이 때문에 소위 유명브랜드의 옷들은 상표를 남이 잘 볼 수 있는 곳에 부착하거나 브랜드 로고를 아예 디자인화해서 보기만 해도 곧바로 값비싼 유명브랜드의 것이라는 것을 알 수 있도록 디자인한다. 그리고 외부로 나타낼 수 있는 사치품(보석, 고급승용차, 값비싼 가구, 의류 등)의 경우, 가격이 비싸면 오히려 구매가 증가하는 현상을 보이기도 하며 이를 베블렌재(Veblen's good)라고 한다. 경제학자인 베블렌이라는 사람이 이러한 현상을 규명하였기 때문에 그의 이름을 붙였다.

(3) 과시소비 예방하기

유명브랜드만 소비하는 명품족과 명품족을 따라하려고 가짜 상품이라도 이용하는 모모스족이 등장했다고 한다. 모모스족이란 미국의 새로운 상류계급인 보보스(bobos)족에 대비하여 만든 용어이다. 겉치장이라도 그럴듯하게 보이기 위해 빚을 내어 명품을 사거나, 가짜 유명상표라도 달고 다녀야 마음의 위안을 찾는다는 것이 모모스의 특징이다. 모두가 빚이고 모두가 가짜인데, 마음의 위안이 찾아올까?

자신의 체면과 외모에 대한 관심, 타인과 비교하는 데 시간이나 에너지를 사용하여 스트레스를 받기보다는 즐거움을 느낄 수 있는 능력개발, 취미활동이나 운동에 그 시간과 에너지를 사용하는 것이 어떨까? 그러면 재산이나 외모로 보여줄 수 없는 더 큰 자신감을 얻을 것이다.

3) 충동구매 이해하기

(1) 충동구매란

충동구매란 구매계획이 없었으나 구매현장에서 구매자극을 받아 제품을 구매하는 행동이다. 어떤 구매는 현장에서 이루어지지만 합리적인 경우도 있다. 빵가게 앞을 지나가다 집에 빵이 필요한 것이 갑자기 생각나서 구매를 하거나, 평소 병뚜껑 따개가 필요했었는데, 지나다 보니 필요한 병뚜껑 따개를 싸게 파는 곳을 발견하고 구매한 경우는 비록 계획에는 없었지만 이를 충동구매라고 하지는 않는다.

충동구매는 특히 필요하지 않은 제품을 모양, 포장, 디자인 등에 순간적으로 끌려 구입하는 행동을 의미한다. 충동적으로 구매를 하게 되면 불필요한 것을 구매하게 되거나 충분한 시장조사 없이 물건을 구매하게 되어 비합리적인 소비가 될 가능성이 높다.

(2) 충동구매 예방하기

충동구매는 왜 하는 것일까? 일반적으로 다음의 상황에서 충동구매를 하는 것으로 알려져 있다. 따라서 다음 사항에 유의하면 충동구매를 예방하는 방법이 될 것이다.

- 기분전환을 위해 쇼핑을 하는 경우
- 스트레스를 풀기 위해 쇼핑하는 경우
- 유행이나 신제품에 대한 정보를 얻기 위해 호기심으로 백화점을 들러보는 경우
- 할인, 쿠폰, 사은품 제공을 하는 경우
- 쇼핑장소에서 만남을 갖는 경우
- 세일기간에 쇼핑하는 경우
- 신용카드를 가지고 있는 경우
- 판매원이 권유하는 것을 뿌리치기 어려운 경우

이러한 사항에 기초해 볼 때, 충동구매를 줄이고 싶다면 다음과 같은 점을 고려해 보면 효과적일 것이다.

- 쇼핑 리스트를 만든다.
- 자제력이 없다면 신용카드는 들고 다니지 않는다.
- 혼자서 물건을 구매하지 않고 자신의 충동구매를 막아줄 누군가와 함께 쇼핑한다.
- 기운이 있을 때 쇼핑을 한다. 피곤하면 가격비교도 하기 싫고 필요한 것인지 아닌지 체크하기도 싫어지기 때문이다.

- 배고플 때 식료품 쇼핑을 하지 않는다. 필요한 것보다 훨씬 많이 구입하기 때문이다.
- 쇼핑을 너무 자주하지 않는다.
- 세일기간에 특히 조심한다.
- 사은품이나 경품에 현혹돼 상품을 구입하지 않는다.
- 만남의 장소로 쇼핑장소를 택하지 않는다.
- 여가시간을 쇼핑 이외의 것, 운동이나 취미활동 등으로 보내도록 한다.

그리고 충동구매를 예방하기 위해 구매충동을 느낄 때 다음의 질문을 스스로에게 해본다.
- 내게 필요한 물건인가?

TV홈쇼핑과 충동구매

시장조사 전문기관 트렌드모니터(www.trendmonitor.co.kr)에서는 TV홈쇼핑 이용경험이 있는 성인남녀 1,200명에게 TV홈쇼핑과 관련한 조사를 실시하였다. 조사결과 대체로 2회(18.1%) 내지 3회(20.5%) 정도 TV홈쇼핑을 통해 제품을 구매해 본 경험이 있는 것으로 나타났다. 소비자들이 가장 많이 구매해본 제품을 중복응답을 통해 질문한 결과, 의류(55.5%)와 화장품(50.3%)이었다. 주방용품(41.4%), 식품(40.7%), 패션잡화(36.5%), 침구류(36.3%)에 대한 수요도 많은 것으로 조사되었다. TV홈쇼핑의 시청경험은 주로 평일보다는 토요일(67.8%, 중복응답)과 일요일(52.8%)에 높게 나타났다.

TV홈쇼핑의 시청방식은 TV채널을 돌리다가 관심 상품이 나왔을 때 시청하는 경우(76.5%)가 대부분이었다. 습관적으로 TV홈쇼핑을 시청하는 응답자는 20.5%에 그쳤다. 즉, 상대적으로 여유가 있는 주말에 TV를 시청하면서 시간을 보내다가 TV홈쇼핑을 접하게 되는 경우가 많은 것으로 보인다.

물품구매는 시청도중 이루어지는 다소 '충동적인 구매'(43.8%)와 구매희망 제품을 인터넷을 통해 확인한 후 구입하는 '계획적인 구매'(41.3%)의 비율이 비슷한 것으로 조사됐다. 여성과 기혼 응답자는 충동적 구매 성향이 높은 반면 남성과 미혼 응답자에서는 계획적인 구매가 다소 많은 것으로 나타나, 성별과 결혼여부에 따라 TV홈쇼핑 이용방법이 상이한 특징을 보였다. 한편 전체 응답자의 89.9%는 한 번쯤 충동구매를 경험해 본 것으로 나타났으며, 의류(31.6%)와 화장품(25.7%)이 가장 많은 비율을 차지했다.

자료 : ZDNet Korea(2011.01.11.). TV홈쇼핑, 10명 중 9명 충동구매해 봤다.

▪ 내가 그 물건을 사용할까? 어떻게 사용할거지? 당장 사용할 물건인가?

▪ 살 돈이 있나? 이걸 사면 꼭 필요한 다른 어떤 것을 사지 못하게 되지는 않나?

4) 쇼핑중독 이해하기

(1) 쇼핑중독이란

쇼핑중독이란 지나치게 구매욕구를 억제하지 못하고 계속적으로 구매하는 행동을 말한다. 쇼핑중독자는 마치 알코올중독자가 지속적으로 술을 찾듯이 불안, 긴장, 우울감 등의 부정적인 감정을 극복하기 위한 방안으로 구매를 한다. 따라서 쇼핑중독은 알코올이나 마약중독과 같이 병적인 행동으로 치료가 필요한 경우라고 할 수 있다.

(2) 쇼핑중독의 원인

쇼핑중독은 심리적인 이유로 발생하는 경우가 많다. 자아존중감이 낮거나, 우울증, 좌절감, 정서적 불안감 등을 가진 사람일수록 쇼핑중독 성향을 보인다. 자아존중감이란 스스로 자신을 얼마만큼 가치 있게 생각하며, 얼마만큼 좋아하는지를 의미한다. 자아존중감이 낮은 사람은 이를 보상하기 위하여 물건을 끊임없이 구매하기 때문에 쇼핑구매중독 성향을 나타낸다. 또한 쇼핑중독자들은 우울증, 무기력감, 정서적 불안정 등의 감정을 나타내는 경우가 대부분이며, 우울증을 가지고 있거나, 일상생활이 무기력하다고 느끼는 사람일수록 구매중독성향을 보인다. 예를 들어, 남편과 대화가 거의 없는 주부, 중년기 자녀가 독립하여 부모 곁을 떠난 후 텅 빈 자아를 갖는 주부 등에게서 우울증 혹은 무기력감, 정서적 불안정 등이 쇼핑중독을 가져다 줄 수 있다.

(3) 쇼핑중독자의 특성

▪ 쇼핑중독자는 충동구매의 특성을 보이며 구매행동을 조절하지 못한다.

▪ 쇼핑 자체에서 기쁨을 느낀다. 쇼핑중독자는 구매하는 물건 자체에 대한 애

착이 작은 반면, 쇼핑하는 과정에서 값비싼 물건을 사는 사람에게 판매자가 정성스럽게 대하고 최고의 사람으로 대하는 그 과정을 즐긴다. 이는 구매과정에서 중독자가 자신이 중요한 사람처럼 느끼게 되기 때문이다. 그러나 새로운 상품은 구매하는 순간 더 이상 흥미롭지 않으며 또다시 새로운 상품을 찾아나서게 된다.

- 심리적으로 부족하다고 생각되는 부분의 보상을 위해 구매를 한다. 주위에서 값비싼 물건을 소유하고 있는 것으로 인하여 시선의 집중을 받는 것을 즐기면서 이것이 곧 자신의 신분이나 지위가 높아지는 듯한 느낌을 갖는다.

- 쇼핑중독으로 인하여 다른 문제를 일으킨다. 쇼핑중독은 알코올이나 약물처럼 신체적 중독을 이끌지는 않지만, 돈으로 인한 개인의 경제적인 파탄 혹은 결혼생활 파탄, 가까운 개인에게 돈을 빌리고 갚지 못하는 것으로 인해 인간관계가 파괴되는 등 정상적인 개인생활을 어렵게 한다. '쇼퍼홀릭(confessions of a shopaholic)'이라는 영화에서 주인공이 신용카드 금액 연체 때문에 정상적인 직장생활은 물론 일상생활의 어려움을 겪는 모습을 보인 것처럼 대부분 쇼핑중독자들도 그렇다. 조금 다른 이야기일 수 있지만, 영국의 한 할머니는 끊임없이 물건을 사들이다가 물건 상자 더미가 무너져 그 아래 깔려 사망하는 사례도 있었다.

- 구매한 물건을 자주 가족에게 숨긴다. 구매중독자들은 알코올중독자가 술병을 숨기는 것처럼 그들이 구매한 물건 혹은 신용카드 사용 청구서, 영수증 등을 가족에게 숨긴다. 특히, 의류의 출처를 물으면 친구로부터 얻었다는 등의 거짓말을 하기도 한다.

- 구매하고 싶은 상품이 있으면 가격에 전혀 신경을 쓰지 않고 즉시 사버린다. 구매중독자들이 상품가격에 신경 쓰지 않고 물건을 살 수 있는 것은 신용카드가 있기 때문이며, 대부분 현금으로 물건을 사는 경우는 드물다.

- 쇼핑한 뒤에는 곧바로 과도한 구매행동을 후회하고 다시 우울해지거나 죄책감을 갖기도 한다. 본래 쇼핑의 목적이 상품 자체의 효용성, 즉 구매한 상품을 사용함으로써 얻는 만족감이나 즐거움이 아니기 때문에, 쇼핑한 뒤에는

곧바로 상품에 대한 흥미를 잃어버리고 다시 우울해지거나 구매행동을 후회하기도 한다.

▪ 필요하지 않은 상품을 마구 사들인 뒤 자기가 무엇을 샀는지 정확히 기억하지 못하며, 쇼핑을 못하면 불안, 두통, 우울증, 소화불량 등 심리적·육체적 부작용이 일어나기도 한다.

(4) 쇼핑중독 예방하기

우선 쇼핑중독의 원인을 밝혀야 한다. 구매중독의 원인에서 살펴보았듯이 구매중독의 원인은 주로 심리적 문제로부터 발생하기 때문에 단순히 상품구매를 차단하는 방법만으로 구매중독 증상을 치유하기는 매우 어려우며, 심리적 치유와 병행하는 것이 효과적이다. 구매중독의 심리적 원인을 제거하는 데는 가족의 도움이 필요하다. 가족들은 쇼핑으로 인해 일어난 문제에 대해 당사자를 무조건 질타하기보다는 구매중독증에 빠질 수밖에 없는 상황을 이해해 주어야 한다. 이때 전문가의 도움이 필요할 정도라고 판단되면 정신과 전문의의 도움을 받아야 한다.

그러나 먼저 구매중독자가 스스로 자신의 소비행동이 중독적 특성을 가지고 있음을 인식하여야 한다. 구매중독자의 치료는 다른 중독의 경우와 마찬가지로 중독자 스스로 자신의 문제점을 인식할 때 효과적일 수 있기 때문이다.

쇼핑중독자 스스로 치료해 볼 수 있는 방안 몇 가지를 살펴보자.

❶ 계획적 구매를 통한 방법

다음과 같이 계획을 세우고 계획대로 행동해 보자.

▪ 첫째 주에는 홀수 날에 쇼핑을 하지 않고, 둘째 주에는 짝수 날에, 셋째 주에는 다시 홀수 날에, 넷째 주에는 다시 짝수 날에 쇼핑을 하지 않는다. 한 달 동안 자신의 경험과 느낀 점을 자세히 쓰도록 하고 월말에 검토해 본다. 구매는 습관이기 때문에 이러한 구매통제 행동 훈련이 점차 습관이 되면 구매중독 교정에 많은 도움이 될 수 있다.

▪ 자신이 매일 쓴 돈을 기록한다. 영수증을 모으고 아주 작은 액수까지 기록한다.

- 미리 살 목록을 적어 가지고 가서 쇼핑하고, 미리 살 것을 정하고 거기에 꼭 필요한 정도의 돈만 가지고 간다.
- 신용카드를 아예 없애는 것도 한 방법이다.
- 원하지 않는 것을 샀거나 부적절한 것을 샀을 때는 즉시 반환한다.
- 구매한 것을 언제나 가족에게 보여 준다.
- TV홈쇼핑 채널을 삭제하며, 인터넷(온라인) 쇼핑을 할 수 없도록 컴퓨터 자체를 주변에서 치워버리는 것도 한 방법이다.

❷ 쇼핑을 대체할 취미활동을 통한 방법
- 쇼핑 대신 즐겁고 쉽게 할 만한 일을 찾아본다. 즉, 좋아하는 음악을 듣거나, 산책을 하거나, 운동을 하거나, 남을 돌보는 봉사활동도 바람직하다. 또한 책을 보거나, 영화 혹은 뮤지컬을 보러 간다.
- 간단하게 쇼핑의 욕구가 생길 때, 찬물 한 잔을 마시고 심호흡을 하는 것도 도움이 된다.

2. 착한 소비 이해하기

착한 소비란 개인 소비자가 아닌 공익 차원에서 바람직한 소비생활을 의미하는 것으로 윤리적 소비라고도 한다. 즉, 경제적이 아닌 공익가치에 기초를 둔 소비생활을 의미한다. 이러한 소비는 개인적으로는 조금 불편하고 조금 더 비싸고 시간이 걸릴 수 있지만 장기적으로 보면 소비자 자신에게 유익한 소비생활이 될 수 있다. 본 절에서는 윤리적 소비에 포함되는 공정무역, 녹색소비, 로컬소비에 대하여 살펴보고자 한다.

1) 공정무역

공정무역(fair trade)이란 유통업자의 이익보다 제1차 생산자가 제품에 대한 공정한 이익을 얻도록 하기 위한 무역거래를 의미하며, 국제무역에서 공정거래를 통해 가난한 나라의 생산자들이 정당한 대가를 받을 수 있도록 하고자 하는 데서 시작하였다. 그리고 공정무역은 생산자와 소비자 사이에 지속가능한 사회를 만들고자 하는 대안무역 운동으로 유기농법, 자연소재를 이용한 전통기술을 장려하여 사람과 자연이 공존하는 대안적 발전을 추구하고 있다. 따라서 공정무역 제품으로 인정을 받으려면 반드시 유기농으로 재배하여야 하며, 생산자에게 정당한 대가(임금 등)가 이루어진 제품이어야 한다.

(1) 공정무역 제품

공정무역 사례 중 하나는 소위 '공정여행'이라는 것이다. 아프리카 지역 여행객들이 소비하는 돈은 일부 자본가들이 만들어 놓은 호텔, 여행서비스업 등을 윤택하게 할 뿐, 관광지역에서 살면서 그들에게 주어진 자연의 혜택은커녕 해당 지역에서 여행객들로 인하여 불편을 겪고 있는 주민들은 전혀 혜택을 볼 수 없는 상황이 펼쳐졌다. 이에 여행객들은 좀 불편하지만 민박을 고집하고 토산품들도 그 지역의 재래시장 등을 이용하는 등 관광객으로 인한 이익이 그 지역 주민에게 돌아갈 수 있는 여행을 고집하고 있다. 이것이 공정여행이다.

또 하나의 사례는 공정무역제품들로서 현재 우리나라에서 판매되고 있는 공정무역제품은 커피, 초콜릿, 축구공, 바스코바도(설탕), 올리브유, 의류 및 패션소품, 바나나 등 200여 개를 들 수 있으며 이들은 유기농법으로 재배된 원료로부터 제조된 것들이다. 이 중 커피, 축구공에 대해 좀 더 자세히 살펴보자.

● 커피

오래전에 EBS 방송국에서 〈히말라야 커피로드〉라는 제목의 기록영화가 방영된 적이 있다. 네팔 말레마을에서 재배한 커피가 우리나라의 커피숍에 오기까지의 여정을 그린 것으로 공정무역의 중요성을 말해 주고 있었다.

커피는 석유 다음으로 국제 거래가 많은 품목으로 커피 재배에 종사하는 인구는 세계적으로 2,500만 명에 달한다. 또한 시장규모도 한 해 약 18조 원에 이른다고 한다. 그러나 대부분의 커피 재배 국가들은 빈민국에 속해 있으며 다국적 기업들의 투자나 원조하에 개발, 생산하고 있다. 생산단가를 낮추려는 기업들에 의해 생산농민이 하루 종일일하고 받을 수 있는 돈은 겨우 1~2달러이며, 생두 1kg을 판매하고 받은 가격은 우리나라 돈 100원도 채 안 되고 있으나, 커피를 사 먹는 소비자 가격은 생산자가 받는 가격의 200배 이상의 차이가 난다(홍세화 외, 2008 ; 천경희 외, 2010에서 재인용). 이러한 문제를 해결하기 위해 공정무역은 부자나라가 가난한 나라에게 무상으로 주는 원조 차원이 아닌 공정거래를 통해 커피 재배 농가 및 국가들이 자립할 수 있도록 거래를 시작하였다. 현재 공정무역 커피는 세계 커피시장에서 아주 미미한 점유율을 차지하고 있으나 그 판매량이 증가하고 있으며 소비자들의 관심 또한 커지고 있다.

우리나라 공정무역은 시작된 지 얼마 되지 않아 공정무역 커피시장 점유율이 0.01%도 안될 만큼 작지만 2007년부터 시민단체를 중심으로 공정무역 커피를 적극적으로 판매하고 있으며, 이외에도 극소량이긴 하나 개인 수입상들이 영국의 공정무역 커피를 직수입해 판매하기도 한다. 국내에서 판매되고 있는 대표적인 공정무역 커피로는 아름다운 가게에서 네팔과 페루산이, 한국 YMCA 전국연맹에서 동티모르산이 거래되고 있다(신충섭, 2008 ; 천경희 외, 2010에서 재인용).

② 축구공

세계에서 사용하는 축구공의 3분의 2 정도가 파키스탄의 사이코트시 주위에서 만들어진다. 축구공 하나에 32개의 가죽 조각을 붙이기 위해 700번의 바느질을 해야 하는데, 숙련된 재봉사도 하루에 다섯 개밖에 만들 수 없다고 한다. 축구공을 꿰매는 일을 하는 어른과 어린이들은 주로 하청을 받아서 일하며 임금이 매우 낮다. 1997년 아동구호기금, 유니세프, 국제노동기구 등의 압력을 받고 나이키, 아디다스, 리복, 푸마 같은 주요 스포츠 회사들은 14세 이하 어린이를 재봉사로 고용하지 않겠다는 '애틀란타 협약'을 체결했다. 이듬해 국제축구연맹은 국제 축구 공 제조에 어린이 노동을 금지하는 행동규약을 체결했다(천경희 외, 2010에서 재인용).

(2) 공정무역단체

대표적인 공정무역단체는 다음과 같으며, 공정무역제품을 판매하고 있다.

❶ 옥스팜

영국 옥스퍼드 주민들이 자발적인 모금활동을 통해 난민이나 빈민 지원활동을 전개하면서 시작된 자선단체이며, 1995년 13개의 독립적인 비정부기구들과 연계하는 '옥스팜 인터내셔널'을 결성하고 전 세계적으로 빈곤 및 그와 관련된 불공평 문제를 해결하기 위해 다양한 활동을 전개하고 있다(www.oxfam.org).

옥스팜은 영리적 유통업자들에 의해서 이루어지는 1차 상품무역은 대부분이 개발도상국인 생산자들에게 공정한 대가가 돌아가지 않고 있고 거래량이 늘어나더라도 생산자들이 직접 유통에 참여하여 공정한 거래를 해야 한다고 인식한다. 옥스팜은 영국의 최종 소비자가 커피를 마시기 위해 지불한 금액 중에서 우간다의 생산 농민에게 돌아간 비율은 0.5%에 불과하고 99.5%는 중간 유통업자들이 차지했다고 분석하고 직접 커피숍을 운영하고 있다. 소비자들은 이 커피숍을 이용함으로써 커피 생산자들을 보호하고 옥스팜에도 기부하는 효과를 얻으며 커피 생산자들은 이 커피숍에 주주로 참여하고 커피원료를 공급함으로써 이익을 실현한다(강용찬, 2007 ; 천경희 외, 2010에서 재인용).

❷ 아름다운 가게

한국에서는 2003년 '아름다운 가게'를 통해 처음으로 공정무역 운동이 소개되었다. 커피를 비롯하여 다양한 공정무역 제품을 소개하고 직접 판매도 하고 있다.

그림 9-1
아름다운 가게에서
판매하고 있는 공정
무역 제품
자료 : 아름다운 가게
홈페이지 화면

그림 9-2
두레생협연합회 자
회사 APNet(apnet.
or.kr)에서 판매하고
있는 공정무역제품
자료 : APNet
홈페이지 화면

❸ 두레생협연합회

두레생협연합회는 자회사 APNet(apnet.or.kr)이라는 온라인 쇼핑몰을 통해 공정
무역제품을 판매하고 있다.

두레생협 회원들은 한 달에 한두 번 필리핀의 마스코바도(설탕)를 구입한다. 마

스코바도는 필리핀 농민들의 전통적인 흑설탕 제조방법이다. 마스코바도 설탕은 당밀 분리나 정제를 하지 않기 때문에 사탕수수에 포함된 미네랄이 풍부하고 칼슘, 단백질, 인 등의 성분도 많이 들어 있다. 설탕가격의 10%는 필리핀 농민들의 자립을 위한 '네그로스 프로젝트 기금'으로 들어간다(예진수, 2006).

2) 녹색소비

녹색소비는 친환경적, 에너지 절약을 위한 소비생활을 의미한다. 녹색소비를 해야 하는 이유는 설명이 필요 없을 정도로 지구의 온난화를 막을 수 있는 유일한 방안이기 때문이다. 소비자가 제품구매 시 녹색소비를 도와줄 수 있는 대표적인 라벨을 간단히 살펴보면 다음과 같다.

(1) 탄소성적표시제

탄소성적표시제는 제품의 원료, 생산, 유통, 사용, 폐기 등의 전 과정에서 발생한 온실가스의 양을 제품 겉면에 표시하는 제도로 소비자들이 이 표시를 확인하여 저탄소 제품을 편리하게 구매하는 데 도움을 준다.

그림 9-3
제품에 표시되어 있는 탄소성적 표시 사례

(2) 에너지 라벨링

에너지 라벨링은 자동차, 전기·전자제품 등 에너지를 사용하는 제품의 에너지 사용 효용을 평가하여 우수제품에 대해 라벨을 부여하는 제도이다.

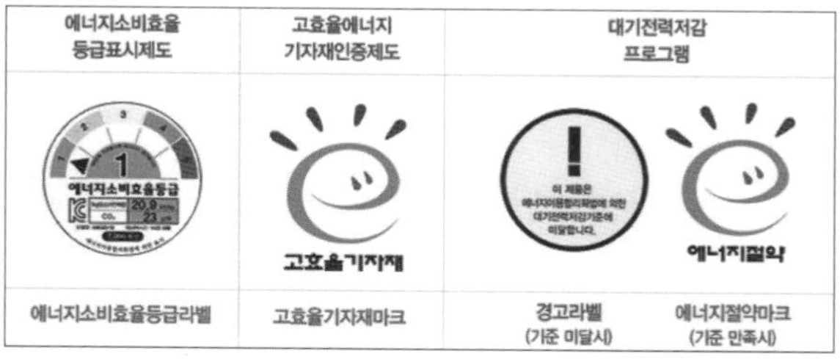

에너지소비효율 등급표시제도	고효율에너지 기자재인증제도	대기전력저감 프로그램	
에너지소비효율등급라벨	고효율기자재마크	경고라벨 (기준 미달시)	에너지절약마크 (기준 만족시)

그림 9-4
우리나라 에너지 라벨과 마크

(4) 기타 표시제도

제품 포장재의 분리수거가 용이하도록 재질을 표시하거나 재활용 가능 여부를 표시한 제품, 그리고 친환경 농산물 표시제 등이 운영되고 있다.

(좌)그림 9-5
분리배출 표시 사례

(우)그림 9-6
친환경농산물
표시 사례

3) 로컬소비

로컬소비란 소비자가 소비를 함에 있어서 가능한 그 지역에서 가까운 곳에서 생산한 제품을 소비하는 것을 의미한다. 그리고 어떤 경우는 거주지역으로부터 일

그림 9-7
충남 부여지역의
로컬푸드 매장

자료 : 충남넷미디어(2017.06.19.). 농민과 소비자가 만나는 부여 로컬푸드 직매장.

정거리 이내에서 생산되는 제품을 소비하는 것으로 정의하는 경우도 있다. 이처럼 로컬소비는 유통으로 인한 에너지를 절감할 수 있다는 특성, 그리고 장거리 이동을 위한 농약 등의 처리가 필요 없다는 이유 때문에 착한 소비에 속한다.

　로컬소비 대상 중 대표적인 것이 먹거리에 대한 로컬푸드이다. 경제적인 측면에서 살펴보면, 세계 어느 국가든 값싸게 생산할 수 있는 곳에서 대량 생산하고 그렇지 않은 국가는 자국에서 생산하는 것보다 저렴한 가격으로 수입(이동)하여 소비하는 것이 바람직할 것이다. 그러나 이동거리가 길수록 먹거리는 냉동 혹은 방부처리를 해야만 하고 이동에 많은 에너지를 소요한다. 이러한 상황은 한 국가 내에서도 혹은 한 지역 내에서도 그대로 적용된다. 즉, 가능한 가까운 지역에서 생산한 싱싱한 먹거리를 소비하자는 운동이 바로 로컬푸드 운동이다.

3. 소비자정보

합리적인 소비를 하기 위해서는 계획을 세워서 예산범위 내에서 지출을 하는 등 많은 지혜가 필요하지만 실제 구매에 있어서 가장 중요하는 것은 해당 물품에 대한 정보이다.

　우리 주변에는 소비자에게 제공하는 유용한 정보가 얼마든지 있다. 그리고 정보를 찾아볼 수 있는 수단 중 가장 손쉬운 것이 인터넷이다. 우리나라의 대표적 소비자정보 온라인 사이트는 정부기관인 공정거래위원회와 한국소비자원이 함께 운영하는 행복드림 사이트(www.consumer.go.kr)가 있다. 스마트폰 앱으로도 사이트를 활용할 수 있으며, 소비자에게 유용한 모든 정보가 한 곳에 모아져 있다고 생각하면 된다.

　그리고 한국소비자원은 생활필수품 가격정보를 실시간으로 제공하고 있으며 한국소비자원 홈페이지 '참가격'에서 제공하고 있다.

　또한 책자를 통해 소비자정보를 제공하는 통로가 있다. 즉, 한국소비자원에서 발행하는 〈소비자시대〉(온라인으로 제공) 혹은 민간소비자단체가 연합회를 조직

그림 9-8
행복드림
홈페이지 화면

하고 운영하는 소비자단체협의회에서 발행하는 〈월간소비자〉, 그리고 민간소비자
단체 중 '소비자시민모임'에서 발행하는 〈소비자 리포트〉가 그것이다.

　이상의 소비자정보 제공 인터넷 사이트와 책자들은 기업이나 판매자가 제공하
는 정보, 예를 들면 광고 혹은 상품 카탈로그, 판매자를 통하여 얻는 정보와는
다르게 소비자가 신뢰할 수 있는 정보라고 할 수 있다.

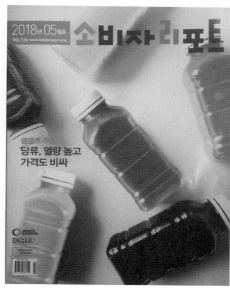

그림 9-9
소비자정보를 제공
하는 책자 표지

CREDIT MANAGEMENT & CONSUMPTION LIFE

10

소비자보호
관련 법과 친구하기

CHAPTER 10

소비자보호
관련 법과 친구하기

법 내용은 일반적으로 딱딱하고 이해하기 어려운 말로 기술되어
있다는 선입견 때문에 멀리하기 쉬우나, 다음에 소개하는 몇 가지
법은 일반 소비거래에서 상식으로 알고 있어야 할 만큼 꼭 필요한
내용들이다. 따라서 어렵다고 멀리하지 말고 친구처럼 옆에 두고
친해지려고 노력해 보는 것은 어떨까? 법 내용을 잘 알고 있으면
굳이 판매자에게 목소리 높여 권리를 주장하지 않아도 순리대로
소비자권리를 조용히 찾을 수 있기 때문이다.

1. 방문판매 등에 관한 법률

1) 방문판매 등에 관한 법이란

방문판매법은 방문판매를 비롯하여 전화권유판매, 다단계판매, 계속거래 및 사업권유거래에 있어서 소비자를 보호하기 위하여 1990년에 태어난 법이다.

① 방문판매는 판매자가 소비자를 방문하여 구매할 것을 권유하는 것을 의미하며, ② 전화권유판매는 판매자가 소비자에게 전화를 먼저 걸어, 상품에 대한 정보를 제공하고 소비자와 대화를 하는 행위에 의하여 판매를 하는 것을 말한다. 즉, 판매자가 전화로 소비자 방문을 하는 셈이다. 휴일에 집에 있다 보면, 인터넷 서비스, 자녀영어교육교재 구매를 권유하는 판매자들을 끊임없이 전화로 만나게 된다. 휴대폰에 광고 메시지를 전송하거나, '경품에 당첨되셨습니다. ○○○ 번호로 확인하여 주세요' 등의 문자 메시지를 보내고 소비자로 하여금 메시지에 안내된 전화번호를 통하여 전화를 걸도록 유도하는 사례도 전화권유판매에 해당된다.

③ 다단계판매는 다단계판매회사가 판매하는 물건을 사용해본 소비자가 다단계판매원이 되어 다른 소비자에게 판매 또는 구매를 권유하고 다시 그 소비자가 판매원이 되어 다른 소비자에게 판매 또는 구매를 권유하는 과정이 단계적으로 이루어지는 판매형식이다. 따라서 판매원이 그 상품의 소비자인 동시에 판매원이 되는 판매방식이다. 따라서 자연히 판매대상도 잘 아는 이웃, 친인척 등의 네트워크를 동원하여 전화 혹은 방문하여 판매하는 경우가 대부분이다. 다단계판매는 국가에서 인정한 정상적인 판매방법이나 이를 악용하여 불법다단계판매가 끊임없이 문제가 되고 있다.

④ 계속거래는 1개월 이상 계속하여 제품을 공급하는 계약으로 중도에 해지할 경우 대금환급의 제한 또는 위약금에 관한 약정이 있는 거래를 말한다. 예컨대, 학습지, 결혼정보, 잡지구독, 레저·스포츠시설 이용권 판매 등 대부분의 회원제 거래가 계속거래의 형태를 취하며 이들 서비스는 1개월 이상의 기간 동안 여러 번 제공받거나 이용하는 거래의 특성을 갖는다. 최근에는 특히 결혼정보업체

의 소비자피해로 일정한 기간동안 일정 횟수의 소개를 약속하였으나, 미팅 횟수만을 채우는 데 급급하여 제대로 된 소개를 받지 못해 발생하는 피해 사례가 증가하고 있다.

⑤ 사업권유거래는 사업기회를 알선하거나 제공하는 방법으로 거래 상대방을 유인하여 물건을 판매하는 거래를 말한다. 예를 들면, 속기록, 번역 등의 아르바이트 일감을 주면서 보다 유리한 조건으로 아르바이트를 하기 위해서는 자격증을 취득해야 한다며 교재구입 및 인터넷 학원수강을 하도록 하는 경우를 들 수 있다.

이상의 모든 거래과정에서 소비자를 보호하는 내용을 방문판매법에 포함시켜 놓았다. 그래서 법 이름도 '방문판매법'이 아니라 '방문판매 등에 관한 법률'이다. 방문판매 등에 관한 법률에 명시된 각 거래별 주요 내용을 살펴보자.

2) 방문판매법이 적용되지 않는 경우

- 소비자가 자신의 소비를 목적으로 하지 않고 다른 사람에게 다시 팔(상거래를) 목적으로 계약을 하는 경우는 방문판매법의 적용을 받지 않는다.
- 보험상품은 해당이 안 된다. 보험은 대부분 영업사원의 방문을 통해 계약을 체결하는 경우가 많으나, 보험상품은 방문판매법의 적용을 받지 않는다.
- 개인이 방문판매원을 두지 않고 혼자서 가공하지 않은 농수산물을 방문판매 하는 경우, 예를 들어 생산자가 과일, 채소 등 농산물을 트럭에 싣고 다니면서 방문판매를 하거나, 보따리 장사를 하는 사람으로부터 물건을 구입한 경우는 방문판매법이 적용되지 않는다.

3) 방문판매 시 알아야 할 사항

(1) 방문판매원이 소비자를 방문하여 상품을 팔고자 할 때 이행해야 할 사항은 무엇인가

- 방문판매원은 직접 소비자를 방문하여 판매를 하는 사원을 의미하며, 방문

판매원이 상품을 판매하고자 할 때는 소비자에게 미리 방문을 한 이유가 판매의 권유를 위한 것임과 방문판매원의 성명, 판매할 상품의 종류 및 내용을 밝혀야 한다.

대부분의 방문판매원은 아무 구매계획이 없는 소비자를 느닷없이 방문(혹은 전화를)하여 교묘한 방법으로 구매를 부추겨 충동구매를 하게 하는 경향이 있다. 대부분의 방문판매원은 '꼭 사라는 것은 아니고, 그저 구경이나 하시라고요!(말씀이나 한번 들어보시라고요!)'라는 말로 시작하여 심리적으로 소비자의 옆구리를 자꾸 찔러 구매를 부추기곤 한다. 이러한 부작용을 막기 위하여 방문판매원으로 하여금 위 사항을 반드시 이행하도록 하고 있다.

■ 방문판매원은 상품판매에 관한 계약을 체결하기 전에 소비자가 계약 내용을 이해할 수 있도록 다음 사항을 설명하여야 한다. 이는 방문판매원에 떠밀려 무슨 내용인지 조차 모르고 계약을 하는 것을 막고 계약내용을 소비자가 충분히 이해한 다음 계약 여부를 결정할 수 있도록 하기 위함이다.

- 방문판매업자(상품판매회사의 대표)의 성명·상호·주소·전화번호·이메일주소
- 방문판매원(상품판매를 하러 소비자를 방문한 사람)의 성명·주소·전화번호·이메일주소
- 상품의 명칭·종류·내용
- 상품의 가격
- 상품의 공급방법 및 시기
- 청약철회(후에 설명할 것임) 및 계약의 해제에 관한 모든 사항
- 상품의 교환·반품·수리보증 및 그 대금 환급의 조건과 절차
- 소비자피해보상·상품에 대한 불만 및 소비자와 판매자 사이의 분쟁처리에 관한 사항
- 약관에 관한 사항

방문판매원이 이상의 사항을 이행하지 않을 시 소비자는 그 이행을 요구할 수 있다.

(2) 방문판매원은 계약 시 계약서를 소비자에게 교부할 의무가 있나

- 방문판매원은 반드시 서면으로 된 계약서를 소비자에게 교부할 의무를 가지
  며 계약서에 명시할 내용은 (1)번의 방문판매원의 계약내용 설명 사항과 동일
  하다.
- 특히, 만 29세 미만인 미성년자와의 계약은 법정대리인(보호자)의 동의를 얻
  어야 한다. 동의를 얻지 않았을 경우는 언제든지 해약이 가능하다.

(3) 청약철회가 무엇인가

청약철회란 소비자가 물건을 구매한 후 물건에 하자가 없음에도 불구하고 자신
의 구매의사결정이 잘못되었다고 판단되면 구매한 물건을 도로 판매자에게 돌려
주고 돈을 돌려받을 수 있는 권리를 말한다. 영어로는 쿨링오프(cooling off)라고
하며 이는 글자 그대로 '냉각'을 의미한다. 이는 아마도 방문판매로 인한 구매 시
충동적으로 약간 흥분하여 쉽게 구매결정을 하게 되는 소비자가 냉정을 되찾고
이를 되돌릴 기회를 주기 위한 의도에서 붙여진 명칭이라고 생각된다.

청약이라는 단어 자체의 의미는 '구매하려는 의도'로 계약과는 다른 의미를 갖
는다. 방문판매에서는 물품 구입 시 계약을 정식으로 했어도 이를 청약이라고 간
주하며 물품을 구매한 소비자가 계약서를 받은 지 14일이 경과할 때까지 청약철
회를 하지 않으면 정식계약을 한 것으로 간주한다고 이해를 하면 될 것이다.

❶ 청약철회는 아무 때나 할 수 있나

청약철회는 물건을 구매한 후 아무 때나 되는 것이 아니라, 소비자(매수인)는 계

약서를 교부받은 날 또는 계약서를 교부받은 때보다 목적물(구매한 물품)을 늦게 받은 경우, 목적물(구매한 물품)을 받은 날로부터 14일 이내에 무조건 청약을 철회할 수 있다.

철회권의 행사기간 14일의 계산 시 유의할 점은 계약서를 받은 날 혹은 물품을 (택배 등으로) 받은 첫날은 포함하지 않는다는 것이다. 이는 민법 제157조의 초일불산입의 원칙(계약 첫날은 계산에 넣지 않는다)에 의거하여 계약서를 받은 날 또는 물품을 받은 날은 철회권의 행사기간에 넣지 않고 그 다음 날부터 날짜를 세기 시작하여 14일을 계산한다. 또한 14일째 되는 날, 즉 청약철회 기간 마지막 날이 공휴일일 경우 그 다음 영업일(영업 하는 날, 즉, 토·일요일 및 공휴일을 제외한 날을 의미함)까지 철회권을 행사할 수 있다.

- 계약서를 교부받은 때보다 상품 공급(배달)이 늦게 이루어진 경우는 상품을 공급받은 날로부터 14일 이내에 이루어져야 한다.
- 방문판매원의 주소변경으로 청약철회를 할 수 없을 때는 그 주소를 안 날로부터 14일 이내에 이루어져야 한다.

(예외 : 소비자는 상품의 내용이 표시 혹은 광고의 내용과 다르거나 계약내용과 다르게 이행된 경우에는 상품을 공급받은 날부터 3개월 이내에 청약철회가 이루어지면 된다. 나아가 그 사실을 3개월 이내에 알 수 없었더라도 그 사실을 안 날 또는 알 수 있었던 날로부터 30일 이내에 청약철회를 할 수 있다.)

생각해 보기

방문판매로 물건을 구입하였을 경우, 청약철회 기간을 계산해 보자

- 구매일 : 2018년 9월 3일(월) 계약서를 교부받고 물건을 받음
- 청약철회가 가능한 기간 : 9월 3일(월)은 계산에 넣지 않고 9월 4일(화)부터 계산을 시작하여 9월 17일(월)까지 우체국 소인이 찍히면 된다. 14일 동안 중간에 있는 휴일은 모두 청약철회 기간인 14일에 포함된다.

② 청약철회는 어떻게 행사하나

- 청약철회는 서면으로 함을 원칙으로 한다.
- 우체국에서 내용증명우편을 이용하여 '청약철회 통보서'를 전달한다. 청약철회 통보서 작성 요령은 신용카드 영수증 뒷면에 보면 양식이 있으며 이를 이용해도 되고, 그림 10-1과 그림 10-2에서 제시한 양식을 이용해도 된다.

알 아 두 기

내용증명우편

내용증명우편은 우체국에서 내가 어떠한 내용의 우편물을 보냈는가를 증명해 주는 것으로 종전의 등기(우편물 발송과 수취만을 증명해 주는 우체국 서비스)에 내용증명 서비스를 더한 것이라고 생각하면 된다. 즉, 동일한 내용의 편지를 4부 작성(복사)하여 우체국에서 내용증명우편이라는 증명을 받은 뒤, 1부는 우체국에서 보관하고, 1부는 자신이 보관하며, 또 다른 2부는 상대방(판매자, 매도인)과 신용카드회사에 등기로 보내는 것이다. 신용카드로 물품대금을 지불하지 않았으면 신용카드회사에는 보낼 필요가 없다.

발신주의와 도착주의

청약철회 통보서를 청약철회 기간 내에 요청서를 보냈다는 증명은 우체국의 소인에 찍힌 날짜를 기준으로 한다. 즉, 청약철회 요청 가능 기간의 마지막 날까지 우체국 소인이 찍히면 된다. 이를 발신주의라고 한다. 이에 비해 도착주의는 우편물이 상대방에게 도달한 날을 기준으로 하는 것을 의미한다.

---

③ 청약철회는 모든 상품에 해당되나

청약철회는 다음 상품의 경우 적용이 제외된다.

청약철회의 목적은 구매결정을 잘못한 소비자에게 원상회복할 수 있는 기회를 주는 것이지 구매한 상품의 하자를 해결하기 위한 것이 아니다. 따라서 판매자는 청약철회로 받은 상품을 다른 사람에게 팔 수 있어야 한다.

다음의 상품은 방문판매법에서 명시된 청약철회가 안 되는 경우이다.

청약철회통보서

수신 1 (판매자)			
수신 2 (신용카드사)			
수신 3			
발 송 인			
상품구매일자		구매장소	
구매품목		구매금액	
구매번호			

철회요청사유

회원번호		회원성명	(인)
철회요청일	년 월 일		

구체적으로 기재 : (한글 500자 이내로 작성)

그림 10-1
청약철회 통보서
양식 예

■ 소비자에게 책임 있는 사유로 물품이 없어지거나 또는 훼손된 경우, 다만 물품의 내용을 확인하기 위해 포장을 훼손한 경우는 예외이다. 방문판매원은 포장을 뜯으면 청약철회가 불가능한 물품의 경우, 그 사실을 물품 포장에 소비자가 쉽게 알 수 있는 곳에 표시하여야 한다. 아무 표시가 없는 경우, 판매자는 상품포장을 뜯었다고 청약철회를 거절할 수 없다. 그리고 판매자는 포장을 뜯지 않고 상품을 소비자가 살펴볼 수 있도록 하거나 시용(샘플) 상품을 제공하는 등의 방법으로 상품의 일부 사용이나 소비에 의해 청약철회의 권리 행사가 방해받지 않도록 조치하여야 한다.

■ 소비자가 상품을 사용하여 그 가치가 현저히 감소한 경우는 청약철회가 불가능하다. 자동차, 세탁기, 냉장고 등은 1회만 사용하여도 청약철회를 할 수 없다. 왜냐하면 이러한 제품은 1회 사용만으로도 중고품 취급을 할 정도로 가치가 현저히 감소되기 때문이다. 앞에서도 설명하였지만 청약철회가 된 상품을 판매자는 다른 소비자에게 신상품으로 판매할 수 있어야 한다.

청약 해지(청약철회) 통보서

■ 수신자 인적사항

수신 1 (판매자)	성명	회사 대표 귀하
	주소	
	연락처	
수신 2 (신용카드사)	성명	회사 대표 귀하
	주소	
	연락처	
수신 3	성명	회사 대표 귀하
	주소	
	연락처	

■ 발신자 인적사항
  • 성 명 :
  • 주 소 :
  • 전 화 :

■ 본인은 귀사로부터 다음과 같이 물품을 구매한 바 있습니다.
  • 구매일자 :
  • 구입품목 :
  • 구입금액 :
  • 기지불액 :

■ 본인은 (방문판매법, 전자상거래등에서의 소비자보호에 관한 법률, 할부거래법)에 의거하여
       년   월   일자로 계약을 철회하고자 하오니 조치하여 주시기 바랍니다.

                                                                            년   월   일
                                                                    성명   (인)

그림 10-2
청약철회 요청서
양식 예

- 복제가 가능한 상품(CD, 컴퓨터 소프트웨어 등)의 비닐포장을 훼손한 경우는 복제를 하였다고 인정하여 청약철회가 불가능하다. 어떤 나라에서는 책도 비닐로 포장하여 판매한다. 그 이유는 역시 비닐이 벗겨진 경우 복사된 것으로 간주할 수 있기 때문이다.

사례	**상품포장이 훼손되어서 청약철회가 안 된대요**

사례 1 영양제를 판매하면서 한 번 먹어보라며 방문판매원이 병을 열었다. 가격이 부담스러워 청약철회를 하려고 하였더니 이미 병뚜껑을 열었기 때문에 안 된다고 한다.

사례 2 회사에서 3교대로 근무를 하기 때문에 쇼핑할 시간이 없어 방문판매원에게 화장품을 구입하였다. 방문판매원이 포장을 뜯고 뚜껑을 연 다음 소비자 손등에 화장품을 일부 덜어 발라볼 것을 권유하였다. 미안한 마음에 구매하기로 하였으나 가격이 지나치게 비싼 것이 마음에 걸려 청약철회를 하려 하였더니 이미 일부 사용하였기 때문에 안 된다고 한다.

위 2가지 사례는 방문판매원이 고의로 청약철회를 하지 못하도록 하는 아주 전형적인 행동이다. 정부에서는 이러한 방문판매원의 부당행위를 막기 위하여 포장을 훼손하면 청약철회가 안 될 경우 이러한 내용을 소비자 눈에 잘 띄는 곳에 명시하도록 법에 정하고 있다.

❹ 청약철회가 이루어지면 어떠한 효과를 가져오나

- 청약철회 통보서를 판매자에게 보낸 후 소비자는 구매한 상품을 방문판매원에게 돌려주어야 한다. 이때 상품의 반환에 필요한 비용은 방문판매원이 부담한다. 예를 들어, 착신부담으로 판매자에게 택배를 보낸다. 이에 대해 방문판매원은 소비자에게 위약금(계약위반에 따른 벌금) 또는 손해배상의 명목으

알 아 두 기

특수거래와 청약철회

일반적인 거래는 소비자가 상품을 구매할 의도를 가지고 ① 판매상점을 찾아가, ② 건물을 직접 보고, ③ 일시금으로 지불하는 것으로 이루어진다. 이에 비해 특수거래는 소비자가 ① 구매할 의도를 가지고 있지 않은 상태에서 구매권유를 받게 되거나(방문판매), ② 인터넷 혹은 TV홈쇼핑에서 화면의 그림만을 보고 구매를 하게 되는 경우(전자상거래), 그리고 ③ 물건 값을 나누어 지불하므로 충동구매를 하기 쉬운 할부거래를 특수거래라 한다.

이러한 특수거래에서는 소비자가 충동적으로 구매했을 경우, 원상회복의 기회를 주기 위하여 청약철회가 법적으로 보장되어 있다. 다만, 다른 점은 청약철회 기간이 방문판매는 14일, 전자상거래와 할부거래는 7일이다.

로 비용을 청구할 수 없다.

이러한 내용을 법적으로 규정한 것은 상품반환에 따른 비용의 부담이 소비자의 청약철회 요청을 방해하지 않도록 하기 위함이다.

- 방문판매원은 소비자로부터 상품을 반환받은 날로부터 3영업일 이내에 이미 받은 상품 대금을 반환하여야 한다.

4) 전화권유판매

(1) 계약체결은 어떻게 하나

- 계약체결하기 전에 방문판매와 마찬가지로 전화권유판매원은 계약에 필요한 내용을 모두 소비자에게 알려주어야 한다.
- 계약서는 소비자의 동의를 얻어 팩스나 전자문서로 소비자에게 송부할 수 있다.
- 팩스나 전자문서에 의해 송부한 계약의 내용이나 도달(전달)에 관하여 다툼이 있는 경우에는 전화권유판매원이 이를 입증하여야 한다.

(2) 청약철회가 적용되나

방문판매의 경우와 동일하다.

5) 다단계판매

(1) 계약체결은 어떻게 하나

방문판매와 동일하다. 계약체결하기 전에 방문판매와 마찬가지로 다단계판매원은 계약에 필요한 내용을 모두 소비자에게 알려주어야 한다. 그리고 계약을 체결한 경우, 지체 없이 계약서 1부를 소비자에게 교부하여야 한다.

(2) 청약철회가 가능한가

다단계판매의 청약철회는 2가지 경우를 고려하여 이해하여야 한다.

▪ 하나는 소비자가 다단계판매원을 대상으로 청약철회를 하는 경우이다. 이 경우는 방문판매의 경우와 동일하다.

▪ 다른 하나는 다단계판매 구조의 특성상 다단계판매원(하위판매원)이 다단계판매업자(사장 혹은 대표이사)를 대상으로 하는 청약철회이다. 이 경우는 청약철회 기간이 계약을 체결한 날부터 3개월 이내에 하면 된다. 하위판매원의 청약철회는 상품을 판매하다가 잘 팔리지 않는 상품을 반품하는 경우라고 이해하면 될 것이다.

혹시 여러분들이 다단계 하위판매원으로 활동하고 있다면 이러한 청약철회 기간을 잘 알아두면 도움이 될 것이다.

(3) 정상적인 다단계판매와 불법 다단계판매는 어떻게 구별하나

우리나라에서는 계속적인 정부의 단속에도 불구하고 불법적인 다단계판매가 사회적 물의를 빚고 있다. 불법 다단계판매는 초기에는 일반 정상적인 다단계판매로 시작하지만 어느 정도 지나면, 물건을 판매함으로써 얻는 이익에는 관심이 없다. 다만, 하위판매원을 모집하는 데 열중하며 하위판매원에게는 법으로 금지되어 있는, 가입비 내지 세미나 참석비 등의 명목으로 많은 돈을 요구하여 돈을 버는 구조(소위 사람장사)로 변질되는 경향이 있다.

또한 하위판매원들에게는 짧은 기간에 많은 돈을 벌 수 있다는 사행심을 조장해 대학생에게는 휴학을 권유하는 등 정상적인 생활을 포기하고 오직 불법 다단계판매에만 열중하도록 하기도 한다. 한번 잘못 불법 판매조직에 빠지게 되면 정상적인 사회생활의 어려움은 물론, 커다란 경제적 손실도 함께 가져와 개인의 일생을 망치게 되는 경우가 대부분이다.

다음은 정상 다단계판매와 불법 다단계판매의 특성을 비교하여 정리한 것이다.

표 10-1 정상 다단계판매와 불법 다단계판매의 비교

구분	정상	불법
사업소개	다단계판매방식으로 소비생활에 필요한 물건을 구매하거나 판매해 볼 것을 권유하며 검증할 수 있는 회사 물건에 대한 자세한 정보 제공	다단계판매방식임을 설명하지 않고 오로지 단기간에 많은 돈을 벌 수 있다는 것을 강조하며 당장 필요하지 않은 물건의 대량구매를 유도
상품가격	생필품 중심으로 현재 방문판매 등에 관한 법률시행령에서는 거래가격이 160만 원 이상의 물품을 팔지 못하도록 되어 있음	화장품, 전자요 등의 가격이 시중가격과 매우 큰 차이를 보이는 등 고가상품 중심으로 거래됨
물건전달	주로 택배 시스템을 이용해 주문자가 원하는 장소로 배달	판매원이 판매과정에서 직접 물건을 개봉해 훼손함으로써 반품을 하지 못하게 하거나 반품을 위해 필요한 서류와 물건을 상위사업자가 보관해 반품을 방해함
하위판매원 수당	하위판매원의 구매실적과 판매실적에 의거하여 후원수당 등의 다양한 수당지급 기준	오로지 새로운 판매원을 가입시키는 행위 자체에서 수익발생(사람장사)
가입비	없음	가입비, 교재비, 세미나참가비 등 각종 명목으로 금품징수
상품구매	강제구매 없음	판매원등록 시 또는 후원수당을 미끼로 강제구매유도
확장구조	하위판매원 확보의무 없음	하위판매원 확보의무 부과
품질보증 및 환불제도	품질보증 및 환불제도 확실	품질보증 및 환불제도 미비 또는 없음
사업성격	장기적인 차원의 비즈니스	단기간의 일확천금을 꾀함
업무구조	철저한 부업 출발유도	전업으로 일할 것을 유도(학생의 경우 휴학을 유도)
피해보상	공제조합 등에 가입되어 소비자피해 발생 시 보상 가능	공제조합 등에 가입되어 있지 않아 보상 불가능

대학생, 불법 다단계판매 조심하자!

취업이 어려운 상황을 이용해 사회적 경험이 적은 대학생들을 불법 다단계판매원으로 끌어들이기 위한 접근이 활발할 것으로 예상되고 있어 대학생의 주의를 요하고 있다.

다음의 내용을 고려하여 불법다단계에 빠지지 않도록 주의하자.

• 불법 다단계업체 소속 판매원들은 자신을 믿는 가까운 친구나 동창, 군대동기 등을 업체로 유인하며, 안부전화 후 유명회사에 일자리가 있다거나 취직이 되었다며 만남을 약속하고 업체가 운영하는 교육장 혹은 합숙소로 유인하고 있으니 주의한다.

• 불법 다단계업체는 아르바이트 사이트에 구인, 구직 광고를 게재하여 학생들을 모집한다. 구인광고를 보고 연락을 하면 면접을 보러 오도록 한 뒤 고소득을 명목으로 유인하고 있으니 주의한다. 이 세상에 쉽게 많은 돈을 벌 수 있는 방법은 없다.

• 유인 후에는 합숙소 생활 및 교육을 강요하며, 이때는 매몰차게 뿌리치고 집으로 돌아가야 한다.

• 합숙소에서는 업체 소속 직원들이 기상시부터 취침시까지 따라다니며 감시하고, 주로 성공사례 발표 등을 통하여 판매원으로 등록하는 경우 "학비마련", "평생 고수익 보장" 등의 감언이설로 세뇌교육을 시킨다. 이는 모두 허황된 이야기임을 인식하자.

• 저축은행, 새마을 금고 등 제2금융권 혹은 대부업체로부터 대출을 받게 하거나 부모로부터 거짓말로 돈을 요구(예, 하숙을 하고 있는데 전세로 옮겨야 한다며 전세보증금을 요구하는 경우)하여 시중가보다 고가로 불법 다단계업체에서 판매하는 물품을 구매하게 한다. 이때는 단호하게 거절해야 한다.

• 대출금과 이자를 갚기 위해서는 후원수당을 지급받을 수 있는 직급으로 빨리 승진해야 한다며 추가로 물품을 구매하도록 부추기며, 친구 등을 많이 유인하도록 하기도 한다. 추가구매나 친구유인에 응할 경우 불법다단계 함정에서 빠져 나오기 더욱 힘들어 지게 된다. 물품을 추가로 구입하고 친구들을 계속 유인해도 학생들이 받는 수익은 교육받은 내용과 달리 불과 몇 만원에 불과한 것이 현실이다.

공정거래위원회가 2017년도 다단계판매업체 주요정보를 공개한 결과에 따르면, 다단계판매원의 연평균 수당은 상위 1% 미만에 속하는 판매원의 경우에만 5,861만 원이었으며, 나머지는 평균 49만 원인 것으로 조사되었다(NEWSIS, 2018.07.19.).

• 불법 다단계업체는 구입한 물품의 환불이 청약철회를 통해 불가능하도록 물품 일부를 이용하도록 교묘하게 유도하고 있음을 유의한다. 이 경우 불가능하도록 만든 상황을 사진을 찍거나 기록해 놓는다. 일반적으로 업체 직원이 합숙을 같이하면서 물품을 사용하게 하거나, (건강보조제 등의 경우) 먹어보도록 함으로써 교묘히 청약철회를 방해하니 주의한다.

<**피해예방요령**>

- 해당 업체가 등록된 다단계판매업체인지 확인하며, 등록된 업체는 공제조합을 통한 피해 보상이 가능하며 관할 시·도나 공제조합을 통해 등록 여부를 확인할 수 있다.

> 직접판매공제조합 www.macco.or.kr
> 한국특수판매공제조합 www.mlmunion.or.kr

- 등록된 업체일 경우 가입 전에 '다단계판매업자 정보공개'(공정거래위원회 사이트www.ftc.go.kr)를 통해 매출, 후원수당, 소비자불만처리(소비자상담사이트www.consumer.go.kr) 등을 확인한다.
- 교육·합숙을 강요할 경우 탈퇴의사를 확실히 밝히고 휴대폰 등으로 지인이나 경찰에 도움을 요청해 빠져 나온다.
- 가급적 제품을 사용하거나 멸실 또는 훼손 되지 않도록 주의한다. 물품의 가치가 현저히 감소되지 않는 한, 소비자는 물품을 받은 지 14일, 회원 가입한 판매원은 3개월 내에 청약철회가 가능하며, 업체가 환불을 해주지 않는 경우 공제조합을 통해 피해보상에 대한 상담을 받는다.
- 미등록 다단계판매는 불법이므로 절대 가입하지 말고 공정거래위원회, 경찰, 관할 시·도에 신고한다.

> 공정거래위원회 홈페이지(www.ftc.go.kr) → 신고센터 → 불공정거래신고
> 경찰청 지능범죄수사과(02-3150-2368) 및 각 지역 관할경찰서 수사과 지능팀

2. 할부거래에 관한 법률

1) 할부계약이란

할부계약이란 상품의 대금을 2개월 이상의 기간에 걸쳐 3회 이상 분할 지급하고 상품 대금을 완납하기 전에 상품을 제공받기로 하는 계약을 의미한다. 따라서 소비자가 할부거래 시 법의 보호를 받으려면 가장 먼저 이러한 조건에 맞아야 한다.

2) 할부거래법이 적용되지 않는 경우는 무엇인가

- 할부기간이 2개월 미만이거나 할부횟수가 3회 미만인 경우
- 부동산(할부거래는 동산 및 용역에만 해당됨)
- 소비자가 개별적으로 주문하여 제조되어 제공되는 것
- 소비자가 자신의 소비를 목적으로 하지 않고 다른 사람에게 다시 팔 목적으로 할부로 계약을 체결하는 경우

3) 할부계약을 체결할 때 판매자(매도인)는 어떤 의무를 갖게 되나

(1) 할부계약 체결 시 법적으로 다음 사항을 계약서에 기재하고 계약서를 교부하여야 한다

할부계약은 대부분 기간이 장기이기 때문에 계약의 내용을 소비자(매수인)에게 주지시켜 분쟁을 방지하는 것이 중요하다. 이를 위해 할부거래법은 계약방식의 자유에 대한 얼마간의 제한을 가하기 위해 다음 사항을 계약서에 반드시 기재하도록 하고 있다.

할부계약의 조건에서 가장 중요한 것 중 하나는 현금가격과 할부가격이다. 현금가격과 할부가격의 차이는 당연한 것이지만, 이는 소비자로 하여금 거래조건을 충분히 검토하여 구입결과의 효용과 경제적 부담과의 효율성을 판단하게 하고, 또한 부당한 가격 차이를 견제하기 위해서 계약서에 표시하도록 한 것이다. 다만, 신용카드로 할부거래를 할 경우, 할부가격을 기재하지 않아도 되기 때문에 소비자가 할부가격이 얼마나 현금가격과 차이가 있는지를 쉽게 인식하지 못할 수 있음을 소비자 스스로 인식해야 한다.

(2) 할부거래법에서 정한 할부계약서 내용의 표시방법

① 9호 이상의 큰 활자를 사용해야 하고, ② 계약서 내용 중 5~9번까지의 사항은 일반 기재사항의 글씨와 다른 색의 글씨 또는 붉은 글씨 등을 사용하여 명확히 드

할부계약서에 기재해야 하는 내용

① 매도인·매수인 및 신용제공자의 성명과 주소

② 목적물의 종류·내용 및 목적물의 인도 등의 시기

③ 현금가격

④ 할부수수료의 실제연간요율

⑤ 목적물의 소유권의 유보에 관한 사항

⑥ 매수인의 철회권과 행사방법에 관한 사항

⑦ 매도인의 할부계약의 해제에 관한 사항

⑧ 매수인의 기한이익 상실에 관한 사항

⑨ 매수인의 항변권과 그 행사방법에 관한 사항

⑩ 할부가격

⑪ 각 할부금의 금액·지급횟수 및 시기(자체 할부의 경우에만 적용)

⑫ 지연손해금 산정 시 적용하는 율

* 신용카드를 사용하여 할부거래를 할 때는 ⑩, ⑪, ⑫ 사항을 기재하지 않아도 된다.

러나게 한다. ③ 매수인의 철회권 및 항변권 행사를 위한 서식을 포함하여야 한다.

그림 10-3은 신용카드 영수증 앞과 뒤의 내용이다. 신용카드 뒤의 내용을 살펴보면 '할부거래계약서'가 이미 알아두기의 내용과 동일하게 인쇄되어 있다. 이는 대부분 신용카드를 이용하여 할부거래를 하기 때문에 거래 시마다 계약서를 작성하는 번거로움을 피하기 위해서이다. 따라서 신용카드로 할부거래를 할 경우 신용카드 영수증이 곧 계약서의 역할을 한다.

그림 10-3의 글자 크기가 너무 작아 잘 보이지 않으면 가지고 있는 신용카드 영수증을 꺼내어 앞과 뒤를 잘 살펴보자. 어떠한 내용들이 있는지 확인해 보는 것도 큰 공부가 될 것이다.

(3) 계약체결 시 판매자는 지체 없이 계약서 1통을 매수인에게 교부하여야 한다

계약서는 반드시 소비자에게 1부를 교부하여야 하며 교부를 하지 않았거나 계약 내용이 불확실한 경우에는 그 계약 내용은 어떤 경우에도 소비자에게 불리하게 해석되어서는 안 되는 것으로 법적으로 정해져 있다.

4) 소유권유보의 특약이란

할부계약서에는 일반적으로 '매수인 혹은 카드회원(신용카드로 할부거래 시)의 소유권 유보'의 사항으로 '매수인(카드회원)은 할부계약이 종료되기 전까지 목적물의 소유권이 유보될 수 있다.'라고 되어 있다.

이는 할부계약에 있어서 매수인이 대금을 완납하기 전에 목적물을 인도하기(받기) 때문에 매도인은 할부대금을 받을 수 있는 권리를 확보하기 위하여 매매대금을 완불하기까지 매도인에게 목적물의 소유권을 유보하고 완불과 동시에 매수인에게 소유권이 이전되는 약정을 하는 것이 일반적이다. 그때까지는 소유권은 매도인에게 귀속되어 있다. 이것이 소유권유보 특약이다.

5) 할부수수료란

할부수수료는 금리, 신용조사비, 사무관리비 기타 명목 여하를 불문하고 할부거래에 관한 수수료로서 매수인이 매도인 또는 카드사에게 지급하는 총액으로 실제 연간요율로 표시한다(그림 10-3에 명시된 연간 할부수수료율 참조).

6) 판매자(매도인)는 계약해제를 마음대로 할 수 있나

소비자가 매월 내는 할부금을 연체했을 때 매도인은 할부계약을 임의로 해제할 수 있지만 매수인이 할부금 지급지체 이유가 단순히 할부금을 낼 돈이 없어서가 아니라, 여행 중이거나 깜박 잊어버렸거나 등의 이유로 연체될 수 있으므로 이러한 경우를 대비하여 매도인이 매수인의 할부금 연체를 이유로 계약을 해제하려면, 그 계약을 해제하기 전에 14일 이상의 기간을 정하여 매수인에게 연체된 할부금 지급요청을 서면으로 최고하여야(알려야) 한다. 여기서는 최고(알림)의 도달주의를 택한 것으로 매수인에게 최고장이 도달한 날로부터 14일 이상의 기간을 주고 이 기간 동안 연체 할부금을 갚도록 하며 만일 이를 매수인이 이행하지 않을 경우 매수인에게 최고장이 도달한 날로부터 14일 이상의 기간이 지난 후에만 매도인의 계약해제가 가능하다.

　할부계약이 해제되면 매도인과 매수인은 동시에 상대방에게 구매한 제품의 반환의무와 지급한 할부금의 반환의무를 갖는다. 다만, 매수인은 매도인이 그 동안 지급한 할부금을 반환할 때까지 목적물의 반환을 거절할 수 있다. 이 거래과정에서 매도인은 매수인을 대상으로 법에서 정한 테두리 안에서 손해배상을 청구하거나 연체된 할부금에 대한 연체이자를 청구할 수 있다.

7) 할부거래의 청약철회란

(1) 할부거래의 청약철회는 방문판매와 어떻게 다른가

할부거래 청약철회의 의미와 행사방법은 방문판매의 경우와 동일하다. 다만, 다음에서 차이가 있다.

❶ 청약철회 행사기간이 다르다

방문판매의 경우 청약철회 기간이 14일이지만, 할부거래는 그의 절반인 7일밖에 되지 않는다. 청약철회 행사기간이 짧기 때문에 청약철회를 서둘러야 한다.

❷ 청약철회를 할 수 없는 것이 다르다

할부가격이 10만 원 이하인 할부 계약 혹은 신용카드를 사용하여 할부거래를 하는 경우에는 할부가격이 20만 원 이하인 할부계약은 청약철회를 할 수 없다. 그 밖에 청약철회를 할 수 없는 경우는 방문판매의 경우와 동일하다.

(2) 청약철회 행사의 효과

- 방문판매의 경우와 동일하게 매도인과 매수인은 동시에 원상회복의 의무가 생긴다. 즉, 매수인은 구입한 물품을 반환하여야 하고 매도인은 이미 받은 계약금이나 할부금을 반환하여야 하며 이는 동시에 이루어지도록 되어 있다.
- 청약철회를 빌미로 매도인은 매수인에게 위약금 또는 손해배상을 청구할 수 없으며 이는 매수인이 통상의 용법에 따른 사용에 불과한 것인 때에는 현상 그대로 반환하면 되는 것을 의미한다. 그리고 할부거래의 목적물이 용역(예 : 1년 동안의 스포츠 마사지 서비스를 할부로 계약하면서 1회 마사지를 계약하는 날 받은 경우)일 때, 그 용역이 이미 제공되었다면 그 용역과 동일한 것의 반환이나 대가 또는 그로 인하여 얻은 이익에 상당하는 금액의 지급을 매도인은 매수인에게 청구할 수 없다.
- 목적물의 반환에 필요한 비용은 매도인이 부담하며, 이는 거래의 비용이 과다

하게 들게 됨으로써 이 권리가 무의미하게 되는 것을 방지하기 위한 규정이다.

사례 할부거래의 청약철회 사례

A는 2018년 8월 10일 무료로 요리강습을 한다기에 참석하였다가 충동적으로 그릇세트를 6개월 할부로 구입하였다. 그런데 집에 와서 그릇세트를 확인해 보니 시중가격보다 비싸고 제품의 품질도 좋지 않아 반환하려고 한다. 이때 A는 할부계약을 철회할 수 있을까?

* 계약서를 교부받은 날 또는 (계약서를 교부받지 아니한 때에는) 목적물의 인도를 받은 날로부터 7일 내에 철회할 수 있다. 위 사례에서는 2018년 8월 10일에 계약서와 물품을 인도받은 것으로 보이므로 8월 10일은 제외하고 8월 11일부터 7일을 계산하면 8월 17일까지 서면으로 철회의 의사표시를 발송하면 된다.

---

8) 매수인의 기한 전 할부금 지급권이란

여기에서 '기한'이란 할부기간(예 : 10개월 할부)을 의미하며 '기한 전'이란 할부기간이 도래하기 전을 의미한다. 따라서 '기한 전 할부금 지급권'이란 할부기간이 도래하기 전이라도 경제적 사정이 나아질 경우, 매수인이 나머지 할부금을 일시에 지급할 수 있는 권리를 의미한다. 즉, 매수인이 할부로 물건을 구입하는 것은 대부분 할부가격이 현금가격보다 높음에도 불구하고 현금을 마련하기 곤란하기 때문이다. 따라서 소비자가 경제적 여유가 있을 때는 할부대금을 납부하는 도중에라도 남아 있는 물건 값을 일시에 갚을 수 있는 권리를 소비자에게 제공함을 의미한다. 이는 소비자가 물건값을 일시에 갚을 수 있는 여유가 생기면 언제든지 일시금으로 지불하고 할부수수료를 부담하지 않도록 하기 위한 것이다.

9) 매수인의 기한이익상실이란

'기한'이란 단어는 조금 전 앞에서 설명한 바와 같이 할부 기간을 의미한다. 그리고 '기한이익상실'이란 할부기한이 소비자에게 주는 이익을 상실한다는 의미이다. 즉, 경제력이 부족한 소비자가 필요한 물품을 당장 사용할 수 있으면서, 물품 대

할부가격, 할부금의 차이

할부가격은 현금가격에 할부수수료를 더한 것이며, 할부금은 매월 매수인이 지불해야 하는 금액이다. 신용카드 부분에서 학습한 할부금 계산방법을 다시 한번 살펴보자.

할부거래와 원금균등분할상환, 그리고 기한 전 지급

할부거래에서 적용되는 대금지급방법을 원금균등분할상환이라고 한다. 즉, 원금을 할부기간에 맞추어 균등하게 나누어서 갚는다는 것이다. 예로 100만 원짜리 냉장고를 10개월 할부, 할부수수료율이 연 12%인 경우, 월 할부금은 다음과 같이 계산된다.

첫째 달의 할부금은 100만 원을 10개월로 나눈 원금 10만 원과 할부수수료인 100만 원의 1%(연 12%는 월 1%에 해당됨)인 1만 원을 합하여 11만 원을 지불한다.

둘째 달의 할부금은 원금 10만 원과 90만 원에 대한(첫 달에 10만 원을 갚음) 할부수수료인 90만 원의 1%인 9,000원을 합하여 10만 9,000원을 지불한다.

이런 식으로 할부기간 10개월간 매월 원금 10만 원과 나머지 잔액에 대한 할부수수료를 매월 지불하도록 되어 있다. 따라서 10개월 할부로 구입을 하였어도 3개월 되는 시기에 할부금 잔액을 모두 갚고 싶다면, 위 사례의 경우 원금 80만 원만 일시에 갚으면 된다. 원금을 모를 경우 카드사에 연락하여 잔액을 확인한 후 일시에 갚으면 된다.

금을 할부 기간 동안 나누어서 지불할 수 있는 이익을 상실하고 한꺼번에 상품가격을 모두 지불해야 하는 것을 의미한다.

할부거래법은 할부금 지급에 대한 기한이익상실에 대해 다음과 같은 경우에 한하여 할부금 지급에 대한 기한의 이익을 상실한다고 정하고 있다.

할부금을 다음 지급기일까지 연속하여 2회 이상 지급하지 않고 그 연체액이 할부가격의 10분의 1을 초과한 경우이다. 그러므로 매도인은 매수인이 2회 이상 연속하여 할부금의 지급을 지체하고 있어도 그 지체된 할부금이 할부가격의 1/10이 되지 않으면 매도인은 기한이익을 상실시킬 수 없고 또한 매수인이 지체하고 있는 할부금이 매매대금의 1/10을 넘는다고 해도 계속해서 2회 이상 지체하지 않으면 기한 이익을 상실시킬 수 없게 된다.

> **사례** **다음 사례는 기한이익상실에 해당될까**
>
> 100만 원 짜리 냉장고를 10개월 할부로 구매한 경우, 할부수수료율은 연 12%이다. 매수인은 첫째 달에만 할부금 11만 원을 내고 그 다음 달부터 2개월 동안 할부금을 내지 못하고 있다.
>
> * 이 경우, 첫째 조건인 2회 연속 할부금 연체와 둘째 조건인 연체된 할부금의 금액 21만 7,000원(둘째 달 10만 9,000원+셋째 달 10만 8,000원)이 할부가격 105만 5,000원(현금가격 100만 원+할부수수료 5만 5,000원)의 10%인 10만 5,500원을 초과하므로 기한이익상실에 해당되어 소비자는 더 이상 할부로 물건 가격을 갚는 이익을 상실하고 물건가격을 일시금으로 갚아야 한다.

10) 매수인의 항변권이란

판매자는 물건을 팔 목적으로 함부로 이것저것 해주겠다는 약속을 한다. 그러나 막상 계약을 하고 나면 약속한 서비스를 받아내기가 여간 어려운 것이 아니다. 이러한 어려움을 해결하는 방법으로 할부거래가 일정기간 물품대금을 지불하는 거래의 특성을 이용한 것이 매수인의 항변권이다. 즉, 할부거래 계약 시 매도인이 계약서상 약속한 사항을 이행하지 않을 경우(약속한 물품을 제공하지 않거나, 이행 시기가 늦어지거나, 제품의 하자 등을 수리해 주지 않는 등), 계약 사항을 완전히 지킬 때까지 매수인은 나머지 할부금을 연체 없이 지급하지 않을 권리를 가지며 이를 항변권이라고 한다.

(1) 항변권 행사가 안 되는 경우

항변권은 청약철회처럼 할부가격이 10만 원 이하, 신용카드를 사용하여 할부계약을 한 경우에는 20만 원 이하인 경우에는 항변권을 사용할 수 없다.

(2) 항변 요청서를 보낸 후 항변권을 행사할 수 있다

매수인은 매도인과 신용카드사에게 할부금 지급을 거절한다는 의사표시를 청약철회 시와 마찬가지로 보낸다. 보내는 방법은 청약철회의 경우와 정확히 동일하다. 즉, 서면으로 우체국에서 내용증명을 통해 판매자와 신용카드사에 통지한 후 할부금의 지급을 거절할 수 있다. 항변 요청서 양식은 앞서 제시한 청약철회 통보서와 동일하며 신용카드 영수증 뒷면에 제시된 양식을 이용해도 된다.

(3) 소비자는 항변권을 행사하기 전, 즉 할부금의 지급을 거절하기 전에 판매자와의 분쟁의 해결을 위하여 성실히 노력해야 한다

소비자와 판매자 사이에서 비롯된 분쟁으로 소비자가 항변권을 행사하면, 판매자가 불이익을 받는 것이 아니라, 신용카드사가 할부금을 제때 받지 못하게 된다. 이는 소비자의 항변권 행사로 신용카드사가 받는 피해라고 할 수 있다. 다시 말하면, 항변권 행사를 하게 된 분쟁의 제1차적인 책임은 판매자와 소비자에게 있는 것이고, 따라서 소비자는 신용카드사에 대하여 할부금을 내지 않으려면, 항변권 요청서를 내기에 앞서 판매자와 문제해결을 위한 성실한 노력을 하도록 하는 것이 타당하기 때문이다.

사례 할부거래 시 항변권을 행사한 사례

A는 컴퓨터를 12개월 할부로 구입하였으나 사용 1개월 후 고장이 났다. 두 번이나 수리를 받았으나 고쳐지지 않았을 뿐 아니라 그 이후에는 수리를 요구해도 이러저러한 이유를 대고 고쳐주지 않고 있다. 이때 A는 할부금을 계속 지급하여야만 하나?

* A는 수리되어 제대로 사용할 수 있을 때까지 할부금지급을 거절할 수 있다. 즉, A는 매도인(신용카드를 사용한 경우에는 신용카드회사)에 대해 대금지급을 거절하는 항변권을 행사할 수 있다.

---

11) 판매자에 대한 규제는 무엇이 있나

(1) 강행규정

강행규정이라 함은 할부거래에 있어서 계약서상 소비자와 판매자 간에 이미 약속한 사항이라 할지라도 그 내용이 할부거래법보다 불리하게 소비자에게 적용되는 것일 경우, 그 계약내용은 무효로 하며 대신 할부거래법 내용을 적용하는 것을 의미한다. 예를 들어, 할부거래 계약서상 청약철회 기간이 5일로 표시되어 있는 경우 이는 강행규정에 의해 무효화되고 할부거래법상의 7일이 적용된다.

(2) 전속관할

할부거래에 관한 분쟁이 있을 때 재판관할의 결정은 제소 당시 소비자의 주소를, 주소가 없는 경우에는 소비자의 거주장소를 관할하는 지방법원의 전속관할로 한다. 할부거래법상 이러한 규정이 있는 이유는 실제거래에서 약관으로 판매자에게 일방적으로 유리한 법원을 관할법원으로 정하는 경우가 많았다. 이에 할부거래법은 소비자에게 불리하지 않도록 전속관할을 규정하고 있다.

12) 방문판매원에게 할부로 물건을 구입하였다면

방문판매와 할부거래가 동시에 이루어졌다면 소비자는 어떤 법에 의해 보호를 받게 될까? 한마디로 양쪽 법에서 소비자에게 유리한 사항이 서로 적용된다.

예를 들어보자. 방문판매원은 클래식 음악 CD 전집을 팔면서 우리나라 가곡 CD 전집을 보너스로 주기로 하였다. 계약서를 작성하고 난 후 방문판매원은 우리나라 가곡 CD는 현재 없으니, 일주일 내에 보내주겠다고 하였다. 왠지 방문판매원에 대한 믿음이 가지 않았던 소비자는 결제를 할부로 하겠다고 하였다.

항변권을 고려한 것이었다. 아니나 다를까 방문판매원은 소비자의 여러 번의 독촉 전화를 받고도 한국 가곡 CD를 보내주지 않았다. 이에 소비자는 방문판매 본사에 전화를 걸어 사정을 이야기하고, 일주일 내에 한국 가곡 CD를 보내주지 않으면 항변권을 행사하겠다고 하였다. 항변권 효과는 즉시 나타났다. 본사에서 미안하다는 사과와 함께 CD를 곧바로 보내왔던 것이다. 소비자는 이제 할부수수료를 더 이상 물지 않기 위해 기한전 지급권리를 이용하여 물품대금 잔액을 한꺼번에 모두 갚아 버렸다.

이상의 사례처럼 할부거래와 방문판매가 동시에 이루어진 경우, 소비자는 양쪽법 중 소비자에게 유리한 내용을 적용받을 수 있다. 예를 들면, 청약철회 기간은 방문판매법에서의 14일을, 항변권, 기한전 지급권리 등은 할부거래법에 기초하여 소비자는 보호를 받을 수 있다.

13) 선불식 할부거래와 상조서비스

선불식 할부거래는 소비자가 필요한 물품을 미리 사용하고 물품대금을 할부기간 동안 나누어 갚는 방법과는 반대로, 앞으로 필요할 것으로 예상되는 그러나 언제 필요할지 모르는 물품대금을 미리 일정기간 동안 판매자에게 지불하였다가 물품이 필요할 때 판매자로부터 공급받는 거래방식을 의미한다. 따라서 물품대금이 모두 납부되지 않은 시점에서 물품이 필요하면 물품을 제공받은 후에라도 나머지 물품대금을 납부해야 한다. 선불식 할부거래의 대표적인 사례가 상조서비스이다.

(1) 사업자의 계약체결 전의 정보제공 및 계약서 교부의무란

소비자의 충동구매를 막고 합리적인 선택을 할 수 있도록 하기 위해 선불식 할부거래업자는 계약을 체결하기 전에 소비자에게 다음과 같은 할부거래의 내용과 거래조건 등에 관한 자세한 정보를 설명하여야 한다. 그리고 다음의 사항을 모두 적은 계약서를 소비자에게 발급하여야 한다.

- 선불식 할부거래업자의 상호·주소·전화번호·전자우편주소·대표자의 이름
- 재화의 종류 및 내용

> 장례용품 등의 종류·품질·원산지 등을 다음과 같이 계약서에 기재하고 소비자에게 구체적으로 설명하여야 한다.
> - 수의 원단 제조에 사용되는 원사의 종류·구성비율·원산지, 원단의 제조방법·제조지역을 구체적으로 명시
> - 관의 재질·두께 및 원산지
> - 영구차량의 종류 및 무료로 제공되는 차량 거리 등을 구체적으로 명시

■ 재화의 가격과 대금의 지급방법 및 시기

> 상조상품의 가격, 1회 납입금 및 납입주기·횟수, 대금을 모두 납부하기 전에 장례서비스를 받은 경우 잔금의 지급방법 및 시기, 상조상품을 구성하는 세부재화의 가격 등을 명시하여야 한다.
>
> 상조상품가격 : 360만 원
> 납부방식 : 매달 1회 3만원씩 120회 납부
> 미납금 : 장례절차 종료시 일시불로 납부
> 상세내역 : 제단-○○원, 수의-○○원, 관-○○원, 장례지도사-○○원 등
> 자료 : 공정거래위원회(2011). 선불식 할부거래에서의 소비자보호 지침.

■ 재화를 공급하는 방법 및 시기

> 상조사업자가 관, 수의 등 재화를 직접 공급하지 않고 다른 업체가 공급할 경우에는 공급주체, 공급방법 등에 대하여 소비자에게 충분히 설명하여야 한다. 그리고 계약서에 지급방법과 시기에 대하여 "연락주시면 즉시"라고만 기재한 경우와 같이 불명확한 표현보다는 "○○시간 이내", "○○일 이내" 등으로 구체적으로 표현하여야 한다.

■ 계약금
■ 청약의 철회 및 계약 해제의 기한·행사방법·효과에 관한 사항 및 청약의 철회 및 계약 해제의 권리 행사에 필요한 서식
■ 소비자피해보상, 재화 등에 대한 불만 및 소비자와 사업자 사이의 분쟁 처리에 관한 사항
■ 선불식 할부거래에 관한 약관
■ 재화 등의 가격 외에 소비자가 추가로 부담해야 할 사항이 있는 경우에는 그 내용 및 금액
■ 판매일시·판매지역·판매수량·인도지역 등 판매조건과 관련해서 제한이 있는 경우에는 그 내용
■ 선불식 할부거래업자가 선불식 할부계약의 주된 목적이 되는 재화 등이 제공되기 전에 소비자에게 공급하는 재화 등이 있는 경우에는 그 가격

(2) 소비자의 청약철회란

일반 할부거래의 청약철회 기간이 7일인 것에 비해 선불식 할부거래의 청약철회 기간은 14일이며, 이처럼 청약철회 기간이 긴 것은 선불식 할부기간이 상대적으로 매우 길기 때문에 소비자의 구매의사결정을 원상회복할 수 있는 기회를 좀 더 확보하기 위함이다. 이 외의 사항은 일반 할부거래의 경우와 동일하다.

(3) 사업자의 선불식 할부계약 해제권 제한이란

일반 할부거래와 마찬가지로 소비자가 할부금을 납부하지 않으면 선불식 할부거래업자가 할부계약을 해제할 수 있지만, 할부금의 납부가 다소 지체되었다는 이유로 즉시 계약이 해제된다면 그 때까지 할부금을 납부해 온 소비자는 상당한 불이익을 받게 되므로, 할부거래법은 선불식 할부거래업자의 할부계약 해제권 행사를 제한하고 있다. 즉, 할부거래업자는 계약해제 전에 소비자에게 계약해제를 최고하여야 할 의무를 두고 있으며, 소비자가 할부금을 지급하지 않더라도 선불식 할부거래업자는 할부계약을 즉시 해제할 수 없고 계약을 해제하기 전에 14일 이상의 기간을 정해 소비자에게 할부금 지급을 이행할 것을 서면으로 통보해야 한다.

(4) 소비자의 계약해제권 행사란

소비자는 청약철회권 이외에도 계약해제권을 갖는다.

❶ 계약해제권의 행사기간

소비자는 선불식 할부계약을 체결한 후에 그 계약에 따른 재화를 공급을 받기 전까지 선불식 할부거래에 관한 계약을 해제할 수 있다. 예를 들면, 상조서비스에 가입한 소비자가 부모님 사망으로 인한 서비스를 받기 전이라면 언제든지 상조서비스 계약을 해제할 수 있다는 의미이다.

❷ 위약금 청구의 제한

소비자가 계약을 해제한 경우, 선불식 할부거래업자는 소비자에게 그 계약의 해제로 인한 손실을 초과하지 않는 범위 내에서만 위약금을 청구할 수 있다.

❸ 계약해제권 행사의 효력

소비자가 계약을 해제하면 선불식 할부거래업자는 계약이 해제된 날부터 3영업일 이내에 이미 지급받은 대금에서 위약금을 뺀 금액을 환급해야 한다.

❹ 계약해제에 따른 해약환급금 계산

계약해제에 따른 해약환급금 계산은 공정거래위원회의 '선불식 할부계약의 해제에 따른 해약환급금 산정기준 고시(제2011-7호, 2011년 9월 1일 고시)' 내용을 적용하며, 표 10-2의 상조업 소비자분쟁해결기준은 공정위의 고시를 적용하여 작성된 것이다. 따라서 표 10-2의 기준은 공정위의 고시가 발표된 2011년 9월 1일 이후 체결된 상조서비스에만 해당된다. 이 기준에 따르면 해약환급금은 소비자가 적립한 금액 중 모집수당을 뺀 금액으로 한다. 최근 상조서비스 해약에 따른 환급금이 지나치게 적어 소비자의 불만을 사는 사례가 많이 발생하고 있으며, 소비자의 상조서비스에 대한 해약환급금 계산식에 대한 이해를 필요로 한다.

(5) 소비자의 거래기록 등의 열람이란

선불식 할부거래는 관, 수의 등의 재화 공급이 할부금 납부와 동시에 또는 할부금 납부 후에 이루어지므로, 소비자와 사업자 간의 불필요한 분쟁을 예방하기 위해서 재화의 거래기록을 소비자가 열람할 수 있도록 하고 있다. 즉, 선불식 할부거래업자는 재화의 거래기록, 소비자피해보상보험계약의 체결 내용을 소비자가 방문·전화 또는 인터넷 등을 통해서 즉시 열람할 수 있도록 필요한 조치를 해야 하며, 소비자가 우편 등의 방법으로 열람할 수 있도록 요청하는 경우에는 3영업일 이내에 관련 자료를 발송해야 한다.

표 10-2 상조업(선불식 할부거래) 소비자분쟁해결기준

상조업		
분쟁유형	해결기준	비고
1) 계약서 미발급 • 계약일로부터 3개월 이내 2) 사업자 귀책사유로 인한 계약해제·해지 및 손해발생 3) 소비자 귀책사유로 의한 계약해지 • 정기형 선불식 할부계약 즉, 1년 이상의 기간을 두고 월단위로 납입한 경우 • 부정기형 선불식 할부 계약(정기형 이외의 모든 형태)으로 납입한 경우. 즉, 특정 금액을(명칭여하 불문) 일시불 납입하거나 혹은 수회에 걸쳐 납입하고, 행사 후 잔액을 납입하기로 계약한 상품의 해지	• 청약(계약)철회(계약금 및 할부금 환급) • 행사개시 이전: 계약해제(기납입액 환급) • 행사개시 이후: 손해배상 • *상조상품 해약환급금 계산식에 의해 환급 • 납입금 누계액의 85% 환급	* 계약이후 소비자가 기초생활자가 된 경우에는 전액환급함 * 다음 각 호의 어느 하나에 해당하는 사유로 소비자가 계약을 해지하는 경우에는 위약금을 청구하지 못함. 1. 휴업 또는 폐업신고를 한 때 2. 영업정지 처분을 받은 때 3. 등록이 취소되거나 말소된 때 4. 「은행법」에 따른 은행으로부터 당좌거래의 정지처분을 받은 때 5. 파산 또는 회생절차 개시의 신청이 있는 때
4) 소비자가 선불식 할부거래에 관한 청약을 14일 이내에 철회하는 경우	• 계약금 및 할부금 전액 환급	
5) 소비자의 계약해제-그 계약에 의한 재화 등의 공급을 받지 아니한 경우	• 이미 지급받은 대금에서 공정위가 고시한 위약금을 뺀 금액을 소비자에게 환급	
6) 소비자가 계약해지 시 부가상품(경품, 사은품, 감사품 등 명칭여하를 막론하고 경제적 이익이 있는 재화) 등을 반환하는 경우	• 사업자가 고지한 가액의 85% 이상(해약환급금 = 납입금 누계 × 0.85) 환급(단, 부가상품이 일부 소비되거나 훼손된 경우 그 부분만큼 감액 가능)	

* 상조상품 해약환급금 계산식
  • 해약환급금 = 상조적립금 – 모집수당 공제액
  • 모집수당 공제액 = 모집수당 × 0.75 + 모집수당 × 0.25 × $\dfrac{\text{기납일 월수}}{\text{총 납입기간 월수}}$
  • 상조적립금 = 납입금 누계 – 관리비 누계
  • 상조적립금이 모집수당 공제액보다 적은 경우에는 해약환급금을 0으로 함.
  • 모집수당은 총계약대금 대비 최대 10%로 하되, 500,000원을 초과할 수 없음.
  • 월별 관리비는 월 납입금 대비 최대 5%로 하되, 월별 관리비의 합계는 500,000원을 초과할 수 없음.

(6) 소비자피해보상 증서의 발급이란

선불식 할부거래업자는 소비자로부터 받은 금액을 보전하기 위해 소비자피해보상 보험계약 등을 체결하고 소비자에게 소비자피해보상 증서를 교부해야 한다.

(7) 소비자가 알아두어야 할 상조서비스

최근 상조서비스 때문에 발생하는 소비자피해가 증가함에 따라 한국소비자원(2014)은 다음과 같은 '상조서비스 가입 전 알아두어야 할 사항'을 제시하고 있다.

① 상조상품과 상조보험의 차이를 이해한다.

　　상조상품과 상조보험의 공통점은 원칙적으로 회원 사망 시 금전(예: 보험금)이 아닌 상조서비스(예, 관, 수의 등)를 제공하는 것이지만, 상조상품은 상조서비스 회사에서 제공하는 서비스인 반면, 상조보험은 보험회사에서 판매하고 있는 보험상품이라는 것이 다르다. 따라서 상조상품은 사망 후 미납입 대금을 추가 납부해야 하는 특성이 있으며, 상조보험은 사망원인이 다른 보험상품처럼 자살 등 고의에 의한 것일 경우 서비스 제공이 제한되는 특성이 있다.

② 할부거래법에 의해 등록된 회사인지 확인한다(공정거래위원회, www.ftc.go.kr).

③ 소비자피해보상보험에 가입했는지 확인한다(공정거래위원회, 한국상조공제조합, www.kmaca.or.kr).

④ 재무구조가 튼튼한 회사인지 아닌지 여부를 파악한다. 즉, 상조회사 홈페이지에 게시된 중요정보(납입자본 규모, 지급여력 비율, 손익현황 등) 확인한다.

⑤ 민원이 많이 발생하는 상조회사의 가입을 피한다.

⑥ 한국소비자원 또는 각 언론사 등에 문제 사업자로 자주 등재된 상조회사인지 확인한다.

⑦ 계약 해제 시에는 서면(내용증명)으로 통보한다. 즉, 계약을 거절할 때에는 그 뜻을 명확히 하고 또 계약해지를 원할 때에는 서면으로 계약해제를 통보해야 회비부당 인출 피해를 막을 수 있다.

⑧ 회원증서와 영수증은 잊지 않고 보관한다. 즉, 계약 시 내용을 꼼꼼히 확인하고 계약서와 회원증서, 영수증을 보관해서 서비스를 못 받거나 계약해지를 하지 못하는 피해를 예방할 수 있다.

⑨ 원하지 않는 계약은 청약철회한다. 즉, 계약일로부터 14일 이내(계약서를 받

지 못한 경우에는 3개월)에는 위약금 없이 청약철회가 가능하다.

3. 전자상거래 등에서의 소비자보호에 관한 법률(전소법)

전자상거래란 인터넷 쇼핑, TV 홈쇼핑 거래 시 소비자를 보호할 수 있는 내용을 포함하고 있는 법이다. 인터넷 혹은 TV 홈쇼핑 물품거래 특성상 나타나는 소비자 문제 유형으로 첫째, 거래 물품을 직접 눈으로 확인한 후 구입할 수 없고 화면 혹은 쇼 호스트의 구매권유를 통하여 충동구매를 하게 됨은 물론, 광고상의 물품과 실제 거래되는 물품의 차이가 그것이다. 둘째, 특히 인터넷 쇼핑의 경우, 선불방식의 특성을 악용하여 소비자의 돈만 가로채고 쇼핑몰을 폐쇄하고 잠적하는 쇼핑몰로 인한 소비자의 피해가 심각하다. 셋째, 배송이 지연되거나 배달된 물품이 손상이 되어 문제가 발생하는 경우가 많다. 다음은 인터넷 쇼핑몰 이용에 유의할 사항들이다.

알 아 두 기

안전마크가 있는 쇼핑몰을 이용하자

인터넷 상거래가 확대되면서 개인정보보호에 대한 문제 또한 심각해지고 있다. 옥션이라는 쇼핑몰에서의 고객정보 노출사건은 아직도 충격 그 자체로 남아 있다. 정부는 인터넷 사이트에서의 개인정보보호를 위해 일정한 요건을 갖춘 사이트에 대해 안전마크제도를 부여하고 있다. 현재 국내 정부산하의 대표적인 인증제도는 i-Safe와 e Trust가 있으며 소비자는 인터넷 쇼핑몰을 이용할 때 다음과 같은 인증마크가 있는지 확인하고 가능한 한 이러한 마크가 표시되어 있는 쇼핑몰을 이용하도록 한다.

주의해야 할 인터넷 쇼핑몰 유형

그 동안 발생한 인터넷 쇼핑몰 관련 소비자피해 사례를 통해 살펴본 인터넷 쇼핑몰 사용 시 유의사항은 다음과 같다.

고가제품을 파격적인 할인가로 판매한다고 광고하는 쇼핑몰

파격적인 할인 가격으로 판매한다고 광고하는 쇼핑몰은 일단 의심해야 하며, 특히 연락처가 없거나 연락이 잘 되지 않는 쇼핑몰은 이용하지 않는다. 사례로 '하프 프라이스(Half Price)' 쇼핑몰의 경우, 말 그대로 모든 판매물품을 반값에 판다고 광고하고 판매 초기에는 반값에 팔다가 점차 소비자의 돈을 모두 가로챈 후 쇼핑몰 사이트를 폐쇄하고 잠적하는 사례가 있었다.

현금결제를 요구하거나 유도하는 쇼핑몰

인터넷 쇼핑몰은 일반적으로 신용카드, 자금이체 등 다양한 결제방법을 사용하고 있는 데 비해, 신용카드 결제 등에 대해서는 여러 가지 핑계를 대며 이용하지 못하게 하고 유독 현금결제만을 유도하는 쇼핑몰은 주의한다. 이러한 쇼핑몰은 물건배송 없이 물품대금을 횡령할 가능성이 높다.

일반 쇼핑몰보다 배송기간이 비정상적으로 긴 쇼핑몰

물품 배송은 늦어도 일주일 내에 완료되는 것이 정상이나 필요 이상으로 긴 배송 기간을 정해두고 있는 경우에는 주의한다. 일정기간 소비자로부터 돈을 받은 후 쇼핑몰을 폐쇄할 가능성이 높은 쇼핑몰이다.

게시판에 배송 또는 환불 지연 불만이 자주 올라오는 쇼핑몰

게시판 등에 배송이 지연되거나 환불이 지연된다는 소비자들의 불만이 많은 쇼핑몰은 일단 거래하지 않는다.

개인이 운영하는 소규모 쇼핑몰

개인 판매자가 카메라를 매우 싼 가격에 판매한다는 쇼핑몰을 발견하고 이를 이용했던 소비자가 받은 택배는 카메라 무게만한 벽돌 1개였다. 깜짝 놀라 해당 쇼핑몰에 들어가 보니, 이미 폐쇄되었고 전화연락도 되지 않았다. 이러한 피해사례는 실제 있었던 일이다. 가능하면 규모가 큰 쇼핑몰을 이용하는 것이 바람직하다.

1) 사이버몰 운영자가 지켜야 할 사항

(1) 초기화면에 다음 사항을 표시하여야 한다

사이버몰 운영자는 초기화면에 다음 사항을 표시함으로써 소비자로 하여금 사업자의 신원을 쉽게 알 수 있도록 하여야 한다. 소비자는 다음 사항을 제대로 초기화면에 제시하고 있는 쇼핑몰을 이용하면 문제를 줄일 수 있을 것이다.

- 상호명 및 대표자 성명
- 영업소 소재지 주소, 전화번호, 팩스, 이메일주소, 사업자등록번호
- 사이버몰 이용약관, 소비자보호를 위해 필요한 사항

(2) 사이버몰 운영자는 소비자의 조작실수 방지를 위한 적절한 절차를 구비하여야 한다

사업자는 전자상거래에서 소비자의 조작실수에 따른 의사표시의 착오(잘못 입력 등)로 발생하는 피해를 예방할 수 있도록 거래대금이 부과되는 시점 또는 주문한 물품의 내용 확인 및 정정에 필요한 절차를 마련하여야 한다.

(3) 공급절차 및 진행상황을 확인할 수 있는 조치를 하여야 한다

소비자로 하여금 주문한 물품이 공급과정상 현재 어떠한 상황인지를 알 수 있는 조치를 하여야 한다.

(4) 대금지급사실에 대한 통지를 하여야 한다

소비자가 대금지급을 하였을 경우 소비자에게 그 사실을 통보하고 언제든지 소비자에게 대금지급에 대한 자료를 열람할 수 있도록 하여야 한다.

2) 판매자는 공급서를 소비자에게 보내주어야 하나

- 소비자의 청약에 따라 상품을 공급하는 경우에는 그 내용을 기재한 서면(이하 '공급서'라 한다)을 상품에 첨부하여 소비자에게 송부하여야 한다.
- 판매하는 상품이 소프트웨어 등 전기통신설비를 통하여 제공될 수 있는 무체물인 경우에는 공급서를 전자문서(e-mail)의 형태로 제공할 수 있다.
- 공급서에는 광고표시내용 및 서면계약내용 그리고 소비자가 청약철회를 행함에 있어 필요한 서식이 포함되어야 한다. 이와 같은 이유 때문에 전자상거래에서 공급서가 계약서 역할을 할 수 있다.

3) 전자상거래의 청약철회

전자상거래 청약철회의 의미와 행사방법은 방문판매의 경우와 동일하다. 다만, 다음에서 차이가 있다.

❶ 청약철회 행사 기간이 다르다

방문판매의 경우 청약철회 기간이 14일이지만, 전자상거래는 그의 절반인 7일밖에 되지 않는다. 청약철회 행사 기간이 짧기 때문에 청약철회를 서둘러야 한다.

❷ 청약철회에 따른 비용 부담을 소비자가 부담하여야 하는 것이 다르다

일반적인 청약철회의 경우 공급받은 상품 반환에 필요한 비용은 소비자가 이를 부담하며 사업자는 소비자에게 청약철회를 이유로 위약금 또는 손해배상을 청구할 수 없다. 다만, 상품의 내용이 표시·광고내용 혹은 계약내용과 다른 것을 이유로 청약철회를 할 경우, 상품 반환에 필요한 비용은 사업자가 이를 부담한다.

❸ 청약철회로 반품한 제품값을 받지 못했을 경우 상계요청을 할 수 있다

소비자가 신용카드로 물건을 구매하였고, 청약철회 요청을 받은 판매자가 정당한

사유 없이 신용카드업자에게 대금을 환급하지 않는 경우, 동일한 판매자로부터 다른 상품을 구매하고 그 대금을 청약철회 제품값으로 환급받을 금액과 상계할 수 있도록 신용카드업자에게 요청할 수 있다. 다만, 다음의 요건을 갖추어야 한다.

- 소비자는 상계요청 사항을 서면으로 하여야 한다.
- 소비자가 청약철회 기간 내에 청약을 철회하였음과 상품을 반환하였음을 입증하는 자료를 첨부하여야 한다.

사례 반품비(택배비용)를 소비자에게 전가하는 경우

인터넷 쇼핑몰에서 진공청소기를 구입하여 사용 중 당초 광고에는 골프공을 흡입할 정도로 흡입 성능이 좋다고 광고하였으나 실제 사용해 보니 수박씨 정도도 제대로 흡입되지 않을 정도로 성능이 나빠 2주만에 반품을 요구하였으나 반품비(택배비용)를 사업자가 부담하는 것이 아니라 본인 부담으로 반환하라고 한다.

* 허위, 과장 광고로 인한 반품비용은 사업자 부담이다. 인터넷 쇼핑몰에 허위로 표시한 근거를 입증할 수 있다면 이를 근거로 사업자에게 반품을 하고 환급을 받을 수 있다. 전자상거래 등에서의 소비자보호에 관한 법률 제17조 제3항에 의하면 재화 등의 내용이 표시, 광고 내용과 다르거나 계약내용과 다르게 이행된 경우에는 당해 재화 등을 공급받은 날부터 3월 이내, 그 사실을 안 날, 알 수 있었던 날부터 30일 이내에 청약철회 등을 할 수 있다고 되어 있으며 반환에 필요한 비용도 사업자가 부담하도록 되어 있다. 다만, 사업자 과실 없이 소비자가 7일 이내에 청약철회를 하는 경우에는 반환비용을 소비자가 부담하여야 한다.

자료 : 한국소비자원(www.kca.go.kr), 상담마당

---

4) 사업자의 입증 책임이란

상품의 훼손에 대하여 소비자의 책임이 있는지의 여부, 상품의 구매에 관한 계약이 체결된 사실 및 그 시기, 재화 등의 공급사실 및 그 시기, 공급서의 송부 사실 및 그 시기 등에 관하여 다툼이 있는 경우에는 사업자가 이를 입증하여야 한다.

5) 사업자는 소비자권익 보호를 위해 어떠한 조치를 취해야 하나

2006년 4월 1일부터 선불식 사업자는 소비자가 원하는 경우, 소비자에게 결제대금예치제(ESCROW)를 이용할 수 있도록 하거나, 소비자를 피보험자로 하는 소비자피해보상보험계약을 체결하여야 한다.

결제대금예치제(ESCROW)는 은행 등 믿을 수 있는 제3자가 소비자의 결제대금을 예치하고 있다가 상품배송이 완료된 후 그 대금을 사업자에게 지급하는 거래안전장치이다. 한편, 소비자피해보상보험은 소비자가 사업자에게 대금을 결제하였으나 상품을 배송받지 못하는 피해 등을 입은 경우, 그 피해를 보상해 주는 보험제도이다.

4. 제조물책임법

제조물책임이란 소비자가 결함 있는 상품으로부터 신체나 재산상의 피해를 입을 경우 이를 제조한 생산자가 소비자피해에 대한 손해배상 책임을 부담하는 것을 의미한다. 여기서 '결함'이란 '하자'와는 서로 다른 의미를 갖는다. 즉, 결함이란 상품의 안전성이 결여된 것을 말하며, 하자는 고장이나 흠 등 품질상의 문제를 의미한다. 예를 들어, TV가 폭발하여 재산상의 피해나 몸을 다쳤을 경우 그 TV는 결함 있는 상품이라고 할 수 있는 반면, 화면이 흐린 TV는 하자 있는 상품이라고 할 수 있다.

1) 제조물책임은 누가 지게 되나

제조물책임은 물론 제조업자가 지도록 되어 있다. 다만, 제조업자의 범주 속에는 상품을 제조한 사람을 비롯하여, 상품을 가공한 자 혹은 수입상품의 경우는 수입업자, 그리고 상품에 성명·상호·상표 기타 식별 가능한 기호 등을 사용하여 표시한 자(예 : 수입상품의 경우 본래의 라벨 위에 덧붙여진 한글로 된 상품표시 라벨)를 포함한다.

다만, 예외적으로 판매업자에게까지 제조물책임이 확장되는 경우가 있다. 즉, 제조업자를 알 수 없는 경우이며 이 경우에는 공급(판매·대여 등)한 자가 책임을 져야 함을 의미한다. 다만, 판매업자가 상당한 기간 내에 제조업자를 피해를 본 소비자에게 알려준 때에는 책임을 면할 수 있다.

2) 제조물책임을 부담하는 경우와 부담하지 않는 경우는 어떠한가

(1) 제조업자가 제조물책임을 부담하는 경우

영리목적의 여부와는 관계가 없다.

비록 이익을 위해 제조된 제품이 아니더라도 결함이 발견되었고 이로 인하여 소비자가 피해를 입었다면 당연히 제조물책임을 부담하여야 한다. 예를 들어, 시제품과 같이 무상으로 제조·가공된 제조물에 대하여도 그 제조물에 결함이 있다면 제조업자는 제조물책임을 부담한다.

(2) 제조물책임을 부담하지 않는 경우

제조물의 제조·가공이 1회적인 행위에 그친 경우이다.

주부가 집에서 직접 만든 두부를 이웃들에게 나누어준 경우와 같이 제조물의 제조·가공이 1회적인 행위에 그친 때에는 제조물책임법은 적용되지 않는다.

3) 적용대상이 되는 제조물은 무엇인가

(1) 제조된 상품에만 적용된다

가공하지 않은 농산물(쌀, 보리, 콩 등), 수산물, 축산물 등은 법 적용대상에서 제외되지만 가공한 농산물(두부), 수산물(생선통조림), 축산물(햄, 소시지)은 포함된다.

(2) 부동산의 일부를 구성하는 제조물은 적용된다

아파트, 주택 등 부동산은 대상에서 제외되나 부동산의 일부를 구성하는 승강기, 배관시설 등은 동산으로서 적용대상 제조물에 포함된다.

(3) 혈액이나 장기, 혈액제품은 적용대상에 포함된다

혈액, 장기 등은 제조된 것은 아니지만 제조물책임법의 적용을 받는다. 그리고 혈액을 원료로 하여 제조된 제품은 당연히 법 적용을 받는다. 이 경우 장기나 혈액을 보관한 의료기관이나 혈액원, 혈액제품을 제조한 회사 등이 제조업자 또는 공급업자로서 제조물책임을 부담한다.

(4) 중고품이나 폐기물의 경우도 법의 적용을 받는다

결함이 있는 중고품이나 폐기물에 의해 소비자가 피해를 입었다면 이 역시 제조물책임법의 적용을 받는다.

4) 제조물의 결함에 대한 입증책임은 누구에게 있나

(1) 제조물책임법은 무과실책임에 기초하고 있다

제조물책임법이 2002년 7월 1일부터 시행되기 전까지는 피해를 입은 소비자가 자신이 입은 피해가 제조업자의 고의 혹은 과실에 의한 것임을 입증해야 했다. 해당 제품에 대해 비전문인인 소비자가 전문인인 사업자를 대상으로 사업자의 고의·과실을 입증한다는 것은 쉬운 일이 아니다. 이러한 점을 개선하기 위해 제조물책임법은 제조업자의 무과실책임에 기초하고 있다.

과실책임이란 제조자에게 과실(고의 포함)이 있는 경우에만 책임을 진다는 원칙을 의미하는 것에 반해, 무과실책임이란 제조업자가 고의·과실이 있든 없든 소비자가 입은 손해에 대해서 책임을 져야 한다는 원칙을 의미한다.

(2) 소비자는 제조물의 결함만 밝히면 보상받을 수 있다

피해를 입은 소비자는 제조업자의 고의·과실을 증명하지 않더라도 제조물의 결함만 밝히면 보상을 받을 수 있기 때문에 제조물책임법이 시행되기 전보다 훨씬 소비자피해보상이 쉬워졌다고 볼 수 있다. 그러나 아직도 제조물책임법상 피해를 당한 소비자가 ① 결함의 존재, ② 결함으로 인한 손해의 발생 정도, ③ 그리고 결함과 손해 발생 사이의 인과관계 등을 입증하도록 되어 있다. 따라서 여전히 피해자인 소비자가 입증의 책임을 지는 것은 불가피한 상황이다. 다행스러운 것은 최근 법원은 제조물의 결함에 대한 입증 책임을 제조자가 하도록 하거나, 제조물의 결함을 단지 추정하여 소비자의 입증책임을 완화하는 방향으로 가고 있다.

5) 책임주체가 2인 이상일 경우 연대책임을 져야 하나

제조물책임의 주체가 다수인 경우, 그들의 책임을 각자의 기여 정도에 따라 연대책임을 져야 한다. 한 예로, 제조업자와 표시업자가 다른 경우 제조업자는 표시업자와 연대하여 책임을 져야 하며, 국내의 수입업자는 외국의 제조업자와 연대하여 제조물책임을 부담하여야 한다. 또 다른 예로, 중고품을 구입한 소비자가 제품을 사용하다가 결함으로 다쳤다면, 결함의 원인을 규명하여 제조업자나 중고품 판매업자가 연대하여 책임을 져야 한다.

6) 제조업자의 면책사유는 무엇인가

제조물책임법에서는 제조물의 결함으로 인하여 손해가 발생하였다고 하더라도 일정한 경우에는 제조물책임을 면할 수 있음을 규정하고 있다. 즉, 제조업자가 다음의 사실을 입증한 경우에는 책임을 면할 수 있다.

- 제조물을 제조하였으나 제조물이 자신의 의사와 무관하게 유통되었다는 사실을 입증한 경우이다.
- 제조업자가 제조물을 공급한 때의 과학·기술 수준으로는 결함의 존재를 발

> **알 아 두 기**
>
> **품질보증 기간과 제조물책임의 법정책임 기간은 다르다**
> 품질보증 기간은 보증 기간 내에 제품에서 발생하는 하자에 대하여 무상수리, 교환이나 환불을 약속하는 것이다. 이에 비해 제조물책임의 법정책임 기간은 제품이 시장에서 사용되고 있는 한 언제든지 제조물책임의 위험을 안고 있는 제조업자 등에게 일정 기간이 경과하면 일체의 배상책임으로부터 해방되도록 하기 위한 것으로서, 일반적으로 10년의 비교적 장기라는 것에서 품질보증 기간과는 근본적인 차이가 있다.

견할 수 없었다는 사실을 입증한 경우이다. 이는 제조 당시 과학기술수준으로는 어찌할 수 없는 개발 위험에 대해서까지 제조업자에게 책임을 부과하면 연구개발과 기술혁신이 저해되어 기술혁신의 정체 등에 의한 불이익이 소비자에게 미칠 수 있다고 판단하기 때문이다.

- 제조물의 결함이 제조업자가 제조물을 공급할 당시의 법령이 정하는 기준을 준수하였으나 발생한 사실을 입증한 경우이다. 이는 결함이 공적 기관에서 정한 기준에 따라서 제조하였기 때문에 제조업자는 면책을 주장할 수 있다.
- 완제품 제조업자의 지시에 따라 단순히 기계적인 역할만 담당한 원재료·부품의 제조업자는 책임을 면할 수 있다. 완제품의 결함이 완제품의 원재료·부품의 결함에 기인한 경우로 원재료·부품의 제조업자는 완제품의 제조업자와 연대하여 제조물책임을 부담하나, 완제품 제조업자의 지시에 따라 단순히 기계적인 역할만 담당한 원재료·부품의 제조업자는 책임을 면할 수 있다.

7) 제조업자의 책임 기간은 언제까지인가

제조물책임에서의 손해배상청구권의 소멸시효는 원칙적으로 피해자가 피해사실과 제조자를 안 때로부터 3년, 제조자 등이 제조물을 유통시킨 날로부터 10년이다. 따라서 제조물의 결함으로부터 피해를 입은 소비자는 소멸시효가 끝나기 전에 손해배상을 청구해야 한다.

여기서 잠깐

업종별 제조물책임사고의 주요 사례

1. 전자제품
- TV 뒤에서 연기 및 불꽃이 발생하여 장판과 벽이 그을었음
- 김치냉장고의 기능저하로 김치가 시어짐
- 취사 중 전기밥솥이 폭발하여 2도 화상을 입음

2. 자동차

- 급발진으로 벽이 손상됨
- 앞차와 추돌하였으나 에어백이 전개되지 않아 많이 다침
- 브레이크 불량으로 앞차와 추돌함

3. 생활용품

- 자전거 브레이크의 작동불량으로 넘어져 다침
- 운동용 슬라이드로 방에서 운동하다가 앞으로 넘어져 이가 부러짐

4. 가스·석유기기·전기제품

- 물을 데우던 중 휴대용 가스레인지 폭발에 의해 집기가 손상됨
- 음식물 조리 중 가스레인지에서 화재 발생
- 의자부분에 두었던 전기 찜질기 과열로 옷가게 화재 발생

5. 식품

- 사탕 속에 있는 이물질을 씹어 치아가 손상됨
- 청량음료를 운반하던 중 병이 폭발하여 눈썹 부위에 상해를 입음
- 15개월 된 유아가 유제품을 먹고 급성 장염에 걸림

자료 : 강창경·박성용(2004), 제조물책임제도의 운영 현황, 한국소비자원 연구보고서 2004-04

8) PL센터 운영

제조물책임은 영어로 Product Liability이다. 영어 첫 글자를 따서 제조물책임법은 PL법이라고도 부른다. PL센터는 동종 혹은 유사업종의 제조업자가 공동으로 제조물책임과 관련된 피해에 대하여 상담 및 소비자와의 분쟁해결을 신속하고 공정하게 해결하기 위해 설치된 것이다.

현재 PL센터는 업종별로 13개의 단체에서 설치한 것과 중소기업협동조합중앙회에서 설치한 중소기업 제조상품에 대한 PL센터 등 총 14개의 센터가 설치되어 운영 중에 있다. 분야별 PL센터의 현황은 표 10-3과 같다.

표 10-3 업종별 PL상담센터 현황

기관명	업종별 단체조직	대상제품
전자제품 PL상담센터	한국전자산업진흥회 내 별도조직	TV, 비디오, 냉장고, 청소기, 전자레인지, PC 등
자동차 PL상담센터	자동차공업협회	자동차(승용·승합차, 화물·특수차)
생활용품 PL상담센터	한국생활환경시정연구원	완구, 가구, 스포츠용구, 악기 등 생활용품
가스기기 PL상담센터	한국가스석유기기협회	가스보일러, 가스난로, 가스레인지 등
기계 PL상담센터	한국기계산업진흥회	냉동공조기기, 건설기계, 광학기기 등
화학제품 PL상담센터	한국정밀화학공업진흥회	염료, 접착제, 페인트, 석유 등
중전기기 PL상담센터	한국전기산업진흥회	변압기, 발전기 등
전기제품 PL상담센터	한국전기제품안전진흥원	전선, 조명기기, 전열기기 등
의약품 PL상담센터	의약품공업협회	의약품
화장품 PL상담센터	대한화장품공업협회	화장품
식품 PL상담센터	한국식품공업협회	식품
의료기기 PL상담센터	한국의료용구공업협동조합	의료기기, 의료용구
소방·방제품 PL상담센터	한국소방검정공사	소화기, 방염제품, 방화복 등
중소기업 PL상담센터	중소기업협동조합중앙회	중소기업제품 전반

자료 : 강창경·박성용(2004), 제조물책임제도의 운영현황, 한국소비자보호원, 연구보고서 2004-04의 내용을 기초로 재구성함

CREDIT MANAGEMENT & CONSUMPTION LIFE

소비자분쟁해결기준과 소비자피해구제

11

소비자분쟁해결기준과
소비자피해구제

소비자분쟁해결기준은 물품거래과정에서 소비자가 피해를 입었을
경우 소비자가 어떠한 보상을 받을 수 있는지에 대한 기준을
품목별로 비교적 상세히 제공하고 있다. 또한 소비자분쟁해결기준은
우리나라에만 있는 것으로 공정거래위원회에서 주관하고 있다. 본
장에서는 소비자분쟁해결기준과 더불어 소비자피해구제 절차를
살펴보고자 한다.

1. 소비자분쟁해결기준의 의의

기본적으로 소비자가 물품거래과정에서 피해를 입었다면 당사자인 소비자와 사업자간의 상호교섭에 의해 분쟁이 해결되는 것이 가장 바람직하며, 많은 경우 이런 방법을 통하여 해결된다. 그러나 그렇지 못할 경우, 소비자는 전국 각 지방자치단체의 소비생활센터, 민간소비자단체, 한국소비자원 중 어느 곳에서든지 도움을 받아 분쟁조정을 받게 된다.

이때 동일한 내용의 소비자분쟁을 처리하는 과정에서 분쟁조정기관마다 서로 다른 보상기준을 제시한다면 분쟁의 공정한 해결이 어렵고 실효성을 거둘 수 없게 될 것이다. 이러한 점을 고려하여 소비자분쟁해결기준이 제정되었다.

2. 소비자분쟁해결기준의 문제점

소비자분쟁해결기준은 법원 판결과 같이 확정적이고 최종적인 의미를 갖기보다는 소비자와 사업자 간의 분쟁을 원활하게 해결하기 위한 보상의 최저기준이다. 이를 참조해 사업자는 기준 이상 보상해 주고 분쟁조정기관은 기준 이상의 합의 권고 또는 조정을 해줄 수 있어야 한다. 그러나 소비자분쟁해결기준이 최저수준임에도 불구하고 사업자들은 소비자분쟁해결기준의 보상기준을 방어수단으로 삼고 있어 소비자의 불만이 제기되고 있다. 그리고 피해로 인한 정신적 손해, 즉 위자료에 대해서는 정하고 있지 않다. 따라서 소비자분쟁해결기준에 따라 손해배상이 이루어져도 위자료 소송이 배제되는 것은 아니다.

3. 소비자분쟁해결 절차

소비자분쟁이 발생하면 다음의 단계를 거쳐 해결하는 것이 일반적이다.

1) 1단계 : 판매자와 교섭하여 해결한다

소비자는 물품거래과정에서 사업자에 대해 불만이나 피해를 받았다고 판단되면, 가장 먼저 물품을 판매한 곳을 통해 해결하려고 노력한다.

2) 2단계 : 전국통합상담 대표전화 1372로 전화 혹은 소비자상담 센터 홈페이지에서 인터넷으로 상담을 요청한다

1단계에서 사업자와 분쟁이 해결되지 않으면 소비자상담센터에 도움을 요청한다. 이는 모두 무료이며 소비자분쟁해결기준을 기초로 사업자와 소비자 사이에서 합의·권고를 이끌어 나가는 역할을 한다.

　공정거래위원회에서는 통합 소비자상담센터를 운영하고 있으며 대표전화는 1372이다. 소비자가 전화를 하면 전국에서 소비자 거주지와 가장 가까운 상담기관(지방자치단체 소비생활센터, 민간소비자단체, 한국소비자원)이면서, 전화를 받을 수 있는 곳에서 소비자의 전화를 받아 상담하게 된다. 이렇게 하는 이유는 소비자가 상담전화가 통화 중이라서 오래 기다리지 않아도 되기 때문이다.

　1372를 통해 소비자상담 전화를 받는 곳은 전국 지방자치단체 소비생활센터, 민간소비자단체, 그리고 한국소비자원이다. 특히, 전문 서비스 상담(자동차, 의료, 금융·보험)은 한국소비자원에서 상담 서비스를 전담하고 있다. 전문 서비스 상담 시에도 소비자는 1372로 전화하면 한국소비자원으로 전화가 연결되도록 되어 있다.

　상담센터에서 상담과 동시에 분쟁해결(불만처리)이 되지 않는 경우는 상담내용이 한국소비자원으로 이관되어 피해구제 절차가 별도로 이루어진다. 이 경우 정당한 사유가 아니면, 한국소비자원은 소비자피해구제 접수일로부터 30일 이내에 사업자와 소비자가 서로 합의에 이르도록 소비자분쟁해결기준에 의거하여 권고한다.

3) 3단계 : 한국소비자원의 분쟁조정위원회의 도움을 받는다

2단계에서 사업자와 소비자 간의 분쟁이 해결되지 않으면, 일체 서류를 소비자를 대신하여 한국소비자원의 분쟁조정위원회로 이관한다. 따라서 소비자는 또 다시 한국소비자원에 서류를 제출하지 않아도 된다.

　분쟁조정위원회는 정당한 사유가 없으면, 접수일로부터 30일 이내에 분쟁조정이 성립되도록 한다. 분쟁조정위원회는 사업자와 소비자의 입장을 충분히 듣고 때로는 시험 등의 과정을 거쳐 조정안을 제시한다. 그리고 사업자와 소비자에게 서면으로 조정안을 서면으로 통지한다. 양 당사자는 통지를 받은 날로부터 15일 이내에 조정안의 수락 여부를 위원회에 통보하되, 통보를 하지 않을 경우 수락한 것으로 간주한다. 양 당사자가 모두 수락한 경우에만 조정안은 효력을 발생하며 한쪽이라도 거절하면 조정은 결렬된다.

　양 당사자가 조정안을 수락하면 '재판상의 화해'와 동일한 효력을 갖는다. '화해' 란 말 그대로 양 당사자의 분쟁에 대한 해결점에 동의를 한 것이며 '재판상의 화

알 아 두 기

집단분쟁조정

동일한 사건으로 피해를 입은 소비자가 50명 이상일 경우, 1372를 통한 상담절차 없이 곧바로 한국 소비자원에 집단분쟁조정을 신청할 수 있다. 이 경우, 한국소비자원 분쟁조정위원회는 신청을 받은 후 60일 이내에 집단분쟁조정 개시 여부를 결정한다. 만일 집단분쟁조정을 개시하기로 결정하였다 면 이 사실을 한국소비자원 홈페이지와 일간지에 공지하고 2주일 이상 기간 동안 동일한 피해를 입 은 소비자가 추가 신청을 할 수 있도록 한다. 분쟁조정위원회는 추가 신청 기간이 끝나는 다음 날부 터 30일 이내에 조정결정을 하되, 사정에 따라 90일까지 연장할 수 있다. 집단분쟁조정결정이 이루 어지면 그 다음 절차는 개인 분쟁조정과 동일하게 진행된다.

해'란 법정에서 판사가 재판한 결과와 같은 화해, 즉 반드시 이행해야 하는 공신력이 있는 화해란 의미이다.

그림 11-1
소비자분쟁해결
절차

그림 11-2
통합 소비자상담센터
홈페이지

4) 4단계 : 법원의 소액사건심판제도를 이용한다

3단계에서 소비자원의 분쟁조정위원회의 조정안이 양 당사자로부터 받아들여지지 않을 경우, 법원의 재판과정을 통해 분쟁을 해결하여야 한다. 일반적으로 재판과정은 시간과 비용이 많이 소요되기 때문에 소비자들이 꺼리게 된다. 그러나 소액사건심판제도는 다음의 특성 때문에 소비자의 일반 상거래에서 매우 유용한 제도로 알려져 있다.

표 11-1 1372 전화 소비자상담 기관

소비생활센터 (17개)	서울시청, 부산광역시청, 대구광역시청, 인천광역시청, 광주광역시청, 대전광역시청, 울산광역시청, 경기도청, 경기북부(2청사), 강원도청, 충북도청, 충남도청, 전북도청, 전남도청, 경북도청, 경남도청, 제주도청
민간소비자단체 (11 개 기관)	녹색소비자연대, 대한어머니회, 소비자교육중앙회, 소비자시민모임, 소비자공익네트워크, 한국소비자교육원, 한국소비자연맹, 한국YMCA전국연맹, 한국 YWCA 연합회, 한국여성소비자연합, 한국부인회
한국소비자원 (자동차, 의료, 금융·보험 상담)	본원을 비롯하여 전국 9개의 지원(서울, 경기, 인천, 강원, 대전, 광주, 대구, 부산, 울산)이 있음

- 법원의 소송제도 중 소액사건심판제도는 거래가액 3,000만 원 미만인 경우에만 가능하다.
- 재판하면 복잡하고 기간도 오래 걸리는 등 꺼려지기 쉽다. 그러나 소액사건심판제도는 절차가 간편하여 변호사를 선임할 필요도 없고 단 1회로써 판결이 끝난다. 또한 소액사건심판제도를 이용하기 전 법률자문이 필요하면 각 지역 법원에서 무료로 제공하는 '법률구조공단' 서비스를 이용할 수 있다.

4. 소비자분쟁해결기준은 어떻게 이루어져 있나

소비자분쟁해결기준은 크게 일반적 소비자분쟁해결기준, 품목별 소비자분쟁해결기준, 품질보증 기간 및 부품보유 기간으로 구분된다. 일반적 소비자분쟁해결기준은 말 그대로 특정 품목에 대한 분쟁을 해결하기 위한 기준이 아니라, 어느 품목에나 공통적으로 적용될 수 있는 기준이다. 이에 비해 품목별 소비자분쟁해결기준은 소비자가 주로 사용하는 품목에 대한 분쟁을 해결하기 위한 기준이다. 이에 대해 구체적으로 살펴보자.

1) 일반적 소비자분쟁해결기준

(1) 소비자피해보상

사업자는 물품(혹은 서비스)의 하자 혹은 기타 소비자피해에 대하여 다음 기준에 따라 수리, 교환, 환급 또는 배상, 혹은 계약의 해제·해지를 하거나 계약을 이행하여야 한다.

- 품질보증 기간이란 사업자가 '고장 없이 새것처럼 사용할 수 있다고 보장하는 기간'이다. 따라서 품질보증 기간 이내에 발생한 수리·교환·환급에 소요되는 비용은 사업자가 부담한다. 다만, 다음의 경우에는 소비자가 부담하여야 한다.
  - 소비자의 취급 잘못으로 인한 고장
  - 천재지변으로 인한 고장
  - 제조자가 지정한 수리점이 아닌 곳에서 수리하여 문제가 발생한 경우
- 품질보증 기간 내의 고장에 대해 사업자는 무료로 수리를 해주어야 한다. 품질보증 기간이 지난 경우는 유상수리, 즉 소비자가 수리비를 내야 한다.
- 수리는 지체 없이 하되 불가피하게 지체 사유가 있을 때는 이를 소비자에게 알려야 한다. 소비자가 수리를 의뢰한 날부터 1개월이 지난 후에도 도난 등의 이유로 사업자가 수리된 물품을 소비자에게 되돌려 주지 못할 경우는 다음과 같이 보상한다.
  - 품질보증 기간 이내의 경우
    - 새 것으로 동일한 물품으로 교환해 주어야 한다.

- 만일 동일한 물품이 없을 경우, 유사한 종류의 물품으로 교환해 줄 수 있으나 반드시 소비자의 동의를 구하여야 한다. 만일 소비자가 동의하지 않으면 새 물품가격 수준으로 환급해 주어야 한다.
- 품질보증 기간 이후의 경우
  - 구입가를 기준으로 정액 감가상각한 금액에 구입가의 100분의 10을 더하여 환급한다.
- 물품을 유상으로 수리한 경우, 유상으로 수리한 날부터 2개월 이내에 소비자가 물품을 정상적으로 사용하는 과정에서 종전과 동일한 고장이 재발한 때에는 무상으로 수리해 주어야 한다. 만일 수리가 불가능한 때에는 종전에 받

알 아 두 기

사업자란

사업자란 소비자와 상대적인 사람을 총칭하는 말이다. 즉, 생산자, 판매자, 수입업자 등을 통틀어 사업자라고 한다.

사례 **품질보증 기간 이후의 환급 사례**

100만 원짜리 냉장고가 품질보증 기간이 지났고 5년 동안 사용하였다. 사업자의 잘못으로 수리를 하지 못할 경우, 환급해 주어야 하는 금액은?

〈환급계산〉

냉장고의 내용연수(수리를 하면 정상적으로 사용이 가능한 기간)를 알아야 한다. 냉장고의 내용연수가 10년이라고 가정하면, 이제 냉장고는 매년 10만 원의 가치(100만 원/10년)를 가진다. 이는 단순히 100만 원짜리 냉장고를 10년 동안 사용할 수 있으니까 1년에 10만 원의 가치를 갖는다고 계산하는 것이다. 이것이 정액 감가상각 계산법이다.

여기에서 감가상각이란 물품을 사용하면서 그 가치가 줄어드는 것을 의미한다. 이제 냉장고를 5년 동안 사용하였으니, 감가상각은 50만 원이다. 따라서 소비자는 나머지 50만 원을 환급받게 된다. 그리고 구입가인 100만 원의 10%(100분의 10)인 10만 원을 더해서 소비자는 최종 60만 원을 환급받을 수 있다.

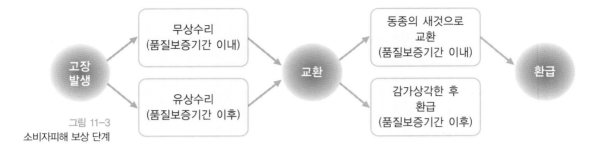

그림 11-3
소비자피해 보상 단계

은 수리비를 환급하여야 한다.

- 할인 판매된 물품을 교환하는 경우
  - 정상가격과 할인가격의 차액발생과 관계없이 같은 종류의 물품으로 교환한다.
  - 같은 종류의 물품 등으로 교환하는 것이 불가능한 경우, 같은 종류의 유사물품으로 교환한다.
  - 같은 종류의 물품으로 교환이 불가능하고 소비자가 같은 종류의 유사물품으로서의 교환을 원하지 않을 경우에는 환급한다.
- 환급금액은 거래 시 교부된 영수증 등에 적힌 물품가격을 기준으로 한다.
  - 다만, 영수증에 적힌 가격에 대하여 다툼이 있는 경우에는 영수증에 적힌 금액과 다른 금액을 기준으로 하고자 하는 자가 이를 입증하여야 한다.
  - 영수증이 없는 등의 사유로 실제 거래가격을 알 수 없는 경우에는 그 지역에서 거래되는 통상적인 가격을 기준으로 한다.

(2) 사은품(경품류)에 대한 소비자피해보상

- 물품거래에 따른 경품으로 인한 소비자피해보상은 (1)에서 설명한 경우와 동일하다.
- 소비자의 귀책사유로 계약이 해제·해지되는 경우 사업자는 소비자로부터 그 경품을 반환받는다. 반환이 불가능한 경우, 해당 지역에서 거래되는 같은 종류의 유사제품을 반환받거나 같은 종류의 유사제품의 통상적인 가격을 기준으로 환급받는다.

(3) 사업자는 물품의 판매 시 품질보증서를 교부하여야 한다

■ 사업자는 물품에 품질보증 기간, 부품보유 기간, 수리·교환·환급 등 보상방법 등을 표시한 증서(품질보증서)를 교부하여야 한다. 이제부터 가방이나 옷을 구입했을 때 물품에 붙어 있는 작은 종이조각에 이상과 같은 내용이 적혀 있는 것을 눈여겨 살펴보도록 하자. 이것이 바로 품질보증서이다.

■ 품질보증서를 따로 붙일 수 없는 경우 물품에 직접 품질보증 기간 등 품질보증서에 포함해야 하는 내용을 표시해야 한다.

■ 다만, 별도의 품질보증서를 교부하기가 적합하지 않거나 보상방법을 일일이 표시하기가 어려운 경우에는, 소비자분쟁해결기준에 따라 피해를 보상한다는 내용만을 표시할 수 있다. 이 규정에 따라 사업자는 물품에 '본 제품은 공정거래위원회가 고시한 소비자분쟁해결기준에 따라 보상을 받을 수 있습니다'라고 표시할 수 있다.

(4) 품질보증 기간 및 부품보유 기간의 기준

❶ 해당 사업자가 품질보증서에 표시한 기간으로 한다

■ 다만, 사업자가 정한 품질보증 기간 및 부품보유 기간이 소비자분쟁해결기준에서 정한 기간보다 짧은 경우에는 소비자분쟁해결기준에서 정한 기간으로 한다.

■ 사업자가 품질보증 기간 및 부품보유 기간을 표시하지 않은 경우 소비자분쟁해결 기준에 따른다.

■ 소비자분쟁해결기준에 품질보증 기간 및 부품보유 기간이 정해져 있지 않은 품목은 유사품목에 따르며, 유사품목이 없는 경우에는 표 11-3에서 보는 바와 같이 품질보증 기간은 1년, 부품보유 기간은 5년으로 한다. 부품보유 기간은 일반적으로 표 11-4의 내용연수를 고려하여 정하며, 내용연수란 부품수리 등을 통하여 정상적으로 물품을 사용할 수 있는 기간을 의미하기 때문이다.

부품보유 기간

사업자는 생산한 물품을 수리하기 위해 필요한 부품을 일정 기간 보유해야 한다. 이를 부품보유 기간이라고 한다. 사업자가 부품을 보유해야 하는 이유는 소비자가 물품을 구매하여 사용하는 과정에서 발생한 고장을 수리하기 위한 것이다. 부품보유 기간 역시 소비자분쟁해결기준에서 품목에 따라 정해져 있다. 만일 사업자가 부품을 보유하지 않아 수리가 불가능할 경우, 앞서 살펴본 대로 품질보증 기간 전에는 새로운 제품으로의 교환 혹은 환급을 해주어야 한다. 그리고 품질보증 기간이 지난 경우에는 감가상각한 금액에 구입가의 10%를 더해서 환급해 주어야 한다.

❷ **중고품에 대한 품질보증 기간 역시 소비자분쟁해결기준에 의한다**

품목별 소비자분쟁해결기준에는 품목별(예 : 자동차)로 중고품에 대한 분쟁해결 기준이 명시되어 있으며 이를 소비자피해보상기준으로 이용한다.

❸ **품질보증 기간은 소비자가 물품을 구입한 날 혹은 사업자로부터 물품을 제공받은 날부터 기산한다**

- 계약일과 물품 인도일(용역의 경우에는 제공일)이 다른 경우 인도일을 기준으로 한다.
- 교환받은 물품의 품질보증 기간은 교환받은 날부터 기산한다.
  품질보증서에 판매일자가 적혀 있지 아니한 경우, 품질보증서 또는 영수증을 받지 아니하거나 분실한 경우 또는 그 밖의 사유로 판매일자를 확인하기 곤란한 경우에는 해당 물품의 제조일 또는 수입통관일부터 3개월이 지난 날부터 품질보증 기간을 기산한다. 다만, 물품 또는 물품 포장에 제조일 또는 수입통관일이 표시되어 있지 않은 경우, 사업자가 그 판매일자를 입증하여야 한다.

2) 품목별 소비자분쟁해결기준

품목별 소비자분쟁해결기준은 소비자가 주로 사용하는 물품에 따라 예상되는 소비자피해에 대한 보상기준을 제시하고 있다. 따라서 그 분량이 교재에 포함시키기에는 너무 과다하여 설명을 생략하기로 한다.

다만, 소비자피해를 입었을 때 공정거래위원회 홈페이지나 한국소비자원 홈페이지에서 소비자분쟁해결기준을 다운받아 해당 품목의 보상기준을 이해한 다음 사업자에 대항하여 피해보상을 제대로 받으면 될 것이다. 하나의 사례로 품목별 소비자분쟁해결기준 중 자동차 품목의 내용을 살펴보면 표 11-2와 같다.

표 11-2 **자동차 소비자분쟁해결기준**

분쟁유형				해결기준
품질보증 기간 이내	재질이나 제조상의 결함으로 고장 발생시			무상수리
	차령 1개월 이내인 경우 • 안전 관련 중대 결함 2회 이상 발생 시			제품교환 또는 구입가 환급
	차령 12개월 이내인 경우 • 동일하자 3회 수리 후 재발 시 • 동일한 안전 관련 중대 결함 2회 수리 후 재발 시 • 하자 수리기간이 누계 30일 초과 시			제품교환 또는 구입가 환급
부품 미보유로 수리 불가능	품질보증 기간 이내	정상적인 사용	차령 12개월 이내	제품교환 또는 구입가 환급
			차령 12개월 초과	감가상각 공제 후 구입가 10% 가산 환급
		소비자의 사용상 과실		감가상각 공제 후 구입가 10% 가산 환급
	품질보증 기간 이후			감가상각 공제 후 구입가 10% 가산 환급
탁송과정 중 발생한 차량 하자				• 보상 또는 무상수리 • 제품교환 또는 구입가 환급

*자동차는 제품교환 또는 환급 시 기준은 자동차 가격에 필수제비용(등록세, 취득세, 교육세, 번호판대 등)을 포함함.

3) 품목별 품질보증 기간 및 부품보유 기간

품목별 품질보증 기간 및 부품보유 기간은 공산품의 경우 매우 중요한 거래조건임에도 불구하고 사업자가 이를 서면으로 교부하지 않는 경우가 많아 계약 이후 이에 대한 분쟁이 자주 발생하고 있다.

이에 소비자분쟁해결기준에 이를 명시함으로써 사업자와의 분쟁해결에 도움을 주고 있다. 표 11-3을 통하여 구체적인 내용을 살펴보자.

표 11-3 품목별 품질보증 기간 및 부품보유 기간

※ 부품보유 기간의 기산 : 사업자가 해당 제품의 생산을 중단한 시점 ⇒ 해당 제품의 제조일자(제조연도 또는 제조연월만 기재된 경우 제조연도 또는 제조월의 말일을 제조일자로 봄)를 기산점으로 한다. 다만, 자동차는 동일한 형식의 자동차를 최종 판매한 날부터 기산한다.

품목	품질보증 기간	부품보유 기간
1. 자동차	• 차체 및 일반부품:2년 이내. 다만, 주행거리가 4만km를 초과한 경우에는 기간이 만료된 것으로 함. • 원동기(엔진) 및 동력전달장치 : 3년 이내 다만, 주행거리가 6만km를 초과한 경우에는 기간이 만료된 것으로 함. • 외판 (후드, 도어, 필러, 휀더, 트렁크리드(테일게이트), 도어사이드실, 루프) 관통부식 : 5년	• 8년(단, 성능·품질상 하자가 없는 범위 내에서 유사부품 사용가능)
2. 모터사이클	• 1년 이내. 다만, 주행거리가 1만km를 초과한 경우에는 기간이 만료된 것으로 함.	• 7년(단, 성능·품질 상 하자가 없는 범위에서 유사부품 사용 가능)
3. 보일러	• 2년	• 8년
4. 농·어업용기기 1) 농업용기기	• 원동기 및 동력전달장치 : 2년 단, 주행거리가 5천km 또는 사용시간이 총 1천 시간(콤바인의 경우에는 400시간)을 초과한 경우에는 기간이 만료된 것으로 함. • 기타 장치 : 1년 단, 주행거리가 2천500km 또는 사용시간이 총 500시간(콤바인의 경우에는 200시간)을 초과한 경우에는 기간이 만료된 것으로 함.	• 9~14년 (농업용기기에 따라 내용연수 포함하여 4년까지 생산·공급. 다만, 성능 품질 상 하자가 없는 범위 내 에서 유사부품 사용 가능)
2) 어업용기기	• 1년	
5. 가전제품, 사무용기기, 전기통신기자재, 광학기기, 주방용품 등 1) 완제품 – 에어컨	• 2년	• 8년
– 시스템에어컨	• 1년	• 8년
– 난로(전기, 가스, 기름), 선풍기, 냉풍기, 전기장판	• 2년	• 5년
– TV, 냉장고	• 1년	• 9년
– 전축, 전자레인지, 정수기, 가습기, 제습기, 전기청소기	• 1년	• 7년
– 세탁기	• 1년	• 7년

(계속)

품목	품질보증 기간	부품보유 기간
− 비디오플레이어, DVD플레이어, 전기(가스)오븐, 비데, 전기압력밥솥, 가스레인지, 유·무선전화기, 믹서기, 전기온수기, 냉온수기, 캠코더, 홈시어터, 안마의자, 족욕기, 망원경, 현미경	• 1년	• 6년
− 네비게이션, 카메라, 디지털피아노	• 1년	• 5년
− 퍼스널컴퓨터(완성품) 및 주변기기, 노트북PC, 휴대폰, 스마트 폰, 휴대용음향기기(MP3, 카세트, CD플레이어)	• 1년	• 4년
− 전기면도기, 전기조리기기 (멀티쿠커, 튀김기, 다용도식품조리기, 전기토스터, 전기냄비, 전기프라이팬 등), 헤어드라이어	• 1년	• 3년
− 복사기	• 6개월 다만, 복사 매수가 복사기종에 따라 각각 3만매 (소형), 6만매(중형), 9만매(대형)를 초과한 경우에는 기간이 만료된 것으로 함.	• 5년
− 신발	• 가죽제품(가죽이 전체 재질의 60% 이상) : 1년 • 천 등 그 외의 소재 : 6개월	
− 라켓(테니스, 탁구, 배드민턴 등) 몸체 (라켓에 부착된 라바 또는 끈 등 제외)	• 6개월	• 1년
− 헬스기구, 골프채	• 1년	• 5년
− 우산류	• 1개월	
− 전구류	• 1개월(형광등, 백열전구) • 6개월(LED전구)	
− 문구	• 6개월	• 1년
− 완구	• 6개월	• 1년
− 가발	• 6개월(인모)	• 1년(인공모)

(계속)

품목	품질보증 기간	부품보유 기간
2) 핵심부품	• 핵심부품 품질보증 기간내 정상적인 사용상태하에 서 발생한 성능·기능상의 하자로 부품수리가 필요 한 경우 – 핵심부품에 대한 무상수리	
– 에어컨 : 컴프레서	• 4년	
– LCD TV, LCD 모니터(단, LCD 노 트북 모니터는 제외), LCD모니터· 본체 일체형 PC : LCD 패널	• 2년(단, 소비자가 확인 가능한 타이머가 부착된 제 품으로 5,000시간을 초과한 경우에는 기간이 만료 된 것으로 함.)	
– PDP TV 패널	• 2년(단, 소비자가 확인 가능한 타이머가 부착된 제 품으로 5,000시간을 초과한 경우에는 기간이 만료 된 것으로 함.)	
– LED TV, LED 모니터(단, LED 노 트북 모니터는 제외), LED모니터· 본체 일체형 PC : LED 패널	• 2년(단, 소비자가 확인 가능한 타이머가 부착된 제 품으로 5,000시간을 초과한 경우에는 기간이 만료 된 것으로 함.)	
– 세탁기 : 모터, TV : CPT, 냉장고 : 컴프레서, 모니터 : CDT, 전자렌 지 : 마그네트론, VTR : 헤드드럼, 비디오카메라 : 헤드드럼, 팬히터 : 버너, 로터리히터 : 버너	• 3년(단, 모니터용 CDT의 경우에는 소비자가 확인 가능한 타이머가 부착된 제품으로서 10,000시간 을 초과한 경우에는 기간이 만료된 것으로 함.)	
– 퍼스널컴퓨터 : Main Board	• 2년	
6. 별도의 기간을 정하지 않은 경우 1) 유사품목에 따를 수 있는 경우 2) 유사품목에 따를 수 없는 경우	• 유사품목에 따름 • 1년	• 유사품목에 따름 • 해당 품목의 생산을 중단한 때부터 기산하여 5년

4) 소비자분쟁해결기준의 적용

이상의 소비자분쟁해결기준을 이용함에 있어서 다음의 사항을 적용한다.

- 다른 법령에 근거한 별도의 분쟁해결기준이 소비자분쟁해결기준보다 소비자에게 유리한 경우에는 그 분쟁해결기준을 소비자분쟁해결기준에 우선하여 적용한다.
- 품목별 소비자분쟁해결기준에서 해당 품목에 대한 분쟁해결기준을 정하고

있지 아니한 경우에는 같은 기준에서 정한 유사품목에 대한 분쟁해결기준을 준용할 수 있다.

- 품목별 소비자분쟁해결기준에서 동일한 피해에 대한 분쟁해결기준을 두 가지 이상 정하고 있는 경우에는 소비자가 선택하는 분쟁해결기준에 따른다.

예를 들어, 의복의 염색이 잘못되었을 때 소비자가 다른 의복으로 교환 혹은 환급을 할 수 있다고 소비자분쟁해결기준에 명시되어 있다면, 소비자는 의복의 교환을 하거나 환급을 받거나 소비자가 보상방법을 선택할 수 있다는 의미이다.

표 11-4 **품목별 내용연수**

품목	내용연수
농업용기기	사업자가 품질 보증서에 표시한 부품보유 기간으로 함. 다만, 그 기간이 부품 보유 기간에 기재된 기간보다 짧거나 미기재한 경우 부품보유 기간으로 함
침대, 책상, 장롱, 장식장, 책장	
보일러, 에어컨, TV, 전축, 냉장고, 정수기, 가습기/제습기, 전기청소기, 식탁, 신발장, 문갑, 전자렌지	
비디오플레이어, DVD 플레이어, 전기(가스)오븐, 비데, 전기압력밥솥, 가스레인지, 유·무선전화기, 믹서기, 전기온수기, 냉온수기, 캠코더, 홈시어터, 안마의자, 족욕기, 망원경, 현미경, 자동차, 소파, 화장대, 찬장	
선풍기, 냉풍기, 전기장판, 세탁기, 모터사이클, 카메라, 디지털피아노, 네비게이션, 난로(전기, 가스, 기름), 헬스기구, 골프채	
퍼스널 컴퓨터(완성품) 및 주변기기, 노트북PC, 휴대용음향기기(MP3, 카세트, CD 플레이어)	
휴대폰, 스마트폰, 전기면도기, 전기조리기기(멀티쿠커, 튀김기, 다용도식품조리기, 전기토스터, 전기냄비, 전기프라이팬 등), 헤어드라이어	
라켓(테니스, 탁구, 배드민턴 등) 몸체(라켓에 부착된 라바 또는 끈 등은 제외), 문구, 완구	
별도의 기간을 정하지 않은 경우로서 유사품목에 따를 수 없는 경우	5년

우리나라의 법적 소비자분쟁해결 제도

우리나라에는 앞에서 살펴본 소액사건심판제도 외에 다음의 법적 소비자분쟁해결 제도가 있다.

선정당사자제도

동일한 피해를 가진 다수의 소비자(선정자라고 함)가 함께 모여서 대표 2~3명(선정당사자라고 함)을 뽑아 소송을 진행하는 제도이다. 소송에서 승소하면 함께 모인 다수의 소비자(선정자) 모두 승소하는 효과를 갖지만 패소하면 모두 패소하는 효과를 갖는다. 요즈음 동일한 피해를 입은 소비자들이 인터넷을 통해 연락을 하여 모여서 공동으로 소송을 하는 사례가 이에 해당된다.

소비자단체소송제도

법률에서 정한 일정한 자격을 갖춘 소비자단체에게 소비자 전체의 이익을 위하여 소송을 제기할 권한을 인정하는 제도이다. 앞에서 살펴본 민간 소비자단체가 이에 해당되는 단체이다. 소비자단체소송제도는 소비자피해가 확산되는 것을 막기 위하여 판매중지 등의 소송을 제기할 뿐 엄밀히 분쟁을 갖고 있는 소비자를 위한 구제제도는 아니다.

리콜제도

리콜제도는 제품의 결함이나 하자가 발견된 경우, 품질보증 기간과 상관없이 무상수리를 해주거나 제품 자체를 새 것으로 교환해주는 제도를 의미한다. 사업자가 스스로 리콜을 하는 경우(자발적 리콜)가 바람직하나, 그렇지 않은 경우 정부가 사업자로 하여금 강제적으로 리콜을 하도록 조치를 취하기도 한다. 제품 중 자동차가 리콜 사례가 가장 많은 경우이다. 리콜이 결정되면 사업자는 개인 소비자에게 혹은 대중매체를 통하여 리콜 사실을 알려주도록 되어 있다. 또한 제품안전센터(www.safetykorea.kr) 홈페이지를 통해 리콜제품이 무엇인지 알 수 있다.

그림 11-4
제품안전센터
홈페이지

CHAPTER 11 소비자분쟁해결기준과 소비자피해구제 **259**

CREDIT MANAGEMENT & CONSUMPTION LIFE

12

예기치 못한 위험은
항상 존재 :
위험관리

CHAPTER 12

예기치 못한 위험은 항상 존재 : 위험관리

일생을 살다 보면 갑작스러운 가장의 실직, 사망 혹은 가족의 질병 등과 만날 수 있다. 이러한 일들은 개인이 처리할 수 없을 정도의 많은 돈을 필요로 하며 이에 대한 준비가 따로 없다면 개인이나 가정은 빚을 지거나 이로 인하여 삶의 곤란을 겪기 쉽다. 이러한 예기치 않은 경제적 위험을 미리 대처할 수 있도록 계획하고 실행하는 과정이 위험관리이다. 본 장에서는 위험관리방법으로 보험에 관한 내용을 살펴보고자 한다.

보험은 위험에 대비할 수 있는 대표적인 위험관리방법이다. 즉, 보험은 사망, 장애, 질병, 화재, 자동차사고와 같이 일반적으로 많은 사람에게 발생하고 손실액도 비교적 큰 위험을 관리하는 방법이다. 즉, 누구에게나 공통적으로 발생할 수 있는 위험을 갖고 있는 다수의 사람들이 하나의 위험집단을 구성하여, 각 개인으로부터 갹출한 보험료로 준비금을 마련한 다음, 구성원 중의 일부가 우연하고도 급격한 사고(이를 순수위험이라고 하며 주식투자 손실과 같은 예상 가능한 투자위험과는 다른 특성을 가짐)로 손해를 입은 경우 보험금으로 보상하여 주는 경제제도이다.

한 사례로 자동차를 가지고 자가운전을 하는 사람은 항상 사고의 위험을 갖고 있다. 그리고 자동차 운전자들은 매우 많으며 이들 중 사고위험을 스스로 해결할 수 없다고 생각하는 사람들에게 자동차보험에 가입하도록 하고 보험료를 걷는다. 걷은 보험료로 자동차보험 가입자 중 실제 사고가 발생하면 보험금을 주어 사고로 인한 경제적 위험을 겪지 않도록 돕는다. 이러한 절차는 물론 보험회사가 맡는다.

이를 그림으로 표현하면 그림 12-2와 같다.

그림 12-1
위험관리의 필요성

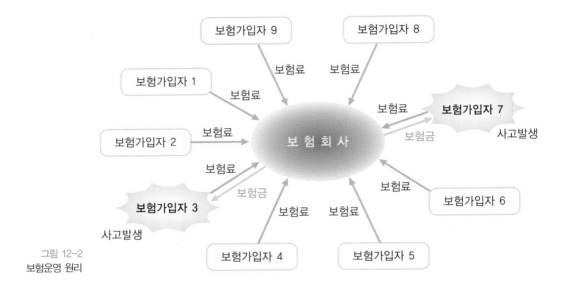

그림 12–2
보험운영 원리

1. 보험가입의 필요성

위험발생은 바로 눈 앞에서 벌어지는 일도 아니고 또 꼭 일어난다고 100% 보장되는 것도 아니다. 그런 상황에서 만일의 경우를 위해 보험가입을 하고 또 보험료를 내야 한다니, 좀 아까운 생각도 들 것이다. 그러나 만일 나에게 실제 위험(자동차를 운전하다가 사람을 다치게 하는 위험)이 일어난다면? 하고 상상하면 보험료를 지불하더라도 보험에 가입해야 할 것 같은 생각이 들 것이다. 이처럼 보험가입이 망설여질 때, 다음과 같이 보험가입으로 얻는 것과 잃는 것을 생각해 보고 결정하자.

1) 보험가입으로 얻는 것은

사고가 자주 일어나지는 않지만 한 번 일어나면 손실이 아주 큰 경우 보험에 가입하면 좋다. 손실액이 너무 크면 개인이 저축한 돈으로 해결하기 어려운 경우가 많다. 예를 들면, 자동차사고가 나면 자기 자동차뿐만 아니라 남의 자동차도 수리해 주어야 하고, 자신의 치료비뿐만 아니라 다른 사람의 치료와 보상까지 해주어야 한다. 이럴 때 보험회사에서 처리해 주면 그야말로 한숨 돌리게 된다. 보험은 이러한 이유로 가입하는 것이다.

2) 보험가입으로 잃는 것은

보험가입으로 잃는 것은 지불하는 보험료이다. 보험료를 매월 지불함에도 불구하고 위험이 발생하지 않으면 보험금이 지불되지 않는다. 이러한 이유 때문에 보험료가 아까운 생각이 드는 경우가 있다. 보험료를 내지 않았다면 그 돈으로 다른 것을 할 수도 있었을 텐데, 혹은 저축을 하였다면 좋았을 텐데 등 여러 가지 생각을 할 수 있다. 이는 보험이 원칙적으로 저축이라기보다는 위험에 대한 보장이 목적이기 때문이다. 즉, 보험은 위험이 발생하면 그 효과가 드러나지만, 사고가 일어나지 않는 경우 보험료만 지불하고 얻는 것은 아무 것도 없는 것 같아 보인다. 원칙적으로 매달 꼬박꼬박 보험료로 지불한 돈은 아무 사고가 일어나지 않는다면 찾을 수 있는 것이 아니니까 괜히 보험료만 매달 꼬박꼬박 냈다는 생각도 들 것이다.

그렇다고 보험료를 타기 위해 사고가 일어나길 바라는 것은 더 어리석다. 사고가 일어나지 않으면 지금까지 낸 보험료를 잃어버렸다고 생각하지 말고 그동안 보험으로 인해 안심하고 지낼 수 있었던 좋은 점을 생각해 보자.

2. 보험의 유형

1) 사회보험과 민영보험

사회보험은 위험에 대비하여 국가에서 제공하는 사회보장제도이다. 반면, 민영보험은 보험회사가 돈을 벌 목적을 갖고 판매하는 보험이다.

사회보험은 보험료로 내는 금액이 더 많다고 해서 꼭 그 만큼 더 혜택을 받는

	사회보험	민영보험
누가 가입하나?	해당 국민이면 누구나 꼭 가입해야 함	개인이 필요한 경우 가입함
누가 운영하나?	정부	보험회사
(보험금) 얼마나 받을 수 있나?	법률적으로 정해진 수준 (보험료를 많이 냈다고 많이 받는 것이 아님)	개인과 보험회사가 계약에 의해 결정 (보험료를 많이 내면 보험금도 높아짐)
(보험료) 얼마를 내야 하나?	법률적으로 정해진 액수를 냄 (보통 소득이 많으면 많이 냄)	계약에 따라 결정함

그림 12-3
사회보험과
민영보험의 특징

것은 아니다. 보험료는 개인의 소득을 기준으로 일정 비율을 내도록 되어 있기 때문에 소득이 많은 사람이 보험료를 더 내고 소득이 적은 사람은 적게 내게 된다. 그러나 혜택은 동일하게 받는 시스템을 갖는다. 그러다 보니, 위험을 보장하는 수준이 실제 필요한 수준에 미치지 못하는 형편이다. 따라서 민영보험은 사회보험이 커버하지 못하는 부분을 보완하는 기능을 하는데, 이는 민영보험의 경우 보험료를 많이 내면 많은 보장을 받기 때문이다.

따라서 개인의 입장에서 볼 때 사회보험은 의무적으로 꼭 가입해야 하는 것이기 때문에 위험관리를 위해 가장 먼저 생각해야 하는 것이 사회보험이다. 사회보험으로 충족 되지 않은 부분에 대해서는 민영보험을 활용한다. 우리가 일반적으로 가입 여부를 고민하며 말하는 보험상품이란 민영보험회사의 상품을 의미한다.

2) 사회보험과 민영보험의 종류

(1) 사회보험의 종류
사회보험에는 국민연금보험, 건강보험(노인장기요양보험 포함), 산업재해보상보험, 고용보험이 있으며 이를 우리나라 4대 사회보장보험제도라 한다.

❶ 국민연금보험

국민의 퇴직(노령연금), 사망(유족연금), 장애(장애연금)로 인한 소득감소 위험에 대비하여 만들어진 사회보험이다. 소득이 있는 국민은 누구나 의무적으로 가입하여야 하며 일반근로자의 경우 소득의 4.5%(총 9% 중 4.5%는 고용주가 납부)를 납부하며 자영업자는 소득의 9%를 납부하여야 한다. 국민연금(노령연금)은 종신연금 형태 즉, 사망 시까지 받는 형태이다. 따라서 정부는 평균수명이 증가하면서 국민연금(노령연금) 수령 시작 연령을 점차 높이고 있으며, 종전의 만 60세에서 1969년 출생자부터는 만 65세(만 60세~64세 조기노령연금)에 연금을 수령하도록 되어 있다. 또한 연금을 받으려면 납부기간이 20년 이상(10년~20년 미만 조기노령연금)이 되어야만 한다. 여기서 조기노령연금이란 본래 받도록 되어 있는 연금액의 일부를 삭감하여 적게 받게 되는 연금을 의미한다. 그리고 퇴직 여부와 상관없이 연금가입자가 사망을 하면 남은 유족이 연금(유족연금)을 받을 수 있으며 장애 시에도 퇴직 여부와 상관없이 연금(장애연금)을 받을 수 있다. 더 자세한 정보는 국민연금관리공단(www.npc.or.kr)에서 얻을 수 있다.

❷ 국민건강보험(노인장기요양보험 포함)

국민의 질병에 따른 경제적 어려움을 보장하기 위해 만든 사회보험으로 의료보험이라고도 한다. 근로자와 사업주는 월 급여액의 일정비율을 보험료로 납부하여야 하며 국민건강보험공단이 운영한다. 아울러 국민건강보험에서는 노인장기요양보험 서비스도 제공한다. 즉, 노인 스스로 자신을 돌보지 못하는 상황의 경우, 노인 전문시설 서비스 비용 혹은 재택 서비스 비용의 일부를 보험에서 제공하고 있다.

국민건강보험료는 필요에 따라 매년 달라지며, 일반 근로자의 경우 2018년 기준, 소득의 6.24%(근로자, 고용주 각각 3.12%씩)를 건강보험료로 납부하였고, 노인장기요양보험료로는 건강보험료의 7.38%(근로자, 고용주 각각 3.69%)를 납부하였다. 건강보험료는 의료 서비스에 대한 국민요구와 장수에 의거하여 점차 증가하고 있는 추세이다. 좀 더 자세한 사항은 국민건강보험공단 홈페이지(www.nhic.or.kr)에서 찾을 수 있다.

③ 산업재해보험

산업재해보상보험법에 의거, 근로자의 업무상의 재해를 신속·공정하게 보상하기 위하여, 고용주가 반드시 가입해야 하는 고용주 강제가입방식으로 운영되는 사회보험이다. 고용주가 전적으로 보험료를 지불한다.

④ 고용보험

감원 등으로 직장을 잃은 실업자에게 실업보험금을 주고, 직업훈련 등을 위한 장려금을 기업에 지원하는 제도이며, 2018년 기준, 월 급여액의 1.3%를 납부하되 고용주와 근로자가 나누어 50%씩(0.65%씩) 보험료로 납부한다. 좀 더 자세한 사항은 고용보험공단 홈페이지(www.ei.go.kr)에서 찾을 수 있다.

⑤ 기초연금

기초연금은 기초노령연금이라고 부르던 것이 명칭이 변경된 것이다. 자격은 만 65세 이상, 소득 하위 70%인 노인을 대상으로 10~20만 원까지 차등지급하고 있다.

(2) 민영보험의 종류

민영보험은 개인이 필요에 따라 가입하는 보험으로 크게 생명보험과 손해보험으로 구분한다.

① 생명보험

생명보험은 사람의 생명과 관련된 사고로 인해 발생하는 경제적 손실을 보전하기 위해 만들어진 보험이며 다음의 유형이 이에 속한다.

- **사망보험** 사망사고가 발생하면 보험금을 받을 수 있는 보험이다.
- **생존보험** 일정 기간 동안 살아 있어야만 보험금을 받을 수 있는 보험이다. 연금보험이 대표적인 생존보험이다.
- **생사혼합보험(양로보험)** 사망보험과 연금보험을 결합하며 사망과 생존으로 인한

손실을 모두 보존해 주는 보험이다. 즉, 어느 일정시점까지 사망보험의 역할을 하다가 연금보험의 역할을 하는 특성이 있는 보험으로, 젊은 시절의 큰 위험이라 할 수 있는 조기 사망과 은퇴 후 장기생존으로 인한 위험을 모두 염두에 둔 상품이다. 대부분의 보험상품이 특약을 이용하여 양로보험 형태를 띠고 있다.

- **건강보험** 질병으로 인해 발생하는 손실에 대해 보상해 주는 보험으로 암보험 등이 대표적인 예이다.

❷ 손해보험

손해보험은 개인이 소유하고 있는 물건이나 재산에 사고가 발생하여 발생된 경제적 손실을 보상해 주기 위해 만들어진 보험이며, 다음의 보험이 이에 속한다.

- **재산보험** 자신이 소유하고 있는 재산에 대한 경제적 손실을 보상받을 수 있는 보험이며 화재보험이 대표적인 예이다.
- **책임보험** 나로 인해 남의 재산이나 인체에 손실을 입혔을 때 보상받을 수 있는 보험으로 자동차보험이 대표적인 예이다.

3) 정액보험과 변액보험

정액보험은 민영보험에서 보험상품 계약 시 보험금의 액수가 정해지는 상품이다. 정액보험의 대표적인 예가 생명보험이다. 현재 가장이 사망한다면 앞으로 자녀교육비 및 생활비 등으로 5억 원이 필요하다고 판단된 경우, 가장 사망 시 5억 원을 받을 수 있는 생명보험을 가입하면 된다. 이때 약정한 보험금이 많을수록 납부해야 할 보험료는 많아진다. 즉, 필요한 보험금액을 정해놓고 이에 따르는 보험료를 납입하는 것이다.

이에 비해 변액보험은 보험계약 시 보험금 지급 최대 한도만 정해져 있고, 실제 지급가능한 보험금의 액수가 정해지지 않은 보험이다. 대표적인 것이 손해보험으로 보통 사고의 규모에 따라 보험금이 정해진다. 예를 들어, 자동차사고가 발생하고 사고로 인하여 보상해 주어야 할 금액이 1,000만 원으로 나왔다면 보험금은 1,000만 원만 지급된다. 또 주택의 화재로 발생한 손해액이 1,000만 원이라면 이것이 곧 보험금이 된다. 다만, 자동차의 거래가격이 높거나 주택의 시장가격이 높으면 상대적으로 더 높은 보험료를 납부하도록 되어 있다. 왜냐하면 동일한 사고에 대해서 평가되는 손실액이 더 클 것이기 때문이다.

4) 보장성 보험과 저축성 보험

보험의 본래기능은 위험에 대한 보장이지만 저축목적을 함께 갖는 보험도 활용되고 있으며, 저축목적과 보장기능을 함께 갖는 보험을 저축성 보험이라고 한다. 예를 들어, 자녀교육보험의 경우, 위험을 보장(자녀의 질병, 왕따 등으로 인한 심리적 치료)하는 부분은 아주 미약하고 보험의 대부분은 자녀의 입학금, 해외연수비용 등을 위해 필요한 목돈마련을 위한 목적이 더 크다. 저축성 보험의 경우 만기가 되면 그동안 불입한 보험료를 되돌려 준다.

이에 비해 보장성 보험은 단순히 위험만을 보장할 뿐이며 저축의 성격은 없다. 손해보험인 자동차보험이 대표적인 보장성 보험이다. 보장성 보험은 원칙적으로 사고가 일어나야만 보상을 하고 만기에도 그동안 불입한 보험료를 되돌려 주지 않는다.

이러한 특성 때문에 보장성 보험료가 저축성보다 저렴하다. 돈관리 전문가에 따르면 저축은 은행에, 보험은 보장성 보험으로 위험관리만을 위해 가입하는 것이 바람직하다고 한다. 그 이유는 앞서 살펴본 바와 같이 저축성 보험이라도 보험료의 일부분을 보장성 보험료로 사용하고 나머지만을 저축하기 때문에 동일한 보험료를 은행에 저축하였다면 만기에 되돌려 받는 저축금액은 은행이 보험사보다 훨씬 많게 되기 때문이다.

5) 배당보험과 무배당보험

보험회사에서는 배당보험의 경우, 사고발생 가능성에 대한 예측 확률에 근거하여 다소 높은 보험료를 책정하는데, 예정치와 실제액이 달라 이익이 생기게 되면 배당을 준다. 이에 비해 무배당보험의 보험료는 실제치와 매우 비슷하게 산출하고, 손해가 나도 보험회사가 책임지며 이익이 나도 배당은 없다. 따라서 무배당보험은 배당보험보다 보험료가 상대적으로 저렴한 편이다.

6) 종신보험과 정기보험

종신보험은 보험의 혜택을 받을 수 있는 기간을 죽을 때까지로 하는 것이고, 정기보험은 소비자가 원하는 기간까지 일정 기간으로 한정하는 것을 의미한다. 예를 들어, 생명보험을 가입하여야 하는데, 자녀가 대학졸업하는 시기인 앞으로 10년 동안만 가입하려고 한다. 이유는 자녀가 대학졸업 시까지 가장이 살아 있다면 앞으로 자녀는 스스로 경제활동을 할 수 있을 것이기 때문이다. 이 경우 10년을 기한으로 보험을 가입하는 경우를 정기보험이라고 한다. 이에 비해 연금보험의 경우 수명이 길어지면서 언제 사망할지 가늠하기 어려운 경우 종신보험으로 하는 경우를 예로 들 수 있다.

동일한 조건일 때 종신보험료가 정기보험료에 비해 일반적으로 비싸다.

7) 기타(유니버설보험, 무심사보험, 변액보험)

(1) 유니버설보험
유니버설보험은 납입한 보험료를 상품마다 횟수의 제한은 있지만 비교적 자유롭게 중도 인출할 수 있고 보험료의 추가납입이 가능한 기능(이를 유니버설 기능이라고 함)을 포함하며 이러한 기능이 있는 보험을 유니버설보험이라고 한다.

(2) 무심사보험

무심사보험은 별도의 심사절차 없이 가입이 가능한 반면, 일반보험보다 보험료가 비싸기 때문에 건강한 계약자는 일반적인 보험가입 심사절차를 거쳐 일반 보험에 가입하는 것이 유리하다. 보험 광고 중 '묻지도 따지지도 않는다'는 내용을 간혹 듣게 된다면 그것이 바로 무심사보험상품이라고 생각하면 된다.

(3) 변액보험

여기서의 변액보험은 앞서 살펴본 보험금의 크기가 상황에 따라 변화하는 변액보험과 다르다. 즉, 여기서의 변액보험은 계약자가 납입한 보험료 중 일부를 주식 및 채권 등에 투자하여 얻은 수익을 계약자에게 다시 배분하여 주는 보험을 말한다. 하지만 수익뿐만 아니라 손실에 대한 위험 역시 계약자가 부담하므로 보험가입 시 주의가 필요하다.

여기서 잠깐

깜짝 퀴즈

내가 남편을 대신하여 남편을 대상으로 똘똘이 생명보험회사에 생명보험을 들었다. 생명보험의 주요 계약 내용은 매월 100만 원씩 5년간 불입하면 앞으로 20년간 남편사망 시 5억 원의 보험금을 받는다는 것이다.

1. 나는? → 보험계약자로 매월 보험료를 지불할 의무를 갖는다.

2. 남편은? → 피보험자

3. 똘똘이 생명보험회사는? → 보험자

4. 보험기간은? → 앞으로 20년간

5. 보험료 납입기간은? → 앞으로 5년

6. 보험료는? → 월 100만 원

7. 보험금은? → 5억 원

3. 보험계약 시 알아두어야 할 사항

1) 보험계약 시 알아두면 도움이 되는 용어

보험계약 시 접하게 되는 보험약관, 보험증권을 읽어보면 일상생활에서 사용하지 않는 생소한 단어들을 접하게 된다. 그러나 이러한 용어들을 정확히 알고 있어야 계약내용을 정확히 이해할 수 있을 것이다.

표 12-1은 보험계약 내용을 알려주는 보험증권이나 보험약관에 나오는 용어들이며 알아두면 매우 유익할 것이다.

2) 보험계약자의 권리와 의무

(1) 보험계약자의 권리

❶ 보험계약자의 청약철회권

보험에 가입하기 위하여 보험계약자는 청약서를 작성한다. 청약이란 말은 구매를 원하는 소비자의 의사를 문서로 작성한 것으로 계약과는 다른 의미이다. 보험의 경우 소비자가 청약서를 작성하여 보험회사(보험자)에 보내고 보험자가 평가하여 보험가입을 허락해야만 비로소 가입이 이루어진다. 예를 들어, 생명보험에 가입하고 싶어 청약서를 보냈는데, 고혈압과 당뇨병이 심한 상태인 것을 확인하고 보험자가 청약을 거절하면 보험에 가입할 수 없다.

반면, 보험계약자가 보험청약을 한 후 보험계약 자체를 취소하고 싶으면 청약철회를 요청할 수 있다. 청약철회를 할 수 있는 기간은 보험증권을 받은 날로부터 15일 이내 혹은 청약일로부터 30일 이내에 청약 철회가 가능하다. 청약을 철회하는 방법은 앞서 배운 일반 물품거래 시와 동일하다. 청약철회 양식은 일반적으로 청약서에 포함되어 제공되며 이를 이용하면 된다.

표 12-1 보험계약에 필요한 용어

용어	내용
보험계약 관계자	보험관계자란 보험자, 보험계약자, 피보험자, 보험수익자를 말한다. 피보험자와 보험계약자, 보험수익자는 같은 사람이 될 수도 있으며, 서로 다른 사람이 될 수도 있다.
면책 기간	피보험자에게 사고가 발생하여도 보험자가 보험금 지급의 책임을 지지 않는 기간을 말한다.
보험계약자	자기의 이름으로 보험회사와 계약을 체결하고 보험료를 납부하는 사람을 말한다.
보험계약청약서	보험에 가입하기 위하여 계약상 필요한 보험종류와 금액, 고지의무 등의 내용을 적어 보험가입을 청약하기 위해 서명하여 보험회사에 제출하는 서류이다.
보험금	보험 기간 내에 보험사고가 발생하면 보험회사가 보험수익자에게 지급해야 하는 금액을 말한다.
보험 기간	보험회사의 책임이 시작되어 끝날 때까지의 기간이다. 제1회 보험료를 납부한 날이 보통 책임개시일이 된다. 책임 기간이라고도 한다.
보험료	보험금을 지급받기 위해 보험계약자가 보험회사에 지불하는 금액을 말한다.
보험료 납입 기간	보험계약자가 보험료를 납입하는 기간을 말한다. 보험 기간과는 다른 의미이다.
보험사고	보험금 지급사유가 되는 사고로 보험계약에 따른다.
보험수익자	보험사고가 발생하였을 경우 보험회사로부터 보험금을 받는 사람을 말한다. 보험수익자는 반드시 한 사람이 아니어도 된다.
보험약관	보험회사와 계약자 간의 권리와 의무를 규정하여 정해 놓은 항목으로, 보험의 보장내용이나 보험의 효력 등과 같이 보험과 관련된 중요한 사항에 관한 규정이다.
보험자	보험자란 보험사고가 발생할 경우 보험금을 지급할 책임을 가진 보험회사를 말한다.
보험증권	가입한 보험의 종류, 보험금액과 보장내용, 증권번호, 보험계약자, 피보험자, 보험수익자, 보험사고, 보험 기간, 보험료납입 기간, 보험료, 보험금 등 보험계약의 성립과 그 내용을 증명하기 위한 증서이다.
유예 기간	납입기일 내에 보험료를 내지 못한 경우 납입을 연장해 주는 기간을 말한다.
책임개시일	보험의 효력이 발생하는 날을 말한다. 보통 첫 번째 보험료를 납입한 날이다.
피보험물건	보험의 대상으로 보험위험을 보유하고 있는 물건을 말한다. 예를 들면, 자동차보험은 피보험물건인 자동차를 지정해야 한다.
피보험자	보험계약의 대상으로 보험위험을 보유하고 있는 사람을 말한다. 예를 들면, A라는 사람이 본인이 사망할 경우 보상받기 위해 생명보험을 들었다면 A라는 사람이 피보험자가 된다.
해약환급금	보험계약의 효력이 상실되거나 보험이 해약되었을 때 보험회사가 계약자에게 되돌려 주는 금액이다.

② 보험계약자의 계약취소권

보험계약자는 계약 체결 시 다음의 경우 청약일로부터 3개월 이내에 계약을 취소할 수 있다.

- 약관과 청약서 부본(사본)을 받지 못한 경우
- 약관의 중요한 내용을 설명 받지 못한 경우
- 청약서에 계약자가 자필서명(전자서명 포함)을 하지 않은 경우

③ 보험계약의 부활

보험료 납입연체로 인해 보험계약이 해지되었으나 해약환급금을 받지 않은 경우, 계약자는 해지된 날로부터 2년 이내 회사가 정한 절차에 따라 보험계약의 부활(효력회복)을 요청할 수 있다.

(2) 보험계약자의 의무

① 계약 전 알릴의무(사전고지의무)

보험계약자는 청약서의 질문사항에 대해 사실대로 기재하고 자필서명(전자서명 포함)을 해야 한다. 만일, 사실과 다르게 알릴 경우, 보험자는 계약을 해지하거나 보험보장이 제한될 수 있다.

② 보험료 납입의무

보험계약자는 보험계약 체결 시 계약서에서 약속한 방법과 액수의 보험료를 납입해야 한다.

③ 주소(연락처) 및 보험과 관련된 내용 변경 통지 의무

보험계약자는 주소(또는 연락처)를 비롯하여 보험과 관련된 내용으로 약관상 알리도록 되어 있는 사항(예, 생명보험 가입자가 사무직에서 개인운전자로 직업이 변경된 경우 등)이 변경된 경우에는 지체 없이 그 변경내용을 회사에 알려야 한다.

4. 보험상품 선택 시 알아두어야 할 사항

1) 보험계약체결과정

보험에 가입하기 위해서는 다음과 같은 절차를 밟아야 한다.

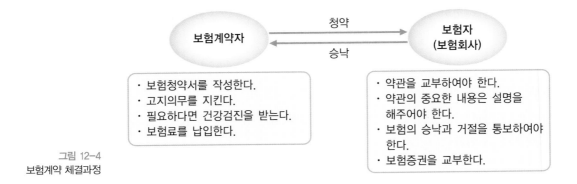

그림 12-4
보험계약 체결과정

(1) 청약서 작성 및 자필서명

보험계약은 보험에 가입하고 싶은 사람(보험계약자)이 청약을 하고 보험회사가 승낙을 하면 성립된다. 이때 주의해야 할 사항은 다음과 같다.

- 보험계약자는 청약을 할 때 보험청약서를 작성하는데, 이때 피보험자의 건강상태와 같이 보험 위험에 영향을 줄 만한 질문에 거짓 없이 대답을 하거나(이를 고지의무라고 한다) 건강진단을 받아야 한다. 청약서상의 질문사항에 관하여 허위 또는 부실하게 알렸을 경우 보험사고 시 보상이 되지 않거나 보험계약도 해지될 수 있다.
- 청약서에 기재하지 않고 보험설계사 등에게 구두로 알린 사항은 효력이 없다.
- 보험청약을 할 때 첫 보험료를 납부해도 되고 보험회사의 승낙을 받고 납부하기 시작하여도 된다.
- 보험계약을 할 때 보험계약자와 피보험자가 서로 다른 경우 피보험자의 서면

동의를 받아야 한다.

(2) 청약서 부본받기 및 약관받기

- 보험자는 보험계약자에게 청약서 부본(사본)을 반드시 주어야 하며, 보험자는 보험계약의 과정에서 보험약관 역시 보험계약자에게 주어야 한다.
- 보험자는 약관의 중요한 내용을 설명해야 할 의무가 있다. 보험약관이란 보험회사와 계약자 간의 권리와 의무를 규정하여 정해 놓은 항목이다. 보장내용이나 보험의 효력 등과 같이 보험과 관련된 중요한 사항에 관한 규정이므로 소비자가 꼭 약관을 읽거나 설명을 들은 후에 계약을 하도록 하고 있다.
- 보험약관과 청약서 부본을 받지 못하는 경우, 청약일로부터 3개월 이내에 계약을 취소할 수 있다.

(3) 보험자의 승낙이나 거절 통지 그리고 보험증권 교부

보험자는 소비자의 청약서 자료를 바탕으로 보험가입의 승낙 여부를 결정한다. 보

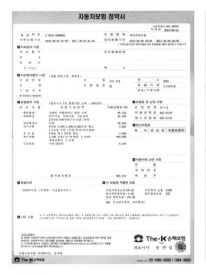

그림 12-5
보험청약서와 약관 목차 사례

그림 12-6
보험증권 사례

험자는 승낙을 하면 보험증권을 교부한다. 그리고 보험자가 소비자의 청약을 거절할 때는 그때까지 납입한 보험료는 돌려주고 거절통지를 보내야 한다.

2) 피보험자와 피보험물건의 선택

피보험자(피보험물건)란 보험사고가 발생하는 대상으로 생명보험은 사람, 손해보험은 자동차 혹은 주택 등 물건이 된다. 생명보험의 경우, 위험이 발생하면 많은 손실이 발생하는 사람이 피보험자가 되는 것이 좋다.

3) 보험금과 보험료 결정

보험금은 많이 받으면 받을수록 좋다. 그러나 보험금이 많아지면 보험료도 당연히 높아진다. 보험금이 지나치게 낮은 보험은 유사 시 도움이 되지 않을 수 있고, 보험금이 지나치게 높으면 보험료를 내는 것이 부담스러울 수 있다.

유사 시 필요로 하는 자금의 규모를 계산해 보고나서 그에 따른 보험료가 적정한 수준인지를 살펴본다. 특별한 기준은 없지만 보장성 보험에 지불되는 금액이 가처분소득의 10%를 넘지 않는 것이 바람직하며, 이는 지나치게 많은 보험료가 다른 소비지출에 영향을 미치기 때문이다.

따라서 필요한 보험금을 잘 따져보고 그리고 원하는 보험금을 받기 위해 보험료는 얼마를 내야 하는지 잘 살펴본 후 보험가입을 결정해야 한다.

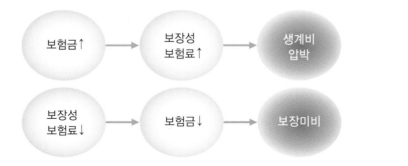

그림 12-7
보험금과
보험료 관계

4) 보험회사의 선택

보험은 장기간 이용하는 상품이기 때문에 보험회사가 오랫동안 건전하게 유지되어야한다. 또한 같은 종류의 상품이라도 보험회사 간 보장내용과 보험료 등에 차이가 있다. 보험처리가 제대로 신속하게 이루어지는 것 역시 중요하며, 보험처리와 관련하여 소비자의 민원 내용은 무엇이 있는지 금융감독원 민원 사이트 등을 통해 확인하는 것이 중요하다. 이러한 요인을 비교하여 보험회사를 선택하도록 한다.

그림 12-8
보험회사의 선택

5) 보험선택 시 유의사항

한번 내는 보험료는 적다고 하더라도 장기간 지속해야 하는 경우 부담이 될 수 있으므로 매월 지불하는 보험료 납부 수준을 잘 고려해야 한다. 한번 잘못 선택하여 환급을 요청하면 거의 불입한 보험료를 받지 못하기 때문이다. 이와 같이 보험료를 비롯하여 가입하고자 하는 보험상품에 관하여 스스로 공부하고 여러 믿을 만한 자료를 찾아보고 신중하게 선택하는 자세가 필요하다.

다음의 내용을 참고해 보자.

(1) 보험에 관한 기본 충고들

- 보험의 주 목적은 위험에 대한 대비이다. 보험은 보험회사에, 저축은 은행 저축상품에 한다.
- 필요한 금액을 보장하여 줄 만한 보험에 가입한다.
- 보장성 보험료 지출(연금보험, 교육보험, 변액보험 등 제외)은 소득의 10% 이내로 한다.

(2) 보험료를 줄이기 위한 충고들

- 젊어서 가입해야 보험료가 저렴하다.
- 보험료는 자동이체시켜 연체되지 않도록 한다.
- 해약은 가급적 하지 않는다. 해약하여 돌려받는 환급금이 거의 없기 때문이다(표 12-2).
- 유배당상품보다는 무배당상품이 저렴하다.
- 보험회사 간 보험료를 비교한다.
- 가입조건이 까다로운 회사를 선택하면 보험료가 저렴해질 수 있다.

표 12-2 해약환급금의 예(A회사 종신보험, 35세 가입)

경과기간	환급률
1년 이내	3.5%
2년	12.1%
3년	33.4%
5년	53.3%
10년	68.2%
15년	75.2%
20년	80.9%
30년	94.7%
40년	101.7%

(3) 보장의 효과를 높이기 위한 충고들

- 싼 보험보다는 필요한 보험을 든다.
- 보장의 내용과 금액을 살펴보고 자신에게 적절한지 판단한다.
- 주 소득자를 피보험자로 한다.

6) 보험계약 시 확인해야 하는 사항

다음 내용은 보험상품을 계약할 때 확인해야 하는 사항으로 대부분 보험약관에 기록되어 있다.

(1) 보장내용과 보험금액

보험계약 시 가장 중요한 것은 어떤 위험에 대해 보장을 해주는가이다. 본인이 생각하는 대로 위험이 보장되는 상품인지를 꼭 확인해야 한다. 예를 들어, 사망보험이라고 해도 사망의 원인이 질병인지, 재해인지에 따라 보장 여부와 보장금액이 다르며, 암보험이라고 해도 암의 종류에 따라 보장내용이 다르기 때문이다.

(2) 보험금의 지급사유와 미지급사유

보험약관에는 보험의 종류와 지급사유, 보험금의 미지급사유가 정해져 있다. 보험금의 지급사유는 보험상품마다 다르나 다음의 미지급사유는 공통된 사유로 다음과 같이 고의성이 있을 때 보험금이 미지급된다.

- 피보험자가 고의로 자신을 해친 경우
- 수익자가 고의로 피보험자를 해친 경우
- 계약자가 고의로 피보험자를 해친 경우
- 고의로 방화한 경우
- 고의로 사고를 내거나 음주운전과 같이 사고를 낼 상황을 만든 경우 등

(3) 보험계약의 효력발생일

오늘 보험에 청약하였는데, 그날 보험사고가 발생하였다면 보험금을 받을 수 있을까? 보험의 효력이 시작되는 날을 보험책임개시일이라고 한다. 대부분 별도의 약정이 없는 한 제1회 보험료를 납입한 날의 오후 4시부터 보험계약의 효력이 발생한다.

단, 자동차보험의 경우에는 보험증권에 기재된 보험기간의 첫날(제1회 보험료를 납입한 날) 24시부터 마지막 24시까지이다.

(4) 해지된 보험계약의 부활

해지된 보험계약은 해지된 날로부터 2년이 경과하면 부활할 수 없다. 해지된 날로부터 2년 이내에는 연체보험료와 소정의 이자를 납입하면 계약을 부활(피보험자의 위험 정도에 변동이 없어야 함)할 수 있으며, 해지된 이후 발생한 사고에 대해서는 보장받을 수 없다. 유념해야 할 것은 부활된 계약의 경우에도 최초 보험계약과 동일하게 보험계약의 성립, 책임개시일, 계약 전 알릴의무(고지의무) 등이 적용된다.

5. 보험금의 청구

보험기간 중 보험사고가 발생하였을 때 보험금을 청구하는 절차에 대하여 간략히 살펴보고자 한다.

1) 보험금의 청구

❶ 보험기간 동안 보험사고가 발생하면 먼저 보험증권을 살펴본다

보험증권을 살펴보고 보험금 청구대상이 된다고 생각되면, 약관에서 좀 더 자세하게 사고종류, 보상내용 및 피보험자범위에 해당되는지를 확인한다. 또한 해당 사고가 보험회사가 보상하지 않아도 되는 사항(면책사항)에 해당되는지도 살펴보아야 한다.

❷ 보험사고 접수를 한다

사고가 보험금 지급사유에 해당될 경우 보험회사에 연락하여 보험사고 접수를 한다. 즉, 보험증권, 청약서 등에 기재된 해당 보험회사 콜센터로 전화하여 사고접수를 하고 보험금 청구를 위해 필요한 서류 등을 안내받는다.

❸ 보험회사는 보험금을 지급한다

보험금청구서와 구비서류를 접수받은 보험회사는 표준약관에 따라 일정 기간(생명보험, 자동차보험은 10영업일, 화재보험은 20영업일) 이내에 보험금을 지급하여야 하며, 기간 내에 지급하지 못할 경우, 그 기간만큼 보험금에 이자를 더하여 지급해야 한다.

❹ 보험금 지급과 관련하여 보험회사와 분쟁이 발생하면 다음 절차를 따른다

우선 해당 보험회사 본사의 민원부서(고객만족센터 등)에 인터넷 또는 우편을 이용하여 정식으로 민원을 제기하여 그 결과를 회신 받는다. 보험사로부터 회신 받은 내용에 대해 이의가 있는 경우에는 금융감독원에 분쟁조정을 신청하여 조정을 받을 수 있다.

2) 보험금 청구시효

사고발생일로부터 일정 기간 안에 보험금 청구를 하지 않으면 청구권이 소멸되므로 주의해야 한다. 생명보험과 손해보험은 소멸시효가 2년이며 자동차보험 등과 같은 배상책임보험은 3년이므로 보험사고 발생일로부터 이 기간 이내에 반드시 보험금을 청구해야 한다. 소멸시효는 보험사고가 발생한 때부터 기산한다.

3) 보험계약 만기 시 점검사항

❶ 보험료 납입 기간과 보험보장 기간은 서로 상이하므로 혼동하지 않도록 한다

보험료 납입이 끝났다고 해서 보장 기간이 만기가 된 것이 아니다. 예를 들어, 보험료를 10년에 걸쳐 납입을 완료하고 보험보장은 20년 내지 30년을 보장받을 수도 있다. 간혹 보험설계사는 새로운 보험상품을 판매하고 수당을 챙기기 위하여 보험 기간이 끝나지 않고 보험료 납입 기간만 끝난 상품의 해약을 권유하는 경우가 있다. 이때 보험설계사는 새로운 보험상품의 특약이 이전 보험상품 보다 얼마나 좋은가에 초점을 두어 설명을 하기 때문에 소비자에게 혼란을 초래할 수 있다. 소비자는 신상품 가입을 고려할 경우에도 가급적 기존의 보험계약은 해지하지 않도록 해야 하며 이는 앞에서 살펴본 바와 같이 해약환급금이 매우 작기 때문이다. 다만, 필요 시 보장을 추가할 필요가 있다면 기존 계약을 유지한 채로 추가로 부족한 부분을 가입하는 것이 좋다.

❷ 보험보장 기간의 만기가 도래한 경우에 유의한다

저축성보험의 경우 만기가 되면 그동안 저축했던 보험료를 은행에서 만기가 된 적금을 찾듯이 보험회사에 요구하여야 한다. 즉, 보험계약자(피보험자가 아님)가 만기 시 보험증권이나 본인임을 확인할 수 있는 신분증을 지참하여 지급창구에서 환급금 지급을 신청하면 관련 금액을 수령할 수 있다. 가급적 사전에 고객센터에 전화로 문의하여 관련서류 및 방법을 문의한 후 지급 신청하는 것이 번거로움을 덜 수 있다.

6. 자동차보험

여러 가지 보험상품 중 자동차보험에 대하여 특별히 살펴보고자 하는 이유는 우리나라에서 자동차는 이제 더 이상 사치재가 아닌 필수재이기 때문이다. 그러한 만큼 자동차로 인한 사고위험에 대비하기 위한 보험상품도 많이 출시되어 있다. 현재 운전을 하고 있는 그리고 운전을 염두에 둔 사람 누구나 알아두어야 할 자동차보험 내용을 살펴보자.

다음은 금융감독원 홈페이지에서 제공하고 있는 자동차보험과 관련된 주요 내용을 정리한 것이다.

1) 자동차보험의 구성

자동차보험은 크게 자동차사고로 인한 타인의 피해를 보상해 주는 대인배상 I, 대인배상 II, 대물배상이 있고 자동차사고로 인한 자신(피보험자)의 피해를 보상해 주는 자기신체사고, 무보험자동차에 의한 상해, 자기차량손해가 있다. 이 중 법적(자동차손해배상보장법 시행령 제3조)으로 반드시 가입해야 하는 것은 대인배상 I(1사고 당 최고 1억 5천만 원까지 배상 가능), 대물배상(1사고 당 2,000만 원까지 배상 가능)이다.

구체적인 자동차보험 구성내용은 표 12-3과 같다.

표 12-3 **자동차 보험계약의 주요 보장 내용**

구분	지급사유	보상한도	유의사항
대인배상 I (의무보험)	자동차사고로 다른 사람을 사망 혹은 중상해를 입힌 경우, 자동차 손해배상보장법에서 정한 한도 내에서 보상	■ 사망 • 최고한도 1억 5천만 원 ■ 후유장해 • 최고한도 1억 5천만 원 • 후유장해 등급별 한도(최소 1,000만 원) 내 지급 ■ 부상 • 최고한도 3,000만 원 • 부상등급별 한도(최소 50만 원) 내 지급	자동차손해배상 보장법상 의무보험임
대인배상 II (임의보험)	자동차사고로 다른 사람을 사망 혹은 상해를 입힌 경우, 그 손해가 '대인배상 I'에서 지급하는 금액을 초과하는 경우, 그 초과손해를 보상	피해자 1인당 최고한도 : 무한	

(계속)

구분	지급사유	보상한도	유의사항
대물배상	의무보험	1사고당 최고한도 : 2,000만 원	자동차손해배상 보장법상 의무보험임
	임의보험	1사고당 최고한도 : 보험사에 따라 다름	
자기신체사고	운전자(피보험자)의 사망 혹은 상해시 보상	보험사에 따라 다름	
자기차량손해	운전자(피보험자)의 자동차가 파손된 경우 보상	보험사, 차량에 따라 다름	
무보험자동차에 의한 상해	무보험자동차에 의해 사망 혹은 상해시 보상	최고한도 2억 원	
긴급출동 서비스 특약	자동차를 소유, 사용, 관리하는 동안, 긴급출동서비스가 필요한 경우 서비스 제공		

2) 자동차보험의 효용성

- 자동차보험은 자동차사고로 인해 타인의 생명 또는 신체를 다치게 하거나 상대방 자동차에 손해를 입힌 경우 보험회사에서 그 손해를 대신 보상해 준다.
- 피보험자 자신이 죽거나 다침으로써 입은 상해 및 자기차량에 생긴 손해를 보상받을 수 있다.
- 배상책임보험(대인배상 Ⅱ)에 가입한 경우에는 피해자가 사망 혹은 중상해를 입거나 중대과실을 범하지 않는 한 형사처벌을 면제받을 수 있다.
- 긴급출동 서비스 특약 등에 가입하는 경우에는 자동차의 고장 또는 사고 시 긴급견인, 비상급유, 배터리 충전, 타이어 펑크 교체, 잠금장치 해제 등의 서비스를 제공받을 수 있다.
- 한편, 자동차보험료는 근로소득 연말정산 시 연 100만 원(다른 보장보험료 포함) 한도 내에서 세액공제(12%)를 받을 수 있다.
- 자동차보험의 보험 기간은 첫날(1회 보험료 납입일) 24시부터 보험 기간 마지

막날 24시까지로 한다.

3) 자동차보험료의 차등화

- 보험료는 기본적으로 차종(자동차 가격) 및 사용용도(자가용 혹은 영업용)에 따라 책정되며 보상한도의 설정(무한 혹은 일정금액) 및 상품종류에 따라 그 차이가 발생하게 된다.
- 또한 같은 보상조건이라 하더라도 ① 운전자 연령, ② 운전자의 자동차보험가입경력, ③ 사고경력, ④ 교통법규 위반 여부 등에 따라 보험료가 차등화되며, ⑤ 운전자 범위의 제한 여부에 따라서도 차이가 발생한다.

4) 보험금이 지급되지 않는 경우

- 연령제한 특약을 위반한 경우
- 무면허 운전, 음주운전 시 발생한 사고
- 운전자범위제한 특약을 위반한 경우
- 고의로 낸 사고
- 자기신체사고 발생 시 운전자(피보험자)가 사고 당시 탑승 중 안전벨트를 착용하지 않은 경우, 자기신체사고 보상금액에서 일정비율의 금액을 삭감한 후 보험금 지급

운전자범위제한

운전자연령한정운전특약

일반적으로 만 21세 이상, 만 24세, 만 30세 이상, 만 35세 이상, 만 43세 이상, 만 48세 이상, 만 61세 이상 한정운전특약이 있다. 만 21세 이상 한정운전특약이란 만 21세 이상인 사람만이 운전할 수 있음을 의미하며 한정하는 연령이 높을수록 보험료가 할인된다.

운전자한정운전특약

운전자한정운전특약의 유형은 일반적으로 다음과 같으며 운전하도록 되어 있는 인원이 많을수록 보험료가 비싸다.

① 가족운전자 한정운전특약 : 피보험자, 피보험자의 부모, 배우자, 배우자의 부모, 자녀, 며느리, 사위
② 가족운전자와 형제자매 한정운전특약 : 가족운전자 한정운전특약에 포함되는 자녀, 형제·자매
③ 부부운전자 한정운전특약 : 피보험자와 배우자
④ 피보험자 1인 한정운전특약
⑤ 피보험자 플러스 지명 1인 한정운전특약
⑥ 부부 플러스 지명 1인 운전자 추가특약

5) 어느 자동차보험상품에 가입하여야 하나

최소의 비용(보험료)으로 최대의 효과(보험금 및 서비스)를 추구할 수 있는 보험에 가입하는 것을 원칙으로 하되, 다음에 유의한다.

- 우선, 자기에게 유익한 보상조건을 제공하는 상품이 좋다. 최근 플러스보험이나 고보장형 상품과 같이 일반상품에 비하여 보상조건이 강화된 상품들이 많이 개발되고 있다. 그러나 보상조건이 강화된 상품일수록 보험료가 비싸다는 점에 유의하여야 한다.
- 보험금 지급 및 서비스를 신속하고 약관규정대로 정확하게 제공하는 보험회사가 좋다. 최근 보험회사들의 보험금 지급이나 서비스가 상당히 개선된 것으

로 평가되지만 여전히 보험금 지급을 지연하거나 적게 주는 것에 대한 민원이 발생하고 있다.

- 보상조건과 보험료가 같은 경우라면 재무건전성이 양호한 보험회사가 좋다. 보험회사가 도산한 경우 보험계약자 또는 사고피해자는 보험금을 지급받는 데 어려움을 겪을 수 있다. 다만, 보험회사의 도산으로 보험금을 지급할 수 없는 경우에도 예금자보호법에 따라 5,000만 원 한도 내에서의 보험금 지급을 보장하고 있다.

- 보험료를 깎아주겠다거나 리베이트를 주는 보험회사 또는 보험대리점 등은 절대 피해야 한다. 보험료를 할인해 주거나 리베이트를 주는 행위는 보험업법에 위반 되는 행위로서 이들을 통하여 보험에 가입할 경우 사고발생 시 보험금 지급이나 서비스를 제공받는 데 어려움을 겪을 수 있으며 간혹 보험사기를 당하는 경우도 있다.

알 아 두 기

뺑소니, 무보험 차량에 의해 피해를 당했을 때는 어떻게 해야 하나요

우리나라는 자동차책임보험 가입이 의무화되어 있다. 따라서 대부분 교통사고 피해자는 가해차량이 가입한 보험회사에서 보상금을 받게 된다. 하지만 뺑소니차량에 사고를 당하거나 책임보험을 가입하지 않은 무보험차량에 사고를 당해 피해보상을 받지 못하는 경우, 정부(자동차손해보상)보장사업으로 보상을 받을 수 있다.

자동차손해보상보장사업이란 자동차사고 피해자가 다른 수단으로 전혀 보상을 받을 수 없으면 최소한의 구제를 위해 국가에서 시행하고 있는 일종의 사회보장 제도이다. 보상수준은 자동차 의무보험 배상 수준인 대인배상 I(의무보험)과 대물배상(의무보험)의 경우와 동일하다. 그리고 보상청구 방법은 뺑소니나 무보험차 사고를 당한 경우, 우선 경찰서에 신고한 후 경찰서에서 '교통사고사실확인원'을 발급받아 일반 손해보험회사(정부가 정부보장사업을 민간 손해보험사에 위탁하였으므로) 중 본인이 원하는 곳에 직접 방문하거나 전화를 통해 보상을 청구할 수 있다. 이외에도 병원진단서 및 치료비 영수증이 필요하며, 보험회사의 보상직원을 통해 자세한 안내를 받을 수 있다. 정부보장사업으로 보상을 받기 위해서는 통상 사고가 발생한 날로부터 3년 이내에 피해보상을 청구하여야한다.

강창경·박성용(2004). 제조물책임제도의 운영 현황. 한국소비자원 연구보고서 2004-04.

금융감독원(2017). 대학생을 위한 실용금융.

듀오웨드(2018). 2018 결혼비용보고서.

보건복지부, 한국보건사회연구원 보도자료(2013.04.11.). 증가하는 결혼·양육비용에 대응한 지원대책 마련 추진.

예진수(2006). 공정무역 : 희망과 행복을 주고받는 민중의 장터. 환경과 생명 50호, 79-86.

천경희·홍연금·윤명애·송인숙(2010). 착한 소비 윤리적 소비. 시그마프레스.

Pindyck. R. & Rubinfeld, D.(1989). Microeconomics. Pearson.

http://land.kbstar.com

http://money.kbstar.com

http://news.naver.com

http://rtms.moct.go.kr

http://www.benettonkorea.co.kr

http://www.crdit4u.co.kr

http://www.fss.or.kr

http://www.hf.go.kr

http://www.hyundai.com

http://www.nongshim.com

http://www.samsung.com

저자	**이희숙**
소개	충북대학교 사범대학 가정교육과 졸업
	서울대학교 대학원 졸업(석사, 소비자학 전공)
	미국 Oregon State University 대학원 졸업(박사, 소비자학 전공)
현재	충북대학교 소비자학과 교수
	한국소비자원 원장

4판
신용관리와 소비생활

2011년 7월 11일 초판 발행 | 2014년 2월 27일 개정판 발행 | 2015년 5월 29일 제3판 발행 | 2018년 9월 3일 4판 발행

지은이 이희숙 | **펴낸이** 류원식 | **펴낸곳 교문사**

편집부장 모은영 | **책임진행** 김선형 | **디자인** 신나리

제작 김선형 | **홍보** 이솔아 | **영업** 이진석 · 정용섭 · 진경민 | **출력 · 인쇄** 동화인쇄 | **제본** 한진제본

주소 (10881)경기도 파주시 문발로 116 | **전화** 031-955-6111 | **팩스** 031-955-0955

홈페이지 www.gyomoon.com | **E-mail** genie@gyomoon.com

등록 1960. 10. 28. 제406-2006-000035호

ISBN 978-89-363-1793-5(93330) | 값 15,000원

동아시아 요업기술 발전과 교류사 연구

熊海堂 저 / 김재열 역

학연문화사

장강 삼협 시찰 도중의
필자(1994년 2월)

일본 오끼나와 나하시 유다요
那覇市 湧田窯
(명 만력년간, 渡辺誠 제공)

강서성 남창현 민간 와전요장.
요 정상의 凹한 못은 '삼수전수
滲水轉銹'를 위한 곳임.
(1987년 촬영)

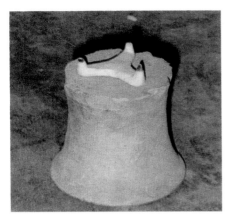

좌 : 하남성 공현 대소황야촌鞏縣大小黃冶村 당삼채 요지 출토의 삼차형받침과 도지미
우 : 일본 아이찌현 사나게요愛知縣猿投窯 출토의 삼차형받침 및 사용방법(9세기, 楢崎彰一 제공)

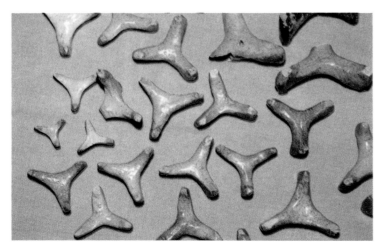

일본 아이찌현 나고야시 웅전熊前
4호요 출토의 삼차형받침 및 조발
罩鉢(재막이용)(9~10세기, 나고야
견청대見晴台 고고학자료관 소장)

일본 아이찌현 도자
자료관 내에 복원된
대요(1987년 촬영)

좌 : 일본 나고야시 나루미鳴海 지구 278호요 출토의 초기 갑발과 갑발 뚜껑(나고야 견청대見晴台 고고학자료관 소장)
우 : 사천성 만현 신전진萬縣 新田鎭의 전도염요 안의 갑발 기둥 사이의 간격물과 '화로火路'(갑발 기둥 사이의 간격) (1994년 촬영)

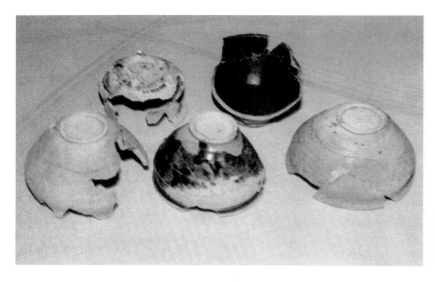

일본 아이찌현 세토시
불공전요佛供田窯 출토
의 초기 시험번조한 흑
유다완(13세기 말)

세토시 아가즈키요曉窯 출토의 흑유다완과 갑발이 붙어 있는 상태
(14세기 중후기)

세토시 츠끼야마요月山窯 출토의 요도
구와 장소방법의 복원(16세기 중엽)

좌 : 일본 나가사끼현 오무라시 도이우라大村市土井浦의 계룡요(17세기 후기)
우 : 한국 전라남도 장흥군 용산면의 계룡요(근대)

한국 현대도예가 유해강
요(渡辺誠 제공)

일본 야마구찌현 하기요萩窯 중의 계룡요

일본 야마구찌현 계룡요의 요상구조

하기요 내부의 산상도지미 사용 모습

내 용 소 개

　　본서는 거시적, 미시적인 각도에 의해 동아시아 도자 기술의 발전 역정과 기술 교류사 방면을 상세하게 논술한 한 편의 학술 전문서이다. 필자는 중국, 한국, 일본에서 보이는 도자고고학의 자료를 망라하고, 이를 '계통론'과 '문화교류 단계론'을 지침으로 삼아, 통계와 도표 등의 표현형식을 이용하여 각 기술 계통의 특징 및 그 나타나는 문화적 현상을 전개하였다. 아울러 이에 기초하여 폭 넓고 종합적인 비교를 진행하여, 동아시아 요업의 지역적 특징과 지역 간의 기술 교류의 개괄과 형상을 상세히 논술하였다. 그리고 몇 가지 중대한 이론적 문제에 대해 새로운 견해를 제시하였다. 이렇게 이 책은 현재 중국, 한국, 일본의 요업 기술 발전사와 기술 교류사를 알 수 있게 하는 전문 저작이다. 본문 중에 실린, 계통을 반영하는 각 지역의 특징적인 가마 구조, 요도구와 장소 재임裝燒기술을 복원한 삽도 및 작자의 논점을 지원하는 통계도와 기술 분포도는 우리에게 당시의 도자 기술 발전의 시공적時空的인 얼개를 이해하는 데 도움을 줄 뿐 아니라, 동시에 중, 한, 일의 도자사, 기술사, 문화 교류사를 연구하는 학자들에게도 커다란 참고 가치가 있을 것이다. 또한 본서는 서양의 연구자들이 동양의 도자 기술과 문화를 이해하는 데도 분명 좋은 참고서가 될 것이다. 본서의 출판은 일본국제교류기금회의 자금 지원을 받았음을 특기하며, 고마움을 표한다.

목 차

제1장
연구의 목적과 방법

제1절. 연구의 주제와 연구 범위

동아라 함은 아시아 동부의 중국 대륙, 대만, 한반도, 일본 열도와 극동 지구의 일부분을 가리키는 것으로 현 행정 구역 상 중화인민공화국, 조선민주주의공화국, 대한민국, 일본과 러시아의 연해주의 5개 국가와 지역을 포함한다.

대륙은 찬란한 동아 문명을 낳고 길렀다. 그러나 그것은 움직이지 않고 가만히 있는 하나의 총체가 아니다. 대륙의 주체인 중국의 지형은 흡사 난간을 두른 교의交椅(등받이와 팔걸이가 있는 접을 수 있는 옛날 의자)와 같아서, 서쪽이 높고 동쪽이 낮아 그 높이 차가 4,000여 미터에 달한다. 기후는 남북이 4,000여 킬로미터나 되어, 북쪽 끝은 일 년 내내 여름이 없고, 남쪽 끝에는 여름이 길고 겨울이 없다. 중국 대륙을 통괄해 보면, 지형이 복잡하고 각지의 자연 환경과 인문 경관이 다르며 문화적 면모가 각양각색이다. 본문에서 다룰 동아 지구의 요업 기술 발전과 기술 교류의 역사적 과정은 주로 중국 대륙과 한반도 및 일본 열도 사이에서 발생한 사실에 초점을 맞추었다.

과거, 한반도와 일본 열도는 정치적으로 중국의 오랜 근린 국가였다. 그리고 대륙 내부는 장기간 통일된 상태에 있었기 때문에 바깥에서는 하나의 온전한 문화 총체로 보지만 사실 이것은 일종의 오해이다. 대륙의 지형은 복잡하여 각종의 다양한 생태 환경을 조성할 수밖에 없었고 이는 다채로운 문화 형식을 낳아 길렀다. 문화 중 기술의 발생 역시 특수한 환경과의 상호 작용에 의한 결과이다. 때문에 필자는 문화의 얼개와 계통성을 주목하는 동시에, 또한 기술의 형성과 발전의 생태적인 환경을 중시한다. 이는 여러 원인 중에 자연 환경이 기술 계통의 형성에 가장 큰 영향을 주기 때문이다. 자연 환경은 기술의 물질적인 상태를 제약할 뿐 아니라 동시에 기술과 관련된 문화 관념의 변화(가치관, 심미관 등)에도 영향을 미친다. 때문에 문화에 대한 환경의 영향을 경시할 수 없는 것이다.

동아 내에서도 각기 자연적인 구역 사이에 교통 상의 어려움이 있어 초기의 문화 교류에 천연적인 장애를 이루었으며, 동시에 문화적 차이에서 오는 편견이 소통에 장애로 작용하였다. 이 때문에 각 지역은 서로 독립된 환경에서 발전하여 독자적인 특유의 문화를 형성할 수 있었다. 본문에서 논의할 각 도자 기술 계통은 이러한 복잡한 자연 환경과 문화 환경 속에서 다원적多元的인 형성과 발전의 양상을 띠고 있다. 그리고 문화는 유동적인 특성이 있어 민족의 이동에 따라 사람의 교류와 문화의 충돌이 생기며, 기술도 그를 따라 타 지역에 유포된다. 그러나 기술의 전파는 문화의 전파 중 조건이 가장 엄격하고 행로行路에 곡절이 많으며, 여러 층차(단계)의 교류 중에 보다 심층적인 것에 속한다. 요업 기술의 교류 과정도 일정한 정도로 이런 점이 나타난다.

요업은 경제적인 범주의 하나로, 일반적으로 도자 제조 산업을 가리키는 것이다. 요업 기술에는 도자 생산 과정 중의 원료의 채굴과 가공부터, 성형·장식·번조·포장 운송 등에 이르는 각 분업이 있다. 그중 번조에 관한 부문에 기술적 역량이 가장 밀집되어 있으며 요지에 잔존하는 역사적 증거도 가장 풍부하여 고대의 도자기 기술을 고찰하는 데 가장 신뢰할 수 있는 자료가 된다.

과거 도자고고학계와 미술사 연구자들이 고대 도자기의 장식·조형·유색 등의 외관에 대한 연구에 주로 몰두하여 많은 성과를 세상에 내놓았다. 그러나 기술 문제에 대해서는 깊이 있는 연구가 많지 않아 누적된 성과가 한정되어 있고, 사유 방식과 방법론 상에서 차이가 매우 크다. 본문에서는 근 40여 년 동안 이루어진 요지의 고고학적 자료를 입수하여, 동아 지구의 요업 생산 유적에서 발견된 가마와 장소 裝燒(재임)기술에 대한 자료를 전면 검토하고 복원하여 기초적인 정리와 총 결산을 하고자 한다. 그리고 이들 자료를 종합한 기초 위에서, 중국 내지 전체 동아 지구의 요업 기술에 대해 하나의 계통적인 분류를 만들고자 한다. 그리고 다시 중점적으로 각 기술 계통의 발전 과정을 살펴볼 것이며, 계통 간의 기술 교류의 역사적 상황 및 후대에 발생한 영향에 대해 기술하고자 한다. 목적은 각 지구의 요업 발전의 전체적인 상황에 대해 명확히 인식하고, 나아가 문화 비교의 관점에 의해 각 지구의 기술과 문화 발전의 내·외적인 원인을 탐구하고, 문화 발전의 기본 법칙에 대해 나름대로의 견해를 밝히고자 하는 데 있다.

한편, 와전瓦塼의 생산 기술과 도자기의 제작 기술은 밀접한 관계가 있을 뿐 아니라, 기술 전파 속도와 방식 상에서 도자 기술의 전파와 대비를 이룰 수 있고, 또한 분명한 문화적 의의를 갖추고 있어 한 장을 따로 해서 다루고자 한다.

제2절. 문화 이론의 기본 개념과 사고

1. 기술과 문화에 관하여

기술은 일종의 문화 현상이다. 인류가 발명하고 장악하였기 때문에 기술의 응용은 인류 사회와 그것이 의지하여 생존하는 자연 환경 및 문화 전통을 이탈할 수 없다. 때문에 이 항에서는 기술의 발전과 교류의 역사적 과정을 고찰하면서, 그것이 처한 특정한 환경에 대해 반드시 깊고 세밀하게 조사하여야 한다. 그렇지 않으면 우리들의 연구는 고립적이고 단편적으로 변하기 쉽고 심지어 오류를 발생시킬 수도 있다.

기술은 물질 문화의 일부분을 구성하며, 문화가 계통성을 가지는 것과 같이 기술에도 계통이 있다. 세계의 어떠한 사물도 고립되어 발생하거나 발전하지 않기 때문에, 우리가 지금 관찰하고 사고하는 고대의 기술 문제 또한 반드시 당시의 자연 조건과 문화 분위기를 종합적으로 고찰해야만 한다. 이것이 바로 본문에서 재차 강조하고 신중하게 다룰 기술의 조합 문제이다. 즉 기술과 문화, 기술과 자연의 의존 관계 등에 대해 총체적으로 고찰하는 것이 중요하다는 의미이다.

이렇게 기술은 문화의 일부분이고, 따라서 모든 기술 교류는 문화 교류의 일부분을 구성해 왔다. 이 점도 우리가 기술사적인 문제를 토론할 때 시종 문화 계통론의 이론에서 이탈하지 않는 이유인 것이다.

과거나 지금이나 우리가 동아의 역사와 민족 문제를 언급할 때에 반드시 '중국 문화'라는 개념과 마주치게 된다. 이때의 '중국 문화'가 하나의 지역 개념인지, 아니면 하나의 민족 개념인지는 그 답이 뚜렷하지 않고 비교적 모호하다. 감각적으로 '중국 문화'는 대류 이외의 모든 나라와 모든 민족이 보는 한에서 곧 '대륙'의 의미이다. 그러나 대륙이라는 이 광대한 토지에는 수천 리 거리에, 동서남북의 문화 양상에 매우 큰 차이가 존재한다. 현재적 입장에서 보면 중국은 지금 다민족이 집결한 국가일 뿐이며, 고대에서 이런 차이는 더 분명해진다. 때문에 '중국 문화'라고 뭉뚱그려 이야기하는 것은 중국 56개 민족의 문화적인 특징을 포괄하기 어려운 것이다. 역사적이며 자연적인 원인으로 대륙은 다민족과 다중多重 문화가 집결되어 이루어진 동방의 옥토이며, 해외에서 논급하는 '중국 문화'는 대부분의 경우 '한족漢族문화'란 의미를 갖고 있다. 때문에 적어도 한대漢代가 시작된 이래 중국 문화의 주체는 한漢 민족이며, 기타 형제 민족도 자신의 문화 전통을 계속 지켜나가며 생활 방식에서는 뚜렷한 차이를 보였다. 수천년 이래 그들과 한민족 사이에는 비록 마찰이 있었지만, 통일된 환경 아래 공존하면서 각 민족 간의 공동 발전이 시종이 문화 발전의 주류가 되었다. 그러나 문화학적 관점에서 고찰하면, 민족과 국가의 개념은 결국 다른 것이다. 우리가 통상 말하는 '문화 계통'은 당연히 민족 단위이며 '국가'가 문화의 외연外延을 이룰 수는 없다. 이것은 문화를 말할 때 피할 수 없는 사실로 의식적이든 무의식적이든 '국가 문화'는 '민족 문화'로 대체된다. 때문에 민족은 곧 '문화'의 담체擔體(운반체)이지만, 국가는 하나의 정치 개념이다. 역사적으로 볼 때 무력이 개입되면 민족은 분열이 가능해진다. 예컨대 내 · 외몽고, 남 · 북한, 동 · 서독의 통합 및 소연방蘇聯邦의 민족 분쟁으로 인한 붕괴 등등이 모두 정치적 분규로 조성된 민족의 분합分合과 국가의 새로운 조합인 것이다. 그러나 구조적으로 독립된 하나의 계통을 형성하는 민족 문화에는 통상 토지의 분할과 정치적 강제로 인한 변질이 발생할 수 없으며, 문화적 응집력이 시종 민족 단결의 내동력을 촉진시켰다. 동시에 하나의 국가에도 여러 민족이 공존할 수 있으며, 그중 반드시 여러 문화를 응집시켜 공동 발전을 이끄는 선진 민족이 있다.

역사적 관점에서 보면, 민족 문화는 곧 특정한 환경에서 자신의 발전 궤도를 부단히 축적 · 지양 · 응고 · 흡수하여 점차 계통을 형성하는 것이다. 비록 국가 왕조가 바뀌고 심지어 이민족異民族의 통치(중국 역사상 이런 예가 많았다)가 출현하였더라도, '민족 문화'에 급격한 변화는 발생할 수 없다. 객체는 주체에 의지할 뿐이고, 동시에 주체는 문화의 질적 · 양적인 우세를 확실하게 지니고 있으므로 자연 환경과 문화 환경 상에서 철저하게 객체의 생존 조건을 변화시킨다. 이때 외래의 민족은 자신의 문화 성질을 조용히 바꾸어 나가며 소위 동화 현상을 나타낸다. 때문에 문화와 문화 교류에 대해 토론할 때 중요한 것은 특정한 생존 환경 중의 '지방 문화' 혹은 민족적 단위로서의 '민족 문화'이다.

교류에 대해 이야기할 때, 국가는 단지 잠정적인 지역 개념을 표시하는 것이다. 예컨대 중국 대륙·한반도·일본 열도는 3대 지역의 지리적 위치를 설명하는 것이다. 중국 대륙 내의 요업 기술 계통을 구분할 때에는 통상적으로 남방 연해·동방 연해·장강 삼각주·항주만杭州灣·사천四川분지·태행산록太行山麓·황하 중류 등 지리적 개념을 사용한다. 이렇게 하지 않으면 광대한 한민족 문화권 내의 기술의 발생과 발전, 기술의 문화적 특징, 전파 지역과 노선의 획정 등을 알기 쉽게 표현할 방법이 없다. 동시에 문화 연구에 있어서 기술 교류의 의의를 나타내는 것 또한 어렵다.

2. 문화 연구와 고고학·문화 인류학 연구의 관계

자연계에서 '문화'는 인류만이 갖고 있다. 인류는 자연적인 속성을 갖고 있지만 중요한 것은 그의 사회적 속성이다. 인류가 출현한 이래 인류 사회와 관계된 문화도 상응하여 발생하였기 때문에 문화의 연구는 응당 문화 인류학 연구의 기초가 된다.

현재 문화 인류학에는 다양한 분류가 있다. 문화 인류학에 대한 이해는 이렇다. 즉, 소위 문화 인류학은, 문화적 관점에 따라 인류의 과학을 연구하는 것이다. 이는 인류의 체질 변화를 연구하는 자연 인류학에 상대되는 말이면서, 인류 사회의 관계 및 발전 법칙을 연구하는 학문을 의미한다. 때문에 문화 인류학은 당연히 인류 공동체를 연구하는 민족학이고, 인류 사회의 구조를 연구하는 사회학이며, 인류 생활 관습을 연구하는 민속학이자, 인류의 생활 지혜와 기술을 연구하는 민구학民具學[1]이다. 그리고 이는 인류의 발전 법칙을 탐색하는 역사학과 고고학 등이 조합하여 이루어진 것이다. 이들에 대한 문화적 전통은 서로 다르며, 이어지는 학문 체계 또한 같지 않다.

미국은 그 역사가 짧아 사회학과 민족학의 연구가 역사학과 민속학의 연구보다 중시

---

1) 민구학民具學 연구는 일본에서 5, 60년의 역사를 갖고 있으며, 일련의 방법을 형성하였다. 민구학은 민족학의 한 분야에 속한다. 과거 민구학은 민속학의 한 부분으로 하였는데, 마치 고고학이 역사학의 한 부분으로 속한 것과 같았다. 그러나 사실 민속학은 정신문화연구의 범주에 속하며, 민구학은 물질문화 연구의 범주에 속하여, 양자는 구별될 수밖에 없다. 금후 중국의 민구학 연구가 깊어짐에 따라, 민구학 조사와 연구 성과는 인간이 역사에서 창조한 가장 직접적인 사물의 증거를 써 갈 것이며, 또한 문화인류학의 중요한 조성 부분을 구성할 것이다.

되고 있다. 유럽과 중국, 일본 등 역사적 전통이 비교적 깊은 민족들은 역사학 연구의 전통을 중시한다. 동시에 학문마다 연구하는 시각이 다르므로 각자 자신에게 어울리는 방법과 독특한 연구 수단을 갖고 있다. 연구는 문화를 향유하고 존재하는 인류를 위해 이루어지며 그 목적은 반드시 인류 역사를 통과하고, 현상을 고찰하여 인류의 미래를 추찰하는 것이 되어야 한다.

그리고 문화 인류학에서 역사학의 임무는 인류 발전의 역사를 고찰하는 것이다. 고고학은 문자가 없던 선사시대의 소식을 전하는 통신망을 구축하면서, 문자로 기록된 역사적 사실의 진위를 증명하고, 또한 사료의 부족한 부분을 보충해 주는 학문이다. 민족학에서 분리되어 나온 민속학과, 민속학에서 다시 나뉘어져 나온 민구학은 모두 자신의 독립된 연구 대상과 연구 임무를 갖고 있다. 그리고 민구학 연구의 내용 중 주요한 것은 물질문화의 범주에 예속되어 있고, 이에 비해 민속학은 정신 문화의 연구 영역에 귀속된다. 이렇게 각 학문 분야의 분공과 배합과 협력이 이 연구의 기초를 이루며 하나의 커다란 계통적 공정이 된다.

3. 문화적 구조

'문화'의 개념에 대해 지금까지 여러 설이 있어 왔다. 필자는 문화에 대한 이해를 〈그림 1-2-1〉에 명시하였다. 그림에서 보는 것처럼 다른 문화는 다른 생활 방식을 영유한다고 이해할 수 있다. 그리고 문화는 물질 문화와 정신 문화의 두 방면으로 구성되며, 이들은 표리 관계를 이루고 나누어질 수 없다. 또한 구체적인 생활 방식을 통하여 자신의 문화적 특징을 나타낸다. 이 구조의 중심은 문화의 영혼 - 그 민족의 철학 사상 체계 및 가치 관념 - 이며, 이는 민족 구성원이 인생·세계·우주 등 만사만물을 판단하는 가치 척도이다. 문화는 추상적 관념을 소유하고 있어, 그 민족의 일상적 물질 생활과 정신 생활의 과정 중에 나타나게 된다. 천변만화한 문화 현상은, 결국 구체적이고 물질적인 담체에 의해서 보여지고 짐작할 수 있게 된다.

문화가 이루는 체계는 특정한 구조를 갖는데 〈그림 1-2-2〉에 적시하였다. 문화의 중핵中核은 한 민족이 장기간에 걸쳐 생산하고 활동하면서 누적하고 응집시켜서 형성된 것이다. 문화 중핵의 성질은 물질 문화와 정신 문화의 표현 형식을 결정하며, 생활 방식 자체의

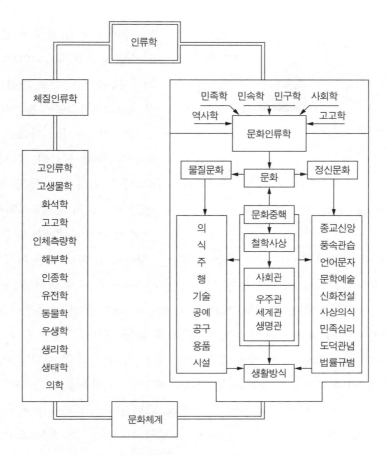

그림 1-2-1 인류 문화의 구조와 그 학문 체계

형식과 본질을 결정한다. 〈그림 1-2-1〉의 상단에 표시된 것은 문화를 연구하는 학문적 체계이다. 협의의 '문화'라 하면 적어도 물질 문화와 정신 문화의 양 방면을 포괄해야 한다. 물질 문화는 민족 구성원의 일상 생활과 밀접한 관계가 있는 의 · 식 · 주와, 행동하는 생존 방식 및 생산 투쟁과 밀접한 관계가 있는 기술과 공예를 통해 주로 나타난다. 정신 문화는 그 민족과 관계 있는 종교 · 예술 · 언어 문자 · 학술 활동 등의 방면에 주로 나타난다. 물질 문화는 민족 문화의 기초를 구축하며, 정신 문화는 민족 문화의 상층을 이루면서 생동하는 표현인 것이다. 그리고 문화의 영혼은 그 민족의 철학 사상 및 가치 개념이다.

　문화 발달사의 연구에는 가장 먼저 복원이 필요하고, 그 다음이 문화 발전의 과정을 인식하는 것이다. 이미 소실된 역사를 복원하려면 반드시 고대 인류와 관련된 물질 문화

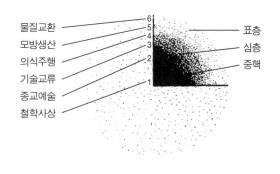

물질교환
모방생산
의식주행
기술교류
종교예술
철학사상

6
5
4
3
2
1

표층
심층
중핵

그림 1-2-2 문화의 구조와 교류 유형

와 정신 문화의 창조적 활동에 대한 역사적 자료를 획득해야만 한다. 현재 이런 자료들은 주로 문헌 사료와 실물 사료(문화적인 유물)에서 나온다. 그러나 이 두 가지 자료는 매우 제한적이다. 문헌 사료의 기록은 거의 사회 상층 귀족 관료들의 정치·군사 방면 활동들이며, 문자 역시 같은 입장의 문인들이 쓴 것에서 나온 것이

다. 그러나 일반 평민이 종사한 물질 문화의 창조적 활동에 대한 기록은 아예 없거나 극히 드물다. 사료적 관점에서 보면, 문헌 기록의 '역사'는 매우 크게 편면성片面性을 띠며, 심지어 편견과 오기 등 많은 문제를 안고 있다. 또한 대대로 옮겨 적히면서 회피하거나 결실되는 일이 잦아 문자 사료의 보전은 기본적으로 불완전하다.

실물 사료는 현재 남아 있는 명승 고적, 전세 유물, 현대의 과학 수단을 이용해 발굴 출토한 유물과, 현대 과학을 이용한 실물 사료에 대한 분석 관찰로 얻은 수치 등을 포괄한다. 역사 이전의 인류 역사도 수십 년 동안 주로 고고 자료에 의존하며 민족학 연구 성과를 참조하여 모호하게나마 윤곽을 잡고 있다. 역사 시대의 사실史實도 고고 자료를 이용해 계속 보충하고 수정해가며 심지어 재구성하기도 한다. 그러나 고고 발굴로 획득된 자료는 전체 역사의 극히 단편적인 부분이며, 발견되는 일 또한 거의 우연적이다. 지금 남아 있는 것은 당시 인류 생활이 남긴 것들 중에 잘 썩지 않는 극히 일부분에 국한된 것이며, 나아가 발굴 수단과 방법 상의 한계로 역사의 복원에는 어려움이 가중된다. 이 점을 인식하지 못하거나 고고 자료의 적용을 과다하게 평가하면, 곧 편향된 쪽으로 기울거나 유심주의적唯心主義的으로 빠지게 되어 복원된 사실이 주관적인 색채를 띠게 된다.

역사학이 위와 같은 곤경에 처하게 될 때, 인류학이 조용히 일어난다. 인류학은 인류가 생존하는 자연 환경과 사회 환경, 인류와 자연의 상호 의존 관계 등에 대해 광활한 계통으로 인류 자체를 해석하고자 한다. 문화 인류학이 현대에서 역사를 고찰하는 목적은 고금을 관통하여 현재를 지도하며, 이에 근거하여 미래를 추찰하는 것이다. 동시에 인류학의 학문 체계 중에서 역사학과 고고학 연구를 위하여 잔편殘片의 사료와 사실을 연결하여 이

해하는 방법을 제공해 준다. 즉, 민족학 · 사회학 · 민속학 · 민구학의 방법이 모두 이용될 수 있으며, 이는 우리의 생각과 안계眼界를 넓혀줄 수 있다. 현존하는 오래된 민족 · 민속 · 민구와, 사회 조직이 조사를 통하여 이룬 과학적 연구 성과를 이용하여 과거의 생생한 인류 사회 및 그 생활 방식을 고찰할 수 있다. 이 때문에 사학과 고고학 연구자는 본 학문의 책임과 의무와 한계성을 인식함과 동시에 자신의 지식 얼개와 방법 체계를 완성하는 데 필히 주의해야 한다. 의미 깊은 연구를 하기 위해서 반드시 문헌 자료와 실물 자료, 잔존 문화를 연구하고 역사적 정보를 수집하여 종합적인 고찰을 진행할 때, 우리는 역사의 진실에 겨우나마 접근할 수 있게 될 것이다.

4. 문화 교류의 모형

문화의 형성과 교류는 여러 면에서 천체 운동과 물질 운동의 기본 법칙과 비슷하다. 우리는 지구상에 분포하는 여러 지역의 민족 문화를 하나하나 상대적으로 독립된 '응집체'로 볼 수 있다. 하나의 '문화'는 마치 무수한 작은 물질로 구성된, 긴 세월 속에 응집된 구상球狀의 분진 집합물 같다. 그 중핵은 응중凝重하고 치밀하며 밖으로 갈수록 점점 성글게 퍼져나가 표면은 거의 유리된 분무噴霧 상태에 가까워진다(그림 1-2-2). 현재 유행하는 '천체 폭발 이론'에 의하면 크고 작은 천체들이 모였다가 흩어지고, 흩어졌다가 모이는 순환 법칙이 우주에서 운행되고 있다고 한다. '문화'의 운동도 은하 천체의 형성 및 운행과 비슷하다. 천체 운동 중에 천체의 중핵은 인력引力이 클수록 함께 커지며, 우주 중의 먼지도 끊임없이 흡인된다. 우주 중에 흩어져 있는 운석은 초超 강력한 인력 하에서 원래의 운동 궤도를 이탈하여 큰 천체로 접근하며, 최후에 고속으로 큰 천체의 표면에 부딪혀 부착된다……. 이 같은 운동이 돌면서 다시 시작하는데, 천체는 마치 눈 덩어리 같아서 갈수록 커지며 지구도 이와 같은 과정을 통해 형성되었다.

문화가 천체의 운동과 다른 점은, 문화의 주체는 민족이며 민족은 대다수의 경우 상대적으로 안정된 생존 환경(자연적이고 사회적인)에 있으므로 이 특정한 환경을 이탈하는 것은 마치 천체 운동의 궤도를 이탈하는 것과 같다는 것이다. 만약 새로운 환경으로 나가게 되면 그 새로운 환경의 고유한 문화에 동화되고 흡수되거나, 혹은 긴 발전 과정 중에 질적인 변화가 발생하여 새로운 민족 문화가 형성된다.

문화는 하나의 활성체이며 약간의 운동 법칙이 존재한다. 문화의 상호 흡인과 상호 영향, 상호 배척과 동화 등의 현상이 생긴다. 이러한 현상을 고찰하여 문화의 운동에 약간의 법칙이 존재함을 발견할 수 있다. 그러나 '문화'는 결국 사람이 만드는 사회 현상이며, 자연 환경의 제약적인 면을 제하고라도 다변한 사회적 원인들이 '문화'의 운동을 천체의 운동에 비해 훨씬 복잡하게 만든다.

5. 문화 교류의 형식과 특징

민족은 긴 세월 속에 혈연 관계로 맺어진 인류이며 특정한 생태 환경과 문화 환경 속에서 결성된 사회적 집합체이다. 민족에 의해 발생된 민족 문화 역시 정지된 것이 아니고, 민족의 발전 속에서 그 문화도 각종의 방식으로 타 문화와 접촉·교류·흡수·융화가 일어난다. 문화는 오직 적극적이고 빈번한 정보 교환 속에서만 신속히 발전할 수 있으며, 현재 사회도 마찬가지이고 고대에도 예외가 아니었다.

문화 간의 최초의 접촉은 지리적, 교통적 제한을 많이 받게 되는데, 접촉하는 방식에는 도약성과 잠식성 두 종류가 있다. 정상적인 상황 하에서 민족의 접촉은 그 분포하는 주변 환경에 따라 시작된다. 처음에는 역시 경제적 의의가 있는 간단한 물물 교환일 것이다. 그리고 교통과 교류의 발전에 따라 사람들은 공간상의 제한을 초월하여 광범위한 교류를 진행하게 되는데, 어떤 때는 물자의 유통일 것이고 어떤 때는 인구의 이동일 것이다. 그러나 사람과 사람의 직접적인 접촉이 있게 되면 반드시 문화적인 교류가 일어나며 또한 민족 상호간의 이해가 요구되는데, 이렇게 해서 적극적인 우호 교류와 자연스런 동화가 일어나게 되는 것이다. 민족 간의 우호적인 교류는 시대의 진보에 따라 그 내용이 정치·경제·과학·기술·종교·예술, 즉 물질 문화와 정신 문화의 각 방면에 미치게 된다. 이것이 역대 문화 교류의 주류이고, 이런 교류가 세계 각 민족 문화의 발전을 촉진시키는 외적인 동력인 것이다. 그리고 이는 각 민족 문화를 평형하게 발전케 하는 중요한 수단이 된다. 동시에 민족적 차별과 민족적 압박을 피하게 하여 전쟁을 없애고, 폭력 행위의 출현을 면하게 하는 가장 유효한 방식이기도 하다. 세계 각 민족 간의 우호적인 교류는 세계 평화와 인류의 진보 및 발전을 촉진시키며, 과거는 물론이고 현재와 미래에도 지속적으로 이루어져야 할 매우 중요한 작용이다.

우호 교류와 반대되는 것이 불평등적이고, 강제적이고, 심지어 폭력적인 수단으로 타 민족의 이익을 침해하는 것이며 그 극단적인 표현이 바로 전쟁이다. '전쟁'도 일종의 '교류'인데, 그 목적은 결정적인 것이다. 전쟁은 직접 상대방의 토지·재산·인구·기술과 문화 상품 등을 약탈하는 실제적 이익이 주 목적이기 때문이다. 전쟁 중 민족 간의 사람과 사람의 접촉이 발생하며, 문화의 각 영역에서도 각종의 작용과 영향이 발생할 수 있다. 전쟁 중에 민족의 실체가 소실되는 피해를 입기도 하지만 민족의 문화는 의연히 각종 형식을 완강하게 유존시켜 나간다. 그렇지만 역사 발전의 전체적 추세를 볼 때, 전쟁이란 수단을 이용하여 이익을 획득한 민족은 결국 얻는 것보다 잃는 것이 많다. 왜냐하면 이런 야만적인 행위는 타 민족의 사람들에게 심리적으로 상처를 만들고 장구한 위화감을 남길 수밖에 없기 때문이다. 침략 전쟁은 피해 민족의 사람들에게 짙은 그림자를 드리우며, 상당히 오랜 세월이 지나야만 겨우 옅어지게 된다. 이는 역사에 남겨진 하나의 교훈으로 후세인을 위한 영원한 경종이다. 당년의 이익을 받는 침략자 및 그 후예들은 장차 반드시 이에 대한 엄중한 대가를 받을 것이다.

문화 교류는 또한 일정한 단계를 거쳐 진행되는데 마치 사람과 사람 간의 교류에 친소親疏의 차이가 있는 것과 같다. 비유하자면 우리가 시장에서 상품을 구매하거나 물물교환을 진행하면서, 단지 화폐와 화물의 교환이라면 상호 깊은 왕래 없이 교역을 성공시킬 수 있다. 또 만약 어떤 사람이 방제를 목적으로 화물을 구매한다면, 매매 쌍방에 심층적인 관계가 발생하지 않아도 사는 쪽의 고유한 기술을 이용하여 파는 쪽의 화물을 외형상으로 똑같이 방제할 수 있다. 그러나 양자는 제조 기술 상으로 완전히 다른 문화 계통과 기술 체계에 구분되어 속한다. 그래서 방제 기물을 사용하는 것과 구매 기물을 사용하는 것을 서로 비교하여, 사람들은 역외域外 문화에 대해 더 깊이 이해하며 요구하게 되고 문화의 영향은 교류 과정 중에 한 단계 더 깊어진다. 이후 교류가 점차 확대되어 가면서 민족 간의 의·식·주·행行 방면의 교류와, 기술 방면의 교류, 종교와 예술 방면 교류의 발전이 가능해지며, 심층적인 철학 사상과 가치관 방면의 침투 및 영향이 가능해진다. 이들은 모두 교류에서 발생 가능한 다른 문화 단계에 속한다. 문화 교류의 단계를 분석·연구하기 위해 다양한 역사 시기의 민족과 국가 간의 경제·정치·문화 상의 친·소 관계 및 교류 상의 실질적인 진전 상황 등의 도움을 받아야 한다. 이 문제에 관하여, '문화 교류 단계론'에서 다시 중점적으로 다루고자 한다.

6. 문화 현상과 일반 법칙

문화는, 물질 운동이 인류 사회에 작용하면서 발생하는 일종의 특유 현상이다. 때문에 물질 운동의 법칙 또한 문화의 활동 법칙을 결정한다. 만물과 마찬가지로, 문화도 스스로 발생·발전·쇠망·재생의 과정을 갖는다. 세계상에 불변하는 문화는 존재하지 않지만 문화의 생명력에 길고 짧음이 있는 것은 사실이다. 한마디로 문화 발전의 역사와 경험은 현실에 중요한 교훈을 주는 데 의의가 있다.

세계 속의 민족의 강약은, 그 민족의 전통 문화가 외래 문화에 대해 갖고 있는 겸용兼容·흡수·취사 선택하는 기능의 민감성과 건전성 정도에 의해 결정된다. 일반적으로 말해 낙후된 문화는 반드시 도태당하고, 선진한 문화는 낙후된 문화에 영향을 준다. 때문에 한 민족은 스스로 세계 민족이란 숲에서 우뚝 서야 하며 다른 문화에 의해 매몰당하지 않아야 한다. 그러기 위해서는 반드시 문화의 흡수와 재생 능력을 증진시켜야 하며, 이런 역량의 획득이 곧 광범위한 문화 교류와 문화 흡수의 명확한 목적이 되는 것이다.

역사가 부여하는 사회 과학자의 책임은 곧 현대 사회의 발전에 필요한 것을 결합하는 것이다. 자기 민족의 전통 속에 각국의 역사와 현실 속의 문화적 정화를 채취하여 민족의 발전을 위해 새로운 양분을 주입함으로써 새로운 생기를 획득하는 것이다. 그렇지 않고 폐쇄적이고 보수적인 민족이 되면 나날이 낙후될 수밖에 없고, 점차 수동적이고 비난 받기 쉬운 처지로 점차 빠져들게 되어 바로 지구 상에서 소멸되어 버린다.

문화 교류의 연구는 단계에 대한 개념 이외에도 주의해야 할 여러 현상들이 있다.

① 문화의 흥망성쇠

세계에 정지 상태의 문화는 존재하지 않으며 문화는 교류와 발전을 필요로 한다. 문화의 발전은 나아가지 않으면 퇴보하며, 저급에서 고급으로, 유치함에서 성숙함으로 나아가는 흐름을 따른다. 동시에 강성함에서 쇠락함으로 간다는 법칙도 따른다. 일반적으로 말해 민족의 흥망성쇠는 민족 문화의 흥망성쇠에 직접적으로 영향을 준다. 그러나 민족 자체의 흥망성쇠는 또한 해당 문화가 제공하는 저력과 지혜와 용기에 의해 제약을 받는다. 또한 이들이 그 민족의 국제 사회의 정치·군사·경제·외교 활동을 촉진시킨다. 그리고 선진 민족 및 그 문화에서 신선한 자양분을 흡수하여, 자기 문화 속의 부정적인 요인(쓸모없고 진부한 성분)을 극복하고 그 생명력을 증강시켜 흥성 시간을 연장한다. 한 민족이 이들을 인식하려면 반드시 전통 문화와 외부 문화의 연구와 자신의 역사와 전통을 거울로 삼는 일에 종사하는 연구자들을 조직해야 한다. 여기에 문화 인류학이며, 문화 비교와 문화 교류사 연구의 필요성이 있다.

그러나 문화는 타 문화와 융화 혹은 동화를 진행하려는 특성을 갖고 있다. 때문에 민족의 생존 경쟁 중에 낙후된 민족 문화는 최종적으로 선진한 민족 문화에 흡수·영향·융화되고 심지어 동화되어 소멸해버린다. 최근에 어떤 이민사 연구자는 여러 민족의 일부 이주자들이 원래의 민족 특유의 생존과 문화 환경에서 이탈한 후에, 새로운 자연과 문화 환경 속에서 함께 모이면 새로운 문화를 건설한다는 관점을 제시하였다. 이 신 문화는 틀림없는 다중적인 민족 문화의 집합체이며, 생존 환경의 변화로 인해 이 집합체에는 인종과 문화 얼개 상에 질적인 변화가 일어날 수 있다. 그래서 문화는 일단 발생하면 간단히 민족의 멸망과 함께 사라질 수 없는 것으로, 그의 유익한 성분은 인류의 영원한 재산이 되면서 각종의 형식으로 보존되어 왔다. 이는 곧 문화는 민족적 실체에 의존하고 존재하면서도, 한편으로 민족적 실체에서 이탈하여 타 민족에 흡수되고 다른 문화에 융합되어 새로운 면모로 나타나는 특이한 점이 있다는 것을 말해주는 것이다.

② 문화의 유동

우수한 문화는 일단 발생하면 반드시 그 민족의 저층까지 학습되고 흡수되어 의·식·주·행行을 거치고, 문학과 예술 등의 담체에 기록 보존되어 인류 공동의 재산이 된다. 문화 유동은 문화가 거쳐야 하는 교류와 전파를 결정하며, 그 추세는 결국 높은 곳에서 낮은 곳으로 흐른다. 낮은 수준의 문화가 높은 수준의 문화에 끼치는 영향은 작으며, 민족 간의 정치적 투쟁과 경제적 경쟁, 가치관의 차이에 영향을 받는다. 어떤 때는 상호 저항적인 정서가 생겨날 수 있어 정상적인 교류를 방해한다. 그러나 문화의 교류는 결국 끊이지 않으며 교류의 깊이와 넓이는 상대적이다.

같은 수준의 문화는 종종 쌍방향으로 흐르는 경향이 나타나며, 문화의 유동 중에 그 바닥 층에 가라앉는 찌꺼기는 문화 중의 부정적 요소이다. 이들 불량한 성분도 그들을 무선택적으로 흡수하는 낮은 단계의 문화 발전 과정 중에 영향을 끼칠 수 있다. 이런 문화적 오염에 저항할지 말지는, 해당 민족 문화의 심층에 있는 고유한 면역 능력과 이들 외래 문화에 대해 판단·취사·선택하는 능력에 의해 결정된다. 동시에 해당 민족이 전통 문화 중에서 스스로 다루기 충분한지, 그리고 수량과 질이 모두 민중이 필요로 하는 것을 만족시킬 수 있는 우수한 문화 제품인지를 결정한다. 이런 판단 능력의 강약은 그 민족의 인문 과학 연구자가 획득한 연구 성과를 거쳐 제공하는 문화 제품의 질 및 이로 인해 환기되는 민족적 자신감에 의해 결정된다.

③ 문화의 삼투渗透

문화 교류는 복개성覆蓋性적인 것이 아니며, 원래 있던 기초의 표면 위에서 흡수하여 안쪽으로 점차 스며드는 것이다. 문화의 흡수에 대해 말할 때 가장 쉽게 연상되는 것은 스펀지이다. 문화의 흡수는 곧 스펀지 같아서, 한 방울의 먹물을 물 먹은 스펀지 위에 떨어뜨리면 시작되는 표면의 색소가 가장 짙고 그 아래서 계속 중심을 향하여 스며들면서 점차 옅게 변하며, 마지막으로 흡수될 때에는 거의 색을 찾을 수 없다. 이 같이 외래 문화의 영향은 문화의 표층이 가장 쉽게 감염되며, 또한 가장 쉽게 그 영향의 흔적을 찾을 수 있다. 그러나 교류의 깊이에 따라 수입된 성분의 질이 높을수록 농도가 커지고 침투력이 강해지며 영향도 깊숙이 남겨진다. 그렇지만 중핵은 견실하고 치밀하기 때문에 큰 용량은 통과시키지 못하며, 고강도의 삼투가 아니면 그 속으로 스며들기 불가능하다.

역사가 우리에게 알려주는 것은 민족 문화가 앞을 향해 발전하는지, 쇠퇴하여 점차 역사 무대에서 퇴출되는지의 여부가 그것이 이문화異文化에 동화 혹은 융합될 때에 결국 문화의 중핵이 완강하게 고유의 관념을 고수하여 그 담체가 망가지는 것을 철저히 막는가 아닌가에 달려 있다는 사실이다. 문화 형성의 조건과 형성 과정에서 이미 그 성질은 결정되기 때문에 오직 문화 존재의 환경 변화만 있을 뿐이다. 또 마찬가지로 오랜 세월의 세례洗禮를 거치면서 새롭게 변한 문화의 요소들이 누적되어 구舊 문화의 중핵을 변화시킬 수 있다. 뿐만 아니라 이 변화된 문화는, 이미 원래의 문화체가 아니라 탈바꿈한 또 다른 하나의 새로운 문화 핵이며 다시 생긴 새로운 문화 계통인 것이다.

④ 문화의 저항

저항의 원동력은 문화 중핵의 가치 관념에서 비롯된다. 각 민족은 모두 타 민족과는 다른 가치관을 가지며, 어떤 민족의 가치 기준으로 타 문화의 우열을 판단할 때에는 자연스럽게 편견이 생길 수 있다. 이것이 문화 교류의 인위적인 장애를 이룬다. 적극적으로 이런 저항 의식을 평가하면 그것이 바로 민족 정신의 체현으로, 민족 이익을 침해하는 외세 세력을 저지하는 최대의 장애물인 것이다.

역사상 무력으로 타 민족을 침해하는 행위는 피해를 입은 민족의 반항 심리와 반항 행위를 유도하였다. 또한 그 민족 발전사에 심각한 낙인을 남겨, 후일에 민족이나 국가 간에 정상적인 우호 교류를 진행하는 과정에 심리적인 장애를 이룬다. 그렇지만 이런 가치 관념 상의 차이로 인한 위화감은 우호적인 교류를 배경으로 진행한다면 편견을 해소하고 이해를 촉진하는 수단이 될 수 있다. 뿐만 아니라 세계 상에서 바로 이런 문화상의 차이가 인류 생활을 변화시키고 더욱 풍부하며 다채롭게 한다.

⑤ 문화의 전승

앞을 보면, 문화는 발전이 필요하다. 뒤로 보면, 문화는 하나의 누적된 과정이며 이 또한 일반적으로 말하는 '전통'이다. 문화는 끊임없이 총 결산을 하여 찌꺼기는 버리고 알맹이를 취하여 전통을 계승하여야만 한다. 오늘은 어제에서 온 것이고, 내일은 오늘의 연장인 것과 같이 문화의 이런 축적과 연장의 법칙이 문화가 부단히 발전할 수 있게 하는 기초인 것이다. 전통 문화는 비판할 수 있지만 끊을 수는 없다. 만약 전통 문화 중에 지금의 중국의 발전을 속박하는 요소가 있다고 말한다면, 이것은 문화 중의 부정적인 부분을 지나치게 강조하는 것이며 우리가 자기 민족의 문화 연구에 깊이 들어가지 않았음을 말하는 것이다. 또한 역사와 전통 문화 속에서 우수한 문화 유산을 뽑아낼 수 없음을 이야기하는 것이며, 국민들이 선택할 만한 문화 제품의 시장과 건강한 문화 환경을 형성할 능력이 없음을 이야기하는 것이다. 이 책임은 역사와 전통 스스로에 있는 것이 아니라, 현대 중국인 자신에 있다.

근·현대사의 관점에서 중국을 보면 신 중국의 건립이 수백 년 낙오된 중화를 회복시키기 시작함을 보여주고 있다. 그렇지만 문명의 비약을 실현하려면 반드시 전통 문화에 대한 전반적인 정리를 해야만 한다. 한편으로 우수한 문화 유산을 발굴하고, 한편으로 문화 중의 쓸데없는 것을 버려야 하며, 동시에 적극적으로 세계 각 민족 문화를 연구하여 그들의 정화를 흡수해 자신을 충실히 하는 데 이용하여야 한다.

⑥ 문화의 고찰

문화라는 단어는 비록 추상적이지만, 특정한 형식을 표현하는 것은 가능한데 이것이 곧 소위 문화 현상이다. 문화 현상은 관찰·감각·포착·평가할 수는 있지만 일정하게 물품과 같이 전시할 수 있는 것은 아니다. 거의 한 종류의 문화 현상마다 실재하는 수많은 물체들이 집합되어 있다. 가장 추상적인 음악을 보더라도 가시적인 악기와 악보를 통하여 연주하고 듣고, 즐기고, 느끼고, 포착하고, 또 평가한다. 또 가장 흔히 보는 도자기도 문화 연구의 관점에서 보면 이 하나의 물질에 한 때 한 곳의 사람들의 심미관·생활 관습·기술·가치관 등이 담겨져 있음을 발견할 수 있다.

도자기는 무역품으로 만들어져 세계 각지에 퍼져나갈 때, 그 또한 문화 전파자의 역할을 한다. 그리고 제작 기술이 장인들을 통해 이국 타향에 전파되었을 때는 이미 문화의 전파가 깊이 들어가 새로운 국면에 이른 것을 뜻한다. 연구자가 잘 관찰하기만 하면 민족이 문화상에 갖고 있는 어떠한 의식이라도, 유형의 담체를 통해 기록되어 있거나 혹은 다른 방법으로 보존되어 있는 것을 발견할 수 있다. 다만 그것을 인식할 수 있는가 아닌가는 당사자의 관찰 방법과 인식 수준에 달려 있다.

이상 문화의 여러 특성을 종합하면 아래의 몇 가지 사항을 인식할 수 있다.

첫째, 문화는 마치 층계를 가진 구체球體 구조와 같다. 그래서 문화사와 문화 교류사를 연구할 때 반드시 표면 현상을 결정하는 '문화핵'의 연구에 치중하여야 한다. 전체의 문화 구조 중에 문화의 핵심은 민족 문화를 이해하는 관건이다. 중핵 개념은 기타 각 문화층의 운동 형식과 방향을 결정한다. 또한 각 문화층에 나타난 현상은 우리가 관찰하는 중핵의 단서이며 중핵 관념의 구체적인 반영이다. 누구라도 한 민족의 문화를 철저하게 이해하고자 한다면 반드시 표면에서 내면까지 각종의 현상을 분류하고, 단계적으로 분석하고 탐색하여 심층적 현상인 문화적 뿌리를 찾아내야 한다. 이렇게 해야만 연구하면서 표면 현상에 미혹되거나 편파적인 결론에 사로잡히지 않을 수 있다.

둘째, 문화의 구조와 문화 교류사 및 문화 비교를 연구하는 것은 정부의 국제 업무에서 현실적으로 매우 중요한 의미를 갖는다. 우리가 다른 민족의 문화적 실체를 깊숙하게 이해한다면 그 국민의 사고 방식·생활 방식·가치 판단의 기준을 이해할 수 있다. 이런 이해의 기초 위에서 순리적으로 각종 정치 교섭·외교 업무·무역 담판 등의 활동을 진행하면 그 과정에서 정확한 판단을 내릴 수 있어 유익한 교류가 될 수 있다. 이는 무지로 인해 민족(국가)이 입을 손실을 피할 수 있다.

셋째, 한 민족이 보편적으로 전통과 외래 문화에서 유익한 성분을 흡수할 수 있는가 아닌가는 국민의 문화 교양 정도에 의해 결정된다. 말하기에는 거북하지만 문맹이 넘치는 민족의 구성원들이 어떻게 전통 속에서 무언가를 흡수하리라 생각할 수 있겠는가. 때문에 한 국가가 자신의 우수한 문화 전통을 지켜나갈 수 있는가의 여부는 흡수 역량에 따른 것으로, 교육의 발달이 중요한 선결 조건이다. 한 민족이 고도의 교육 보급 루트가 없으면 자신의 전통 문화 속에서 정련 과정을 진행시킬 수 없을 뿐 아니라 외래 문화에서 신선한 양분을 흡수할 수도 없다. 그래서 교육 수준이 높은 국가일수록 문화의 건설을 중시한다. 이를 통해 고도의 문화적 향수를 누릴 뿐 아니라 지혜와 역량을 흡취할 수 있다. 이것이 민족 발전을 촉진시키는 가장 중요한 방법이다.

제3절. 문화 교류 단계론 – 요업 기술 비교에서의 응용

앞서 문화 구조에서 문화의 단계성에 대해 설명하였다. 이 기본 이론을 문화 교류와 문화 비교의 연구에 응용할 때 반드시 다른 단계의 교류는 다른 심도와 효과를 가진다는 것을 유의하여야 한다. 〈그림 1-2-2〉와 같이, 문화는 철학 사상(중핵), 종교 예술(심층), 기술 교류(다음 심층), 의·식·주·행(중층), 모방 생산(얕은 층), 문물 교환(표층) 등 6개의 다른 단계로 나눌 수 있다.

전술한 대로 기술 교류는 문화 교류의 한 형식이지만, 문화 활동의 전체 속에서 하나의 독립된 행위라고는 할 수 없다. 연구 중에 우리는 현상을 적절하게 해석하고 분류하는데, 목적은 더욱 세밀하고 깊숙하게 관찰하고자 함이다. 기술의 교류는 일반적인 물자 교환이나 교역과 그 단계가 다르다. 전자는 후자에 비해 보다 심각하고 어렵다. 필자가 강조하는 분층分層 사고의 또 한 가지 의의는 다음과 같다. 지금까지 고고학·미술사·도자사의 연구에서는 일반적으로 대상의 외관 상 비교에 치중하면서 모호한 뜻을 가진 '모종의 관계에 있다', '모모한 영향이다' 등의 정도의 구분이 없는 표현을 빈번하게 사용하였다. 그래서 이론 상으로 세심하지 않고 개념 상의 혼란을 일으켜 실제 판단에 착오가 생기게 한다. 도자사 연구 중에 나타나는 이런 문제를 지적하여 나는 일찍이 「중조요업기술교류사론中朝窯業技術交流史論」에서 아래와 같이 서술한 바 있다.

"본문은 '문화 비교 단계론'에 기초하여 문물의 표면적 모방과 기술 교류를, 서로 다른 문화 단계 속에 두고 비교 연구를 진행하겠다. 고대에는 교통의 부단한 발달에 따라 세계적으로 다양한 물물 교환·예물 증답·조공 무역·경제 무역 등의 형식이 이루어졌고, 각국의 물산이 공간상의 이동을 하였다. 그러나 고고학적 관점에서 고찰할 때 반드시 보존할 가치가 있는 문물들에 대해 주의하여야 한다. 이들은 시간적인 제약을 받지 않고 몇 년 혹은 수백 년 후에 사람에 의해 방제, 개조되어 오래된 문물이 새로운 시대에 출현하게 할 수 있기 때문이다. 그래서 시간 개념상의 도약이 생겨 오늘날의 연구자의 인식에 혼란을 조성한다. 이 때문에 도자기 연구가 단순히 기물의 외관 비교만으로 진행되면 각종의 착각이 발생하고, 틀린 결론이 나올 가능성이 있다. 도자 고고학 내지 일반 고고학 중에 이런 다양한 예를 많이 찾아볼 수 있다."[2]

주지하다시피 고고학과 도자 고고학에서는 표면적인 비교에 매우 치중하여 출토 문물 외관 상의 "닮았다"와 "닮지 않았다"에 근거하여 문화 교류의 유무를 판단하고 있다. 예컨대 고려청자는 중국 북방의 명요名窯 자기의 조형과 장식을 대거 모방하였다 하여, 송대의 서긍徐兢도 그의 『고려도경高麗圖經』에서 고려청자를 "류정(요)類定(窯)"라 하여 류類란 문자를 쓰고 있다. 이 때문에 고려청자가 중국 북방 제자 기술의 영향을 받았다는 그릇된 판단을 하도록 한다.

그러나 기술 교류의 관점에서 보면 한국에서 늦어도 10세기 이후 요업 기술의 주류는 중국의 동남연해식이며, 그 특징은 가마 구조 면에서 용요와 분실용요가 주체로 나타난다는 점이다. 중국 북방의 마제요馬蹄窯는 1기도 보이지 않는다(남조南朝 식의 마제형 와전요瓦塼窯가 있지만, 전파 경로와 자기 기술은 다르다. 제 4장의 와전요 부분 참조). 또한 석탄을 연료로 사용하는 관습도 없다. 이는 한반도가 가마 기술 방면에서 중국 북방과는 직접적인 교류가 없었음을 말하는 것이다. 요도구 면에서 북방에서 가장 유행한 삼차형받침三叉形支墊이 일본에서는 9~11세기의 시유도자기 생산 지역에서 보편적으로 발견되지만, 한

---

2) 熊海堂, 「中朝窯業技術交流史論」, 『東南文化』, 1992-1, p.64.

반도에서는 1점도 출토되지 않는다. 반대로 절강성 월주요에서만 채용한 M형 갑발은 한국의 주요 청자 생산지에서 보편적으로 유행하였다. 이는 곧 한반도가 중국의 남방과 기술 면에서 밀접한 관계를 갖고 있으며 북방과는 관계가 많지 않음을 더욱 강하게 증명하는 것이다. 이상과 같이 외관 비교의 방법은 완전히 다른 결론을 얻을 수 있다.

도자기는 일종의 기술적 제품이다. 당대 이전에는 보통 예물로서 주변 여러 나라에 증여되어, 예컨대 일본 쇼쇼인正倉院에 수장된 만여 점의 문물 중 상당 부분이 당시의 각종 경로를 통해 획득한 당의 기물이다. 한반도에는 중국 육조시대의 문물도 자주 보이고 있다. 이들은 대륙에서 유입된 문물로 진귀하게 여겨졌고, 아름다움을 느낀 후에 상류 계급에서 도공들에게 모방을 시켰다. 그래서 청자를 방제하여 나타난 일본의 녹유도綠釉陶나, 백자를 방제하여 사나게요猿投窯에서 회유도기가 출현하였다. 이런 종류들은 단순히 고유의 기술을 운용하여 외관을 모방한 것으로, 기술 교류 관점에서 말하면 단순한 흡수이지 기술의 심층적 교류는 아니다. 그러나 이런 단순한 흡수도 접수자가 '예품禮品'이나 '상품商品'의 제작 기술에 관심을 두고 전력을 다해 연구하게끔 이끌어 갖은 방법을 다해 모방하도록 하였다. 시작은 결국 숙련된 전통 기술로 외형의 모방에 그치고 진정한 기술을 얻지 못하여 형태는 비슷하지만 질은 다를 수밖에 없었다.

일본의 녹유는 청자유색을 모방한 것이고, 회유도기는 청자와 백자의 외형과 색조를 모방한 것으로 아주 좋은 예들이다. 일본의 나라奈良삼채는 당삼채를 모방한 것이다. 남겨진 기술 흔적이 당삼채에 근접하며 동시에 중국의 삼채와 백자산지에 있었던 삼차형받침 도구가 사용되었다. 아마 견당사나 유학생, 승려들이 중국에서 빈번한 활동을 하면서 북방의 어느 요장에서 당삼채 기술을 배워서 일본에 돌아온 후에 생산한 것 같다.

그런 이후에 필자가 의아하게 여기는 것은 송·원 시대 및 당대 이전의 수천 년 세월 동안 일본인이 중국 도자에 그렇게 커다란 열정을 기울였음에도 요업 기술 발전 수준을 결정하는 가마 기술과 장소 裝燒(재임 : 그릇을 굽기 위해 가마 안에 재이는 작업)기술이 곧바로 일본에 전해지지 않은 사실이다. 4세기가 시작된 이래로 대륙의 와전요 기술, 오대의 월주요 청자 기술, 송대 남방연해의 분실용요 기술, 원·명 시대의 복건성 연해 계룡요鷄籠窯 기술은 거의 다 끊임없이 한반도에 전해졌지만 일본에는 전해진 바가 많지 않다.

이는 간단하게 지리상의 원인이라고만 이해할 수는 없는데, 한반도는 대륙의 남방과 교류하였기 때문에 일본에 비해 특별히 가깝다고 할 수 없다. 이 속에는 분명 민족과 관런된 복잡한 문제가 있었던 것 같다. 기술의 교류와 무역의 교류는 서로 단계가 다르며, 교류자 쌍방의 친·소 관계와 문화상의 원근감을 반영하기 때문이다.

기술 전파의 복잡성으로 보면 일본 9세기 이후의 최대 요장인 사나게요猿投窯에서 중국 남북방의 청자와 백자를 모방하였을 뿐만 아니라 중국 북방에서 많이 보이는 삼차형 받침 도구를 사용하였다. 표면적으로 보아 이런 요도구는 도공들이 기술 상으로 직접 지도하지 않는다면 무역 자기와 함께 일본에 전입되는 것이 불가능하다. 필자는 1988년 이전에 이미 이 같은 간단한 판단을 내렸다.

그러나 실제로 9세기 사나게요의 회유도기 생산 시기에 중국 도공과 기술 상의 교류는 발생하지 않았다. 그 받침 요도구들은 '나라奈良삼채'와 '녹유도' 등 시유도기가 유결釉結을 방지하기 위해 쓴 기술을 그대로 이어서 사용한 것이다. 그러나 이 기술 또한 8세기에 '당삼채' 기술과 함께 중국에서 일본에 전해진 것이다. 필자가 이렇게 추측하는 것은, 9세기 이후의 중국 요업 기술이 각 지역에서 완전한 체계를 형성하여 적어도 세 방면에서 상당히 높은 기술 수준에 도달하였기 때문이다. 즉 ① 9세기에는 중국의 갑발 기술의 응용이 이미 보편화되었다. ② 대륙의 남북 지구에서 모두 매우 선진된 평염용요와 반도염마제요를 사용하였으며, 가마는 지면에 축조되어 일본의 지하식 교혈요에 비해 장소량이 크고 보수하기 편하였다. ③ 모든 요장에서 '회유도기'에 비해 더욱 아름답게 각종의 유료釉料를 배합하여 만들 수 있었을 뿐 아니라, 유색을 얻기가 쉬워졌다. 때문에 사나게요猿投窯가 9세기 중국 도공과의 사이에 기술 상의 교류가 발생했었다면, 보다 선진된 요도구(갑발 등)를 사용하고, 다양한 시유기술이 출현하며 가마도 지하에서 지면으로 올라와 구조에 질적인 변화가 발생하였을 것이다. 그런데 사실은 이와 상반된다. 현재까지 일본에서 나라奈良삼채의 요지를 발견하지 못하고 있지만 삼채에 있는 뚜렷한 삼차형받침의 흔적 및 8세기 말의 녹유도 요지에서 출토된 대량의 삼차형받침이 사나게요가 오래 전에 전해진 '외래 기술' 중에서 이 기술 성분을 계승하였음을 증명하고 있다(그림판 2:2).

마찬가지로, 일본 큐슈九州의 17~18세기 무역 도자 생산의 중심인 이마리요伊万里窯(사가현 아리타쵸佐賀縣有田町)에서 경덕진의 청화자기를 방제한 것은 거의 구분이 어려울 정도에 도달하였지만, 번조 기술 면에서 경덕진요의 기술 성분은 보이지 않는다. 요장의 각 방면에서 진행된 것을 비교해 보면 이마리伊万里에서는 '연방식등요連房式登窯(칸가마)'(필자가 알기로는 대부분이 계룡요이다. 제7장 참조)를 사용하였으나, 경덕진의 가마는 이미 단축되는 방향으로 발전하여 독특한 호로형葫蘆形(표주박형)요, 압단형鴨蛋形(오리알형)요를 이루었다. 요도구 중의 갑발의 사용이 역사상 최고 수준에 도달하여 2~3m 이상의 가마 공간에 갑발을 이용해 효과적으로 쌓았다. 아래에서 위까지, 앞에서 뒤까지, 가마 안의 온도 차와 기물의 내화도를 감안하여 위치를 결정하였으며 조금의 빈틈도 없이 가마 안을 가득 채웠다. 그러나 이마리 자기는 전부 갑발을 이용해 굽지 않으며 갑발을 사용해도 3, 4층만 중첩하여 가마 높이의 반에도 차지 않는다. 기술의 전체적인 얼개로 판단하면 그 번조 과정의 원가 의식이나 공간 의식이 모두 한국식을 따른 것이다. 제품의 조형 장식은 경덕진의 외관에 근접하지만, 기술 계통은 상관이 없다.

똑같은 현상이 나라와 나라 사이의 큰 지역 간에 발생할 뿐 아니라 중국 대륙의 남북 각지에도 계통 상의 차별이 존재한다. 용요를 채용한 남방의 각 계통 중에 북방 정요定窯의 지권조합支圈組合의 복소伏燒 기술을 사용하는 용천요와 경덕진요가 있으며, 분실용요分室龍窯와 계단요階段窯를 겸용하는 것은 광동성과 복건성에 집중되어 있다. 북방에서는 통일적으로 반도염요半倒焰窯를 사용하지만 연료는 다르게 사용하기 때문에 가마 구조와 번조 기술에서도 큰 차이가 나타난다. 이런 예들은 매우 많다. 이렇게 자연 조건과 다른 문화 배경이 기술 계통상의 차이를 만들며, 장기간의 독립된 발전과 기술 교류 과정 중에 상호 흡수가 이루어져 계통 상의 중복이 나온다. 이런 현상은 육조 시기부터 보편화되며, 역사 상의 문화 교류와 기술 교류의 복잡한 관계를 반영하고 있다.

우리가 동아 요업의 발전 과정을 연구하려면 반드시 각 계통 간의 상호 교류 과정과 관계를 정리하여야 한다. 그리고 이들 관계를 정리하고 현상을 분석하기 위한 효과적인 방법이 곧 분류 중에 '단계론' 개념을 도입하는 것이다. 구체적으로 말하면 기술을 접수하는 난이도를 단계별로 나누는 것인데, 성형 기술·장식 기술·배합 기술·장소 기술·가마 기술 등이 있다. 이중에 성형과 장식 등은 외관을 통하여 모방할 수 있는 기술이다. 이는 제품이 세상에 유통되기만 하면 기술자들의 직접적인 접촉이 없다 해도 고유의 기술을 이용하여 어느 정도 외형적인 모방을 진행할 수 있다. 그러나 배합 기술과 장소 기술, 가마 기술은 경험이 있는 장인이 아니면 그 기술의 오의奧義를 해독하기 어려우며, 보는 것으로는 한계가 있다.

그러나 일단 기술자 간의 직접적인 교류가 발생하게 되면 기술의 정보가 가장 간결한 방식으로 전달하고 확산되며, 기술 수준이 비약적으로 향상된다. 이것이 기술 개조와 기술 혁신, 기술 발전을 촉진시키는 가장 중요한 경로이다. 경덕진요가 기술 면에서 이룩한 성취는 정치와 경제 상의 특수한 원인 이외에, 그 풍부한 기술 정보의 획득이 기술 수준을 향상시켜 성공을 이루게 한 비결의 하나이다. 이와 유사한 예들이 송대의 상품 경쟁이 빈번하게 발생한 이후에 매우 많아진다. 상품 유통이 기술 유통을 선도하게 되자 각 요장이 생존을 위해 필사적으로 부단히 기술을 개선하였고, 생산을 발전시키기 위해 경험을 종합하고 선진 기술을 흡수하여야만 했다. 북송에 들어와 중국의 요업 기술이 공전의 성황으로 크게 발전한 것은 상품 경제가 기술의 교류를 자극함에 의해 각지의 요업이 크게 발전하게 된 까닭이다.

이상의 현상을 문화 비교의 관점에서 고찰하면 표면적 현상이 우리에게 문제 발견의 단서를 제공하지만, 문제를 해결할 때에는 반드시 사물의 표층 아래 심층에 함유된 것을 추구하여야 한다. 일반적으로 각 도자기 공방은 활동하면서 한 세트의 기술을 형성한다. 즉 원료의 채집과 가공에서부터 공방의 성형과 장식, 가마 안의 재임과 번조 등 하나의 계열적인 공정 과정을 완성하여 이용한다. 또한 이에 따른 가공용 공구를 사용하는데, 생산품에 가공의 흔적이나 공구의 흔적이 남아 있어 공방의 기술 증거가 된다. 이런 현상을 통하여 한 지역의 요업의 문화와 경제 상의 특징들을 나타낼 수가 있다. 오늘날 우리가 조금도 힘들이지 않고 월요 · 정요 · 자주요 · 균요 · 길주요 · 한국의 고려자기 · 일본의 세토瀨戶자기 등등을 구별할 수 있는 것은 바로 이들 요장의 기술이 생산품 속에 응집되어 하나의 특징을 나타내기 때문이며, 이들 특징은 실제적으로 지역 문화의 특징적인 부분이기도 하다.

과거에 문화와 기술 교류를 고찰할 때 항상 '영향'이란 말을 사용하였다. 하지만 이 어휘로는 정도가 어느 만큼인지는 알 수 없어 실제적인 내용을 파악하기 어렵다. 만일 멀리 떨어진 가마의 상품 간에 모종의 '서로 닮은' 곳이 있다면, 연구자는 이 표면적인 현상을 놓고 뭉뚱그려 '영향'이라 말할 수 있다. 그러나 본질적으로 말해 산지 간에 기술적인 차이는 절대적이며, 가마 간에 발생하는 상호 영향은 어떤 과정과 결과의 문제일 뿐만 아니라 단계상의 분류 문제이기도 하다.

일반적으로 말해, ① 상품이 각종 형식으로 세상에 유행하면서 사람들이 이를 받아들이거나 배척하게 하는 요인은 기물의 기능과 미적 장식이 우선적이다. ② 받아들이는 사람이 많아지면 수요도 많아져 복제나 방제품을 생산하는 계기가 될 수 있으며, 이에 장인들이 이 외래 문물을 연구하여 그들의 기술 정보를 얻어야 한다. 예컨대 태질을 결정하는 원료의 선택을 관찰하고, 화장토의 유무나 유약의 질과 색을 관찰하여 유층釉層의 구조를 판단해 그 배합 방법을 추측한다. 기타 성형과 재임 흔적 등을 관찰하면 어느 정도 기술 성분을 이해할 수 있게 된다. 그러나 기물의 외관에서 해독해낼 수 있는 기술 정보의 양은 그 도공의 생산 경험과 기술 수준에 의해 결정된다. 그리고 최초의 모방은 대부분 고유의 기술 계통에 기초하여 이해하고 제작한 것으로, 이 때문에 양자의 기술과 문화 및 가치 관념 방면의 각각에 본질적인 차이가 존재한다. ③ 다만 기술자의 직접 교류가 실현되면, 단기간 내에 기술 상의 차이가 단축되고 낮은 수준에서 기술 상의 비약이 이루어지게 하여 문화 영역 내에 보다 심층적인 교류가 실현된다. ④ 시간의 추이에 따라 외래 기술 또한 필시 새로운 자연 환경과 문화 · 경제 환경에 적응하는 방향으로 발전하게 된다. 적합한 부분은 흡수 · 소화되고 부적합한 부분은 폐기된다. 외래의 기술은 결국 이렇게 표층적인 접촉을 시작으로 하여 심층적인 융화로 발전하게 된다. 원래의 모양을 그대로 한 채 흡수되는 예는 거의 없다. 동아 각국 간의 기술과 문화상의 교류에 기본적으로 이런 법칙이 적용되어 진행되었다.

도자기의 외형과 장식은 실용과 심미적인 두 가지 중요성을 갖고 있다. 외형은 생활 관습에 따라 설계되어 명확한 사용 목적을 갖고 있으면서, 겸하여 심미적인 요구를 고려한다. 그러나 장식은 중요한 것이 심미 의식의 반영이고, 가치 관념이 좌우하는 바를 받아들인다. 정상적인 상황 아래에서 조형과 장식 상의 요구를 만족시키기 위해 상응하는 기술도 반드시 발생해야 한다. 그러나 상품 경쟁이 극히 치열할 때는 때로 원가를 낮추기 위해 대량 생산을 해야 한다. 기술도 조형과 장식 등의 외관 요소를 제약할 수 있어야 하며, 기술 상의 요구에 따라 기형의 변화가 발생한다. 송 · 원 시대에 널리 유행한, 지권복소 기술에 의한 망구芒口에 금속테를 씌운 두립완斗笠碗(삿갓 모양의 완)의 범람이 그 일례이다. 이렇게 조형이 불안정한 두립형완이 실용이나 감상 상의 여러 폐단을 무시하는 이유는 지권조합복소의 기술을 채용하여 보통의 장소 방법보다 4배 이상의 생산량을 얻을 수 있기 때문이다. 이처럼 크게 생산 원가를 낮출 수 있어 판매 가격 상에서 상대방을 격파하여 시장에서 보다 큰 면적을 점거하려는 목적을 달성할 수 있게 된다. 남송의 경덕진도 이런 방법을 채용하여 원료 문제의 어려움을 극복할 수 있었다(제3장 7절 참조).

그러나 지권조합복소는, 기술 상의 어려움과 각지의 원가 개념(가치관)의 차이로 인해 한국과 일본 등은 관심을 가지지 않아 배우지 않았다. 중국의 남북방에서 널리 유행한 고난도의 기술이지만 한국과 일본에서는 그 '영향'의 흔적이 조금도 없다. 이것도 하나의 측면을 실증하는 바, 외래 기술을 접수하는 데는 반드시 몇 가지 기본 조건을 구비하여야 한다는 점이다. 즉 ① 어떤 기술을 접수하는 사회적 요구, 즉 문화와 경제상의 적응 정도. ② 자체적으로 신기술을 접수할 수 있는 기본적인 기술 조건을 갖고 있느냐는 문제로, 갑발을 사용하지 못했던 요장은 지권조합식 같은 고난도의 장소 기술을 접수한다는 것은 생각하기 어렵다. ③ 이 기술을 접수하는 데 자연 조건 상의 제약이 있다. 즉 하나의 신기술은 접수하는 데 반드시 접수하는 쪽의 문화 · 경제 · 기술 등 자연적인 여러 방면의 조건과 기초를 고려해야 한다. 이런 논의를 전개할 때 또한 두 가지 중시해야 할 문제가 있다. 즉, 기술 전파와 기술 비교를 논할 때 충분히 '기술의 계통성'과, '생산 공구의 세트 관계'를 고려해야 한다는 사실이다. 그것은 기술 성분을 분석하고 기술 출처를 판단하는 데 매우 중요한 단서를 제공해 주기 때문이다.

기술 계통의 형성은 전술한 바처럼 자연 조건과 전통 기술과 문화가 결합된 산물이다. 그리고 생산 공구의 세트 관계는 일본의 사나게요猿投窯의 기술 성분 및 그 출처를 분석할 때 그 의의에 대해 소개하였는데 여기서 모두가 잘 알고 있는 몇 가지 예를 통하여 이 인식을 심화시키고자 한다.

예컨대 항주杭州 남송관요의 기술 출처의 문제이다. 전통적인 관점에서 보면 일반적으로 그 기술이 북송 정권의 남천南遷을 따라 개봉開封의 북송관요로부터 남송 임안臨安(항주)으로 왔다고 인식하고 있다. 이론적으로 분석하면 하나의 계통성 기술과 이 기술을 둘러싸고 세트를 이루는 생산 공구가 원래의 생태 환경과 문화 환경을 이탈하여 원래의 모습 그대로 새로운 토양에 이식되는 것은 어려운 일이다. 그리고 역사적 사실을 보면 개봉이 있는 지역은 바로 중국의 마제요 유행 중심 지대였다. 지금까지 황하 유역에서 남방과 같이 구릉 상에 구축한 용요와 유사한 가마는 1기도 발견되지 않았다. 북송이 시작된 이래 북방에는 석탄을 연료로 하는 산화염 번조 방법이 보급되었다. 그러나 남방에서는 일부 지역에서 와전을 번조할 때 석탄을 원료로 사용하는 외에 자요에서 석탄을 사용하는 경우는 극히 드물다. 비록 개봉의 북송 관요가 황하의 범람으로 인해 황토 아래 깊이 매몰되어 발견하기 어렵지만, 충분히 긍정할 수 있는 것은 개봉의 북송 관요가 북방 마제요의 전통 기술을 계승하여 창건되었을 것이고, 그 스스로의 체계와 세트를 이루는 공구를 가졌을 것이며 북방의 풍토에 적응하여 조합을 이루는 기술 계통을 형성하였을 것이라는 점이다. 그래서 남송 임안에서 일어난 남송관요와는 기술의 구조 면에서 본질적인 차이가 존재한다. 이들 계통은 단순히 제작 기물의 외관상으로 관찰하면 공통점이 적지 않지만, 가마·연료·화염 성질·요도구·유료 배합 방식 등 유관 기술을 심층적으로 비교하면 남과 북의 양 관요 요장이 두 개의 서로 다른 기술 체계를 대표한 것임을 발견할 수 있을 것이다.

현재 발견된 최신 자료를 보면 남송 관요는 항주의 오구산烏龜山에 있는데 회계요會稽窯와 월요 기술의 전통으로 뒤덮인 지역이다. 그 특징은 용요가 유행하고 장작으로 연료를 하며 환원염 번조에 맑은 색의 청자를 생산하였다. 항주만의 요업은 월요의 쇠퇴에 따라 북송 중기에 도공 일부는 농사일로 전업하고 일부는 밖으로 흘러나갔다. 그러나 주요한 부분은 절강성 남부의 산과 나무가 많고 사람이 적은 산지 지역으로 옮겨갔는데, 용천요가 곧 이런 배경 속에서 신속히 발전하였다. 남송 정권이 항주에서 관요를 건립하면서 어떤 형식으로 시작했는지는 아직 분명하지 않지만, 이미 발견된 2기의 가마 유적을 고찰하면 남방의 독특한 용요 기술과 월요에 한정되었고 뒤에 용천요에서만 사용한 독특한 M형 갑발을 사용하였다. 전면적으로 고찰하여도 가마 기술과 장소 기술, 시유 기술이 완전히 월요에 뿌리를 두고 용천요 기술의 전통 위에서 일어난 요장임은 분명하다. 당연히 북송 정권이 남천할 때 데려온 일부 북방 도공의 존재를 배척할 수 없다. 그러나 남송의 임안에서 새로운 관요를 건립할 때에 그들은 기물의 조형 장식의 설계 방면에 일정한 발언권을 유지한 이외에는 원료의 배합이나 기물의 장소 같은 부분에서는 힘을 쓸 수 없었을 것이다. 왜냐하면 북방의 도공들에게는 남방의 용요·나무 연료·요도구·환원염·기후·자연 조건 등이 모두 새로운 것이었다. 그래서 북방의 기술로 강남에서 적응하기는 어려웠을 것이며, 새로운 기술을 개발하는 것에도 아마 시간이 필요하여 윤허하지 않았을 것이다. 그리고 역사상 월요기와 당시 용천요 청자가 한 때 이미 명성이 세상에 자자하여 직접 용천요 기술을 도입하여도 통치자의 도자기에 대한 수요를 만족시킬 수 있었다. 물론 북방의 기술 중에 합리적으로 실용 가치가 있는 부분은 흡수되었지만 양자 사이에 경중은 분명하였다.

이와 동시에 도자사 연구 중에 항상 언급하고자 하는 한 가지 문제는 북송이 기마 민족의 손에 떨어져 북송 말년에 북방의 도공들이 대거 남천하였으며, 이때 선진적인 요업 기술을 갖고 와서 남방 요업을 신속하게 발전시켰다는 설이다. 이 관점을 지닌 사람들의 결론은 주로 기물의 조형과 장식을 비교하여 얻은 것이다. 부정할 수 없는 것은 적어도 당대唐代가 개시된 이래 대륙의 남북은 도자기 외관의 영향과 기술이 끊이지 않고 교류한 사실이다. 그러나 이런 교류는 모두 국지적이고 표면적이며 부분적인 기술 흡수였다. 그 래서 이미 현지의 자연 환경과 인문 환경에 적응하여 이루어진 고유한 기술 체계를 동요 시킬 수 없었다.

예컨대 북송 후기에 절강성 용천요와 경덕진 호전요湖田窯에서 정요의 지권조합 복소 요도구를 도입하여 가마의 장소 능력을 크게 확대시킬 때에도 정요와 지권조합 요도구와 세트를 이루는 기타 기술인 마제요와, 석탄을 연료로 하는 점, 산화염으로 자기를 번조하 는 등의 기술은 전혀 모방하지 않았다. 때문에 설사 북방의 도공들이 남천하여도 그들이 남방 요업 발전에 끼친 영향은 한정적이었다. 이는 그 속에 기술의 적응 과정과 기술 영 향의 정도 문제가 있고, 또한 경제 조직 중에 동업상의 장애가 있기 때문이다. 그래서 남 으로 온 도공들이 설사 남방 요장에 수용되었어도 기술 상에서 주도적인 위치를 점할 수 없었으며, 오로지 할 수 있는 것은 그들이 독립적으로 새로운 요장을 경영하는 것이었다. 그러나 사실상 북송 후기에 남방의 요업은 경덕진 · 용천 · 남방 연해에 이미 모두 기본적 인 규모를 갖추었다. 송대가 끝날 때까지 남방 요업의 발전을 촉진시킨 주요한 요소는 사 회적인 요구와 남송의 해외 무역 정책 상의 새로운 변동이었다. 결국 북방이 기술 상에서 남방에 끼친 영향은 보잘것 없었다.

기술의 흡수와 개조 중에, 요업구窯業區와 요업구 사이에 위치한 여러 요장은 지리상 의 편리로 인해 왕왕 남북 양방면의 기술 성분을 겸용하여 복잡한 양상을 띠기도 한다. 본문에서는 이런 지대를 '흡수형 요업구' 혹은 '중간 지대'라 칭한다. 예컨대 사천四川 분 지는 그 특유한 지리 위치와 교통 조건으로 동 · 남 · 북 지구와 광범한 연계를 맺고 있어, 기술 정보의 출처도 다양하다. 이런 요장들의 기술 성분을 분석하지 않으면 당시 기술 교 류의 역사적 진상을 정리할 방법이 없다. 동시에 동아 지구 전체적인 요업구의 기술 특징 을 분명하게 게시하지 않으면 이들 중간 지대의 출처를 이해할 수 없게 된다. 예컨대 중 경重慶의 도산요塗山窯는 흑유자의 생산으로 유명하다. 그 유색과 조형 방면은 남방 연해 의 건요建窯와 강서성 산구山區의 감주요贛州窯의 작품을 모방하였지만, 번조 기술과 재임 기술면에서는 북방과 유사한 마제요와 석탄 연료 사용의 기술 성분을 채용하였다. 또 사천성 광원요廣元窯는 그 기술 구성이 장식 조형·재임·번조의 3가지 단계로 나누어져서 진행되었다. 그래서 각 단계의 기술 출처가 모두 다르다. 이런 복잡한 기술 구성 현상에 대해 단계를 나누어 정리하지 않으면 그들의 기술 상 발전 과정과 기술의 출처를 이해하기 어렵게 된다.

이상의 여러 현상에 대한 사고와 분석을 통하여 우리는 도자 기술의 발전과 교류 시에 나타나는 갖가지 현상을 관찰할 때 반드시 표면에서 내부까지의 문화 계통 중에 처한 위치를 조사해야 하고, 모종의 문화 현상들은 경우에 따라 볼 수 있거나 혹은 볼 수 없는 형식으로 출현한다는 것에 주의해야 함을 알 수 있다. 특히 '기술'이란 측면에서 출현하는 문제는 통상 A민족의 도공이 B민족의 기술을 학습하여 C와 D 민족 문화 중의 어떠한 문물을 방제하는 데 사용할 수 있다. 만약 깊이 고찰하지 않으면 쉽사리 표면적인 현상에 미혹되어 A와 C, D 민족 사이에 일반적인 개념 상의 교류가 발생하였다고 오해하게 된다. 그래서 A와 B 사이에서 진정한 기술적인 차원으로 발생한 연관성은 C, D의 표면 현상에 의해 모호해져 그 변화를 알아보기 어렵게 된다. 이 때문에 문화의 비교는 반드시 분층分層에 의해 진행되어야 한다고 주장하는 것이고 기술적 비교에도 또한 이와 같이 응용되어야 한다.

현재 고고학계에서 묘장墓葬을 편년할 때, 언제나 기형과 장식 면을 가지고 장황하게 비교할 수 없는 것을 억지로 비교한다. 그리고 지역과 문화 개념의 유형적 배열 방법을 사용하지 않은 채 편년의 근거를 찾고 편년 체계를 세운다. 이들은 모두 표면 비교의 연장이고 복제라 할 수 있다. 예컨대 일본과 한국의 학자들이 모방된 기물의 조형에 근거하여 중국의 동류 기물이 갖는 연대로 비정하는 것이 전형적인 틀린 예의 하나이다. 이는 옥벽형저완玉璧形底碗 같이 중국에서 첩소 기술의 요구에 의해 설계되어 나온 것으로 두터운 바닥은 하중을 견디기 위한 것이다. 이후 재임 방법에 변화가 발생함에 따라 완의 바닥 현상에도 변화가 생겼다. 그러나 한국과 일본의 동류 기물은 중국 자기에 대한 선호 때문에 모방된 것으로, 중국 자기와 유사한 수준을 맞추기 위하여 고려 도공들은 심지어 옥벽형저완의 청자도 1기 1갑발의 정소精燒 방법을 채용하였다. 이는 옥벽형저 설계의 원래 뜻을 완전히 이해하지 못한 것이다. 이런 옥벽형저완(해무리굽완)이 비록 중국의 동류의 기형과 완전히 같다 하더라도, 생산 목적·제작 방법·재임 방법·조형의 시대적 특징에서 모두 현저한 차이가 있다. 방조품을 원물原物의 연대와 비교하는 것은 자연히 정확한 판단을 하기 어렵다.

개괄적으로 말해, 우리가 문화의 비교 연구를 할 때 가장 먼저 전면적인 현상을 반드시 살펴야 하고, 1점에 사로잡혀 전체를 편파적으로 보고 거짓 현상을 만드는 것을 피해야 한다. 현상을 보는 데는 표면에서 내면까지 분해하고 분석하여 문화 구조 내에서의 위치를 파악하고, 그 발생의 원인과 본질을 게시하고 그의 작용과 가치를 평가해야 한다.

필자가 진행하는 동아 요업 기술사 자료의 정리는, 당시 요업 생산 중에 남겨진 가마 유적과 요도구 유물을 통하여 지역 문화 중의 기술적 단계 상에서 벌어진 요업 기술의 발생·발전·분포와 기술 전파의 역사와 발전 과정을 고찰하기 위해 행해지는 것이다. 그리고 이들 연구 결과에 근거하여 당시의 문화 교류의 일반 법칙에 대해 탐구하고자 한다. 본장에서 사용하는 '문화 계통론'과 '문화 교류 단계론'의 기본 사고는 동아 제국의 문화를 비교 관찰하는 것으로 대량의 사실에 의해 '중간 이론'이 귀납적으로 나온다. 그러나 현 단계에서는 아직 성숙되지 않았고, 금후에 조사와 연구를 하면서 실증을 거치고 충실을 기하여 수정을 가할 것이며, 동시에 선배 동료들의 비판과 지적을 바란다.

제4절. 본 연구의 의의와 연구 구성

동아 도자의 기술 발전사와 기술 교류사의 연구가 지닌 바 의의는, 이 연구가 이 방면의 공백을 보충한다는 것뿐만 아니라 동시에 동아 각 지구 사이의 문화를 비교하는 내용이 그 하나를 구성하고 있어 분명한 문화 상의 의의가 있다. 세계 도자기의 생산은 동아가 가장 저명하며 중국은 자기 기술의 발명국이다. 한국의 고려청자와 일본의 이마리伊万里 자기의 기술 원류가 모두 중국에 있다. 또한 서방 경질 자기의 제조 기술도 중국의 은혜를 입었다. 이렇게 고대 중국은 세계 요업의 중심이었다. 연구 결과 분명하게 보이는 것은 중국의 남과 북, 한반도, 일본 등 지역적인 도자 기술의 발전은 불균형적이며 이런 기술 발전상의 불균형은 실제로 곧 문화 발전의 불균형이다. 그리고 문화 발전의 불균형의 원인은 문화 교류의 빈도와 심도 및 문화 정보의 오가는 양과 속도와 밀접한 관계가 있다. 때문에 문화 교류는 문화 발전의 가장 중요한 외부 동력인 것이다.

본 연구의 기초를 이루는 자료는 동아 제국이 40여 년 동안 얻은 고고 발굴의 실물 자료이다. 필자는 이들 자료를 수집하는 동시에, 출토한 유적과 유물의 조합 관계를 충분히 중시하였다. 이들 자료를 관찰·분석할 때, 가능한 한 그것이 놓인 당시의 역사, 문화적 배경과 자연 환경을 종합·고찰하였다. 또 대량의 통계와 비교를 통하여 자료가 보여주는 계통적 의의와 지역별 요업 발전의 궤적을 탐구하였으며, 이후에 이들 기초 위에서 지역의 요업 발전 중에 발생하는 기술 교류 과정과 역사적 의의를 탐색하였다.

필자는 도자 기술의 원류를 탐색하는 동시에 지구별 요업 기술이 이룬 하나의 계통을 다루고자 하였으며 기술의 전파를 문화 교류의 수준을 높이는 것으로 인식하고자 하였다. 기술을 주고 받는 쌍방은 당시 현지의 자연 환경, 문화 환경과 기술 전통의 제약을 받는다고 생각한다. 동시에 문화와 기술 교류는 주고받는 쌍방의 지리상의 차이, 민족 간의 친소 관계와도 밀접한 관계가 있음을 주의해야 한다. 민족(혹은 국가) 간의 감정의 융합이 직접적으로 교류의 단계와 심도에 영향을 미친다.

필자는 명확하게, 표층 교류인 기물 외관상의 모방과 심층적인 기술 교류에 속하는 것을 구분하여 지금까지의 잘못된 견해와 인식을 바로잡고자 하였다. 필자는 또한 정치와 종교의 역량만이 이 같은 제한을 초월할 수 있음을 지적하고자 하는데, 예컨대 와전 제조 기술은 일반적으로 일상 생활과 밀접한 관계가 있는 도자 기술과는 달리 다른 통로를 통해 확산되어가며 기술 전파 방식도 같지 않다.

본 과제에서 중요하게 연구할 것은 도자기 번조 과정 중의 생산 공구이다. 공구는 기술이 도달한 수준을 측정하는 하나의 표지이다. 선진적인 공구의 전파는 종종 고립적이지 않다. 즉 기술의 전파는 계통성을 가지며, 공구도 언제나 하나의 세트로 이루어진다. 동시에 기술 구조의 수준 단계도 중시해야 한다. 조형·장식·성형·배합·요도구·재임·번조 등의 도자 기술 중 조형과 장식은 기술자 간의 직접 교류가 없어도 가능하다. 이외에 경험 많은 기술자가 도자기의 외관을 통하여 한층 깊은 기술 성분을 엿볼 수 있다. 예컨대 기물의 받침 흔적으로 재임 방법을 추측할 수 있고, 기벽의 외관으로 태토의 배합 방법을 추측하는 등등이 있다. 그러나 이것은 받는 측의 기술이 반드시 상대방보다 높아야 가능하며, 이런 현상은 고대에는 특히 드물었다. 고대에 기술 수준이 낮은 편이 높은 편의 기술을 접수하는 것은 일반적으로 직접적인 도공의 전파에 의해서만 실현할 수 있었다. 그러나 이런 교류는 정치적 관계의 통로와 주고 받는 사이의 감정적 융합 정도에 의해 크게 좌우되는데, 한·중·일 3국의 기술 교류사가 이를 잘 증명해 준다.

본서는 8장으로 구성된다.

제1장은, 문화 연구의 기본 이론 방법과 연구 목적 및 의의에 대해 주로 논하였다. 필자는 특히 지금까지 도자사의 연구가 조형과 장식 상의 표면 형식의 비교에 익숙해 있어 이론상으로 적지 않은 오류를 만들고 있다고 지적하였다. 본 연구는 '문화 계통론'과 '문화 교류 단계론'의 사고 방법을 적시하고 기술의 연구가 문화 연구의 범주 중에 들어갈 것을 주장하며 기술 교류 활동을 통하여 문화 정보의 전파, 흡수 및 문화 발전 과정 중의 경험적 교훈을 탐색하고자 한다.

제2장은, 동아 도자의 가마와 요도구의 분류와 거시적 분포이다. 필자는 요업의 물질적 유존 중의 가마와 요도구 등의 분류를 포괄하여 이 장에서 집중적으로 토론할 것이다, 그리고 동아 지구의 가마와 요도구의 통일된 분류는 이하 각 장에서 진행하는 기술 비교의 기준이 된다. 본 장에서는 도문圖文을 결합하여 동아 요 구역을 나누고, 기술의 총체적 흐름을 거시적으로 서술하여 독자가 동아 요업의 총체적 상황에 대해 기본적인 인식을 갖게 한다.

제3장과 **5장**에서는, 중국 고대의 가마 기술과 요도구 및 번조 기술 발전사에 대한 기초적인 연구를 한다. 전통적인 견해에 따르면 중국은 동아 도자 기술의 원천이다. 필자가 중국의 도자 기술 발전을 고찰하는 목적은 중국의 도자 기술을 토대로 일본과 한국의 요업 기술을 비교하는 잣대를 만드는 것이다. 일본 도자 기술의 상당 부분이 한반도에서 왔으며 한국의 도자 기술은 중국과 대단히 복잡하게 얽힌 관계에 있다. 때문에 중국의 요업 기술의 계통에 대해 분석하고 전면 정리하는 것은 동아 요업 전체의 발전 계보를 연구하는 데 전제 조건이 된다. 이런 기초가 없으면 일본과 한반도의 도자 기술 형성과 발전을 비교하고 깊이 분석할 방법이 없다.

연구 결과, 동아 각 지구의 도자 기술의 발생과 발전은 모두 각자의 기점起點(출발점)이 있으며, 도중에 출현하는 기술 교류는 당시 문화 교류의 대세에 따라 발생하며 부단한 문화 교류가 지역적인 기술 수준을 향상시켰음을 알게 되었다. 또한 도자 기술의 발전은 그것이 처한 지역 문화의 전체적인 진행 과정과 일치하며 소유한 기술이 모두 중국에서 부터 시작된다는 것을 밝혔다. 동시에 기술 상으로 중복해서 받아들여 사용해 더욱 합리적인 기술 체계를 발생시켰을 가능성도 경시할 수 없다.

제4장은, 중국 고대의 와전요瓦塼窯 및 그 기술의 동전東傳이다. 본 장은 가마 구조를

비교하는 관점에 의해 와전의 번조 기술의 발전 계보에 대해 정리하고 약술하였다. 와전 기술은 도자 기술 발전 과정 중의 부산물로, 그 기술은 도자 기술에서 나왔지만 도기 제작에 비해 훨씬 조방하다. 초기 와전의 이용은 대다수 정치성의 건축과 군사 시설 및 종교성 건축의 토목 공정과 유관하다. 봉건 왕권 국가 내에서 와전 기술의 대외 전파는 통상 정식의 관방官方 교류를 통하여 이루어졌다. 그 다음은 불교의 전파에 따라 사원 건축 기술과 세트를 이루어 외지로 전파되었다. 이 두 가지 경로 모두 일반 민간 수준의 기술 수준에 우선하는 것으로, 서로 다른 교류 단계로 나누어져 위치한다.

여기서 특별히 주의할 것은 정치적 관계로 인해 파견된 와전 장인이 건축 기술을 전수할 때에 보통 정치 여건 상 진행의 제한이 있게 마련이다. 이것이 중요한 것은, 봉건 왕조는 대개 주변의 소국들을 자신의 통치 범위 안에 들이기를 희망하며 또한 그들에게 암암리에 우월함을 보여주려는 마음이 있다. 그래서 왕왕 외지에 한족의 강한 힘을 상징하는 한식漢式의 와전 건축을 건조하고, 분묘의 규모와 부장품의 등급을 규정하였다. 그러나 이런 외부의 강제된 요소가 쇠퇴한 후, 문화 표층에 떠오른 뿌리가 없는 꽃은 일부 흡수되어 뿌리를 내리고 일부는 당시 민족에 의해 도태당했다. 이것이 필자가 해석으로는, 중국의 반도염 마제형의 와전요와 전축묘가 한반도와 일본 열도에 한번 나타났다가 즉시 사라졌던 주 원인이었다고 본다.

제6장은, 한국 요업의 기술 교류사 연구이다. 특히 한국 도자 기술의 원류를 탐색하는 데 중점을 두었다. 한반도 도자 기술의 기원과 초기 발전은 일찍이 스스로의 계통을 이루었으며 발전 속도가 완만하고 수준이 중국 대륙에 비해 훨씬 낮았다. 한반도 최초의 가마는 교혈요窖穴窯로, 중국의 가마 구조와는 완전히 다르다. 이런 교혈요는 2세기 전후에 발생하여 5세기에 일본에 전해졌다. 남북조 시기에 비록 중국의 양梁과 기술자의 교류가 있었지만 주로 사원이나 능묘 건설과 유관한 와전 번조 기술에 한정되었으며, 도자 기술 방면에서는 지금까지 기술 교류의 흔적을 찾을 수 없다. 이는 도자 기술과 건축 기술이 단계가 다른 두 개의 생산 부분임을 말해준다.

9세기 말~10세기 초에, 한·중 간의 특수한 관계로 월요의 청자도공이 한 세트를 이룬 청자 제조 기술을 한반도에 전파하였다. 13세기를 전후하여 중국 남방연해의 최신 분실용요 기술도 계속 한국에 전입되었다. 두 번의 교류로 중국 쪽에서는 당시의 최신 기술을 상대방에게 가르쳐 주었고, 한국의 요업 기술은 일거에 도약하여 월요와 어깨를 나란히 하게 되었으며 곧이어 고려청자의 질이 높은 수준에 이르렀다. 동아에서는 중국 다음이고 일본보다는 훨씬 높은 수준이었다.

한반도와 일본 열도는 지리적으로 가까워 역사적 시기별 문화의 교류에 따라 도자 기술도 부단히 일본에 흡수되었다. 그러나 매번 기술의 외전外傳이 모두 계통적으로 이루어지지는 않았으며 양자 관계가 별로 융합적이지도 않았다. 한반도 도자 생산의 발전은 백자 원료의 부족 때문에 수량 면에서 자기가 금속기와 칠기로 만든 식기의 수준을 대체할 만큼이 되지 못했다. 16세기에 조선의 도공과 기술이 여러 경로로 일본에 퍼져나가 일본 자기 생산의 선구가 된다. 일본은 17세기 중엽에 처음으로 네덜란드 상인으로부터 경덕진 자기를 대량 방조해 달라는 주문을 받아들일 만큼의 능력을 갖추게 되며, 이때부터 일본의 무역 도자가 유럽시장에 진입하게 된다.

제7장은, 일본의 요업 기술 교류사론이다. 일본 도자 기술의 원류를 중점적으로 탐구하였다. 고대 일본은 원래 도자 기술의 후진국인데 이는 일본의 자연 조건과 문화의 전체 수준으로 결정된 것이다. 교통과 대외 관계 상의 원인으로 일본은 외계外界로부터 획득하는 문화 정보가 상대적으로 적었다. 그러나 매번 외계의 기술을 흡수할 때마다 일본의 요업은 비약적인 발전을 이루었다. 5세기에 가야로부터 도공이 가져온 교혈요 기술을 흡수하였고 6세기에는 백제로부터 사원 건축 중의 조와造瓦 기술을 받아들였다. 7세기에는 당으로 부터 삼채 기술과 궁전 건축 중의 조와 기술을 배웠다. 16세기에는 조선으로부터 '연방식등요' 기술을 배웠고, 17세기에는 조선 도공의 지도 아래 자기 제조 기술을 개발하였다. 매번 신기술의 도입마다 일본의 요업 기술의 발전 속도는 크게 증가되었으며, 뿐만 아니라 기술 도입과 동시에 기술의 개량도 점진적으로 이루어졌다.

일본 요업의 발전과 중국 무역 도자 생산의 관계도 매우 밀접하다. 대량의 중국 자기가 일본 열도에 쏟아져 들어올 때는 일본 요업의 발전은 억제를 받으면서 그것에 반하여 독립적으로 자유롭게 발전한다. 일본 요업이 외계로부터 방해 속에서 해방되어 나온 것은 17세기의 다도茶道 개혁에서 시작되었다. 당시 다도 개혁을 일으킨 다인茶人들은 지극하게 공교로운 것을 능사로 하는 동양 도자의 심미관에 도전장을 제출하고, 일종의 자연에의 심미 정취를 추구하여 도자 생산에 신속하게 반영시켰으며 곧 보편적인 인식을 얻게 되었다. 이로부터 일본 도자 예술의 창작은 계속해서 '자연미'와 '인공미'의 양 궤도를 추구하기 시작하여 금일까지 발전하면서, 도자기의 품종이 풍부하고 다채로운 변화를 얻었다. 에도江戶시대 후기에 일본 문화의 성숙과 함께 문화 흡수의 방향이 동아에서 서방 문명으로 전향할 때, 일본의 도자 기술은 그때서야 중국과 한국의 도자 기술 발전의 역사를 뒤따르는 것을 끝내고 독창적인 전성 시기에 진입하였다. 메이지明治시기에 시작하여 지금에 이르기까지 일본은 도자 기술 영역의 많은 면에서 이미 중국과 한국을 추월하여 세계 도자의 예원藝苑에서 독자적으로 한 파를 형성하고 있다.

제8장은 종장이다. 본 장에서, 기술은 상호 촉진과 정보 교류의 과정 중에 향상과 발전이 이루어진다는 것을 지적하였다. 문화가 교류되지 않으면 기술도 제자리 걸음을 하고, 정체되어 앞으로 나가지 못할 것이다. 중국의 요업 기술이 비교적 일찍 발달하여 수천 년간 높은 수준을 지속적으로 유지할 수 있었던 것은 그 주요 원인이 바로 대륙 내부의 다양한 유형의 지방 문화가 대륙이란 대 무대에서 순조로운 교류를 진행할 수 있었기 때문이었다. 커다란 교통과 정치 상의 장애가 없어서 빈번한 교류가 이루어져 각 요장이 서로를 북돋아 주는 분위기 가운데 성장하게 되었다. 반대로 멀리 떨어진 문화 선진 지구인 한반도와 일본 열도에서는 초기에는 교통 능력으로, 후기에는 정치 관계상의 불통과 격리로 인해 교류가 끊어졌다 이어졌다 하는 상태에 처했다. 그러나 일단 문화 교류의 대문이 열리면 일본이나 한국은 문화 발전상의 도약이 나타날 수 있었다.

이로써 본문의 결론을 도출해 냈다. 즉 기술 발전은 기술 정보 교환의 빈도·속도·수량·질 및 정보를 주고받는 관계와 이들 정보를 흡수하여 취사 선택하는 기준과 태도에 의존하였다. 기술 정보의 교환은 문화 교류라는 대 배경이 없이는 혼자서 이루어지지 못한다. 동시에 문화 발전의 빠르고 느림 또한 문화 정보 공급의 수량·질량·속도에 의존한다. 이 때문에 민족 문화가 신속히 발전하는 비결은 바로 대문을 활짝 열어 양호한 문화 교류의 환경을 만들고, 국민의 강렬한 국제 의식을 배양하여 부단히 정보를 수집·처리하고, 실제로 적용하여 사회화·제도화하는 것이다. 동시에, 인문·사회 과학의 연구자들은 적극적으로 전통 문화와 외부 문화를 연구하여 문화의 비교를 통하여 확실하게 내외 문화의 우열과 자신의 발전에 적합한 문화 정수를 흡취할 수 있어야 한다. 그렇지 않으면 장차 시대에 낙후되어, 세인들로부터 경시되는 위치에 처하게 될 것이다.

제2장
동아의 도자기 가마와 요도구의 분류 및 거시적 분포

제1절. 분류의 의의와 방법

학술 연구에서 엄밀한 분류는 학술 발전 수준을 측량하는 표지이다. 그러나 지나치게 번잡하여 요령 부득인 분류는 연구에 도움을 주지 못하고, 도리어 현상을 헤아리기 어렵게 허상을 만들어 잘못된 인식을 얻게 한다. 분류의 목적은 뒤죽박죽인 현상들을 그 분질적인 차이에 의거하여 합리적으로 배열하는 것이며, 이로써 사물의 본래 면목과 유기적인 구성을 보여주는 것이다. 본문에서 연구 탐색하는 것은 동아 요업 기술의 발전 과정과 비교의 방법을 통하여 각 지구의 기술적 차이 및 기술 교류의 역정을 보여주는 것이다.

이런 목적을 위해 분류 방법상에서 반드시 주의할 것은, ① 지구별 비교를 진행할 때 통일된 분류 기준과 비교하는 기준을 세워야 하며, 용어의 통일도 이에 포함된다. ② 유적과 유물을 통하여 기술의 수준 차이를 반영할 수 있는 관찰 관점을 찾는다. ③ 계통적 기술을 성분별로 분리한 다음 차이를 구분하고, 다시 고유 기술과 외래 기술을 종합적으로 비교한다.

그러나 동아 지구의 요업 기술은 모두 특정한 자연 조건과 풍토 속에 뿌리를 내린 것이고 나타난 기술 현상은 복잡 다양하다. 무엇이 기술 진보를 반영하는 표지인가? 지방적 특징을 반영한 키 포인트는 무엇인가? 고고학적 관점에서 시대와 지역 특징을 반영한 자료를 어떻게 파악하는가? 무엇이 문화적 의의를 구현한 현상인가? 여하히 이런 현상들이

나타나는가? 이런 것들이 모두 분류를 시도하기 전에 필히 고려할 전제 조건들이다.

고고학적 관점에서 고대의 요지를 살펴보려면, 문헌 자료는 극히 적고 이것도 주로 송대 이후의 국부적 지역의 단편적 상황을 반영하고 있다. 그래서 송대 이전의 요업의 상황에 대해서는 전적으로 고고학적 자료에 의지해야 한다. 중국 이외 지구의 문헌 자료는 더욱 적다. 때문에 고대 요지 기술 발전의 역사적 과정을 추구하기 위해서는 반드시 고고학이 제공하는 정보에 의지하여야 한다.

고고학에 보이는 요업이 남긴 흔적은 주로 과학적인 발굴 조사를 통하여 가마 유구와 공방 유적에서 출토한 유물, 그리고 역대의 분묘와 주거 유적에서 출토한 도자기를 통해 볼 수 있다. 그러나 본문에서 다룰 중심 자료는 주로 요지 중에서 번조 기술과 관계 있는 가마 구조와, 장소(재임) 기술과 관련된 요도구의 유적과 유물에 한정된다. 기타 자료는 이 두 문제를 다루는 데 방증 자료가 된다.

우리가 번조와 재임의 두 가지 생산 부분을 중시하는 이유는 3가지가 있다. 즉,

첫째는, 번조 기술과 관계 있는 주요한 것이 가마이고, 장소(재임) 기술과 관계 있는 주요한 것이 요도구이다. 이들 유적과 유물은 도자기를 따라 옮겨지거나 밖으로 나가지 않으며, 유적 중에 비교적 완전하게 보존되어 있어 고찰할 수 있는 대상이 된다.

둘째는, 가마와 요도구는 모두 생산 공구이다. 그래서 공구의 선진화 정도는 기술 진보가 가장 민감하게 반영된 것을 보여 주는 그릇이다.

셋째는, 이들 공구의 제작은 그 공사가 대단히 크기 때문에, 그 땅에서 재료를 취하고 지방 풍토와 자연에 대한 의존도가 높다. 그래서 지역별 차이를 잘 반영하고 있어 지역 간의 기술 특징을 비교하는 데 유용하다.

제2절. 동아 지구의 가마의 분류와 거시적 분포

가마는 불과 그릇의 열 교환이 진행되는 것을 통제하는 도구이다. 가마의 기본 개념은 가마의 기본 구성으로부터 나온다. 비록 세계 각지의 가마의 종류가 매우 많다 해도 불의 특성과 고온 발생의 원리는 가마 구조를 한정시켰고, 일정한 범위 내에서만 개조와 변화를 진행시킬 수 있었다. 일반적으로 말해 전형적인 나무를 연료로 하는 가마는 반드시 분

구焚口 · 연소실 · 번조실 · 배연 시설의 4개 부분을 구비하여야 한다. 이후 기술의 진보에 따라 각 부위가 구조적으로 부단하게 진화되었다(그림 2-2-1). 예컨대 연소 부위에는 분염分焰 · 당화擋火(불막기) · 루회漏灰(재 빠지는 것) · 통풍 및 중간 연소실 등의 시설이 증가한다. 번조 부위에는 관화공觀火孔(불보기 구멍) · 산열공散熱孔(열이 빠져나가는 구멍) · 투시공投柴孔(장작을 던져 넣는 구멍) · 요문窯門 · 장염障焰(불 막는 시설) · 계단 · 소대燒臺(기물 받침대) 등이 증설된다. 배연 부분에는 연창煙窓 · 연실煙室 · 배연공排煙孔(혹은 흡화공吸火孔)의 개조가 생긴다.

화염을 통제하는 기술이 끊임없이 풍부하게 진보함에 따라 가마의 유형이 다양화되고 전문화되며 각종의 지방적 차이가 나타났으며, 때문에 각자의 기술적 특성이 형성되었다. 이런 특징을 개괄하여 각지의 가마 기술 차이를 비교하는 것이 가마 기술 전파를 탐색하는 효과적인 방법일 것이다.

1. 동아 가마의 형식 분류

현재 발견된 가마 유적은 보통 바닥과 벽체 일부만 남아 있으며, 천정이 남아 있는 것은 극히 드물다. 그래서 천정의 구조는 현재 가마의 구조에 근거하여 추측하고 복원한 것이다. 그러나 가마 천정의 구조는 가마 진화의 정도를 판단하는 데 뚜렷한 의의를 갖고 있으며, 분류 상의 작용 또한 매우 크다. 그래서 가마 천정 자료의 불완전함으로 인해 가마의 분류에 일정한 어려움이 있다. 예컨대 분실용요分室龍窯와 계롱요鷄籠窯의 판단은 주요 특징이 천정에 집중되어 있다. 뿐만 아니라 이 두 가마는 비록 중국 남방 연해에서 발원하지만, 한국과 일본에 대한 전파 경로와 기술 출처 문제를 언급해야만 한다. 특히 일본의 계롱요 기술은 가마와 요도구의 조합 관계로 보아 두 가지 계통으로 나눌 수 있다. 이 두 가지 다른 기술 계통은 중국에서 전래되거나 한반도를 경유하여 일본에 온 것이다. 그래서 명확한 분류가 앞서 이루어지지 않으면 그들과 유관한 기술 계통의 분류와 기술 원류의 탐구를 진행할 방법이 없다.

바로 이런 고민이 있을 때 일본의 야마구찌현山口縣의 하기야끼요萩燒窯, 나가사키현長崎縣의 이우라요井浦窯와 한국의 전남 장흥군 용산면蓉山面에서 완전하게 보존된 가마 유구가 발견되어 매우 명확한 18세기 계롱요 구조의 형상에 관한 자료를 제공해 주었다. 이

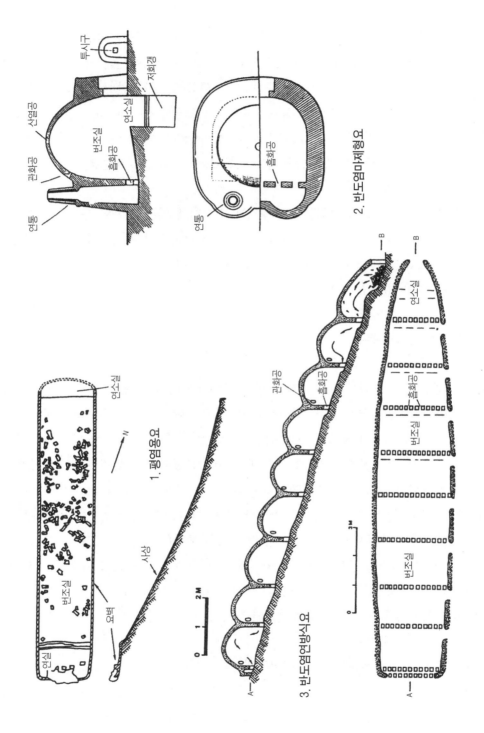

그림 2-2-1 가마 모델링

1. 평염요

2. 반도염마제형요

3. 반도염연방식요

런 가마의 구조는 명대 송응성宋應星의 『천공개물天工開物』에 기록된 민간 계룡요와 완전히 같다. 이는 곧 장조형 분실요長條形分室窯 중에서 계룡요와 분실용요를 구분하는 근거를 제공하였다. 그래서 나머지 가마 유구 중에 횡실계단요와 분실용요를 상대적으로 쉽게 구분할 수 있게 되었다.

마제요 중에도 사실 더욱 세분할 수 있지만 이런 가마는 주로 중국에 분포한다. 그리고 대륙에서 이들 자료를 보도할 때에 가마의 축조 재료와 지상식 혹은 지하식의 축조방법에 대해 소개한 것이 적기 때문에 금후 충분한 조사가 이루어진 뒤 구분해야 의의가 있을 것 같다.

현재 자료에 의하면, 중국·한국·일본에서 발견된 요지는 4,553곳이며, 가마 유적은 12,516기이다. 이들은 모두 8형 39식으로 구분할 수 있다. 유형별로 차지하는 비율은 〈그림 2-2-2〉와 같다. 수량의 순서를 보면, Ⅱ형 용요가 36.7%, Ⅷ형 교혈요가 29.4%, Ⅲ형 마제요가 15.2%, Ⅰ형 승염식원요가 4.4% 등이다. 앞의 3가지 유형이 계통상의 차이가 크고, 분포 상으로 문화상의 의의가 크다.

가마 분류 면에서, 연구자의 관점에 따라 서로 다른 분류 방법이 나타난다. 이하 몇 가지 자주 보는 분류의 예를 들어 본문 중에 다루는 용어를 하나의 개념으로 한정한다.

① 가마의 외형에 근거한 분류 : 한·중·일에서 가장 흔한 분류법이다. 예컨대 용요龍窯·오공요蜈蚣(지네)窯·사요蛇窯·마제요馬蹄窯·만두요饅頭窯·계룡요鷄籠窯 등이다. 일본의 소위 '할죽형 연방식등요割竹形連房式登窯'(분실용요), '우충형 연방식등요芋虫形連房式登窯'(계룡요)가 있다. 한국의 교요窖窯(굴가마), 수도요隧道窯(터널가마), 연방요連房窯(칸가마) 등도 모두 가마의 외형에 근거한 명칭으로, 같은 분류법에 속한다.

② 염형焰型에 근거한 분류 : 승염형昇焰形·평염형平焰形·반도염형半倒焰形·전도염형全倒焰形 등이다. 이런 가마 내에 유동하는 화염에 근거한 가마 작명법은, 주로 중국 학자들이 제시한 것이며, 일본에서도 일부 학자들이 이런 명칭을 사용한다[1].

---

1) 劉振群, 「窯爐的改進和我國古陶瓷發展的關係」, 『中國古陶瓷論文集』, 1982년, 文物出版社. 劉可棟, 「試論我國古代的饅頭窯」, 『中國古陶瓷論文集』, 1982, 文物出版社. 朱伯謙, 「試論我國古代的龍窯」, 『文物』, 1987年 6期. 유진군劉振群, 유가동劉可棟, 주백겸朱伯謙 3인 모두 화염형 문제에 대해 다른 입장을 보이지만, 유진군 선생의 글이 비교적 계통적으로 가마 기술 발전 중에 작용하는 평가를 통해 화염형을 서술하였다.

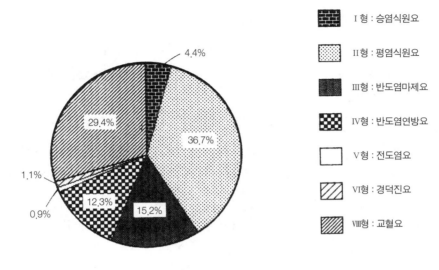

I형 : 승염식원요

II형 : 평염식원요

III형 : 반도염마제요

IV형 : 반도염연방요

V형 : 전도염요

VI형 : 경덕진요

VIII형 : 교혈요

그림 2-2-2 동아 가마 유형 비율

③ 제품의 질에 근거한 분류 : 청자요 · 백자요 · 삼채요 등 같은 것이다. 그러나 많은 경우 연술어連述語로 사용한다.

④ 생산품의 종류에 근거한 분류 : 항요缸窯 · 와요瓦窯 · 전요塼窯 · 병요瓶窯 · 옹요甕窯 등 같은 것이다. 똑같이 연술어로 사용되며, 가마 분류상의 의의가 결핍되어 있다.

당연히 지금까지 가마 구조를 연구한 글은 많지 않으며, 가마 분류 시에도 많은 사람들이 첫 번째 명칭을 사용하고 있다. 본문에서는 종합적으로 명칭과 분류 방법을 고려하여 화염형에 의한 분류를 위주로 하고 가마 형태는 보조(연술어라 한다) 분류 방법으로 하겠다. 왜냐하면 화염형의 변화가 일정한 정도로 가마 기술 발전의 내재적 법칙을 반영할뿐 아니라, 동시에 다양한 기술 계통을 구분할 때 선명한 지역적 특징과 문화상의 의의를 갖고 있기 때문이다.

(1) I형型 승염식원요昇焰式圓窯

동아에서 최초로 도기를 번조한 가마는 승염식원요이다. 그러나 가마가 나오기 이전 각지에서 오랫동안 무요無窯의 노천퇴소露天堆燒와 번조갱燔造坑의 단계를 거쳤다. I-형식은 번조갱이 대표하고, I+형식은 노천퇴소가 대표적인데, 모두 정상적인 가마 내에 들어가지 않는다.

Ⅰ형 승염식원요의 기본적인 특징은 평지나 혹은 절단된 면이 있는 곳을 택하여 절단된 벽을 파고 들어가 연소실과 화도火道를 내고, 다시 지표에서 아래를 파내어 번조실을 만든다. 화염은 연소실에서 발생하여 화도를 거치거나, 혹은 화안火眼(불구멍)을 통하여 번조실로 진입하여 도배陶坯에 열을 가함으로써 도기의 번조에 성공한다. 최후로 연기는 번조실의 윗면으로 배출된다. 요폐窯箅(석쇠 모양의 불판)와 연소실의 유무 및 연소실과 번조실이 수직이냐 전후 관계이냐에 따라 3종의 형식으로 세분할 수 있다.

가마 발명의 최대의 의의는 무요일 때에 화염이 바람의 변화하는 방향에 따라 움직여 열효율이 대량으로 유실되는 병폐를 피할 수 있는 점이다. 그래서 가마는 특정한 연소실에서 화염을 통제할 수 있게 만들며, 또한 화도와 화안과 연창을 통하여 열 기류를 인도하고 통제하는 작용을 하게 한다. 이렇게 해서 도공의 의도대로 화염을 조정하여 도기를 번조하는데 이는 인류가 자연을 정복하는 능력에 있어 비약적인 발전을 보여준 것이다.

열작용 원리에 부합되는 화염조절 기술은 도공들이 장기간의 생산 활동을 거치면서 가마 각 부위의 구조적 개선을 통하여 조금씩 이루어 간 것이다. 승염식원요는 비록 초급형 가마에 속하지만 도자기 가마의 기본 요소를 이미 다 구비하고 있다. 다만 가마의 규모가 작아 번조실의 길이와 폭이 1m 정도이고, 연소실에서 번조실에 도달하는 거리가 매우 짧다. 그래서 화염이 요실 내에서 열 순환을 진행하여 도배와 열 교환을 하는 시간이 적고 열이 빨리 유실되어 열효율이 낮다. 한 번에 크고 작은 도기 4~10점 정도만 번조할 수 있으며, 번조 온도는 900~1,000℃이다. 도기는 기본적으로 공기 중에 노출되어 산화 분위기 속에서 번조되며, 도기색이 홍색 · 황색 · 담갈색 등 따뜻한 색조를 띤다. 도기의 기계적 강도는 매우 낮다.

동아 지역의 민족학과 고고학적 자료에 의거하여 분류하면 신석기시대의 도요는 아래의 5가지 유형이 있다.

① Ⅰ- 형식, 번조갱
② Ⅰ+ 형식, 노천 퇴소 (그림 2-2-3: 1)
③ Ⅰa 형식, 지하승염 횡혈식요地下昇焰橫穴式窯 (그림 2-2-3: 2)
④ Ⅰb 형식, 지하승염 동혈식요地下昇焰同穴式窯 (그림 2-2-3: 3)
⑤ Ⅰc 형식, 수혈식요竪穴式窯 (그림 2-2-3: 4)

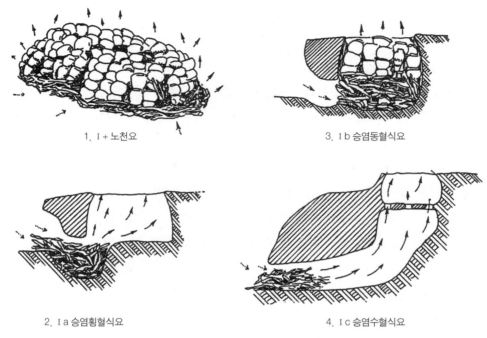

1. Ⅰ + 노천요

3. Ⅰb 승염동혈식요

2. Ⅰa 승염횡혈식요

4. Ⅰc 승염수혈식요

그림 2-2-3 동아 Ⅰ형 승염요 개념도

위의 유형별 가마의 분포 상태는 부표(표2-1)에 보는 바다.

민족학과 고고학의 자료가 실증하는 바에 의하면 노천 번조와 번조갱 형식은 범세계적으로 도기 생산의 역사를 가진 지구에 널리 퍼져 있으며, 가마가 출현하기 이전의 필연적인 과정이다. 인류가 불과 흙의 성능에 대하여 점차 이해가 깊어짐에 따라 가마의 발명이 이루어졌다. 유요有窯 시대에 들면서 인류는 각지의 자연 환경에 적응하는 기초 위에서 부단히 가마를 개선시켜 나갔으며, 하나의 기술 전통을 형성하였다. 또한 끊임없이 이 기술 발전의 궤적에 덧붙여 외래 기술을 흡수하여 다시 진일보하였는데, 당시 교류의 깊이와 넓이, 그리고 자신의 포용 능력에 의해 흡수를 많이 하거나 적게 하였다.

동아에서 최초의 가마는 지금부터 7,000여 년 전 중국의 황하 중류 양안의 황토 고원에서 발견되며, 형식은 승염식원요이다(그림 2-2-3). 승염식원요는 황하 중류에서 기술의 중심을 형성한 후 끊임없이 주변 지역에 확산되었으며 고고학상 앙소仰韶문화의 발전과 신장을 함께 하였다. 신석기시대 후기에 이 원요 기술은 황하 유역에서 특색을 형성하고 이 중심에서부터 전파되어 황하 하류의 용산龍山문화 지구에 파급되었을 뿐만 아니라, 남

방의 일부 지역에도 영향을 미쳤다(그림 2-2-4, 제3장 참조). 이 가마의 온도는 900~
1,000℃에 달하였으며 그의 출현과 응용은 이후 발생한 청동 주조를 위한 고온의 조건을
제공해 주었다. 가히 조금의 과장도 없이 가마 기술의 초기 발전이 동과 철의 제련 기술
의 발생을 촉진시킨 주요 조건 중의 하나였다. 중국에서 가마 기술과 금속 기술이 상당히
높은 수준으로 발달한 때에도 기타 지역은 아직도 무요의 신석기 시대에 머물러 있었다.
고온 기술이 문명 발전의 중요 조건의 하나가 된다면 이 또한 중국의 초기 가마 기술이
인류 발전에 공헌한 것이라 평가할 수 있다.

현재 조사된 자료를 보면 초기 승염식원요의 분포 중에 Ⅰa형식과 Ⅰc형식의 두 가지
가마는 모두 중국 안에 분포하며(그림 2-2-4), 한반도와 일본 열도에서 보이지 않는다. 그
분포 범위는 앙소 문화와 일치하며, 앙소 문화 발전의 산물의 하나로 볼 수 있다. 승염식원

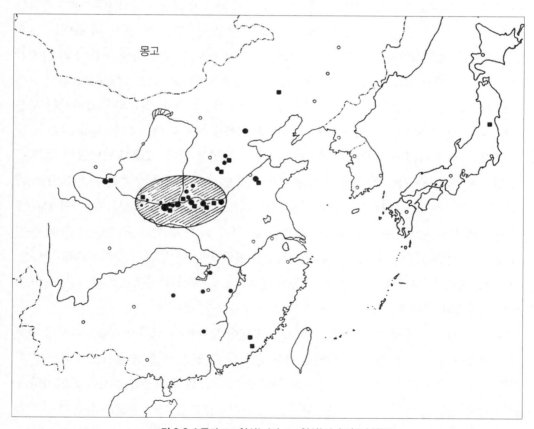

그림 2-2-4 동아 Ⅰa형식(■)과 Ⅰc형식(●) 승염요 분포도

요 기술의 대외적인 확산은 초기 중원 문화의 대외 전파라고 볼 수 있다. 승염식원요의 전통은 춘추전국시대까지 이어지며, 늦어도 서주시기에 Ⅰa형식의 승염횡혈식요가 Ⅲ형의 반도염마제요 기술을 이끌어 내어 이것이 기술사 상에서 하나의 새로운 비약을 이루었다. 반도염요는 역시 이로부터 황하 유역의 3,000년의 요업 발전을 주재하는 주류가 되었다.

(2) Ⅱ형型 평염식용요平焰式龍窯

중국에서, 산록의 경사진 구릉을 이용하여 건축한 장조형長條形의 도자기 가마를 용요라 한다(그림 2-2-1 : 1). 남방 연해지구에서는 '뱀요(蛇窯)', '지네요(蜈蚣窯)'라 부르며, 한국에서는 '터널가마(隧道窯)', 일본에서는 '등요登窯(노부리가마)'라 부른다. 필자가 자료를 검색하면서 발견한 것은 일본과 한국의 보고서에서 지하식 교혈요와 지면식 용요를 섞어서 '등요'라 부르고 있다는 것이다. 일본의 '등요'의 개념이 포함하는 내용은 매우 광범위하여, 낮은 데서 높은 곳으로 뻗은 장조형의 가마는 모두 '등요'라 한다. 이 용어는 낮은 데서 높은 곳으로 등반한다는 뜻에서 나왔다. 지상과 지하, 넓고 좁음의 구분이 없으며 가마 천정 구조의 구별도 없다. 이 때문에 중국의 용요 · 계단요階段窯 · 계룡요鷄籠窯, 경덕진의 호로요葫蘆窯 · 압단요鴨蛋窯, 한국의 분실용요分室龍窯 등이 일본의 자료에서는 통상 모두 '등요'라 불린다. 이 점은 일본과 한국의 보고서를 이용할 때 주의할 사항이다.

용요의 최대 특징은 몸체가 길어 마치 뉘어 놓은 연통 같다. 그래서 가마불이 낮은 곳의 연소실에서부터 가마 끝까지 관통하며, 연후에 연실과 연창을 통하여 가마 밖으로 배출된다. 이런 가마는 몸체의 경사로 인해 자연적으로 추력推力이 발생하며, 가마 내부에 매우 쉽게 부압負壓 작용을 발생시켜 화염을 한 단계 한 단계 씩 높은 곳으로 끌어 올린다. 그리고 진입하는 공기량을 통제하여 비교적 쉽게 가마 안에 반半 산화 상태를 만들고, 환원염을 형성할 수 있어 태질과 유질 중의 산화철을 환원시켜 청색으로 만든다. 이 또한 용요가 청자와 청백자를 번조하기에 적당한 가마 구조인 것이다.

남방 연해 일대에서 발견된 용요를 보면, 송대에 발전하여 길이가 100m 이상에 달한 것이 나온다. 한번에 10만 점 이상의 도배를 장소할 수 있어 세계 최대 규모의 가마라 하겠다. 이렇게 긴 몸체는 연소실에서 피운 화염을 가마 끝까지 전달하는 것이 불가능하다. 만약 가마 중간에 연료를 추가하는 문제를 해결하지 않으면 가마 온도의 보존과 온도를 올리는 작업이 어렵고, 용요 기술이 존재하기 어렵다. 때문에 몸체에 1m 정도의 간격을 두고 반드시 투시공投柴孔이 설치되어야 한다. 이런 분절分節 번조 방법을 사용하면 인공적으로 열을 통제하여 단계별로 각 부위의 도배를 구울 수 있다. 바로 이것이 용요 도공들이 독창적으로 개발한 분단分段 번조법이다. 그래서 몸체가 장대한 '용요'를 만들 수 있고, 길이가 거의 120m에 달하는 것도 있다.

이런 기술상의 요구에 의해 용요는 반드시 지면에 축조되어야 하며 지하에서는 불가능하다. 그렇지 않으면 몸체에 요문을 개설하고, 투시공을 설치하고, 천정과 벽체를 보수할 방법이 없다. 또한 기타 가마 자체가 발전하는 데 유리한 여러 가지 물질적 요소를 얻을 수 없게 된다. 화염이 용요 안에서 흐르는 속도를 조절하기 위해 용요는 기초를 놓을 때 몸체의 앞 뒤 각도의 조절에 주의해야 한다. 각도가 너무 크면 화염의 유속이 너무 급해져 열이 빨리 유실되고, 동시에 배체의 한 면만 열을 빠르게 받으며 뒷면은 생배生坯로 된다. 이럴 경우 기물이 열을 고르게 받지 못해 앞으로 쓰러지는 등의 병폐가 생긴다. 반면 각도가 너무 완만하면 추력이 약해져 화염의 유속이 지나치게 느려지고, 가마 내의 온도를 높이기가 어렵다. 장기간의 모색을 거쳐 당대 이후의 용요의 각도는 일반적으로 15° 정도를 유지한다.

위진남북조시대 이전의 용요는 산지山地를 택해 구축하여 결코 농업과 땅을 다투는 문제가 없었다. 용요의 입지를 계획할 때 주로 재료의 확보 면에서 대량의 연료를 얻어 사용할 수 있는 산지를 택하였다. 분포 상황으로 보면 강남의 가마는 기본적으로 모두 산지에 분포하는데 적어도 위진남북조시대 이전에는 강남의 농업에 토지가 모자라는 문제가 아직 없었다. 그러나 위진남북조시대 이후에 남방의 인구가 점차 증가하고, 특히 송대는 농업과 기타 경제림의 용지가 요업의 용지를 쫓아내어 일부 요장이 옮겨가거나 폐쇄되었다. 송대에 들어온 이후 남북 요업의 생산 규모가 점차 확대되어 원료와 연료 상에 일종의 좌걸산공坐乞山空(아무리 재산이 많아도 놀고 먹으면 없어진다)의 위기감이 있었다. 이 때문에 요장이 설 땅을 고를 때 교통 방면에 유의하기 시작하였다. 남방에서 발달된 수운 교통에 의존하여 원 재료를 조달할 수 있기 때문에 요장의 입지 분포가 수운의 조건과 밀접하게 결합된 것이 남북의 송대 이후에 출현하는 새로운 현상이다.

용요 구조상의 약간의 차이에 근거하여 Ⅱ형을, Ⅱa 전형典型 용요·Ⅱb 대장염주帶障焰柱 용요·Ⅱc 계단식 용요·Ⅱd 지하 터널(수도隧道)요 등 4개 형식으로 나눌 수 있다 (그림 2-2-5).

그러나 Ⅱa 전형용요가 99% 이상을 차지한다. 용요는 중국 남방에서 발생하여 장강 유역의 이남 지역을 거의 뒤덮었다. 북방에서 용요는 보이지 않는다[2]. 때문에 용요는 남방 요업이 갖는 전형적인 생산 도구의 하나라고 볼 수 있다(그림 2-2-6).

9세기 이후에 용요 기술은 월요越窯를 거쳐 한반도에 전해진다. 19세기 이후의 오끼나와沖繩 지역에서도 용요의 사용이 보인다. 오끼나와沖繩 류큐琉球의 츠보야요壺屋窯는 주로 도옹을 번조하는 가마로, 길이 30m, 폭 3m, 높이 1.5m이며 기술상 복건성 일대의 민간 요업의 영향을 받았던 것 같다[3].

용요의 발전과 자취를 5단계로 나누어 살펴본다.

① 원시 용요의 발생기(상대商代~전국戰國 시기) : 이 시기의 용요는 세장한 단실요이다. 가마 앞머리의 연소실에서 점화하고, 불의 자연적으로 흐르는 힘을 이용하여 가마 안을 관통시켜 최후에 가마 후미로 나가게 한다. 또 장조요長條窯의 한 쪽 측면을 따라 분구焚口를 한 줄 설치한 종류가 있다. 모든 용요는 지면에 축조되었다.

② 원시 용요의 지속 발전 시기(진·한秦·漢~삼국三國 시기) : 이 기나긴 발전 과정 속에서 청자 기술은 커다란 진보가 있어 동한東漢 시기에 이미 표준적인 청자를 번조할 수 있게 되었다. 그러나 가마는 계속 10m 전후의 단실요로서 구조 상으로 제 1단계의 용요와 본질적인 차이가 없다.

③ 용요의 변혁 시기(양진·남북조兩晉·南北朝 시기) : 용요의 구조 상에서 중대한 변화가 발생하였다. 서진西晉 시기에 투시공이 출현하여 용요의 분단 번조 기법이 발명되었다. 이는 용요로 하여금 가마 각 부위의 도배들을 고르게 구울 수 있게 하였을 뿐만 아니라 용요의 길이를 연장시킬 수 있게 하였다. 그래서 서진 이전에는 매우 귀했던 청자가 동진 시대에 대량 생산이 가능해졌다. 동진에서 남조까지 동남 지구의 청자 기술은 신속히 보급되어 요장이 강남 각지에 분포하였다. 그리고 이는 기타 용기用器의 생산 기술의 향상

---

2) 내몽고 적봉현赤峰縣 송주松州에서 서쪽으로 10km에 있는 항와요缸瓦窯(Ⅱa? 형)는, 필자가 현지에서 표면 관찰한 바로는, 길이 25m, 폭3m 정도의 '용요'일 가능성이 있다. 금후의 발굴이 실증하겠지만, 지금까지 북방에서 보이는 유일한 용요 유적이다. 시대는 요대이고, 백자를 매우 정치하게 구웠으며, 자주요계에 속한다. 葉喆民, 『中國陶瓷史綱要』, 1989, 輕工業出版社, p.187 참조.

3) 沖繩縣 琉球 壺屋窯, 현대, 길이 30m, 폭 3m, 높이 1.5m. 도옹陶甕을 구움. 『沖繩出土の中國陶瓷』(下), 沖繩縣立博物館, 1983, p.141.

과 발전에 커다란 충격을 주어, 목기·칠기·청동기 등으로 하여금 찬식기 시장을 포기하지 않기 위해 개선 발전해 나가게 하였다. 이 시기의 또 하나의 중대한 기술 혁신은 갑발의 발명과 응용이었다.

④ 용요 기술의 정형화 시기(수~당 시기) : 이 시기에 주목할 것은 갑발 기술이 보편화된 사실이다. 그래서 갑발로 인해 장소(재임) 기술의 혁명이 일어났으며 이는 가마 기술을 가일층 발전시켰다. 갑발을 중첩해서 쌓을 수 있어 용요의 높이를 보다 높일 수 있게 하였으며, 요문의 개설도 가능하게 하였고, 도공들이 높아진 가마 안에서 허리를 펴고 작업할 수 있게 되었다. 또한 가마 측면을 따라 출입문을 낼 수 있어 도공의 노동 강도를 낮추었으며, 동시에 양산量産 체재를 이루는 데 유리하게 되어 자기 기술이 더욱 광범위하게 보급될 수 있었다.

⑤ 용요 기술의 성숙기(오대·송 시기) : 당대 수백 년의 통일된 환경 속에서 대륙의 남북 요업 기술은 빈번한 교류를 진행시킬 조건을 갖추어 용요 기술은 더 한층 성숙되었다. 송대에는 평염식용요와 반도염식마제요가 결합하여 새로운 가마 종류가 분화되었다. 즉, 분실용요·계단식요·계룡요·경덕진의 호로형요 등이 모두 연이어 북송과 남송의 용요 분포 지역에서 출현하였다.

이상으로 용요 기술의 발전 단계를 고찰하였다. 다만 형식 분류에 의존하지 못하는 것은, 용요 구조의 변화를 발생시키는 인소因素들이 가마 자신에 완전하게 남아있지 않기 때문이다. 예컨대 가장 중요한 기술 혁신은 서진 시기의 투시공의 설치와 당대 갑발의 보급이다. 전자는 용요가 연장할 수 있는 조건을 얻게 하였고, 후자는 몸체를 높일 수 있게 하였다. 이들의 혁신이 용요가 도자기를 대량 생산할 수 있는 조건을 만들었다. 그러나 이들은 결론적으로 가마 분류를 위한 근거가 되지 못한다. 왜냐하면 지금까지 발굴된 가마 유구는 예외 없이 거의가 가마의 기초 부분만 겨우 남긴 채 천정부는 일찍이 훼손되었기 때문이다. 길이를 알 수 없는 것도 많다. 만약 요도구와 유물을 결합시켜 종합적인 고찰을 하지 않으면 더욱 현재의 판단이 어렵다. 서로 다른 유형의 가마는 그것이 막 출현한 시기에는 편년적인 의의가 있지만, 일단 형성되면 기나긴 세월 동안 매우 느리게 발전한다. 그리고 그것에 크게 반영되는 것은 분포하는 지방적 특징과 문화상의 의의이다.

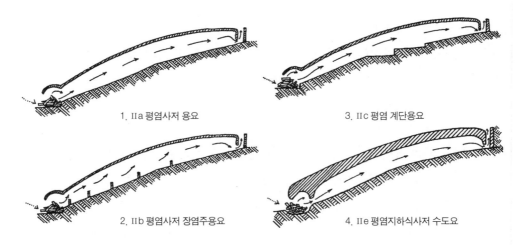

1. IIa 평염사저 용요
2. IIb 평염사저 장염주용요
3. IIc 평염 계단용요
4. IIe 평염지하식사저 수도요

그림 2-2-5 동아 II형 용요 개념도

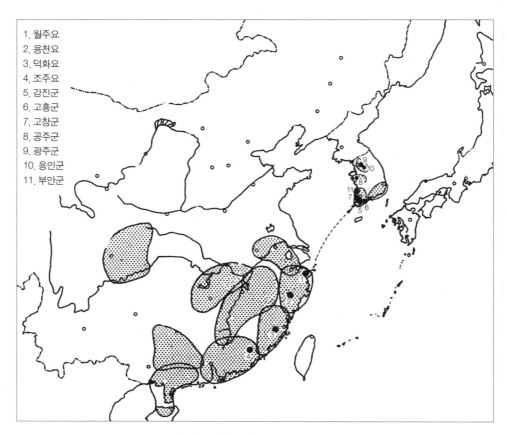

1. 월주요
2. 용천요
3. 덕화요
4. 조주요
5. 강진군
6. 고흥군
7. 고창군
8. 공주군
9. 광주군
10. 용인군
11. 부안군

그림 2-2-6 동아 II형 용요 분포도(9~13세기)

용요는 구조상의 미세한 차이에 근거하여 4개 형식으로 분류할 수 있다.

Ⅱa 형식, 전형 용요 (그림 2-2-5 : 1)

Ⅱb 형식, 장염주障焰柱 용요 (그림 2-2-5 : 2)

Ⅱc 형식, 계단식 용요 (그림 2-2-5 : 3)

Ⅱd 형식, 지하터널형 용요 (그림 2-2-5 : 4)

이들이 동아 각국에 분포한 상태는 부표(표2-2)를 보기 바란다.

이상 4가지 유형의 용요 중에 Ⅱa 형식이 표준형으로, Ⅱ형요 전체의 99% 이상을 차지한다. 용요는 상대商代에 출현하여 남방의 구릉 지대에 분포한다. 남조가 시작되면서 거의 장강 유역의 각 지역에 보급되었다. 용요는 세장하기 때문에 반드시 일정한 경사도가 있어야 한다. 그렇지 않으면 화염이 한 방향으로 퍼져나가게 통제할 방법이 없다. 혹자는 강남의 구릉지대가 곧 용요의 이런 특유한 형식을 만들었다고 주장한다. 용요는 오직 경사진 구릉지대에서만 존재할 수 있기 때문에 북방 고원과 평원 지대에는 용요를 사용하기에 부적합하다. 이는 사실로도 증명되는데, 지금까지 장강 유역 이북에서 용요 요지라고 판단되는 것은 단 1기도 발견되지 않고 있다[4]. 이런 면에서 보면 용요는 남방 문화의 상징성과 대표적 의의를 가진 생산 도구라 할 수 있다(그림 2-2-6). 10세기에 이 기술은 월주요를 거쳐 한반도에 전해지며, 19세기 이후 오끼나와의 류큐琉球 츠보야요壺屋窯에서도 이런 용요를 채용하였는데 그 설계가 복건성 일대의 민요의 영향을 받은 것이다[5].

(3) Ⅲ형型, 반도염마제요半倒焰馬蹄窯

형태가 마제馬蹄(말발굽)와 같아서 붙인 이름이다(그림 2-2-1: 2). 일부는 가마 구조가 마치 만두 모양 같다고 하여 만두요饅頭窯라 부르기도 한다. 반도염마제요는 승염 횡혈식 원요에서 발전된 것으로(그림 2-2-3: 2) 원요의 형상을 유지하고 있다. 그러나 화염이 진행하는 노선이 명확히 달라서 본질적인 차이가 있다. 마제형요는 화염의 상승하는 힘과 연창을 통해 발생하는 추력을 이용한 것으로, 가마 안의 화염이 연소실에서 상승하여 천정에 닿게 하고 연후에 흡화공의 작용력에 의해 화염이 다시 천정의 곡면을 따라내려가 뒤

---

4) 同 2).

5) 同 3).

IIIa 반도염 만두요

그림 2-2-7 동아 III형요 개념도

쪽 벽에 도달하여 흡화공을 거쳐 연창을 통해 가마 밖으로 배출된다. 전체 화염의 유동이 반도염 방식을 띠어(그림 2-2-7), 반도염요라 부른다.

마제요의 기본 구조는 반드시 분구(불 때는 곳), 연소실, 번조실과 배연 계통을 구비하여야 한다. 일반적으로 길이는 5m를 넘지 못하고, 넓이는 2~3m 정도, 높이는 2m가 많고, 용량은 용요에 훨씬 못 미친다. 몸체가 짧기 때문에 도중에 연료를 추가하는 문제가 없어, 요문이 일반적으로 전면에 설치된다. 그릇을 출입시키기 위한 통로로 사용하다가 가마를 봉폐할 때 투시구는 남겨 둔다. 마제요는 용요와 달리 결코 지상과 지하의 제한을 받지 않는다. 그래서 건조한 황토 고원에서 설사 지하에 건축하여도 번조에 큰 영향이 없는데, 황하 고원에는 지하수의 습도가 번조를 방해하는 문제가 존재하지 않기 때문이다.

고고학적 자료에 의하면 당대에 이르기까지 북방의 지하식 마제요는 지속적으로 흔하게 볼 수 있다. 지하식 마제요의 분포는 중국 동굴 주거의 분포와 대체로 일치하여, 이는 곧 '간타루(干打壘 ; 틀에 점토와 자갈을 넣고 다져서 간단히 담을 쌓는 방법)' 기술 전통의 연장이다. 마제요는 황하 중류에서 기원하여 뒤에 황하 유역을 따라 확대되어 장강 유역의 이북에 이르는 광대한 지역에 퍼지며, 남방의 일부 지역에도 파급되었다. 수 · 당을 분계선으로 한다면 수대 이전의 마제요의 분포 중심은 황하 중류에 있고, 수대가 시작되면서 태행산太行山 동록東麓으로 옮겨졌다. 당대에는 이미 형요邢窯, 정요定窯와 이후의 자주요磁州窯를 위주로 하는 북방 요업 생산의 중심을 형성하였다. 이 대형의 민요 생산 기지는 경기京畿지구(동천 황보銅川黃堡, 낙양 대소황야大小黃冶, 경성京城 부근)의 도자 생산권과 공존하면서(그림 2-2-8), 송대 요업의 대 발전을 위한 기초를 놓았다.

마제요는 남방의 용요와 나란히 황하 유역 기술 문화의 특징을 대표하는 요업 도구이다. 〈그림 2-2-8〉과 〈그림 2-2-6〉을 대비해 보면 명백하듯이, 강남의 구릉지대에 적응하여 존재한 용요는 황하 유역에 분포하지 않는다. 용요의 생산물은 청자 위주이며 강남의

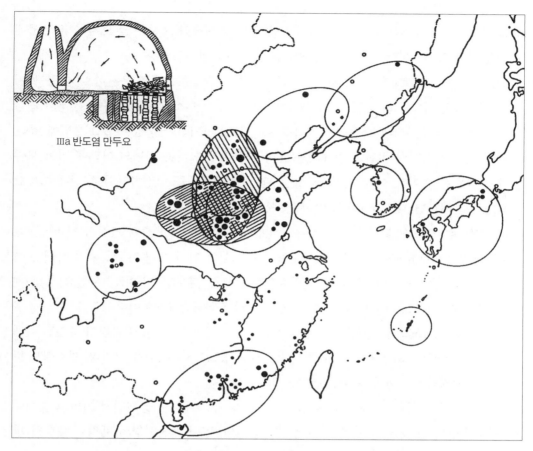

Ⅲa 반도염 만두요

그림 2-2-8 동아 Ⅲ형 마제요 분포도

청산녹수青山綠水의 문화 특색을 대표한다. 그러나 북방의 요업은 한 차례 청자를 방제하는 것을 시도했으나 곧 빠르게 백자 생산에 힘을 쏟았으며, 당대가 시작되면서 곧바로 백자 생산을 주류로 했다. 송대가 시작되면서 남북에서 청자와 백자가 서로 함께 생산되는 국면이 나타났다. 남방은 경덕진 위주의 청백자 생산이 북방 정요의 영향을 받아 발전되었으며, 또한 남방의 기타 요장에서도 함께 움직여 광범위한 청백자 생산 지역을 형성하였다. 북방에서는, 월요청자 기술을 배워 연이어 여러 청자 요장들이 출현하였다. 그중 두드러진 것은 동천銅川의 황보黃堡 및 그 뒤에 오는 요주요耀州窯이며, 그 생산품은 여요汝窯와 연해지구의 수출 도자에 영향을 끼쳤다. 전체적인 통계에서도 볼 수 있듯이 송대는 요업 발전이 고조된 시기였다. 이런 고조됨은 국내외의 광범위한 수요와 빈번한 기술 교류를 배경으로 하고 있다. 동남연해에서 우뚝 일어난 대량의 요장은 곧 도자 수출 열풍에 자극을 받고, 또 남북 각지 기술의 영향을 받아 신속히 발전하였다.

마제요 기술의 발전은 주로 흡화공 · 연창 · 연소실의 구조 등과 유관한 화염 통제 기술의 개선과 진행에 달려 있다. 그러나 가마 상반부의 잔존 상태가 불량하여, 천정과 연창의 구조는 다만 민족학과 잔존하는 가마 기초 부분에 근거하여 추정 복원할 수밖에 없다. 다행인 것은 화염형의 변화에 관계되는 흡화공의 위치가 가마 후벽의 아래에 있어 보존 상태가 양호한 편이다. 이것이 반도염요를 판단하는 주된 근거의 하나이다. 전체 마제요 자료를 관찰해보면, 대체로 4개의 발전 단계를 거쳤다.

① 반도염 마제요의 발생기(서주西周~전국戰國 시기) : 중국 가마 중에 가장 먼저 배연공排煙孔(능동적인 의미로 배연공은 흡연공이라 불러야 한다)의 위치가 천정에서 후벽 아래로 이동하였는데, 서주 때에 발생하였다. 전형요의 예는 서주 후기의 낙양洛陽 왕만요王灣窯(제3장 마제요 부분 참조)를 들 수 있다. 이 시기 가마의 흡화공은 1개뿐이다.

② 반도염 마제요의 발전 시기(진 · 한~위진남북조 시기) : 와전 기술의 발전이 촉진된 아래 마제요 구조 중의 흡화공의 수요가 증가하여 일반적으로 3공 이상을 가진다. 연소실도 뚜렷이 확대되지만 구조에 본질적인 변화는 없다.

③ 마제요의 정형화 시기(수 · 당 시기) : 갑발이 당대에 계속 사용되면서 가마의 높이에 변화가 발생하였고 가마의 용량이 대폭 확대되었다. 연소실과 연창의 체적이 대형화 방향으로 발전하였고, 가마의 온도는 더욱 통제하기 쉬워졌다.

④ 마제요의 대 개조 시기(송 시기) : 북방의 식생植生이 엄중한 파괴를 당하여, 북송이 시작되면서 나무 연료가 보편적으로 부족해져 요장은 석탄을 연료로 채용해야 했다. 이 새로운 상황에 적응하기 위해 가마 구조도 석탄의 연소와 찌꺼기의 배출에 적합하게 개선되어야 했다. 그래서 연소실 속의 요폐窯箅(불판)와 배사갱排渣坑(찌꺼기를 버리는 갱)이 출현하였고, 연창煙窓의 면적이 전체의 3분의 1을 차지하였다. 석탄은 연소를 돕기 위해 통풍이 필요하기 때문에 요 내의 화염도 기왕의 환원염에서 산화염으로 변하였다.

마제요와 용요는 중국 대륙의 황하 유역과 장강 유역에서 따로 떨어져 발생한, 서로 다른 문화 환경 속의 산물이며 양대 문명의 서로 다른 기술 계통을 대표한다. 〈그림 2-2-6〉과 〈그림 2-2-8〉을 비교해 보면 명백하듯이, 강남의 구릉지대에 적응한 용요는 황하유역에서는 1기도 발견되지 않는다. 당대 이전의 용요는 거의 청자 생산과 짝을 이루며, 강남 청산녹수의 문화 특색을 보여준다. 반대로 황하 유역의 마제요는 위진남북조 시기 이전에는 도기·와전·녹유도의 번조와 공존하였다. 북조 후기가 되어서야 소수의 요장에서 마제요를 이용해 청자를 구웠으며, 북방에서 자기를 굽는 역사를 개창하였다. 수대에 백자 제작을 시험해 보기 시작했으며, 한번 풍조가 일어나자 멈출 줄 몰랐다.

당대에 이르러 백자의 생산이 주류가 되었고 중국 대륙에 '남청북백南靑北白'의 국면을 형성하였다. 양자는 물론 가마 기술·장소(재임) 기술·시유 기술·조형 기술 모두에 뚜렷한 구별이 있으며 남북 물질문화상의 차이를 반영하였다. 만당·오대 시기에 들면서, 특히 송대가 되면서 남과 북에서 다양한 자기 색과 기술을 함께 사용하는 국면이 나타났다. 그리고 상품 경제가 나날이 발전함에 따라 기술 정보도 남북에 서로 전해지게 되었다. 예컨대 오대시기에 전월錢越 지구의 M형 갑발은 섬서성의 동천 황보요에서 보편적으로 사용되었고, 그곳의 청자가 유색과 조형에서 '비색자秘色瓷'의 품질과 특징을 띠었다. 남방의 경덕진요와 용천요도 하북성 정요의 지권조합복소支圈組合伏燒 기법을 배웠으며 또한 남방에 광범위하고 장구한 영향을 주었다.

늦어도 오대에 남방의 여러 지구에서 북방의 영향을 받아 백자를 굽기 시작하였다. 그러나 사용한 가마는 북방에서 유행한 마제요가 아니었으며, 그들의 전통적인 가마기술을 사용해 백자를 구웠다. 그러나 이런 사실들 속의 한 가지 공통된 현상은 기술의 전파와 흡수가 모두 자연 환경의 제약을 받는다는 점이다. 그래서 자신이 필요하면서 자연 조건의 제약이 없는 기술은 흡수되었고, 부적합한 것은 배제되어 전체 기술 계통의 소수만이 변화한 환경에 이식되었다.

마제요 기술은 주로 와전 기술을 따라 밖으로 전파되었다. 입수된 자료를 보면 전국 시기의 절강성 소산蕭山에서 발견된 일군의 마제요는 남방 용요 분포 지구에서 최초로 북방 가마 기술을 받아들인 것이다. 서한 시기에는 연이어 복건성 숭안崇安 고성古城과 사천성 무승武勝 등지에서도 마제요 기술을 접수하여 와전과 묘전을 번조하였다. 그리고 6세기의 백제에서 중국식의 마제형 와전요가 보이며 7세기의 일본 후지와라쿄藤原京의 와요, 8세기의 발해 와요도 모두 중국식의 마제요이다……. 그러나 이들 황하 유역 이외에서 보이는 마제요는 모두 민간 차원의 도자 기술 교류를 통하지 않고 외전外傳된 것이다. 그 특징을 보면 첫째, 다른 지역에서 출현한 마제요들은 모두 와전 기술과 직접적인 관계가 있다. 둘째, 교류 방식에서 정치, 종교와 관계가 있는 것이 많다. 민간·정치·종교의 이 3자가 전파하는 방식은 단계가 분명히 다르다. 이 문제는 제 4장에서 상세히 다루겠다.

마제요의 동아 분포 상태는 〈표 2-3〉에 보는 바와 같다.

(4) Ⅳ형型, 연방식요連房式窯

분실용요 · 계룡요 · 횡실계단요의 3조組가 있다. 이 3조의 가마를 구분한 분포 상황은 12세기 이후 동아 각지의 가마 기술 교류가 가지는 특별한 의의를 정리해줄 것이다.

분실용요는 용요의 중간에 추가하는 분단 번조 기술과 마제요의 반도염 기술을 종합하여 송대 초기에 출현한 새로운 형식의 가마이다. 그 구조는 〈그림 2-2-1: 3〉 및 〈그림 2-2-9〉에서 그림으로 보여준다. 천정 구조의 차이에 근거하여 2조로 나눌 수 있으며, 각 1조 안에 다시 계단의 유무나 중간 연소실의 설치 상황에 근거하여 세분할 수 있다. 동아 지구의 Ⅳ형요를 종합하면 3조 7종의 양식으로 나눌 수 있다.

제1조 : 분실용요分室龍窯. 세분하면;

　　　　Ⅳa ; 반도염 사저斜底 분실용요,

　　　　　　일본에서 '할죽형割竹形 분실용요'라 한다. (그림 2-2-9: 1)

　　　　Ⅳb ; 반도염 분실계단용요 (그림 2-2-9: 2) : 현재 많이 보이지 않음.

　　　　Ⅳc ; 반도염 다연소실 계단용요 (그림 2-2-9: 3) : 극소수

제2조 : 횡실연방요橫室連房窯. 세분하면,

　　　　Ⅳd ; 반도염 횡실사저 연방요 (그림 2-2-9:4) : 소수 발견

　　　　Ⅳe ; 반도염 연방계단요 (그림 2-2-9: 5) : 지구 부동, 분포 수량 같지 않음.

　　　　Ⅳf ; 반도염 다연실계단요 (그림 2-2-9: 6) : 거의 일본에 집중 분포.

제3조 : 반도염계룡요半倒焰鷄籠窯. 일본에서 '우충형芋虫形 연방식등요'라 부르며, 현재 1종의 유형만 있다.

　　　　Ⅳg ; 반도염 계룡요 (그림 2-2-10).

이상 각종 가마의 분포 상태는 부표 참조(표2-4, 표2-5, 표2-6).

가마 분류는 가마 천정의 구조가 중요한 근거이지만, 가마 유적에는 거의 천정부가 남아 있지 않다. 다행히 일본의 17세기 이후 요지가 이 방면의 자료를 제공하고 있어(제7

장 참조) 가장 먼저 Ⅳg 형식의 계룡요를 구별해낼 수 있었다. 한국과 일본의 19세기 분실용요와 횡실연방식요도 완전한 형상을 보존하고 있어, 이들에 근거하여 분류 체계를 더욱 명확히 할 수 있고 신빙성도 있다.

현재까지의 자료를 종합해 보면 다음과 같다. 즉,

제 1조인 분실용요의 특징은, 가마 안에 요실窯室(칸)을 분격分隔하는 장벽이 직립해 있고 가마 양측의 벽면이 50cm 이상에서 내경內傾하여 아치형을 이룬다. 형상이 마치 반으로 쪼갠 대나무를 구릉의 경사진 곳에 엎어놓은 것 같지만, 가마 양측의 벽이 내경하여 아치형을 이룬다.

제2조인 횡실연방식요는, 식별이 비교적 쉬운 편이다. 그 평면 구조를 보면 각 요실이 올라갈수록 횡폭橫幅이 길어지는 추세를 보인다. 또 요실을 보면 양측의 벽체는 직립하나 앞뒤의 벽체가 아치형을 이룬다. 이것은 마치 반으로 쪼갠 대나무를 옆으로 잘라서 한 마디 한 마디씩 옆으로 놓은 것 같으며, 계단상의 긴 가마를 조성한다.

제3조의 계룡요는, 이름에서 알 수 있듯이 가마가 계룡(닭장, 새장)을 세워서 배열한 것 같다. 천정은 원구형圓球形을 띠는데 각 요실의 기초 부분이 전후좌우 모두 환호형丸弧形을 이루면서 4면의 벽이 모두 내경하여 모아져 원구상의 천정을 이룬다.

이상 3조의 가마는, 최초로 출현한 것이 분실용요이며 이후에 계룡요와 횡실연방식요가 출현하였다. 비록 이들이 용요에서 직접 파생되어 나온 것이라 말할 수는 없지만, 모두가 용요와 마제요(만두요) 기술을 종합한 결과이다. 대체로 용요 계통 중에 귀속된다.

현재 알려진 바로 초기의 Ⅳ형요는 기본적으로 남방 연해지구의 혜주惠州 · 조주潮州 · 장포章浦 · 덕화德化 등의 수출 도자 생산 지대에 분포한다(그림 2-2-11). 13세기에 수출 도자의 흐름에 따라 기술 정보가 한반도에 들어갔고, 다시 한반도를 거쳐 일본에 전해졌다. 그중 특별한 것이 계룡요의 전파이다. 한국을 거쳐 일본에 전해졌거나 직접 중국에서 일본으로 가는 두 개의 노선과 두 개의 다른 시기가 존재할 가능성이 있다. 전형적인 횡실연방식요는 주로 명말청초(17세기)에 유행하며 광동성 조주와 복건성 장포 지구에 집중적으로 분포한다. 한국에서는 크게 발달하지 않았다. 18세기 이후 일본 가마의 주류가 되었지만 횡실의 길이가 앞이 짧고 뒤가 길다(그림 7-3-19 참조). 중국의 전체가 기본적으로 비슷한 것과는 다르다(그림 3-6-5 참조).

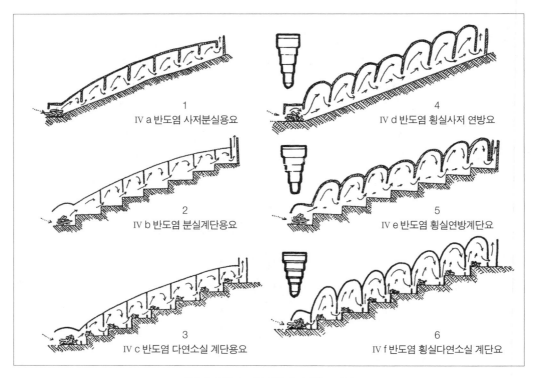

그림 2-2-9 동아 Ⅳ형 반도염 연방식요 개념도

그림 2-2-10 『천공개물』 중의 계룡요 그림

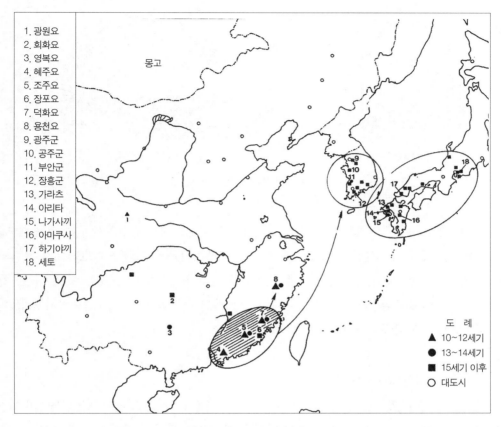

1. 광원요
2. 회화요
3. 영복요
4. 혜주요
5. 조주요
6. 장포요
7. 덕화요
8. 용천요
9. 광주군
10. 공주군
11. 부안군
12. 장흥군
13. 가라츠
14. 아리타
15. 나가사끼
16. 아마쿠사
17. 하기야끼
18. 세토

몽고

도 례
▲ 10~12세기
● 13~14세기
■ 15세기 이후
○ 대도시

그림 2-2-11 동아 Ⅳ형 연방식요 분포도

(5) Ⅴ형, 전도염요全倒焰窯

전도염과 반도염의 구분은 흡화공의 위치의 차이에 있다. 〈그림 2-2-12〉를 보면, 전도염 화염의 진행을 이해할 수 있을 것이다. 전도염의 흡화공은 전부 요상窯床 위에 설치되어 있고, 연소실은 양측이나 사방에 분산되어 있다. 화염의 운행은 가마 바닥의 연소실에서부터 상승하여 요 천정에 닿으며, 연후에 다시 전면적으로 위에서 아래로 배퇴坏堆나 갑발주匣鉢柱(갑발을 기둥처럼 쌓아 놓은 것)를 덮어 누른다. 연후에 쌓인 그릇과 갑발주 사이의 공간을 거쳐, 흡화공을 따라 가마 바닥의 화조火槽(불고랑)와 연통을 지나서 가마 밖으로 배출된다. 화염의 흐름은 반도염에 비해 보다 고르다. 전도염요의 흡화공의 분포는 반도염 마제요에 비해 더욱 선진적이다.

현재 보고된 자료 중에 산동성에서 송대에 이미 전도염요가 출현하였음을 발견하였

1 Va 전도염 만두요   2 Vb 전도염 방형요

그림 2-2-12 동아 V형요 개념도

으나 안타깝게도 정식의 발굴 조사 보고가 없어 송대 전도염요의 유무에 대해서는 좀 더 기다려야 할 것 같다. 명대에는 남경南京에 궁정용 유리와를 번조하는 전도염요가 설치되어 그 가마 유적이 확인되었다. 중국과 일본의 근현대의 도자기를 번조하는 전도염요 기술은 모두 독일에서 온 것이며(그림 2-2-12), 전통적인 전도염요 기술은 계승되지 않았다.

전도염요가 동아에 분포한 상태는 부표(표2-7)를 보기 바란다.

(6) Ⅵ형, 경덕진 특수형요

강서성 북부에 위치한 경덕진은 세계적으로 유명한 '자도瓷都'이다. 경덕진의 자기는 북송이 개시하면서 남, 북방에서 약간의 명성을 얻었다. 특별하게 원대에 와서 내부內府 관요가 생기고, 서양인의 주문을 접수하면서 경덕진 자기가 천하에 퍼져나갔다.

경덕진 자기의 생산은 오대에 시작되는데 당대에 이미 자기의 생산이 있었지만 규모가 매우 작았다. 북송이 시작되면서 특히 남송 시기에 한편으로는 수출 도자 생산의 자극을 받고, 한편으로는 원료 공급의 견제를 받으며, 남송의 "관적의 크기에 따라 세금의 등급이 정해진다(官籍丈尺, 以第其稅)", "번조가 한창일 때 장부에 따라 세금을 납부케 한다(興燒之際, 按籍納金)"는 등의 독특하고 가혹한 세제稅制가 가해져 경덕진요는 기술 발전이 보통의 경우와는 다른 길을 걸어왔다. 이 방면에 관해서는 제3장에서 다루겠다.

현재 발굴된 최초의 가마 유적은 원대의 호로형요葫蘆形窯이다. 명, 청이 이 전통을 계승하였으며 또한 청대에 소위 '압단형요鴨蛋形窯'가 파생되었다. 호로형요는 명대 송응성宋應星의 『천공개물天工開物』중에 그림과 기록이 있으며, 압단형요는 그대로 이어져 현재에도 계속 사용되고 있다. 호로형요는 용요와 같으며, 요상이 경사지고 몸체에 투시공이 있어 용요의 분단 번조 기술을 기본으로 하고 있음을 알 수 있다. 동시에 마제요와 계룡요의 합리적인 요소를 흡수하여 개량된 요를 만들었다(그림 2-2-13).

용요 기술을 사용한 경덕진에서는 다른 지구에서 끊임없이 용요의 길이를 연장시키려 하는 것과 다른 상황을 맞았다. 즉, 남송 시대에 독특한 세제의 압박을 받게 되자 단축된 요신을 선택하여 세액을 감소받았으며, 가마의 구조를 개조하여 번조보험계수燔造保險系數(번조 성공률을 보장받는 방법)를 향상시키는 등의 상황이 벌어졌다. 이어서 원대의 관요는 생산품의 높은 질을 요구하였다. 그래서 경덕진은 높은 성공률, 높은 품질, 낮은 소모를 추구하는 길로 발전하였다. 경덕진이 원대 이후에 다른 요들과의 다툼에 이겨 국내에서 도자 무역 시장을 독점한 것은 바로 고품질·저가격의 경영 방식에 의한 것이며, 경덕진요의 성공 비밀이 바로 여기에 있다.

경덕진의 특수형요는 현재까지 기타 지구에서는 보이지 않는다. 〈표2-8〉 참조.

(7) Ⅷ형, 교혈요窖穴窯

교혈요는 그 이름이 뜻하듯이 지하에 판 것으로 형태가 교혈(땅굴)과 같다(그림 2-2-14). 일본과 한국에서는 '교요(아나 가마)'라 부른다. 또한 장조상長條狀을 띠고, 구릉의 경사면에 만들기 때문에 등요(노부리 가마)라고도 한다.

교혈요는 산지를 이용해 땅을 파서 굴을 만드는데 가마의 제작에 편리한 면이 있다. 그러나 지하에 있기 때문에 가마의 부가 시설이 발전하는 데 매우 많은 제한이 따른다. 예컨대 지상요처럼 몸체에 투시공投柴孔·관화공觀火孔·투기공透氣孔·요문 등을 만들 수 없으며 가마의 보수도 불편하다. 또한 지상요는 내화도가 보다 높은 원료(내화진흙·갑발편·내화전 등)를 선택해서 축조할 수 있지만, 지하요는 지형적으로 내화도가 높은 산지의 지형을 선택한다는 것이 매우 어려운 일이다. 때문에 교혈요의 내화 온도가 일단 1,100℃ 이상을 초과하면 벽이 녹아 균열이 발생할 수 있고, 천정이 붕괴되는 등의 병폐가 있다. 물론 벽에 내화 작용을 하는 풀을 섞은 진흙을 한 겹 바른 가마도 있고, 혹은 연소실과 번조실 사이에 '분염주分焰柱'를 세우기도 한다. 하지만 가마의 내화 강도는 여전히 한계가 있어 교혈요의 사용 수명은 대단히 짧다. 그런데 폐기된 요장의 땅은 이미 진흙이 소결되어 있어 다시 새로운 가마를 뚫을 수 없으므로 계속 생산하려면 새로운 산지山地를 찾아야 한다. 이것이 곧 일본의 교혈요 유적 주변에 폐품 퇴적이 적고, 요지 분포가 넓은 원인이다.

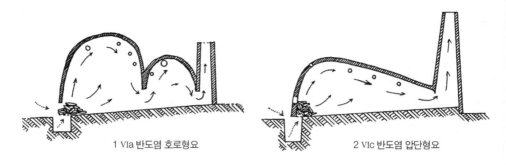

1 VIa 반도염 호로형요   2 VIc 반도염 압단형요

그림 2-2-13 VI형 경덕진 특형요 개념도

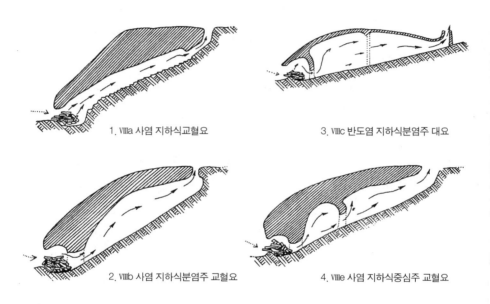

1. VIIIa 사염 지하식교혈요   3. VIIIc 반도염 지하식분염주 대요

2. VIIIb 사염 지하식분염주 교혈요   4. VIIIe 사염 지하식중심주 교혈요

그림 2-2-14 VIII형 교혈요 개념도

지금까지 일본에서 보도된 요지 자료는 4,400기 이상인데, 생산량의 절대수를 계산해 보면 중국의 같은 수량의 요지와는 비교하기가 불가능할 정도의 소량이다.

시간과 분포 지역에 의한 거시적 관점으로 고찰하면 중국에서는 지금까지 교혈요가 발견되지 않고 있다. 현재 발견된 최초의 가마 예는 한국에 있다. 시대는 2, 3세기이다. 5세기에 이 가마 기술이 무유경질도기無釉硬質陶器(스에끼須惠器)의 번조 기술과 함께 한반도에서 일본에 전해졌다. 문헌 자료와 고고학 연구의 결과에 의하면 한·일 관계의 개선에 따라 가야·백제 등의 정권이 일본 방면에 유관 기술 장인들을 파견하였는데, 교혈요

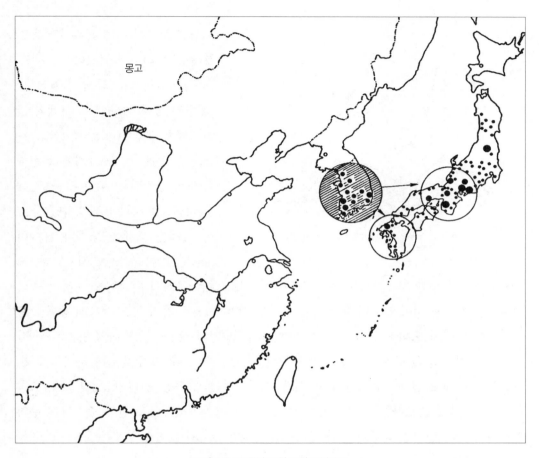

그림 2-2-15 동아 Ⅷ형 교혈요 분포도

와 스에끼須惠器 기술도 이때 일본에 전해졌다. 처음에 교혈요는 단지 소규모로 큐슈九州 · 혼슈本州와 중부 지방에 분산되어 있었다. 약 5세기 중엽에 수도에서 멀지 않은 곳을 택해 경기 지구인 쓰에무라陶邑의 구릉지대(오사카부 사카이시 쓰에무라大阪府堺市陶邑)에 요장을 열고, 당시 일본 최대의 스에끼 생산 센터를 형성하였다(그림 2-2-15). 불가사의하게도 이 가마는 5세기 이래 16세기까지 일본에서 1,000년 간 유행하였지만, 구조상에서 거의 변화가 없었다.

고대에 중국과 일본의 무역 관계를 통해 전해진 기술 정보는, 도자기의 외관상으로 해독할 수 있는 기술을 제외하고 요장에 관계되는 가마 구조나 장소(재임) 기술, 유료釉料 배합 방면의 기술은 비교적 적게 전해졌다. 그러나 한국은 그렇지 않아서 이것도 일본의

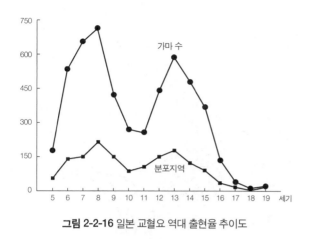

그림 2-2-16 일본 교혈요 역대 출현율 추이도

요업이 한국에 비해 낙후되었던 주요 원인의 하나가 되었다.

일본에서 완만하게 진행된 요업 발전 중에 역사상 두 차례의 클라이맥스가 출현하였다(그림 2-2-16). 한 차례는 7~8세기에 율령제 국가가 성립된 이후의 햐쿠보白鳳와 나라奈良 시기에 발생하였다. 또한 차례는 중세에 도기가 급속히 보급된 가마쿠라鎌倉 시기였다. 제1차는 중·일 문화 교류가 빈번하게 왕래하던 때로, 한漢 문화의 자극이 작용하여 중국 기물을 방제하는 것이 일종의 유행을 이루었다. 제2차는 중국의 무역 도자가 대량으로 수입되면서 이것이 오히려 중국 자기를 방제한 회유도기의 생산을 압박하였다. 그래서 각지의 요장이 사회의 중하층을 위한 대중적인 제품의 생산으로 방향을 전환하게 되었다. 그래서 무유에 조질粗質의 도완陶碗이 대량 제작되었는데, 속칭 '산다완山茶碗'이다. 요장이 매우 많았고 분포가 상당히 넓었다. 이 두 차례 클라이맥스의 출현은 중·일간 무역 도자의 교제와 밀접한 관계가 있다(제7장 참조). 동아에서의 교혈요 분포는 〈표2-9〉를 참조하기 바란다.

2. 동아 가마 유형의 전체적 분포

다른 기술과 마찬가지로 도자 기술도 특정한 자연 환경과 문화 환경 속에 뿌리를 내리고 성장한다. 그래서 일면에는 그 지구의 문화 특징을 반영하면서 동시에 자신의 독립적인 기술 계통을 형성한다. 기술은 문화 교류라는 대 배경 아래에서 전파되며 이 때문에 도자 기술 교류도 문화 전파와 문화 교류의 일부분으로 볼 수 있다. 그래서 동아의 가마 유형을 분포상으로 연구하는 것은 요업 기술 교류의 경로와 경과를 탐색하는 문화적 의의를 갖고 있다.

각 유형의 가마 분포를 종합한 결과를 분포도를 통해 그 군집 현상을 표시한 즉, 아래와 같은 상태를 보였다.

(1) Ⅰ형 승염식원요가 분포하는 중심 구역은 황하 중류에 있다(그림 2-2-4).

(2) Ⅱ형 평염식용요의 분포는 장강 유역 및 그 이남 지구에 집중하며, 또한 한반도에 전파되었다. 북방에는 분포가 보이지 않는다(그림 2-2-6).

(3) Ⅲ형 반도염마제요의 분포 중심은 시대에 따라 변동이 있다. 수대 이전에는 주로 황하 중류에 집중 분포하고 당대가 시작되면서 태행산 동록과 그 황하의 남쪽 구간으로 옮겨졌다. 송대가 시작되면서 그 중심이 남과 동으로 확산되기 시작하여, 3

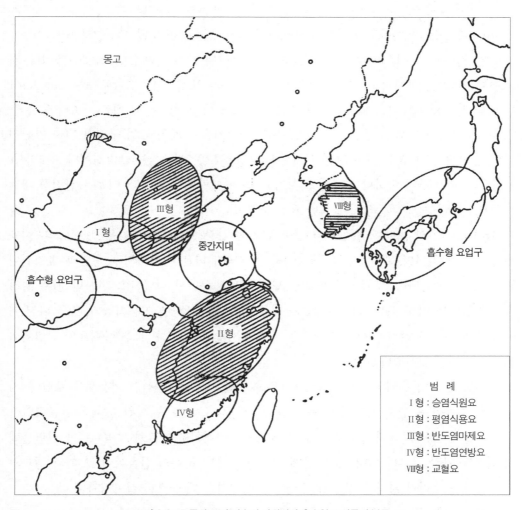

그림 2-2-17 동아 요업 기술의 발원지와 흡수형 요업구의 분포

권이 중첩되는 현상을 이룬다. 사방에 몇 개의 중요한 확산 구역이 있는데 최초의 것은 사천성권(한대에 시작), 광동성과 복건성의 연해권(한대 시작, 당대 보급)이다. 동쪽으로는 비교적 멀리 3개의 역외권이 나눠지는데 한반도와 발해국 영지, 일본 열도가 연이어 남조와 당대에 발생한다. 그러나 한국과 일본에서는 생산권을 형성하지 못하며 양이 적고 시기도 짧다(그림 2-2-8).

(4) Ⅳ형 반도염연방식요는 동남연해 및 그것이 전파된 한국과 일본에 분포한다(그림 2-2-11).

(5) Ⅵ형 특수요는 경덕진 일대에만 분포한다(그림 2-2-18의 7번 참조).

(6) Ⅷ형 교혈요는 한국과 일본에 분포하며, 중국에는 보이지 않는다(그림 2-2-15).

이상 각 유형 가마의 기원 및 그 중심지를 개괄하여 만든 것이 〈그림 2-2-17〉이다. 전체 동아 지구에는 5개의 독립적인 계통의 가마 종류가 있으며(Ⅰ·Ⅱ·Ⅲ·Ⅳ·Ⅷ형 요), 1개의 중간 겸용 지대와 2개의 흡수형 요업 구역이 있다. 5개의 독립 계통의 가마 종류 중에서 빗금친 3개 구역이 동아 지구가 보유한 독립 기술 체계의 요업 구역과 기술 발원지이다. 동시에 동아 요업 기술 교류의 역사적 과정을 고찰하는 기본 출발점이다. 2개의 흡수형요의 요업 구역은 하나가 사천 분지이고, 하나는 일본 열도이다. 이것은 완전히 외래 기술을 흡수하는 데 의존하여 일어난 요업 구역이다.

황하 유역에서 발생한 Ⅲ형요의 전파 범위가 가장 넓다(그림 2-2-8). Ⅲ형요의 서쪽 면이 Ⅰ형 구역이며, Ⅲ형요는 Ⅰ형요에서 파생되어 나온 것이어서 Ⅰ형권과 Ⅲ형권이 부분적으로 중첩된다. 초기의 Ⅲ형요는 도기를 번조하면서 발달하여 진·한 이후 황하 유역에 집중된 역대 도시 속의 마제요가 대규모의 와전 생산에 이용되었다. 또한 와전 기술의 대외 전파로 인해 마제요 기술도 각지에 퍼져갔다. 이 또한 Ⅲ형 마제요의 정형화와 발전을 크게 촉진시켰다.

마제요는 황하 유역의 자연 조건을 이용하여 민첩하고 다변적인 적응성을 보였다. 지상이든, 지하이든, 진흙 축조이든, 벽돌 축조이든, 나무를 때든, 석탄을 때든 불문하였으며 도공들이 모두 자유자재로 변화에 적응하였다. 이것이 마제요가 광범위하게 사람들에게 접수된 가장 큰 이유이다. Ⅲ형 마제요는 황하 유역 문화의 산물이며 그 전파 경과와 분포 상태는 우리가 황하 문명의 대외 영향을 식별하는 데 중요한 실마리가 된다.

Ⅱ형 용요는 장강 중하류와 동방 연해지구에 분포한다. 그 시작이 곧 원시 청자의 기

원과 밀접한 관계가 있는 것으로 보이며 이 현상은 전국시대에 이르러 용요와 원시 청자의 조합 관계가 안정을 이루었다. 동한 이후에는 절대 다수의 청자가 용요 구조를 사용하였다. 용요는 마제요와 달리 몸체가 길기 때문에 지형을 이용하여 요상면을 경사지게 해야만 가마 안에 자연적인 추력이 발생한다. 특히 당대 이후의 용요는 분단번조 문제를 해결하여 몸체의 길이가 30~50m 이상에 달하였고, 이 때문에 평원과 무산無山 지대에서 사용하기에 부적합하였다. 이것도 Ⅱ형 용요가 자연 조건상의 제약으로 북쪽의 황하 유역에 도달하지 못하게 된 이유 중의 하나였다.

용요 기술은 5세기에 지리적 환경이 비슷한 사천 분지에 전해졌다. 그리고 10세기에 월요 도공의 손을 통하여 한반도에 전해졌다. 그러나 자연 조건이 중국과 한국에 가까운 일본은 이 기술을 접수하지 못했는데, 당시 중국과 일본과의 관계가 비교적 소원하였음을 반영한다.

남방연해에 분포한 Ⅳ형 연방식요는 용요 기술을 기초로 하고 북방의 반도염 마제요의 화염 통제 기술을 흡수하여 창조한 신형 가마이다. 그것은 북송 전기에 출현하였는데 남방 연해의 무역 도자 생산을 촉진시키기 위해 발생한 신기술이다. 이 신형 가마의 발명과 창조는 용요에 마제요기술을 종합한 결과로, 매우 가치 있는 기술 개량 활동이었다.

Ⅵ형 특수형요는 강서성 북부의 경덕진에만 분포한다. 이 가마는 특정한 경제적 배경 아래에서 발생한 것으로 당시 일반 용요 발전과는 반대 방향으로 발전하였다. 즉, 도공들은 기물의 장소(재임) 수량의 많음을 피하고, 단지 번조의 높은 성공률과 높은 질만을 고려하였다. 그리하여 이 방면에서 당시 최고 수준에 도달하였다. 경덕진의 특수형요가 외지의 도공들에 모방되지 않고 널리 퍼지지 않은 주요 원인은 상이한 경제적 배경 외에도 기술상의 난이도가 컸기 때문이다. 그래서 중국의 기타 지방에서 경덕진요의 가마 기술을 배우지 못했다. 동아의 기타 지구를 조사하면서 일본인 학자가 15세기 세토瀨戶에서 출현한 '대요大窯'의 형태가 경덕진의 압단요와 같다고 주장하기도 하였다. 그러나 전체적인 기술 수준을 비교해 보면 본질적인 차이가 존재하여(제7장 제2절 참조) 경덕진요 기술 영향을 받아들이기 불가능하였다.[6]

---

6) 일본의 15세기에 출현한 대요大窯와 전통적인 교혈요는 일정한 격차가 존재한다. 이때문에 보편적으로 대요는 외래기술 위주로 된 신형 가마종류로 인식하며, 어떤 연구자는 대요와 경덕진 압단형요의 평면 비교에서 비슷한 점

Ⅷ형 교혈요는 2세기 무렵에 한반도에서 발생하였다. 당시 동아의 전체적인 상황에서 보면 중국의 선진적인 마제요·용요와 비교해 상대적으로 원시적인 가마 종류로 인정된다. 5세기에 이 가마 기술이 일본에 전해져 무유도기와 회유도기를 번조하는 유일한 도구가 되었다. 그리고 16세기까지 계속되다가 점차 '대요'와 외래의 연방식요로 대체된다. 교혈요 기술은 중국의 각종 유형보다 낙후된 것이기 때문에 자연히 중국의 요업에는 추호의 영향도 없었다(그림 2-2-15).

요구역 분포에 의한 비교 연구 중에 얻은 것은 동아 각 요업구 사이의 기술 교류가 다음과 같은 상황으로 존재하였다는 점이다(그림 2-2-18). 즉, 무릇 기술 전통이 심후한 요구역일수록 뒤에 가서 전체적으로 보수적인 경지에 빠져드는 것을 피하기 어려웠다는 사실이다. 북방 마제요 기술의 중심 지구인 Ⅲ② 요구역(태행산 동록의 하남성 중부)이 이와 같고, 남방 용요 기술의 발원지이면서 가장 발달한 Ⅱ① 요구역(절강성)의 상황이 두드러진다(그림 3-9-1 참조). 대륙의 요업 기술 발전 과정 중 남북 양대 유역의 기타 요구역은 기본적으로 끊임없이 양대 요구역의 기술적 영양분을 흡수하여 발전의 기초로 삼았다. 북방Ⅲ② 요구역의 쇠퇴는 북송 말기와 남송에서 시작되는데 외부적 원인으로 정치적 요소와 자연 조건 상의 변화(연료 문제)가 있지만, 폐쇄적이고 보수적인 기술상의 문제가 북방 요업의 쇠락을 가져온 중요한 내부 원인이 되었다.

이와 상대되는 남방의 Ⅱ① 요구역은 중국 남방의 전통적인 요업 중심지이다. 이 지역에서 연이어 회계요會稽窯·월요越窯·무주요務州窯·용천요龍泉窯 등의 요들이 각 시대마다 수위를 차지하였다. 그런데 이들은 기술 전파의 근원지이지만 외래 기술을 매우 적게 접수하였다. Ⅱ① 요구역은 시종일관 청자 위주로 번조하였으며, 비록 일부 흑유자를 생산하였지만 그것도 단지 청자유 중에 산화철의 함량을 높인 것으로 청자 기술의 범위를 벗어났다고 말할 수 없다. 당대에 시작되어 전국 각지에서 백자를 생산한 역사가 천여 년이 지나도, 이곳에서는 조금도 변함없이 의연하게 전통적인 청자를 생산하였다. 기타 지구에서 모두 적극적으로 신형 가마를 창제하고 장소(재임) 기술을 개선할 때, 이 전통

을 보고, 압단형요의 장소 기술에 비추어 대요의 갑발 이용방법을 복원하였다. 필자는 당시의 동아 전체적인 기술 수준을 비교하여, 대요는 보다 많은 기술성분이 의연히 교혈요적인 것에 근거하여, 적어도 경덕진요의 기술과는 어떠한 직접적인 관계는 없다고 생각한다. 구체적인 논술은 〈제3장 제7절〉과 〈제7장 제2절〉을 참고하기 바람.

적인 요구역은 시종일관 단일한 용요와 전통적인 장소 요도구를 사용하였다. 월주요가
연료의 부족으로 쇠락해 갈 때 그 대신으로 일어난 용천요 역시 계속해서 청자 기술의 전
통을 이어서 유법釉法을 개량하였고, 청자에 옥玉 같은 효과를 보여주었다. 가마와 장소
(재임)도구 상에서 계속 월주요의 기술을 사용하였고, 부분적으로만 개량하였다.

　　그러나 Ⅱ①의 주변 지역의 상황은 다르다. 개별 요장에서 장염주를 증설하여 용요의
번조 환경을 개선하고 정요의 복소조합 요도구를 채용하였으며, 분실용요 기술을 흡수하
고 영청백자를 번조하였다. 그러나 충분히 주의할 것은 이런 현상이 모두 기술 변동이 비
교적 큰 Ⅱ②의 복건성 요지구의 경계 지구에서 발생한 점이다. Ⅱ①의 중심 지구는 한결

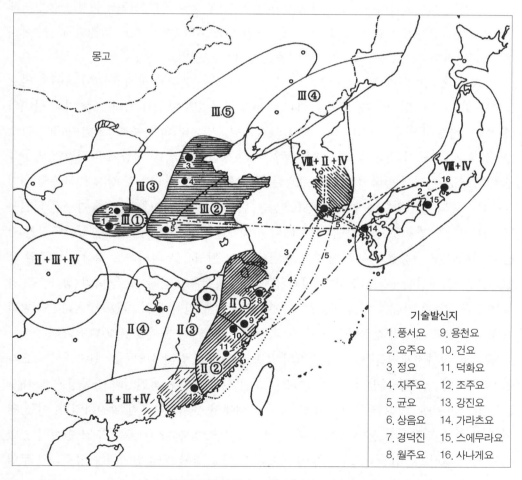

그림 2-2-18 동아 각 요업구 간의 기술 교류도

같이 전통적인 청자 기술을 발전시켰다.

중국 대륙의 도자 기술의 대외 전파를 말할 때 다음의 현상에 주의해야 한다. 즉 첫째는 와전 기술을 포함한 중국의 가마 기술이 당대 이전에는 주로 '와전 기술'의 이전을 따라 서역·낙랑·백제·일본·발해·서하西夏에 전해졌다. 그러나 당대 이후에는 '도자기술'이 견당사 등의 빈번한 문화 교류를 통하여 신라와 일본에 전해졌는데, 당시에 출현한 발해삼채와 신라삼채, 나라삼채가 곧 그 증거이다. 둘째는 송대 이전의 기술 교류가 주로 정부와 종교층 사이에 발생하였으며, 민간층에서의 기술 교류는 13세기 무렵에나 가능하였다는 것이다. 셋째는 중국 요업 기술의 대외 전파의 출처가 남북 방향으로 여러 차례 변동을 거쳤다는 사실이다. 그 구역성의 이동을 보면 황하 중하류(동한 이전)→동방연해(삼국·양진·남북조)→황하 중류(당·북송)→장강 유역(북송에서 원)→남방연해(남송에서 명·청)로, 전체적으로 북에서 남으로 이동한 추세를 보인다.

기술 전파의 출처가 북방에서 남방으로 이동한 것은 중국의 경제 중심이 북에서 남으로 이동한 추세와 일치한다. 동시에 대외 교류의 창구였던 항구가 역시 그를 따라 당대의 양주楊州, 북송의 명주明州(영파寧波)에서, 남송·원·명 시기의 복주福州·천주泉州·광주廣州로 옮겨갔다. 이 변동 추세는 또한 무역 자기 생산지의 남쪽 이동에 직접적인 영향을 주었다. 남송 이전에 중국의 저명한 요장은 주로 황하 중류와 남방의 장강 중하류의 내지內地에 집중되어 있었으며 연해의 명요名窯는 월주요 한 곳뿐이었다. 남송이 시작되면서 정부가 상업적 발전을 장려하여 특히 대외 무역에서 자기의 수출이 이때에 비약적인 발전을 이루었다. 절강성 북부의 월주요는 연료 등의 원인으로 쇠퇴하고 절강성 남부의 용천요가 그를 대신해 흥기하였다. 내지의 경덕진의 청백자도 감강贛江을 따라 생산품을 남쪽으로 운반하여 남해의 여러 항구로 갔으며, 감강의 연안선에 있는 길주요吉州窯와 칠리진요七里鎭窯도 자신의 생산품을 천주와 광주에 집중시켜 수출 운송을 기다렸다.

그러나 지나치게 번잡한 내지 자기의 운송을 피하기 위해 상인들은 현지에서 축요하여 내지의 명요 제품을 방제 생산하는 것을 보다 환영하였다. 복건성과 광동성 연해 대부분의 요장은 바로 이러한 무역 풍조의 자극 아래에서 우후죽순처럼 발전하였다. 이들 연해 요장 중에 절강성의 용천요(청자)와 복건성의 건요(천목다완)가 일찍부터 명성이 있었던 것을 제외하고, 기타의 요장 모두가 명요의 명성을 빌어 질이 떨어지는 방제품의 무역 자기를 생산하는 요장이었다. 그래서 청자를 방한 소위 '용천요계', 경덕진 청백자를 방한

'청백자요계', 북방의 청황유靑黃釉를 방한 '요주청자계', 건요를 방한 '천목자계', 명·청 시기 경덕진의 청화계통을 방한 '청화자계' 및 일본 다인들의 사랑을 받은 '주광珠光 청자계', 동남아인의 총애를 받은 '덕화德化 백자계' 등이 형성되었다.

이들 요장의 생산 규모는 막대하였는데, 용요가 무리를 이루어 길이가 100m 이상에 달하는 가마가 드물지 않았고 기술의 흡수와 개조가 대단히 활기를 띠었다. 대외적인 연계가 매우 빈번하여 명요의 진짜 제품과 방제품을 따라 연해지구의 도자 기술도 해외로 흘러나갔다. 연구 결과를 보면, 절강성 월주요의 용요 기술이 한국에 동전하여 9세기 후기나 10세기 초에 발생하였다(그림 2-2-18, 노선의 3). 광동성 조주요潮州窯의 분실용요 기술은 대략 13세기에 한국에 전해졌고, 이후에 한국을 거쳐 일본의 중부 지구와 서부 큐슈九州의 소수 지구에 전해졌다(그림 2-2-18, 노선의 4). 16세기 전후해서 복건성 덕화德化지구의 계룡요 기술은 다층산형도지미多層傘形支燒具와 조합을 이루는 계룡요 기술과 함께 연이어 한국과 일본의 하기요萩窯에 전해졌다(그림 2-2-18, 노선의 5). 한반도와 일본 열도의 요업 기술이 중국 남방과 이와 같이 밀접한 관계가 있는 것은 이번 연구를 통해 발표된 사실이다(그림 2-2-18).

제3절. 동아 요도구의 분류와 전체적인 분포

여기서 연구 대상으로 하는 요도구는 주로 요장에 남아있는 갑발, 받침(점소구墊燒具), 도지미(지소구支燒具) 등과, 장소(재임) 기술과 연관된 규산염질의 보조 도구이다. 철제나 목제 등의 번조시에 사용된 기타 도구는 포함하지 않는다. 요도구의 설계와 사용은, 유약이 흘러 점착粘着하는 것을 방지하고 유면을 깨끗하게 보호하며, 가마 안의 기물을 바로 세우고, 가마 공간을 유효하게 쓰기 위해서이다. 그것은 요장의 생산 원가를 낮추고 제품의 품질을 높이는 데 중요한 수단이 된다. 요도구의 창조와 개선은 가마의 혁신을 촉진시키는 데도 매우 커다란 작용을 한다. 때문에 기술의 전체적 관념에서 보면 가마와 요도구의 발전 과정은 상호 보완적인 관계에 있다고 생각된다.

이렇게 이야기할 수 있는 것은, 만약 갑발의 중첩 효능이 없다면 가마 내의 상반부 공간은 유효하게 이용할 수 없게 되기 때문이다. 그리고 가마 내 체적의 이용율이 낮아지면 가마 몸체도 높아질 수 없으며, 몸체가 높지 않으면 요문의 설치가 힘들어진다. 그래서 낮고 작은 요신과 요문이 된다. 그러면 가마의 장소(재임) 용량이 제한을 받을 뿐만 아니라 도공들이 작업하기도 훨씬 힘들다. 단지 갑발이라는 하나의 요도구가 가마 기술의 발전에 이와 같이 중요한 제약과 촉진 작용을 하며, 기타 요도구도 적게 혹은 많게 요업 발전에 추동 작용을 일으켜왔다.

요도구의 이런 특수한 작용 때문에, 또 요지 중에 기본적으로 전체가 보존되어 있기 때문에 당시의 장소(재임) 기술의 발전 수준을 고찰하는 데 주요한 판단 근거가 된다. 그래서 요도구의 연구는 본문 중에서 가마 다음으로 중요한 연구 대상이다. 또한 당시의 장소 기술 수준과 기술 전파 과정을 짐작하는 데 주요한 정보원情報源이 된다.

동아의 3대 가마 기술 계통은, 주로 황하 유역 · 장강 유역 · 한반도의 3개 지구에 분포한다. 그러나 장소(재임) 기술 계통의 경계선은 가마의 계통처럼 그렇게 분명하지가 않다. 왜냐하면 장소 기술의 전파는 가마 기술 같이 자연 조건의 제한을 많이 받지 않으며, 각 요 계통 사이에 우열의 비교가 쉬울 뿐 아니라 배우기도 쉽기 때문이다. 그래서 요도구의 기술 전파는 가마 기술에 비해 훨씬 간편하고 신속하다.

요도구의 발명과 유약의 출현은 밀접한 관계가 있다. 현재 발견된 자료를 보면 수 · 당 이전 요도구의 발명은 모두 태호太湖, 항주만杭州灣(그림 2-2-18 Ⅱ①요구역)을 중심으로 하는 장강의 중하류 지구에서 출현하였다. 그 원인을 보면, Ⅱ형 용요가 분포한 지구는 중국뿐만 아니라 전체 동아 지역에서 시유기술이 가장 일찍 발달한 지방이기도 하다. 유약이 달라붙는 것을 방지하기 위해 일종의 간격물間隔物의 이용이 필요하게 되었다. 특히 장소(재임) 능력을 확대하기 위해 그릇과 그릇을 중첩시키는 것이 가마 공간을 절약하는 효과적인 방법이었다. 그러나 그에 따른 문제는 유약으로 인해 그릇과 그릇이 달라붙는 것으로, 이를 피하기 위해 받침(점소구)의 사용이 출현하게 되었다.

최초의 요도구는 〈그림 2-2-18〉의 Ⅱ① 요구역에서 출현한 춘추전국시대의 탁주托珠(점토구슬받침), 사점砂墊(모래받침)과 도지미(지소구)이다. 이는 황하 유역의 요장에 비해 1,000년이 빠르다. 원인은 수대 이전에 황하 유역의 시유도기가 많이 발달하지 않았기 때문이며, 그래서 요도구의 사용도 남방의 청자가 분포하는 요장보다 훨씬 낙후되었다.

1. 요도구의 구분

요도구의 종류는 중국이 가장 풍부하다. 중국은 동아에서 최초로 유약을 발명하였으며 자연히 요도구의 발생지가 되었다. 한국과 일본의 요도구는 기본적으로 모두 당대 이후에 사람의 교류와 계몽을 통해 사용하기 시작하였다. 본문의 분류 방법은 주로 중국의 자료를 기초로 하는데, 1,240곳의 요지와 가마 유적 3,057기 470예의 자료를 기초로 하여 정리한 결과이다. 특히 파편과 요도구가 붙어 있는 사진 및 장소裝燒(재임) 복원된 자료가 이 연구의 중요한 참고 자료이다. 기초적인 분류에 의해 장소 기술과 관계된 요도구는 크게 받침(점소구)·도지미(지소구)·갑발·측시구測試具의 4종류로 나눠진다. 동아의 요도구와 장소법의 구체적인 분류는 〈표2-10〉과 같다. 요도구의 도해는 〈그림 2-3-1〉과 〈그림 2-3-2〉에 보는 바다.

2. 동아 요도구 유형의 전체 분포

요도구의 종류가 풍부한 것은 제작 기술과 사용 기술이 모두 가마 기술에 비해 어려움이 작고, 외적인 조건의 제한도 많지 않기 때문이다. 기술 전파의 난이도 면에서 볼 때 장소 기술은 가마 기술과 조형 기술 사이에 위치하며, 이들 3자는 각기 표층·중층·상층의 3개의 단계에 위치한다. 중층에 위치하는 요도구 기술은 경험 있는 도공이 번조된 기물에 남겨진 흔적에 의해 사용한 요도구의 종류를 판단할 수 있다. 그러나 많은 경우 요도구의 사용 흔적은 판단하기 어려워 전문가의 교류를 통하지 않으면 기술의 전수를 이루기 어렵다. 예컨대 알루미나(Al) 성분이 높은 흙과 벼껍질재를 사용해 만든 간격구(받침) 같은 것이다.

요도구의 구성과 가마 구조 사이에 엄격하게 고정된 조합 관계는 없다. 요도구와 장소 기술의 관계도 다른 외부 조건과 제품의 요구에 의해 조합이 이루어진다. 약간은 간단하고 비교적 제작이 쉬우면서 또한 비교적 광범위하게 유행하는 요도구는 운용상에도 비교적 탄력적이다. 요도구들 간의 조합 관계도 비교적 느슨하여 점토구슬받침·모래받침·工자형 도지미·직통형直筒形 갑발·발형 갑발과 대대수의 도지미는 가마 종류의 구별이 없으며, 또한 특정한 요도구와의 조합을 강하게 요구하지 않는다. 어떤 요도구는 한때 한

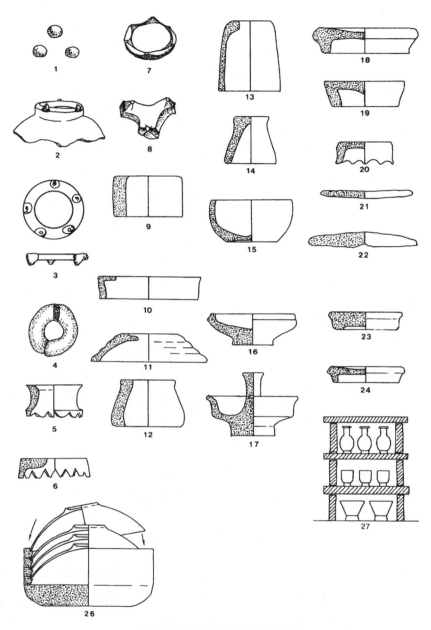

그림 2-3-1 각종 받침 도구(점격구) 개념도

1. 구슬받침(탁주) 2. 습니점정 3. 점권점정 4. 습니점권 5,6. 치변점권 7. 치변점병 8. 삼차형받침
9,12. 점통 10,11. 점권 13,14. 점배 15. 완형 점 16. 잔형 점 17. 촛대형 점 18,24. 점병
20. 치변점병 26. 지권조합지점 27. 붕가식도지미 (이상 출토유물에 근거해 그림)

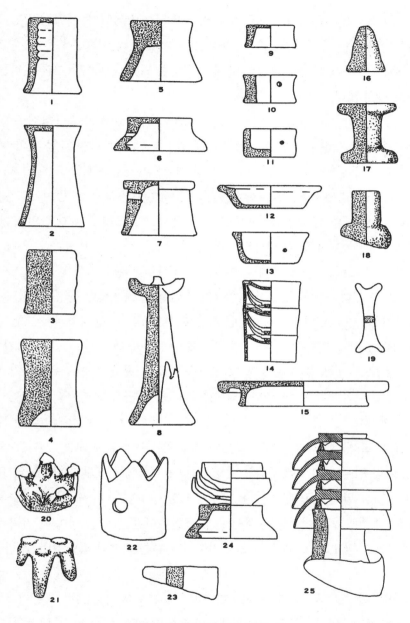

그림 2-3-2 각종 도지미(지소구) 개념도

1. 직통형도지미 2. 나팔형도지미 3,4. 실심도지미 5,9. 낮은도지미 8. 삼차형높은도지미 10. 권상도지미 11,13. 분발형도지미
14. 바닥을 갑발로 받침 15. 대면받침대 16. 추형소도지미 17. 工자형도지미 18. 사저도지미 19. 갑발기둥 사이의 Y형 고정물
20. 평저 다지점도지미 21. 삼족도지미 22. 치형도지미 23. 사저쐐기형지좌 24. 낮은도지미 사용예
25. 사저통형도지미와 치형받침의 배합사용 복원예 (이상 각 보고서에 근거해 그림)

지역에서만 유행하거나 특수형기를 굽기 위해 특별히 제작되었다. 예컨대 방형 갑발·타원형 갑발·탁판托板·대면탁반大面托盤 등이 그렇다. 그러나 이들은 수량이 적고 전파도 넓지 않기 때문에, 지역 기술을 비교할 때에는 일정한 의의가 있지만 기술 전파를 연구할 때는 의의가 크지 않다.

그래서 그 지역의 기술 풍격을 대표하고 전파의 맥락이 분명하여 문화적 의의를 갖춘 요도구들을 중심으로 하여, 정세한 분포도와 유전도를 제작해 각지 요업 간의 기술 교류 관계를 보여주고자 한다. 즉, 삼차형받침·M형 갑발·복소지권조합 요도구·다층산형多層傘形도지미·통저현복지소통형갑通底懸伏支燒筒形匣·측견추測堅錐 등이 도면에서 보여주는 현상은 당시 기술 전파의 과정과 노선을 탐색하고 요구역 소재지 간의 관계를 찾는 데 중요한 단서가 된다. 무릇 이 단계의 기술 현상과 도구는 모두 주요한 연구 대상이다.

요도구의 종류별에 의한 전체적인 분포를 연구하면 계통적인 기술의 지역적인 구분을 명확히 할 수 있다. 그러나 요도구 및 그와 관련한 장소 기술은 상품이 된 도자기와는 전파 경로와 단계가 다르다. 우리는 이런 특수한 요도구의 기원지와 확산지를 분명하게 찾아야만 기술을 주고 받는 쌍방 관계의 맥락을 분명하게 판단할 수 있다. 예컨대 9세기 말 10세기 이후의 한반도에서 용요와 그 조합을 이루는 청자 기술이 유행하기 시작하지만, 번조한 기물 중의 일부는 중국 북방의 명요의 제품과 근사하다. 우리는 그들의 제품을 비교해야 할까? 아니면 그들의 기술과 도구를 비교해야 할까? 이 문제에 대해 필자는 기술과 도구를 비교하는 의의를 강조하였는데, 제품의 외관적인 비교는 그 다음 순서에 두어야 한다. 이런 연구의 결과로 우리는 분명하게 여러 사람들이 말한 한반도의 요업이 중국의 황하 유역과 밀접한 관계가 있다는 것은 사실이 아님을 알 수 있다. 기술을 세부적으로 비교한 결과에 의해 이런 전통적인 관점을 번복시킬 수 있는 것이다. 가마와 요도구는 쌍방의 자료를 비교해 볼 때 한반도의 기술의 원류를 항주만 남안 일대로 한정시켜야 한다.

비슷한 현상이 요주요에서도 출현한다. 당대의 요주요(황보요)는 흑유자·백자·삼채·유리기를 번조하였다. 황궁을 위한 삼채의 용두양주구龍頭梁柱構를 번조한 것으로 보아 정부 번조 임무를 담당한 대형의 민간요였다. 당대에 요주요에서 청자도 구웠지만 질은 이상적이지 못하였다. 오대 시기에 청자의 질이 갑자기 좋아지는데, 전문가들이 그 존재 여부를 미심쩍어 하는 '시요柴窯'가 동천 황보요일 가능성이 있다. 요주요는 북송 시기에 발전하여 성공적으로 황색을 약간 띤 청자를 창출하였으며, 상층 귀족과 궁정의 중시를 받았다. 청자기술이 전통적으로 결핍된 북방에서 왜 갑자기 이와 같이 고품질의 청자를 산출할 수 있었는지는 도자사 연구에서 수수께끼로 남아 있다. 필자는 역대 요도구를 평면적으로 비교하면서 마침내 하나의 색다른 현상을 발견하였는데, 오대의 요주요가 갑자기 원래 사용하던 갑발을 버리고 대량으로 월주요와 완전히 같은 M형 갑발을 사용하였다는 점이다. 그리고 이것이 곧 요주요와 월주요 사이의 기술 관계를 추정하는 데 단서를 제공한다.

기타, 정요에서 발명된 복소 기술이 북송의 경덕진과 용천요에 전파되고 재차 경덕진을 통해 남방 각 지구의 민요로 광범위하게 전파된 사실, 황하 유역의 백자와 삼채요장에 널리 전파된 삼차형三叉形요도구의 분포와 일본과 한국의 요업 기술 계통과의 문제, 다층 산형도지미의 분포와 일본과 복건성 사이의 기술 교류 관계, 사천 분지와 황하 유역의 기술 교류, 남송 관요의 기술 원류 등등, 많은 현상들이 요도구의 비교 연구에 근거하여 단서를 발견하고 문제를 제시할 수 있다. 구체적인 논술은 제5장 '중국 고대의 요도구와 장소 기술 교류사 연구' 및 한국과 일본 부분의 각종 기술 교류도를 참조하기 바란다.

제3장
중국 고대 가마 기술의 발전과 교류사론

제1절. 가마 기술 연구의 의의와 가마의 발생

1. 가마 기술의 연구

도자기를 번조하는 가마는 인류가 점토 제품의 화학적 · 물리적 성능을 변화시키는 데 사용하기 위해 설계된 전문 시설이다. 가마 기술의 진보는 인류가 이 시설을 이용해 화염을 통제하여 효율적으로 도자기를 번조하는 것을 뜻하며, 또한 질과 양적인 면에서의 생산 능력을 나타내 준다. 가마 발명 이후 도공들은 풍우 등의 기후 조건으로 인한 도자기 생산의 제약을 탈피하게 되어, 인류가 자연을 정복하는 과정에서 또 하나의 전진을 이루었다. 그러나 기술의 발전 또한 그 단계성과 국한성이 있다. 인류가 완전히 자연의 제약을 초월하고 사회적 조건을 이탈하여 생산력을 무제한적으로 발전시키는 것은 불가능하다. 도공들은 각자의 환경이 있어 이들 자연적 · 사회적 조건에 순응하여 점차 자신의 기술 체계를 건립하고 완성해 간다. 때문에 가마 기술의 발전은 시간의 진행과 더불어 그 발전의 단계성이 있다. 또한 지역적으로 보아 기술 체계의 구성은 지방적 색채를 농후하게 띠고 있으며, 이들은 지방 경제의 발전과 문화 계통의 구분을 고찰할 때 중요한 참고 근거가 된다.

중국 가마 유적의 조사와 발굴은 중국 고고학의 발전과 시종일관 함께 해왔다. 미술 도자의 연구를 도자 고고의 범주로 받아들인 것은 20세기의 30년대에 시작되었다. 특히 신중국 성립 이후 각지의 건설 사업이 벌어져 고대의 도자기 생산 유적도 대량 발견되었다. 1991년까지 발견된 요지는 2,300곳이며, 가마 유적은 6,400여 기이다. 보고된 자료를 보면 약 400곳에서 시굴이나 정식 발굴이 있었으며 간략한 보고가 발표되었다(정식 보고는 적다). 또한 상당히 많은 조사 발굴 자료는 보도 자료에서만 볼 수 있고, 각지의 박물관이나 고고연구소의 창고에 쌓아둔 것은 정리와 공개 발표할 기회를 얻지 못하고 있다.

비록 중국에서 도자 기술이 비교적 일찍 발전했고 기술 역량이 웅후한 지구이지만, 가마 유형에서 가장 풍부하지는 않다(일본이 외래 기술을 광범위하게 흡수하고 이를 뒤섞어 새롭게 만들어 가마 종류가 보다 많다). 필자가 동아 각국의 가마 자료에 대해 분류와 통계를 진행한 결과, 중국에서 가마 구조(추측 포함)가 알려진 6,173기의 요적 중에 용요(Ⅱ형)가 가장 많아 전체의 57.6%를 차지하고, 마제요(Ⅲ형)가 그 다음으로 약 24.9%를 차지한다. 기타 차례대로 반도염 연방식요(Ⅳ형)가 9.6%, 신석기시대 승염식원요(Ⅰ형)가 6.4%, 전도염요(Ⅴ형)가 1.2%를 차지하고, 경덕진에서 유행한 특수형요가 있다(그림 3-1-1). 신석기시대 승염식원요를 제외하고 중국에서 가장 특색있는 가마는 남쪽의 평염용요와 북쪽의 반도염 마제요이다. 그리고 기타 각종 가마는 이 양대 계통에서 파생되어 나오거나 기술 교류의 결과로 인한 것이다. 때문에 이 양대 요계窯系의 기술 계통과 문화 특징을 연구하고 개괄하는 것은 중국 가마 기술 발전의 기본적인 단서와 기술 교류의 과정을 밝혀낼 뿐 아니라, 동시에 동아지구의 가마 기술의 비교 연구를 위해서도 기준 잣대를 세우는 일이다.

2. 가마 발생 과정의 추측과 민족학 자료의 실례

중국의 신석기시대 유적은 매우 많은 수가 발견되었다. 이들 유적이 신석기시대라고 단정할 수 있는 것은 주거지·농경·마제석기 등의 존재 외에도, 도기에 표현된 문화와 시대 특징이 문화 유형을 확인하는 주요한 근거가 된다. 그러나 이들 신석기시대 유적 중에 도기가 발견된 유적에서 모두 도요陶窯를 사용한 것은 아니다. 현재 필자가 조사한 바로 중국 신석기시대의 도요는 약 4,000여 기가 발견되었으며 주로 황하 유역에 분포한다(그림 3-2-2, 그림 3-2-3 참조). 도기의 보편적인 발견에 비해 가마 유적은 희소한데, 시대가 오래되어 유적이 인멸된 외에 몇 가지 문제를 고려하지 않을 수 없다. 즉, ① 도요 출현 이전에 사람들은 어떤 방식으로 도기를 구웠을까? ② 설사 도요가 출현한 시대라 해도 각지의 발전상 불균형으로 생겨난 무요 시기와 무요 지역에서는 어떤 방식을 채용하여 도기를 제작하였을까?

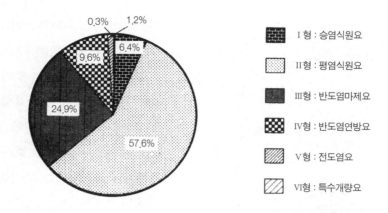

그림 3-1-1 중국 각종 가마 유형 비율도

I형 : 승염식원요

II형 : 평염식원요

III형 : 반도염마제요

IV형 : 반도염연방요

V형 : 전도염요

VI형 : 특수개량요

③ 가마 기술의 발생은 일원적인가 다원적인가?

무요 번조의 도기는 어떤 특징을 갖는가? 이 문제에 대해 중국과 일본 방면에 보고된 수치에 의하면 중국 신석기시대 도기의 번조 온도는 두 그룹으로 나눌 수 있다. 제1그룹은 600~800℃에서 번조한 도기로 따뜻한 색조를 띤 것이 많고, 산화염 분위기에서 번조된 것이다. 제2그룹은 900~1,050℃에서 번조한 도기로 도기색은 일정하지 않고 도기질이 뚜렷이 단단한 편이다. 현재의 연구는 일반적으로 제2그룹 도기는 거의 당시 문명 정도가 비교적 높은 황하 유역에 출현하고 분포하고 있음을 알려 준다[1]. 실험 고고학에서 나온 수치에 의하면 무요 번조의 상한 온도는 일반적으로 900℃를 초과할 수 없다 한다[2]. 일본의 하지끼土師器(노천 번조의 홍색 도기)의 번조 온도도 900℃를 초과한 예가 없다[3].

이로서 구분해낼 수 있는 것은, 번조 온도 900℃ 이상의 것은 각종의 도요에서 번조한 것이라 할 수 있다. 당연히 원시 가마의 온도가 900℃ 이하로 낮은 것도 있었음을 배제할 수 없

---

1) 馬淸林, 李現, 「甘肅古代各文化時期制陶工藝硏究」, 『考古』, 1991-3, p.271, 附表1:陶片特徵及其物理科學屬性. 또 『中國陶瓷史』, 1982, 文物出版社, p.42 참조.

2) 중국의 과학자가 운남성 서쌍판납西雙版納에서 조사와 실험을 할 때, 최고 온도가 900℃ 정도로 측정됨(『中國古陶瓷硏究』, 科學出版社, 1987, p.31). 神崎宣武, 『陶瓷紀行』, 1984, 未來社 출판. p.15에서, '야외 번조실험' 시에 최고 온도가 800~900℃에 달하였다고 묘사하고 있다. 또 어떤 사람은 초원의 화재를 측정했는데, 억새풀이 탈 때 온도가 가장 높지만, 다만 800℃ 정도에 도달하였다고 한다.(『日本の植生』, 東海大學出版社, 1988, p.121)

3) 『講座日本技術の社會史, 窯業』, 評論社, 1984, p.26. '하지끼土師器'는 일종의 무요 산화염 번조의 홍색 도기이다. 한반도의 교혈요와 환원염 기술이 일본에 전해지기(5세기) 전에, 일본은 기나긴 무요 번조단계에 머물러 있었다.

그림 3-1-2 미얀마 노천요 개념도
(加藤偉三, 南亞的陶瓷, 1974)

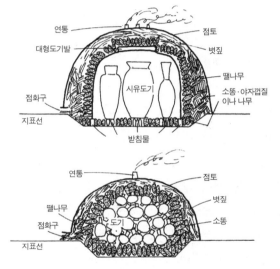

그림 3-1-3 인도의 일회성 니질박각요 개념도
(加藤偉三, 南亞的陶瓷, 1974)

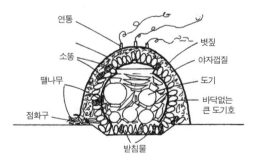

그림 3-1-4 인도의 훈소법 熏燒法 개념도
(加藤偉三, 南亞的陶瓷, 1974)

4) 同注 2) 神崎宣武, 『陶瓷紀行』, p.15.

다.(호남지구 상·주商周시기의 가마 중에 600~700℃의 것도 있다.) 또 도배가 도요 속에서 화염과 멀리 떨어져 위치하거나 가마 구조가 매우 불합리하면 일부 도배가 구워지지 않을 수도 있다. 그러나 인정할 수 있는 것은, 900℃ 이상의 온도로 번조한 도기는 유요有窯 번조의 표지가 된다는 점이다.

중국의 민족학 조사 자료와 일본의 도기를 구운 실험적 경험이 입증한 바에 의하면4), 설사 야외 노천의 평지퇴소라 할지라도 사정이 간단하지 않다고 하며 반드시 갖출 것이 있다고 한다. 즉, ① 건조한 지면의 선택이다. 지면이 차거나 습하면 수증기가 많아져 번조를 실패하게 만드는 주요 원인이 된다(가미자끼神崎宣武). ② 도배를 마른 땔감 위에 놓고 먼저 지면과 도배를 예열한 후에 열을 올리기 위해 연료를 첨가한다. 2시간 경과 후에 땔나무 150kg을 소모하여 온도가 900℃에 달하고, 30여 점의 도기를 구울 수 있다. 혹은 100kg의 볏짚을 사용해 최고 온도가 850℃에 달하고 130점의 대소 도기를 구울 수 있다. ③ 폭냉폭열暴冷

暴熱은 도배를 파열시키는 주된 원인이다. ④ 풍우가 번조에 영향을 주는 것은 말할 필요가 없다. 야외 퇴소는 지금도 낙후된 민족들이 계속 사용하며 중국 남방의 소수 민족이나 동남 아 등 열대 지방의 많은 민족들도 널리 채용하고 있다.

일본의 가토加藤偉三선생은 1952년에 유엔에서 파견한 요업 전문가로, 남아시아 일대에 서 기술 지원을 할 때 미얀마와 인도의 소요 기술에 대한 조사를 하였다. 미얀마의 노천요 는 먼저 지면에 깊이 30cm 정도의 구덩이를 판 다음 바닥에 15cm 정도의 나무 껍질을 깐 후에 구덩이 중심부에 도배를 퇴적하고, 도배의 밖을 다음과 같이 덮었다. 즉, 1층에 상당히 두터운 대나무편과 볏짚 등의 연료를 쌓고 → 다시 상당히 두터운 겨와 톱밥 같은 부서진 연료로 1층을 쌓고 → 표면에 다시 가는 나무 재를 뿌린다. 전체 퇴적은 안이 느슨하고 밖이 긴밀한 상태여서 속의 연료를 잘 다루지 못하면 충분히 연소할 수 없게 된다(그림 3-1-2).

인도의 노천요는 미얀마보다 진일보하였다. 무유 도기를 번조하는 외에도 훈증법을 사 용하여 흑도와 시유도기를 굽는다. 구체적인 조작 방법은 작은 기물들을 1개의 대형 용기 안에 넣거나 대발大鉢을 이용해 도배 더미를 덮어씌우는데, 마치 갑발로 도배들을 보호하는 것 같다. 대형 용기의 아래 면과 외면에 소똥·볏짚·야자 껍질·나무 등의 연료를 가득 쌓 고, 가장 바깥 표면에 점토를 발라 하나의 만두 모양의 '가마'를 만들었다. 꼭대기에는 몇 개 의 연기 구멍을 내고 요 아래에 분소구와 통풍구를 두었다(그림 3-1-3, 도3-1-4). 가토加藤偉 三선생의 실지 관찰에 의하면, 연소 효과는 비교적 이상적이었다[5]. 이런 방법은 운남성의 '일회성 니질박각요泥質薄殼窯(진흙을 얇게 껍질처럼 바른 가마)'보다 오히려 낫다. 이들 민족 학과 실험 고고학의 자료에 의해 우리는 아시아 범위 내의 무유 번조의 일반적인 풍경을 대 체적으로 그려낼 수 있다.

중국 가마의 기원에는 각종의 가설이 있는데, 일반 생활 속의 부뚜막 구조의 영향을 받은 것이라는 설도 있다(유가동劉可棟). 현재 고고학과 민족학 방면의 자료를 고찰해 보 면, 가마의 발전은 중국 북방에서 다음과 같은 경로를 거쳤을 것 같다. 즉, ① 노천퇴소 → ② 1회성 니질박각요 → ③ 동혈식 승염원요同穴式 昇焰圓窯 → ④ 수혈식 승염원요 → ⑤ 횡혈식 승염원요 → ⑥ 반도염 마제형요 → ⑦ 전도염요, 이렇게 7개의 과정을 거쳤을 것

---

5) 加藤偉三, 『南亞陶瓷隨記』, 古川書房, 1974.

이다. 그중 ③·④·⑤식은 중첩하여 평행 발전을 거쳤다.

　남방에서는 빗물이 넘쳐서 지하수의 수위가 보다 높은 등의 자연 환경상의 차이로, ①·② 과정이 계속된 시간이 매우 길었던 것 같다. 상대商代에 가서야 북방에서 광범위하게 유행한 ④·⑤단계의 가마가 이곳에 출현하였다. 뿐만 아니라 이런 가마는 북방 중원에서 유전되어 온 것일 가능성이 매우 크다. 이들 지구 사이의 도기와 동기銅器의 조형을 비교하는 것도 중원 문화가 남방에 끼친 영향을 증명해줄 수 있다.

　남방의 가마 발전을 정리하면 대체로 다음과 같다. 즉, ① 노천퇴소 → ② 지면地面 1회성 니질박각요 → ③ 불명? → 북방형의 제④단계의 수혈식 승염원요 및 ④와 평행하여 남부 지구에서는 지면식 평염용요가 유행함 → ⑤ 반도염 연방식요이다. 그중에 북방에서보다 유행한 제④유형인 수혈식 승염원요가 남방에서 상대에 출현한 것은 하나의 예외적이고 국부적인 현상인 것 같다. 때문에 상대에 적어도 강서성 감강贛江 유역과 절강성 항주만에서 전혀 새로운 계통인 평염의 장조형요가 출현하였고, 이런 가마에 삼국·양진 시기에는 투시공投柴孔 장치가 출현하였으며, 최종적으로 발전하여 소위 용요가 되었다.

제2절. 승염식원요昇焰式圓窯

　중국 최초의 도기를 번조한 가마는 승염식원요이다(그림 3-2-1). 그 기본 특징은 평지나 절단면이 있는 비탈진 곳을 선택하여 단벽斷壁에 연소실과 화도火道(불길)를 파내고, 지면에서부터 아래로 번조실을 뚫는다. 화염은 연소실에서 발생하여 화도를 거치거나 혹은 화안火眼(불구멍)을 통하여 번조실에 진입하여 도배에 열을 가할 수 있게 된다. 최후에 남은 화염은 가마의 천정을 통해 밖으로 배출된다.

　가마의 발명은 무요일 때 화염이 바람에 따라 표류하여 열이 대량으로 유실되는 병폐를 피하기 위함이다. 그리고 화염을 특정한 실내에 제한하여, 연소실·화도·화안·연창을 통하여 열 기류를 인도하는 작용을 하여 화염이 도공의 의도대로 도기를 번조시킬 수 있게 한다. 열 공정의 원리에 부합하는 화염 조절 기술은 도공이 가마 각 부위의 구조의 개선을 통하여 기능을 확충하고, 장기간의 생산 활동을 거치면서 점차 개선되었다.

　승염식 원요는 비록 초급 가마에 속하지만 도기 가마의 기본적인 요소는 모두 구비하고 있다. 단지 규모가 작아서 번조실의 길이와 넓이가 일반적으로 1m 정도이고, 연소실과 번조실의 거리가 매우 짧다. 그래서 화염이 가마 내에서 충분한 열 순환을 하지 못하고 밖으로 배출되어 열효율이 낮고, 한 차례에 단지 4~10점의 크고 작은 도기를 번조할 수 있다. 온도는 900~1,000℃ 정도로 유지된다. 도기가 공기 중에 노출되어 산화염 번조가 되며, 도기의 색은 적색·황색·담황색 등의 따뜻한 색조를 띤다. 도기의 기계적 강도는 매우 낮다.

현재 발견된 신석기시대 승염식원요의 유적은 160여 곳에 총 400여 기이다. 보고된 주요 지구는 섬서성·하남성·산서성·감숙성·내몽고·요녕성·광동성·호남성·강서성 등지이며, 분포의 중심은 황하 중류, 즉 전통적 개념상의 중원 지구이다. 중국의 강남 지구에는 매우 적게 발견된다. 〈그림 3-2-2〉와 〈그림 3-2-3〉을 보라.

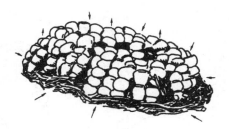

① Ⅰ+ · 지상 노천퇴소(개념도)

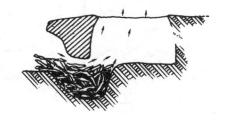

② Ⅰa · 지하 승염횡혈식요(개념도)

③ Ⅰb · 지하 승염동혈식요(개념도)

그림 3-2-1 중국 원시 사회 가마 구조 개념도

고고학적 발견 자료에 근거하여 신석기시대의 도요는 이하 5종의 유형이 있다.

① Ⅰ - 형식, 번조갱(노천요)

② Ⅰ+ 형식, 지상노천퇴소

③ Ⅰa 형식, 지하승염 횡혈식요

④ Ⅰb 형식, 지하승염 동혈同穴식요

⑤ Ⅰc 형식, 수혈식요[6]

---

6) 유요시기 원요圓窯의 3분법은 徐元邦, 「我國新石器時代~西周陶窯綜述」, 『考古與文物』, 1982-1, p.8. 참조함. 그러나 동혈요同穴窯와 수혈요의 구분은 불명확하다. 기실 이 두 종류 가마의 구분은 주로 요폐窯箅(석쇠형 불판)의 유무로 표현하는데, 필자는 이의 분류에 비록 동혈식同穴式의 명칭을 채용하고 있지만, 의도하는 바는 다르다.

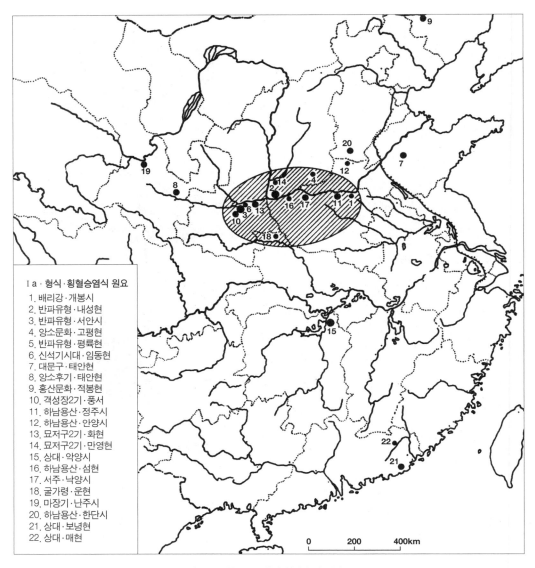

Ⅰa·형식·횡혈승염식 원요

1. 배리강·개봉시
2. 반파유형·내성현
3. 반파유형·서안시
4. 앙소문화·고평현
5. 반파유형·평륙현
6. 신석기시대·임동현
7. 대문구·태안현
8. 앙소후기·태안현
9. 홍산문화·적봉현
10. 객성장2기·풍서
11. 하남용산·정주시
12. 하남용산·안양시
13. 묘저구2기·화현
14. 묘저구2기·만영현
15. 상대·악양시
16. 하남용산·섬현
17. 서주·낙양시
18. 굴가령·운현
19. 마장기·난주시
20. 하남용산·한단시
21. 상대·보녕현
22. 상대·매현

그림 3-2-2 중국 Ⅰa형식 횡혈승염요 분포도

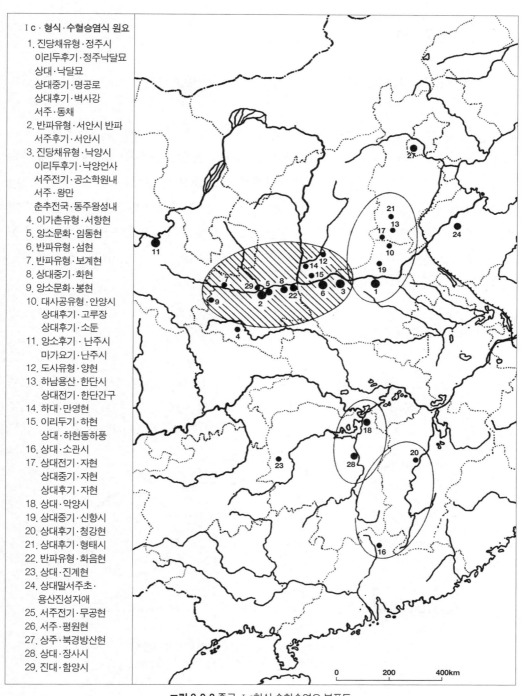

Ⅰc · 형식 · 수혈승염식 원요

1. 진당채유형 · 정주시
   이리두후기 · 정주낙달묘
   상대 · 낙달묘
   상대중기 · 명공로
   상대후기 · 벽사강
   서주 · 동채
2. 반파유형 · 서안시 반파
   서주후기 · 서안시
3. 진당채유형 · 낙양시
   이리두후기 · 낙양언사
   서주전기 · 공소학원내
   서주 · 왕만
   춘추전국 · 동주왕성내
4. 이가촌유형 · 서향현
5. 앙소문화 · 임동현
6. 반파유형 · 섬현
7. 반파유형 · 보계현
8. 상대중기 · 화현
9. 앙소문화 · 봉현
10. 대사공유형 · 안양시
    상대후기 · 고루장
    상대후기 · 소둔
11. 앙소후기 · 난주시
    마가요기 · 난주시
12. 도사유형 · 양현
13. 하남용산 · 한단시
    상대전기 · 한단간구
14. 하대 · 만영현
15. 이리두기 · 하현
    상대 · 하현동하풍
16. 상대 · 소관시
17. 상대전기 · 자현
    상대중기 · 자현
    상대후기 · 자현
18. 상대 · 악양시
19. 상대중기 · 신향시
20. 상대후기 · 청강현
21. 상대후기 · 형태시
22. 반파유형 · 화음현
23. 상대 · 진계현
24. 상대말서주초 ·
    용산진성자애
25. 서주전기 · 무공현
26. 서주 · 평원현
27. 상주 · 북경방산현
28. 상대 · 장사시
29. 진대 · 함양시

그림 3-2-3 중국 Ⅰc형식 수혈승염요 분포도

1. Ⅰ- 형식, 번조갱

야외 노천요는 일반적으로 뚜렷한 흔적을 남기기 어려워 관련 자료가 극히 드물다. 광동성 보녕현 호두포普寧縣虎頭浦에서 발견된 요지군의 예를 보겠다. 요지에는 15기의 도요가 있는데, 산 경사면에 밀집하여 분포한다. 대부분이 방형의 토갱이며 갱벽의 잔고는 37cm, 장폭이 1~1.5m 정도로 용적이 작다. 발굴자의 소개와 민족학 자료에 의해 추측하면 번조 방법은 바닥에 연료를 놓고 위에 도배를 놓은 것으로, 화당火堂(연소실)이 없으며 갱내에 통풍이 잘 안 되고 온도가 낮다. 번조된 도기는 담황색의 연질 도기가 많으며 기벽도 두텁다. Y8에서 출토한 담황색 도편들이 요갱 출토 도편의 50% 정도를 차지하며 한 곳은 인문도印文陶를 번조한 노천번조갱으로 판단된다(그림 3-2-4)[7]. 시대는 신석기 후기이다.

2. Ⅰ+형식, 지면 노천퇴소

지면 노천퇴소가 남긴 흔적은 더욱 미묘하여, 이 방면의 명확한 보도는 아직 없으며 민족학 조사의 기록에 근거하여 추측하고 있다. 대체로 번조 온도는 800~850℃에 따뜻

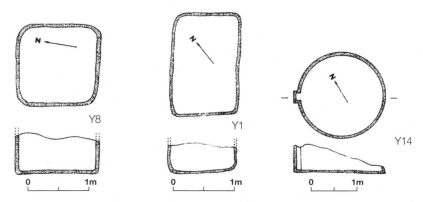

그림 3-2-4 광동성 보녕현 호두포 Ⅰ- 형식 번조갱과 1회성 니질박각요
(신석기후기, 廣東普寧虎頭浦古窯發掘簡報, 文物, 1984-12)

---

7) 「廣東普寧虎頭浦口窯發掘簡報」, 『文物』, 1984-12, p.44.

한 색조의 산화 분위기에서 번조된 도기가, 지면퇴소의 제품일 가능성이 많다. 중국의 강남 지대에서 아직 상대商代 초기의 원시 가마 유적이 발견되지 않았지만, 중국 최초의 도기 유물은 남방에서 매우 많이 출현한다. 그중에 강서성 선인동仙人洞 하층의 사질회색도기는 지금부터 8,875년 전의 것으로 번조 온도가 약 700℃로 매우 낮다. 광서성 계림 증파암桂林曾皮岩 유적은 6,000년 전 것인데, 출토 도기의 온도가 겨우 680℃이다. 대계大溪 문화의 홍화투紅花套 유적은 4,400년 전 것이며 번조 온도는 600~700℃이다. 『중국도자사』에 등재된 측정 수치와 결론에 의하면8) 화남華南의 초기 도기의 번조 온도는 680℃이고 후기는 900~1,100℃이다. 일반적으로 900~1,100℃의 온도에 도달하려면 노천 번조로는 어렵다고 생각된다. 당연히 일종의 정식 가마와 노천 번조 방법의 사이에 과도기적인 가마 형태가 있지 않았을까 생각된다. 민족학 조사 자료가 이 방면의 고찰을 위한 근거를 제공하고 있다.

주정해程朱海 · 장복강張福康 · 유가동劉可棟 · 섭굉명葉宏明이 운남성에서 실시한 원시 제도 기술에 대한 보고에 의하면, 그곳에서는 지면 노천 퇴소와 동혈식 승염원요 이외에도 일종의 중간 형태, 즉 1회성 니질박각요가 있다고 한다. 그 번조 방법은 먼저 지상에 1층의 땔나무와 옥수수대를 깔아 바닥을 만들고, 예열을 거친 도배(약 20점)를 바닥에 둔 다음 다시 볏짚을 이용해 도배의 주위를 덮고, 최후에 진흙 반죽물로 볏짚더미의 표면을 두께 약 1cm 정도로 발라 니각泥殼(껍질 같이 얇은 진흙층)을 형성한다. 즉 소위 '1회성 니질박각요'이다. 점화 후에 요 천정에 손가락으로 직경 3cm정도의 구멍을 몇 개 뚫어서 배연 작용을 하게 한다. 이런 가마는 평지의 노천퇴소법에서보다 진보된 것이다. 즉 보온성이 보다 좋아졌으며, 내부의 일부 온도가 배연공과 하부의 통풍구를 통과하게 하여 조절이 가능하게 되었고, 또한 통기공을 봉폐하여 요 내의 번조 분위기를 바꿀 수 있었다. 전체 번조 시간은 약 9시간이 필요하고 최고 온도는 800℃ 정도에 도달하며……, 한 번에 대소 도기 30여 점을 구울 수 있는데, 땔나무 50kg, 볏짚 50kg, 옥수수대 25kg이 소모된다9).

이 실증적 근거에 의하여 1982년에 발굴된 광동성 보녕현 호두포의 신석기시대 후기의 3기의 '가마' 유적은, 이 유형에 속한다고 볼 수 있다. 보고된 Y14(그림 3-2-4)는 평면

8) 同注 1, 中國硅酸鹽學會編, 『中國陶瓷史』, 文物出版社, 1982, p.42, 49.
9) 中國上海硅酸鹽研究所編, 『中國古陶瓷研究』科學出版社, p.32.

이 원형이고 직벽에 평저이다. 가마 후벽에 밖으로 돌출된 길이 약 17cm, 깊이 10cm의 장방형 연도가 있다. 가마 안에 다량의 인문경도와 소량의 연질도편이 퇴적되어 있으며, 목탄 찌꺼기와 나무재들이 섞여 있었다. 다른 번조갱도 똑같이 요 바닥에 초목 등의 연료를 놓고 다시 연료 위에 도배를 놓고 번조하였다. 발굴자는 "그 정상부는 대나무를 걸쳐서 뒤덮고, 또한 젖은 진흙을 바른 편평한 요정窯頂이다."고 추정하였다. 후벽에 설치된 연도와 인문경도를 위주로 한 기물로 판단할 때 가마 온도는 이미 900℃ 이상에 도달하였으나 구조 면에서 정식 가마에 비해 낙후되었다. 운남성의 민족학 조사에서 알려진 '1회성 니질박각요'와 비교하면 같은 수준에 있거나 보다 선진적이다. 그러나 이런 '1회성 니질박각요'는 당시에 어떤 정도로 보급되었을까? 어느 시기까지 계속되었을까? 남방의 지면 용요의 발생에 대해 어떤 작용을 일으켰을까? 이들은 금후에 조사하고 연구할 중요한 과제들이다.

3. Ⅰa형식, 지하 승염 횡혈식요

보고된 요지는 49곳, 168기이다. 소위 횡혈식승염요는 연소 부분과 번조 부분이 병열하게 놓이며, 양자가 같은 수평면 상에 있거나 혹은 약간 단이 져 있는 가마이다(그림 3-2-1: ②). 본문에 인용한 각 시기 가마의 단면도를 보면, 연료는 투시구 안에 투입하고 화염은 횡으로 가서 번조부에 들어가 도배와 접촉한다. 그러고 나서 가마 윗면의 오픈된 개구부開口部를 통해 밖으로 배출된다. 화염은 연소실에서 → 화도 → 요실 → 천정의 출구를 거쳐 마지막에 요 밖으로 배출되는데, 화염이 횡방향으로 운행을 하기 때문에 이름을 횡혈식승염요라 한다.

이런 가마는 다시 연소실과 번조실의 단차段差에 의해 세분할 수 있다. 섬서성 예성현 동장촌芮城縣東庄村의 앙소문화 전기의 반파半坡유형 유적에서 발견된 제202호 요는 길이가 1.80m, 폭 1.06m이다. 연소부와 번조부의 바닥면이 같은 수평선상에 위치하여 시대가 상대적으로 이르다고 한다(그림 3-2-5). 그러나 감숙성 진안현 대지만秦安縣大地灣에서 발견된 앙소문화 중후기의 대지만 Y800(그림 3-2-6)은 연소실이 번조실과 명확히 분리되고 깊이 1.30m의 번조갱을 형성한다. 화염은 화도와 화조火槽(불고래)를 통과하여 번조실에 진입하여 가마 안에서 머무는 시간이 길어졌고, 열효율이 더욱 높아져 가마의 구조가 한

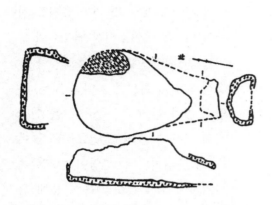

그림 3-2-5 섬서성 내성현 동장촌 Ⅰa형식 횡혈식승염요
(반파유형시기, 제202호요, 山西內城東庄村和西王村遺址發現, 考古學報, 1973-1)

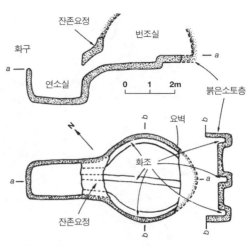

그림 3-2-6 감숙성 진안현 대지만 Ⅰa형식 횡혈식승염요
(앙소문화후기, 제800호요, 甘肅古代各文化時期制陶工藝硏究, 考古, 1991-3)

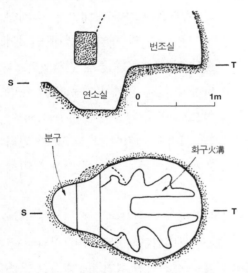

그림 3-2-7 하남성 정주시 임산채 Ⅰa형식 횡혈식승염요
(앙소문화후기, 鄭州西郊仰韶文化遺址發掘簡報, 考古, 1958-2)

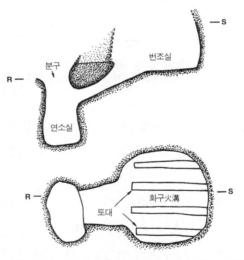

그림 3-2-8 하남성 섬현 묘저구 삼리교 Ⅰa형식 횡혈식승염요
(용산문화시기, 제4호요, 『廟底溝與三里橋』, 1959)

걸음 개선되었음을 보여준다. 약간 늦은 시기 유사한 것으로는 하남성 정주시 임산채鄭州市林山砦의 앙소문화 후기요(그림 3-2-7)와 하남성 섬현 묘저구 삼리교陝縣廟底溝三里橋의 용산龍山문화 시기의 Y4(그림 3-2-8)가 있다. 모두 화조火槽를 설치하여 화염이 가마 안에서 고르게 퍼져 도배를 번조할 수 있게 하였다.

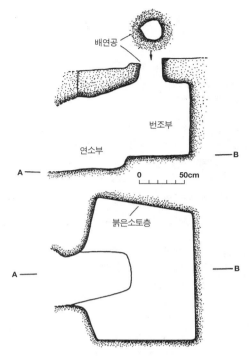

그림 3-2-9 하남 낙양 북요 Ⅰa형식 횡혈식승염요
(서주시대, 1975-1979年 洛陽北窯西周鑄銅遺址的發掘, 考古, 1983-5)

이상의 횡혈식요의 변화 순서를 따라 관찰해 보면 몇 가지 유의할 점이 있다. 즉, ①연소실과 번조실의 분리는 하나의 진보이다. ②화염의 번조실 진입이 화도를 통하는 것은, 화염이 가마 안에 머무는 시간을 연장시켜 온도를 올리고 열효율을 높이는 데 유리하다. ③화염이 번조실에 진입하여 화조(불고래)를 이용해 화염을 분산시키면, 더욱 고르게 도배와 접촉하게 되어 성품율이 높아진다. ④오픈된 가마 꼭대기가 곧 배연구이며, 도배의 재임과 꺼내는 것이 모두 이 꼭대기를 통해 진행된다. ⑤ 가마의 전체 용적이 매우 작아 일반적으로 번조실의 직경이 1~1.5m이며, 겨우 3~10점의 소형 도기를 용납할 수 있다. 이때의 가마의 체적이 작고 구조가 원시적이며 생산량이 보다 낮은 것은, 가마가 점진적으로 개선되어가는 과정에 있음을 말해준다.

Ⅰa형식의 지하 승염식원요는 신석기시대 전기부터 이미 출현하여 신석기시대 전체를 통해 성행하였다. 용산문화 내지 상·주 시기에 더욱 광범위하게 분포하며, 강남의 변두리 지역까지 소량 확산되었다. 상대에 남방에서는 보다 선진적인 평염 Ⅱa형 용요가 출현하였다. 북방의 반도염 Ⅲa형 마제요도 서주西周 시기에 이어서 탄생하였다. 그러나 사회 경제 발전의 불균형으로 일부 지역에서는 계속 낙후된 구식 가마를 사용하였는데, 수량 면으로는 보잘것 없다. Ⅰa형요의 유행 하한은 기본적으로 서주 후기 혹은 동주 전기로 설정할 수 있다.

Ⅰa 형식 가마의 연소실과 번조실이 나란히 분리되는 형식의 출현은, Ⅲa형 마제요의 출현을 위한 기본 조건을 준비하였다. 중국 가마 발전의 전체적인 추세로 보아 횡혈식 Ⅰ

a형요와 뒤에 출현하는 반도염 Ⅲa형 마제요 관계가 가장 밀접하다. 〈그림 3-2-7〉의 하남성 정주시 임산채요의 단면도 상에서 마제형요의 단초를 이미 어렴풋하게 볼 수 있다. 또한 〈그림 3-2-9〉의 하남성 낙양시 북요北窯의 서주 주조요鑄造窯인 Y2[10]를 보면, 배연공의 위치가 여전히 천정에 있고 가마의 용적이 여전히 비교적 작은 점 외에 연소실과 번조실의 구조적인 배치가 이미 마제형요에 근접하고 있다(이 요의 용도는 불명이지만, 가마인 것만큼은 틀림없다). 이 가마의 연대는 약 3,000년 전 정도로 시대가 명확한 서주 후기의 반도염 마제요(본장 제3절 참조)와 연대상으로 연결되어 있다.

4. Ⅰb형식, 지하 승염 동혈식요地下昇焰同穴式窯

아직 확실한 실물 자료는 발견되지 않았다. 동혈식요는 연소부와 번조부가 같은 수혈에 위치한 것이다(그림 3-2-1: 3). 번조갱과 비교해 같은 점은 갱 내에 연료를 쌓고 도배를 놓는 점이다. 다른 점은 갱의 측면에 연소실과 유사한 통풍혈이 하나 있어, 확실히 연소효과가 번조갱보다 좋은 점이다. 그러나 이런 요는 지금까지 운남성의 민족학 자료에서만 보인다[11]. 만약 연료와 도배 사이에 1층의 요폐窯箅(불판)를 덧붙이면 곧 아래에서 소개할 Ⅰc형 지하 승염수혈식요가 된다.

5. Ⅰc형식, 지하 승염 수혈식요地下昇焰竪穴式窯

고고학 보고에서 98곳 210기의 요지 자료가 보인다. 수혈식요는, 연소실과 번조실이 수직선상에 놓인 것을 말한다. 양 실의 사이에 1층의 요폐(불판)가 덧붙여져, 연소실과 번조실이 수직으로 중첩되는 관계를 이루게 한다. 통상적인 상황 하에서 연료는 분구에 투입되고, 화도를 거쳐 요상면의 불구멍을 통해 고르게 번조실에 진입한다. 도배와 열 교환이 이루어진 후에 천정을 통해 가마 밖으로 배출된다. 그 운행의 각종 방식은 〈그림 3-2-

---

10) 요 내에 도기가 없고 도범陶范 출토도 없어, 주조鑄造시설의 하나로 추측한다.
　「1975-79年 洛陽北窯西周鑄銅遺址的發掘」, 『考古』, 1983-5, p.32.
11) 同 9), p.32, 도판1.

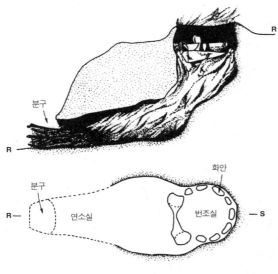

그림 3-2-10 섬서성 서안 반파촌 Ⅰc형식 수혈식승염요
(반파유형시기, 『西安半坡』, 1963)

10)부터 〈그림 3-2-13〉까지에서 보는 바와 같다.

Ⅰc형 수혈요는 일반적으로 Ⅰa형 횡혈요보다 선진적인 것으로 인식되며, 양자는 발전선상에서 전후 관계에 속한다[12]. 기타 그들은 상당히 많은 요장이 나란히 발전한 상태에 있다. 이론상으로 말해 Ⅰc형 요 상면의 화안(불구멍)은 Ⅰa형요의 화도와 화조(불고래) 같은 것이다. 도배가 불을 고르게 받는 정도로 보면 Ⅰc형요가 Ⅰa형요보다 나은 것 같다. 그러나 Ⅰc형요는 축조시 품이 많이 들고 요폐(불판)가 파괴되기 쉽다. 때문에 많은 Ⅰc형요들이 요폐의 아래 면에 요폐를 지탱하는 흙기둥을 안치하였다. 반도염 마제요가 서주 후기에 출현한 사실로 보아 그 발생은 Ⅰc형요와 관계가 크지 않고, Ⅰa형요에서 직접 파생된 것으로 보인다.

현재의 고고학 자료를 보면 앙소 문화 유적 중 대다수에서 Ⅰc형 요적이 발견된다. 예컨대 임동 강채臨潼姜寨, 서안 반파촌, 보계 북수령寶鷄北首嶺, 화양현 횡진華陽縣橫陣, 봉현 용구촌鳳縣龍口村, 정주 임산채鄭州林山砦, 정주 서교鄭州西郊, 언사 탕천구堰師湯泉溝, 난주시 서과파蘭州市西瓜坡 등과 마가요馬家窯 문화와 용산 문화, 계속해서 하·상·주·춘추 전국 시대까지 쭉 이어져 모두 이 유형의 가마 유적이 발견된다(그림 3-2-3). 그 분포 중심이 Ⅰa형요와 같으며, 모두 중원 지구에 집중되어 있다. 남방 지대는 상대에 일부 지구에 파급되기 시작한다. 이하 구체적인 가마 예를 들어 구조상의 분석을 하겠다.

섬서성 서안 반파 유적에서 발견된 도요(Y3)는 원 보고에서 구조를 복원해 놓았다. 이 예를 보면 신석기시대 전기 Ⅰc형요의 형상을 알 수 있다(그림 3-2-10). 가마는 낮은 구릉

---

12)『中國陶瓷史』, p.40.

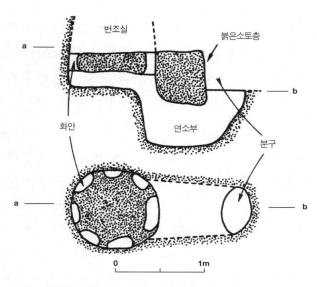

그림 3-2-11 하남성 화현 유자진 Ⅰc형 수혈식승염요
(앙소문화시기, 劉可棟, 試論我國古代的饅頭窯, 中國古陶瓷論文集, 1982)

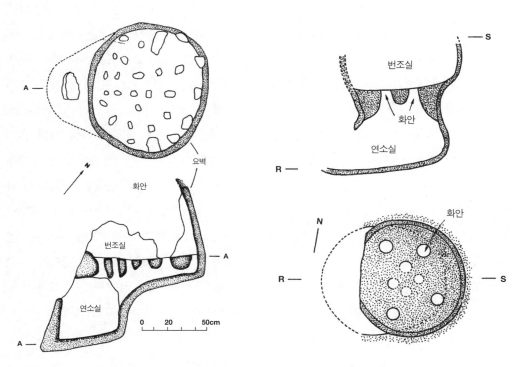

그림 3-2-12 하남성 섬현 묘저구 Ⅰc형식 수혈식승염요
(용산문화전기,『廟底溝與三里橋』, 1959)

그림 3-2-13 광동성 평원현 Ⅰc형식 수혈식승염요
(서주, 제3호요, 考古學年會論文集, 1980)

의 단면에 축조하는데, 단면의 아래를 파서 연소 부분을 만들고 위에서 파내어 번조실을 만들었다. 또 요상에 연소실과 통하는 화안(불구멍)을 뚫어 요폐(불판)를 형성하였다. 연료는 분구로 투입하며, 화염은 화도를 거쳐 요상의 저부로 돌진하여 요폐를 통과해 번조실로 진입한다. 그리고 도배와 열 교환을 한 후 꼭대기로 해서 가마 밖으로 배출된다.

이 가마는 화염이 발생해서 번조실까지 진입하는 데 일정한 거리가 있기 때문에, 전체 가마가 마치 한 개의 담배꽁초 같다. 분구는 땔나무를 연소하는 곳일 뿐 아니라 통풍구이기도 하며, 원통형의 번조실과 화안은 연소실의 열 기류를 일정하게 빨아들이는 작용을 하여 연료가 연소실에서 연소되기 쉽게 한다. Ⅰb형 동혈식요와 비교하면 이것은 도배가 연료 위에 누르고 앉아서 땔나무가 연소하기 쉽지 않은 결점이 있어, Ⅰc형 요가 구조상으로 보다 앞서 있다. 비록 반파半坡 유적 중의 도편의 번조 온도를 측정한 수치가 없지만 동시기 앙소 문화 도기의 번조 온도가 보통 900~1,000℃에 달했다는 사실로 미루어 보아 [13] 이런 가마의 번조 온도 역시 이 수준에서 내려가지는 않았을 것 같다.

Ⅰc형요의 발전 과정을 언급할 때, 두 가지 평가 지표를 무시해서는 안 된다. 즉, 첫째는 화안(불구멍)의 수량과 분포이다. 같은 유형의 가마 중에서 화안의 수량이 많으면 많을수록 불과 도배와의 열 교환이 보다 고르게 된다. 동시에 화안의 분포를 주의해서 보면 연소실에 가까이 있는 화안은 직경이 보다 작고, 멀리 있는 것이 보다 크다. 이것은 열기류가 연소실에 가까울수록 압력이 크고, 멀수록 약해지기 때문에 먼 곳의 화안 구멍을 크게 하여 화염의 압력이 부족한 것을 보완해 주는 방법이었으며, 이로써 가마 안의 온도 분포 상황이 개선될 수 있었다. 두 번째는 연료실과 번조실의 용량의 비교이다. 연료실이 크면 클수록 가마의 온도가 빠르고 높게 올라간다[14]. 예컨대 〈그림 3-2-11〉의 하남성 화현 유자진華縣柳子鎮의 앙소 문화 시기 가마는 반파 Y3의 연소실에 비해 뚜렷이 증대되었다. 또 〈그림 3-2-12〉의 하남성 섬현 묘저구陝縣廟底溝의 용산 문화 초기 가마의 연소실은 더욱 크고, 요상면에 화안이 가득하며, 연소실에서 먼 곳의 화안은 직경이 명확히 크게 되어 있다. 또 〈그림 3-2-13〉의 광동성 평원현平遠縣의 서주 시기 가마는 연소실과 번조실이 거의 같고, 아울러 수직으로 요상 아래에 안배되어 있어 화염이 번조실에 진입하는

---

13) 同 12), p.47.

14) 劉可棟,「試論我國古代的饅頭窯」, 中國硅酸鹽學會編, 『中國古陶瓷論文集』, 文物出版社, 1982, p.176.

데 어떤 저항력도 받지 않도록 되어 있다. 그리고 여기서 출토한 인문경도의 번조 온도가 이미 1,200℃에 달하고 있어[15], 승염식원요가 이같이 높은 온도에 도달할 수 있다는 것은 당시 Ⅰc형요의 기술이 매우 성숙되었음을 증명하는 것이다.

Ⅰc형요는 6,000년 전의 신석기시대 전기에 발생하였다. 3,000여 년에 걸쳐 완만하게 발전하여, 상대에 이르러 그 기술의 영향이 상나라 판도의 확장에 따라서 중심 지구에서 동쪽과 남쪽으로 전파되기 시작했다. 서주 시기에 성숙에서 쇠퇴로 나아갔으며, 동시에 신흥의 Ⅲa형 마제요에 의해 교체되었다. 그 마지막은 전국시대까지 계속되었지만 수량은 극히 드물었으며[16], 이 시기 가마의 주류는 이미 반도염 마제요가 되었다.

제3절. 반도염 마제요

전형적인 Ⅲa형식 반도염요는 그 평면이 마제형馬蹄形(말발굽 모양)을 띠어서 '마제요'라 부른다. 또 그 외관이 마치 만두 모양 같다 하여 '만두요'라고도 부른다. 마제요와 용요는 중국의 가장 대표적인 가마 형식이다. 그들은 남북에서 각자 다른 자연 조건에 적응하면서, 도공들이 장기간의 생산 활동을 통해 발전시켰고, 선명한 문화 특색을 형성하였다. 마제요는 주로 북방 지구에 분포하기 때문에, 마제요의 발전 상황을 논하는 것은 실제로 북방 요업 발전의 의의를 논하는 것이 된다. 동시에 마제요의 전파 역시 황하 유역 문화가 사방에 침투해 가는 경로와 과정을 암시하는 것이다.

마제요의 기원에 관해서는 각종의 추측이 있다. 옛사람이 부뚜막을 사용한 경험으로 개발했을 가능성이 있지만 이런 경험들은 필경 간접적인 것이다. 그리고 마제요에 앞서 각지에서 장기간 사용한 각종의 Ⅰa, Ⅰc형요가 당연히 Ⅲa형요의 발생을 직접적으로 유발한 모태이다. 앞 절에서 Ⅰa형요를 고찰할 때 이미 지적한 것과 같이, Ⅰa형 횡혈요가 구조상에서 Ⅲa형요와 가장 가깝다. 말하자면 연소실과 번조실이 병렬하여 분리된 상태로

---

15) 「廣東平遠正石窯」, 『中國考古學會第2次年會論文集』 文物出版社, 1980, p.207.
16) Ⅰc형요의 쇠퇴 시기는 전국시대 까지 연속된다. 낙양 동주의 왕성 Y5와 진秦의 함양 점상촌 위하 북안 암상咸陽店上村 渭河北岸岩上 등의 요지 보고만이 있다.

만들어져 Ⅲa형식 마제요의 출현을 위한 조건을 준비하였다. 본장 제2절의 〈그림 3-2-7〉의 임산채 가마의 단면도 상에서 이미 마제요의 단초를 어렴풋이 볼 수 있다. 〈그림 3-2-9〉의 낙양시 북요北窯의 서주 시기의 주조요鑄造窯는 배연공의 위치가 계속 요정에 있고 가마의 용적이 여전히 작다는 점 외에는, 연소실과 번조실의 구조 배치가 이미 마제요형에 근접해 있다. 그리고 이 가마의 연대가 대략 3,000년 전이어서 연대가 비교적 명확한 서주 후기의 반도염 마제요와 연대적으로 맞물려 있다. 그러나 기타 가마, 즉 상대 가마의 구조가 발생에 직접 영향을 준 것은 없었다.

승염식원요에서 반도염마제요로 발전한 사항에서 가장 큰 진보는 화염형의 변화에 있다. 전술한 것처럼 원시 가마의 화염은 내부에서 자연적으로 상승하는 흐름으로 가기 때문에 화염이 연소실에서 분출하여 대부분의 열이 도배와 열 교환이 충분치 못한 채 매우 빠르게 요정窯頂의 밖으로 배출된다. 그래서 이런 가마는 열의 소모가 크며, 가마의 체적도 제한적이다. 수천 년의 발전을 거쳐도 시종 1~2m로 유지되어 10~30여 점의 도기를 용납하는 수준에 그쳤다.

상대 이후, 농업의 발전과 인구의 증가에 따라 도기가 용도 면에서 확대되어 고유의 가마 구조로는 사회적 생산 수요에 맞추기 불가능하였다. 양산 체재로의 압박이 눈앞에 닥치자, 도공들은 부득이 가마의 개혁을 생각하지 않을 수 없었다.

가마 구조 발전의 궤적을 조사하면서 화염이 가마 내부에서 머무는 시간을 연장시키는 것이 매우 중요한 관건이었음을 발견할 수 있었다. 남방에서는 가마 몸체를 연장하는 방법을 사용하여 결과적으로 상대에 장조상의 '용요'의 출현을 이끌어내었다. 북방에서는 승염식원요가 특히 발달하여, 도공들이 스스로 익힌 기술의 기초 위에서 가마의 개조와 혁신을 진행하여 원요의 세계 속에서 혁명을 찾았다. 이런 가운데 그들은 화염이 위로 가는 것을 막기 위해서 반드시 운행 방향의 법칙을 바꾸어야 한다는 것을 발견하였다. 그래서 배기공을 가마의 뒷벽으로 이동시키는 것을 시도하여, 화염의 흐름이 천정을 거친 다음 가마 뒤쪽으로 내려가게끔 하였다. 이에 따라 가마 내부에서 유동하는 노선과 시간이 연장되어 열효율을 충분히 이용할 수 있게 되었다. 연창과 흡화공이 통풍구로서 짝을 이루어 사용하게 되어 자유롭게 불길과 유속流速을 통제할 수 있게 되었다.

연창煙窓(연통)의 출현은 가마 기술의 발전에서 중요한 의의가 있다. 만약 배연공의 위치의 변화가 가마 내부의 화염을 연장시켰다고 한다면, 여기서 연통의 작용은 마치 가마

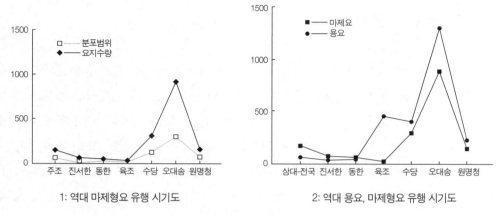

1: 역대 마제형요 유행 시기도
2: 역대 용요, 마제형요 유행 시기도

그림 3-3-1 역대 용요, 마제형요 유행 시기 비교

에 1대의 공기 펌프를 설치한 것과 같다. 적당한 높이와 체적의 연통은 가마 내부에 일정한 부압副壓을 발생시켜, 즉 추력推力 작용을 하여 배연공이 적극적인 의미의 '흡화공吸火孔'으로 변하게 하였다. 그래서 연소실의 화염을 전면에서부터 후실 쪽으로 인도하고, 다시 화염의 위로 향하는 자연스런 특성을 바꾸게 하였다. 즉, 흡화공이 발생시킨 추력으로 화염을 앞에서 뒤로, 위에서 아래로 전체 요실을 가득 채우게 하였다. 최후에 화염을 1개 혹은 수 개의 흡화공으로 집중시켜 연실이나 연통을 거쳐 가마 밖으로 배출하였다.

그 다음으로 연소실의 구조 변화에 주의할 필요가 있다. 연소실은 얕은 데서 깊게 변하고 작은 데서 큰 것으로 변하는 과정을 거쳤다. 연소실의 크기는 승온昇溫의 속도와 관계가 있으며, 요폐의 유무와 회갱의 깊이는 연료의 종류와 관계가 있다.

마제요는 주로 장강 이북에 분포하며, 황하 유역 물질 문화의 상징물의 하나이다. 역사상 그 수량의 증가로 볼 때 황하 유역 요업의 성쇠盛衰의 기본적인 상황과 비교해(그림 3-3-1: 1) 남방의 요업은 흥성이 보다 늦음을 알 수 있다. 그러나 동한東漢에서부터 후자가 오히려 우세한 경향을 띠기 시작하였다. 특히 육조 시기 북방은 전쟁으로 파괴되어 요업의 발전이 뒤떨어진 시기였다. 그러나 남방의 청자 생산은 왕성하게 발달하여 용요 기술은 장강 유역의 전 지역에 신속히 보급되었다(그림 3-3-1: 2). 논술의 편의를 위해 마제요의 변화와 분포 상황을 종합적으로 서술하고 논의하고자 한다.

1. 서주西周~전국戰國 시기

현재 고고학 자료에 의하면 중국 최초의 반도염 마제요는 서주 후기에 출현하였다. 예로 들 수 있는 것은 하남성 낙양시 왕만요王灣窯(그림 3-3-2)로, 길이 2.35m, 폭 1.25m, 높이 약 1.13m 이며 요정부는 이미 붕괴되어 전모를 알 수 없다. 그러나 잔류한 뒷벽의 아래에 1개의 '연공煙孔'이 있어 반도염 구조에 속한다고 추측할 수 있다. 도면의 표시와 당시 가마의 구축 방법으로 보아 가마는 생토 속을 파내 만든 것으로 요정은 봉폐되었다. 그런데 요문이 매우 협소하여, 도배를 잴 때 어떻게 행하였는지 발굴자의 보고가 없어 필자도 추측할 방법이 없다. 가마의 용적은 승염식원요에 비해 현저히 증대하였으며, 가마 안의 보온 상태도 양호하다. 이런 종류의 가마 유적의 발견이 많지 않아 이들의 당시 분포와 유행 상황에 대해 이야기할 형편이 안 된다.

상 · 주 시기는 바로 남북에서 요형窯型이 발전한 변혁의 시기였다. 남방은 상대 후기에 이미 지면에 구축한 장조형의 '용요'가 출현하였다. 그리고 심후한 기술적 기초를 갖춘 황하 유역에서는 서주 후기에 역시 요형의 교체가 나타났다. 중원에서 발견된 상대의 원시 청자로 판단해 보면, 당시에 승염식원요를 뛰어넘어 더욱 선진화된 가마가 출현했던 것 같다. 그렇지 않다면 승염요의 산화 분위기 속에서 환원염이 필요할 수밖에 없는 원시 청자를 번조한다는 것은 매우 어려운 일이다.

동주 시기에 황하 유역에서 예를 들 수 있는 가마 구조의 그림은 거의 없다. 반대로 호북성 강릉현 모가산江陵縣毛家山에서 1기의 완전히 지면에 건축한 반도염 마제요(그림 3-3-3)를 발견하였다. 이 요는 길이가 2m에 가깝고 폭 1.2m에 높이는 불명이다. 어떤 연구자는 이것이 지금까지 발견된 첫 번째 지면상

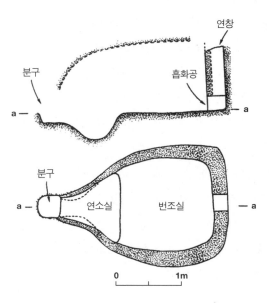

그림 3-3-2 하남성 낙양시 왕만 Ⅲa-2형식 반도염마제요
(서주 후기, 洛陽王灣遺址發掘簡報, 考古, 1961-4)

의 완전한 만두요라 인정하고 있다. 필자가 고찰한 바로는 마제요에서 지면에 건축하거나 지하에 파서 만들거나 하는 것은 아주 중요한 평가 기준은 아니다. 왜냐하면 마제요는 용요 같은 존재가 아니기 때문이다. 용요는 길이가 길기 때문에 가마 가운데에 연료를 추가하여 분단 번조하는 문제를 해결하지 않으면 요 뒤편에 있는 도배

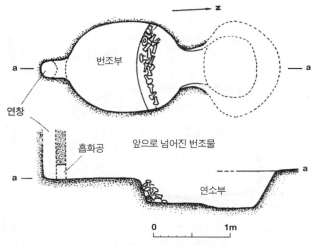

그림 3-3-3 호북성 강릉현 모가산 Ⅲa형식 지면 반도염마제요
(동주시대, 江陵縣毛家山發掘記, 考古, 1977-3)

들이 잘 익지 않게 된다. 때문에 몸체의 투시공(땔감 투입 구멍)과 양 측의 요문은, 용요의 연장과 노동 강도의 경감이란 두 가지 사항에 관한 중요한 시설 구조물이 된다. 바로 이 점 때문에 용요는 반드시 지면에 세우는 것이 전제가 된다.

그러나 마제요는 그 몸체가 짧기 때문에 생산량이 낮고 많은 요문이 필요하지 않다, 가마 앞부분에 개설한 문은 개요 시에는 출입구이고, 요를 막으면서 투시공과 통풍구를 남겨 둔다. 때문에 설사 지면에 건축하지 않아도 용요와 같은 곤란을 당하지 않는다. 실제로 증명되는 것이, 건조한 황토 고원과 이곳의 요동窯洞 거주 전통의 지구에서는 당대 이후까지 계속해서 가마를 지하에 만든다(제4장 참조). 강릉현 모가산에서 발견된 지상 가마는 강남 지구의 기타 각종 유형의 가마와 마찬가지인데, 당시의 지하수 수위가 매우 높아서 가마를 지면이 건조한 곳에 건축하였던 것 같다. 이것이 또한 강남 지구에서 보편적으로 가마를 지면 위에 축조하기 시작한 주요 원인의 하나로 생각된다.

모가산요에 또 하나 주목할 가치가 있는 현상은 많은 도배 무더기가 번조 과정 중에 앞쪽으로 도괴되어 폐기된 점이다. 이것은 아마 요상이 수평 상태여서, 직립한 도배의 불이 있는 요문 쪽의 면이 승온 시에는 연화軟化가 빠르고 강온降溫 시에는 수축이 빠른 것이 원인인 것 같다. 늦어도 전국시대에 도공들이 이 실패의 원인을 깨달아 요상면의 각도에 대해 조정을 하였다. 즉, 평탄한 것을 변화시켜 요 후방을 향해 경사지게 함으로써, 도

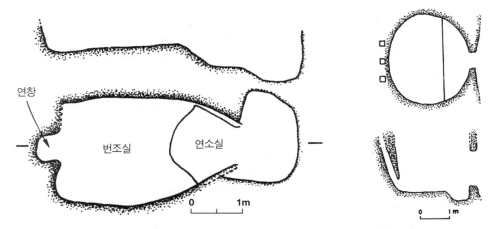

연창

번조실

연소실

0 1m

그림 3-3-4 섬서 함양시 탄모촌 Ⅲa형식 반도염마제요
(전국시대, 秦都咸陽古城遺址發見的窯址和銅器, 考古, 1974-1)

그림 3-3-5 절강 초산현 진화구 Ⅲa형식 반도염마제요
(전국시대, 浙江肖山進化地區古代遺址的發現, 考古通訊, 1957-2)

배가 앞으로 기울어져 폐기되는 병폐를 피하였다. 이렇게 요상면이 뒤로 경사진 현상은 이후 남북 지구에 매우 보편적으로 보인다.

전국시대 이전에는 마제요의 뒷벽 아래의 흡화공을 1개로 하였다. 전국 시기에 함양咸陽에서 1흡화공의 가마(그림 3-3-4)도 유행하였지만, 전국시대의 중·후기가 되면 남북에서 보편적으로 3안眼 흡화공의 가마가 출현하였다. 진秦의 수도인 함양의 마제요는 심지어 5안 흡화공을 사용하였다. 1흡화공의 결점은 화염이 1개 흡화공의 끌어당김을 받게 되어 모두 가마 안의 중간 길에 집중되고 가마 뒤쪽의 좌우 측면까지 골고루 미칠 수 없게 된다는 점이다. 때문에 단공요單孔窯는 그 폭이 제한을 받게 된다. 3안 흡화공이 출현한 후에는 가마의 평면 구조가 명확히 넓어졌는데, 흡화공이 많을수록 화염이 더욱 분산되어 가마 안의 온도가 보다 고르게 되었다.

마제요의 출현과 주요 분포는 황하 유역이다. 그런데 이것이 장강 유역에서도 발견되어, 북방의 가마 기술이 남방으로 전파된 것을 알 수 있다. 전국시대에 남방에 전해진 반도염 기술은 이미 강남의 평염 용요의 고향인 항주만까지 깊숙이 들어갔다. 절강성의 고고학자들은 고월국 회계군會稽郡 서북 40km의 초산현肖山縣에서 일군의 전형적인 반도염 마제요 요적을 발견하였다. 이들 가마는 평면이 원형을 띠고, 화로火路가 분산되어 고르게 도배를 익힐 수 있어 훨씬 합리적이다(그림 3-3-5). 동 시기의 북방의 요지 자료가 없지만, 진대에 이미 성숙된 3안 흡화공요를 사용해 와전을 번조한 사실로 보아 3안 흡화공 마제요가 전국시기에 이미 정형화되었다고 추정된다. 또 주백겸朱伯謙선생의 소개에 의하면 초산현 일대에 전국에서 남조 시기까지 보편적으로 만두요가 사용되었다고 한다[17]. 중국의 평염 용요가 유행한 중심 지구에 한 줄기 북방 계통의 반도염 마제요군이 출현한 것은 가히 새로운 세력이 돌연히 나타난 것 같다. 절강 지구의 마제요 기술의 근원과 남조 시기의 마제형 와전요 및 그의 한반도 전파는 더욱 탐구할 가치가 있는 문화 현상이다.

2. 진秦 · 한漢 시기

진 · 한 시기의 Ⅲa형 마제요 기술의 주요한 진보를 보면, ① 요실의 면적이 확대되어 장소하는 수량이 증가함. ② 요 뒤에 연실을 증설하고 흡화공이 종전의 1개에서 3개 이상으로 증가하여 정형화된 구조로 변함. ③ 벽돌로 벽체를 만들어 가마벽의 강도를 높이고 사용 수명이 증가된 점 등이다. 이 시기에는 와전의 번조 역시 보편화되어 그 구조가 도요와 다름이 없다.

발굴 자료를 보면 이 시기 와전요의 자료는 비교적 풍부하지만 도요의 발굴 자료는 매우 적다. 이것은 당시 북방 사회의 배경과 서로 일치하는 것 같다. 이 시기에 중국 북방의 와전의 번조는 장안과 낙양 등의 대도시 건설과 대형 전실묘의 광범위한 보급으로 인해 당시 요업 생산 구조에 변화를 발생시킨 주요 원인이 되었다. 그러나 일상 생활에서는 칠기 · 목기 · 동기의 사용이 보편적이었고, 도자기가 점유하는 비율은 남방만큼 높지 않았다. 청자의 생산 문제는 차치하더라도 도기의 제작 수준에서 북방은 남방 같지 않았다.

이때 북방의 Ⅲa형 마제요의 기본 형태는 와전요의 자료를 참고할 수 있다. 〈그림 3-3-6〉과 〈그림 3-3-7〉에 의해 이 시기의 대표적인 가마 구조를 보면 가마 뒤편의 구조가 뚜렷이 복잡해졌음을 알 수 있다. 뒷벽에 연도煙道가 많아지고 연실煙室이 출현하며, 흡화공이 분산되어 만들어졌다. 연통 부분의 추력이 증가하여 원래 '배연공'의 흡화 작용이 강화되었다. 일부 지방에서는 뒷벽에 배연도를 뚫는 특수한 구조가 유행하였는데, 사천성 무승현武勝縣에서 이런 구조가 발견된다. 하남성 중부 편남偏南 일대의 송대 요장도

---

17) 朱伯謙論文集, p.33.

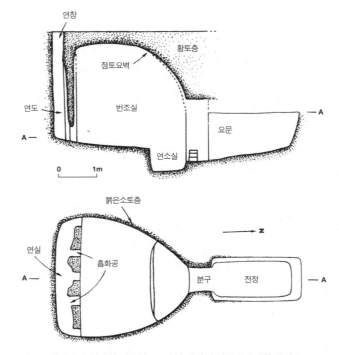

그림 3-3-6 섬서성 임동현 Ⅲa-2형 지하식 반도염마제형 와전요
(진대, 秦代陶窯遺址調査清理簡報, 考古與文物, 1985-5)

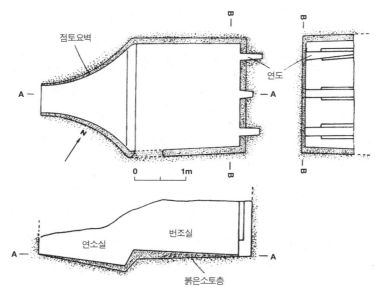

그림 3-3-7 사천성 무승현 광가언 Ⅲa-2형 지하식 반도염마제형 연와요
(서한말 동한초, 四川省武勝匡家漢代磚窯試掘記, 考古與文物, 1980-2)

이와 같아서 마제요의 지방적 차이를 반영한다.

마제요의 벽체는 일반적으로 전체의 표면을 가공하는데, 풀 섞인 진흙을 바르거나 벽 윗면을 벽돌로 쌓았다. 가마의 번조 면적도 전에 비해 보편적으로 증가하여 최장 7m에 달하며, 평균 길이가 5m 전후이고 폭은 2.5m 정도이다. 당시 중국 요업의 전체 상황을 보면 북방은 와전의 생산이 고양된 시기에 있었지만, 도자 기술의 발전은 보행이 어려운 상태에 처하여 녹유 기술이 한 차례 앞선 이외에는 달리 취할 바가 없다. 그러나 강남 지구는 동한 시기에 도기 생산에서 자기 생산으로 도약을 완성하였으며, 절강성을 중심으로 하는 남방 청자의 생산은 기술 계열 상의 획기적인 발전을 이룩하였다.

3. 삼국三國 · 양진兩晋 · 남북조南北朝 시기

이 시기의 북방은 동한 말년의 흉년과 전란으로 경제가 불황이고 백성은 생활의 근거를 잃었으며, 요업의 발전은 거의 정체되어 전진하지 못하였다. 이 시기에 도시의 건설과 지하 분묘의 규모도 물론 위축 상태가 되었다. 고고학적인 관점으로 보면 이 시기의 북방 분묘의 발견이 보다 적을 뿐만 아니라, 규모도 동한 시대의 몇 분의 일 수준이다. 요지의 발견도 이와 같다. 북방에 Ⅲa형 마제요의 통계가 서주에서 명대에 이르는 6개의 시기 중에 요지의 수량이 가장 많은 것이 북방 송대로, 역대 총수의 약 59.8%를 차지한다. 그러

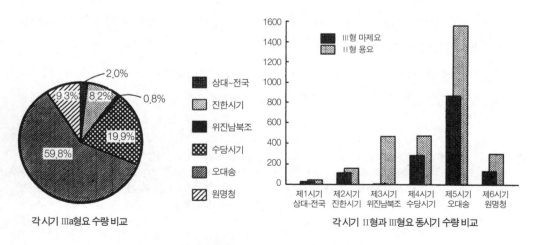

각시기 Ⅲa형요 수량 비교

각시기 Ⅱ형과 Ⅲ형요 동시기 수량 비교

그림 3-3-8 중국 각 시기 Ⅱ, Ⅲ 유형 요 수량 비교

나 위진남북조 시기는 겨우 0.8%로 미미하다(그림 3-3-8). 이 때문에 우리가 이 시기의 Ⅲa형 요의 기본 특징을 서술할 방법이 없다.

현상적으로 말해 위진남북조 전기의 북방 요장은 쇠락기에 처해 있었다. 북조 후기에 겨우 회복되기 시작하여 남방의 청자 기술을 흡수하고, 수·당 시기의 북방 요업의 대발전을 위한 조건을 준비하였다. 그러나 이 시기의 가마 유적이 지금까지 발견되지 않아 이 시기 가마 기술의 진화에 대한 역사적 정보를 제공할 수 없다.

4. 수隋·당唐 시기

수·당 시기는 북방 요업이 비약적으로 발전한 시기였다. 장안과 낙양 등 도시 건설의 대발전으로 와전의 생산도 새로운 단계에 진입하였다. 황하 유역의 인구가 더욱 증가하여 도자기의 수요를 크게 신장시켰으며, 때문에 와전의 생산이나 도자기의 번조가 모두 수직 상승의 추세를 띠게 되었다. 북방 마제요의 증가율이 이런 동향을 보여주는 가장 좋은 표지이다(그림 3-3-8).

이 시기에는 요장의 수량뿐만 아니라 생산품의 개발도 질적인 비약을 이루어 청자·백자·삼채·흑유자 등이 연이어 출현하였다. 또한 형요邢窯를 중심으로 한 백자 생산 기지를 형성하였다. 수·당 시기의 요업이 대발전하게 된 배경은 당시 정치적 통일과 경제적 번영이다. 황하 유역에 당시 중국 인구의 70%가 집중되었고(그림 3-3-9) 장안과 낙양의 양경兩京은 요업 생산품의 주요한 소비 지구였으며, 따라서 요장과 명요가 모두 대도시 주위에 집중되었다[18].

수·당 시기에 남방에서는 계속 전통적인 청자를 번조하였지만, 북방에서는 백자의 생산이 흥성하였다. 따라서 당시 자기의 생산은 '남청북백南青北白'으로 개괄되었다. 백자

---

18) 梁方仲編著, 『中國歷代戶口, 田地, 田賦統計』, 上海人民出版社, 1980. 甲表 28에 의하면, 당대의 각 도의 인구밀도표가 인상적이다. 즉 북방 여러 도의 총면적이 14,073,000km²이며, 인구는 4,094만이다. 남방 여러 도가 차지하는 땅은 1,481,000km²이며, 인구는 1,781만이다. 북방인구가 전국의 69.68%를 차지하지만, 남방의 인구밀도가 북방에 비해 크게 많다. 북방의 인구밀도가 가장 큰 곳은 경기도京畿道·도기都畿·하남도河南道·하동도河東道·산남도山南道이고, 다만 롱우도隴右道는 관내에서 땅이 넓고 인구가 적다. 남방은 금중도黔中道와 영남도嶺南道 지구 서남의 편벽한 산지를 제외하고, 기타 각 도가 고르게 개발되었는데, 인구밀도가 비교적 큰 것이 회남도淮南道와 강남도江南道이다. 심지어 변방의 검남도劍南道의 땅과 사람의 비례도 회남도에 근접한다.

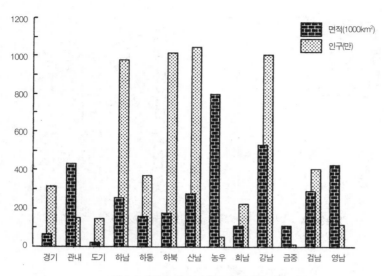

그림 3-3-9 당대 각 도(지구) 토지면적과 인구 비례도
(梁方仲 편저 『中國歷代戶口, 田地, 田賦統計』에 근거해 데이터 제작)

기술이 남방에 전해지기 전에 이 양대 자색瓷色 계통은 실제적으로도 남북 양대 기술 계통을 개괄하는 말이며, 그들의 가마 구조와 요도구 조합과 자기의 외관을 비교하여 내린 결론이다.

남북의 양대 기술 중심은, 하나는 태행산 동록에서 남으로 뻗은 자업권으로 백자를 생산하여 천하에 이름을 얻은 형요와 정요가 대표적이다(그림 3-9-1: Ⅲ② 참조). 또 하나는 항주만 동방연해에 분포하는 월요계 자업권으로, 이곳은 오래된 청자 산지로 기술상으로 매우 안정된 생산 중심지였다(그림 3-9-1: Ⅱ① 참조). 그들은 기술 계통 상에서 경위가 분명한데, 예컨대 가마 방면에서 하나는 반도염 마제요를 사용하고, 하나는 용요를 사용하였다. 요도구 면에서 하나는 삼차형三叉形 받침을 사용하고, 하나는 M형 갑발을 사용하여 서로 섞이지 않고 각자의 특색을 가졌다.

기타 각지의 요장은 모두 직·간접으로 양대 계통 중의 기술적 영양분을 흡수하여 스스로의 계통을 이루었다. 그 전형적인 요장으로는 기술면에서 전부를 받아들인 명요로 북에는 요주요가 있고, 남에는 경덕진이 있다. 큰 요구窯區를 말하자면 사천四川 분지와 회수淮水 유역이 남북 기술을 모두 채용 흡수한 중간 지대이다. 반대로 남북 양대 기술 중심의 Ⅲ②와 Ⅱ① 요구역은 기술 면에서 안정된 상태에 있고, 또 전통을 지키는 기초 위

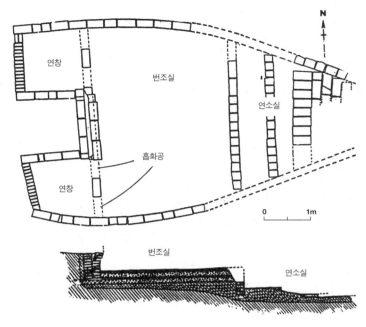

그림 3-3-10 섬서성 동천시 요주요 Ⅲa형식 마제형요
(당대, 耀州窯的窯爐和燒成技術, 文物, 1987-3)

에 계속 기술의 진보를 탐색하였다. 기술과 문화를 비교하는 관점에서 보면 바로 이런 지구가 가장 대표성을 갖춘 것이다.

Ⅲa형요는 수·당 시기에 몇 가지 방면에서 발전을 보았다. 즉 ①Ⅲa형 와전요가 매우 발달하고 도자 요지의 자료도 풍부해지기 시작하였다. ②가마의 용량이 더욱 확대되어 7m 길이의 가마가 드물지 않게 보인다. ③반도염 마제요 기술이 남쪽으로 전파되어 남방 연해 일대에 도달하며, 이후 마제요와 용요기술 결합의 제일보를 디뎠다.

북방의 저명한 형요와 정요는 아직 가마 유적에 대한 발굴 조사가 진행 중이다. 섬서성 동천 황보에서 발견된 당대 마제요와 동 시기의 마제형 와전요가 이 시기의 실물 자료이다. 황보에서 1985년에 발견된 4기의 가마 유적을 보면 3기는 삼채요이고, 6호요만이 자기를 구웠다. 평면이 선형扇形을 띠는데 혹 마제형이라 부른다. 연소실과 번조실은 길이 5m에 폭 2.1~3.8m, 연소실 깊이는 0.42m이다. 목탄 퇴적이 발견되어 나무를 연료로 사용한 가마임을 알 수 있다. 가마의 후반부에 대칭되는 2개의, 길이와 폭이 1m 이상의 큰 연창이 있고 각 연창의 아래에 2개의 흡화공이 있다(그림 3-3-10). 이 요에서 통형갑발

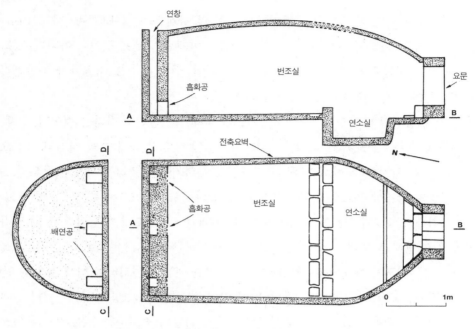

그림 3-3-11 광동 조주시 북제두 Ⅲa-3형식 전축 장방형 반도염요
(당대, 廣東潮安北郊唐代窯址, 考古, 1964-4)

을 사용하였으며 가마 안에서 약간의 흑유자와 갈유자, 초벌구이 편들이 출토하였다.

10호요는 삼채를 구운 가마이며, 구조는 6호요와 거의 같다. 다만 용적이 약간 작아 연소실과 번조실을 합해 길이가 3.16m에 폭 1.4~1.75m이다. 연소실 깊이는 0.5m이고 대량의 탄회炭灰가 쌓여 있다. 가마 안에서 많은 삼채자편과 색유가 가득 묻은 삼차형받침이 출토되었다.

동아의 삼차형 받침은 주로 마제요와 공존하여 황하 유역에 분포하며, 일반적으로 백자 산지와 삼채를 제작하는 요장에 많이 보인다[19]. 이 요도구는 또 일본 중부의 녹유와 회유도를 구운 공방에서 대량으로 출현한다. 뿐만 아니라 일본의 나라奈良삼채에 남아 있는 삼차형 받침 흔적은 당삼채의 것과 완전히 일치한다. 동시에 남방연해의 복주 회안福州懷

---

19) 필자의 현지 조사와 문헌 조사를 통하여, 황하 유역의 백자와 삼채의 생산지는 보통 삼차형받침을 사용하였다. 동천 황보 당삼채요 중의 삼차형받침은 낙양 대소황야大小黃冶것과는 다른데, 낙양 것은 첨세尖細하다. 일본 삼차형받침은 낙양 황야요와 같은 종류에 속한다. 杜保仁,「耀州窯的窯爐和燒成技術」,『文物』, 1987-3, p.32. 참조. 다른 것은 필자의 조사 자료에 의함.

安의 당대 요지에서도 이 요도구가 발견되며, 남송의 정계요汀溪窯에도 보인다. 그러나 일본과 복주는 모두 황하 유역에서 멀리 떨어져 있고 마제요의 분포 구역이 아니다. 그리고 애석하게 이들 지점에서 아직 가마 유적이 발견되지 않아, 마제요 기술이 삼차형받침과 함께 어떻게 이들 지구에 전해졌는지 판단되지 않는다.

당 시기에 남방의 마제요는 주로 와전 기술과 함께 남전하면서 따라간 것이다. 현재 광동성 조주시潮州市 북교北郊와 남교南郊에서 발견된 많은 요지 중에는 당 시기의 와전요가 매우 큰 비율을 차지한다. 잠시 뒤에 이 반도염요는 자기를 번조하는 데도 운용되었으며, 동시에 남방의 장조상 용의 영향도 받았던 것 같다. 그래서 조주시 북제두北堤頭에서 발견된 반도염요는 북방과 다르게 장방형을 띤다. 1954년에 발견된 북제두의 당 시기의 가마는 완전히 지면에 축조된 전축磚築 시요柴窯(장작가마)로, 전장 4.97m, 폭 2.26m, 높이 1.32m이다. 가마 후미 아래에 3개의 흡화공이 세장한 연통과 연접하여 밖과 통하고 있다. 연소실의 깊이는 0.4m이고, 타다 남은 목탄이 많이 발견되었다(그림 3-3-11). 가마 안에서 번조가 불량한 청황유잔靑黃釉盞과 연화문와당, 통형갑발이 출토되었으며, 청자와 와전을 겸소한 가마이다[20]. 당대 이전에 광동성 지구에 반도염요와 갑발 사용의 전통이 없었는데, 이들은 모두 외래에서 전래된 신기술이다.

5. 북송 · 남송 시기

당대 요업의 기초 위에서 북송은 다시 창신創新하는 기록을 세웠다. 당시 황하 유역에는 명요가 숲처럼 늘어섰고, 유구한 전통을 가진 정요와 요주요 외에 균요鈞窯 · 여요汝窯 · 시요柴窯와 짙은 민간적 특색을 지닌 자주요磁州窯 등이 출현하였다. 남방에는 경덕진요가 우뚝 솟았고 월요는 쇠퇴하기 시작하였다. 북방에 있는 요장들은 모두 Ⅲa형 반도염 마제요를 채용하여 자기를 번조해, 이 시기의 마제요의 수량은 역대 동류 요 총수의 60%에 가깝다. 생산 규모와 제품의 질 및 제품 판매의 광범위함은 모두 공전절후라는 평가를 받는다(그림 3-3-8).

20) 曾廣億, 「潮州唐宋窯址初探」, 『潮州筆架山宋代窯址發掘報告』附錄, 文物出版社, 1981, p.54.

이 시기의 가마 기술 발전의 주요한 성취는 석탄요의 보편적인 보급과 가마 구조의 개조이다. 중국은 아마 세계에서 최초로 석탄을 자기 번조에 이용한 나라일 것이다. 북방은 중국의 주요한 석탄 산지이며 석탄의 합리적인 이용으로 나무 연료 생산의 부담을 경감시켰다. 북방은 본래 자연 식생이 풍부하지 못한데, 이를 보호하는 데도 매우 큰 작용을 하였다. 동시에 자기 번조의 원가도 대폭 낮추었다.

북방요가 북송 시기에 전면적인 발전을 이룬 데에는 새로운 연료의 이용에 크게 도움을 받았다고 할 수 있다. 그리고 석탄을 사용해서 나무를 사용한 자기같이 잘 번조해야 하기 때문에 필시 가마의 합리적인 개조가 필요하였다. 사실 북송의 가마 기술은 이 시대의 수요에 잘 적응하였음을 보여 준다. 석탄을 연료로 하는 가마와 관련된 문제들에 대한 탐구는 제8절의 연료 소모와 환경 파괴에서 다루기로 한다.

다음으로 Ⅲa형요는 가일층 남방에서 그 영향을 확대하여 많은 용요 군집 지역에서 왕왕 마제요를 초벌용 가마나 용요 요장의 보조성 시설로 사용하였다. 마제요의 규모가 용요보다 작기 때문에 교체나 조작이 편하였으며, 와전의 번조도 일반적으로 이 요형을 채용하였다.

이 시기 Ⅲa형 요의 기본 형태에 대해 아래의 몇 예를 소개하겠다.

송 초기의 요주요의 기본 형태는 당대의 가마와 차이가 없으나 연소실이 뚜렷이 다르다. 85THY4를 예로 들면, 요문 양측은 돌을 이용해 길게 쌓았으며 문은 폭이 0.5m, 높이 1.25m이다. 연소실은 부채 모양을 하고 중간에 1개의 내화 벽돌로 축성한 재가 빠지는 노폐爐箅(또는 노조爐條라 부른다)가 있다. 이것은 화상火床(불판)이면서 또한 통풍이 되는 곳이다. 노폐 아래에 깊은 갱이 있고, 갱내에는 석탄 찌꺼기가 가득 있다. 갱 깊이는 1.5m 이상이다. 번조실은 연소실의 노폐면보다 0.28m 높으며, 요상에 모래를 깔아 갑발을 안치시켰다. 가마의 후미에는 대칭으로 2개의 방형의 연창을 설치하고, 하부에는 각 3개의 흡화공이 있다. 가마는 전장 5.57m에 최대 폭이 2.06m이다(그림 3-3-12).

유사한 가마가 부근의 순읍현 안인향旬邑縣安仁鄉에서 발견되었다. 순읍현 안인향 Y1요를 보면, 평면 구조는 요주요와 같지만 연소실의 면적이 뚜렷이 확대되어 거의 요 전체의 반 정도를 차지한다. 뿐만 아니라 노조를 가득 깔고, 노조 위에 석탄 덩어리를 가득 쌓았으며 노조 아래에는 통풍과 재를 담는 종렬縱列의 재통을 만들었다. 연소실의 양 벽에는 벽 마다 6층의 작은 기물을 놓을 수 있는 횡전橫塼이 튀어나와 마치 '서가書架'처럼 되어 있다. 이를 보면 도배를 잴 수 없었던 연소실의 공간도 번조에 이용되었음을 알 수 있다(그림 3-3-13). 순읍현은 동천시 요주요에서 멀지 않으며, 제품이나 기술 면으로 보면 모두 요주요의 기술 계통에 귀속된다.

섬서성에서 멀리 떨어진 산동성에서 북조 후기부터 청자의 번조가 시작되었다. 수·당 시기에 기술이 높아졌지만, 안타깝게도 완전한 가마 유구는 발견되지 않았다. 현재 예를 들 수 있는 것은 가장 빠른 것이 오대·북송 초기의 치박 자촌淄博磁村의 북Y2요이다. 이것은 백유자기를 번조한 초기 가마이다. 가마의 전장은 8.25m, 폭 3.75m이며, 작은 벽돌을 쌓아 만들었다. 남은 흔적으로 추측컨대 연소실의 상면床面에는 노조爐條를 두었던 것 같다(그림 3-3-14). 발굴자에 의하면 이 구역에서 발견된 12기의 가마는 모두 시요柴窯(장작가마)이고, 가마 후미에 대칭되는 2개의 봉폐성의 연창이 있다. 하부의 구조가 일부 잔존하지만 그 아래에 필시 흡화공이 있었을 것으로 추정된다고 한다.

이외에 부근의 화암사구華岩寺區에서 북송 후기에서 남송 중기에 해당되는 금대의 요지 2기를 발견하였는데, 모두 석탄 가마이다. Y2요를 예로 들면 도자기와 와전을 함께 번조한 가마이며 전장 7.5m, 폭 4.5m이다. 연소실의 상면床面에 돌을 잘라 축조한 노폐와 노조 아래가 회갱과 통풍구가 된다. 회갱 안에는 석탄재와 타다 남은 석탄 덩어리가 가득 차 있었다(그림 3-3-15). 치박 자촌의 가마는 장작 가마와 석탄 가마의 구조가 모두 하북성 자주요의 가마 형태와 비교적 가깝다. 발굴자는 이 가마의 제품을 비교한 후에 정요와 자주요의 영향도 인정하였다. 이상의 제 요소를 종합하면 산동성 치박지구의 요업은 태행산 동록의 당·송시기 최대의 요업 중심과 같은 계통에 속하며, 따라서 III① 요구에 귀속된다(그림 3-9-1 참조).

산동성 지구의 가마를 태행산 동록 지구의 가마와 1차로 비교하기 위해 최근 자주요에서 발굴된 동시기의 요지 자료를 예로 들겠다. 그중 Y3은 북송 말기~금대 전기의 것으로 판단된다. 전체 가마는 요문·연소실·요상·연창·호장護墻의 5개 부분으로 조성되어 있다. 총 길이 7.36m, 폭 4.17m, 요실 높이 3.12m, 요문의 폭 0.7m, 높이 2.22m이며 아래에 통풍구가 설치되어 있다. 연소실은 전후 길이가 1.98m, 폭 3.51m 에 번조실의 상면보다 1.38m 낮다. 노조爐條의 보존이 완전하며, 노조를 지지하는 기둥은 폐갑발과 벽돌로 쌓아 만들었고 노조 아래의 회갱에는 석탄 찌꺼기가 가득 차 있다. 매번 굽고 나서 반드시 노조를 끊어내고 석탄 찌꺼기를 깨끗이 정리하였다. 발굴자가 이 요를 석탄 가마의 초

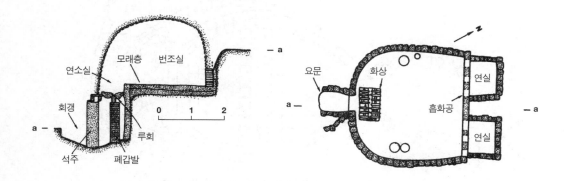

그림 3-3-12 섬서성 동천시 요주요 Ⅲa형식 반도염마제형요
(북송 전기, 杜保仁, 耀州窯的窯爐和燒成技術, 文物, 1987-3)

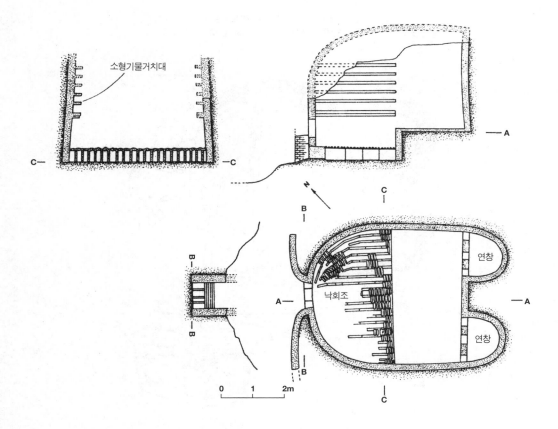

그림 3-3-13 섬서성 순읍현 안인촌 Ⅲa형식 반도염마제형요
(송대 후기, 旬邑安仁古瓷窯遺址發掘簡報, 考古與文物, 1980-3)

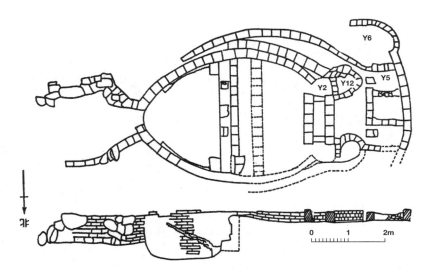

그림 3-3-14 산동성 치박시 자촌 Ⅲa형식 반도염마제형요
(오대 북송전기, 山東淄博淄川區磁村古窯址試掘簡報, 文物, 1978-6)

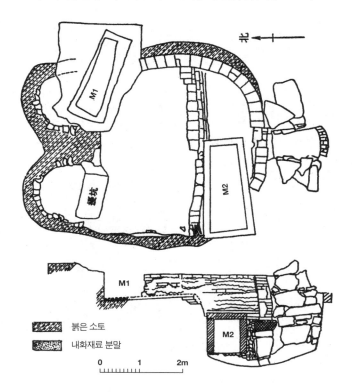

붉은 소토
내화재료 분말

그림 3-3-15 산동성 치박시 자촌 Ⅲa형식 반도염마제형요
(금대, 山東淄博市淄川區磁村古窯址試掘簡報, 文物, 1978-6)

기 형식으로 보는 것은 아직 규격화되고 전문화된 노조가 출현하지 않았기 때문이다. 번조실의 상면은 후벽 쪽으로 경사져 있으며, 가마 후미에 대칭으로 2개의 큰 연창이 배치되어 있다. 요 후벽에 2줄의 흡화공이 있는데 아래 줄에는 10개의 구멍이, 윗줄에는 4개의 구멍이 배열되어 있다. 외부의 호요장護窯墻(가마보호담장)은 두께가 1m에 달하며 높이는 요벽이 안으로 굽어들기 시작하는 지점과 같은데, 발굴자는 가마의 보온 작용을 위한 것으로 보고 있다. 노조와 진풍구進風口의 원시성으로 판단하여, 이 요는 '초기 형태'에 속하며(그림 3-3-16) 또한 자주요가 석탄을 연료로 사용한 것이 북송 후기에 시작되었을 것으로 추정케 한다.

북송의 우현禹縣 경내의 균요鈞窯와 여요汝窯의 Ⅲa형 가마는 섬서성·하북성·산동성의 것과 다르다. 주요 특징은 3줄의 배연排煙 고랑을 뒷벽의 내부에 매설하고, 한 곳으로 모은 후에 요 밖으로 통하게 하였다. 이런 구조는 서안과 낙양, 개봉 사이의 황하 유역 연안 지구에서 상견되며[21], 강남 지역과 한국·일본에서 발견된 9세기 이전의 마제요도 이런 구조를 보인다(제4장 와전요 부분 참조). 우현 팔괘동八卦洞의 송대 균요의 예를 보면(그림 3-3-17) 전장 4.37m, 폭 2.5m, 연소실 깊이 0.8m이며, 요상의 통풍구 등의 시설이 없어 나무로 연료를 한 장작 가마임을 증명하고 있다. 가마의 후미에는 자주요나 정요, 산동지구 같은 큰 구경의 연창이 없고, 뒷벽의 흡화공과 뒷벽 속에 매설된 연도를 통하여 주연도主煙道로 모아져 가마 밖으로 배출된다.

동일 지점의 북송 후기의 우현 균요에는 또한 2개의 연소실을 갖추고 횡으로 긴 1칸의 요실이 있는 Ⅲb형 가마가 출현하였다. 가마의 평면 구조는 같은 모양의 마제요 2기가 나란히 있는 것과 같다. 좌측의 1기는 연소실의 전면에 요문이 없고 투시구만 있으며, 우측의 1기에는 요문이 있어 장배裝坯와 출요를 위한 출입구로 사용되었다. 연소실의 깊이는 전술한 균요와 같으며, 가마의 뒷벽에 분열된 3 줄기의 연도가 가마의 밖과 직통한다. 발굴자는 또한 연소실의 꼭대기에 있는 1개의 '연창'을 주목하면서, 기타 가마 예의 비슷한 현상을 근거로 분석하여 이 '연창'이 실은 배기공이나 산열공散熱孔이라고 본다(그림 3-3-18).

사천분지는 그 독특한 지리적 위치로 인해 남북 기술을 한 곳에 모으는 양호한 조건

---

21) 劉可棟, 「試論我國古代的饅頭窯」 중에서 제공한 가마 구조도(『中國古陶瓷論文集』, 文物出版社, 1982)

을 갖추고 있어, 송대 가마의 양식이 매우 복잡한 국면을 보인다. 연료는 용요와 계단요에서는 땔나무를 사용하나, 마제요는 보편적으로 석탄을 사용하였다. 사천지구는 한대부터 석탄을 이용하고 천연 가스를 사용하는 전통이 시작되었다. 현대의 지질 조사 결과를 보면 이곳은 중국의 주요한 석탄 산지로, 심층深層과 천층淺層, 노두露頭의 석탄 자원이 매우 풍부하다(그림 3-8-3, 3-8-4 참조). 이 때문에 무승현武勝縣·광원현廣元縣·중경시重慶市·관현灌縣·팽현彭縣·파현巴縣·화양현華陽縣·공래현邛崍縣에서 연이어 대량의 석탄을 연료로 하는 요장이 발견된 것은 이상한 일이 아니다. 여기에 중경시 도산 거목만鋸山鋸木灣의 남송 후기 석탄 가마를 예로 들어 설명한다.

거목만의 남송요는 구조 상에서 독특한 점이 많다. 먼저 가마 후미의 연창이 매우 커서 연소실·번조실과 나란히 3등분을 하고 있다. 연창 아래에 각기 3개의 흡화공을 배치하였다. 번조실의 상면은 뚜렷하게 역경사를 띠며, 많은 갑발 받침대가 소대燒臺로 남겨져 있다. 연소실과 번조실의 높이 차이가 1m 이상에 이르며, 회갱의 깊이가 1.6m에 달한다. 노조爐條는 사석砂石으로 만든 일곱 줄기가 부채꼴로 배열되어 있고, 노폐爐箅(불판)의 아래에 충분히 연소된 대량의 석탄이 남아 있어 이 가마의 구조가 비교적 합리적임을 말해 준다. 전체 가마는 자갈돌로 축조되었는데, 다른 곳에서는 드물게 보인다(그림 3-3-19). 가마를 볼 때 요주요·자주요·치박요의 대연창大煙窓 가마와 비교적 가깝다.

중경 도산지구는 송대에 짙은 색의 다구茶具를 번조한 중요한 요장이었다. 그 유색은 남방의 흑유자를 모방하고, 기물의 외관은 용요를 사용한 복건성 건요와 강서성 길주요와 감주요에 근사하다. 그러나 번조 기술은 북방 마제요 계통에 속하여 기물의 외관 모방과 가마 기술의 교류가 서로 다른 국면이었음을 반영하고 있다.

6. 원元·명明 시기

원대에 북방의 요장은 거의 예외 없이 쇠퇴하였고, 자기 시장은 백자계의 경덕진요와 청자계의 용천요가 장악하였다. 그리고 남방연해에서는 이들 양대계 제품을 모방하여 자립적으로 무역 자기 부문을 점거하였다. 경덕진요는 원대에 '어요御窯'가 세워졌는데, 호전湖田요지의 원대 퇴적층이 당시의 생산 규모를 잘 설명해 준다. 용천요의 원·명 시기의 청자도 앞서 남송의 규모를 초과하였다(그림 3-5-10 참조). 이 두 곳은 하나는 관요이

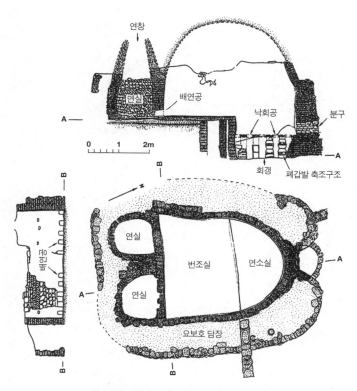

그림 3-3-16 하북성 자현 관태진 Ⅲa형식 반도염마제형요
(북송 말기~금대 전기, 河北省磁縣觀台磁州窯遺址發掘簡報, 文物, 1990-4)

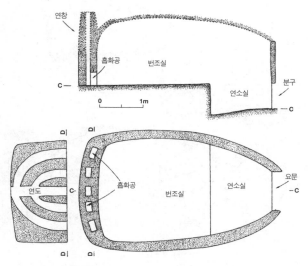

그림 3-3-17 하남성 우현 균요 Ⅲa형식 반도염마제형요
(북송전기, 河南禹縣均台窯址的發掘, 文物, 1975-6)

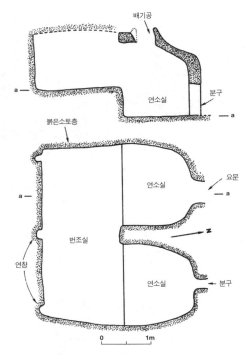

그림 3-3-18 하남성 우현 균요 Ⅲb형식 쌍연소실반도염요
(북송후기, 河南禹縣均台窯址的發掘, 文物, 1975-6)

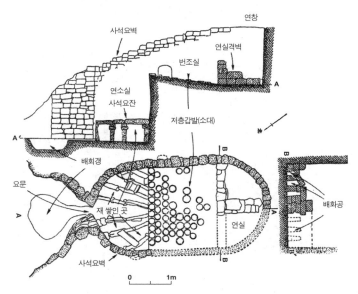

그림 3-3-19 사천성 중경시 도산 거목만 Ⅲa형식 마제형요
(남송후기, 四川重慶塗山鋸木灣宋代瓷窯發掘簡報, 考古, 1991-3)

고 하나는 민요이면서 모두 수출용 자기를 위주로 생산한 대형 요장이었다.

당에서 송까지 중국 자기의 수출 항구는 모두 동남연해 일대에 분산되어 있었다. 중점 관할官轄 항구는 동남향으로 이동하였고, 밀수하는 지하 항구도 그를 따라 이동하였다. 특히 연해 밀수선의 활동은 연해지구 무역 자기의 생산을 촉진시켰다. 이런 수요에 적응하기 위해 이들 지역의 각 요장들은 모두 양산 체재를 재건하였다. 그래서 내지의 생산 기술을 흡수하여, 각종 가마가 여기에서 모두 발전하여 가히 당시의 연해는 중국 가마 기술의 혁신이 가장 활발한 지역이라 할 수 있었다. 대량 생산에 적합한 남방의 용요와 계룡요와 계단요를 사용한 외에 마제형요도 보다 많이 채용되었다. 이들은 각 요장에서 보조적인 수단으로 만들어졌는데, 초벌이나 색요色窯, 갑발을 굽는 데 이용되었다. 남방에서 마제요로 자기를 번조하는 요장은 드물었다.

유수한 몇 곳의 마제요 요장 중에 광동성 혜양현 신엄삼촌 난마갱惠陽縣新㙒三村爛麻坑의 원대의 전축博築 반도염 마제요(그림 3-3-20)와 명대 전기의 삼관두三官肚의 전축 마제요(그림 3-3-21)를 예로 들어본다. 두 곳의 가마 구조는 기본적으로 일치한다. 공통된 특징은 연소실이 모두 매우 작고 번조실의 공간이 매우 크다. 가마 후미의 3개 연실(연창)의 용량이 크고 반원형을 띠며, 흡화공의 분포는 전자는 수량이 많다. 후자는 분포가 매우 합리적이어서, 가마의 양측의 추력을 크게 하여 가마 내에 저온低溫의 사각지대가 생기는 것을 방지하였다. 가마는 평균 길이가 5m, 폭 1.9m~4m, 높이 1.75m 이상이다. 신엄의 원대 가마는 청자를 굽는 동시에 소량의 백자와 기와도 구웠다. 광동성 혜양현은 용천청자를 방제한 연해 민간 요장의 하나지만, 번조 기술은 용천요와 달랐다.

요업 역사상 한 지구에 여러 종류의 가마가 동시에 생산을 진행한 것은 경덕진이 유일하다. 이것은 경덕진 요업의 구조가 계층적인 특징을 갖고 있어 일반과 다르기 때문이다. 즉, 관요와 민요의 가마 종류가 다르다. 관요의 생산은 소수의 정예로움을 강구하기 때문에 소형의 마제요를 사용하였다. '관탑민소官搭民燒'의 고차원의 민요는 호로형과 압단형 요를 사용하였다. 그러나 앞의 두 종류 요장의 제품을 방제하는 민요는 전통의 용요를 사용하였다. 경덕진 도공들은 제품의 종류와 품질 요구 번조 규모의 차이에 근거하여 다른 가마를 선택하여 사용하였으며, 이것은 제품의 우수화와 질을 높이는 데 유리하였다.

1977년 오니령烏泥嶺에서 보존이 양호하고 명대 중기에 백자와 청화자기를 번조한 마제요 1기를 발견하였다. 길이가 2.95m, 폭 2.5~2.7m에 12.5°의 역경사를 띠며, 후미부에 연실 1개와 6개의 흡화공이 있었다(그림 3-3-22). 발굴자의 추산으로는 이 가마에서 한 번에 2,000개의 완을 구울 수 있었다 하며[22], 전형적인 소형 마제요에 속한다.

7. 소결小結

반도염 마제요는 횡혈 승염요에서 발전하여 온 것으로, 아래와 같은 몇 번의 주요한 변화 단계를 거쳤다.

(1) 늦어도 서주西周 시기에 배연공이 뒷벽 아래에 따로 위치해 원래의 피동적인 '배연'의 의미에서 벗어나 능동적인 의미의 흡연공이 되었다. 이를 통해 승염이 반도염식으로 바뀌게 되었다.

(2) 늦어도 동주東周 전기에 연창의 불을 이끄는 작용과 원리를 알게 되었다. 산서성 태원시 조앙趙秧묘 출토의 '호조虎灶'가 이것을 증명해 준다.

(3) 늦어도 전국 시기에 흡화공이 3개 1조로 발전하였다. 이후 흡화공이 계속 많아져 고르게 분포하는 이외에, 수·당 시기에 연소실과 통풍구, 가마 후면의 연창과 연실 혹은 연도의 앞뒤 조합에 더욱 주의를 기울이기 시작하였다. 그래서 각종 연료의 사용과 각종 도자기와 와전의 번조에 적합하게 만들게 됨으로써 화염통제기술이 가일층 승화되었다. 그리고 이들 구조상의 차이는 가마 기술의 지방적 특색과 시대적 특징을 구별하는 데 중요한 근거를 제공한다.

마제요는 황하의 중류에서 최초로 출현하고 분포하는데, 황하 유역 물질 문명의 상징물의 하나이며 농후한 지역 문화의 특징을 갖추고 있다(그림 3-3-23). 이 종류의 가마는 북방의 건조하고 나무가 적으며 소규모로 분산 생산하는 특징에 적합하여, 수천 년의 응용을 거쳐 개조와 발전을 이루면서 구조 상에 몇 가지 뚜렷한 변화가 나타났다. 그러나 반도염의 염형焰形은 시종일관 지켜져, 남방 내지 중국 이외의 각지 가마와 구별되며 가마 분류의 주요한 근거가 된다. 이와 상대하여 남방에서는 일종의 평염 용요가 따로 유행하여 장강 유역 및 그 이남의 광대한 구릉 지대의 문화 특징을 대표한다. 이 때문에 마제

---

22) 劉新園, 「景德鎮湖田窯考察紀要」, 『文物』, 1980-11, P.42, 그림 9.

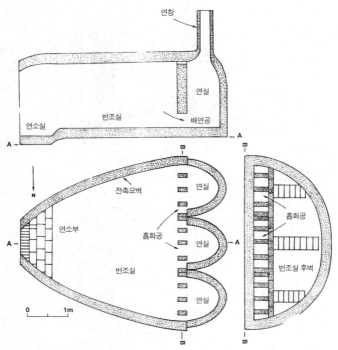

그림 3-3-20 광동성 혜양현 신암삼촌 Ⅲa-3형식 전축 반도염마제형요
(원대, 廣東惠陽新庵三村古窯址發掘簡報, 考古, 1964-4)

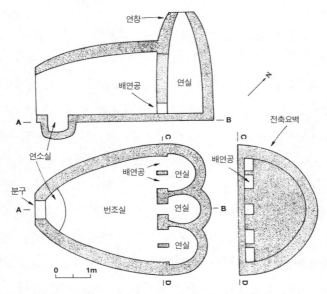

그림 3-3-21 광동성 혜양현 삼관두 Ⅲa-3형식 전축 반도염마제형요
(명대전기, 廣東惠陽新庵三村古窯址發掘簡報, 考古, 1964-4)

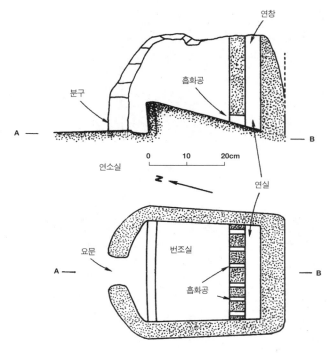

그림 3-3-22 강서성 경덕진 Ⅲa형식 반도염마제요
(명대 중기, 景德鎭湖田窯考察紀要, 文物, 1980-11)

요의 종적이 있는 곳은 북방 요업 기술의 영향이 미쳤다고 판단할 수 있는 증거가 되고 있다(그림 3-3-24).

마제요의 남전에 따라 반도염 기술이 용요 구역의 도공들에게 흡수되어, 북송 시기에 강남 지구에서 하나의 신형요 종류인 반도염 분실용요를 발생시켰다. 이 기술은 뒤에 한반도에 전해졌고, 다시 한반도를 경유하여 일본에 전해졌다. 최후에는 일본에서 특수한 횡실연방식 계단요로 개조되어 일본 에도江戸시대에 전국적인 주류 가마로 널리 분포하였다.

반도염 원리에 근거하여 명대에 흡화공의 효능을 충분히 활용해 남방에서 일종의 전도염요가 나왔다. 이외에 마제요는 한대부터 석탄을 연료로 사용하는 것을 시험하기 시작하였는데, 이것은 아마 세계에서도 빠른 예일 것이다. 석탄을 연료로 하는 것은 일본에서 19세기에 독일로부터 석탄 때는 기술을 받아들였지만, 한반도에서는 계속 나무를 사용하였고 석탄을 사용한 가마는 보이지 않는다.

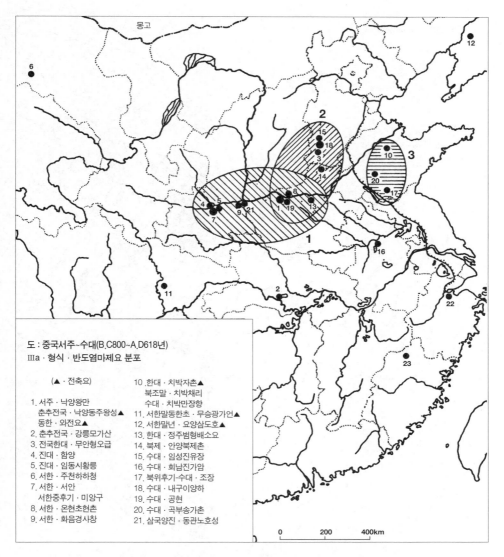

그림 3-3-23 중국 서주~수대 Ⅲa형식 반도염마제형요 분포도

마제요 기술 발전의 최고봉은 북방에서 나타나지 않았다. 경덕진은 송대부터 광범위하게 남북 각지의 기술을 흡수하기 시작하였는데, 장소(재임)기술 이외에도 가마 기술도이와 같았다. 원대의 경덕진 호로형요는 용요 기술에 마제요 반도염기술을 흡수하여 발생된 변형 가마이다. 청대의 압단요는 이 기술을 최정상까지 밀어올려 폐품율을 5% 이하로 낮추었다.

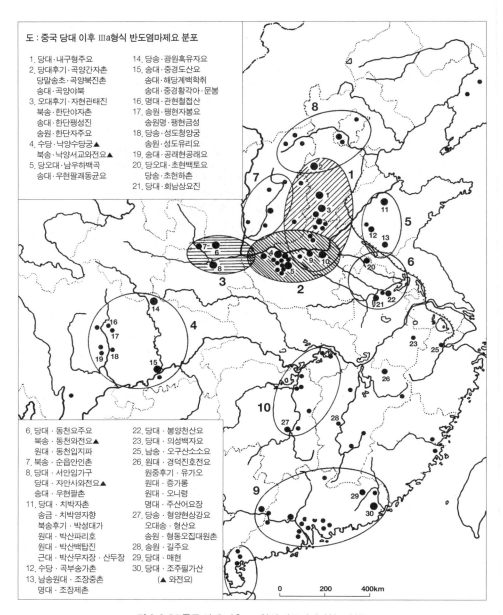

그림 3-3-24 중국 당대 이후 Ⅲa형식 반도염마제형요 분포도

마제요라는 이 오래된 가마 기술은 중국은 물론이고 아시아 요업 기술의 발전에 탁월한 공헌을 하였다.

제4절. 전도염요全倒焰窯

현재 발견된 전도염요 자료는 매우 한정되어 있다. 각지의 요지 조사 보고에 의하면 남경 1곳에서만 보인다. 기타는 모두 근대에 서방의 영향을 받아 발생한 방형의 내화전으로 축조한 전도염요이므로 본문에서는 제외한다.

남경 발견의 전도염요는 명 초기에 유리와전을 번조한 마제형요이다. 가마들이 나란히 배열되어 약 70기 이상의 가마가 남경 남교南郊 취보산聚寶山에 군집되어 있다. 전부 전축이고 요실 직경은 3m, 높이 2.2m이다. 요상은 2층이고 요상면에 약간의 흡화공이 분포하여 전통적인 반도염마제요가 뒷벽에 흡화공을 설치하는 관습을 개조하였다. 그래서 요천정까지 상승시킨 화염을 단순하게 가마 뒤편으로 전도하지 않고, 요상의 흡화공 작용을 통해 불길을 전체 요상면으로 빨아들여, 화염이 기물을 덮어씌우게 됨으로써 도배들이 열을 더욱 고르게 받게 한다(그림 3-4-1).

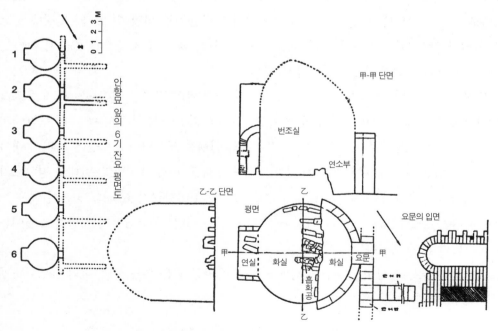

그림 3-4-1 강소성 남경시 취보산 Ⅴa형식 전도염요
(명대초기, 明代南京聚寶山琉璃窯, 文物, 1960-2)

전도염요는 반도염 마제요식 기술을 적극적으로 발전시킨 산물로, 가마의 부압負壓 원리를 충분히 이해하고 흡화공의 위치를 조정함으로써 이루어진 기술 개조의 산물이다. 근대에 독일에서 전도염 기술이 들어왔는데 그 번조 원리는 명대 가마와 완전히 같다[23].

제5절. 평염 용요平焰龍窯

용요는 산지의 경사면 위에 건축한 가마이다. 길이는 20~100m, 폭은 1.5~2m 정도에 몸체의 양측에 문이 있고 일정한 간격으로 투시공投柴孔이 설치되어 있다. 때문에 형태가 길게 엎드린 한 마리의 용과 같다고 해서 용요라 부른다. 용요가 산지山地를 이용하여 가마를 세우는 것은 여러가지 목적에서 나왔다. 첫째로 농지 바깥의 산지는 땔나무가 풍부하고, 자토와 점토를 그곳에서 채취할 수 있다. 둘째로 강남은 산이 많고 평지가 적은데, 요업은 산지를 기지로 하여 농업과 땅을 다투지 않는다. 셋째로 인구가 밀집된 거주 지역과 멀리 떨어져 연기 · 불 · 요폐기물 등으로 생활 환경을 오염시키는 것을 피할 수 있다. 넷째로 가마가 산비탈의 높은 곳에 세워져 지하수의 습기를 피할 수 있다. 그 밖에 용요의 수리와 축조에는 대량의 내화 재료가 필요하다. 청자 번조를 예로 들면, 가마는 1,300℃ 이상의 고온에서 붕괴될 위험이 있다.

또한 용요는 산지가 육성한 독특한 산물이다. 산비탈의 적당한 경사도가 마치 용요를 한 개의 연통을 눕혀 놓은 것과 같게 하여, 가마 내의 화염이 추력(부압)에 의해 아래에서 위로 단계별로 열을 올릴 수 있게 한다. 장기간의 실행을 거치면서 도공들은 가마의 경사가 너무 급하면 요 내의 추력이 과대해져 열효능이 매우 빨리 유실되고, 반대로 경사도가 너무 평탄하면 추력이 약해져 연료에 화염을 일으키기 어려워져 요 내의 승온이 매우 느리게 된다는 것을 알았다. 장시간의 경험을 거친 결과 일반적으로 15° 가 적당하고 길이는 40m 정도가 많이 보인다.

가마의 축조는 통상적으로 산지 상에 가마의 폭만큼 얕은 홈을 파고, 바닥을 평탄하게

---

23) 『陶瓷試驗場工作報告』, 中國陶瓷研究論文集, 1982.

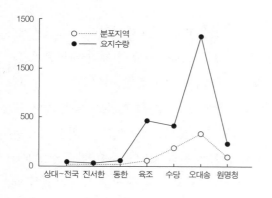

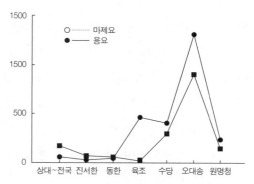

그림 3-5-1 역대 용요 유행 시기 비교도   　**그림 3-5-2** 역대 용요와 마제요 유행 시기 비교도

단단히 다진 다음 벽을 쌓는다. 요벽은 반드시 내화도가 높은 점토나 돌을 선택해야 한다. 경험이 많은 도공들은 또한 파괴된 갑발을 충분히 이용하는데, 갑발은 원래 내화 점토를 이용해 번조되었고 여러 차례 고온에서 구워졌기 때문에 폐기물을 이용하면서 현지에서 재료를 취할 수 있는 가장 이상적인 건요建窯 재료이다. 이런 현상은 중국 각지의 요장에서 모두 보편적인 것이며 그중에서도 절강성의 용요가 가장 돋보인다.

　현재 발견된 중국의 용요 유적은 700여 곳, 가마 유구는 약 2,500기로 중국의 각종 가마 총수의 절반 이상을 차지한다. 만약 용요에서 파생되어 나온, 똑같이 남방 지구에 분포된 Ⅳ형 분실용요 및 횡실 연방요도 포함하면 점유 비율은 더욱 커진다. 총 생산량을 비교하면 1기의 용요의 생산량은 보통 마제요의 십 수배이다. 대량의 용요는 장강 유역 및 그 이남 지구에 분포하며, 장강 유역 물질 문화의 특징 중의 하나이다. 그의 역사상 발전 상황은 〈그림 3-5-1〉에 보는 바와 같다. 육조 시기가 고조된 시기였고 오대 · 송 시기가 발전상의 최고봉이었다. 그것을 황하 유역에 주로 분포하는 마제요와 비교해 보면(그림 3-5-2) 후한 말기에서 육조 시작 무렵부터 중국 요업의 중심重心이 뚜렷이 남방에 편중된다. 이런 현상은 설사 북송 시기에 황하 유역 요업이 최고로 발달한 시기였을지라도 남방도 일정한 우세를 유지하였다. 이런 형세의 형성과 발전은 강남 개발이 보다 늦게 되어 인구가 상대적으로 적은 이유도 있고, 한편으로 자연 식생의 복개 면적이 북방에 비해 커서 연료용 땔나무의 저장량이 풍부하였기 때문이기도 하다. 그래서 일단 개발이 되자 발전이 매우 빨랐다. 교통과 상업의 관점에서 보면 '남선북마南船北馬'로, 강남의 수로 교통은 도자기의 운반에 훨씬 적합하였다. 특히 당대 이후 시작된 상품용 자기의 생산으로, 남방연해와 남방 내륙과의 수운 교통의 발달이 동남연해 요업의 발전을 더욱 가속화시켰다.

이 같은 유리한 조건과 당시 국내외의 빈번한 문화 교류와 상품 경제의 자극으로 동남연해는 중국 대외 교류의 창구가 되었다. 항구는 동에서 남으로, 연이어 양주楊州 · 영파寧波 · 복주福州 · 천주泉州 · 하문廈門 · 월항月港 · 산두汕頭 · 광주廣州 등이 해안가에 밀집하여 시장의 번영을 이루었고 지금까지 계속 이어지고 있다. 상품 자기의 외전에 수반되어 제자 기술도 연이어 동아시아와 남아시아와 유럽에 전파되었다. 용요 기술은 양산量産 면에서의 우세로, 국내외 시장의 수요를 만족시켰다. 중국 자기가 싸고 아름다웠기 때문에 1,000여 년 동안이나 세계에 팔려 나갔다.

1. 남방의 지상 가마와 초기 용요의 형태

중국 용요의 초창기는 상대의 발생부터 전국시기에 초기 형태가 갖추어지기까지 근 1,000년의 느린 발전을 거쳤다.

남방은 가마의 발생이 북방보다 늦다. 신석기시대 전기에 황하 유역에 Ⅰa형과 Ⅰc형 가마가 광범위하게 퍼져 있을 때 장강 유역 및 그 이남 지구는 아직도 무요 번조 단계를 벗어나지 못했다. 신석기시대 후기가 되어서야 겨우 승염식원요가 출현하는데, 황하 유역보다 3,000년 이상 뒤떨어졌다. 뿐만 아니라 승염요의 유행 시기도 매우 짧아서 오래지 않아 지상식의 장조형 '용요'로 대체되었다.

현재의 지식으로 볼 때 중국 최초의 지상 가마는 강남에서 발견되며, 상대 초기의 용요가 지상식으로 알려져 있다. 유적은 절강성 · 강서성 · 호남성 · 광동성 등지에 분포한다. 그러나 북방 황토 고원의 마제요는 상당 부분의 지역에서 당대까지 지하식의 축조 방식을 유지하였는데, 이 점은 당시의 자연 조건과 동굴 주거 건축의 전통과 일치하는 것이다. 그런데 남방은 그렇지 않아서 발견된 요적窯迹 지역을 보면 거의 모든 가마가 지상 건축 방식을 채용하였다. 이것은 강남의 기후가 온습하고 강우량이 넘쳐나며 지하수가 풍부하여, 동남연해의 구릉 지대가 아열대의 전형과 같기 때문이다. 이들 지방에서 만약 가마를 지하에 파서 만들 경우 여러가지 극복하기 어려운 병폐가 있다. 그래서 도공들은 강남의 기후와 지리 조건 및 풍토 관습(예컨대 남방은 보편적으로 지상 건축이며, 심지어 난간식 건축도 채용한다. 그러나 북방은 지하식의 요동窯洞, 교혈窖穴 건축이 많다)이 북방의 모델을 따

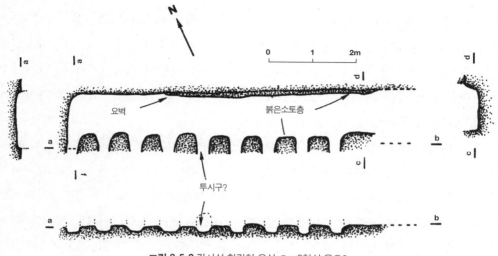

그림 3-5-3 강서성 청강현 오성 Ⅱa-2형식 용요?
(상대 후기, 제6호요, 吳城商代龍窯, 文物, 1989-1)

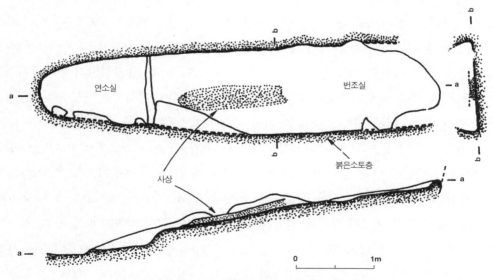

그림 3-5-4 절강성 상우현 백관진 Ⅱa형식 초기 용요
(상대, 浙江上虞縣商代印文陶窯址發掘簡報, 考古, 1987-11)

라 발전하는 것은 불가능하다고 결정하였다.

현재 남방에서 발견된 몇 곳의 Ⅰa와 Ⅰc형 지하 승염식원요는 모두 북방보다 매우 늦어 대부분 상대에 속한다. 이들은 북방 기술의 영향을 받아 출현한 것 같다. 그러나 상대

후기가 되면 이런 가마는 빠르게 용요로 대체된다. 당시 보편적으로 절강성·강서성·광동성·호남성 등지에서 출현한 용요는 거의 모두가 지상에 축조하고 요신이 세장하여, 말할 것 없이 축조 방식이나 구조 및 화염형 등이 모두 북방의 기술 계통과는 연관이 없다. 용요는 강남 구릉 지대의 자연 풍토에 적응한 산물로, 마제요와 함께 중국 가마 기술을 대표하는 또 하나의 방대한 요업 기술 체계이다.

중국 남방의 초기 용요의 형태는 〈그림 3-5-3〉~〈그림 3-5-5〉를 통해 명확히 알 수 있을 것이다. 〈그림 3-5-3〉은 용요 발생기 형태 중의 하나이다. 1986년 10월에 강서성 청강현 산전향 오성淸江縣山前鄕吳城의 상대 유적에서 상대 후기의 장조상 가마 4기를 발견하였다. 요상은 평탄하고 가마 후미가 앞쪽보다 0.25m 높아 요상면이 15.4°의 경사도를 띤다. 그중에 보존이 비교적 좋은 Y16을 보면, 길이가 7.5m, 폭 1.02m, 요벽잔고 0.37m에 중단에 분명한 보수 흔적이 있다. 요상은 전체를 편평하게 두들겨 다졌으며, 연후에 그 위에 1층의 가는 모래를 깔아 평탄한 요상을 만들었다. 가마 한 쪽 측벽 아래에 9개의 투시공投柴孔이 등 간격으로 나 있다. 이는 일반 개념의 가마가 연소실·번조실·배연 부분의 구조를 하고 있는 것과 완전히 다르며, 연소 부분을 분산시켜 가마 내의 그릇마다 골고루 열을 받게 하였다. 이것은 마치 이후의 요실에 투시공을 증가시키기 위한 1차적인 시험을 한 것 같다(원 보고에 요적 사진이 발표됨). 가마 유적 내에서 인문경도·원시청자·시유도기가 출토되었는데 번조 온도가 이미 1,200℃를 넘었다.

전형적인 초기 용요와 비교해 절강성 상우현 백관진上虞縣百官鎭에서 1984년에 발견한 상대의 가마군을 예로 들어 보겠다. 이들 가마 중에 2호요가 보존이 비교적 좋은데, 장조형에 16°의 경사를 하고, 전장 5.1m에 최대폭이 1.22m, 잔고 0.33m이다. 요 바닥은 평정하게 가공하였고 요상에 모래를 깔았다. 연소실과 번조실이 명확하게 단이 져 있으며, 번조실이 연소실보다 0.2m 높다. 전체적으로 보아 이미 용요의 기본 요소를 전부 구비하였다(그림 3-5-4). 이들 가마는 인문경도를 주로 번조하였고(87% 점유), 겸하여 소량의 연질도기를 구웠다. 경질도기 중에 고온으로 인해 표면에 '폭한유爆汗釉'의 자연 현상이 보여, 가마 온도가 1200℃ 이상에 도달했을 가능성을 말해 준다. 상우현의 이 요지는 중국 내에서 지금까지 발견된 최초의 용요 유적이다.

상대 이후에 계속하여 고고학자들은 절강성의 호주 성남 청산진 매산湖州城南靑山鎭梅山·용산龍山·화소산火燒山·방풍산防風山(서주 원시청자)·남산 정자교南山亭子橋·풍가

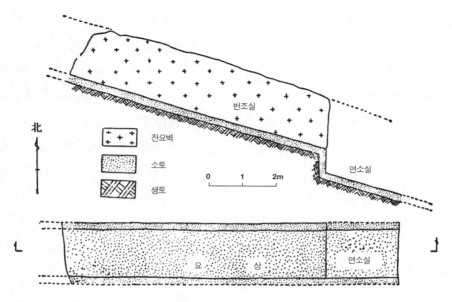

그림 3-5-5 광동성 증성현 서과령 Ⅱa형식 초기 용요
(전국, 廣東增城始興的戰國遺址, 考古, 1964-3)

산馬家山(전국 초기)[24], 소흥현 부성紹興縣富盛(전국 원시청자)[25], 동후산요東吼山窯, 상장향 동보요上蔣鄕東堡窯(춘추말 · 전국초 원시청자)[26] 등지에서 한 계열의 원시 청자를 번조한 요지를 발견하였으며, 가마의 온도는 모두 1,200℃에 도달하였다. 이들 요지는 청자의 고향인 절강성 및 그 부근의 태호太湖 남안에 집중적으로 분포한다.

전국시대가 되어 남방 연해의 광동 지구에서도 용요가 유행하였다. 광주시 남쪽의 증성현 서과령增城縣西瓜嶺에서 발견된 가마는 요신의 잔존장이 7.60m, 폭 2m, 요벽 잔존고가 1.54m이다. 연소실과 번조실 경계 부분의 높이 차가 0.70m이며 경사도는 16°이고, 기하인문경도를 번조하였다(그림 3-5-5). 가마의 전체 길이는 비록 불명이나 용요임에 틀림없다.

초기 용요의 기본 특징은 몸체가 짧은 것이며, 춘추 시기 이전에는 아직 요도구를 사

---

24) 「浙江德淸原始靑瓷窯址調査」, 『考古』, 1989-9, p.779.
25) 「浙江紹興富盛窯戰國窯址」, 『考古』, 1975-3, p.231.
26) 「廣東增城始興的戰國遺址」, 『考古』, 1964-3, p.143; 曾廣億, 「廣東古陶瓷窯及有關問題初探」, 『中國考古學會第二次年會論文集』, 1980, p.208.

용하지 않았다. 당시 남방의 도기 제품은 보편적으로 키가 높은 편이었으며 그릇들은 전부 바닥에 깔아 놓았고, 가마의 높이는 도공이 그 안에서 활동하는 데 제한적이었다. 출토된 제품으로 판단할 때 당시의 용요는 주로 인문경도를 번조하였다. 불길의 장악 면에서 이미 비교적 이상적인 환원염으로 번조할 수 있었고, 가마의 온도가 1,100℃ 이상에 도달하였다. 특히 강서성 청강 오성에서는 상대 후기에 성공적으로 원시 청자를 번조하였고 회유도기의 비율이 신속히 증가하였다[27]. 채용한 가마는 장조長條 형상을 갖춘 외에도 분단투시分段投柴 방법을 독창적으로 개발하였다. 그러나 현지에서 아직 계열을 형성한 요지를 발견하지 못해, 오성의 상대 '용요' 출현의 의의 및 뒤에 오는 용요 투시공의 출현에 직접적인 영향이 있는지 여부에 대한 평가를 하기 곤란하다.

2. 용요 기술의 모색과 변혁의 시기

진ㆍ한ㆍ육조 시기 동안 용요 기술은 500여 년의 모색을 거쳐, 늦어도 서진西晉 시기에 분단 번조의 난제를 해결하고 용요 기술상의 제1차 혁명적인 대 발전을 실현하였다. 남조 후기에는 갑발을 발명하여 또다시 가마 기술의 혁명을 일으켰다. 이후부터 용요 기술의 기본이 정형화되었다.

진대秦代의 용요라고 확정할 수 있는 것은 현재까지 발견되지 않았다. 기 발견된 서한西漢의 용요는 대부분이 절강성 항주만 남안의 상우현上虞縣ㆍ자계현慈溪縣ㆍ용유현龍游縣 등지에 집중 분포한다. 그러나 모두 정식 발굴 조사를 거치지 않아 가마 구조와 관련된 자세한 상황을 알지 못한다. 출토한 쌍족지점雙足支墊(쌍족받침)은 경사진 요상 위에 전용한 점소대墊燒臺(받침대)이며, 용요 특유의 요도구임이 분명하다.

당시의 용요는 일반적으로 도기와 원시 청자를 겸소하였다. 상우현 용송령龍松嶺에서도 최초의 갈유 원시 자기를 발견하였다. 자계현의 상림호上林湖 서부의 주가오요周家奧窯도 원시 청자와 흑유자를 겸소하였다[28]. 이런 현상은 쭉 동한 시기까지 유지되었으며, 동한 시기에 도자 기술이 획기적인 성취를 이루어 성공적으로 청자를 구워내었다. 용요의

---

27) 필자는 1973년11월부터 요지의 발굴조사에 참가하기 시작하였다. 원시청자의 비례는 제5장 참조.
28) 「漫談衢州古代瓷窯」, 『中國古陶瓷硏究』, 제2집, 1990, p.79. 「我國黑瓷的起源及其影響」, 『考古』, 1983-12, p.1130.

분포는 절강성 내에서 가일층 확대되어 점차 상우를 중심으로 한 초기 월요청자 계통을 형성하였을 뿐만 아니라, 월요의 선도 하에 전체 강남 지구가 동한 후기에 계속해서 자신의 청자 요장을 개발하였다. 육조 후기에 진입하여 강남의 청자 생산이 공전의 발전을 이루었으며(그림 3-5-1 참조), 월요의 제품과 기술은 장강 남북에 중대한 영향을 끼쳤다. 그리고 강남 지구의 모든 청자 생산의 요장에서는 반드시 용요 번조를 채용하게 되었으며, 월요와 유사한 번조 도구를 사용하는 등의 현상이 생겨 중국 최초이면서 최대의 용요로 청자를 굽는 '월요 기술 체계'를 형성하였다.

동한의 용요 유적은 비교적 많이 발견되었으나 정식 발굴을 거친 것은 상우현 장자산帳子山 Y1과 Y2 뿐이다. 1호요를 보면(그림 3-5-6) 잔존장 3.9m에 폭 2m 정도이며, 가마의 후단만 발견되었는데 연실의 기초 부분이 보존되어 있다. 요상에는 모래를 깔아 도지미를 고정시켰으며, 내화토로 요벽을 축조하였다. 요벽의 소결燒結 정도를 보면 전반 부분이 온도가 보다 높다. 번조된 청자를 측정해 보면 1,250℃~1,300℃의 고온에 도달하였다. 요벽 표면의 융결층融結層도 보다 두텁지만, 뒤로 갈수록 융결층이 점차 얇아진다. 연실 부근에 잔존한 폐기된 청자편들을 관찰해 보면 태토가 무겁고 익지 않아서 가마 후미의 온도가 낮았음을 말해 준다. 동시에 당시의 용요가 아직 중도에 연료를 추가하는 문제를 해결하지 못하고, 요신에 투시공을 설치하지 않았음을 추측할 수 있다. 그래서 요신이 길어서 연소실의 화염이 도달하기 어려웠다.

요신의 경사도의 설계도 불합리하여 앞이 급하고 뒤가 완만하다. 전반부는 28°로 비교적 가파른 편으로, 추력이 보다 크고 화염이 왕성하여 승온이 빠르다. 후반부는 21°로 각도가 약간 완만하여, 화염이 감소되면서 약해져 전후의 온도 차가 크다. 이 때문에 요 후미의 기물은 생소生燒가 된다. 발굴자인 주백겸 선생의 비교에 의하면 삼국시대의 용요도 길이가 겨우 13m 정도로 판단하고 있어, 동한의 상우요는 10m 정도로 추측된다.

삼국 시기의 청자 생산 구역은 비교적 넓지만 용요 유적이 발견된 지점은 많지 않다29). 절강성 상우에서 발굴된 몇 기의 삼국시대 용요는 보존이 매우 잘 되어 있는데, 그중

---

29) 삼국시대 요지의 분포는, 「浙江武義縣管湖三國務州窯」, 『考古』, 1983-6, p.567에 있다. 절강성 영파시 은현 동전호鄞縣東錢湖 주변요군은, 「浙江寧波古代窯址遺址槪述」, 『中國古陶瓷硏究』, 1988, p.14. 「湖南湘陰縣窯頭山鐵角嘴下窯」, 『湖南陶瓷』, 岳麓出版社, 1988, p.89 등.

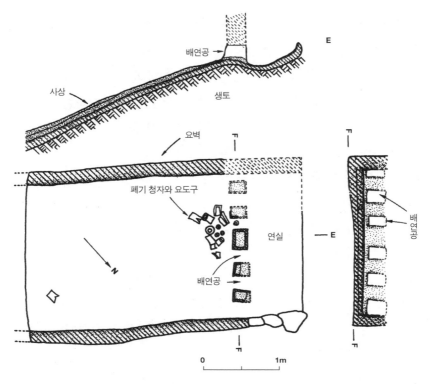

그림 3-5-6 절강성 상우현 장자산 Ⅱa형식 용요
(동한, 朱伯謙, 試論我國古代的龍窯, 文物, 1984-3)

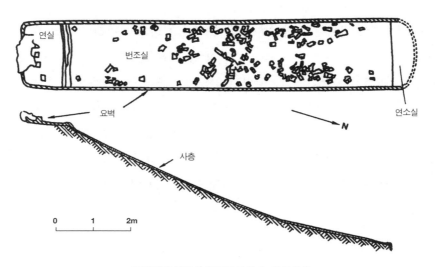

그림 3-5-7 절강성 상우현 안산 Ⅱa형식 용요
(삼국, 朱伯謙, 試論我國古代的龍窯, 文物, 1984-3)

상우현 연강현 능호대대 안산요聯江鄕凌湖大隊鞍山窯가 당시의 기술 수준을 대표한다(그림 3-5-7). 요는 전장 13.32m, 폭 2.21~2.4m 이다. 연소실은 일부만 남아 있지만 번조실은 요상면보다 0.40m 낮다고 판단되며, 폭은 요신의 폭과 같다. 연소실과 번조실의 경계 지점에 하나의 장염판障焰板이 서 있다. 목적은 연소실에 인접한 앞 열의 도배들이 한 면으로 열을 급히 받아 약해지면서 앞으로 기울어지는 것을 피하기 위함이다. 요 후미는 계속 동한요와 같이 연실을 설치하고, 연실 벽 아래에 5줄의 진흙 기둥으로 6개의 배연공을 만들었다. 연실 내에 많은 점토 덩어리가 퇴적되어 있는데, 통풍량을 조절하기 위해 임시로 투입된 것들이다.

이 요에서 주목되는 부분은 요신의 경사가 전완前緩(13°), 후급後急(23°)인 점으로, 동한요와 반대이다. 만약 앞부분이 급하면 화염의 승온이 크게 빨라지고 유속도 크게 빨라져, 한 면만 편중해 번조되기 때문에 동한 이전의 소요 경험을 종합해서 조정한 결과이다. 가마의 후단이 급한 것은 중단에서 각도를 변환하는 방법을 이용하여 추력을 향상시켜 점차 약하게 변해가는 불기운을 가마 후반 부분으로 끌어가고자 한 때문이다. 그러나 설사 이렇게 하여도 요 후미의 온도는 여전히 낮았다. 가마 유적의 끝 부분에 도배를 놓지 않는 것으로 보아 당시 용요 후단의 공간이 계속 충분히 사용되지 못했던 것으로 판단된다. 원인은 연소실의 화염이 요 후미에 닿지 못하기 때문이다. 이 또한 삼국시대까지 기술이 가장 발달한 용요에서도 아직 중간에 연료를 추가하는 문제를 해결하지 못했음을 증명하는 것이다. 요문을 설치하면 교혈요처럼 분구로 출입하는 것이 가능해지는데, 용요는 그 앞에서 발전 과정을 모색하는 중이었다.

중국의 용요가 만약 투시공 장치의 문제를 해결하지 못했다면 한국과 일본의 교혈요와 마찬가지가 되었을 것이며, 발전상에 극복할 수 없는 어려움이 존재하였을 것이다.

지금까지 초기의 투시공을 갖춘 용요 유구가 발견되지 않았으며, 앞으로도 발견되기 어려울 것이다. 투시공이 몸체 상부에 있기 때문에, 가마가 폐기된 후 요 천정이 빨리 붕괴되어 버리기 때문이다. 다만 가마의 길이에 근거하여 각 단의 번조 상황을 판단해야 한다.

절강성 상우에서 발견된 자료에 의하면 서진의 용요가 이미 이런 조건을 구비하였다. 비록 상우 장자산의 서진 용요에서 요 후미 부분만 발견하였지만, 연실과 요 후미 부분에 대량의 번조 상태가 양호한 유물과 요도구들이 남아 있었다. 이는 요 후미의 온도가 매우

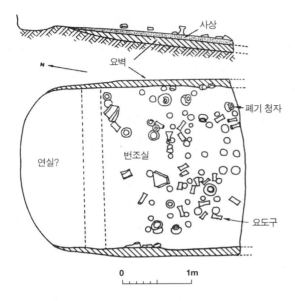

그림 3-5-8 절강성 상우현 장자산 Ⅱ a형식 용요
(진대, 朱伯謙, 試論我國古代的龍窯, 文物, 1984-3)

높았음을 증명하는 것이다. 가마의 잔존 길이는 3.27m, 폭 2.4m에 요상의 경사도는 10°이다. 비교적 완만하여 이미 성숙한 시기의 용요 수준에 접근하였다(그림 3-5-8). 발굴자인 주백겸 선생은 용요가 점차 연장되는 추세를 감안하여 그 길이가 적어도 삼국시대 용요의 13m보다 길었다고 추측한다. 그래서 만약 가마의 중간에 추가 연소하는 장치가 없었다면 요 후미에 서진요가 도달한 것 같은 번조 수준은 불가능하였을 것이다[30]. 그러나 당시 연료를 추가하는 장치가 어떤 형태였는지는 현재 직접적인 자료로 증명할 수가 없다.

동진과 남조 시기는 남방 청자 생산의 보급 단계였다. 각지에서 발견된 분묘 중에 청자의 비율이 급격히 증가한다. 필자가 강서성에서 발굴한 경험과, 호북성 악성鄂城의 육조묘 자료를 정리하면서 받은 인상은 부장품의 도자기 비율이 동진 시기에 이미 과반수였고, 남조 시기에는 80% 이상으로 상승하였으며[31] 일부 지구에서는 100%에 달하였다. 물론 복건성·강서성·호남성·사천성 등에서 남조의 요지가 발견된다.

육조청자의 보급으로 중국 강남의 용요의 유행은 첫 번째 클라이맥스에 진입한다. 당연히 이 클라이맥스의 도래는 당대 이후 무역 도자의 생산 목적과는 성질상으로 약간 다르다. 육조 시기의 청자 생산은 주로 내지인들의 생활 수요를 만족시키는 것이었다. 이 시기 자기의 대량 생산은 오랫동안 식기로 유행한 칠기·목기·금속 용기를 자기로 대체하게 하여 일상 생활 용기의 구조를 대폭 변화시켰다. 이 점은 대량으로 발견된 한과 육조

---

30) 朱伯謙, 「試論我國古代的龍窯」, 『文物』, 1984-3, p.48.
31) 熊海堂, 「試論六朝武昌成的興衰」, 『東南文化』, 제3집, 1988.

시기의 부장품의 구성을 비교해 보면 충분히 알 수 있다.

육조 후기의 요지는 많이 발견되었지만, 정식으로 보고된 가마 유구는 매우 적다. 절강성 여수현麗水縣에서 발견된 남조 가마의 실측 자료를 보면 잔존 길이 10.5m에 폭 2m이다. 수·당 시기의 용요의 길이가 30~50m에 달한 것을 참고하고[32], 서진 시기의 용요가 이미 분단 번조 기술을 해결하여 가마의 연장이 가능해져, 10m의 난관을 돌파하는 데 문제가 없던 점을 감안하면 남조 시기 용요의 길이는 약 20m 정도로 추정된다.

진·한·육조의 근 800년 동안 만장한 세월 속에서 용요 기술의 발전은 복잡한 탐색과 완벽한 과정을 거쳤다. 이 과정 중에 서진 시기에 투시공 장치가 출현한 것은 중요한 사건이었다. 이로 인해 용요 기술이 질적으로 비약적인 발전을 이루었다. 이 비약이 당시 사회적인 요구에 적응한 것인지는 아직 충분한 자료가 없다. 그러나 전체적인 동한과 육조 시기의 출토 문물 자료를 보면, 3세기 초 이전의 분묘 부장품에서 도자기의 비율은 도기가 거의 90% 이상을 차지하였고, 청자는 아직 매우 귀중한 생활용품이었다. 3세기 후반에 청자의 비율이 급증하며, 서진 시기에 어떤 대형묘는 거의 전부가 청자인데 주처묘周處墓가 그 일례이다. 일반적인 묘에서도 이런 경향이 있었다.

동진東晋은 북방의 한족漢族 정권이 처음으로 남천한 시기였다. 이에 따라 강남의 분묘 제도와 부장품의 조합도 매우 큰 충격을 받았다. 북방에서는 당시에 아직 자기 생산이 없었기 때문에 도기가 부장품의 주류였다. 이런 풍속의 영향 아래에 남방 분묘의 부장품에서 도기가 차지하는 비율도 돌연히 증가한다. 그러나 동진 후기와 남조에는 다시 상태가 회복되어, 경기京畿 이외의 강서성과 복건성 등 지구의 청자 비율이 100%에 이른다. 도공들은 분단 번조 방법을 창조하여 용요의 길이를 연장하게 되어 생산량이 증가하였다. 이 창조적 활동을 촉진한 것이 사회적 동인, 즉 사회의 자기의 수요에 대응한 것인지? 아니면 장원 경제의 발전에 따른 결과인지? 아직은 이 시기에 가마와 유관한 자료가 풍부하지 못해 상세한 이야기는 이후의 새로운 자료의 보충을 기다려야 할 것 같다.

---

32) 사천성 성도시 고택 와요산固澤瓦窯山 수대 요, 장 46.50m (『文物考古工作十年』, 1979-1989, 1991, 文物出版社). 절강성 상산현象山縣 초당 요, 장 50m(「浙江象山唐代青瓷窯址調査」, 『考古』, 1979-5, p.435). 당대 중기보다 약간 늦은 복건성 건양현 장구향 선유강建陽縣將口鄉仙乳岡의 장구요 1호, 장 53m, 폭 2.8m(「建陽將口唐窯發掘簡報」, 『東南文化』, 1990-3, p.135).

3. 용요 기술의 지속적인 발전과 정형화 시기

수·당 시기 이전에 용요에 비록 분단 번조 기술이 출현하였지만 아직은 갑발을 사용하지 않았다. 때문에 가마의 높이가 계속 제한을 받았고, 낮고 작은 몸체에 높은 요문을 설치하는 것은 곤란하여 진정한 양산 체제는 아직 확립되기 어려웠다.

수·당 시기에 용요의 분포는 이미 상당히 보편화되었지만, 정식 발굴조사를 거친 것은 많지 않다. 강소성 의흥 간중요宜興澗衆窯·강서성 풍성 라호요豊城羅湖窯·복건성 건양현 장구요建陽縣將口窯 등이 있다.

장구요는 지금까지 발견된 수·당 시기의 최장 용요로 전장 53m에 폭 2.8m이다. 가마는 3차례의 보수를 거쳤고, 요벽에 빽빽하게 깊이 새겨진 대나무가 찍힌 자국이 남아있어 가마를 축조할 때 먼저 대나무 골조를 세운 다음 그 위에 내화점토를 발라 요 천정과 요벽을 형성하였음을 알 수 있다. 애석하게도 발굴자는 요신 중간의 요문의 유무에 대한 자세한 상황을 소개하지 않고 있으며, 가마 구조도도 발표하지 않아 구조에 관련된 자료가 매우 불충분하다[33]. 장구요는 아직 갑발 사용을 알지 못해 나소裸燒(노출번조)방식을 채용하였다. 크고 작은 도지미를 사용했으며 번조기물 중에 반구호盤口壺의 높이가 가장 높은데, 최고 60cm 정도의 반구호에 최고 15cm의 도지미를 더하게 되면 가마 안의 이용공간이 75cm 이하가 된다. 이 때문에 장구將口의 당대 가마 높이도 단지 도공이 활동할 수 있는 범위 내에서 설계한 것 같다. 가마 규모가 비교적 큰 것을 보면 노동 강도가 높을 것인데, 가마 내부가 1.40m보다 낮다면(남방인은 신장이 작은 편이다) 장소(재임) 작업이 매우 불편했을 것이다.

필자는 1975년에 의흥 고요지 조사에 참가하여 당대의 간중요를 조사하였다. 1976년 5월에 남경박물원에서 정식 발굴조사를 하였다. 가마의 잔존 길이는 28.4m, 폭 2.3~2.65m에 요신은 완만하여, 전단前段 2°~4°, 중단中段 5°~8°, 후단後段 8°~10°(그림 3-5-9)이다. 요지는 태호변太湖邊에 위치하며 가마의 기초는 인공으로 쌓아서 만들었다. 일반 용요와 비교해 특별한 점은 연소실과 번조실 사이에 길이 1.9m 의 공실空室을 둔 점이다.

---

33) 「建陽將口唐窯發掘簡報」, 『東南文化』, 1990-3, p.135.

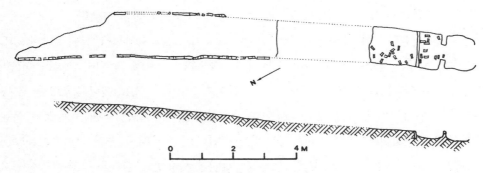

그림 3-5-9 강소성 의흥현 간중요 Ⅱa형식 용요
(당대, 江蘇宜興澗衆窯, 中國古代窯址調査發掘報告集, 1984)

이 안에서는 어떤 유물도 출토하지 않았다. 이런 현상은 명대에서 오늘까지 계속 사용되는 강서성 감현贛縣 태호강 가마의 구조와 유사하다(그림 3-6-5 참조). 공실과 번조실 사이에 높이 0.54m의 낮은 장염벽을 설치하였는데, 장염벽의 중간은 설치했다 해체할 수 있는 통로通路 가로판으로 되어 있다. 요상에는 0.17m 두께의 가는 모래를 깔아 각종의 높낮이가 다른 도지미를 고정시켰다. 번조된 제품은 소형 기물이 많고, 요 천정은 그다지 높지 않을 것으로 추정된다. 몸체는 벽돌로 축조하였고, 0.80m 되는 높이에서 안으로 구부러지기 시작하여 요 높이는 약 1.6m 이하로 추정된다. 갑발을 사용하지 않았다.

풍성현 라호요는 갑발 사용을 알고 있었고, 또한 정식 발굴을 거친 당대 용요이다. 가마의 잔존 길이는 18m, 폭 1.8m, 잔고 0.7m, 경사도 15°~19°이다. 가마 앞부분은 자갈과 폐갑발을 사용하였고 자편이 바닥에 깔려 있다. 요상은 생토를 단단하게 다졌고 연소실과 번조실 사이에 벽돌로 쌓은 장염벽이 있다. 이외에 가마와 관련된 자료는 발표된 것이 없다[34]. 연구 결과 라호요가 바로 당대 6대 명요 중의 하나인 홍주요洪州窯로 확정되었다. 발굴자의 소개에 의하면 출토한 요도구 중에 갑발이 상당한 비율을 차지하며, 다소 온전한 유물은 모두 갑발 퇴적 중에서 나왔다고 한다. 대량의 통형갑발의 구연을 진흙으로 연결 고정한 것으로 보아 갑발은 여러 층으로 중첩하여 사용하였다. 그러나 갑발이 보편적으로 변형된 현상을 보아 갑발의 중첩에는 한계가 있었던 것으로 추측되지만, 몇 층으로

---

34) 「江西豊城羅湖窯發掘簡報」, 『中國古代窯址調査發掘報告集』, p.73.

중첩하였고 요신의 높이가 얼마였는지는 자료가 부족하여 판단하기 어렵다.

호남성 장사시 망성현 와사평 동관요長沙市望城縣瓦渣坪銅官窯에서 발견된 2기의 용요 유적은 보존 상태가 불량하지만, 가마의 높이에 관한 수치 자료를 남겼다. 1호요는 요 머리 부분이 보존되었는데, 연소실이 매우 커서 길이가 2.1m, 폭 3.4m이다. 2호요는 요 후미 부분이 보존되었는데, 잔존고 1.4m 이다. 두 양상을 참조하면 당대 동관요의 폭은 3.2m 이상이고 경사 20°, 높이는 2m 정도에 달하였다[35]. 장사시 동관진 석저호石渚湖 동관요 유구의 잔존 길이가 25m이고 동관요에서 갑발을 사용한 사실[36]을 참고하면 동관요의 생산량이 매우 컸음을 알 수 있다. 이건모李建毛의 『장사요 흥쇠단상長沙窯興衰斷想』중에서 "동관요는 당대의 빈번한 대외 교류에 따라 품질이 조잡하고 장식이 신선한 도기를 대량 생산하였다. 생산 중에 생산량이 품질에 우선하였고 당대에 이름이 일시에 높았으며, 신속히 발전하고 신속히 쇠락한 상업자기 요장이었다."[37]라고 하였다. 이 가마의 높이가 2m에 달한 것은 갑발 장소와 관계가 있으며, 또한 가마의 몸체가 높아져 용요의 측면에 문을 만들 수 있는 전제 조건을 제공하였다.

수·당 시기의 용요 기술은 계속 발전하였다. 앞 시기에 비해 용요의 기본 구조에 질적인 변화가 발생하였는데, 중요한 것은 분단 번조의 설치(요신의 투시공, 혹은 요각窯脚의 투시구)이지만 요신에 문이 있었는지는 아직 분명하지 않다. 요신의 개문開門은 가마의 강도에 커다란 영향을 미친다. 만약 요신이 낮아서 요문의 상부가 요 천정 부분에 닿는다면, 요 천정의 강도가 약해져 1,250℃ 이상의 고온에서 붕괴될 가능성이 생긴다. 만약 비교적 원시적인 나소(노출번조) 방식을 채용하면 재임의 높이에 한계가 있어 공간 이용이 0.5m를 넘지 못하여, 요신이 높으면 곧 낭비가 된다. 그러나 길이 40m의 장요에 만약 요신에 문이 없어 모두 요 머리 부분으로 출입하게 된다면, 가마 재임이나 가마 관리 속도가 느려지고 노동의 강도가 커지는 어려움에 처할 것이다. 이에 대해 수·당의 도공들은 어떻

35) 「唐代長沙銅官窯窯蹟調查」, 『考古學報』, 1980-1.

36) 동관요는 상음요 계통의 기술을 이어받아 발전하였다. 그리고 상음요는 현재 알려진 바로 수대 이전에 갑발을 사용한 최초의 요장이다. 동관요 출토 유물의 연구와 사용한 갑발 자료에 관해서는 호남성 장사시 석저요石渚窯, 「石渚長沙窯出土的瓷器及其有關問題的研究」, 『中國古代窯址調查發掘報告集』, p.213, 231 갑발 사진 참고할 것. 「唐代長沙銅官窯址調查」, 『考古學報』, 1980-1. 「浙江寧波出土的長沙瓷器探索」, 『湖南考古輯刊四』, 1987, p.161. 참고.

37) 李建毛, 「長沙窯興衰斷想」, 『湖南博物館文集』, 岳麓書社, 1991.

게 해결하였을까? 현재 아직 명확한 요문 유적 자료를 얻지 못하고 있지만, 갑발 기술에 대한 고찰에 의해 그 실마리를 찾을 수 있을지 모르겠다.

본문의 갑발 연구 부문을 참고하면 알 수 있듯이 당 시기에 중국 남북방의 주요한 요장에서는 모두 갑발을 사용하기 시작하여 이미 일정한 보편성을 갖추었다. 갑발은 유면釉面의 청결을 보호하는 작용 이외에 갑발을 쌓아올릴 수 있는 효능을 충분히 이용하여 가마 내의 수직 공간을 점유할 수 있었다. 이런 의식은 상품 경제의 자극을 받아서 출현하였던 것 같다. 만약 무갑장소無匣裝燒의 높이가 50cm가 한도라면, 갑발장소는 갑발의 고온 중의 강도의 크기에 따라 3m 이상에도 도달할 수 있다. 청대 경덕진의 압단요는 이 한도를 더 초과하였다. 당대 가마의 갑발 운용으로 추측해 보면 요신의 높이는 필히 높아졌을 것이며, 동관요의 요신이 2m에 달한 것이 그 예이다.

수·당 시기에는 장소 기술의 내적인 여러가지 진보를 포함하여 용요 구조도 더욱 완전하게 만들어졌다. 당대의 용요는 이미 전형적인 용요가 반드시 구비해야 하는 조건을 기본적으로 형성하였고, 이는 용요 구조가 정형화되는 시기로 들어섰음을 알리는 표지였다.

4. 용요 기술의 성숙기와 계통의 분화

오대에서 남송까지의 시기는 남방 용요의 대 유행과 남북 요업 기술 교류가 가장 빈번했던 시기였다. 가마 수의 통계를 보면 이 시기에 발견된 가마 유적은 1,319기로, 전체 용요 수의 52% 이상을 차지한다. 고품질의 청자 생산은 강남에 한정되지 않았으며 요주요와 여요의 유색의 아름다움은 북송 중기에 이미 남방을 뛰어넘었다. 또한 바로 이 시기에 남방의 월요는 연료 문제로 인해 쇠퇴의 기운을 보이기 시작하였다. 그러나 남송 용천요의 굴기崛起와 남송 관요의 출현으로 남방의 청자 생산이 더욱 촉진되면서 다시 비약적으로 발전하여 최고봉에 도달하였다.

오대에서 남송시기의 용요 조사발굴 자료는 매우 풍부하다. 가마의 구조는 여전히 절강지구 것이 전형을 이룬다. 최근 발굴된 남송관요는 항주 오구산烏龜山의 '관요박물관'에 보호되고 있다. 용천요도 절강성 문물고고연구소와 상해박물관, 중국역사박물관의 연합 발굴을 거쳤는데, 중심 지구인 '대요大窯지구'에 대해 전면적인 조사를 진행하였고(그림 3-5-10), 선택적으로 발굴을 하였다. 가마의 크기는 북송의 금촌金村 Y1이 길이 48m,

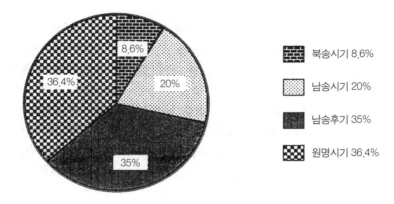

그림 3-5-10 용천현 대요지구 역대 가마수 추이도
(1990년 『朱伯謙論文集』자료에 근거해 작성)

폭 2m, 경사도 20°이고, 북송의 금촌 Y2는 길이 28.5m, 폭 2.2m, 경사도 18°이다. 금종만 金鍾灣의 남송요는 길이 54m, 폭 2m, 경사도 15°이며, 산두촌 남상단山頭村南上段의 남송 요는 길이 40m, 폭 2.3m, 경사도 15°이다. 안인구 입요만安仁口入窯灣의 남송요는 길이 50.15m, 폭 2.75m, 경사도 15°이다. 소매진대요小梅鎭大窯 Y2는 길이 50m, 폭 2.5m 이다.

개괄적으로 말해 용천 청자요의 길이는 일반적으로 40~50m 전후에, 폭 2m 이상, 경 사도 15° 정도이다. 각 2~3m 간격으로 요의 양측에 문이 있다. 용천 대요삼 수련산大窯杉 樹連山 Y2, 송대 용요를 소개한다. 가마 잔존 길이는 46.5m, 폭 2m, 높이 2m 정도이고, 요 머리 부분은 벽돌로 축조하고 연소실은 매우 작으며 요상보다 약간 낮다. 벽돌과 갑발을 부순 편을 땅에 깔았으며, 요상에는 단이 없고 윗면에 모래를 깔았으며, 갑발을 가득 놓았 다. 요벽은 모두 폐갑발·벽돌·점토를 이용해 혼합하여 쌓았다. 요신 양측에 7개의 문을 설치하였으며, 요상 아래는 Y3와 중첩되어 있다(그림 3-5-11). 이렇게 용요의 요상이 여 러 층으로 중첩되는 현상은 매우 보편적인데, 일반적으로 앞 시기의 가마 기초 위에 이를 정리·가공하고 나서 다시 새로운 요를 중축하였다[38]. 때문에 요장의 연속 시간이 길고 폐품 퇴적이 두텁다. 이와 달리 지하식 가마는 일단 훼손된 후에는 소결된 지하토를 다시

---

38) 「歷代龍泉靑瓷燒制工藝的科學總結」, 『中國古陶瓷硏究論文集』, 1982, p.188. 「浙江龍泉安仁古窯址發掘報告」, 『上海博物館集刊』, 1986, p.131. 「試論我國古代的龍窯」, 『文物』, 1984-3, p.61. 「龍泉大窯古瓷遺址發掘報告」, 『朱伯謙論文集』, 1990, p.258.

이용할 수 없어 반드시 새로운 땅으로 이동하여 가마를 굴착하여야 한다. 이 또한 한국과 일본의 지하 교혈요의 분포가 많고 넓으면서도, 폐기물이 얇고 적은 원인이 된다.

5. Ⅱb형식, 장염주 용요障焰柱 龍窯

용요에 장염障焰(화염막이) 시설을 하는 목적은 주로 요신이 매우 가팔라서 가마 내의 추력이 과대해져, 화염이 가마 내에서 신속히 빠져나가는 것을 피하기 위함이다. 또 이렇게 된 나쁜 결과로 인해 가마 불이 맹렬해져, 도배가 한쪽만 열을 받게 되어 대량으로 폐기될 수 있는 것도 피하기 위함이다. 가마 안에 장염주(벽)를 설치하는 것은 사실 부득이하게 나온 것으로 이는 용요의 구조적인 결함을 보여주는 측면이 있다.

진원보陳元甫의 보고에 의하면 절강성 태순현 옥탑촌泰順縣玉塔村에서 북송 후기·남송 초기의 용요 2기가 발굴되었다. 그 중 Y1은 지금까지 발견된 가장 명확하게 장염주가 있는 가마이다. 가마 전장은 37.36m, 가장 폭이 넓은 곳은 2.32m인데, 경사도는 25°로 일반적인 10°~15°에 비해 뚜렷하게 가파르다. 요 머리 부분의 연소실은 삼각형을 띠고, 전후 깊이 0.32m에 폭 0.36~1m이다. 이렇게 작은 연소실은 단지 불을 일으키는 작용만 한다. 전체 가마는 벽돌로 축조하였고 15줄의 장염시설이 있는데, 각 줄의 장염 시설은 모두 2열의 내화토 기둥이 횡으로 교차되게 배치되어 있다. 완전한 장염주 하나를 측정한 결과 단면은 방형을 띠고, 한 변 길이가 14cm, 높이는 50cm 이며, 기둥을 요상에 그냥 놓거나 요상의 생토면에 20cm 깊이로 삽입하였다. 장염주는 앞에서 뒤로 갈수록 배열간의 간격이 점차 벌어진다(그림 3-5-12).

이 요는 정요에서 전래된 초기 복소도구를 사용하였으며, 절강성 남부에 드물게 청백자를 번조한 몇 요지 중의 하나이다. 태순현은 절강성의 최동단에 복건성과 가까운 현으로, 인근에 용천요가 있어 전통적인 월요 계통의 주변지구이다. 가마 기술 방면에서 용천요 계통에 속하며, 제품은 복건성 연해의 경덕진 청백자계의 영향을 받아 계속 청자와 청백자를 생산하였다. 그런데 청백자가 같은 곳에서 생산된 청자에 비해 많이 정치하여 기벽이 얇고 정제되어 있으며, 정요식의 복소요도구를 채용하였다. 기술이 정밀하고 번조가 매우 신중하였는데, 가마 내에 대량으로 장염주를 설치한 것이 좋은 증거이다.

Ⅱc형 계단식용요의 확실한 자료는 복건성 화안현 동계華安縣東溪에서 보인다. 1992년

그림 3-5-11 절강성 용천현 대요 삼수련산 Ⅱa형식 용요
(송대 제2호요, 龍泉大窯古瓷窯遺址發掘簡報, 『朱伯謙論文集』, 1990)

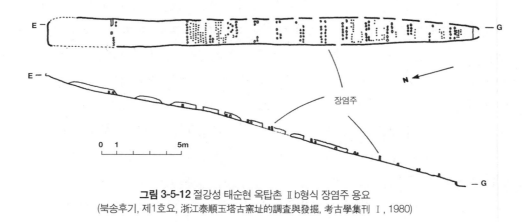

그림 3-5-12 절강성 태순현 옥탑촌 Ⅱb형식 장염주 용요
(북송후기, 제1호요, 浙江泰順玉塔古窯址的調査與發掘, 考古學集刊 Ⅰ, 1980)

에 조사한 자료를 보면 제3호요는 전장이 10.8m, 폭 1~1.5m, 전체 경사가 15°이다. 가마의 전단에 3개의 층계가 있는데 앞뒤 길이가 달라서 제 1층계는 1.25m, 제 2층계는 1.60m, 제 3층계는 1.20m이다. 층계는 거의 수평에 가깝고 그 위에 평저 갑발을 놓았다. 잔존한 동쪽 측면의 요장窯墻에 요문이 보이며, 3개의 방형 투시공이 모두 후단에 집중되어 있어 요 내의 화력이 부족한 것을 보완하기 위해 설치한 것임을 증명한다. 가마는 전부 전축이다(그림 3-6-4참조). 시대는 명·청대이다.

6. 소결小結

용요 기술의 발전은 개략적으로 6개 단계를 거쳤다.
1. 상대~전국시대는 용요의 원시 발생기
2. 진·한·삼국은 원시용요 유행기
3. 양진·남조는 용요 기술의 변혁기

4. 수·당 시대는 용요 기술의 정형화기

5. 오대·송 시기는 용요 기술의 성숙기

6. 원·명·청 시대는 용요 기술의 지속적 발전과 함께 쇠퇴로 향하는 시기

그중 서진 시기의 분단 번조의 창립과, 수·당 시기의 갑발의 보급에 기인한 요신의 증고增高와 요문의 개설, 그리고 북송의 분실용요의 출현과 용요의 계통 분화 등등은 아직 많은 세부 사항이 명확하지 않다. 또한 ①용요의 출현은 어떤 선택 과정을 거쳤는가? ②오성吳城의 상대 조형요條形窯에 많은 투시구가 출현한 현상과 또 최초로 원시 청자를 번조한 것이 이후의 가마 기술 발전에 어떤 영향을 발생시켰는가? ③투시공과 분단 번조 기술의 과정 및 그 세부 사항. ④요문 개설의 과정과 고고학적인 증거. ⑤일차림一次林과 이차림二次林 연소의 선택 및 원시 청자 발생의 과정. ⑥용요의 대량 생산, 조직 기구, 요장 소유제 형식 등, 이들은 모두 금후에 주의를 기울여야 할 중요한 문제들이다.

제6절. 반도염 연방요半倒焰連房窯

중국의 Ⅳ형 반도염 연방요는 북송 때 출현하였지만, 유행은 보편적이지 않았다. 현재 발견된 Ⅳ형 반도염 연방요의 지구는 단지 동남연해의 광동성과 복건성 등지에 있다. 사천성·호남성·강서성의 극히 개별적인 지점에서 발견된 동류의 요지는 시대가 비교적 늦다. 현재 연구된 결과로 말하면 Ⅳ형요는 10세기에 광동성 연안에서 발생하였으며, 남송시기에 인근의 복건성과 절강성 남부 지구로 전파되었다. 대략 남송 후기에 다시 동해 (황해)를 건너 한반도의 고려왕조에 전해졌다. 그리고 16세기 후반과 17세기 무렵에 한반도와 중국의 두 갈래 노선을 통해 '부죽형剖竹形' 분실용요와 계룡요가 일본에 전해졌다. 이 중국에서 발생한 기술이 최후에는 일본에서 장족의 발전을 이루어 일본에서 19세기 이후의 주류 요형이 되었다.

Ⅳ형요는 요 천정의 형식에 근거하여 3 유형으로 크게 구분할 수 있다. 즉, ①분실용요 (세분하면 Ⅳ의 a·b·c 3식) ②계단요(Ⅳ의 d·e·f 3식) ③계룡요(Ⅳg)이다. Ⅳ형 가마의 분류의 주요한 근거가 요정窯頂의 구조인데, 요정이 잔류한 요지는 극히 드물어 분류에 어려움이 많다.

3종류의 가마의 기본 특징은 다음과 같다. 제1류는 외형이 용요와 같아 요정에 기복이 없으며, 마치 반으로 갈라진 맹종죽孟宗竹 같다. 그래서 일본에서는 '할죽형割竹形 등요'라 부른다. 제2류는 주요 특징이 각 실 모두가 독립된 요정을 갖고 있으며, 요실은 횡방향으로 놓여져 이 때문에 '횡실연방식요'라고도 부른다. 요실이 독립된 천정을 이루므로 이 때문에 횡방향의 길이를 상대적으로 자유롭게 설계할 수 있다. 요실의 횡폭이 아래에서 위의 단으로 가면서 넓어져 가장 폭이 넓은 곳은 8m 이상에 달한다. 제3류는 계롱요로 따로 절을 만들어 다루겠다.

이상 이론상으로 분류를 세웠지만, 실제로 유적이 불완전하게 남아 있기 때문에 잘 알 수 없다. 이 때문에 요지의 자료를 대체로 IV형요라 확정하고 진일보한 형식 분류는 금후 자료의 증가를 기다려야 할 것 같다.

1. 분실용요分室龍窯

분실용요의 출현은 두 방면의 조건이 구비되어 이루어졌다. 하나는 용요 자체에 구조적인 결함이 갈수록 뚜렷해져 개혁하지 않으면 안 될 지경에 왔다. 또 하나는 이 결함을 극복하는 기술 조건이 이미 성숙되었다. 그럼 용요의 결함은 무엇인가? 요실이 길어져 화염을 제어하기 어렵다는 점이다. 그런데 마제요는 그 체적이 작고, 흡화공이 설치되었기 때문에 화염을 반도염 추세로 만들어 요실에 퍼뜨리게 하여 요 내에 머무르는 시간이 길다. 그래서 도배와 열교환하는 기회가 많아지고 화염을 통제하기 쉽다. 마제요의 이런 장점은 바로 용요의 일부 단점을 보완할 수 있다. 그러나 마제요의 용적은 용요에 훨씬 못 미쳐 양산 체제로 가기 어렵고, 연료의 단위 소모량이 용요보다 크다. 용요는 길이야 어떻든 단실요에 속한다. 마치 옆으로 놓인 연통 같아서 화염이 아래에서 위로 가는 데 막힘이 없으며, 화염의 유통과 유속은 가마 머리 부분의 송풍조送風槽와 가마 내의 연실과 연통에 의지한다. 또한 요상의 경사도를 조절하여, 가마 내의 추력을 증감시키면서 효과적으로 통제한다. 이것은 일반적으로 경험이 풍부하지 못한 도공에게는 고난도의 기술이어서 조금만 잘못하여도 폐품의 출현율이 증가한다. 이런 현상은 절강성의 요장에서 항시 발생하여 이에 상응하는 보완 방법을 찾아야 했다. 장염주(벽)가 곧 이런 환경 하에서 출현한 것이다. 그러나 장염주는 분실용요의 출현을 유발시킬 수 없었는데, 화염은 계속 가마의 상반부에서 유동하고 하반부의 도배는 요정의 방사열에 의해 소숙燒熟되었다. 화염의 통제 기술에 근본적인 변화가 없었으며, 그들은 단지 끊임없이 분염주를 밀집화와 규범화시켰을 뿐이다.

오대에서 남송 초기에 이르기까지 용요 평염의 기술 전통이 순화되면서 좁은 울타리 안을 벗어나지 못했다. 분실용요 같은 변혁성을 띤 창신創新은 새로운 문화를 잘 흡수하고 여러가지 기술이 공존하는 지구에서 출현할 수 있다. 광동성 조주요潮州窯가 송대 초기에 이런 환경과 조건을 구비하였다. 이 요는 동남연해에서 가장 일찍 북방의 반도염 마제요 기술을 받아들인 요장이다. 이미 당대 초기에 중원의 와전瓦塼 번조기술이 전해져, 조주요는 매우 일찍 와전과 도자기를 겸소하는 대형 요장이 되었다. 와전 기술 계통으로 인해 조주요는 용요 분포 지구중에서 보다 일찍 전축 용요를 채용한 요장이 되었는데, 활동하는 가운데 양자의 비교가 자연스레 이루어져 용요와 마제요의 장단점을 동시에 이해하였다. 용요의 번조 중 결함이 반도염 마제요 기술 전통을 갖춘 요주요에서 해결을 보았다는 것은 당연한 일로 보이며, 분실용요도 이런 환경 하에서 발생할 수 있었다.

분실용요는 일단 발생하게 되자 광범위하게 연해지구에 영향을 주었고, 또한 한국과 일본으로 동전하여 동아 요업 기술의 발전에 많은 공헌을 하였다.

중국의 분실용요 Ⅳa는 경사진 바닥이 가장 보편적이며 계단형을 한 것은 극히 드물다. 조주시 필가산筆架山 3호요(Y3)를 보면 잔존 길이 65.5m, 폭 3m 정도에 가장 넓은 곳이 3.7m에 달한다. 갑발장소를 사용하여 요신의 높이가 3.16m에 달했고, 전체를 벽돌로 축조하였으며 평균 경사도가 14°이고 16단으로 나누어져 있다(그림 3-6-1). 그러나 보고서에는 가마 구조에 대한 기록이 간단해서 각 단 사이의 전축 벽이 요 천정까지 닿았는지, 아니면 반만 되었는지, 잔존한 요벽 아래에 통염공이 있는지 등의 명확한 보고가 없다. 이곳에서 동시에 발굴된 Y1·Y2·Y4·Y5·Y6과 함께 모두 6기가 같은 유형의 가마이다. 보고자는 명확하게 Y4가 전후에 모두 연소실이 있으며, 연소실의 횡격장橫隔墻의 하단에 1개의 배화공排火孔이 있다고 지적하였다. 이를 근거로 판단하면 Y3도 응당 같은 요형이어서 역시 반도염 분실용요이다. 같이 발굴된 몇 기의 가마들을 비교하면 요실의 간격이 모두 다르고 중간 연소실의 설치도 통일되지 않았으며, 가마의 길이도 일치하지 않는다(30~60m)(그림 3-6-2). 분실용요 기술이 아직 정형화되지 않은 탐색 단계에 있다.

조주시 교외에서 발견된 몇 개의 요지는 명확하게 두 단계로 구분된다. 당대에 유행한

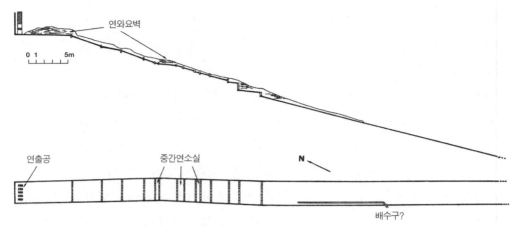

그림 3-6-1 광동 조주시 필가산 Ⅳa 분실용요
(북송중기, 제3호요, 『潮州筆架山宋代窯址發掘報告』, 1981)

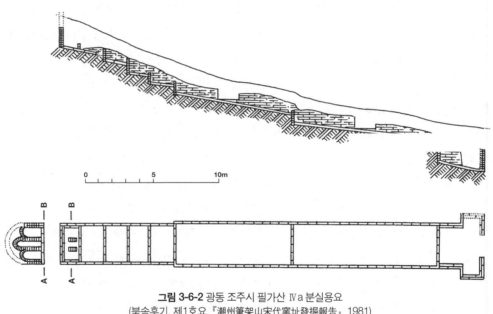

그림 3-6-2 광동 조주시 필가산 Ⅳa 분실용요
(북송후기, 제1호요, 『潮州筆架山宋代窯址發掘報告』, 1981)

마제요는 북송에 와서 중단되고 대신 일어난 것이 용요(가마 유적은 정식 발굴되지 않았다)
와 분실용요이다. 위에 발견된 6기의 분실용요의 연대는 모두 북송 중기의 전후에 속하
며, 지금까지 발견된 가장 이른 시기의 분실용요이다.

분실용요는 요 바닥 구조의 차이에 의해 다시 Ⅳb와 Ⅳc 형식으로 나눌 수 있다. Ⅳb

형식은 요상이 계단형을 띤 것이 특징이다. 이런 가마 유적은 지금 발견된 것이 적다. 지금까지 출토된 분실용요는 절대 다수가 경사진 상태를 띠고 있다. 그러나 이것은 용요가 경사진 요상면 상에 운용하는 장소 방법이 직선적이지 않다고 하여 계단을 사용한 것 같다. 그러나 요상도 다소간 경사도가 있고, 각 실의 높이차는 크지 않다. 어떤 것은 비교적 자잘한 계단 모양을 채용하였다. 예컨대 근대의 사천성 고린현 대리채요古藺縣大里寨窯(그림 3-6-6참조)는 요상은 여전히 20° 전후의 경사선을 유지한다. 이는 일본의 계단요와 다른 점이다. 중국의 계단요는 줄곧 좋은 성장과 대규모의 보급이 없었다.

Ⅳc의 다연소실多燃燒室 분실용요의 문제와 관련하여 다시 조주 필가산의 여러 요의 관련 구조 자료를 자세히 보면, 중간에 '연소실'이 있는 몇 기 요(Y2, Y4, Y6)를 Ⅰc형식으로 구분할 수 있다. 사천성 광원현 자요포廣元縣瓷窯鋪에서 발견된 1단이 남은 가마가 전형적인 Ⅰc요여서 여기에 소개한다(그림 3-6-3). 광원 자요포에는 2칸의 요실이 잔존하는데, 전실이 상대적으로 완전하여 길이 5.8m, 폭 7.8m, 요벽 잔고 0.8m 이다. 양실의 경계에 있는 요장窯墻 아래에 2개의 통염공이 있다. 후실에 연소조燃燒槽의 흔적이 겨우 남아 있는데, 연소조의 전후 길이는 0.6m이고 폭은 가마 폭과 같으며 한 끝을 요문으로 하였는데 애석하게 요정의 구조는 불명이다. 잔류한 평면 구조로 판단할 때 용요의 요정일 가능성이 크다. 고로 Ⅳc 형식에 속한다. 광원 자요포 요장의 기술 성분은 매우 복잡한데, 가마 구조로 보면 남방 용요 계통에 속한다. 생산한 천목다완은 복건다완과 강서성 길주요 등 남방 흑유자기 계통과 비슷하지만 채용한 장소 도구는 북방 백자와 삼채요계에서 유행한 삼차형받침이다. 사천지구는 도자 기술의 흡수지대로, 신기술의 흡수에 대해서는 언제나 기타 지역을 앞지른다.

2. 횡실 연방요橫室連房窯

횡실 연방요는 중국에서 그다지 발달하지 않았고 수량도 많지 않다. 현재 제시할 수 있는 가마 예는 단지 명·청 시기의 복건성 화안현 동계요와 강서성 감현 대호강요贛縣大湖江窯 등이 있다. 동계요의 제15호요를 보면(그림 3-6-4), 가마는 산비탈에 세웠고 후단만 남아 있다. 잔존장 17.6m, 각 요실(칸)의 폭은 똑같이 7.9m이고 전후 길이는 서로 다르지만 대체로 3m 정도이다. 각 요실(칸)은 모두 독립된 4벽이 존재하며, 실과 실 사이의 간

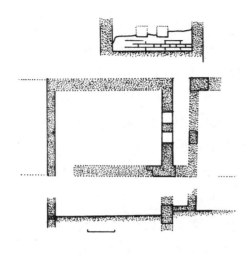

그림 3-6-3 사천성 광원현 자요포 Ⅳc/f 형식? 다연소실연방요
(송대, 四川廣元瓷窯的調査收穫, 考古與文物, 1982-4)

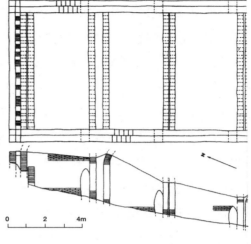

그림 3-6-4 복건성 화안현 동계 횡실연방요
(청대 중기, 제15호요, 栗建安, 東溪窯調査紀略, 福建文博, 1993-1,2)

극은 5~10cm이며 3실에서 5실 사이에 폭이 45cm가 되는 '간극(틈)'은 중단中段 연소실인 것 같다. 실과 실 사이의 벽 아래에 1열의 방형 통염공이 있는데 폭은 20cm이다. 가마의 최후단은 협소한 연실煙室로 폭은 요와 같고, 전후 길이는 25cm이다. 요실 양측에 모두 요문이 있으며, 잔존고는 1.3m이고 요신에 투시공은 보이지 않아 봉문할 때 투시하는 구멍을 남겨 놓았던 것으로 추측된다. 이 지역의 제9호요에 투시공이 보이는데, 요실의 후벽 가까이에 설치하였고 구멍 직경은 15cm이다. 부근의 동계두東溪頭에서 발견된 계단식용요(Ⅱc)는 잔류한 요벽 상에 3개의 투시공이 보이는데 방형(25×20cm)이다. 동계에서 발견된 가마는 모두 전축이고 시대는 명·청대이다.

강서성 감현 대호강요 발견의 명대요는 전장 25m, 경사도 22°~25°이며, 내화토로 구축하였고 전체가 5실로 나눠진다. 앞에 연소실과 예열실이 있고(기물을 쌓지 않았으며, 당대의 간중요에서도 보인다. 도3-5-9 참조), 뒤에 연실과 출연구가 있다. 각 요실의 격벽 아래에 1줄의 통염공이 있으며, 요실은 아래에서 위로 갈수록 폭이 넓어지고 전후 길이가 길어진다. 각 요실에 요문과 투시공, 배연공(관화공)이 있다. 요실 안에 단독의 연소실은 없으나 장작을 넣어 연소하는 곳과 도배가 쌓인 곳 사이에 장염판이 설치되어 불길이 직접 노출된 배퇴坯堆에 충격을 주는 것을 피하게 하였다. 요상면은 경사지며, 위에 두께 약 30cm의 가는 모래를 깔고 받침대를 모래 안에 매입하였다. 20~30점의 완명碗皿을 포개 쌓았으며 전부 나소(노출번조)이고 갑발을 사용하지 않았다. 전형적인 민간요장이다(그림 3-6-5).

이런 가마는 근대까지 계속되었고 근현대에도 계속 편벽한 지구에서 사용되는데, 예컨대 사천성 고린현 대리채요는 전형적인 전축횡실연방요이다.『중화민간공예도설中華民間工藝圖說』에 소개된 바에 의하면, 대리채에 있는 잡기 민요는 길이 14.4m에 모두 8실이다. 최후의 2실이 약간 커서 항아리 같은 대형 기물을 번조하고, 아래의 6실은 전부 완·명 같은 소형기물을 번조하였다고 한다. 앞면의 몇 실은 각 실의 전후 길이가 1.8m, 폭이 5.10m이고, 요벽 아래에 1열의 공동안空洞眼이 있어 투화공透火孔이라 부른다. 요실 한쪽 측면에 문이 있고, 양 측면 위에 기안氣眼(관화공)이 있으며 아래에 투시공이 있다(그림

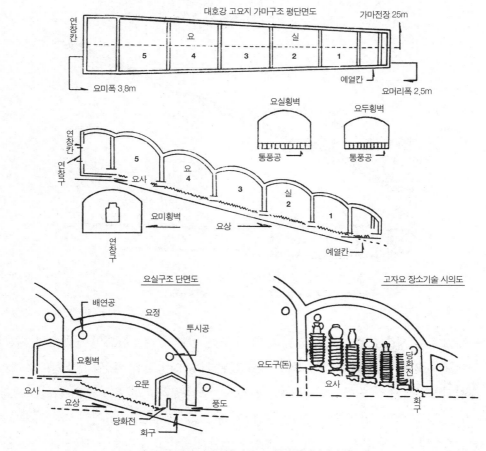

그림 3-6-5 강서 감현 대호강요 Ⅳa형식 횡실연방식 등요
(명대~근대, 江西贛南縣大湖江明代瓷窯技術考察, 中國古陶瓷會論文, 1984)

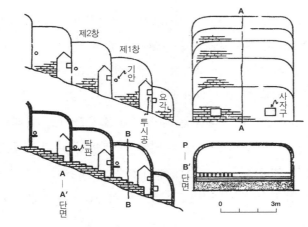

그림 3-6-6 사천성 고린현 대리채 잡기요 Ⅳd형식 전축 횡실연방식 등요
(근대, 『中華民間工藝圖說』, 1956)

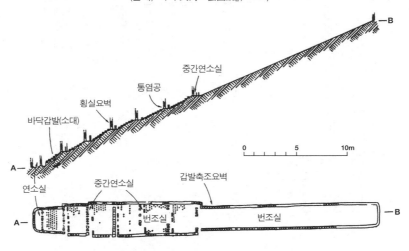

그림 3-6-7 호남성 회화현 용정요 Ⅳf형식 횡실연방식 등요
(명대, 湖南靑瓷和靑花窯址調査報告, 湖南考古輯刊 2, 1984)

3-6-6). 요실이 횡으로 확대된 이외에 기타 구조는 전술한 대호강요의 명대요와 기본적으로 같다. 대리채요는 중국에서 지금까지 발견된 가장 전형적인 횡실연방식등요이다.

횡실연방요에 중간 연소실이 증가한 것으로는 호남성 회화현 용정요懷化縣龍井窯(그림 3-6-7)를 들 수 있다. 이 요의 전장은 33.70m, 폭 2.40m, 경사도 22°이며 가마의 축조에 대량의 폐갑발을 사용하였다. 요실의 전반부는 6실 연방이고 후반부는 매우 긴 단실 용요이다. 전면 6실에 모두 중간 연소실이 있고, 번조 방식은 전술한 명대 대호강요와 근대 고린현 대리채요와 같다. 경사진 요상면에 갑발 받침대를 가득 깔았다. 제품은 청자가 위주이다.

중국의 횡실 연방요는 하나의 공통된 특징이 있는데, 전후의 요실의 폭이 비슷하고 요상에 시종 전형적인 반도염 횡실연방식 계단요(IVe)는 육성하지 않았으며, 또한 보급률도 매우 낮다.

3. 계롱요鷄籠窯

계롱요는 하나하나 독립된 것이 마치 순서대로 계롱鷄籠(반구형의 닭장)을 배열해 놓은 것 같다 해서 붙인 이름이다. 그 구체적인 형상은 〈그림 2-2-10〉의 『천공개물』 중의 화면 및 〈그림 판 1: 3〉을 보면 된다. 일본의 하기요萩窯에서 발견된 계롱요는 대형에 속하면서 보존이 완전한 예이다[39]. 명대 과학자인 송응성의 『천공개물』에서 당시 계롱요에 대해 기록하기를, "무릇 항병요缸瓶窯는 평지에 있지 않고, 반드시 경사가 크지 않은 언덕에 위치해야 하고, 긴 것은 혹 2, 30 장丈 이고, 짧은 것은 10여 장이다. 수십 요를 연접하여 모두 1요에 높이도 같다. 대개 산세에 의지하기 때문에 흐르는 물이 습기를 증가시키는 걱정거리를 몰아내며, 화기 또한 순차적으로 위로 통과한다. 그 수십 곳에서 도기를 만드는 것이, 그중에 만약 가치가 중한 기물에 고생함이 없이 여러 힘과 여러 자원을 합병해서 그것을 한다. 요를 만든 후에 위에 가는 모래를 까는데 두께가 3촌 정도이다. 요 간격은 5척 정도이고, 연창을 뚫어 놓았으며 요문은 양 측에 마주보게 뚫려 있다. 기물의 재임은 작은 그릇을 앞머리의 제일 낮은 요에 두며, 발화는 먼저 앞머리의 제일 낮은 요에서 시작하고 두 사람이 대면하여 불 색을 본다. 대체로 도기 130근에 장작 100근이 소비된다. 불이 충족되면 문을 엄폐하고, 연후에 제2요에 불을 일으켜 차례로 요 후미까지 간다."라 하였다. 송응성은 동시에 그림을 그려 형상을 설명하였다. 현실의 계롱요의 입지 환경과 번조 방법을 고찰하면 『천공개물』의 기록을 믿을 수 있다.

계롱요와 횡실연방식 등요의 차이점은 규모가 다른 점과 요정의 축조 방법이 다른 점

---

39) 『萩燒古窯發掘報告』, 日本工藝會出口支部發行, 1990.

이다. 중국에서, 특히 복건성에서 계단요와 계룡요의 구별을 주로 규모와 간이簡易 정도로 한다. 그러나 지금까지 이 유형과 관련된 요지에 대한 정식 발굴조사보고를 보지 못했다. 개요적인 조사보고와 연구 논문 중의 '계룡요'에 근거하여 그 분포도를 만들었다(부표, 표 3-1: 3). 주요 분포는 덕화현과 복건성 교계交界의 대포현大浦縣 2곳에 집중되어 있다.

　주의할 것은 덕화현의 덕화요에서 남송부터 유행하기 시작한 독특한 산형傘形도지미 (그림 3-6-8: 1)이다. 이 종류의 장소방법은 중국에서 최초로 광서성 계림桂林의 수대 청자에 보인다(그림 3-6-8: 3). 이후 개조를 거치면서 남송 시기의 덕화요에서 사용하는 산형도지미가 되었다. 덕화요에서는 용요·계단요·계룡요 등 다양한 형식의 가마가 있으며, 산형도지미도 어떤 한정된 가마에 사용된 것이 아니다. 이것은 일종의 덕화현 일대에서 유행한 지방적 색채가 농후한 장소기법이다. 일본의 산형도지미(그림 3-6-8: 2, 4)는 계룡요에 한해서만 사용되는데, 이것은 일본의 계룡요 기술이 덕화요와 도공들 간의 직접적

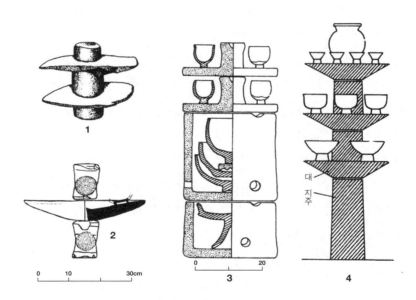

그림 3-6-8 동아 산형도지미(지소구)

1. 중국 복건성 덕화요(남송) 산형지소구
　(曾凡, 關于德化窯的幾個問題, 1982年『中國古陶瓷論文集』p.245~261 사진자료에 근거함)
2. 일본 야마구찌현 하기야끼(에도시대) 산형지소구
　(1990년, 『萩燒古窯發掘報告集』에 근거 복원)
3. 광동 계림요(수대) 산형지소구의 기술근원, 청자 장소복원도
　(『文物』, 1991년 12기 p86 자료에 근거)
4. 현대 일본 사용의 산형지소구
　(神崎宣武, 1986, 『暮らし中のやきもの』p.87)

인 기술 교류가 있었을 가능성을 보여 주는 것이다.

제7절. 경덕진 특수형 가마의 발생과 경덕진요의 오랜 발전의 오의奧義

경덕진은 강서성의 동북부 산지에 위치하며 요업을 중심으로 하는 오랜 도시이다. 고고 자료를 보면 이곳은 당대 중기부터 이미 청자를 생산하였다[40]. 오대에 비교적 원시적인 노출 첩소법을 채용하였고, 북송에 가서야 갑발을 사용하기 시작하였다[41]. 당시 남방에 보편적으로 용요가 유행한 기술 환경을 볼 때 경덕진 지역은 Ⅱ③구에, 즉 용요 분포의 제2단계 구역에 위치한다.

경덕진 요업의 진정한 흥성은 북송이 시작되면서부터로, 호전요湖田窯가 가장 대표적인 유적이다. 문헌 기록에 의하면 북송 경덕景德년간(1,004~1,007년)에 북송 정부가 경덕진에서 자기를 조달하기 위해 사무소司務所를 설치하고 바닥에 '경덕년제景德年制'라 쓰기를 명하였다고 한다. 그래서 그 태토가 희고 얇고 얇으며 국내외에 유명하였다[42]. 원·명 시기에 이르러 경덕진 요업은 세계적인 지위를 확립하였다. 중국의 자도瓷都일 뿐 아니라 동시에 각국인들의 사랑을 받아, 경덕진의 제품과 기술은 국내외의 수많은 요장에서 모방하는 표본이 되었다. 이 점은 문헌 및 세계 각지에서 출토되는 경덕진 자기가 충분히 증명하고 있다.

일개 요장이 11세기에 흥기한 이래, 늦어도 원대에는 선두자리를 독점하기 시작해 장장 700여년의 세월에 이른 것은 세계 산업사에서 극히 드문 경우이다. 경덕진이 이처럼 송대 이후 비약적 발전을 이룬 후 계속 쇠퇴하지 않은 이유는 천혜의 자연 환경이 있었고, 여기에 훌륭한 질을 더 높이 끌어올리는 기술을 갖추었기 때문이다. 이런 기술은 경덕진의 도공들이 광범위하게 흡수한 기초 위에 형성된 것이다.

---

40) 강서성 경덕진시 동북 6km의 백호만白虎灣요는, 지표조사에서 당 중기의 유물을 채집하였다. 「경덕진에서 처음으로 기년명을 가진 당대 자기를 발견하다」, 人民日報, 1992-1-4(해외판). 경덕진시 대백원大白園에서 월요 청자를 방한 당대 요를 발견하였다. 「景德鎭窯址調査二則」, 『中國陶瓷』, 1982-7, p.136.

41) 同 22). 또 劉新園, 「景德鎭宋元芒口瓷器與覆燒工藝的初步研究」, 『考古』, 1974-6.

42) 『景德鎭陶瓷史考』, 三聯書店, 1959, p.54.

먼저 가마 기술 발전면에서 보면, 현재 남송 및 그 이전에 관계된 가마 유적은 아직 정식 발굴이 진행되지 않아서 가마 구조의 세부 사항을 분명하게 알지 못하고 있다. 그러나 경덕진 교외에 분포하는 요지 퇴적의 형상과 당시 경덕진 주변에 보편적으로 유행한 용요로 이곳의 기술 환경을 추단해 볼 때, 사용한 가마는 전통적인 남방요이다. 기 발굴된 가마로 보면 모두 원대 이후의 유적으로, 호로형葫蘆形(표주박형)·마제형馬蹄形(말발굽형)·압단형鴨蛋形(오리알형)의 3 종류의 형식이 있다. 그 구조는 기본적으로 용요의 경사진 요상을 계속 잇고 있으며 동시에 반도염 마제요의 활용할만한 기술 성분을 흡수하였다. 구체적인 가마의 예를 들어 분석해 보겠다.

〈가마 예1〉, 원대 후기의 호로형요. 경덕진의 남하南河 북안北岸에서 발견되었으며, 전장 19.8m이고 앞뒤 2실로 나뉘어져 있다. 전실의 폭은 4.56m, 후실의 최대폭은 2.74m, 요벽의 잔존고는 0.61~1.2m, 요상의 경사도는 12°이다. 평면은 호로형이다(그림 3-7-1). 전체 가마가 갑발장소를 채용하였고 후미에도 갑발이 밀집하여 배치되어 있어 가마 내의 공간을 충분히 이용하고 있다. 국부적으로 연료를 추가하는 투시공이 존재하며 요신은 내화토와 폐기된 요도구들을 섞어서 축조하였다. 요지의 폐품 퇴적은 높이가 1.6~3.4m에 달한다. 번조한 난백절요완卵白折腰碗과 마상배馬上杯가 원의 대도大都 등지에서 출토하며, 제품 중의 원대 청화자기는 겨우 0.45%에 불과할 정도로 적다[43].

〈가마 예2〉, 명대 초·중기의 호로형요이다. 오니령烏泥嶺에서 발견되었다. 길이 8.4m에 앞뒤 2실로 나뉘어져 있고 전실 폭은 1.8~3.7m, 경사도는 4°~7°이다. 요신은 벽돌로 축조하였다(그림 3-7-2).

〈가마 예3〉, 명대 중기의 마제요이다. 오니령 산꼭대기에 위치하며 전장 2.95m, 폭 2~7m, 잔존고 2.3m, 요상의 역경사도는 12.5°이다. 뒷벽 아래에 6개의 흡화공이 있으며 (본장 제3절 참조) 전체 벽돌로 축조하였다. 발굴자의 통계에 의하면 이 요는 1회에 2,000점의 완을 갑발 번조할 수 있었다 한다[44].

〈가마 예4〉, 명말~현대의 압단형요. 요실 전장 7.51m, 폭 2.27~3.75m, 높이 3.33m, 요상 경사 5°, 전부 전축임. 명말부터 지금까지 계속 사용되었다. 현재도 명대 공방을 복원

---

43) 同 22).
44) 同 22).

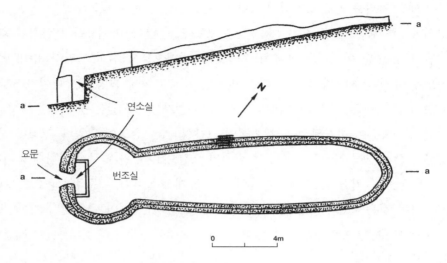

그림 3-7-1 강서성 경덕진 Ⅳa형식 표단형요
(원대 후기, 景德鎭湖田窯考察紀要, 文物, 1980-11)

1. 종광언 주석 〈천공개물〉 1978

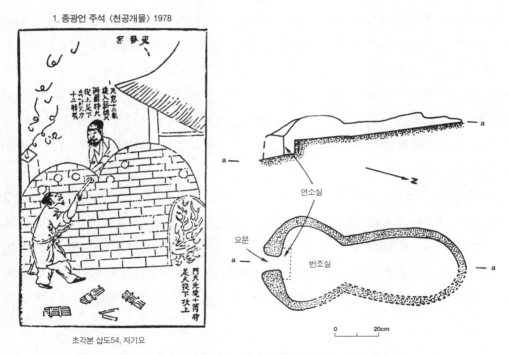

초각본 삽도54, 자기요

그림 3-7-2 『천공개물』중의 호로형요와 경덕진 발견의 Ⅳa형식 호로형요
(景德鎭湖田窯考察紀要, 文物, 1980-11)

한 곳에서 옛날 자기를 방제하고 있다(그림 3-7-3).

이상의 4예를 보면 경덕진의 가마 공간은 모두 크지 않다. 마제요를 포함하여 최장이 20m를 넘지 않을 뿐 아니라(원대 후기) 단축되는 방향으로 발전하고 있다. 명대 이후는 10m 정도로 유지하나 폭과 높이는 다소 발전한다. 4예 중에 중형요는 높이가 3.33m에 달하여, 보다 큰 가마의 경우 4m 이상의 높이에 달할 가능성도 있을 것 같다.

경덕진요는 북송이 시작된 이래 전형적인 외향성外向性 요장이 되었다. 그러나 일반적인 외향성 요장과 달리 영리를 목적으로 설치된 요장으로서, 판매 시장의 확대에 따라 양산의 규모도 갈수록 커졌다. 그래서 가마의 길이도 계속 늘어나 일반적인 용요는 50m 이상이었고 어떤 것은 100m 이상(건요建窯 등)에 달하였다. 그러나 경덕진의 가마 체재는 뒤이어 상반되는 방향으로 발전하였다. 그 원인에 대해서는 남송의 장기蔣祈가 해답의 실마리를 제공하고 있다.

북송이 시작되면서 경덕진 자기는 명요名窯의 반열에 들어가 제품도 널리 퍼져나갔다. 북송 후기에서 남송 시기에 정요의 지권조합복소 기법을 채용하여, 같은 용량의 가마에서 이전과 같은 양의 연료를 사용하여 원래보다 4배의 자기를 번조할 수 있었다[45]. 이로서 경덕진 자기는 가격이 저렴한 장점을 살려 광대한 시장을 확보하였다. 그러나 이런 기술상의 성공은 도공들에게 복음福音으로 오지 못하고, 오히려 정반대로 흉년과 정치부패로 인해 탐관오리의 엄중한 수탈을 불러 일으켰다. 남송인 장기의 『도기陶記』의 세수稅收 방면에 관한 기록을 보면 경덕진 도공에 대해 실시한 세수가 무려 10여 종에 달하였다. 그리고 징세 방법의 기괴함은 당시 경덕진의 가마 기술의 개조와 발전에 심각한 영향을 미쳤던 것 같다.

예컨대 징세 시점은 제품이 성공한 후에 설정하는 것이 아니라 "번조가 한창일 때, 장부에 따라 세금을 납부케 한다(興燒之際, 按籍納金)"는 것이었다. 만약 번조에 실패하면 도공은 도배의 제작과 번조 과정 중에 들어간 전체 비용을 부담해야 할 뿐 아니라 선불한 세금도 추가로 감당해야 하였다. 이런 상황에서 도공은 백 퍼센트의 자신이 없으면 감히 가마에 불을 때지 못하였다. 우리가 아는 바로 번조 단계는 도자기 제작 중 최후에 가장

---

45) 同 22).

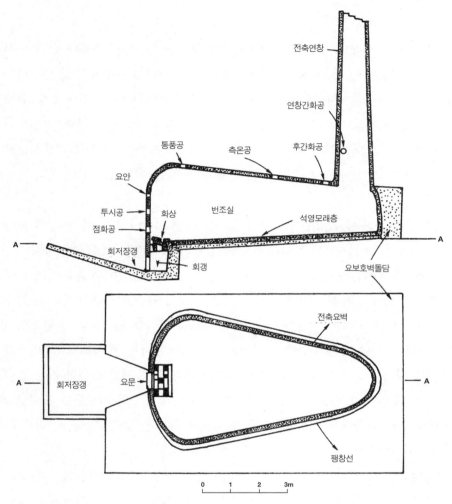

전축연창

연창간화공

통풍공   측온공   후간화공

요안

투시공   화상   번조실   석영모래층

점화공

회저장갱   회갱   요보호벽돌담

A   A

전축요벽

회저장갱   요문

A   A

팽창선

0   1   2   3m

그림 3-7-3 강서성 경덕진 Ⅵc형 압단형요
(周仁, 『景德鎭瓷器的硏究』, 1958)

관건이 되는 부분일 뿐 아니라, 번조의 성패는 날씨와 가마의 내온耐溫 강도, 도공의 불길
과 분위기 장악의 숙련 정도와 밀접한 관계가 있다. 과학적인 측정 기구가 없던 고대에
불을 지핀 후에 백 퍼센트 성공을 거둔다는 것은 거의 엄청난 모험이었다. 이 때문에 일
단 번조에 실패하면 애쓴 노동은 헛수고가 될 뿐 아니라, 선불된 세금도 탐관오리의 뱃속
으로 들어갔다. 경덕진 세리稅吏들의 이런 교활하고 잔혹한 착취 제도는 필경 도공들이
전력으로 가마를 개조하도록 압박하였고, 번조의 성공율을 높이는 것이 첫 번째 목표가

되었다.

이와 동시에 세제의 규정 또한 세액稅額의 결정이 생산품의 수량에 근거한 것이 아니라 가마 구조의 우열, 즉 가마의 길이에 근거하였다. 그리고 관부에서 도공의 가마 길이를 장부에 등기한 후에는 사사로이 길이를 개변시킬 수 없었으며 그 길이에 따라 세액이 확정되었다. 만약 임의로 가마의 길이를 고친 것이 관부에 발각되면 가벼운 것은 처벌을 받고, 무거운 자는 형을 언도받았다[46]. 상식적으로 보면 가마가 클 수록 기술적으로 통제하기 어려워지고, 가마가 길수록 번조하는 도배의 수가 많아지므로 일단 실패 손실이 커지게 된다.

번조 전에 하는 세금 징수와 가마가 길수록 세금이 많아지는, 이 두 가지 불합리한 징수 제도는 도공들이 가마를 조성하는 데에 명확히 영향을 준 것이 쉽게 간취된다. "관적의 크기에 따라 세금의 등급이 정해진다(官籍丈尺, 以第其稅)"는 사실에 대해 도공들은 가마가 짧으면 짧을수록 세금이 적어질 것이고, 동시에 일단 실패해서 생긴 손실도 작아질 것으로 반대로 이해하여 이것이 곧 가마의 개조가 가마를 단축하는 방향으로 발전되게 유도하였다. 동시에 가마의 단축이 번조의 성공율을 높이는 데 유리하여 "번조가 한창일 때 장부에 따라 세금을 납부하게 하는(興燒之際, 按籍納金)" 폐단에 대한 바로 좋은 약이었다. 단축된 요신의 개량된 구조를 보면 가마의 수직적 공간의 이용율을 확대시킴과 동시에, 번조의 성공률을 향상시킨 것이 곧 세금 부과에 대한 상책이었다. 이 변화로 인해 경덕진요는 다시 질적인 방향의 발전을 추구하게 되었다.

생각할 수 있는 것은 남송의 경덕진 가마가 구조상으로 당시의 세제의 충격을 적지 않게 받았을 것이며, 가마에 변화가 발생했다면 장기의 『도기』가 완성된 때에서 오래지 않았을 것이다. 유신원劉新園의 고증에 의하면 『도기』는 남송 가정嘉定7년~단평端平 원년(1214~1234년)에 되었다 하며, 남송 중기에 해당된다[47]. 세제가 실행한 이후에 가마의 개조에 일정한 시간이 필요한 것을 고려하면, 그리고 추측이 틀림없다면 경덕진의 남송 후기의 가마에 커다란 변혁이 있었다. 이는 바로 전통 용요가 계속적으로 단축되고 번조 효율을 중시하는 새로운 풍조가 형성된 것이다. 그리고 이 새로운 전통이 형성된 후에 설사

46) 劉新園,「蔣祈'陶記'著作時代考辨」(蔣祈,『陶記』, 景德鎭陶瓷, 陶器研究專刊, 1981)
47) 同 46).

170

원대에 와서 남송 같은 가혹한 세제가 변하였다 해도, 경덕진요는 계속해서 높은 번조율과 제품의 질을 향상시키는 양호한 작풍을 추구하여 한층 더 요업이 빛나고 성대하게 되었던 것 같다. 특히 원·명시기에 경덕진요가 관요가 된 이후에 이런 작풍의 발전은 더욱 가속화되었다. 이런 연쇄적인 반응이 경덕진의 가마가 갈수록 짧아지게 하였고, 번조의 성공율은 갈수록 높아졌고, 폐품율은 갈수록 낮아졌으며, 품질은 갈수록 정제된 중요한 원인이 되었다.

현재 발견된 최초의 원대 후기의 가마는 길이가 19.8m에 중간 부위가 오목하고 요천정은 계룡요 같이 기복이 있지만, 가마 내에 장벽격실이 없이 단실요 같다. 화염은 상승한 후에 순리대로 전실의 요정에 부딪치고 아래로 내려가며, 연후에 제2실로 진입하는 것이 상당한 반도염의 특징이 있다. 요신에는 용요처럼 매우 많은 투시공이 있지만 무한하게 연장하지 않았다. 가마 후미에 발견된 대량의 갑발은 모두 덜 익은 현상이 없어 가마 안의 온도가 매우 고르게 되었고, 불의 통제가 매우 숙련되었음을 알 수 있다.

명대 초기의 가마는 한층 축소되어 같은 호로형요이지만 원대의 절반(8.4m)에 불과하다. 요신의 경사를 따라 등 쪽에 투시공이 있다. 경덕진의 이런 가마는 모두 용요 기술의 기초 위에 반도염 연방요와 단실 마제요 등의 여러 가마의 원리를 흡수하여 창조해 낸 것이다. 명대 후기에 정형화된 '진요鎭窯'의 압단형요가 출현하였다. 이 가마는 천정 앞부분이 명확히 높아졌고, 수직적인 공간이 확대되어 가마 구조가 더욱 합리적이 되었으며, 가마의 적응성이 더욱 강해졌다. 그래서 갑발을 이용해 작은 기물을 번조할 수 있을 뿐 아니라 요실의 앞부분에서 높고 큰 화병과 용항아리 등의 관용 진설 그릇도 구울 수 있었다. 진요의 번조는 배태坯胎 성분의 배합 상태에 따라 상호 짝을 맞추어, 온도가 틀리는 가마 부위에 맞추어 배합 방법이 다른 기물을 번조하여 폐품율을 5% 이하로 낮추었다. 고대 가마의 기술 발전은 이제 최고봉에 이르렀다.

경덕진이 송대부터 현재까지 천여 년 동안 흥성하고 쇠퇴하지 않은 이유는 다방면에 그 원인이 있다. 천혜의 자연 환경은 확실히 중요하지만 도공들이 외부의 선진 기술을 잘 흡수하였으며, 구습에 빠지지 않고 민첩한 적응 능력과 왕성한 창조 정신을 가진 것이 경덕진요가 장구한 세월에 쇠퇴하지 않은 주요 원인이었다. 중국의 여러 명요들은 모두 자연의 혜택을 받아 발전하였고, 이후 그 조건이 상실된 후에는 신속히 쇠퇴하였다. 그러나 경덕진요는 이와 같지 않았다. 북송 시기의 경덕진요도 일반적인 민요같이 표면에서 풍화되어 쉽게 팔 수 있는 자토와 풍부한 연료 자원을 얻는 데 유리하여[48], 크게 약진하여 명요의 반열에 올랐다. 그러나 남송 시기에 지표의 자석瓷石 원료가 고갈되어, 질이 유연한 중하층의 자토를 여하히 이용할 수 있는가 하는 문제에 직면하였다. 또 당시 관부의 가혹한 세제에 부담이 가중되자 경덕진의 도공들은 정요의 지권조합복소 기법을 배우고 개량하여, 이로써 번조 밀도를 증가시켜 원가를 낮추어 쓰러지기 직전의 요장이 가까스로 난관을 뚫고 나가게 하였다. 그리고 원대에 독창적으로 자토와 고령토의 이원배합방법을 개발하여 중국 경질 자기 생산의 신기원을 열었다. 게다가 가마 기술은 남송의 가혹한 세금의 핍박을 거치면서 더욱 안정되어, 경덕진의 자기는 고품질을 추구하는 방향으로 발전하기 시작하였고 경덕진 자기의 질과 기술은 명대에 그 최고봉에 도달하였다. 그러나 청대 말기에 이르러 경덕진의 생산이 쇠락하기 시작하여 20세기 전기에 정치와 경제상의 동란 시기를 거치면서 경덕진의 생산은 더욱 더 하락하였다.

현재의 경덕진은 새롭게 흥하는 요업의 고도가 되었으며, 전통 기술의 회복과 발전 시기에 놓여 있다. 그러나 당금 도자 기술의 정상은 중국에 있지 않으며, 중국의 요업은 전통 기술 중에서 뿐만 아니라 요업 선진 국가의 기술적 영양분을 흡수하는 것이 더욱 중요해졌다. 만약 흡수와 창신의 길을 가지 못하면 중국의 요업은 나아갈 길이 없게 된다. 경덕진 스스로의 역사도 우리에게 이런 원리를 알려주고 있다.

제8절. 연료의 선택과 환경파괴 문제

1. 요업의 자연 환경에 대한 파괴

우리가 요장의 역사를 연구할 때 원료와 연료, 운송 조건의 증감 변화 상황에 매우 주목한다. 이는 요업이 자연 조건에 의존하는 정도가 매우 높기 때문이며, 동시에 자연의 파괴에 대해서도 다른 산업에 비해 엄중하다. 이것은 먼저 원시 식생의 엄중한 파괴로 나타

---

48) 劉新園, 白焜, 「高嶺土史考」, 『中國陶瓷』, 1982-7, p.141-170.

나며, 2차림은 연료를 만들기 위한 종류로 바뀌면서 단일하게 조성된다. 그리고 더욱 엄중하게 풀 한 포기 없이 초토화되어 남겨지게 되어 생태 환경의 파괴가 극심하다. 중국은 요업이 발달한 국가로, 때문에 이 방면의 상황이 다른 나라에 비해 더욱 엄중하다.

　　자연계가 인류에게 제공하는 연료 종류는 풍부하지만 연료의 종류에 따라 번조하는 도자기에 커다란 영향을 미친다. 중국과 일본의 회유도기 발생의 과정에서 알 수 있듯이 회유도기가 출현하기 이전에 하나의 자연 회유의 과정을 거쳤다. 자연 회유의 발생은 쉽게 재를 많이 발생시키는 연료와 관계가 있다. 원시 식생과 1차림 중에 연료로 사용할 수 있는 대부분은 소위 경목硬木이다. 광엽수림 중의 떡갈나무나 상수리나무 등의 땔감은 내소성耐燒性이 있어 불꽃이 맹렬해도 화염이 길지 않은 특징이 있다. 그 나무재가 도배 위에 덮어 씌워져, 1,100℃ 이상의 고온에서 태토 속의 규산과 결합하여 유리질의 결정체를 형성하여 광택이 나는 자연유층이 만들어졌다(실제로 요회窯灰는 소성물燒成物의 오염이다).

　　장기간의 실행 속에서 도공들이 이 사실을 알게 되었고, 선택적으로 연료를 이용하여 유釉를 띠거나 또는 유를 띠지 않는 도기를 번조하였다. 소나무는 송진을 함유하여 화염이 길고 나무재가 적어 각 요장에서 공히 선택하는 이상적인 연료이다. 도공들이 소나무의 성능을 인식하게 되면서 그것을 대량으로 채용하게 되어 요장 주위의 원시 식생과 1차림이 엄중한 파괴를 당하였고, 2차림을 선택할 때에 요업의 연료를 대표하는 수종이 되었다. 연료가 나무에서 석탄의 사용으로 전환될 때에 2차림은 이미 철저히 파괴되었음을 말하며, 요장은 거의 민둥산 속에 분포하였다.

2. 삼림의 파괴와 요업의 흥쇠

　　도자기 생산은 흙을 변화시켜 금金으로 만드는 산업이다. 그러나 상응하는 고온의 조건이 없으면 점토의 화학과 물리적 성질을 개변시킬 수 없다. 그리고 고온의 실현은 대량의 연료에 의한다. 현재 경덕진의 장작 가마에서 사용하는 연료를 계산하면 1kg의 자기를 소성하는 데 2.4kg의 소나무가 필요하다[49]. 중형의 완과 반 1개의 무게가 0.5kg일 때

---

49) 同 41).

여기에 소요되는 소나무가 1.2kg이다. 주인周仁 선생은 독일의 전도염형요로 매 1세트의 커피잔을 복제하는 데 평균적으로 나무 4kg이 소모된다고 한다. 송대의 용요가 한번에 5만~10만 점의 도자기를 굽는데, 이때 필요한 연료가 6만 내지 12만 kg의 소나무 땔감이었다. 중간 수령의 소나무 1그루의 무게가 약 200kg 정도인데, 1회 번조에 적어도 300에서 600그루의 소나무가 필요하다. 만약 요장에서 매월 1번 불을 때면, 매년 각 요에서 3,600~7,200그루의 나무가 땔감으로 사용된다. 그런데 중국에서 가마는 모두 군집 상태를 이루어 적으면 수 기, 많으면 수십 기에 이른다. 경덕진요는 300기의 가마가 동시에 생산했다 하는데, 이런 광대한 규모의 요장에서 일년에 소비하는 연료를 상상해 볼 수 있을 것이다.

남송의 장기가 그의 『도기』에서 "산천맥락이 불타 훼손된 나머지 안정될 수 없으니, 풍습이 날로 사라져 버렸구나. '1리의 요가 5리를 불 태운다'는 말이 그 귀감이 된다(山川脈絡不能靜于焚毀之餘, 而風日以蕩耶, '一里窯, 五里焦'之諺語其龜鑒矣)"(현대 한어로 해석하면, 자연 자원을 지나치게 함부로 파괴하여, 어린 나무들이 자라지 못하고 산하가 모두 안녕하지 못하게 되었다. 과거 민간이 자연자원을 보존하는 아름다운 풍속은 이미 파괴되었구나! 사람들은 응당 '1리의 요가 5리를 불태운다'에서 교훈을 얻어야 한다.)라 하였다. "일리요, 오리초一里窯, 五里焦"라는 이 현상의 묘사는 절대로 과장이 아니다[50]. 무릇 고대에 요장이 설립된 지방은 식생이 2차림으로 변하는 외에도, 불탄 흙과 딱딱한 도자폐품이 퇴적된 곳에는 나무와 잡초가 자라지 못하는 불모지대로 변하였다.

똑같은 현상이 일본과 한국에서도 발생하였다. 일본의 『삼대실록三代實錄』859년의 기록인 '도산논쟁陶山論爭'은, 곧 "하내와 하천 양국이 도기 소조에 필요한 장작을 벌채하는 땅에 대한 상쟁(河內和泉兩國相爭燒陶伐薪之山)"의 문제를 다룬 것으로 그 결과 천황에 상고하여 연료 채벌의 권리를 이즈미국和泉國(스에무라요陶邑窯)에게 준다고 판결하였다. 일본의 고분 시대 최대의 관영 요장인 스에무라요陶邑窯가 이미 연료의 위기에 직면하였음을 볼 수 있다. 7세기 후반에 2차림인 적송의 이용이 이미 100% 가까이 되었다(그림 3-8-1). 9세기 후기에 바로 스에무라요가 쇠락하여 종말을 맞았다[51].

---

50) 白焜, 『宋蔣祈陶記校注』; 顔石麟, 『宋蔣祈陶記現代漢語譯文』, 景德鎮陶瓷 '陶記' 硏究專刊, 1981.

51) 정관원년貞觀元年(859년), "河內和泉兩國相爭燒陶伐薪之山, 依朝使左衛門少尉紀今影勘定, 爲和泉國之地",

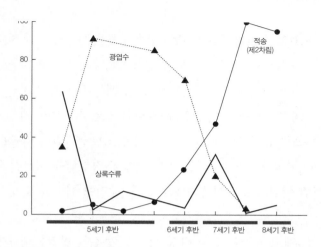

그림 3-8-1 오사카부 사카이시 스에무라요 5세기 후반~8세기 전반 연료 종류별 추이도
(1976, 『陶邑』 I 에 근거해 자료 작성)

그 밖에도 1637년에 일본의 큐슈九州가 당시 요업 생산으로 자연 환경의 파괴가 이미 인간의 안녕을 위협하게 되었다. 이에 사가번佐賀藩이 요업에 대해 엄격하게 정리하여, 11개 요장을 폐요시키고 826명의 도공을 해고시켰으며 나머지 13개 요장을 종합 관리하였다[52]. 그래서 이 일대의 요업이 합리적인 관리 하에서 생산이 이루어졌다. 이 또한 인류가 주동적으로 식생을 통제하여 계획적으로 이용한 매우 전형적인 예이다.

조선의 『세종실록지리지』(1424~1432년에 씌어짐)와 『동국여지승람』(1530년에 씌어짐)에 당시 정부가 전국 각지의 도자기 요장에 대해 전면 등록을 진행한 사실을 기록해 놓았다. 비록 진일보한 정황은 소개되지 않았지만 이런 등록이 관리를 위한 것이며, 그중 환경 보호의 문제를 지나치기는 어려웠을 것이다.

중국은 지역이 광활하여 사람이 적고 땅이 넓은 지역은 요장으로 설치할 여지가 비교적 크다. 그리고 권력의 비호를 받는 요장은 원료 공급 면의 우세를 점유하였다. 그러나 다수 민간 요장의 생산은 자연 조건의 변화에 따라 흥쇠하거나 옮겨갔다. 과거 형요·정요·요주요·월주요 등의 쇠퇴에 대해 논할 때 원료의 고갈을 주요 원인으로 보았다. 그러나 연료

때는 스에무라요陶邑窯 제V기, 즉 최종기에 해당된다. 中村浩, 『古代窯業史的研究』, 栢書房, 1985, p.247에서 인용. 또 제7장 〈그림 7-1-2〉 참조.
52) 大橋康二, 『肥前陶瓷』, 新科學社, 1989, p.23.

의 공급도 똑같이 요업의 발전에 중요한 제약 작용을 한다는 것을 소홀히 하였다.

최근 절강성의 이강李剛이 월주요 쇠퇴 원인을 탐구하면서 제시한 것은[53], 영소寧紹(영파, 소흥) 지구에서 북송 시기에 인구가 급증하였기 때문에 산지의 자연 식생이 광범위하게 농업과 다원茶園 용지로 개발되어 고도로 발달한 농업과 다업이 요업의 발전을 억눌렀다는 사실이다. 즉, 요업 중의 연료의 공급에 어려움이 발생하였고 연료를 얻는 대가가 곧 높아졌던 것 같으며, 따라서 생산 원가를 높게 만들어 경쟁력을 저하시키는 데 영향을 미쳤다는 것이다. 이런 원인으로 해서 월주요는 북송 중기에 쇠락을 맞게 되고 후기에 결국 끝나게 되었다.

그리고 북송 중기에 도공들은 멀리 타향으로 가 살 길을 찾았는데, 북방의 요주요에서 월주요 특유의 M형 갑발을 사용해 월주요 유형의 청자를 번조한 것이 이런 배경 하에서 거둔 성공인 것이다(제5장 갑발 부분 참조). 동시에 해외에 출토한 무역 도자 중에 월주요 청자의 비율이 북송 초기보다 폭락하는데[54], 이는 도공들이 농사꾼으로 전업을 하거나 멀리 타향으로 가서 새로운 요장을 열었기 때문이다. 이런 추세는 절강성의 청자 생산 중심지를 압박하여 송대 후기부터 중심지가 항주만 일대에서 절남浙南의 용천과 온주溫州 일대의 산지 지구로 옮겨가기 시작하였다. 그곳에는 비록 우수한 자토는 없지만 자연 식생이 풍부하여, 용천요는 풍부한 에너지원과 광범한 사회적 요구 아래에서 비약적인 발전을 이루었다(그림 3-5-10 참조).

3. 황하 유역의 삼림 파괴와 석탄 연료의 이용

황하유역의 제 요장은 연료 문제에서 남방에 비해 더욱 엄중한 도전을 받았다. 그 이유의 한 면은 북방이 원래 연료로 사용할 수 있는 자연 식생의 면적이 적다는 점이다. 이에 덧붙여 황하 유역은 비교적 일찍부터 개발이 되어 자연 식생이 점차 농지로 대체되었으며, 동시에 북송 이전의 중국 정치의 중심이 기본적으로 모두 황하 중류 연안 일대에 집중

---

53) 李岡, 「越窯衰落與龍泉窯興起」, 『越瓷論集』, 浙江人民出版社, 1988, p.83.
　　『中國自然地理』, 歷史地理編, 科學出版社, 1982.
54) 荒川正明, 「日本出土の古代-中世前期的貿易陶瓷」, 『考古學通迅』, 1991, 340기, p.11.

되었기 때문이었다. 그래서 관영의 야철冶鐵과 야동冶銅 공방들이 많이 들어섰고, 도시 주민들의 취사 난방 등의 생활용 땔감의 수량이 많았으며, 역대로 토목 사업 등의 목재를 소모하는 사업이 대단히 발달하였다. 또한 궁전 관서 건설 시에 와전을 번조하게 되어 요업의 발달과 더불어 자연 식생의 파괴는 설상가상이었다.

고대 기후학의 연구결과에 의하면 서한 이래 북방 기후는 계속해서 온난함에서 한랭한 쪽으로, 온습한 데서 건조한 쪽으로 변하였으며 자연 식생의 번식도 커다란 영향을 받았다고 한다. 정사중鄭斯中 등이 중국의 36,750차례의 한발과 홍수에 대한 기록을 분석한 결과에 의하면[55], 이런 추세는 북송 시기에 와서 더욱 습윤한 시간이 짧아지고 건조한 시간이 길어지게 되면서 온난조습한 환경에서 생장하는 자연 식생이 위축되고 퇴화되었고, 임목林木의 생장 주기가 연장되어 땔나무의 부족이 에너지 위기를 형성하기 시작하였다고 한다. 이 현상은 요업의 발전에 결코 소홀히 할 수 없는 큰 문제임이 틀림없었으며 이는 아마 당대 요지의 포국이 황하 연안의 도시와 인구 밀집 지역에서 태행산 동록으로 옮겨간 원인이 되었을 것이다.

태행산 동록에는 북위 이전에는 단지 무안현 오급요武安縣 午汲窯(전국, 한대) 같은 극소수의 소형 요장만이 분포하였다. 북제와 수대가 되면서 안양安陽·임성臨城·내구內邱에 요장이 출현하였다. 그중 내구의 형요 백자는 일시에 이름을 떨쳤다. 그러나 오래지 않아 형요는 원료 문제로 인해 쇠퇴하였으며, 이를 이어 일어난 것이 정요와 자주요 등으로 이들은 계속 이어진 북방 백자의 생산 중심을 형성하였다.

태행산 동록 일대의 요업이 장장 400년에 달하는 발전을 이룰 수 있었던 것은 이용하는 자토를 공급할 수 있었을 뿐 아니라, 더욱 중요한 것은 태행산이 비교적 풍부한 식생 자원을 보유하여 연료 문제를 해결할 수 있었던 것이 그 배경이 되었다. 문헌 기록에 의하면 태행산 동록의 임현林縣에는 오대·북송 초기에 인원이 각 600인 이상에 달하는 관영의 벌목기구 두 군데가 설립되어 있었다. 그러나 북송 후기가 되면 산림의 식생 자원이 마치 이듬해 식량을 앞당겨 먹는 지경으로 이용되었다. 당시의 과학자인 심괄沈括이 그의 『몽계필담夢溪筆談』(1086년에 씀)중에 기록하기를, 태행산 구역에 "송산의 태반이 거의 벗

---

55) 鄭斯中 等,「我國東南部地區近兩千年來旱澇災害及濕潤狀況變化的初步研究」, 1977, 『氣候變化和超長期豫報會議文集』.

겨졌다(松山太半皆童矣)"라 하였다. 이는 2차림도 계속할 수 없는 지경에 다다랐음을 말하는 것이다. 이 송산松山의 남벌은 도자기의 번조와 관계가 있다. 그리고 연료의 부족에 직면하자 필시 도자기 번조의 원가의 상승과 경쟁력의 저하에 영향을 미쳤으며, 북방 요업의 발전 또한 새로운 도전에 직면하게 되었다.

북방 최대의 요장으로는 정요·자주요·요주요·여요·균요가 있고, 이들 주요 요장을 둘러싸고 오랜 기간 자기를 번조한 민요가 있다. 이들 요장에서 매년 소모하는 연료를 감안하면 연료 문제 면에서 대형 요장이 당연히 가장 먼저 충격을 받았을 것이다.

정요의 경우 북송이 바로 정요 발전의 전성기였다. 이때 정요도 엄중한 연료 위기에 직면하였다. 그래서 나무 연료를 석탄으로 바꾸지 않으면 생존해 갈 방법이 없었다. 연료를 절약하기 위해 정요의 도공들은 요도구의 개량에 매진하여 많은 창조적인 성과를 만들어 내었다. 예컨대 오대에 이어 채용한 고밀도 장소의 복소 요도구가 한 예이다. 복소는 기물의 외관에서 구연이 무유 상태로 남겨져 금·은·동의 금속으로 입 주변을 싸서 처리하였다. 이는 가히 "두부를 고기값으로 팔았다(豆腐賣了肉價錢 :적은 투자로 큰 이익을 얻다)"고 할 것으로, 이를 위한 일종의 부득이한 설계였다. 즉, 같은 양의 연료를 소모하여 훨씬 많은 자기를 구워내는 것이 목적이었다. '복소'라는 이 신기술이 발생된 후에 북송 중기에는 이미 남북의 많은 요장에서 채용하였다(그림 3-8-2). 이런 현상의 출현은 한편으로는 도공이 끊임없이 생산 원가를 낮추려 노력한 것을 보여줌과 동시에 또한 연료 위기를 직접 반영한 것이다.

중국 역사상 도자기를 굽는 데에 석탄을 연료로 채용한 것은 북송에서 시작된 것이 아니다. 필자가 기 발표된 자료를 조사한 것을 근거로 〈중국 한대·명대 석탄 생산구와 석탄을 연료로 한 요장 분포도〉를 그려 보았는데(그림 3-8-3), 그림에서 3가지 주목할 현상이 나타난다. ①석탄을 연료로 한 요장이 바로 고금의 노천 탄광의 분포와 일치한다[56](그림 3-8-4). ②중국 최초로 석탄을 가마 연료로 이용한 시기는 서한으로 추측된다. 처음에는 번조 온도의 요구가 높지 않는 도범陶范의 소조와 와전의 번조에 사용하였다. ③ 석탄이 도자기 번조에 사용된 것은 수·당 시기가 처음이고 북송에서 성행하였다. 북방

---

56) 陳正祥, 『中國地理圖集』, 香港天地圖書有限公司, 1980, 도47.

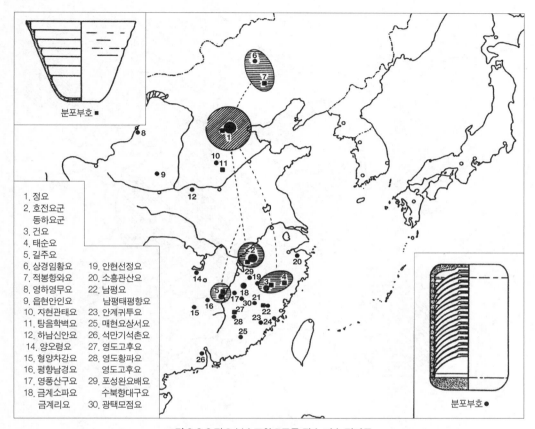

그림 3-8-2 정요 복소조합요도구 장소 기술 전파도

의 명요 모두가 나무 연료 공급이 여의치 않은 상황 아래에서 석탄으로 전용하는 압박을 받았던 것이다. 그런데 이 새로운 연료를 사용하게 된 최초의 공적은 요주요나 정요 같은 데에 있지 않고, 가장 먼저 출현한 곳은 사천성과 산동성 등지였다. 요도구 기술과 가마 기술의 관점에서 보면 사천성과 섬서성은 한대 이전에 빈번한 교류가 있었고, 산동성과 하북성도 서로 가깝게 있어서 민요들이 이들을 광범위하게 흡수한 기초 위에서 발생하였으며, 석탄 때는 기술도 이런 교류 중에 각지로 전파되었던 것이다.

가마의 구조가 분명하고 연대가 명확한 석탄을 연료로 사용한 요장으로, 산동성 치박시 자촌의 오대·북송 초의 요를 들 수 있다(그림 3-3-14 참조). 이곳의 가마 구조는 태행 산록(자주요 같은)의 가마와 매우 비슷하다. 특히 연창 구조와 요 밖의 호요장護窯墻 및 삼차형 받침의 사용 등이 이미 자주요·치박요·정요가 응당 하나의 기술 계통에 귀속되어

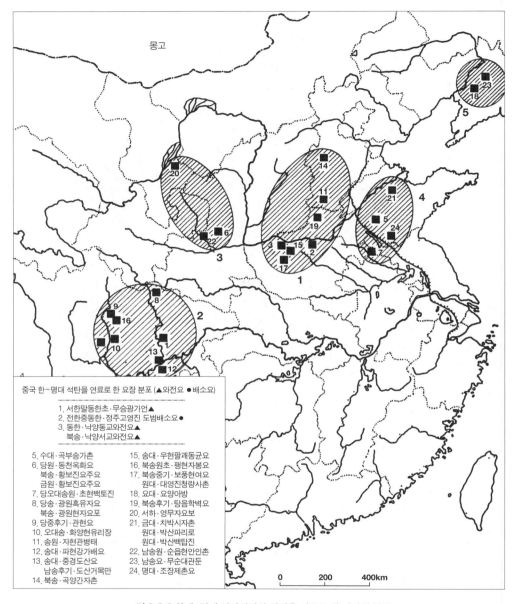

그림 3-8-3 한대~명대 석탄산지와 석탄을 연료로 한 가마의 분포

야 함을 암시한다. 사천성은 한대의 시작부터 당대까지 석탄을 사용해 와전과 자기를 굽는 전통이 있었는데, 그 마제요의 구조도 섬서성 일대의 것과 극히 비슷하다(제4장 그림 4-2-3~그림 4-2-10 참조하여 비교 바람). 통저通底갑발과 측견추測堅錐를 사용한 분포 상태

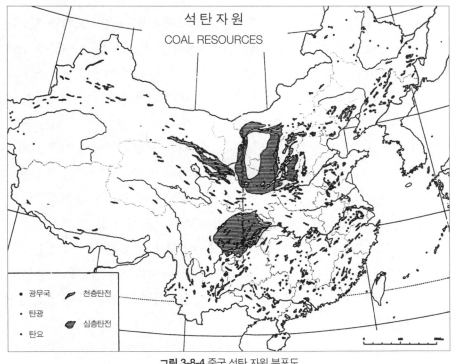

그림 3-8-4 중국 석탄 자원 분포도
(陳正洋, 中國地理圖集, 1980)

도 방증 자료가 된다(제5장 그림 5-4-16, 그림 5-5-1 참조).

　우리는 요주요의 석탄 때는 기술이 사천지구 요장의 영향을 받았을 것으로 추측하는데, 그렇지 않다면 요주요가 개시하자마자 북송 초기에 그 같은 매우 전형적인 석탄가마를 사용한 것을 생각하기 어렵다(그림 3-3-12 참조). 기타 요장은 혹은 정요와 동시기에, 혹은 북송 후기~남송시기에 나무 연료를 계속하기 어려운 상황 하에서 연이어 석탄을 연료로 사용하기 시작하였다.

　현재 아는 바로 석탄을 연료로 하는 가마는 거의 전부가 반도염 마제형요이다. 연료의 변화에 따라 가마의 구조도 반드시 상응한 개조가 이루어져야 한다. 기왕의 장작 가마와 비교해 석탄 가마는 구조와 기능에서 아래의 몇 가지 변화가 발생하였다. 즉, ①석탄으로 연소할 시에 화염이 짧아지는데, 그래서 석탄 가마의 번조실은 장작 가마에 비해 길이가 짧다. ②연소실의 면적이 증대하였다. 석탄을 땔 때 화력을 증가시켜 단시간에 온도를 올릴 목적이었다. ③연소실의 석탄 덩어리를 올려놓는 부위는 반드시 요폐窯箅(석쇠 모양의 불판)를 설치해야 하며, 요폐 아래는 회가 빠지는 회 저장갱이 되며, 요폐와 회갱은 동시에 통풍 작용을 한다. 그렇지 않으면 잿더미가 빠지지 못해 산소가 들어올 수 없어 석탄 덩이를 추가하여 연소시키기 어렵게 된다. ④화염은 요 내에서 반도염 상태를 이루는데, 주로 가마 뒷벽 아래 밀집된 흡화공에서 발생한 추력에 의존한다. 석탄을 태우는 가마는 이런 추력의 증대가 필요한데, 산소의 보충이 충분하여야 충분한 연소를 도와준다. 이 때문에 석탄 가마의 연창은 일반적인 장작 가마보다 훨씬 크며, 흡화공도 더욱 밀집되어 있어 추력이 더욱 강하고 고르게 된다. 근대 석탄 가마의 비례에 근거하면 연창의 높이는 요실 높이의 3배이다[57]. ⑤석탄 가마는 보편적으로 갑발을 사용한다. 그렇지 않으면 석탄이 연소할 때 생기는 탄가루와 유황재가 자기의 표면을 오염시킨다.

석탄의 연소에는 충분한 산소가 필요하기 때문에 나무 연료 같이 임의로 반쯤 산소가 없는 상태를 만들어 환원 분위기를 형성하여 유가 청색을 띤 백자를 굽는 것과는 다르다. 석탄 가마는 산화염이나 미약한 환원염 만에 의해 번조할 수 있기 때문에 소출된 백자는 보통 약간의 황색을 띤다.

여기서 또 특별하게 지적해야 할 것은, 북방 자기의 원료의 근원이 남방과 다르다는 점이다. 남방은 대다수의 요장에서 반드시 자석瓷石을 분쇄하거나 풍화된 자토를 직접 이용하여 자토를 가공하지만 북방은 일반적으로 2차 침적된 점토를 채취한다[58]. 이런 '점토질' 혹은 '점토 장석질'의 원료는 일반적으로 석탄광상과 공생하며, 따라서 소요燒窯 시에 연료를 석탄으로 개용하면서 도자기 요장과 노천 탄광의 의존 관계가 더욱 밀접해졌다. 요장의 분포와 노천 탄광의 분포가 상호 중첩된 것은 북방의 송대 이후 요장 분포의 매우 뚜렷한 특징의 하나이다.

요업이 석탄을 연료로 하면서 번조 기술 상에 일대 진보가 이루어졌다. 그러나 동시에 인류가 무절제하게 대자연을 이용하여, 이미 지표의 식생 연료 개발에서 지하의 화석 연료를 이용하는 시대로 진입하였음을 반영하고 있다. 이런 시대가 너무 이르게 왔으며, 이 때문에 발생한 나쁜 결과는 후손들에게 부담으로 작용하였다. 일본에서 요업 중에 석탄을 이용한 역사는 1878년 독일인이 일본에 전수한 전도염요가 시작되면서부터인데, 이

---

57) 大西政太郎, 『陶藝的土和燒成』, 理工學社, 1983, pp.2~28.
58) 郭演儀, 「中國制瓷原料」, 『中國古代陶瓷科學技術成就』, 上海科學技術出版社, 1985.

역시 소나무 땔감의 부족이 그 배경이 되었다[59].

제9절. 중국 가마 기술의 발전과 교류

1. 중국 요업 발전의 자연과 문화적 배경

중국 요업이 고도로 발전한 것은 우수한 자연의 혜택 뿐 아니라, 각 지구 사이의 빈번한 경제와 문화 교류에 힘입은 바가 컸다. 중국의 지리적 환경과 문화적 환경을 보면 대륙은 서쪽이 높고 동쪽이 낮으며, 동남쪽은 넓디넓은 대해大海이고 서북은 너무 높아서 넘을 수 없는 고원과 사막, 초원이다. 대륙의 내지에는 두 줄기 거대한 강인 황하와 장강이 흐른다. 인류 문명이 발달하기 전 오직 대하천이 녹색과 생명을 낳고 길렀으며 문명의 발생과 발전을 낳았다. 또한 문화 간의 교류에 적극적으로 작용하였다.

인류가 아직 고산을 등반하지 못하고 바다를 넘을 능력이 없던 때에 중국 대륙이 방대하면서 봉폐된 계통 속에서 비교적 큰 발전을 이룰 수 있었던 것은 이 속에 공존한 민족들이 커다란 장애를 받지 않는 조건 아래에서 일찍부터 적극적인 접촉과 교류가 있었기 때문이다. 여러 민족들 간의 상호 교류와 흡수, 융합이 없었다면 대륙 문명의 발달은 상상할 수 없을 것이다. 초기 문명의 발생과 발전 중에 강물은 인류에게 녹색을 주고 인류 생존의 근원을 조성하며 동시에 인류에게 이용할 수 있는 교통 자원을 제공하였다. 인류는 배와 강물의 도움으로 각지의 물자들의 공간상의 이동과 교류를 실현할 수 있었다. 이 때문에 강물은 고대의 교통 이용 면에서 마치 오늘날 물질을 전달하는 도구이면서 정보 집산의 통로와 같았다.

요업 기술은 문명사의 일부분이며 인류가 최초로 자연 조건에 의지하여 발전을 일으킨 산업의 하나이다. 중국의 요업이 주변 지구에 비해 발달한 이유는 대륙의 풍부하고 다채로운 자연 조건의 수혜 외에도, 대륙 내 각 민족의 광범위한 기술 교류와 고도로 발달

---

59) 同 57).

한 문화가 요업 발전의 동력을 제공하였기 때문이다. 이런 조건을 잃게 되면 곧 일체의 우세함도 잃게 된다. 반대로 누가 이들을 획득할 수 있다면 똑같이 고도의 발전을 얻을 수 있다. 근대에 자본주의의 신속한 발전으로, 발달된 교통과 통신 조건이 기왕의 자연 폐쇄적인 국면을 타파하였다. 현재에 스스로 폐쇄시키지 않는다면 자원·기술·문화 모두가 각종의 교류 루트를 통하여 공간상의 전이가 가능하며, 또한 이런 기초 위에서 향상과 창신을 이룰 수 있다.

2. 황하 유역 요업의 구분과 기술 교류

중국 요업 구분의 연구는 위의 논점들이 증거를 제공해 준다. 중국의 요업 기술 체계는 크게 보아 'Ⅱ형 용요' 위주의 청자요계와 'Ⅲ형 마제요' 위주의 백자요계의 대립이다. 〈그림 3-9-1〉 중에 횡선이 쳐진 지구가 'Ⅲ형 마제요' 분포구이다. 이 구역의 형성은 서주에서 위진남북조에 이르는 약 1,000여년의 역사를 거쳤다.

그 발전 순서에 따라 Ⅲ① 지구는 Ⅲ형요의 조형祖型으로 'Ⅰc 지하 승염식원요'의 발생과 발전의 중심 지구이며, 또한 이후 'Ⅲ형요' 분포의 부副 중심이 된다. 이곳은 황토 고원의 가장 부유한 지구로 역사상 서주·진·서한·수·당이 황하와 위수渭水의 교계交界 지대에 역대의 정치·경제 중심을 건립하였고, 요업 기술의 전파원源이 되었다.

Ⅲ② 지구는 당대부터 발전되기 시작한 두 번째 Ⅲ형요의 기술 전파 중심이다. 이곳은 황하 하류의 평원에 위치하여 상대의 수도인 정주鄭州, 은허殷墟 안양安陽, 동주의 낙양, 북위의 낙양, 수·당의 낙양, 북송의 개봉 등 정치 도시들이 이 구역에 분포하였다. 요업 발전사의 관점에서 보면 'Ⅲ①'이 북방도기의 고향이라면, Ⅲ②는 북방자기의 기원과 대발전의 지구라 칭할 수 있다. 일찍이 상대에 개시하여 이곳에서 정주의 원시청자(회유기), 낙양 서주의 초기 마제요, 북조 안양요의 청자요지, 수·당의 형요와 정요가 번조한 백자, 공현鞏縣의 삼채가 거쳐갔다. 북송의 명요 역시 모두 이곳에 밀집하였다. 이들 모두가 'Ⅲ②' 요업 지구가 요업 기술 면에서 북방의 어떤 지구보다 성취가 높았음을 보여주는 증거이며, 북방 요업의 중심 지대이면서 'Ⅲ형 마제요' 기술의 전파원임을 인정할 수 있다.

이를 제외한 Ⅲ③·Ⅲ④·Ⅲ⑤·Ⅲ⑥과 'Ⅱ+Ⅲ+Ⅳ 사천'과 'Ⅱ+Ⅲ+Ⅳ 영남嶺南' 등 지구는 모두 이곳에서 기술상의 영향을 받아 발달한 2, 3급의 전파구이다. 이들 지구는

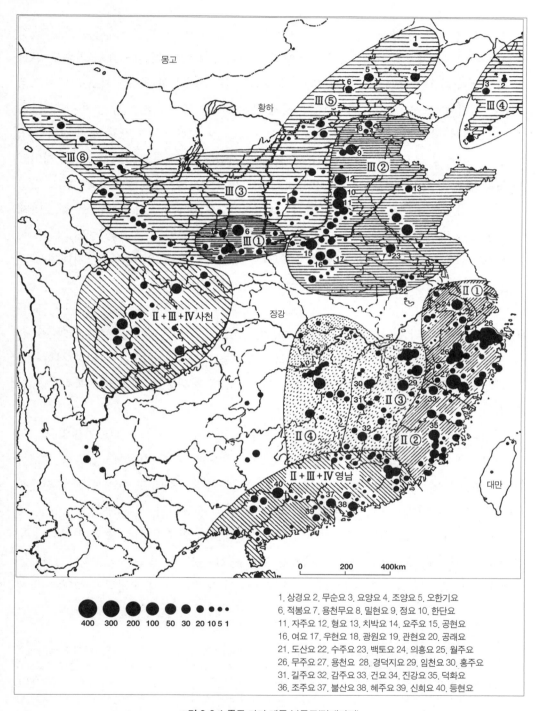

그림 3-9-1 중국 가마 계통 분구도(명대까지)

1. 상경요 2. 무순요 3. 요양요 4. 조양요 5. 오한기요
6. 적봉요 7. 용천무요 8. 밀현요 9. 정요 10. 한단요
11. 자주요 12. 형요 13. 치박요 14. 요주요 15. 공현요
16. 여요 17. 우현요 18. 광원요 19. 관현요 20. 공래요
21. 도산요 22. 수주요 23. 백토요 24. 의흥요 25. 월주요
26. 무주요 27. 용천요 28. 경덕지요 29. 임천요 30. 홍주요
31. 길주요 32. 감주요 33. 건요 34. 진강요 35. 덕화요
36. 조주요 37. 불산요 38. 혜주요 39. 신회요 40. 등현요

역사상 역대 정치 · 경제 · 문화의 중심이면서, 동시에 정치 · 경제 · 문화의 정보들이 집산하는 지역이었다. 거기에서 정치와 문화상의 지위와 영향에 힘입어 요업 기술도 인적인 교류를 따라 대륙 내외로 전파되었다. 현재의 자료로 보아 마제요가 최초로 남방으로 전파된 지점은 항주만과 사천 분지이다. 사천 분지에서는 현재 사천성 무승현 광가언武勝縣 匡家堰에서 서한 말 · 동한 초의 마제형 묘전요墓甎窯(그림 4-2-5 참조)를 발견하였다. 당대에는 사천성 서창현西昌縣에 고견와요高見瓦窯가 있다(그림 4-2-10 참조). 특히 재미있는 것은 당 · 송 시기에 사천성에서 흑유자기가 고도로 발전한 사천 광원요廣元窯로, 먼저 마제요를 사용하고 연후에 직접 Vc형 반도염 연방요로 발전하였다. 사천분지에는 마제요와 용요가 반반씩이다. 마제요는 서한 중기에 처음 전입되었고, 용요는 동진 · 남조 시기에 장강 하류에서 장강 중류를 거쳐 들어왔다. 사천성 만현萬縣의 연강沿江 지대에서 발굴한 동진의 남조묘에는 청자의 90% 이상이 현지의 제품이었다[60].

마제요 기술의 대외적 영향력은 용요를 뛰어넘는다. 분포 범위와 수량을 보면 황하 유역을 벗어나 동아 각 큰 지구로 파급되었다. 최초로 도달한 곳은 항주만 서쪽 끝의 초산肖山(그림 3-3-5 참조)이었다. 마제요를 채용하여 와전을 번조하는 기술은 일찍이 서한시기에 북으로는 요녕성의 삼도호三道壕(그림 4-2-7 참조)에 전해졌고, 남으로는 복건성 숭안한성崇安漢城에 전해졌다.

남방의 변방 지구에서 마제요 기술을 접수한 중점 지구의 하나가 남부 연해의 'Ⅱ+Ⅲ+Ⅳ 영남' 요구(남령南嶺 산지와 영남嶺南 구릉)이다. 이곳은 전국시대부터 용요가 유행하기 시작하였는데, 당대에 조와造瓦 기술을 접수할 때 북방 마제요도 함께 이곳에 전해졌다. 현지의 전통 가마와 비교해 마제요가 더 큰 비율을 점유한다. 이 지구의 도공들은 Ⅱ형과 Ⅲ형요의 기술을 동시에 익혔기 때문에, 자연적으로 양종의 기술 결합이 일어나 북송 시기에 광동성 조주요潮州窯에서 새로운 가마 종류가 발생하였다. 즉 Ⅳ형 반도염 분실용요이다. 그러나 Ⅲ형요는 Ⅱ형요의 핵심 지구인 Ⅱ① 지구에 직접적인 영향을 발생

---

60) 1994년3월 필자는 강서성 만현 조사에 참여하고 서망패晒網壩에서 동진·남조 묘군을 발굴하여 자료를 얻었다. 사천성에서 용요를 채용하여 청자를 구운 것은 동진에서 시작되었다. 요지는 사천성 공래현 고택향 와요산邛崍縣固澤鄉瓦窯山의 청자요, 성도시 금쇄교金鎖橋의 남조 청자요, 사천성 광현 금마灌縣金馬의 동진·남조요, 사천성 강유현 청련진 구령향江油縣青鏈鎮九嶺鄉의 남조 요군, 사천성 신진현 백운사新津縣白雲寺의 남조 청자요 등이 있다.

시키지 않았다. 매우 늦게까지 북방 Ⅲ형요 및 백자 제작 등 북방의 특징을 보이는 기술이 이 구역에서는 나타나지 않았다.

그러나 기타 비핵심 지구에서는 다양하게 약간씩 영향을 받았다. 예컨대 Ⅱ④ 지구 중의 장사요長沙窯는 그 고온채회 기술이 당삼채의 저온연유 기술의 영향을 받은 것 같다. Ⅱ③ 지구 중의 경덕진요는 북송 정요의 지권조합복소 기술을 접수하였고, 길주요는 장식 기법 상에서 명확히 자주요를 배웠다. 또한 남방의 요장들은 북방 명요들의 조형과 장식기법을 모방하여 금일 일부 연구자들이 유색과 장식 기법을 취하여 분포 지역을 구획하는 '요계窯系'를 형성하였다. 이들 모두가 북방 Ⅲ형 요구窯區가 남방 요업에 끼친 영향을 반영하고 있다.

Ⅲ형 요구가 역외에 끼친 영향은 거의 와전 번조 기술로부터 시작되었다. 예컨대 한대의 와전 기술이 고구려에 전해졌으며(그러나 뿌리를 내리지 못했다), 남북조 시기에 불교예술의 동전을 따라 연유와 와전 기술이 신라와 백제에 전해졌다. 당대에는, 빈번한 대외교류와 더불어 도자기 번조 기술이 대외적으로 더욱 광범위하게 전파되었다. 삼채 기술은 별도로 한국과 일본에 전해졌으며, 일본 시유 기술의 발생과 발전에 적극적인 영향을 주었다[61].

3. 강남 요업의 분구分區와 기술 교류

마제요가 중국 요업의 어머니라면 용요는 중국 요업의 아버지이다. 황하 유역의 문명의 기원과 발달은 전체 수준이 장강 유역보다 높고 이르다. 여기서 유요 시기의 출현은 남방보다 훨씬 이르며 청동기의 출현은 남방보다 천 년이 빠르고, 계통적인 문자는 상대에 출현하였다. 계급 사회의 성립도 남방보다 몇 세기는 빨라 보인다. 중국 역사의 문명의 서광이 가장 먼저 황하 유역에 내리쬐었는데, 이 점은 고고학적으로 충분히 증명되고 있다. 뒤에 일어난 남방의 요업은 강남의 산이 많은 지리 조건 하에서 한줄기 자기 발전에 적응하는 길을 개척하였다. 가장 먼저 나타난 것이 상대에 출현한 지상 축요 기술과, 고온의 인

---

61) 楢崎彰一, 「日本古代施釉陶器産生的過程」, 1990년12월 韓國서울學術討論會論文集, 『韓國瓷器發生的諸問題』, p.80.

문경도印文硬陶(한국과 일본의 스에끼須惠器에 해당함)와 원시청자(회유기)의 번조 기술의 발명이다. 특히 놀랍고 이상한 것은 강서성 청강현淸江縣 오성吳城의 상대 유적에서 발견된 분구焚口가 많은 장조형 가마(그림 3-5-3 참조)와, 또한 이런 가마를 이용해 환원염 분위기에서 회색의 인문경도와 원시청자를 번조한 사실이다. 이는 당시의 강남 지구에서뿐만 아니라 중국 대륙 전체에서 선진 기술이라 충분히 부를 수 있다. 최근에 강서성 신간현 대양주新干縣大洋州에서 발견된 대량의 청동기와 옥기를 보면[62] 그 제작 기술의 높은 수준이 가히 중원 동기와 필적할 수 있다. 북방 동기는 예기禮器가 중심이라면, 신간 동기는 생활용구와 생산 도구가 위주여서 기물의 조합과 분위기는 완전히 다른 문화 유형에 속한다.

이상에서 볼 수 있는 것은 만약 당시 고온 가마의 기술적 기초가 없었다면 발달한 청동 주조 기술이 나올 수 없다는 사실이다. 그리고 매우 안타까운 것은 오성의 다분구多焚口 가마가 이후에 어떤 방향으로 발전했는지 규명할 수 있는 자료가 발견되지 않고 있다는 사실이다. 어쨌든 용요는 분단 번조의 문제를 해결하기 위해 거의 2,000년의 시간을 보내고 나서, 마침내 서진西晉 시기에 중간에 연료를 추가하는 투시공投柴孔 장치가 출현하여 분단 번조의 문제를 해결하였다.

남방에서 전형적인 용요는 〈그림 3-9-1〉의 Ⅱ① 지구에 집중 분포하며, 최초의 용요도 이곳에서 발생하였다. Ⅱ① 지구는 지리상으로 장강의 삼각주 평원과 동남 연해 산지의 북반北半 부분을 포괄하는데, 즉 지금의 절강성 전역이다. 대략 상대에 절강성 상우에서 인문경도를 번조하는 지면식 장조형요가 출현하였고 이를 용요의 조형祖型으로 본다. 서주西周 후기에 용요의 분포가 장강의 삼각주 지대로 확전되었다. 태호太湖 주변의 상주현湘州縣과 덕청현德淸縣 및 항주만 남안의 소흥현紹興縣에서, 서주에서 전국시대에 이르는 인문경도와 원시청자를 주로 구웠던 요지를 발견하였다. 그러나 요지 유적은 아직 정식 발굴이 없고 용요일 것으로 추측하고 있다.

---

62) 1991년 10월 나는 고향 남창南昌에 가서 강서성박물관의 창고에서 신간현 대양주新干縣大洋州 출토의 청동기와 옥기玉器 전부를 견학하였다. 여태까지 척박한 변경지역으로 알았던 곳에서, 한 번에 세트를 이룬 동옥기銅玉器가 630점이나 출토하였다. 이는 남방에서 극히 드물 뿐 아니라, 당시 상조商朝의 정치중심인 중원지구에서도 드물게 보는 것이다. 당시 요업이 도달한 수준과 결부시켜 보면, 번양호潘陽湖 간강干江유역의 문화가 이미 중원의 수준에 근접할 정도로 발전하였다고 생각할 수 있다. 「關于新干商墓年代的探討」, 『文物』, 1990-10. 또는 『江西文物』, 1991-3, p.9-25 참조.

천 년의 노력을 거쳐 마침내 동한東漢 시기에 성공적으로 청자를 번조하였으며, 초보적인 회계요會稽窯의 기술 체계가 형성되었다. 이후의 월주요는 바로 회계요의 기초 위에서 발전하였다. 이후 청자의 광범위한 수요를 맞추기 위해 용요의 구조는 부단히 개선을 모색해 갔으며, 서진 시기에 분단 번조 문제를 해결하면서 용요는 요신이 연장되고 양산 체재를 확립할 수 있는 기술 조건을 창조하였다. 동진과 남조 시기에 용요 기술은 더욱더 주위 지역으로 퍼져나가 그 파급 지구는 당시 동진과 남조를 뒤덮는 모든 강남 지구에 널리 분포하였다. 〈그림 3-9-1〉의 사선으로 덮인 지구에서 발견된 동진이나 남조 시기의 청자요지 자료가 이를 증명한다. 즉, 최초로 용요가 발견된 지구는 Ⅱ①의 절강성 상우이며 곧 뒤에 오는 회계요가 월주요의 분포 중심이다.

그러나 영남嶺南(오령五嶺의 남쪽 땅, 광동성과 광서성)구릉의 광동성 증성현增城縣은 전국시대에도 용요를 사용하기 시작했다. 증성의 용요는 자발적으로 발생한 것인가? 아니면 절강성에서 전해진 것인가? 이는 또한 용요의 발생이 일원적인가?, 아니면 다원적인가? 하는 문제와 연결되어 있다. 춘추전국시대 이전의 자료가 발견된 것이 적어 아직 판단할 수 없는 실정이다. 그러나 강남의 지리적 조건으로 보아 강물과 큰 산에 의해 분할된 구역은 초기의 교통 능력이 아직 발달하지 못한 때에 서로 봉쇄된 상태였다. 전국 말기에 이르러, 특히 진·한 시기에 대륙은 첫 번째 전역적인 통일을 이루어 정치와 군사적 역량으로 교통로를 개척하고, 진조秦朝는 50만 대군을 영남에 주둔시켰다. 그러나 동에서 남으로 향한 교류에 관한 자료가 매우 적어 당시의 교류 상황을 설명하기 부족하여 증성의 용요 기술의 출자出自 문제는 잠시 보류할 수밖에 없다.

삼국시대에 장강 유역의 문물 교류가 매우 왕성하였다. 필자가 실제로 호남성·강서성·호북성·사천성 등지에서 출토한 청자를 고찰한 바에 의하면 대부분은 회계요 혹은 월요기술 계통의 산물이라 칭하는 것에 속한다. 각지에서 출토한 청자는 극소수가 절강성에서 왔고, 절대 다수는 현지에서 번조한 것이었다. 뿐만 아니라 보편적으로 월요의 지정支釘 첩소법을 채용하고, 똑같은 용요를 사용하여 기술상에서 일맥상통하는 관계를 반영하고 있다. 동남 연해 산지, 강남 구릉지대, 남령南嶺 산지山地, 영남嶺南 구릉 및 사천 분지 등 몇 개 구역은 지형의 생김새 상으로 공통된 특징을 갖는데, 이로 인해 모두 비교적 용요를 사용하는 도자 생산의 종사에 잘 적응하였다. 때문에 용요는 강남의 자연 풍토에 적응하여 발생한 지방적 특징이 농후한 기술 체계라 할 수 있다.

용요의 기술상 최대의 공헌은 동한 시기에 청자를 번조한 것이었다. 이외에 서진 시기에 출현한 투시공은 일대 혁명으로, 그로 인해 용요의 요신이 연장되어 동진과 남조 시기에 양산 체제의 성립이 가능하게 된 기초를 마련하였다. 남조 후기에는 갑발을 응용하여 청자의 대량 생산을 실현시켰다. 수·당에서는 용요의 길이가 보편적으로 50m 이상에 도달할 정도로 발달하여, 생산량이 일반 마제요의 10배 정도가 되었다. 대량의 청자는 남방의 용기用器 구조에 중대한 변화를 발생시켜 목기와 칠기 등의 유기질 용품의 퇴화와 생산 전향을 조성하였다. 예컨대 목기는 식기의 행렬에서 퇴출되었고, 칠기는 실용에서 진열장식품으로 생산이 전향하여 발전하였는데 모두 염가의 자기가 대량으로 생산된 후에 나타난 현상이었다. 이 점은 역대 분묘 중에 부장품의 조합의 변화를 고찰해 보면 알 수 있다.

용요가 생산한 대상은 주로 청자이기 때문에 청자와 용요 기술은 왕왕 하나의 완전무결한 개념을 이룬다. 이런 현상은 적어도 당대 이전까지는 성립될 수 있다. 그러나 송대가 시작되면서 일부 용요도 청백자나 백자를 생산하기 시작하였다. 북방 마제요와 함께 가마는 단지 요업 중의 하나의 도구이며, 번조 대상에 따라 임의로 조합할 수 있는 것이다. 여기서 우리가 이런 제품·가마·요도구를 분리하여 고려하는 것은 기술 교류와 제품 교류의 현상을 분석하는 데 나름대로 의의가 있다.

서진 초기부터 남북조 시기까지 북방의 여러 고위층 인사의 분묘에서 흔히 발견되는 남방 청자는 일부 북방 인사들이 이런 제품을 좋아하였음을 반영하는 것이다. 북방 자기는 생산이 보다 늦을 뿐 아니라 남방 청자 생산의 자극을 받은 후에도 북조 후기가 되어서야 겨우 발생하였는데, 이전에는 주로 전통적인 칠기·목기·도기를 사용하였기 때문이다. 북방에서 최초로 구운 것은 청자이며 백자가 아니다. 이는 남방 요업이 북방에 끼친 영향을 반영한 것이다. 당시 북방의 요업 기술을 보면 청자의 번조는 전통적인 반도염 마제요에서 진행하였고, 독자적으로 개발한 삼차형받침 요도구를 사용하였다. 남방과 비교하면 생산한 것이 비록 청자이지만, 기술 계통은 완전히 다르다. 북방의 자기 생산은 현지의 도기와 연유도기 기술의 기초 위에서 청자 기술을 받아서 개발하여 청자의 생산을 모방하고 발전시킨 것이다. 이는 북방 청자의 품질로 볼 때 조질에서 정질로 가는 발전 과정을 거친 데서 그 근거를 찾을 수 있다[63].

그러나 이런 청자의 모방 생산은 매우 빨리 독자적으로 개발한 백자 생산으로 대체되었으며 당대에는 '남청북백'이라는 양대 계통의 대항 국면을 형성하였다. 이런 남북의 자기의 색에 대한 선택이 결국 어떠한 동기에서 나온 것인가는 심미적 관념과 관계된 복잡한 문제이며, 동시에 자연 조건과 자기색瓷器色에 대한 기술 조건의 제한도 포괄한다. 현대에 이루어진 남·북의 청자와 백자 성분에 대한 분석 연구 결과를 보면, 북방은 알루미늄(Al_2O_3)이 높은 질의 원료로 1,250℃~1,350℃의 고온에서야 자태가 소결된다고 한다. 그러나 당시 이런 고온에 도달할 수 있는 요장이 많지 않아 북방의 초기 청자의 태질은 모두 비교적 푸석푸석하다. 그 밖에 원료의 수비도 엄격하지 않아 초기 단계의 기술상 원시성을 반영하며, 질적으로 당시 남방 청자와는 큰 차이가 난다.

백자와 청자의 차이는 주요한 것이 원료 중에 산화철 등의 착색제의 함유량 문제인데, 만약 원료의 선택에 주의만 하여도 똑같은 번조 조건 하에서 이상적인 백자를 번조할 수 있다[64]. 문제는 어떤 동기가 북방의 도공들로 하여금 이런 선택을 하게 하였는가? 하는 것이다. 최근 어떤 연구자는 이에 대해 북방의 소수 민족이 중원에서 정권을 건립한 후에 한족 정권과 남북으로 정치상의 대립을 형성하면서 동시에 심미관은 크게 달랐는데, 북방의 기마 민족은 백색을 좋아하여(상백尙白) 이런 상백의 심미의식이 북방에서 청자를 쇠퇴시키고 백자의 출현과 발전을 일으켰다고 주장한다[65]. 현재까지 이보다 더 합리적인 해석은 없는 것 같다.

청자의 대외 수출은 비교적 일찍 발생하였다. 1989년 한국 국립청주박물관의 〈한국 출토 중국 자기 특별전〉에 나온 실물을 보면, 최초이면서 비교적 많은 것이 동진 청자의 벼루받침·반구호盤口壺·사이관四耳罐·양형기羊形器·계두호鷄頭壺 등과, 남조 청자의 연화문호·반구호·배杯 등이다. 이들은 현지의 귀족묘와 고급 주택 유적에서 출토한 것으로 제품은 월요청자가 많다. 그들의 수출은 경제 무역의 산물은 아니고 '조공 무역'의 결과이다. 그리고 일본의 9~10세기의 무역 도자 중에 월요의 청자가 83% 이상을 차지한다[66].

---

63) 郭演儀, 「中國南北方靑瓷」, 『中國古代陶瓷科學技術成就』, 上海科學技術出版社, 1985, p.148.
64) 李家治, 郭演儀, 「中國歷代南北方著名白瓷」, 『中國古代陶瓷科學技術成就』, p.177.
65) 沈匯, 「中國古陶瓷發展鳥瞰」, 『中國陶瓷』, 1982-7, p.4.
66) 同 54).

　　그러나 청자 번조 기술의 대외 전파는 비교적 늦다. 고고 자료에 의하면 대략 만당·오대에 절강성 월요의 한 세트를 이룬 청자 기술이 한반도의 강진군에 전해졌고, 이후 이곳에서 퍼져나가 경기 지구에 도달하였다. 약간 늦게 송대 북방 백자의 조형이 한반도의 청자와 백자의 조형에 매우 큰 영향을 주었다. 그러나 이런 외관상의 영향은 기술의 교류와 절대 같이 논할 수 없다. 한국의 고대 도공들은 각종의 경로를 통하여 각국의 기물을 획득할 수 있었고 모방을 진행하였다. 10세기 이전에는 고유한 '회청색경질도기'의 기술을 이용하여 중국 대륙 남북의 기형을 방제하였다. 10세기 이후에는 비록 역대 중국 북방 명요의 기물 형상이 보이지만, 적어도 번조 기술은 이미 남방 월요의 계통 범위에 속한다 (용요, M형 갑발, 청유, 일부 기물의 조형을 포함해서). 이 원인은 만당·오대 이후 도자 무역에 따른 한국과 일본에서의 자극이 이들 지구에 부단히 동남연해의 선진적인 자기 번조 기술을 흡수하게 하였기 때문이다. 10세기의 II형 용요와 13세기의 IV형 분실용요, 그리고 17, 18세기의 계룡요는 모두 이런 배경 하에서 한국과 일본에 전해졌다.

4. 고古 기후의 변천과 요업 중심의 이동

　　중국 요업 발전의 총체적 추세는 북에서 남으로, 남방에서는 동쪽에서 서쪽으로의 전파 경향이 있다. 이는 인류가 자연을 정복하는 능력의 여부와 대륙의 온난대의 남쪽 이동 등 자연 조건의 변화와 유관한 것으로 연구할 가치가 있는 큰 문제이다. 고기후학 연구의 성과에 의하면 중국의 온난대는 북에서 남으로 이동을 거쳤다. 앙소 문화~상대의 황하 유역에 죽서竹鼠·노루·꽃사슴·물소·맥 등의, 기후가 온난조습한 지대에서 생활하는 동물군이 존재하였다는 것은 그 기온이 현재의 장강 유역에 해당된다고 말하는 것이다. 이후 같은 온난기는 다시 3차례가 있었는데, 전술한 1차를 제하고 2차는 춘추전국시대에서 서한 말년까지 발생하였다. 3차는 수·당·오대 시기에 발생하였으며, 제4차는 남송에서 원대에 있었다. 뿐만 아니라 뒤로 가면서 매번 온난기의 지속 시간이 갈수록 짧아지고 똑같이 그 중간에 4개의 한랭기가 끼어들었는데, 한랭기의 지속 시간은 갈수록 길어졌다. 그러나 전체적인 추세는 온난선이 점차 남으로 이동하였다[67].

온난선의 남쪽 이동은 생물권의 구조에 변화를 일으켰으며 생태의 변화는 직접적으로 경제와 문화의 발전에 영향을 끼쳤다. 온난선의 남쪽 이동과 중국 경제 중심의 남쪽 이동은 밀접한 관계가 있다. 중국 역사상 위진남북조와 북송 말년의 두 차례에 북인北人이 남천하였는데, 이것과 두 차례의 한랭기가 정확히 맞물린다. 또한 온난선이 남쪽으로 이동한 후에 북방은 더욱 온난한 시간이 짧고 한랭건조한 시간이 길어져, 북쪽으로 갈 수록 생활하는 자연 조건이 나빠졌다. 이 또한 북방 소수 민족이 부단히 남진하게 압박하는 중요한 외부 요인의 하나였다. 북방 소수 민족의 남진은 또한 중원의 한족 정권을 위협하여 남천하게 하였는데, 장성長城 내외의 이 두 차례의 대규모 인구의 이동은 민족적 모순과 정치적 분규 탓만으로 돌릴 수 없다. 이상의 이런 현상은 결코 역사의 우연의 일치가 아니라 문명의 발전과 자연 환경의 의존 관계를 정확히 반영한 것이다.

요업의 발전도 온난선의 남북 이동에 의해 좌우된 것 같다. 예컨대 서한 이전에 북방은 서주 시기에 잠깐 한랭시기가 있은 외에는 거의 장기적인 온난시기에 있었으며, 이것이 황하 유역 문명이 왕성하게 발전하는 기후와 생태 조건을 조성하였다. 이 시기에 대륙의 요업 중심은 위수渭水에서 정주鄭州 일대의 Ⅲ① 황하 중류 연안에 위치하였다. 동한·위진남북조 시기에는 한랭선이 남으로 이동하고, 게다가 동한 후기의 계속된 흉년(이 또한 자연조건의 악화)은 정치적 동란과 경제적 불경기를 조성하였다. 그러나 남방은 상대적으로 안정과 온난한 기후 환경에 처해 있어 결과적으로 북방 인구가 대량으로 남천하게 되었다. 또한 이 시기에 회계요가 성공적으로 청자를 구워내면서 위진남북조 시기에 중국 최대의 청자 산지를 형성하였다. 그 제품은 멀리 강남 각지로 퍼졌으며 심지어 장강을 건너 황하 유역에 전해졌다.

여기서 우리는 자연 환경이 당시의 정치와 경제에 끼친 영향을 가볍게 보아서는 안 된다. 수·당·오대 시기에 북방의 기후는 다시 온난함을 회복하며 이는 황하 유역이 당시의 정치 경제의 중심이 되는 데 중요한 관건이 되었다. 그리고 Ⅲ①, Ⅲ② 요구역의 왕

---

67) 쓰可槙, 「中國近伍千年來氣候變遷的初步研究」, 『考古學報』, 1972-1.
　　馬正休, 「中國歷史地理簡述」, 陝西人民出版社, 1987, p.2.
　　『中國自然地理』, 歷史自然地理, 1982, 科學出版社, p.6-35.
　　『漢長安城興起以前西安地區的自然環境』, 陝西師大學報, 1979-3.

성한 발달이 곧 이런 환경 속에서 이루어진 것이다. 남송·원대에 북방에 또다시 한랭기가 출현해 식생이 위축되고 각종 연료 공급이 계속되기 어려워, 요업은 석탄 사용으로 바뀌었다. 북송 말년에는 마침내 북방의 소수 민족의 공격을 감당하지 못해 대량의 인구가 남쪽으로 옮겨갔으며, 그리하여 남방은 요업 중심의 지위가 이로부터 더욱 견고해졌다. 남송 시기에 관요가 수도 임안臨安(금일 항주)에 설치되었고 원·명·청 3대의 관요가 모두 경덕진에 집중되었다. 이에 따라 중국 요업의 중심은 두 번 다시 장강을 넘어가지 못했다. 요업 중심의 남북 교체 이동이 최후로 경덕진에 정착된 것은 기후·경제·정치의 변동이 요업 발전에 끼친 영향을 반영한 것이고, 또한 고대 요업과 자연과의 의존 관계를 반영한 것이다.

제4장
중국 고대의 와전요瓦塼窯와 그 기술의 전파

제1절. 와전 기술

세계에서 중국은 최초로 와전瓦塼을 사용하였고, 와전의 사용량이 최대인 지구의 하나이다. 특히 고대에 지상 건축의 조영이나 지하 분묘의 축조에 대량의 기와나 전(벽돌)을 사용하였으며 대량의 유적과 유물을 남겨 놓았다. 동시에 우리가 반드시 고려할 것은 이들 와전을 번조하는 데 얼마나 많은 와전요가 건조되었는가? 그 기술 형태와 특징은 무엇인가? 대외적으로 어떤 영향을 주었는가? 등이다. 그러나 이들 잔존하는 가마 유적과 폐기된 와전 파편들은 '문물'적 가치가 높지 않고 발굴과 보고의 '의의'가 또한 크지 않아 보통 발굴자들에게 잊히게 된다. 그래서 중국의 와전요 유적의 발굴조사 보고가 적으며, 종합 연구 상에도 하나의 공백으로 남아 있다.

국외에서, 특히 한국과 일본에서 기와의 연구는 고고학 연구 중의 인기 있는 과제이다. 왜냐하면 그것이 중국의 불교 사원과 궁실 제도의 전파라는 종교와 정치상의 큰 문제와 관련된 것이기 때문이다. 그래서 와전요를 일반적인 유적으로 보고 발굴조사에 중점을 두며, 전문적인 논문이나 종합적인 연구 저작도 비교적 많다. 그러나 동아의 대다수 사물의 유전流傳의 시원은 중국에 있는데, 중국 와전요 기술의 원류源流와 기술 특징 그 자체가 분명하지 않아 그들을 연구하면서 비교할 수 있는 기준이 부족한 실정이다. 때문에 국외의 관련된 연구도 단지 사실에 입각하여 사실만을 논할 수 있을 뿐이며 더 깊은 탐구는 하기 어렵다. 이상에 기초하여 필자는 동아 제국의 요지 발굴 자료를 검색하는 동시에 와전요 자료를 집성하는 데 주의를 기울이고, 또한 그것을 동아 요업 기술 발전의 전체 속에 놓고 이 기술의 출자와 발전과 대외적 전파들을 탐구할 것이다. 이것이 이 장의 주요 동기와 목적이다.

기초적인 통계에 의하면 중국에서 발견된 6,000여 기의 가마 유적 중에 약 7%의 가마가 와전을 구웠다 한다. 그러나 실제상의 가마 수는 응당 이보다 훨씬 많았을 것이다. 현재의 자료를 보면 중국 고대 와전요의 구조는 도자기를 번조하는 가마와 큰 차이가 없다. 일반적으로 북방에서 흔히 보는 마제요(Ⅲa)를 사용하였다. 그러나 아직 용요를 이용해 전문적인 와전을 번조한 예는 발견되지 않는다. 용요에서 와전을 번조하는 것은 일반적인 상황에서 모두 도자기와 와전을 겸소하였다. 와전이 요구하는 온도는 1,000℃ 정도인데 부분적으로 와전을 겸소하는 것은 용요의 후단이나 저온대의 공간을 이용하면 가능하다. 이는 열 효능을 절약하고 생산의 효율을 높이게 할 목적으로 계단요(Ⅳa)에도 이런 현상을 보이는 것도 있다[1]. 용요가 와전을 겸소하는 것은 이미 남조 초기부터 있었으며, 강남의 용요 밀집 구역에 분포한다. 그러나 동시에 전용적인 것이나 개조된 마제형요로 와전을 번조하는 것도 유행하였다.

고대 중국에 건축상에서 도기질의 부재附材를 사용하기 시작한 것은 상대商代 초기부터이다[2]. 처음은 지하 배수용의 도수관陶水管이 사용되었다. 최초의 와전은 서주西周 시기에 출현하지만 전의 수량은 매우 적고 판상板狀을 띠며, 4개의 다리가 있어 담벽에 붙여 장식하던 것으로 추정된다. 기와의 출현은 용마루와 처마에 비를 막기 위한 부재로 만든 것이 시작이었으며, 이후 변하여 지붕의 구조물이 되었다.

와전의 생산은 진대秦代 이전까지 주로 당시의 정치 중심지 등의 소수 몇 개 지점에 집중되어 있었으며, 생산 수량도 한정되어 있었다. 전용의 와전요는 매우 적었으며 도기와 겸소하는 방법을 많이 취하였다. 한대漢代에 통일된 제국이 세워지자 사회가 상대적으로 안정되고 경제가 다시 활성화되기 시작했으며, 중앙집권제로 지방과 변경에 대한 통치가 강화되었다. 기와의 이용도 파견되는 관원을 따라 각지로 퍼져갔다. 그 이유는 관료

---

1) 『中華民間工藝圖說』, 中國總書委員會發行, 1956, p.176.
2) 하남성 언사 이리두偃師二里頭의 상대 초기 궁전유적, 정주鄭州의 상대 유적, 안양 은허安陽殷墟 등에서 지하 도수관陶水管이 발견되었다.

가 가서 머무는 곳에 필시 권위를 행사하는 관아를 건축해야 하기 때문이었다. 이에 따라 각지 관서의 건설이 흥성하게 되었다. 한대의 변방 지구인 서역·북방 초원·남방 연해 와 한반도의 낙랑군 등의 폐허된 봉수, 한식 건축 및 대량으로 발견된 와전에 의해 이런 역사적 현상의 배경을 이해할 수 있다[3]. 그리고 발견되는 와전의 수량이 비교적 많기 때 문에 내지에서 운반해 간 것으로는 생각하기 어렵다. 아마 데리고 간 장인(혹 사병 중에 징 집된 와전 장인이 있다)들이 현지에서 재료를 취하여 요를 세워 번조한 것으로 추측된다.

한대의 중후기에 신속하게 전국에 보급된 전실묘塼室墓 제도는 전의 생산이 전업화가 이루어지도록 만들었다. 그러나 기와의 생산은 여전히 관영이 주를 이루어 사영의 수는 매우 적었다. 이러한 주요 원인은 당시 대규모의 토목 건설이 거의 정부가 일으킨 것이고, 와전의 수요량이 커서 대규모가 아닌 요장은 건설의 수요를 만족할 수 없었기 때문이다. 이는 곧 동한 이후의 대도시에서 와전요 유적이 발견되기만 하면 가마가 군집을 이루고 가마형이 획일화되어 있는 것으로 나타나며, 당시 와전 생산의 최고 수준을 대표한다.

와전요의 분포는 자요의 그것과 비교하면 매우 큰 차이가 있다. 자기의 번조가 원료의 성분과 질을 강조하기 때문에 이 원료에 따라 분포하는 것이 주요한 특징이지만 와전요는 그렇지 않다. 와전의 생산은 원료의 선택에 그렇게 엄격하지 않고, 와전을 제조할 수 있는 점토는 매우 광범위하게 분포한다. 때문에 와전 생산에 대한 원료는 분포 상으로 큰 제한 이 없으며, 그것의 분포는 주로 건설 공사 지역에서 현지의 원료를 채취하였음을 강조하 고 있다. 그래서 역사상 토목이 크게 일어난 지방에 또한 와전요의 분포가 가장 밀집되어 있다. 다만 고품질의 건축 용재를 이용할 때, 예컨대 유리와나 자기질 와전을 번조할 때에 는 외지로부터 원료를 조달하거나 관요에 주문을 의뢰하였다. 설사 이렇다 해도 명초의 남경南京 궁성을 건설할 때에는 여전히 요장을 근교의 취보산聚寶山에 설치하고 일부 원료 (백토)는 70km 떨어진 안휘성 태평부太平府에서 조달하였는데[4], 이 또한 관요에서만 이런 조건을 구비했던 것 같다. 같은 지역의 명대의 영락 10년에서 선덕 6년에 걸쳐 건조된 유 리대보은사탑琉璃大報恩寺塔은 심지어 천리 밖의 경덕진 어요에서 번조한 백자를 경성에

---

3) 馬雍, 『西域史地文物總考』, 文物出版社, 1990, p.9. 侯仁之, 兪偉超, 「烏蘭布和沙漠的考古發現和地理環境的變 遷」, 『文物』, 1973-2, pp.92~107. 楊宗, 「崇安漢代城址探掘簡報」, 『文物』, 1985-11.

4) 王慶, 劉建業, 「中國古建築琉璃技術」, 中國建築工業出版社, 1987, p.12, 『明會典』, 『太平府志』, 『天工開物』 중에 관련 있는 사료와 이를 고증한 결과를 인용함.

197

조달하였다[5]. 당연히 이것은 특별한 예이며 보통의 와전 번조는 일반적으로 현지에서 재료를 취하였다.

중국에서 와전을 번조한 가마는 주로 Ⅲa 마제형요이다. 이는 황하의 중류 지구에서 발원하여 풍부한 기술 특징을 가진 가마이다. 이는 중원 이외의 지구, 혹은 중국 이외의 가마와 비교해서 계통상 완전히 다른 유형에 속한다고 할 수 있다. 이 분류의 제시는 지역성을 가진 기술의 비교와 전파를 탐구하는 데 매우 중요한 의의를 갖는다.

와전 기술이 비록 도자기 번조 기술 중에서 분리되어 나온 것이지만 와전의 생산에 자신만의 특징을 갖고 있다. 이 때문에 와전의 생산이 도자기 생산과 나란하게 하나의 산업이며 전문 기술이 되게 한다. 와전의 전문적인 기술면을 먼저 살펴보면, ①대량 생산으로 기술이 비교적 조방粗放하다. ②현지에서 재료를 취하며, 자연 조건의 제약이 도자기 번조에 비해 적다. ③생산은 공사 건설의 상승·하강에 따라 변동되며, 정부의 건설 공정 중에 와전 제작이 공정의 일부분에 속한다. ④제품은 멀리까지 유통되지 않는다(명대의 성벽용 벽돌은 특례이다).

가마의 구조 면에서 하나의 전형적인 와전요가 마땅히 구비해야 할 것은, ①제품을 반출입하는 요문, ②연소 계통, ③번조부, ④요실 화력 조절 계통(흡화공·연실·연창 등), ⑤지하수 계통[6]이다. 그러나 유적 중의 가마는 거의 천정이 남아 있지 않아 평면 위주의 유구를 근거로 하여 당시의 번조 기술을 복원할 수밖에 없다.

---

5) 劉新園,「景德鎭明御器廠故址出土永樂,宣德官窯瓷器之硏究」,『景德鎭珠山出土永樂宣德官窯瓷器展覽圖錄』, 香港版, 1988, p.21.

6) 고대 문헌기록에 의하면, "凡燒變磚瓦之制, 素白窯, 前一日裝窯, 次日上水窨, 更三日開, 候次透及七日出窯"(북송 후기 이명중李明仲〈영조법식〉요작편). "…澆水轉淵…", "磚瓦濟水轉銹窯"(명대 송응성『천공개물』도연陶埏, 도제기陶制器)이라 하였다. 1987년11월 필자는 강서성 남창현 민간 와전요장을 조사하였다. 직경 4m의 승염식 가마 1기는, 각 음요窨窯에 1차 80담擔(100근)의 물을 사용하며, 방법은 요정에 1개의 凹한 작은 못을 만들고, 물을 그 안에 넣으면, 자연적으로 가마 내에 침투하여 대량의 수증기를 발생시킨다. 동시에 연료는 연소할 산소가 없어져 가마 내는 고압의 환원염 분위기를 형성한다. 이런 방법은 중국에서 매우 광범위하게 퍼졌으며, 음수전와窨水塼瓦는 청색을 띠며, 음수가 아닌 것은 홍색을 띤다. 후자는 산화염 번조이다. 일본의 음요는 요후미 연통에 물을 붓는다. 일본요업사연구소의 실험으로, 환원염은 쥐색의 전와를 번조하기 불가능하다고 알고 있으며, 모두 음수窨水로 가마 내에 대량의 수증기와 탄소를 발생시켜야 이에 이를 수 있다고 한다. 오가와大川 淸는 나라사키楢崎彰一의 '훈소熏燒환원소성' 개념을 받아들이는 동시에, 소위 "가수훈소加水熏燒환원소성법"의 신개념을 제안하였다. 실제의 실험을 통하여, 수혜기도 이 방법을 채용하여 번조하였던 것으로 추정한다.(『古代窯業實驗硏究』Ⅰ, 日本窯業硏究所發行, 1983).

제2절. 중국 역대 와전요의 구조 및 그 발전

1. 서주의 와전요

와전류의 번조 온도는 일반적으로 1,000℃ 정도이다. 이는 노천요의 800℃ 이하의 승온 능력으로는 미치지 못하는 바다. 때문에 중국 와전의 출현은 도자 기술의 발전에 의지한 것이다. 앙소 문화와 용산 문화의 횡혈과 수혈요는 이미 1,000℃ 정도의 수준에 도달했거나 초과하였는데, 이런 도기 번조 기술이 와전의 출현을 위한 견실한 기술적 기초를 마련했던 것이다. 현재 발견된 자료를 보면 와전의 유물은 섬서성의 주원周原 유적에서 무더기로 출토되지만 요지는 발견되지 않았다[7].

1961년과 1962년에 섬서성 장안 풍동豐東의 서주 후기의 도성 유적에서 10여 기의 도요를 발견하였다. 이중 1곳이 도기와 기와를 겸소한 요장인데, Y5가 그 예이다(그림 4-2-1). 이 요는 투시구(분구)·연소부·요폐(석쇠형 불판), 승염식 화공火孔과 번조실로 조성되어 있다. 요상 아래의 화염은 요상의 생토층에 만든 5개의 화공을 통과하여 번조실로 통하며, 번조실의 장폭은 모두 1m이다. 천정은 보존되지 못했지만 도배들은 천정으로 출입되었을 것으로 추측되며, 또 천정 중간에 연기가 빠져 나가는 '연공'을 남겼을 것으로 추정된다. 연소실 내에 잔류한 20cm 두께의 잿더미 안에는 비교적 많은 가축 분뇨로 된 잿더미가 섞여 있었다. 이를 두고 "가축 분뇨가 시목柴木 위에서 그를 눌러 불완전 연소하게 하여 환원염을 발생시키는 '화창실火熗室'의 역할을 하였을 가능성이 있다."고 주장하는 사람도 있다[8]. 가마 안에서는 생활용 도기가 주로 출토되며 그 다음은 기와이다[9]. 이 요는 Ⅰc 형식에 속할 수 있으며, 이는 앙소 문화 중기 이래로 황하 중류에서 광범위하게 유행한 보통의 도기를 번조하는 가마이다[10]. 이로 볼 때 건축용 도기와 와전을 번조하는 가마는 직접 도기를 번조하는 기술에서 끌어와서 시작되었다고 볼 수 있다.

---

7) 羅西章,「周原出土的陶制建築材料」,『考古與文物』, 1987-2, p.9.

8) 『中國古代建築技術史』, 科學出版社, 1985, p.258.

9) 「1961-1962년陝西長安豐東試掘簡報」,『考古』, 1963-8, p.406. 도8, 낙수 서촌지洛水西村地 제5호 요지의 평, 단면도와 문자 소개.

10) 제2장 신석기시대 구분 참조.

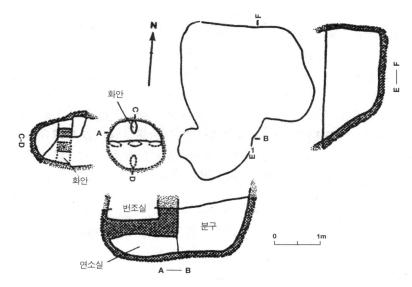

그림 4-2-1 섬서성 장안현 풍동 Ⅰc형식 수혈승염식 와,도 겸소요
(서주 후기, 제5호요, 1961-62年陝西長安豊洞試掘簡報, 考古, 1963-8)

2. 춘추전국 시기의 와전요

도자의 번조 기술이 높아지자 와전의 번조 기술도 더욱 진보되었다. 도자 가마가 반도
염 기술을 채용한 것은 서주 후기부터 시작되었다[11]. 이보다 약간 전에 와전의 제작이 시
작되었는데, 사용한 가마는 당시 일반적인 Ⅰc형 수혈식승염요였다. 그러나 오래지 않아
관부에서 동주東周 낙양궁洛陽宮을 건조할 때 전면적으로 신식 가마를 채용하여 규모가
방대한 와전 제조 요장을 형성하였는데, 춘추전국 시기까지 수백 년을 지속하였다[12]. Y14
를 예로 보면(그림 4-2-2) 요 길이 3.62m, 폭 2.18m에 번조실이 공간의 3분의 2를 차지한
다. 연소부는 번조부 앞에 있고, 화갱火坑 속에 대량의 연료를 용납할 수 있어 가마 온도
를 짧은 시간 내에 신속히 상승시킬 수 있다. 연창은 이미 요 천정이 아닌 요 후미에 설치
하였으며 뒷벽 아래에 흡화공이 1개 있다. 그래서 가마 내의 화염의 운동은 연창과 흡화
공을 통해 발생한 추력과 화염의 향상向上하려는 관성력慣性力을 이용하였다. 즉, 요 천정

---

11) 同上, 마제요 부분.
12) 「洛陽東周王城的古窯址」,『考古與文物』, 1983-3, p.15. 도7: Y14요 평, 단면도.

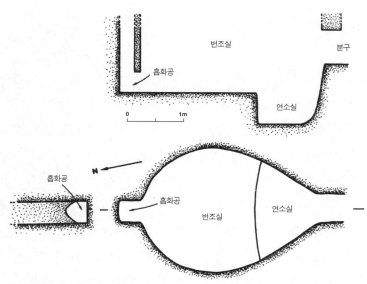

그림 4-2-2 하남성 낙양시 동주왕성내 Ⅲa-2형식 지하반도염마제형 와전요
(동주, 제14호요, 洛陽東周王城內的遺址, 考古與文物, 1983-3)

으로 올라간 화염을 앞쪽과 위에서부터 요 후미 하부의 사각지대까지 흡인하고, 연후에 흡화공(또는 배연공이라 부른다)에서 연창을 거쳐 요 밖으로 배출하였다. 이는 곧 승염식 화염의 위에서 아래로 가는 직선 운동을 아래에서 위로 간 후에 다시 위에서 아래와 뒤로 가는 곡선 운동으로 완전히 바꾸었던 것이다. 그래서 화염이 가마 안에서 지나가는 노선을 연장시켜 열 효능이 유실되는 것을 방지하였다. 이는 가마 구조 면에서 획기적인 혁명이었다. 이 가마의 요상은 한대의 요상에 의해 파괴되었으며, 연대는 전국시대 중·후기로 비정된다. 1개의 흡화공과 1개의 연창만이 있는 구조로 보아 이는 마제형요의 초기 단계 형식에 속한다.

춘추전국시기에 기와의 운용이 관제 건축에 보급되기 시작하였다. 그러나 전의 축조는 발전이 상대적으로 느렸는데, 이는 당시 전이 광범위한 용도의 건축 재료가 아니었고 단지 장식 방면으로만 사용되는 효능만 갖고 있었기 때문이었다. 그래서 궁전 건축 유적에서 바닥전(포지전鋪地塼)과 벽 장식전만 발견되는데, 진秦의 도성인 함양咸陽 1호궁의 포지전이나 연하도燕下都의 화판지전畵版地塼 등이 그런 예이다. 전의 하중을 견디고 기후 변화에 강한 작용이 전면적으로 중시된 것은 한대에 와서 시작된다.

3. 진대秦代의 와전요

진대는 비록 14년간 존재하였지만 이 시기에 와전을 번조한 요지는 이전의 요적 수의 전체보다 훨씬 초과하여 발견된다(기 발견된 진대의 와전요는 137기이다). 이는 진 왕조가 토목을 크게 일으킨 증거의 하나라 하겠다. 섬서고고연구소가 임동현臨潼縣의 시황제릉 구역의 능원 건축과 배장갱陪葬坑 부근에서 1개의 대형 와전요장을 발견하였는데, 황릉 건설 시에 와전과 배수도관을 번조하기 위한 관영요장이 틀림없다. 이 가마군이 다른 지상 마제요와 틀린 점은 황토고원의 8백리 진천秦川 지역에 위치한 때문인지 현지의 전통적인 요동窯洞기술을 이용하여 요를 지하에 뚫어 만들었다는 점이다.

Y2를 예로 보면(그림 4-2-3) 매우 전형적인 지하식 마제요(Ⅲa-2식)이며 전장 6.45m, 폭 2m, 높이 1.7m ~ 2m이다. 각 부위의 설비가 모두 갖추어져 있으며 번조실의 뒷벽 아래의 배연계통이 과학적이고 합리적이어서 기본 구조와 번조 원리는 완전히 같다(그림 4-2-4). 진대에 중국 북방에 유행한 Ⅲa 형식의 마제요는 이미 정형화되었으며, 이 이후의 와전요도 그대로 이 요형을 채용하여 황하 유역을 뒤덮는 요업 기술 체계를 형성하였다. 이후 주변 각지의 마제요 기술도 이 중심에서부터 전파되어 나간 것이다(그림 4-4-1 참조).

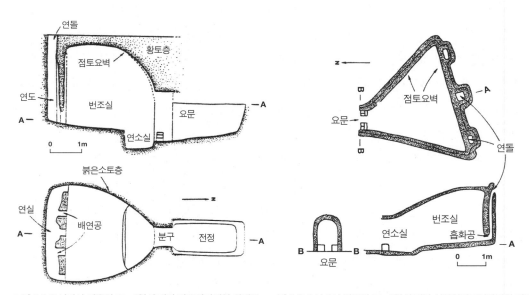

그림 4-2-3 섬서성 임동현 Ⅲa-2형식 지하 반도염마제형 와전요
(진대, 秦代陶窯遺址調査淸理簡報, 考古與文物, 1985-5)

그림 4-2-4 섬서성 임동현 Ⅲa-2형식 지하 삼각형반도염마제형 와전요
(진대, 秦代陶窯遺址調査淸理簡報, 考古與文物, 1985-5)

4. 한대漢代의 와전요

한대는 와전 생산의 흥성기였다. 한 쪽으로는 와전 번조 기술이 성숙되어갔고, 한 쪽으로는 관에서 민까지 광범위한 수요가 와전 생산을 크게 자극하였다. 통일된 제국을 전력을 다해 잘 다스리려면 중앙에서 지방까지 널리 행정 기구를 설치하고 관서官署를 건립하여야 했다. 그리고 관서의 건축은 일정한 예제禮制규범을 갖춘, 한편으로 권력의 상징인 것이어서 건설 중에 와전의 번조는 빠질 수 없는 것이었다. 관료가 도착한 곳이 와전을 번조하는 기술 전통이 있으면 현지에서 공장들을 조달하는 데 어려움이 없지만, 부임지에 그런 조건이 없다면 반드시 와전 기술을 가진 인원을 동행하여야 했다. 한대의 변방지구에서 발견되는 수많은 한식 기와들은 내지의 장인들이 이지異地에서 번조한 것이다. 그렇지 않다면 이렇게 육중한 와전들이 내지에서 변방으로 운반되는 것은 불가능한 일이다. 현재 극소수의 지방에서만 이들 와전을 번조한 요지가 발견된다.

한대는 또한 대규모로 전을 소비한 곳이 있었는데, 곧 능묘 건조였다. 중국은 세계적으로 후장厚葬을 국가 제도로 신봉하는 드문 나라였다. 특히 한대에 "백가를 배척하고 홀로 유가만 귀하다罷黜百家 獨尊儒術", "죽음을 삶과 같이 본다視死如生"의 충효 관념이 공전의 발전을 이루어 사람들로 하여금 거대한 규모의 능묘를 건조하는 데 대량의 인력과 물자를 소비하게 하였다. 이런 현상은 위로는 황제에서 아래는 일반 중하 관리와 중소 지주에 이르기까지 예외가 없었다. 능묘 구역에는 지상에 제사 지내는 전당殿堂이 있고, 지하에는 호화로운 지궁地宮이 있어 이들을 동시에 건축하였다. 따라서 당시에 사용하는 와전의 수요량이 급격히 증가하였고 와전을 번조하는 기술도 이 후장 풍습을 따라 사방에 유포되었다. 이 같은 정치·군사와 사회적 풍조의 추동推動 아래에서 와전 기술의 교류는 도자 기술의 교류에 비해 다방면으로 촉진시키는 요소들로 인해, 중국 남방의 초기 마제요도 와전 기술을 따라 함께 전해진 것으로 추정된다.

사천성은 특수한 지리적 위치에 처해 있어 그 가마 기술의 성분이 남북이 뒤섞여 있는데, 중원 전축묘의 매장 풍속이 매우 빨리 편벽한 가릉강嘉陵江 유역에까지 전해졌다. 벽돌을 구운 가마의 발견이 더욱 이 점을 증명하는데 사천성 무승현武勝縣 가릉강 충적지대의 광가언匡家堰에서 발견된 벽돌을 구운 가마는 서한 말~동한 초에 활동하였다(그림 4-2-5). 요는 길이 4.22m, 폭 1.92m, 잔존고 0.9m이며, 생토를 파서 만들고 요벽은 풀이

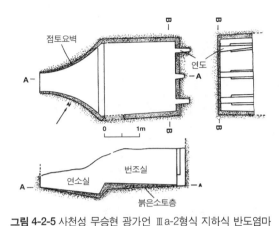

그림 4-2-5 사천성 무승현 광가언 Ⅲa-2형식 지하식 반도염마
제형요 전요
(서한 말 동한 초, 四川武勝匡家堰漢代磚瓦窯試掘記,
考古與文物, 1982-2)

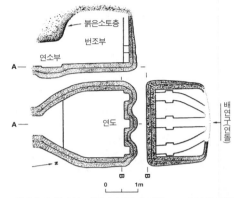

그림 4-2-6 섬서성 서안시 북교 초탄구 Ⅲa-2형식 지하
식 반도염마제형 전와요
(서한 말기, 西安市北郊漢代磚瓦窯址, 考古,
1964-4)

섞인 진흙을 발랐다. 번조실 후벽에 3조의 배연도가 있고 한번에 1,000장의 평전平磚 · 자
모전子母磚 · 화문전花文磚을 구울 수 있었다. 특히 주목되는 것은 요상이 앞이 높고 뒤가
낮은 역경사로 된 점이다. 이는 배의 퇴적이 불을 한쪽 면으로만 맞아 열을 받은 후 빨리
수축되어 연소실 쪽으로 기울어지는 폐단을 방지하기 위해서였다. 이런 번조 경험은 전
국시기에 보이며, 한대 이후에 중앙 집권이 소재하는 장안의 여러 요장에서 계승하였고
서한 후기에 각지에 전해졌다. 이 점은 물론 도기나 자기를 번조하는 가마 구조와 원리상
으로 모두 일치한다.

섬서성 서안의 한대 장안성 내의 관영수공업 공방 구역인 서시西市에서 한무제漢武帝
시기에 부장품 명기와 와전을 겸소한 마제요가 발견되었다. 요상과 연소실의 높이 차는
1.18m이며 번조부는 제형梯形을 띠고 장 2.95m, 폭 2.6~2.9m이다. 요신은 토배土坯로 축
조하였고 요실 뒷벽 아래에 3개의 흡화공이 있으며 뒤에 연실이 있다. 가마 안에서 화문
와당 · 통와筒瓦 · 방전方磚 · 공심전空心磚과 인물 조소 · 동물 조소의 도용 및 구슬류 · 전
범錢范 등의 도제품이 출토되었다.

동 시기의 관영 와전요장이 서안시 북교 초탄구北郊草灘區와 화양현華陽縣 한대 경사창
京師倉 유적에서도 발견되었다. 초탄구 요지에서 서한 말기의 판와 · 운문 와당 · 공심
전 · 정권井圈파편 등 건축용 도제품이 비교적 많이 발견되었다(그림 4-2-6). 화양현의 것
은 당시 중앙급中央級의 양식 창고를 건조할 때 와전을 번조한 요장이다. 현재 3기의 가마

유구와, 가마와 관련된 우물 및 저수지 등 공방 유구가 발견되었다. 가마는 모두 반도염 마제형요로, 지하를 뚫었으며 가마 벽면은 풀 섞은 진흙을 발랐다. 뒷벽 아래에 3개의 흡화공과 1줄기의 연통이 있으며 연소실 내에서 발견된 것은 모두 초목회이고 일부 타다 남은 목탄 덩어리가 있다. 요상은 5°의 역경사를 띠며 가마 안에서 한대의 판와·통와·장방형전·운문와당 등이 대량 발견되었다[13].

전술한 가릉강변의 무승현 요는 기술 수준 면에서 경성京城과 차이가 없다. 와전 사용의 전통이 없는 변방 지구에서도 동등하거나 비슷한 Ⅲa식 가

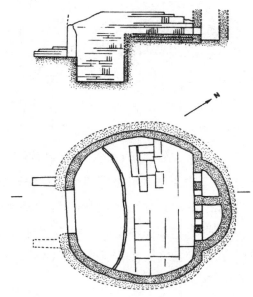

그림 4-2-7 요녕성 요양시 삼도호 Ⅲa-3형식 지상 반도염마제형 전요
(서한, 遼陽三道壕西漢村落遺址, 考古學報, 1957-1)

마가 발견된다[14]. 이는 일정한 정도로 당시 기술 전파의 광범위함을 설명하고 있다.

당시 정치 중심에서 멀리 떨어진 요녕성 요양遼陽 삼도호三道壕의 서한 시기의 촌락 유적에서도 와전요 7기가 발견되었다. 요신은 전을 사용해 쌓았고 규모가 비교적 작으며 한 번에 전 1,800개를 구울 수 있었다. 부근에서 우물을 발견하였는데, 발굴자는 '음수喜水 (웅덩이 물. 와전 번조 시 가마 위에 만든 웅덩이의 물로 환원 작용을 일으킨다)'의 기술을 장악하였던 것으로 보고 있다(그림 4-2-7).

서한과 비교해 동한의 와전 생산 배경에 약간의 변화가 발생하였다. 동한은 변경 및 주변 민족에 대한 경계가 비교적 느슨하여 역외의 토목 건설이 크게 감소하였다. 그러나 전국 각지의 전실묘와 묘역의 지상 건축물 건설은 미치지 않는 곳이 없었다. 동한 후기가

---

13) 『西漢京師倉』, 文物出版社, 1990, p.35.
14) 감숙성 주천시(현) 하하청酒泉市(縣)下河淸에서 발견된 한대 전요(「酒泉下河淸漢代磚窯窯址」, 『文物』, 1958-12).『中國古陶瓷論文集』, p.184.『中國古代建築技術史』, p.258, 도8-3-7.

되어 이러한 후장 풍습은 거듭되는 금지에도 그치지 않았고 갈수록 치열해져 사회의 와 전에 대한 요구량과 유포 범위가 서한에 비해 크게 초과하였다. 때문에 동한 와전 생산의 주요한 문제는 양산 체제의 건립이었다. 동한 가마 개혁의 가장 두드러진 특징은 연실의 설치였다. 배연 계통의 연실 부분을 증대시킴으로써 가마 안의 기압과 화염 강도 및 분위 기를 조절하여 번조 주기를 크게 단축시켰다. 이런 추세는 도자 번조 가마의 발전과도 함 께 했다. 구체적인 가마예는 하북성 무안현 오급 고성武安縣午汲古城 요지이다[15].

하남성 낙양시 동교東郊의 동한 와전요는 두 요가 남북으로 대치하여 하나를 이루어, 1개의 작업면을 공유하는 군체群體 구조를 하고 있다. 두 요의 구조는 같으며, 요실은 길 이 3.5m, 폭 2.9m, 높이 3m이며 전축으로 아치형 천정을 하고 있다[16]. 두 가마의 후미에 는 벽 아래의 흡화공과 연실을 갖고 있다. 화염 조절 계통 중의 관건이 되는 부위가 연소 부에 있지 않고 흡화공과 연실에 있는 합리적인 구조를 하고 있다. 연실이 점차 증대하여 용요에서도 현저해진다.

5. 위진남북조 · 수 · 당 시기의 와전요

위진남북조는 중국 역사상 정치가 동요하면서 문화가 활기를 띤 시기였다. 당시의 중 국은 동한 말년과 삼국시기의 전란을 거치면서 경제가 쇠퇴하고 갖가지 폐단이 일어났 다. 서진이 잠시 통일하였지만 오래지 않아 북방 소수 민족의 압박에 의해 강남의 한 모 퉁이에 안주함에 만족하였다. 이 때문에 한말에서 동진까지 200년간, 토목 건설이 크게 감소하고 분묘의 규모가 대폭 축소되었으며 와전의 번조도 그에 따라 격감하였다.

그러나 5세기가 시작되자 남북 왕조에 불교가 크게 융성해져, 각지에 사원이 늘어서 게 되어 건강建康에 480사寺, 낙양에는 사원이 400개에 승려가 수십 만이었다고 전한다. 이런 숫자는 비록 과장된 감이 있지만 당시 사원이 많고 건축의 호화로움은 이미 부분적 으로 고고학에서 증명하고 있다. 그러나 이 시기의 와요는 극히 드물게 발견된다. 남방에 서는 청자 요지의 분포가 매우 광범위해졌지만 와전요는 많이 발견되지 않고 있다. 그러

---

15) 「河北武安縣吾汲古城中的窯址」, 『考古』, 1959-7, p.339.
16) 「洛陽市東部東漢對開式磚瓦窯」, 『中原文物』, 1985-4, p.13.

나 각지 사원에 사용한 연화문 기와나 대량의 육조 전실묘의 발견으로 볼 때 당연히 와전요가 대량으로 존재했던 것 같다.

기존에 알려진 자료를 보면 육조 시기의 와전요지는 호북성 악성현 신묘요鄂城縣 新廟窯(청자, 와전 겸소요)와 사천성 성도시 청양궁요靑洋宮窯(청자, 와전 겸소 용요) 및 절강성 경내에 발견된 일부 전요塼窯가 있다. 수·당 시기의 요지는 하남성 낙양시의 수·당 궁내의 와요, 섬서성 서안시 서임가구요西任家口窯, 사천성 서창현요西昌縣窯, 광동성 조주시 북교요潮州市北郊窯가 있다.

이 시기에 주목할 것은 용요가 청자를 번조할 때 동시에 와전도 곁들여 구운 현상인데, 보편적이지는 않다. 이미 알려진 예 중에 사천성 성도시 청양궁요에서는 청자를 굽는 동시에 온도차가 나는 부분(온도가 비교적 낮은 요 후미와 요회窯灰가 많이 쌓인 곳)을 이용하여 번조 온도가 보다 낮은 와전을 구웠다. 청양궁요에서 청자와 통와·판와·적수와滴水瓦(암막새)가 함께 발견되었다[17]. 이밖에 호북성 악성현 신묘에서도 청자와 판·통와를 겸소한 요를 발견하였는데, 가마의 지면을 청전靑塼으로 깔았으며 전체 구조는 불명이나 연대는 동한 말에서 삼국 전기로 판단된다. 그러나 갑발이 출토되는 현상으로 보아 그중에 수·당 시대의 성분이 포함되어 있다. 혹자는 수·당시대에 청자요가 동한 후기 와전요의 요지 위에 다시 건축한 것이 아닌가 보고 있지만[18], 이런 의문은 금후의 상세한 조사가 있어야 풀릴 것이다.

절강성은 육조 시기에 청자 생산의 중심이었으며 도자사 연구자들이 열심히 조사 연구하는 지역이다. 그러나 와전요 유적의 조사와 발굴에 관심을 갖는 사람은 드물다. 관계된 자료 소개에 의하면 "소흥·리저灙渚·탕계湯溪·고방古方 등지에 남조의 와전요 요지가 발견되며, 리저 한 곳에 8기나 있다. 요의 구조는 타원형과 속요식束腰式이 있으며, 요상 바닥은 지면에서 깊이 1.6m에 달하며 요장 3.46m, 화문폭 0.3m이다. 요 바닥에 화도 7조와 요돈窯墩 6개가 있다. 후면에 연창이 발견된 것도 있다. 이들 와전요는 규모가 비교적 크고, 당시 와전의 수요가 상당히 광범위하였음을 알 수 있으며……"라 한다. 애석하게 가마

---

17) 판와·통와·적수와를 구운 것은 수·당 시기이다.(「靑洋宮窯址試掘簡報」, 『景德鎭陶瓷』, 1982-2, p.14. 『四川古代陶瓷』, p.89.
18) 가마 구조는 불명, 시대는 남조 후기~당대(「湖北鄂城縣新廟瓦窯口窯址調査」, 『考古』, 1983-3, p.277).

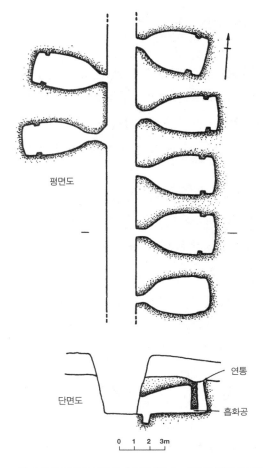

평면도

단면도

연통

흡화공

0 1 2 3m

그림 4-2-8 하남성 낙양시 수당궁 내 Ⅲa-2형식 지하 반도염
마제형 와요군 배치
(수당, 洛陽隋唐宮城內的燒瓦窯, 考古, 1974-4)

의 구조도면이 제공되지 않았으며 설명
도 간략하다. 요바닥에 화도와 요돈이
있는 것으로 보아 구조가 북방 마제형
와전요와는 약간 다르다.

수·당 시기 와전요의 특징을 보면,
①전문적으로 와전을 번조하는 요장의
규모가 전대에 비해 더욱 커지고 모두
마제요이다. ②용요에서 와전을 겸소
하였다. 아래에 예를 들어 소개한다.

낙양시 수·당 궁내宮內의 와요는
605~731년 사이에 조업하였으며, 전
문적으로 낙양의 수·당 궁전을 조영
하기 위해 건설된 요군이다. 기타 관요
와 마찬가지로 이 같은 궁전의 대형 건
축용 전과 기와의 수량은 크기 때문에
일반적으로 근처에 가마를 설치하고
생산하였다. 낙양 수·당 궁내의 와요
는 일반요들과 다르게 요군의 분포가
한 줄의 참호를 파고 그 양쪽에 있는
것이 특이하다. 참호의 폭은 2m 이상
이고 깊이는 3m 정도인데, 그 양측의
참호 벽에 각 4m 정도의 간격을 두고 가마 1기씩을 굴착하였다. 요문은 서로 교차하여
있으며, 참호가 장요와 출요 및 번조 시 조작하는 장소가 되었다(그림 4-2-8). 요 길이는
4.4~5.27m, 요실 폭은 2.3m 정도, 높이는 2.46~3.1m이다. 연소부는 깊이 0.7m 이상의 회
갱이며, 석탄 찌꺼기는 보이지 않아 나무를 연료로 한 것으로 추측된다. 요실 뒷벽 아래에
모두 5개의 흡화공을 설치하여 연기를 연실과 연통을 거쳐 요 밖으로 배출하였다. 가마
구조는 정연하게 획일화되었으며 구조가 합리적이고 분포가 고르다. 요벽의 소결층이
18cm 이상에 달하고, 붉게 탄 토층의 두께가 20cm로 장기간 사용한 흔적을 보인다(그림

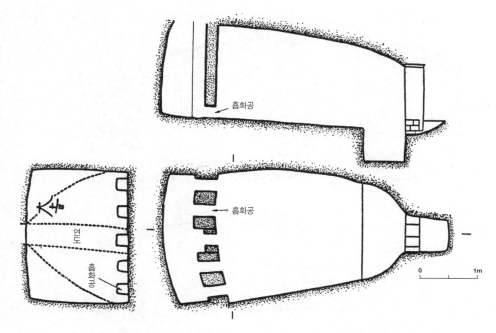

흡화공

흡화공

연도

흡화공

0   1m

그림 4-2-9 하남성 낙양시 수당궁내 Ⅲa-2형식 지하 반도염마제형요
(수당, 洛陽隋唐宮城內的燒瓦窯, 고古, 1974-4)

4-2-9). 소출된 와전들은 단단하고 규격화되었으며 번조 온도가 매우 높아 숙련공의 솜씨가 아니면 할 수 없다. 이곳에서 생산된 와전은 발굴된 궁전 유적에서 대량으로 발견되었다.

　섬서성 서안은 수·당 시기의 수도인 장안이다. 지금의 서안시 서임가구西任家口에서 발견된 요지는 당대 장안성 보녕방普寧坊 내에 있으며 규모가 상당히 큰 관영 와전 공장이었다. 이곳의 가마 유구가 다른 것들과 다른 부분은, 3기의 요가 1조를 형성하여 남·북·서 3방향의 가마가 1곳을 중심으로 둘러싸고 있으면서 1개의 작업 장소를 공유하고 있는 점이다. 현재 발견된 34기의 요 중에 정식 발굴된 것은 5기 뿐이다. 각 요의 길이는 모두 4m 이상이다. 구조는 낙양의 수·당요와 기본적으로 같다[19].

　정치적인 건축 이외에 당대의 사원 건설도 와전을 대량으로 소비하는 곳이었다. 당대

---

19) 「西安市西郊唐代磚瓦窯址」, 『考古』, 1961-9, p.491.

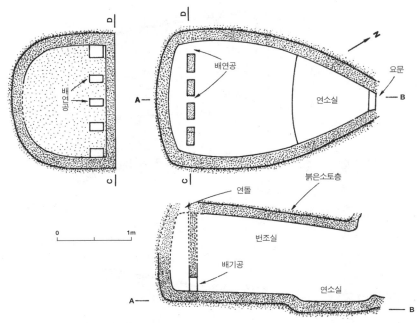

그림 4-2-10 사천성 서창현 고견향 Ⅲa-2형식 지하 반도염마제형 와전요
(당대, 四川西昌高見唐代瓦窯發掘簡報, 文物, 1977-6)

이전에 중국의 불탑 건축은 목재를 위주로 하였고 와전은 그 속에서 장식적인 작용을 하는 데 불과하였다. 그러나 당대가 시작되면서 전의 하중을 견디고 구조를 지탱하는 작용이 전탑 건설 중에 극대하게 발휘되어 탑의 외관 상에 새로운 유형이 출현하였다. 서안의 당대 대안탑大雁塔과 소안탑小雁塔이 지금까지 보존될 수 있는 이유가 곧 이런 도전陶博의 우수한 물리적·화학적 성능에 의한 것이다. 그렇지 않다면 어떻게 천 년 이상의 풍우 상설을 견딜 수 있었겠는가! 1983년 섬서성 서안시 자안사磁安寺 내에서 발견된 당대 와전요는, 보고서에 가마 구조에 관한 자료가 소개되지 않아 애석하지만[20] 같은 지역의 당대 와전요와 큰 차이가 없을 것으로 추측된다.

남방이나 북방의 변방 지대에서도 대량의 요지가 발견되는데, 사천성·광동성·흑룡강성에서 발견된 몇 곳의 와전요지를 예로 들어 살펴보겠다.

---

20)「西安磁恩寺內的唐代磚瓦窯址」,『考古與文物』, 1983-1.

사천분지는 군사상에서 역대로 지키기 쉽고 공격하기 어려운 전략적 요지였다. 그 특수한 지리적 조건이 문화적인 특성을 구성하였다. 문화 교류 방면에서 그곳은 서에서 동으로 향하고 있으며 북으로 중원을 받아들였다. 남으로 양광兩廣과 통하고 동은 오월吳越과 연결되어 사방의 정수가 모여들어 따로 일가를 이루었다. 도자 기술 방면에서도 이런 문화적 특징이 충분히 반영되어 있다. 전술한 한대의 마제요가 이미 사천성 무승현에 전해졌다. 서창현 고견향西昌縣高見鄕에서도 당대의 와전요가 발견되었는데, 연화문 와당 · 통와 · 판와를 주로 번조하였다. 가마는 산 흙 속을 파서 만들었으며 요문 폭이 1.05m, 높이 1.77m이다. 재임이 끝나면 벽돌을 이용해 봉문하면서 투시구는 남겨 둔다. 연소실은 길이가 2m에 달하고, 뒷벽에 5개의 흡화공이 있으며 요 뒤에 연실을 설치하였다. 각 부위의 구조가 고르고 합리적이어서 장안과 낙양의 관영 가마와 비교하여도 그 번조 능력이 낮아 보이지 않는다(그림 4-2-10). 매우 전형적인 마제요라 할 수 있다.

민요에서 와전을 번조한 요지로 광동성 조주요를 들 수 있다. 이곳은 규모가 비교적 큰 당대 전기의 남방민요 요군으로 남방 연해에서 비교적 일찍 반도염 기술을 채용한 요장 중의 하나이다. 현재 조주의 죽원돈竹園墩, 조주시 남교 당지南郊唐地, 북제두北堤頭에서 모두 와전을 전문적으로 번조한 토축 마제요와, 흙과 벽돌을 혼합해 축조하고 청자와 와전을 겸소한 요지를 발견하였다. 요상부窯上阜에서 20여 기의 가마 유구를 발견하였는데, 청자와 와전을 겸소한 것도 있고 전문적으로 와전을 번조한 것도 있다. 모두 내화토를 단단하게 다져 축조한 마제요이다. 이곳에서 발견된 비교적 완전한 요지를 소개한다(그림 4-2-11).

이 요의 요벽은 황갈토를 다져서 축성하였으며, 마제요의 기본 시설이 기본적으로 갖추어졌다. 연소실은 번조실보다 0.3m가 낮고 전후 길이가 1.5m, 폭이 0.52~3.2m이며 평면은 작은 삼각형을 띤다. 요문은 좁아 폭이 0.70m이고 높이는 1.95m이다. 번조실 뒷벽에 3조의 배연조排煙槽가 있으며, 폐연은 이를 따라 요 밖으로 배출되었다. 번조실의 전후 길이는 3.75m, 폭 3.25~5.55m이다. 전체 가마의 평면은 큰 삼각형을 띠며, 전장 7.16m로 중형 크기의 가마에 속한다. 가마 안에서 회색 전 · 회색 판와 · 연화문 원圓와당이 출토되

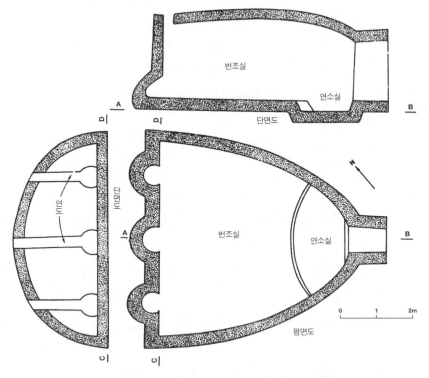

그림 4-2-11 광동성 조주시 Ⅲa형식 지상토축 반도염마제형 와전요
(당대전기, 潮州筆架山宋代窯址發掘報告, 1981)

었다[21]. 당대 조주시의 와전요는 당시에 무슨 목적으로 어떤 건축을 건조하기 위해 설치
된 요장일까? 이에 대해서는 더 조사할 필요가 있지만 그것이 조주 성북城北 근교의 구릉
지대에 위치해 있고 그곳에 고사古寺가 분포해 있으며, 연화문 와당이 출토하는 점 등으
로 볼 때 당대의 지방 사원 건설 시에 와전을 번조한 민간 요장으로 추정된다.

　　조주는 당대에 마제요가 출현하여 우리에게 남방 마제요의 출자出自 문제를 던지고
있다. 주지하는 바와 같이 남방은 용요 분포 구역인데, 특별하게 동남연해에 마제요가 드
물게 보인다. 북방에서는 물론 자기나 와전을 번조하는 데 오직 마제요 한 가지만을 채용
하였다. 그런데 광동성 조주는 당대에 그곳의 기술 계통과는 완전히 다른 반도염 마제요

---

21) 『潮州筆架山宋代窯址發掘報告』, 文物出版社, 1981, p.52.
　「廣東潮安北郊唐代窯址」, 『考古』, 1964-4, p.194.

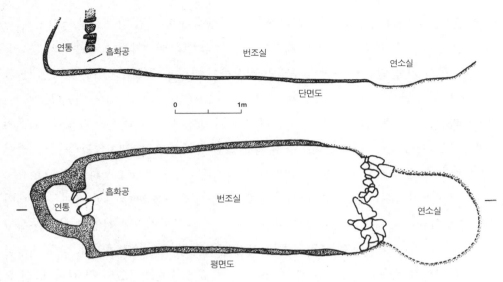

그림 4-2-12 소련 극동연해주 Ⅲa형식 반도염 와요
(발해국, 渤海の瓦生産, 西北利亞南部和極東考古學, 1984)

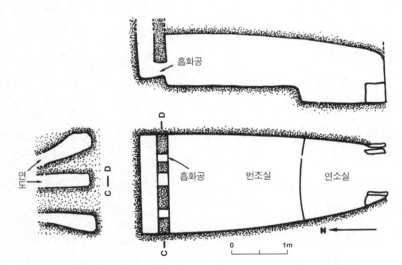

그림 4-2-13 흑룡강성 영안현 Ⅲa-2형식 반지하 반도염마제형 와전요
(발해국, 渤海磚瓦窯址發掘報告, 北方文物, 1986-2)

가 출현하였다. 이는 현지에서 자생한 것은 불가능한 것이고, 모종의 기회에 북방에서 남방으로 전입된 것으로 인정된다. 필자의 자료 정리에 의하면 조주요의 가마 발전은, ①당대에 청자를 번조하는 토축 마제요→ ②당대에 청자·와전을 겸소한 토축 마제요 → ③

당대에 청자를 번조하는 전축 장방형 마제요 → ④송대에 반도염 마제요와 용요가 결합한 분실 용요 → ⑤북송 후기의 분실 계단요라는, 5개의 단계를 거쳤다. 조주요의 분실용요 기술은 당시 기술 면에서 가장 보수적인 절강성에 영향을 주었을 뿐 아니라 신기술을 쉽게 접수하는 호남 지구에 전해졌으며, 동시에 12~13세기에 한반도에 전해졌다.

중국 와전요의 기술 발전은 도자기 가마 기술의 발전에 크게 의존하고 있다. 최초의 신제품은 도자기 요장에서 시험 번조한 후에 물품을 주문하는 경우도 많았다. 수도 장안의 지붕 건축 부재의 시유 기술도 북방의 가장 저명한 요주요에서 발생하였다. 요주요는 청자·삼채·백자·흑유자를 번조하여 유명한데, 동시에 판통와版筒瓦와 용마루 장식인 치미도 겸소하였다[22]. 북방의 정치 중심지의 토목 건설은 일반적으로 관영적 성격을 하고 있어 일부 기술 요구가 비교적 높은 부재는 지방 명요에 번조를 의뢰하였다. 당대 대명궁大明宮에서 출토한 채유와식彩釉瓦飾과 치미는[23] 요주요에서 번조하였던 것 같다. 당시 요주요는 황족 고관들을 위해 무수한 당삼채를 번조하였기 때문에 건축 부재도 겸소하였는데, 황보요지에서 출토한 삼채용두三彩龍頭가 유력한 증거이다[24]. 이 기술은 또한 변방의 발해국에 전해졌다.

왕조의 중앙 정부에서 멀리 떨어진 변방의 흑룡강성 영안현寧安縣과 러시아 극동에 가까운 북한의 연해 지구에서도 와전요 요군이 발견되었다[25]. 가마 구조는 중원 지구와 어떤 차이도 없으며, Ⅲa 형식 가마에 속한다. 러시아 극동의 카라스키야 와요는 길이 3.91m, 폭 1.4~1.6m에 높이는 불명이다. 요 후미 아래에 1개의 흡화공이 있으며 구멍과 연통은 서로 연결되어 요 밖으로 직통하고 있다. 이로 보아 중원 지구 반도염 마제요에 속한다고 판단된다. 가마 안에 잔존하는 대량의 발해국 시대의 통와와 편와는 시기가 당대에 해당된다(그림 4-2-12).

흑룡강성 영안현에서 발견된 와전요도 당시의 발해국 경내에 위치하며 전형적인 반

---

22) 「銅川黃堡發現唐三彩作房和窯爐」, 『文物』, 1987-3, p.23.

23) 中國科學院考古研究所, 『唐長安大明宮』, 科技出版社, 1955.

24) 陝西省考古研究所, 『唐代黃堡窯址』, 文物出版社, 1992.

25) 李殿福, 孫玉良, 『渤海國』, 文物出版社, 1987, p.118. 러시아어판, 「渤海的瓦生産」, 『西伯利亞南部與極東的考古學』, 1984년, p.142-151. 『渤海帝國與沿海州及其文化遺跡』, 列寧格勒出版社, 1968. 러시아 자료의 소개는 나고야대학 문학부연구실의 무라가미村上恭通 선생의 협조에 의하였음을 특별히 여기에 표시하고 감사드린다.

도염요이다. 길이 4.5m, 폭 1.4~1.8m이며, 한번에 36×14×5cm의 장방형전 1,200개를 구울 수 있다. 요벽은 벽돌로 축조하여 표면은 진흙을 발랐으며, 요 뒷벽 아래에 3개의 흡화공이 있고 3조의 연도를 거쳐 요 밖으로 배출된다(그림 4-2-13). 전형적인 반도염 마제요 유형에 속한다. 요지는 목단강牡丹江에서 1km, 발해국 수도인 상경上京에서 15km 떨어져 있다. 제품은 수로를 통해 발해 상경 용천부龍泉府에 비교적 편리하게 운반되었다. 상경에서 발견된 초화문·보상화·삼각·운문·능화·연화문의 와전은 이 요에서 번조한 와전과 완전히 일치한다. 상경은 730년에 영조되었으므로 이 요는 8세기 전기에 소조하였다고 추정된다. 가마와 와전의 장식으로 판단하면, 발해는 경성을 영조할 때 당조의 경험을 참고하고 또한 중원의 와전 번조 유리와 기술을 끌어들였다. 이는 당시 당과 발해의 관계가 비교적 밀접하였음을 말해주는 것이다.

6. 송대의 와전요

송대의 와전 생산에 영향을 준 요소들은 다방면에 있다. 북방에서 석탄을 연료로 한 번조 방법을 개발함으로써 자기와 와전의 가마 모두에 구조적인 변화가 발생하였다. 이 것은 주로 가마의 연소계통에서 나타난다. 석탄의 연료적 특징을 보면 오래 타고, 화염이 짧고, 찌꺼기가 많이 남는다. 그리고 충분히 연소시키려면 반드시 가마 안의 산소공급 조건을 개선해야 한다. 그래서 연소실 아래의 통풍조通風槽를 증설하고 배연 계통의 추력을 증대하였다. 동시에 석탄 찌꺼기를 버리기 위해 연소부의 요잔窯棧(저장고)과 요잔 뒤의 회갱을 증가하였다. 공기도 하부의 회갱을 통과하여 요잔을 거쳐서 석탄이 충분히 연소하게 촉진시키며, 화염은 연통의 추인抽引 때문에 요실 내에서 순환하며 최후로 배기공을 따라 요 밖

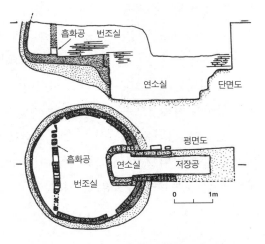

그림 4-2-14 하남성 낙양시 Ⅲa-3형식 전축 반도염마제형 와전요
(북송, 洛陽紗廠路北宋磚瓦窯場遺址, 中原文物, 1984-3)

으로 배출된다. 동시에 석탄의 짧은 화염 때문에 요실이 길면 화염이 요 후미에 도달하지 못하여, 석탄을 연료로 하는 마제요는 비교적 길이가 짧다.

하남성 낙양시 서교西郊에서 발견된 2기의 와전요는 전형적인 요례에 속한다. Y4를 예로 보면(그림 4-2-14), 요실 전장이 4.22m, 폭 2.8m이다. 축조 방법은 먼저 요 각 부위의 위치를 파낸 다음에, 남겨진 갱 안에 아래에서 위로 전을 쌓아 전체 요가 전실塼室 구조를 한다. 연소부는 깊이가 0.92m이고 회갱 내에 석탄재가 가득 쌓여 있다. 뒤에 있는 연실은 평면이 반월형을 띠고, 뒷벽 아래에 22×25cm 구경의 흡화공이 여러 개 있는데, 파괴되어 숫자는 불명이다. 부근에서 3칸의 공방이 발견되었다. 요지에서 출토한 주요 유물은 소면 조형전素面條形塼과 변형연화만초문變形蓮花蔓草文 방형전 및 판와 · 통와 · 적수滴水 · 와당 · 치미 · 치문鴟吻 등이다. 일부 판와에 '내서왕복관공공內西王福官工工', '내서장흥관공공內西蔣興官工工' 같은 문자가 찍혀 있다. 소수의 제품에 녹색 유리가 베풀어져 있다. 요지 내에서 출토한 '정화통보政和通寶'로 판단하여 폐요 시기는 북송 시기로 본다[26]. 발굴자는 문헌과 결부시켜 이것이 북송의 궁성을 위해 전문적으로 각종 건축 재료를 번조한 관영 요장으로 추정하고 있다.

내지와 동시대 변방 지구의 와전요는 어떤 형태인가? 현재 들 수 있는 예로 영하 은천시 항자정寧夏銀川市缸瓷井 Y2가 있다. 이 요가 있는 지역은 모래 섞인 황토여서 점성이 적어, 청전青塼을 사용해 축조하였다. 요실 길이가 2.45m, 폭 2.15m, 잔존고 2.35m이다. 뒷벽 아래에 3개의 흡화공이 연통과 통한다. 유물은 와전이 위주이고, 귀면문와당 · 백자편와 · 녹유리용마루장식 · 연화문암막새 등도 있다. 그중에 전의 규격이 서하릉구西夏陵區에서 사용된 전과 완전히 같다[27]. 서하 왕국이 서릉구를 건설할 때 임시로 설치한 관영 요장이다. 시대는 약 1,100~1,227년 사이이다. 이때, 송나라의 유리 · 도자기 · 와전 기술이 서하 왕국에 전해졌으며, 번조 규모는 작았다.

지방 민요 방면은, 섬서성 성고현 오랑묘城固縣五郞廟 와전요를 예로 들어 살펴보겠다. 요실은 장폭이 약 2.5m이고, 원형을 띠며, 배연부의 배치가 일반적인 것과 다르다. 뒷벽에 집중된 것이 아니라 4방으로 분산되어 있어, 요실 주위를 둘러싸고 화조火槽가 있다

---

26) 「洛陽紗廠路北宋磚瓦窯場遺址」, 『中原文物』, 1984-3, p.60.
27) 「銀川缸瓷井西夏窯址」, 『文物』, 1978-8, p.86.

(그림 4-2-15). 이것이 반도염인지 아니면 승염식원요인지 보고서에 표시가 명확하지 않다. 당시 북방 가마가 전체적으로 발전하는 추세와 현지의 기술 전통으로 보아 마제요 중의 특례에 속한 것 같다. 잠정적으로 Ⅲa-4식에 귀속시킨다.

송대의 와전 생산 기술의 시대적 배경은 각지의 도자 생산 기술의 영향을 받아 장점을 취하고 단점을 보완한 덕에 명요가 배출되었다. 이때는 황궁 중의 도자 용기用器도 각지의 명요에서 제공되었는데[28], 일부 지방 명요에서 건축용 도제품

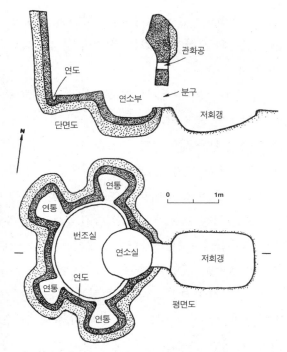

그림 4-2-15 섬서성 성고현 오랑묘 Ⅲa-4형식 토축 특수형 와전요
(북송, 陝西城固五郎廟宋代磚瓦窯發掘簡報, 考古與文物, 1980-2)

을 겸소하였다. 예컨대 길주요(통와)[29], 상경요上京窯(흑유와)[30], 연강요連江窯(기와)[31], 공래요邛崍窯(용마루장식치미)[32], 영무현 회민항요靈武縣回民巷窯(기와)[33], 은천시 항자정요銀川市缸瓷井窯(도질와전·백자와·암막새)[34]와 계단식 용요로 유리와를 겸소한 광서성 영복현 전

---

28) 북송 시기 정요·월주요·요주요·균요·건요·여요 등은 모두 황실에 그들의 득의작을 공납하였다. 예컨대 정요 기물상의 '상약국尙藥局', '상식국尙食局', '관官'자 명문 등등(「河北曲陽縣澗磁村定窯遺址調査」, 『考古』, 1965-8, p.394. 「論定窯燒瓷工藝的發展與歷史分期」, 『考古』, 1988-12, p.1121)

29) 宋代, 「吉州窯遺址發掘報告」, 「景德鎭陶瓷」, 『古瓷器硏究全集1』, 1983-1, p.217.

30) 遼代, 「遼瓷簡述」, 『文參』, 1958-2, p.17. 일종의 회백색 태토의 흑유와를 번조하였으며, 제전祭殿 지붕에 사용하였다.

31) 北宋, 『廣東唐宋窯址出土陶瓷』, 香港大學馮平山博物館, 1985.

32) 宋代, 「邛崍縣邛窯遺址」, 『中國考古學年鑑』, 1986, p.195, 文物出版社, 1987.

33) 西夏, 「寧河靈武縣回民巷瓷窯址調査」, 『考古』, 1991-3, p.224.

34) 金代, 「銀川缸瓷井西夏窯址」, 『文物』, 1978-8, p.85.

령요永福縣田嶺窯[35) 등이 있다. 또한 당연히 수많은 건축 공사를 위해 임시로 설치된 와전 전문 번조용의 요장이 있었을 것이며, 송대의 대량의 전탑이 지금까지 보존된 것도 유력한 방증 자료이다.

특히 북송 후기에 정치상의 불안정으로 정치 중심이 남천하여 대량의 도공들도 이들 세력을 따라 중원 이외의 각지로 분산되었다. 이들은 기술 전통이 비교적 약한 곳에서는 매우 깊은 영향을 남겼지만[36), 기술 수준이 비교적 높은 지방에서는 영향이 미약하였다. 총체적으로 말해 가마·요도구·자기의 조형과 장식 등의 다방면에서, 북방 기술은 당시 요업 기술 수준이 이미 비교적 높아진 남방 지구에 대한 영향은 보다 작아서 일부만 소화 흡수되었다. 북송 개봉의 관요가 남천 후에 임안에서 남송 관요로 중건된 때에도 절강성 현지의 월주요와 용천요 기술이 기초가 되었다. 이런 원인은 지방 문화상의 차이 외에 자연 조건의 차이도 상당한 장애로 작용하였기 때문이다.

송대의 와전요 생산의 또 다른 현저한 특징은 건축의 규범화에서 야기된 와전 생산의 규범화와 제도화이다. 이는 북송 말년의 관제官制〈영조법식營造式〉에서 건축과 유리 번조 기술에 관한 규정을 한두 개 살펴보면 알 수 있다.〈영조법식〉에서는 전대의 경험을 종합한 기초 위에서 와전요의 크기를 규정하였다. 일반 와전을 번조하는 가마는 '대요大窯'라 칭하며, 고 6.92m, 직경 5.56m, 문 높이 1.73m, 문 폭 0.74m였다. 유리와를 번조하는 가마는 '폭요曝窯'라 칭하며, 고 4.76m에 구조는 상동이며 규모가 약간 작을 뿐이다. 왕경王慶과 유건업劉建業이 편저한 『중국고건축유리기술中國古建築琉璃技術』중에서 명대 이전의 소위 '대요'와 '폭요', 즉 와전요와 유리요는 그 구조가 명대의 남경 취보산聚寶山에서 발견된 전도염요와 같은 것이라고 생각하고 있다.

그러나 현재 고고학적 자료를 보면 유리를 번조한 가마는 거의 반도염의 마제요이다. 단 1곳의 예외는 유봉군劉鳳君선생이 『중국고도자논문집』(1976년판) 165p에 소개한 산동성 치박시 자촌 북요와구淄川區磁村北窯洼區 2호요이다. 이 요는 여타 것들과 다르게 요상에 흡화공이 있고, 아래에 배연조(원문에는 '출연공', '화도'라 부른다)가 있어 요상은 상하

---

35) 북송 후기, 남송,「廣西永福窯田嶺宋代窯址發掘簡報」,『中國古代窯址調査發掘報告集』, p.201.
36) 요자遼瓷 중의 백자흑유白瓷黑釉의 기술은 분명히 자주요의 영향을 접수한 것이며, 정요도공이 그곳에 영향을 베푼 것으로 추정된다.

이중 구조를 하고 있다. 안타깝게도 가마의 구조 도면이 발표되지 않고 출토 유물도 소개되지 않았다. 기록이 틀리지 않는다면 이는 중국에서 지금까지 발견된 최초의 전도염 가마일 것이며, 당시 가장 선진된 가마 구조이다. 그러나 〈영조법식〉은 관에서 편수한 건축 총람으로, 여기에 기록된 가마는 당시 수도 개봉 및 그 부근에서 유행하던 기술이 위주였을 것이다. 그래서 그 일대가 바로 전통적인 마제요의 고향이며 응용의 중심이었기 때문에, 〈영조법식〉에 기록된 가마 구조는 아마 가장 보편적으로 보이는 반도염 마제요이고 전도염 마제요(Ⅴ형)는 아닌 것이라고 필자는 생각하고 있다.

7. 원 · 명 · 청대의 와전요

원 · 명 · 청대에 와전을 번조하는 기술은 상당히 높은 수준에 도달하였다. 전의 질과 양이 모두 공전절후하였다. 유물을 보면 앞 시기의 일반 건축 · 분묘 · 전탑용의 전 외에도 성벽용전과 전전무양전全塼無梁殿 등 새로운 항목이 증가하였다. 특히 만리장성 · 남경성 · 북경성 및 각지의 부성府城과 현성縣城에 사용된 보편적인 부전敷塼 등, 이 시대에 사용한 전의 총량이 역대의 전체 양을 초과하였다. 그러나 중국의 고고학자들은 이 시기의 전요塼窯의 조사를 중시하지 않아 원 · 명 · 청 시기의 전요 조사는 공백으로 남아 있다.

와요의 발견은 주로 유리를 번조한 요지에 한정될 뿐만 아니라 당시의 수도인 북경과 남경에 집중되어 있다. 북경에서 발견된 문두구 용천무요門頭溝龍泉務窯와 서요西窯 등은 유리를 번조한 요지로, 이는 원 대도 건설 시에 설립한 전문적으로 건축부재를 번조한 관영 요장이었다. 출토 유물 중에 가장 특징적인 것은 대량의 백白유리 건축 부재이다[37]. 이는 원대 몽고족 귀족의 상백尙白(백색을 숭상함)의 증거물이다. 그러나 요지는 아직 정식 발굴되지 않아 가마 구조는 불명이다.

명대 초기에 주원장朱元璋이 남경에 도읍을 정하고 궁전을 건축할 때, 남경 취보산에 유리요장을 설립하였다. 기 발견된 가마 유구로 판단하면 당시 가장 선진적인 전도염 원요(Ⅴa)였다. 요실 직경이 3m, 높이 2.2m이며 요상은 2층이고 연소갱의 화염이 요 천정까

---

37) 「近年北京地區發現的幾處琉璃窯址」, 『考古學報』, 1958-2.

지 상승한 후에 아래로 확산되었다. 이는 요상窯床의 흡화공과 연통의 추력 작용으로 화염이 기물들 사이를 지나서 요 바닥을 향하고, 최후에 요상 아래의 흡화공을 통과하여 요상 아래로 흘러 들어가 연창을 따라 요 밖으로 배출되었다. 이런 구조는 반도염에 비해 더욱 합리적으로 된 것인데 가장 중요한 것은 흡화공의 위치가 요 후미에서 요상의 아래로 옮겨진 것이다. 그래서 화염의 주행 방향을 바꾸게 하여 화염이 위에서 아래로 고르게 기물을 덮어씌울 수 있게 하였다.

그 다음은 연소 계통에 주의하여 투시공 아래에 송풍조를 설치하여 가마 안의 연료가 양호한 연소 환경을 획득하게 하였다. 그래서 가마 온도를 신속히 높이고 화도火度를 자유롭게 조절할 수 있게 하였다(제3장 그림 3-4-1 참조). 명대 과학서인 『천공개물』의 기록에 의하면 남경 유리요의 원료는 안휘성 태평부太平府에서 왔다. 유리의 번조는 반드시 소소素燒와 유소釉燒의 2차 공정을 거쳐야 하는데, 시유 후에 다시 다른 요에 넣어 저온으로 번조한다[38]. 소소는 온도가 900~1100℃이며 유소는 800~880℃ 정도가 필요하다[39]. 이런 대형 요장에서는 원료와 연료의 선택과 공정이 엄격히 요구되어 관요가 아니면 할 수가 없다.

명대 민간의 와전 기술은 송응성이 총괄하여 우리에게 명확한 기술 개념을 남겨 두었다. 관부용 기와는 단편모조單片模造로 하였고, 민간용 기와는 니편사분법泥片四分法을 채용하였다. 가마는 모두 승염식원요이고 연료는 석탄이나 나무를 사용했지만 반드시 '제수전水濟水轉銹(물을 가하여 녹을 입히는)' 과정을 거쳤다. 이 기술은 일찍이 북송 후기에 이명중李明仲의 〈조영방식 · 요작造營法式 · 窯作〉 중에 분명하게 기록되어 있다. 즉, "무릇 전와를 굽는 법은 소백요에서 전 일일에 재임을 하고, 다음날에 위에 물 웅덩이를 만들고 다시 3일 후에 문을 여니 7일만에 출요한다(凡燒變磚瓦之制, 素白窯, 前一日裝窯, 次日上水窨, 更三日開, 候次透及七日出窯)"라 하였다.

명대 송응성의 『천공개물』의 와전 부분에서 와전 제조 과정을 기록하면서 이르길, "무릇 전은 배를 완성한 후에 가마 안에 재임을 하는데, 100균(3,000근)을 장요하면 화력은

---

38) 명대 송응성의 『천공개물』 중에, "其制爲琉璃瓦者, 或爲板片, 或爲宛筒, 位園竹𥴥(斫?)木爲模, 逐片成造. 其土必取于太平府. 造成, 先裝入琉璃窯內, 每柴伍千斤, 燒瓦百斤取出, 再入別窯減殺薪火, 逼成琉璃寶色."이라 하였다.
39) 王慶, 劉建業, 『中國古建築琉璃技術』, 中國建築工業出版社, 1987, p.19~21.

일주야에 200균(6,000근)이 들어가야 만족한다. 무릇 전을 굽는 가마는 장작 가마와 석탄 가마가 있는데, 나무를 때면 청색이 되고 석탄을 사용하면 백색이 된다. 무릇 장작 가마에는 꼭대기 측면에 3공을 뚫어 연기를 나가게 하며, 불을 충분히 땐 다음 진흙으로 구멍을 막고 연후에 물을 사용해 녹을 입힌다……. 녹을 입히는 방법(전수법轉銹法)은 가마 꼭대기에 편평한 밭 같은 것을 만들고 사방을 약간 반원형으로 올린 위에 물을 붓는데, 전와 100균(3,000근)에 물 40석(80통)이 필요하며 물 기운이 흙벽 아래로 투입되어, 불과 서로 감응을 이루어 물과 불이 이윽고 다하면 그 질이 천 년을 간다. 만약 석탄 가마로 장작 가마를 본받아 더욱 깊이 하고자 하면 그 위의 원국圓鞠을 점점 작게 하고 또한 천정을 막지 않는다. 그 안에 석탄으로 직경 1

초각본 삽도49 : 제수전수(濟水轉銹)

그림 4-2-16 중국 명대에서 현대까지의 와전요
(『天工開物』 磚瓦 '濟水轉銹' 圖解)

척 5촌의 넓은 떡을 조성하여 석탄 1층 사이에 전 1층을 두고, 갈대를 땔감으로 하여 바닥에 깔고 발화한다(凡磚成坯之後, 裝入窯中, 所裝百鈞(3,000斤), 則火力一晝夜, 二百鈞(6,000斤)則倍時而足, 凡燒磚有柴薪窯, 煤炭窯. 用薪者出火成靑里色, 用煤者出火成白色. 凡柴薪窯, 巓上偏側鑿三孔以出烟, 火足止薪之候, 泥固塞其孔, 然後使水轉銹……, 凡轉銹之法, 窯巓作一平田樣, 四周稍弦起, 灌水其上, 磚瓦百鈞(3,000斤)用水四十石(80桶), 水神透入土膜之下, 與火意相感而成, 水火旣濟, 其質千秋矣. 若煤炭窯視柴窯深欲倍之, 其上圓鞠漸小, 幷不閉頂. 其內以煤造成尺伍徑闊餠, 每煤一層, 隔磚一層, 葦薪墊地發火)"[40]라 하였다.

1987년 11월, 필자가 강서성 남창현의 민간 와전요장을 조사하였다. 직경 4m에 높이 4m 이상의 승염식요(그림 판1; 3)인데, 요정은 『천공개물』의 '제수전수요濟水轉銹窯' 그림(그

---

40) 鍾廣言注釋 明 宋應星, 『天工開物』, 中華書局(香港), 1987, pp.181~190

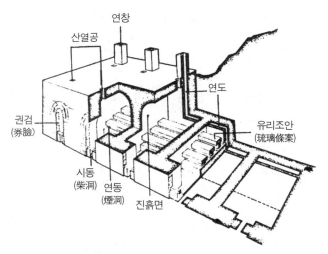

그림 4-2-17 북경시 문두구 Ⅲa형식 반도염요 투시해부도
(청대, 中國古代建築技術史, 1985)

림 4-2-16)(그림 속에서 물을 저장할 때 투시投柴는 반드시 중지하고 또한 시문柴門을 봉폐한다. 여기서 일련의 연결된 과정을 한 화면상에 모두 집중하는 것은 중국 고대 회화 표현 방법의 하나이다. 유사한 착오는 자기문수도瓷器文水圖 등에도 있다)과 똑같다. 요정은 평탄한 얕은 연못이 되고, 4방에 5개의 배연공이 있으며 규모는 명대 가마보다 크다. 연료는 석탄이 위주이고 땔나무는 인화引火 혹은 중도에 온도를 올릴 때 사용한다. 가마 안의 온도가 1,000℃ 정도에 이르면 공기 진입량이 감소하여 환원염 번조로 옮겨간다. 와전이 구워지기를 기다려 연통과 투시구를 봉폐하고, 연후에 요정의 凹한 작은 연못 속에 물 80석(8,000근)을 부으면 물이 자연스럽게 가마 안에 침투하면서 물이 고온과 만나 수증기로 변하게 된다. 이때 대량의 탄소가 발생하는데, 와전은 물의 작용 아래에서 한편으로는 온도가 내려가게 되고, 한편으로는 수증기와 탄소의 고압高壓작용으로 와전의 표면에 삼탄滲炭(탄소가 스며듬)이 이루어진다. 일본에서는 이를 '가수훈소可水熏燒환원소성법'이라 부른다. '일본 요업사연구소'의 시험에 의하면 단순히 환원염을 사용해서는 쥐색의 청전靑塼이나 청와靑瓦를 번조할 수 없으며, 모두 음수삼탄窨水滲炭의 작용에 의한 때문이라고 한다. 또한 스에끼須惠器(한국, 일본의 무유회색경도)도 이런 방법으로 번조하였다고 한다[41].

청대의 와전요는 북경 문두구門頭溝에 남아 있는 유리 와전요를 통해 완전하게 알 수 있다(그림 4-2-17). 문두구의 유리요 8기는 함께 이어져 전체가 1기를 이룬다. 구조는 규격화되고 전축의 표면은 진흙을 발랐다. 연소실은 얕고 풀이나 갈대, 소나무를 연료로 하

---

41) 『古代窯業的實驗研究1』, 日本窯業研究所發行, 1983.

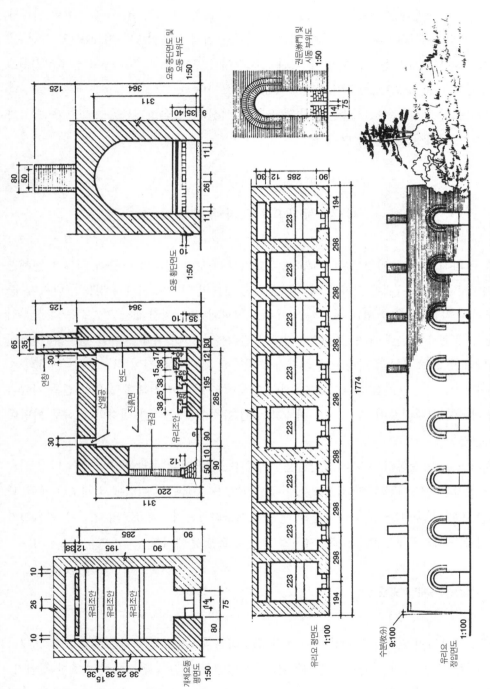

그림 4-2-18 북경시 문두구 Ⅲa형식 반도염 유리요전요 구조도
(청대, 中國古代建築技術史, 1985)

였다. 요상에 고정된 '유리조안琉璃條案' 즉 소대燒臺를 설치하고, 요 후미의 장벽 아래에 1열로 3개의 흡화공이 나 있다. 장벽 뒤는 연실이고 위에 연통이 있으며, 요실의 상면上面 앞뒤에 하나씩 2개의 산열공이 있다. 가마는 전장이 4.17m, 폭 2.23m, 높이 3.11m이다(그림 4-2-18). 기본 구조로 보아 역시 반도염 장방형요이다.

　　유리요와 관련된 번조 기술은 왕경과 유건업 선생의 『중국고건축유리기술』을 참고하기 바라며, 여기서는 다루지 않겠다.

제3절. 동아 와전요의 유형 비교

　　중국 와전 기술은 관방 교류를 통하여, 그리고 불교의 전파와 더불어 역외로 전해졌다. 그러나 교류의 단계가 달라서 대외적인 와전 기술의 영향도 시간과 정도가 다르다. 중국 와전의 외전外傳은 최초에 정치적인 이유로 전파되었다. 예컨대 실크로드 상의 장기적인 군사 주둔지에 한대의 중국인들이 재외에 권위를 보이기 위해 관사를 건설하였다. 실크로드와 한반도 북부의 낙랑군 소재지에서 발견된 한대의 와전이 바로 이런 역사적 증거들이다. 그 다음은 불교의 동전으로, 사원 건축에 수반하여 건축에 필요한 건축 기술과 조와 기술이 따라갔으며, 고구려와 백제의 사원 유적에서 출토한 대량의 연화문 와당이 이를 증명한다.

　　그러나 이런 현상의 내부적인 상황은 복잡하다. 예컨대 ①무엇이 중국식의 와전 기술인가? ②역외에서 어떻게 와전 기술을 획득하였는가? 중국인이 이역에서 제조한 것인가? 아니면 이역의 공인들이 이들 기술을 배워서 제조하였는가? ③요장의 성질은 관요인가 민요인가? 등등, 모두 깊이 생각할 가치가 있는 중요한 문제이다.

1. 한국의 마제형 와요

　　현재 조사되어 알려진 낙랑군의 와전과 고구려의 와당, 백제 무녕왕릉의 묘전 등에서 모두 중국식의 벽돌과 기와가 발견되었다. 이들 육중한 와전이 현지에서 번조한 것인가? 아니면 멀리 떨어진 중국의 내지에서 운반해 온 것인가? 하는 문제는 당시 교통이 불편한 시대에서 후자는 거의 상상하기 어렵다. 때문에 무릇 한대 와전이 출토된 곳은 와전 기술의 전파지로 인정할 수 있다고 생각한다. 중국의 와전요의 구조는 독자적인 체계를 이루고 있어 일본의 와요의 기본 양식과 크게 다르다는 것은 주지하는 바다. 중국 와전요의 주류는 마제요(Ⅲa)이며 토광 지하 마제요가 위주이다. 간혹 용요로 겸소하였다. 한반도의 와전요의 구조는 어떠한가?

최근 한국 고고학자들이 충청남도 부여군 부여읍 정동리井洞里 등에서 백제 연화문전을 번조한 요장을 발견하였는데, 무녕왕릉 능묘 건설 시에 설치된 대형의 전을 만든 곳으로 추측하고 있다. 그러나 가마 유구는 아직 발굴되지 않았다[42]. 나는 무녕왕릉의 고찰 및 매장 방식에 근거하여 당시 능묘 건설은 중국 예관禮官의 감독 하에 건조된 것으로, 전을 만드는 장인과 전의 모형도 모두 중국에서 가져온 것으로 생각한다. 당연히 묘전을 번조한 가마도 중국 강남(남경 일대)의 양식이어야 한다. 왜냐하면 전실묘 전통이 없는 한반도에서 돌연히 그와 같이 우수한 전을 번조하고 묘를 영조하는 기술이 발생하기는 절대 불가능하기 때문이다.

다만 애석하게 중국 남조의 전요塼窯 유적이 지금까지 완전하게 보고된 자료가 없으며, 단지 절강성 리저澧渚에서 8기의 전요가 발견되었다. 요의 평면 구조는 타원형과 속요형束腰形 2종이며, 요상은 지면에서 깊이 1.6m 떨어져 있는 지하식 구조이다. 길이 3.46m, 화문폭 0.3m, 요바닥에 화도火道(불고래)가 7줄 있고, 요돈窯墩이 6개 있으며, 뒷면에 연창이 발견된 것도 있다. 애석하게 구조 도면이 제공되지 않는데, 요 바닥에 '화도'와 '요돈'이 있는 것으로 보아 구조는 중국 북방의 전형적인 마제요형 와전요와는 차이가 있다. 만약 부여읍 정동리 전요의 구조가 해명되면 우리에게 남조의 전요 기술을 이해하는 데 귀중한 참고 자료를 제공할 것이다.

한반도 와요의 구조는 결국 어떠한가? 오가와大川淸선생의 『增補 日本の古代瓦窯』 4p에 김원룡金元龍선생이 충청남도 청양군 왕진리王津里 금강 서북안에서 발견한 와요 구조도(초도草圖)가 인용되어 있다. 그것을 복원해 보면(그림 4-3-1), 그 구조가 한국 전통의

---

42) 김성구, 「부여의 북제요지와 출토유물」, 『고문화담총』, 1991-12. 또, 충청남도 부여군 부여읍 정동리에서 발견된 백제 연화문전을 구운 요장은, 무녕왕릉 건설시 설치된 대형의 벽돌을 만들었던 곳으로 추정된다.(『월간문화재 발굴출토정보』, 1989-6, p.175.) 『백제의 와전 특별전』, 국립부여박물관, 1989).

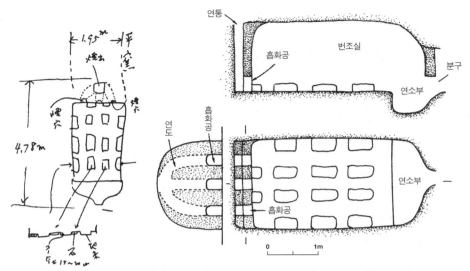

그림 4-3-1 한국 충남 청양군 왕진리 Ⅲa-2형식 반도염마제형 와전요(백제)
(金元龍 선생 스케치에 근거 복원함. 大川淸,『日本古代の瓦窯』, 1985)

가마와는 다르며, 중국식의 반도염 마제요임을 알 수 있다. 요장은 4.78m, 폭 1.95m에 번조실이 연소부보다 높다. 번조실의 요상에 석괴를 이용해 높이 15~20cm의 '소대燒臺'를 만들었는데, 종으로 4줄을 배열하여 3줄의 불고래(화조)를 이루었다. 번조실의 뒷벽 아래에 3개의 흡화공이 있으며, 연화煙火가 연공煙孔을 거쳐 연도煙道로 들어가 연통煙筒에 모여서 요 밖으로 배출된다. 전체 구조가 반도염요에 속하는 것은 의심할 바 없지만, 요상에 출현한 '화도'와 '요돈'은 중국의 Ⅲa형 마제요와 큰 차이가 있고 남조의 전요에 보다 근접해 있다.

그러나 전을 굽는 것과 기와를 굽는 가마에 차이가 있는지, 왕진리의 와요기술이 남조와 어떤 관련으로 건립되었는지는 아직 고고학적 자료의 증가를 기다려 판단할 수밖에 없다. 왕진리요의 시기는 6세기 후반에 위치한다. 이 대형의 조와 요장은 현재 잔존하는 6기의 와요의 구조를 보면, 5기는 교혈식 와요이고 단지 Y4만 중국 Ⅲa 유형 반도염 마제요에 속한다[43]. 이 Y4와 다른 요와는 연대상에 차이가 있는가? 왜 한 요장에 이렇게 차이

---

43) 大川淸,『增補日本古代の瓦窯』, 雄山閣出版, 1985, pp.3~7.

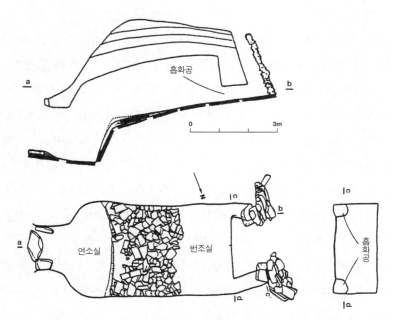

그림 4-3-2 한국 충남 부여군 장암면 정암A지구 Ⅲa형식 반도염와전요
(6세기 후반~7세기 중기, 백제, 關于扶餘的百濟窯址和出土遺物, 古文化談叢, 1991)

가 큰 두 종류의 가마 형태가 출현하는가? 이들 문제는 더 많은 조사 연구가 필요하다. 그러나 왕진리 Y4의 출현은 중국의 와전 기술이 이미 백제 시기(약 350~660년간)에 한국에 전해졌음을 알려주는 중요한 증거이다. 다만 현지의 가마 기술에 그렇게 큰 영향을 발생시키지 않았던 것 같다. 교혈요에서 와전을 번조하는 것이 계속 한반도 가마 기술의 주류였다.

1987년, 충남 부여군 장암면 정암리 내동부락場岩面亭岩里內洞部落의 B지구와 C지구에서 6세기 후반의 반도염 마제형 전요군塼窯群이 발견되었다. 이 요지는 왕진리와 같이 금강 연안에 위치하며 부여읍에서 직선 거리로 약 4km 떨어져 있다. 수십 기의 가마 유구가 백마강白馬江 대안의 산기슭에 분포한다. 그중 정암리 A지구 1호요는 가마 길이가 4.85m, 번조실의 최대폭이 1.72m로 중형요에 속한다(그림 4-3-2). 요의 투시구 · 연소실 · 번조실 · 흡화공 · 연도 등 각 부위의 보존이 완전하며, 단지 번조실의 천정부가 약간 붕괴된 정도이다. 연소실은 번조실보다 0.9m 낮으며 번조실의 요상은 앞으로 경사져 있다. 그 밖에 가마의 전면에 약간 凹한 작업면이 있는데 주위에 7개의 기둥 구멍이 발견되어, 작업면 위에 풍우를 막는 나무 건조물이 있었음을 알 수 있다.

주목할 것은, 요실의 벽 아래에는 2개의 흡화공이 있고 번조실은 일반 용요와 같은 경사도를 띠고 있다. 무엇보다 흡화공의 존재는 이것이 반도염 단실요라 단정할 수 있는 주요한 근거가 되지만 경사도는 대륙의 전형적인 반도염식 마제요와는 상반되는 모습을 하고 있는데, 이것은 교혈요의 영향을 받은 흔적이다. 왕진리의 반도염요와 비교해 보면 정암리 요의 시대가 약간 늦으며 전형적인 반도염식 마제요가 아니어서, 이미 마제요가 한반도에서 개조되었다는 흔적으로 볼 수 있다. 요지에서 출토한 치미·전·통와·연화문와당·평와·도연陶硯·도수관陶水管·도기 등의 유물을 보면[44] 똑같은 유물이 부여 군수리軍守里 사지와 동남리東南里 사지에서 발견되고 있다. 그래서 이 요지가 사원 건축을 위해 활동하였으며 사원 건축 기술 계통 중의 일부분에 속한 것임을 알 수 있다.

왕진리요와 정암리요를 비교해 보면 두 가마의 구조가 약간 다르며, 기술 계통도 차이가 있다. 왕진리요는 남조 강남지구의 기술 계통에 속하지만, 정암리요의 기술은 결국 어느 곳에 속하는지는 금후에 주의해서 연구할 과제이다.

2. 일본의 마제형 와요

일본의 와요 기술은 한반도에서 전해졌다는 것이 거의 정설이다. 이는 불교 전파의 부산물로, 즉 사원 건축기술에 수반되어 와요의 기술도 일본에 왔지만, 초기 사원용의 기와를 만든 가마유구는 아직 발견되지 않고 있다. 『일본서기』와 『원흥사연기元興寺緣起』의 기록에 의하면, 백제 성명왕聖明王이 552년에 석가불상과 불경을 헌증하여 불상과 불경을 공양하기 위해 소가이나메蘇我稻目(?~569)의 사택舍宅을 향원사向願寺로 하였다 한다. 이런 관습은 중국의 동진·남조와 완전히 같다. 당시 '사택을 절로 한(舍宅爲寺)' 향원사는 아마 지붕을 풀로 엮은 가옥이었을 것이다.

스슌崇峻 천황 원년(588년) 3월에, 백제가 다시 불사리를 헌증하면서 동시에 승려 1인·사공寺工 2인·로반박사櫨盤博士 1인·와박사瓦博士 4인·화공畵工 1인[45]을 파견하여

---

44) 同 42).

45) 『國史大系 I』, 後篇, 吉川弘文館, 1966.

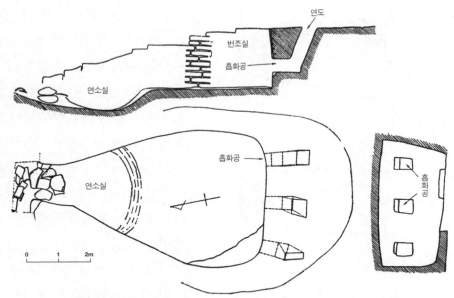

그림 4-3-3 일본 오사카부 후지와라궁 히다까산 Ⅲa형식 반도염마제형 와요
(7세기 후기, 大川淸, 『日本古代の瓦窯』, 1985)

일본에서 정식의 사원을 창건하는데 협조하였다. 공장 중에 특히 조와造瓦 기술자의 수를 가장 많이 파견하였으며 신분이 가장 높다. 일본 최초의 진정한 의미의 사원인 법흥사法興寺가 바로 이 교류의 결과였다. 그러나 궁정용의 기와는 이보다 1세기가 늦다.

건축용 기와는 일반 도기의 사용량과 크게 달라, 모리森郁夫선생이 『기와와 고대사원瓦と古代寺院』에서 추측한 바에 의하면, 중금당中金堂의 지붕에 적어도 1만 매의 기와가 필요하였다. 이런 대량의 기와는 단지 백제에서 파견된 5명의 조와 전문가만으로 생산하기는 어려웠다. 오가와大川淸선생의 실험과 문헌연구에 의하면, 덴뵤天平 보자寶字 6, 7년 두 차례의 '조동대사소해造東大寺所解'에서 배공配工에 관련한 기록을 보면, 두 차례에 기와 22,480매를 만들었는데, 매번 1가마를 굽는데 '공工 4인, 부夫 8인'의 배합이 필요하다고 하였으며[46], 각 요에서 1,200매를 구웠다. 공히 18차례 이상 구워야 성공하는데, 5기의 가마가 동시에 번조하고 동시에 조업자操業者가 60인 이상이 필요하였다. 이 속에는 채료采

---

46) 大川淸, 『古代窯業の實驗硏究 1』, 日本窯業史硏究所, 1983, p.46.
　　森郁夫, 『瓦和古代寺院』, 六興出版, 1983, p.38.

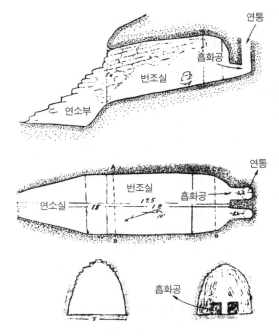

그림 4-3-4 일본 후쿠오카현 다자이후시 국분사國分寺 Ⅲa형식
반도염와요
(8세기 중기, 鏡山孟, 『國分寺の研究』, 1938)

料·련니練泥·연료·성형의 장인들은 포함되지 않았다. 때문에 로반박사는 성형전문가로 추측되며, 와박사 4인은 번조과정 중에 서로 협력하는 일꾼이며 그중 필시 가마를 축조하는 장인이나 가마 축조기술을 알고 있는 장인이 있었을 것으로 추측된다. 기타 협동하는 민부民夫는 당연히 일본 현지의 스에끼를 굽는 장인들이었겠지만, 그들이 사용한 가마는 어떤 형식이었을까?

조와 기술이 없는 일본에서 일본에 도래한 '백제 와박사'는 단지 백제의 방식을 채용하여 기와를 구웠음이 이치상으로 당연하다. 이 '백제 와요'는 결국 어떤 구조인가? 중국식의 마제요인가? 아니면 마제요의 기술 일부를 흡수하여 개조한 평요인가? 혹은 한반도의 전통적인 교혈요인가? 현재까지 일본에서 조사된 526기의 와요지의 자료로 판단하건대, 일본 와요의 양식은 다양하다. 그중 전통적인 스에끼요, 즉 교혈요가 64%를 점해, 기와를 번조하는 주류 요형이다. 7세기 이후가 되어서야 출현하는, 요상이 평탄한 '평요'가 점차 발전하여 기와를 굽는 주류 요형이 된다.

그러나 일본 평요의 분류는 비교적 애매하여, 주요 근거는 요상의 경사각도로 구분한다. 필자는 새로 분류하는 과정 중에 힘써 화염 형식상의 차이를 찾았는데, 그중 3예의 가마가 중국식 와요의 반도염의 성질에 접근하였다(류큐琉球왕국의 마제요는 제외). 그 기본 형태는 다음과 같다.

(예1) 오사카부大阪府 후지와라궁藤原宮 히다카산日高山 와요는, 7세기 후기에 번조하였다. 요 장 3.60m, 폭 2.10m, 잔고 1m에, 연소부는 깊이 0.5m의 토갱이다. 가마벽은 벽돌로 축조하고 표면에 진흙을 발랐으며, 풀 섞은 점토로 천정을 하고 번조실은 평탄하다.

뒷벽 아래에 3개의 흡화공이 있으며, 중앙 연도에 모아진 후에 요 밖으로 배출되었다(그림 4-3-3). 연소와 배연 계통의 간략화된 현상으로 보아, 가마 건축의 수준도 동시기 중국의 장안과 낙양 등지의 와전요에 비해 낮았던 것 같다. 이런 배연조排煙槽를 뒷벽의 내면에 설치하고 이곳에 모은 다음 요 밖으로 배출하는 현상은, 중국의 서안·낙양·개봉 사이의 황하 연선沿線지구에 상견된다. 본문의 〈3장 3절〉에 인용한 북송의 우현 균요와 여요가 곧 이런 형식이다. 이런 요는 배연 부분의 용적이 보다 작고, 흡화공의 능력이 한계가 있어, 요 길이가 5m 이내로 한정된다. 저명한 균요도 길이가 4.37m, 폭 2.5m에 불과하다. 그러나 연소실은 후지와라궁藤原宮의 와요에 비해 0.3m 깊다. 양자 모두 요잔窯棧(저장고)과 통풍구 시설이 없으며, 땔나무를 연료로 하였다. 역대로 지하식 교혈요를 채용한 일본에서 이것은 지금까지 발견된 최초의 반도염식 가마이며, 전통적인 사염斜焰 및 평염요와 번조원리 상에 본질적인 차이가 있다. 이 때문에 우리는 이것이 중국의 반도염식 마제요 기술과 직접적이거나 간접(한국을 통해 재 전파)적인 접촉 이후에 출현한 새로운 현상인지를 고려할 이유가 있다. 왜냐하면 당시는 바로 당조와 빈번히 접촉한 시대로, 630년부터 시작해 7세기 말까지 70년간에, 일본의 견당사가 대륙에 7차례나 왕래하였다. 이는 고대사에서 일본과 중국의 접촉이 가장 빈번한 시기였다.

『고사기古事記』의 '제위(갈대)로 지붕을 잇는 것은 존귀함에 맞지 않는다(鶏葦葺不合尊)'의 논의에 근거해, 일본 황실은 이미 중국 건축을 접수하여 신분 고하의 등급관념에 반영하였음을 알 수 있다. 그런데 당시 사원용 기와도 이미 백 년 이상의 역사(588년 백제의 와박사를 접수)가 있어, 이들이 모두 궁전에 기와를 얹기 시작한 조건을 만들어 주었다. 일본에서 정식으로 궁궐 건축에서 즙와한 것은 지토持統천황이 건조한 후지와라궁에서 시작되었으며, 시기는 7세기 말기(694년)였다. 당시의 가마 기술은 직접 중국 대륙에서 온 것인지, 아니면 이미 있던 사원 조와 기술이 이끌어서 된 것인지는, 출토유물의 진일보된 조사와 비교에 의해야 할 것이다. 현재 있는 가마 유구의 구조를 볼 때 거의 중국의 기술에 근접해 있다.

(예2) 후쿠오카현福岡縣 다자이후시太宰府市 국분사國分寺 와요는 8세기 중기에 구웠다. 요의 길이는 5.3m(그중 번조실 길이 3m, 연소실 길이 1.5m), 폭 1.5m, 번조실의 고도는 0.60m이고 연소실은 천정과의 고도가 1.5m이다. 요 후미의 장벽 아래에 2개의 흡화공이 있으며(원문에서는 배연공이라 하였다) 뒤에 수직한 연도가 지면과 통하고 있다. 요상 경사

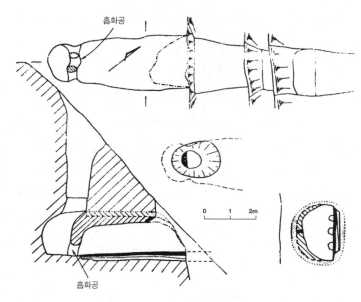

흡화공

흡화공

그림 4-3-5 일본 오사카부 사카이시 고우묘우이케光明池 제38-Ⅱ호 와요
(8세기 후반, 和泉光明池地區窯迹群發掘調査槪報, 1967)

도는 10°이다. 이 요는 사염 교혈요와 반도염 마제요의 이중적 특징을 겸해 갖고 있다(그림 4-3-4). 그러나 연화煙火 운행의 노선은 보다 반도염에 가깝다.

국분사는 나라시대에 국태민안을 기구하기 위해 당시 여러 지방 정권에 건축을 명령한 호국사원으로, 일반적으로 승사僧寺와 니사尼寺의 두 사원을 설립하였다. 건축 형식은 중앙에서 결정하고 구체적인 건조는 지방이 부담하였다. 쇼무聖武 천황 덴뵤天平 13년 (741)에 칙령을 반포하여 일부 부유한 지역에서 건설을 개시하였으며 필히 도와를 사용할 것을 지정하였다[47]. 다자이후시太宰府市 국분사 와요는 이미 백제 기와기술이 일본에 전해진 지 2세기가 되었다.

(예3) 오사카부 사카이시堺市 미키다카미죠美木多上町 이즈미고우묘우이케和泉光明池 제38-Ⅱ호 가마는, 시대가 8세기 후반이다. 이 가마는 요실의 후반부만 남아 있다. 전체 길이가 8m 이상으로 추측되며, 요상 폭이 2m, 높이 1.2m, 요 후미에 30×40cm의 흡화공

47) 網干善教, 「橿原市飛驒町瓦窯迹」, 『奈良縣文化財報告 5』, 1962.

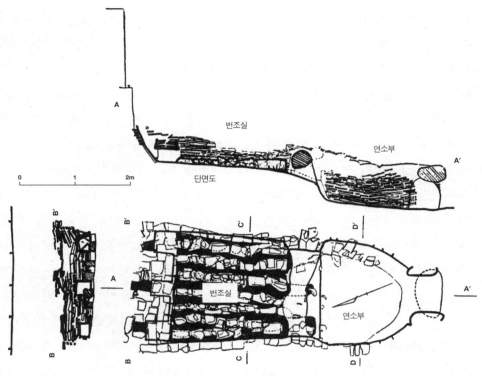

그림 4-3-6 일본 9세기에 유행한 와요(Ⅷd형식 평요)
(大川淸,『日本古代の瓦窯』, 1985)

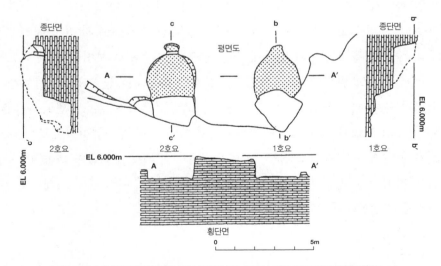

그림 4-3-7 오끼나와현 나하시 유다 Ⅲa-3형식 전축 반도염마제형 와전요
(명대만력년간, 長嶺均, 沖繩的古窯, 考古學通訊, 제332호, 1990)

1개가 설치되어 있고, 흡화공 뒤에 작은 연실(원문에는 '유연실留烟室'이라 부른다)이 있다. 요 후미의 연통은 지면과 직통하며 길이 약 5m로, 이 요는 스에끼와 기와를 겸소하였다. 754년 전후에 대정사大庭寺에 도와를 제공하였다48)(그림 4-3-5).

이상 세가지 예를 들었다. 배연 계통의 구조상에서 모두 일본 전통의 교혈요 및 전문적으로 기와를 굽는 개정식開頂式 평요平窯와는 맞지 않는다(그림 4-3-6). 예1은 전형적인 마제요와 비슷하다. 예2와 3은 명백히 마제요의 배연구조의 영향을 받았으나, 2기의 가마 모두 교혈요의 장조상의 특징을 띠고 있어 아마 개조를 거친 반도염요로 이해된다.

일본에는 전문적으로 도와를 번조하는 '개정식 평요'가 있다. 헤이안平安시대 말기(12세기 말기)에 출현하여 가마쿠라鎌倉와 무로마찌實町 시대에 유행하였으며, 후에 와요의 기본 형식이 되었다. 이 가마에는 요문이 없고 장요와 출요는 모두 요정窯頂으로 한다. 번조실 면에 와배를 쌓아서 긴 토릉土棱(이랑)을 만들어, 이랑과 이랑 사이의 골이 자연스럽게 불고래(화조)를 이루었다. 와배를 다 쌓은 다음 풀 섞인 진흙으로 천정을 마무리하고 기와를 번조한 후에 다시 요정을 깨트려 완성품을 꺼낸다. 요 후미에 흡화공과 연실이 없으며, 연통은 요정의 어떤 부위에 설치하였는지 분명하지 않다. 화염이 반드시 요 내에 있는 기와를 덮어 씌워야함을 고려한다면, 연통이 요미에 설치되어야함이 번조원리에 부합된다(그림 4-3-6). 이런 기와를 번조하는 개정식 평요는, 일반 가마의 기초 위에서 발전 변화하여 일본의 지방적 특색을 갖춘 전용 가마가 되었던 것 같다.

종합하여, 일본의 Ⅲa형 마제요는 극히 드물다. 그러나 이 극소수의 가마 예 중에서 중국 마제요의 축요 기술이 한국과 일본에 직접 영향을 준 것으로 보이는 것이 있으며, 이런 영향과 채용은 고유의 교혈요 기술로 도와를 번조하는 것과는 매우 큰 차이가 있다. 도와의 외형적 유사성은 설령 기술자의 직접적인 교류를 거치지 않아도 만들 수 있다. 그러나 가마 구조의 모방은 기술자의 직접적인 접촉이 없으면 불가능하다. 그것은 교류의 단계상 전자에 비해 보다 깊이 들어간 것이다. 물론 이런 외래의 기술이 최종적으로 일본에 뿌리를 내리지 못하고 일본 장인들에 의해 자신의 필요에 따라 흡수 도태되어 최후에 새로운 가마종류로 변화되었다.

---

48) 『圖說日本的史迹』제1집, 同朋社出版, 1991, p.202. 원문은 鏡山孟, 『國分寺の硏究』, 1938에서 나옴. 駒井鋼助, 『瓦的日本史』, 雄山閣出版, 1992, p.111.

천년이 지난 16세기에 일본에 다시 중국식의 마제요가 출현하였다. 1982년에 오키나와현沖繩縣 나하시那覇市 유다湧田(현 오까나와 현청 소재지)에서, 16세기 후반 류큐 왕국에서 궁전을 건설할 때 사용한 와전요 5기가 발견되었다(그림 4-3-7). 『구양球陽』이란 책에 의하면, 만력(1573-1620)년간, 명의 왕영택汪永澤이 '와봉행瓦奉行'의 직으로 류큐에 파견되어 류큐 왕조의 궁전 조와를 지도하였다고 한다. 가마 유적을 보면 가마 구조는 전형적인 마제형 양식이며[49], 가마기술이 숙련되어 있어 마제요 축조기술 전통이 없던 류큐에 이런 기술이 류큐인의 손에서 나온 것이라고는 생각하기 어렵다. 이 요는 길이 5m, 폭 2.2m, 높이 2.5m에 순전히 벽돌로 쌓았고, 연소실이 비교적 크다. 요 후벽 아래에 3개의 흡화공이 있고, 폐연은 중심의 연통으로 모아져 요 밖으로 배출되었다. 구조상으로 중국 대다수의 마제요와 같으며, 순수한 중국식의 반도염 마제요이다.

그런데 발굴된 2기의 가마는 1개의 전축요 기반을 공유하고 있는데, 양 가마의 구조와 크기는 완전히 같다. 왕궁 부근에서 발견된 요지와 합해서 관영요장으로 추측되며(그림 4-3-7), 양측에 가마들이 나란히 있었을 것으로 추정되지만 애석하게 파괴되었다. 중국의 역대 와전 관요를 참고할 때, 진·한·수·당은 물론이고 또 명·청 양대에도 관영 와요의 규모는 매우 광대하고, 가마 배열이 정돈되어 있고, 엄밀하게 규칙적으로 축조되었음을 알 수 있다. 류큐 왕궁 건설도 예외가 아닐 것이다. 이 중대한 발견은 『구양』의 기록과 정확히 일치된다.

그러나 이해할 수 없는 것은, 7세기 후반부터 16세기 후반까지 일본에 전해진 Ⅲa식 마제요가 왜 응용한 후에 전파되지 않고, 당시 가마 구조에 영향을 주어 새로운 변화를 발생시키지 않았는지? 왜 정부급의 교류가 있었음에도 기술의 비밀은 전해지지 않았는지? 혹시 중국 장인이 번조 임무를 완수한 후에 기술을 갖고 귀국하였는지? 이런 여러가지 의문점은 새로운 방증자료가 출현하기 전까지는 정확히 추단하기 어려울 것 같다.

여기서 또한 일본의 탄요炭窯 구조의 문제가 나오는데, 그 형식이 마제요와 극히 비슷하다. 이런 기술은 일본의 자발적인 것일까? 아니면 일본에 전해진 마제형 와전요에서 도입된 것인가? 혹은 기타 경로로 제탄 기술이 전입된 것인가? 이것은 중국과 일본의 양 방

---

49)「沖繩古窯」,『考古學通迅』, 제332호, 1990, p.9. 渡邊成,「瓦和木棉–站在東亞的視覺上」,『歷史與民俗』 제8호, 1991, p.75.

면에서 심도 있는 조사가 진행된 후에 비로소 밝혀질 것이다.

제4절. 중국의 와전요 기술 및 대외 전파

1. 와전 생산과 도자 생산

중국 고대의 와전 번조 기술은 도기 기술에서 끌어온 것이다. 와전요는 구조상의 변화 과정에서 도자기 가마기술의 발전과 같은 걸음을 보인다. 심지어 와전의 생산은 도자 기술 발전의 부산물이며 도자 기술의 한 갈래라고 할 수 있다. 와전의 제조가 전문화된 후에도, 번조 기술 방면에서 여전히 도자가마 기술의 발전에 수반되어 발전하였다. 한국과 일본도 중국과 마찬가지였다.

중국의 와전 번조 기술에는 주로 북방에서 유행한 반도염 마제형요를 채용하였으며, 이런 가마의 체적으로 1차례에 2,000~4,000매의 와전을 번조하였다. 그래서 통상 여러 기를 건조하고 심지어 십 수 기의 용적이 같은 가마가 돌아가면서 번조하였다. 이 때문에 이런 요지가 발견되면 떼를 지어 나타난다. 역대 수도인 서안 · 낙양 · 남경 · 북경 같은 데서 발견된 관영 와전요장이 모두 이와 같아서, 걸핏하면 30~70기의 가마가 군집되어 있다. 이에 비해 관영의 도자기 요장은 수량이 한정적이어서, 저명한 남송 관요는 수십 년의 조사에도 단지 오구산에서 2기의 중간 규모의 용요를 발견하였을 뿐이며, 원 · 명 · 청 시대의 경덕진 어요도 수십 기의 가마가 밀집할 정도까지는 아니다. 때문에 생활용품을 위한 자기와 대규모 토목 건설에 필요한 와전은 수량과 질과 기술요구의 수준에서 함께 논하기는 어렵다.

와전요의 구조도 명확히 도자기를 번조하는 가마에 비해 조방하며, 도자기를 번조할 때와 같이 그런 복잡한 요도구(시유된 자와瓷瓦는 예외)가 거의 필요하지 않다. 가마의 내화도는 일반적으로 1,200℃에 도달하게 되면 일반 와전의 번조에 충분하다(자요의 내화도는 일반적으로 1,300~1,350℃가 필요하다).

동시에 와전을 제조하는 원료는 자기에 비해 상대적으로 제한이 적어 일반적으로 현지에서 재료를 취하여도 와전 생산의 수요를 만족시킬 수 있다. 이 때문에 와전요의 분포는 도자기요의 분포와 매우 다르게 나타난다. 도자기요의 분포는 이상적인 원료와 충분한 연료에 의지하여 분포하기 때문에 원료와 연료의 존재에 따라서 분포한다. 그러나 와전요의 분포는 건설 공사 지점의 설치에 따라 분포하는데, 와전의 생산은 원료에 대한 요구가 높지 않기 때문이다. 그리고 설사 외지에서 연료를 조달하여도 육중한 와전 제품을 운송하는 것보다 편하며, 현지에서 생산하는 것이 또한 장거리 운송 중에 생기는 파손을 피할 수 있다.

2. 와전 생산과 왕권 정치

고대 중국은 봉건 왕권국가로, 토목공사는 왕왕 '국가의 대사'였다. 특히 궁전과 관아 등 국가가 주도하는 건축물은 국가와 권력의 상징이어서 강력한 권위와 등급 관념을 반영하였다. 물론 용재의 질과 크기, 색깔, 장식 면에서 모두 엄격한 제한이 있었다. 뿐만 아니라 건설 중에, 가장 우수한 장인을 동원하고 가장 좋은 설비자재를 선택하며, 때문에 궁전 건설을 둘러싼 관영 와전요장은 기술상에서 당연히 당시의 최고 수준이었다. 이 때문에 당시의 정치 중심이 곧 왕왕 와전 생산의 기술 중심지였다. 이것은 가마 구조의 합리성과 분포상의 양을 비교 고찰하고 고고학상으로도 뚜렷이 증명되고 있다(그림 4-4-1).

와전은 정치성 건축에서 불가결한 건축 재료이며 특히 와재瓦材는 소조塑造 건축의 형상에서 중요한 작용을 하기 때문에 와전의 번조와 관리도 정치적 색채를 농후하게 띠게 된다. 일반인이 경거망동하게 다룰 바가 아닌 것이다. 그래서 고대의 대형 토목 건설 중의 와전 번조는 일반적으로 관부에서 조직하고, 전문 기구를 설치하며, 생산 규모가 광대하며 품질 요구가 엄격하였다. 동시에 당시 와전 번조기술의 최고 수준을 반영하였다.

이렇게 당시 중앙정부는 각지에 정치적으로 침투하면서 각 지역에 관원을 파견하고 한 민족의 정권을 상징하는 건축물을 지었으며, 와전 기술도 그를 따라 변방으로 전해졌다. 서역과 북방 초원 및 '낙랑군' 등지에서 발견되는 한대 와전이 방증이 될 수 있다. 백제 무녕왕릉의 전실묘도 남조에 속하는 양梁의 정치적 관여로 인해 출현한 특이한 현상이다. 류큐琉球 궁전의 건설은 똑같이 명대 정부 '와봉행'의 직접적인 통제를 받았다. 한국의 백제 왕국과 일본의 야마도大和 조정 및 발해 왕조의 소재지에서 연이어 발견되는 중원식의 반도염 마제형와전요는 모두 당시의 중국과 인근 나라의 문화 교류와 정치 관계를 탐색하는

데 실마리를 제공하고 있다. 중국 내에서 마제요는 북에서 남방으로 전파되었으며, 일부분이 이런 정치 세력의 침투 과정 중에서 확산되어 나갔던 것이다(그림 4-4-1).

3. 와전 기술의 전파와 문화 교류

중국은 봉건 왕권국가이기 때문에 언제나 정치가 경제에 우선하고 경제적 발전을 제약하였다. 때문에 국가와 국가 사이의 공식 교류에서 정치적인 면이 가장 먼저 강조되는 것이 고대 중국의 대외 문화교류의 중요한 특징이었다. 와전 기술은 일반적으로 일상 생활 기구를 생산하는 도자기 생산기술과 비교할 때, 자연히 정치적인 관계와 더욱 밀접하다. 때문에 와전 기술의 대외 전파는 아마 정식의 관방 교류를 통해서 실현되었던 것 같으며, 이 점은 문헌 자료가 여러 방증을 제공한다(와박사, 와봉행의 파견). 그러나 문화 교류의 각도에서 고찰해 보면, 이런 기술의 전파가 농후한 정치적 색채를 띠고 있기 때문에, 그것이 문화의 심층에 남게 되는 영향에는 여러가지 제한이 있다.

전술한 바와 같이 중국의 봉건 왕조는 역외의 변경 소국을 자신의 정치 영역 이내에 넣길 희망하고(상징물의 건축 혹은 분묘를 통하여 표시한다), 또한 이들 변경 소국이 도를 넘는 행위를 염려한다(규모, 크기와 양식상에서 제한한다). 이 때문에 건축 기술과 와전 기술을 전수한다는 것은 동시에 정치적으로 제한을 가한다는 의미를 포함하고 있다. 이는 곧 접수하는 쪽에서 왕왕 위화감을 느끼게 하는데, 환언하면 주동적으로 흡수하지 못하여 그것이 문화상의 영향에서도 깊이 들어가는 것이 불가능해진다. 이후 외부의 강제된 요소들이 쇠퇴함에 따라 문화의 표층에 떠 있던 무근지화(無根之花: 뿌리없는 꽃)는 필연적으로 시들어 떨어져 버린다. 이것이 중국의 반도염 마제형와전요가 한반도와 일본 열도상에서 한번 나타난 후 즉시 사라져버린 내재적 원인으로 해석할 수 있지 않을까? 만약 주동적으로 흡수하였다면, 한반도와 일본 열도에서 고유한 교혈요와 기타 와요에 비해 선진적인 가마 기술을 왜 퍼트리지 않았겠는가? 또한 당시의 도자기 가마에 조그마한 영향도 없었는가? 이는 확실히 우리가 깊이 생각해 볼 만한 하나의 커다란 문제이다.

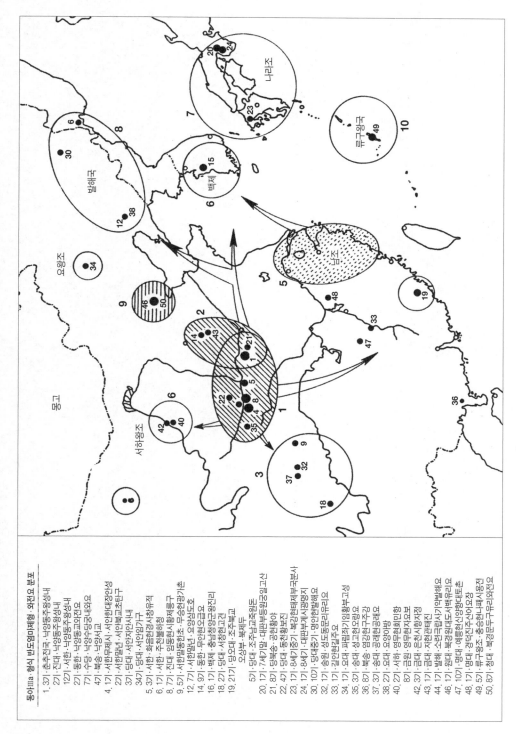

그림 4-4-1 동아 Ⅲa형식 미제형어건와 분포도

동아Ⅲa·함사 반도염마제형·와전요 분포

1. 3기: 춘추전국·낙양동주왕성내
2. 2기: 진대·낙양동주왕성내
12. 2기: 서한·낙양동주왕성내
2. 7기: 동한·낙양동교한위요
7. 7기: 수당·낙양수당궁내요
4. 7기: 북송·낙양서교
4. 1기: 서한무제시·서안한대장안성
2. 2기: 서한말년·서안북교조안성
3. 1기: 당대·서안자미사내
34. 7기: 당대·서안임기구
5. 3기: 서한·화음현경사창유적
6. 1기: 서한·주천불야성
8. 7기: 진대·임동현시황릉구
9. 5기: 서한임동한초·요양습공기촌
12. 7기: 서한말년·요양도요
14. 9기: 동한·무언현오금요
16. 1기: 백제·충남청원고분지리
18. 2기: 당대·서청현고간
19. 21기: 당오대·조주북교
      오성부·북제두
5. 1기: 당대·조주남교주연둔
20. 1기: 7세기말·대판부동원군길고신
21. 8기: 당북송·고현황이촌
22. 4기: 당대·동천황보진
23. 1기: 8세기중기·북강현태제부국분사
24. 1기: 8세기·대판부계시광장지
30. 10기: 당대종기·명이현발해요
32. 1기: 송원·명이현발발해리오
33. 1기: 김안현공주요
34. 1기: 요대·주주남교국중둔
35. 3기: 서하·성고현오읍오
36. 8기: 북송·연강현주주강
37. 3기: 송대·공래현공래요
38. 2기: 요대·요양방
40. 2기: 서하·영무현회민향
      8기: 금원·영무현회민향
42. 2기: 서하·인천사향자정
43. 1기: 금대·자현관태진
44. 1기: 발해·소원국립사기강아발해유리
46. 1기: 원대·북경원대도서배유리요
47. 10기: 명대·예동현산양성대돈
48. 5기: 류구왕조·경덕진주선야요장
49. 5기: 류구왕조·중승현나패사용전
50. 8기: 청대·북경무구우리오건요

239

제5장
중국 고대의 요도구와 장소裝燒 기술 교류사 연구

제1절. 개설

일반적으로 기술상의 진보는 공구工具의 개혁으로 시작된다고 한다. 도자기 생산기술의 발전도 똑같은 과정을 거쳤다. 문헌기록이나 완전한 공방 유적이 충분하지 못한 시점에서 고대 도자기술이 어떠한 수준에 도달하였는지를 알기 위해서는 현존하는 오래된 민속, 민구民具 등에 대한 민족학 조사방법을 통하여 공예기술 방면의 지식을 얻을 수 있을 뿐이다. 연후에 요지의 유물과 유적, 특히 잔존하는 공구와, 공구가 베풀어진 흔적 등을 통하여 판단을 내릴 수 있을 것이다.

요도구란 요장에서 도자기를 제작하는데 사용한 공구를 총칭하는 말이지만, 현재 일반적인 개념상의 요도구는 주로 도자기의 번조 과정 중에 수반하여 가마 내에서 사용된 보조 공구를 말한다. 민족학적인 조사 자료를 보면, 요업 생산 중에 사용된 공구는 광범위하다. 질적으로는 죽목竹木·포혁布革·금속·토석 등을 포괄하며, 효능면으로 보면 도자 원료의 채굴, 원료가공, 공방의 성형과 장식, 소요燒窯 등의 각 부분에서 사용된 공구를 포괄한다. 요도구를 사용하는 목적은 폐품의 출현을 감소시키고 요실의 공간 이용율을 향상시키는데 있다. 경제적인 면에서 보면, 생산원가를 낮추고 제품의 질을 향상시켜 제품이 경쟁에 뒤지지 않게 하는 것이다. 생산원가를 낮추고 제품의 질을 높이는 과정 중에서, '번조(소성)'는 각 부분 중의 키포인트이다. 그래서 요도구의 종류와 조합 및 공구의 선진

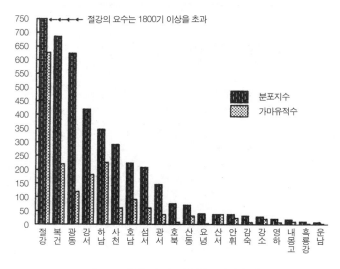

그림 5-1-1 중국 각 성 요지 분포 상태 통계도

화 정도가 번조기술 수준을 평가하는 표지인 것이다. 고대 요지에서 유기질의 공구는 부패되었고 남아있는 것은 일부 무기질 혹은 우연히 잔존한 유물과 유적이다. 그중에서 도자질의 요도구와 도자기 폐품의 유존량이 가장 풍부하여, 고대의 도자생산을 복원하고 고대의 도자기술 발전사를 연구하는데 중요한 실물 근거가 되고 있다.

1990년까지, 중국에서 발견된 고대 요지는 2,270여 곳이고, 가마 유적은 6,100여기 이다. 이들 요지는, 절강성에 가장 밀집되어 있고, 복건성과 광동성이 다음으로(그림 5-1-1), 약 64%의 요지가 동남연해 일대에 집중 분포한다(그림 5-1-2). 시대 순서에 따라 통계를 내 보면, 당대 이전에 발견된 요지는 연도 분포상의 밀도가 0.23이고, 당·송 시대 600년 간의 연도분포 밀도가 5.2로, 전후 비교가 22.6 배의 차이가 난다. 이는 당대 이후에 요업이 거대한 발전을 이룬 것을 반영한다.

동시에 1~19세기의 요지 수량을 간단히 통계를 내 보면, 3~4세기가 하나의 작은 피크이고, 10~14세기가 중국 도자생산의 클라이맥스이다. 14세기 이후는, 통계상의 숫자는 급격히 하락하지만, 이는 생산의 위축은 아니고, 경덕진 위주로 상품 자기 생산 기지가 형성되었기 때문이며, 이들 요장의 생산 능력과 제품의 질이 기타 중소 요장을 대체하는 추세였다. 상품 유통 루트의 창달 또한 요업을 분산에서 집중으로 향하게 하였다. 〈그림 5-1-3〉의 변동 곡선이 당시의 경제 배경과 일치한다.

현재 수집된 요도구와 관련된 보고 자료는 약 470예가 있으며, 1,240 곳의 요지와 3,057기의 가마 유적에서 출토한 요도구의 정황을 개괄하였는데, 애석하게 구체적인 자료 소개는 많지 않다. 그러나 이 숫자는 단지 발표된 자료의 반 정도일 뿐이다. 이들 자료 중에, 172기 요지의 보고에 요도구의 그림이 실려 있고, 123기의 사진 자료가 발표되었다. 200여기에 가까운 가마에서 사용된 요도구의 구체적인 상황을 알 수 있으며, 그중 다시 35예의 간보簡報 중에 파편과 요도구가 붙은 사진 및 장소(재임) 복원 자료가 덧붙여져 있다. 이들은 모두 탐색과 복원을 하려는 고대의 장소기물과, 요계窯系 사이의 기술 비교를 하는데 귀중한 자료들이다.

요도구에 대한 연구는, 거시와 미시 양 각도에 따라 동시에 진행할 수 있다. 기술의 각도에

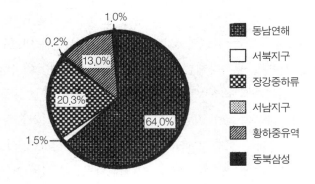

그림 5-1-2 중국 각 지구 요지 분포 비율도

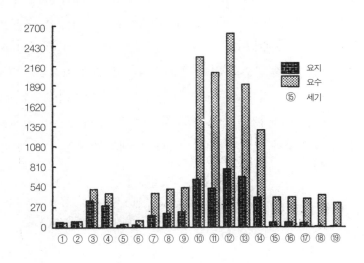

그림 5-1-3 중국 1~19세기 요지 수량 변화 통계도

서 요도구를 관찰하고, 민구학적 방법을 이용하여 현존하는 오래된 기술을 조사하며, 유물에 대해 유·태 성분의 분석을 진행하고, 또한 연구에서 얻어진 지식에 근거하여 기술 복원을 진행하는 것이 요도구의 미시적 연구의 주요 방법이다. 현재 미시적 연구는 각지에서 이미 제각기 주의를 하고 있고, 약간의 요지 발굴보고에서도 계속 고대의 장소기술 복원의 연구 성과를 발표하였다.

장소기술에 대한 복원 연구 중에, 비교적 가치가 높은 논문은 유신원劉新園의 「경덕진 송원시기 망구자기와 복소기술의 초보연구景德鎭宋元芒口瓷器與覆燒技術的初步研究」(『考古』

1977년 6기) 및 「경덕진 호전요 각기 완류장소기술고景德鎭湖田窯各期碗類裝燒工藝考」(『文物』1982년 5기) 등 일련의 글들이다. 유신원의 논문 발표는 도자고고계에서 도자기의 장소기술 복원을 중시하게끔 이끌었고, 요지 발굴자들이 유적과 유물 중에서 이 방면의 정보를 수집하게끔 촉진시켰다. 이후, 계속해서 이런 논문들이 발표되었으며, 그중 대표적인 글이 이휘병李輝炳, 필남해畢南海의 「논 정요자기기술의 발전과 역사분기論定窯瓷工藝的發展與歷史分期」(『考古』1987년 12기), 수기생水旣生의 「산서 고대 요도구 및 장소방법의 초탐山西古代窯道具及裝燒方法的初探」(중국과학원상해규산염연구소편, 『중국고도자연구中國古陶瓷研究』1987년, 과학출판사), 진려경陳麗琼의 『사천고도고四川古陶考』(1987년, 중경출판사) 중의 관련 논문이다. 기타 약간의 논문과 보고서가 다소간 이 방면의 내용을 다루었으며, 이는 서영徐榮이 편집한 『중국도자문헌지남中國陶瓷文獻指南』(1988년, 경공업출판사)를 통하여 실마리를 얻을 수 있다.

필자는 기술 문화의 비교 관점에 의해서, 건국 이래 요지에서 출토한 요도구 자료에 대해 일차적인 정리를 진행하였다. 즉 요도구를 받침(점소구墊燒具), 도지미(지소구支燒具), 갑발(갑구匣具)과 측시구測試具의 4대류(그림 2-3-1, 2-3-2, 부표2-10)로 나누었으며, 동시에 소요燒窯공구와 장소裝燒(재임)기술의 발생과 발전 및 기술 전파의 역사를 고찰하였다.

제2절. 받침(점소구墊燒具)

받침(점소구)은 도자기의 장소 과정 중에 그릇과 그릇 사이에 받쳐서 서로 떨어지게 하는 작용을 하는 것으로, 유액釉液이 서로 붙는 것을 방지하고, 가마의 수직 공간의 이용률을 향상시키는 보조 공구이다. 요도구 중에 도지미(지소구)와 갑발에 비해 출현이 보다 빠르며, 도자 장소기술에서 중요한 보조공구의 하나이다.

현재 고고 조사에서 제공된 자료로 판단하면, 비교적 일찍 받침이 출현한 요지는, 태호太湖 주위의 절강성 덕청현德淸縣과 의흥현宜興縣에 분포한다. 청자의 발생과 발전의 역사로 고찰해 보면, 동부 연해 지구는 시유 도자기가 비교적 발달한 지구일 뿐만 아니라, 대다수의 받침과 도지미 등의 요도구의 발원지이다.

받침은 시유기술의 발전에 수반되어 출현하였다. 왜냐하면 유약이 출현하면서 유가

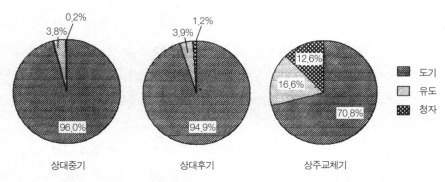

그림 5-2-1 강서성 청강현 오성 상주유적 원시청자 비율 증가도
(李科友, 1975, 略論江西淸江吳城商代原始瓷器, 文物, 1975-7)

흘러서 기물들을 서로 달라붙게 하는 문제가 생겨났기 때문에, 받침이 필요하게 되어 발생하였다. 중국의 고대 시유기술은 상대 중기에 출현하였다. 상·주 무렵이 되면, 시유도기인 원시청자의 유물이 이미 장강 중하류 지구에 비교적 광범위하게 분포하는데, 강서성 청강현 오성의 상·주 유적이 그 좋은 예이다(그림 5-2-1)[1]. 초기의 인공 시유기술은 자연 회유에서부터 계시를 얻어 발전되었다. 최초로 출현한 인공유는 일반적으로 매우 얇게 씌워져 있다[2]. 그래서 유액이 서로 붙어 폐품을 발생시킬 위협은 아직 없었다. 당시 도자기의 제작은 아직 상품 생산의 단계로 진입하지 않고, 생산은 스스로 소비하는데 만족하였다. 서주西周 시기에, 도자기는 굽다리가 높은 것이 많았으며, 번조할 때, 배坯들을 1점씩 나란히 놓거나 큰 그릇을 작은 그릇에 덧 씌웠으며, 첩소하는 방법을 채용하지 않았다. 당시의 도공들은 아직 장소 요도구를 개발하기는 불가능하였다.

춘추 초기(약 기원전 700년)에 시유기술이 진일보 발전하였다. 강남 지구에서 보편적으로 유층이 비교적 두터운 원시청자가 출토하는데, 단순하게 당시 분묘에서 출토한 원시청자의 수량만 보아도, 청자에 대한 요구가 부단히 증가하여, 도자기의 양산 기술이 일종의 사회적 요구가 되었음을 알 수 있다. 그래서 새로운 장소 방법이 곧 대량 생산을 만족시키기 위하여 출현하였다. 절강성 덕청현에서 발견된, 서주에서 전국시대에 걸친 원시

---

1) 「江西淸江吳城商代遺址發掘簡報」, 文物』, 1975-7, p.51. 「略論江西淸江吳城商代原始瓷器」, 『文物』, 1975-7, p.77.
2) 『中國江西省文物展』, 1984年, 日本歧阜縣美術館, 圖33: 1974年江西淸江吳城商周遺址出土原始瓷器.

청자 요지 역시 이 방면의 실물자료를 제공하고 있다[3]. 보고자의 소개에 의하면, "늦어도 춘추 초기에, 이미 기물을 함께 첩소하는 기술이 창안되었고, 또한 굵은 사립, 요사窯渣(가마 찌꺼기), 점주墊珠(구슬받침)를 이용해 기물 사이의 간격물間隔物을 만들었다. 따라서 춘추말, 전국초 무렵에 부성富盛 등의 가마에서 점주첩소를 채용한 역사를 앞당겼다(근 500년)"라 하였다.

또한 강절江浙 등지의 서주 토돈묘土墩墓에서 자주 보이는 권족기圈足器(다리굽 그릇)가 퇴화하고 완형기碗形器로 변해가는 것이 보인다. 이것은 아마 새로운 장소 방법에 적응하기 위하여 기물을 원래의 조형에서 개변시켜야 하였기 때문이다. 왜냐하면 고족高足과 권족圈足은 첩소를 할 수 없고, 한 개씩 요상에 나란히 둘 수밖에 없어, 이런 번조방법은 가마 내의 수직 공간을 낭비할 수밖에 없지만, 첩소 방법을 사용하면 같은 가마 내의 장소율을 수배 증가시킬 수 있었다.

현재 알려진, 받침을 사용해 장소한 최초의 가마는, 절강성 덕청현의 서주에서 춘추 초기에 이르는 원시청자 요지이다. 이 요에서 채용한 받침 방법은 다양하여, 점주 외에도 동시에 사점砂墊(모래받침)을 채용하였다. 춘추전국 시기에는, 같은 요에서 인문경도와 유도釉陶 및 원시청자를 번조하였다. 첩소한 기물 사이에, 보통 일종의 보편적인 점토눈泥点이나 불규칙한 긴 점토받침泥條를 사용해 유가 붙는 것을 방지하는 간격물을 만들었다. 약간 늦은 전국시기에, 절강성 소흥현 부성요에서 비교적 규격화된 구슬모양圓珠 받침을 사용하였다(그림 5-2-2; 2). 그러나 이 구슬받침이 고온에서 변형을 일으켜, 넘어지는 현상이 종종 발생하였다[4].

도자기 생산 중에 폐품이 출현하는 원인은 매우 많다. 유액으로 붙어버리는 문제 외에, 도배가 가마의 적당한 위치를 선택하여, 적당한 번조온도를 공급받는 것이 제품이 올바르게 만들어지게 하는 중요한 조건이다. 가마의 구조면에서 볼 때, 가마 내의 각 부위의 온도와 분위기는 서로 다르며, 그래서 이 다른 분위기와 다른 온도에 어떤 원료로 조제한

---

3) 서주 후기~춘추 중기의 절강성 덕청현 용산향 화소산德淸縣龍山鄕火燒山, 방풍산防風山 요지(「浙江德淸縣原始靑瓷窯址調査」, 『考古』, 1989-9, 779).

4) 전국 시기의 절강성 소흥현 부성요富盛窯에서 비교적 규정한 탁주托珠를 사용하였지만 너무 크고, 너무 높고, 내화도가 맞지 않아, 요풍窯風의 충격을 받을 시에는 쉽게 기울어지거나 쓰러지는 현상을 만든다(「浙江紹興富盛戰國窯址」, 『考古』, 1975-3, p.231).

도배를 놓아야 하는지 반드시 주의하여야 한다. 이는 매우 늦게 얻게 된 경험으로, 경덕진의 청대 이후의 압단요가 이런 기술 발전의 정점이다.[5] 그러나 이러한 고도의 '요위窯位' 의식은, 당대 이전에는 매우 유치한 수준이었다. 그때는, 도공이 이상적인 번조 위치를 선택하기 위해, 단지 도지미를 이용해 도배를 적당한 공간(요위)에 두었을 뿐이었다. 그래서 도배에게 요구되는 번조 온도와 번조 분위기에 도달하지 못하면, 곧 생배生坯가 되거나 과소過燒와 편소偏燒로 인해 변형되거나 혹은 정색이 올바르지 않는 등, 대량의 폐품이 나오는 현상이 생겼다. 당연히 이밖에도, 화염을 통제하는 기술도 중요한 조건 중의 하나였다.

도지미의 출현은 받침보다 약간 늦다. 초기의 시유 도자기 공방에서는 모두 먼저 받침이 있고나서, 뒤에 도지미가 출현한 것 같다. 예컨대 덕화현 용산향 동파목장德化縣龍山鄉東坡牧場, 용승촌 정자교龍勝村亭子橋, 낙사향 사촌 풍가산洛舍鄉砂馮家山 3곳에서 전국 중기 이후의 원시청자요지를 발견하였다. 이들 요지들은 이미 가마 바닥에 점좌墊座를 응용하였는데, 이것이 지금까지 알려진 최초의 도지미의 사용례이다(그림 5-2-2-: 1). 그러나 같은 곳에서 받침이 도지미보다 빨리 출현하였다.(서주 후기~춘추 중기).

이렇게 받침의 개선으로 장소 수량을 확대시켰으며, 도지미의 응용은 가장 좋은 번조 위치를 선택하게 하여 품질을 향상시켰다. 양자는 오랜 탐색의 세월을 거치다가, 갑발의 출현에 이르러 커다란 변화가 발생하였다.

그런데 각종 요도구를 조합하여 함께 사용하거나, 아니면 교체하여 발전하는가는 각지의 자연조건과 기술 전통 및 요장 간의 기술적인 상호 영향과 밀접한 관계가 있다. 또한 각지의 경제와 문화 발전의 불균형이 요장 간의 기술상에서의 차이를 들쑥날쑥하게 하였다. 이런 점을 인식하고, 우리가 이해할 수 있는 것은, 다양한 수준의 역대 요지에서 출토된 자료를 종합하여 함께 편년하여 비교하는 것은 과학적인 의의가 결핍된 것이라는

---

5) 鍾起煌, 羅學正, 「唐窯及其工藝技術成就研究」, 『中國陶瓷』, 1982-7, p.44~46. 또, 『陶冶圖編次』란 책에서, "가마 불은 전, 중, 후의 구분이 있는데, 앞 불은 맹렬하고, 중간 불은 완만하고, 뒷불은 미약하다."고 하였다. 실측을 해보면, 앞 불은 1,300~1,320℃, 중간 불은 1,260~1,280℃, 뒷불은 1,130~1,170℃이다. 온도 차이를 해결하는 방법은, "배태를 안치하는 것은, 유의 연함과 굳셈을 헤아려 요위와 맞추어야 한다."는 것이다. 그래서 전체 요를 온도 차에 맞추어 몇몇 종횡과 수평 온도의 단면점(즉 요위)를 3개의 계단으로 나눈다. 각기 다른 온도의 유·태로 배방配方된 배체를 상응하는 온도의 요위 상에 안치하여, 각종의 질적으로 정·조가 요구되는 서로 다른 배들을 동시에 번조할 수 있게 한다.

점이다. 필자가 편집한 〈중국 주요 갑발 유행 시기도〉(그림 5-4-5 참조)는 단지 중국에서 어떤 시기에 이들이 출현하여 어떤 시기에 유행하였는지를 설명할 수 있을 뿐이며, 그래서 지리적 분포와 함께 조합을 이루는 관계 및 시대상의 교체관계는 포함하지 않는다. 편년연구는 단지 하나의 대형 요장이나 하나의 요계 내에서 한정되어 문화상의 의의와 비교하는 의의가 있을 뿐이다.

1. 받침의 분류

받침의 종류는 아래와 같이 각종이 있으며, 그 기본 형상은 〈그림 2-3-1〉를 참조하기 바란다.

① 분산된 단지점單支點 받침(눈받침) : 구슬받침(탁주托珠, 점주墊珠) · 점토눈(니점泥墊) · 매사점煤渣墊 · 지마정芝麻釘 · 4족입체四足立體받침눈 · 모래빚음눈(단퇴사單堆砂).

② 광면廣面 접촉 받침: 점병墊餠(개떡), 패각받침.

③ 고리나 선 모양 접촉 받침: 고리받침(점권墊圈, 점환墊環), 봉형받침(점봉墊棒, 점조墊條), 배형杯形 · 관형罐形 · 발형鉢形 · 촛대형 등의 기형器形받침.

④ 지점支點(받침눈)이 고정된 받침: 치변齒邊고리받침 · 치구齒口통형받침 · 치변점병齒邊墊餠 · 유정乳釘점병 · 유정점환乳釘墊環 · 삼차형三叉形받침.

⑤ 가루, 모래 상태의 받침: 자분瓷粉 · 고령토(산화알루미늄 분말) · 강회糠灰(쌀겨재) · 곡물껍질 · 볏짚 · 사립.

이상의 5종류 외에도 받침과 도지미를 겸유한 복합형 지점인 고족삼차지탁高足三叉支托이 있는데, 수 · 당 시대의 하남성 안양과 산동성 치박淄博 일대에 출현한다(그림 5-2-2: 3)[6]. 이 고족삼차지탁은 일반적으로 높이가 12.5~20.4cm이며, 지소支燒와 점소墊燒의 이중 작용을 갖추고 있다. 매우 흥미로운 것은, 이런 동류의 요도구가 지중해의 로마시대(기

---

6) 「山東淄博寨里北朝青瓷窯址調查紀要」, 『中國古代窯址調查發掘報告集』, p.354. 「河南安陽隋代瓷窯址的發掘」, 『文物』, 1978-2, p.48.

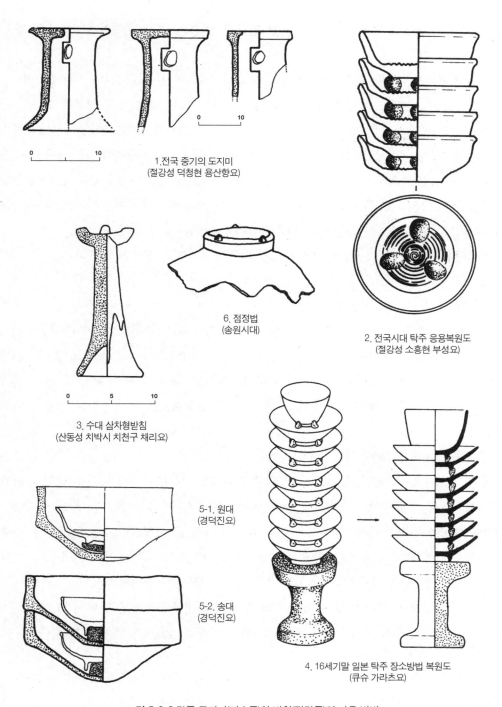

1.전국 중기의 도지미
(절강성 덕청현 용산향요)

6. 점정법
(송원시대)

2. 전국시대 탁주 응용복원도
(절강성 소흥현 부성요)

3. 수대 삼차형받침
(산동성 치박시 치천구 채리요)

5-1. 원대
(경덕진요)

5-2. 송대
(경덕진요)

4. 16세기말 일본 탁주 장소방법 복원도
(큐슈 가라츠요)

그림 5-2-2 각종 도지미(지소구)와 받침(점격구)의 사용 방법

원전 200년 전후)에도 사용되었는데[7], 어떤 연관이 있는가? 혹은 우연인가? 아직 알지 못하겠다.

이상의 각종 받침은, 때로 사람에 따라 각종의 다른 명칭이 붙여진다. 예컨대 '점주墊珠(구슬받침)'는, 지정支釘 · 점사墊渣 · 니정泥釘 · 지점支墊 · 점정粘釘 · 태토목胎土目 · 규석목硅石目(일본과 한국의 명칭) 등 명칭이 서로 다르다. 필자가 알기로는, 받침(점소구))의 작용은 점격墊隔(떨어뜨림)이 특징이고, 도지미(지소구)는 지승支承(받쳐 올림)작용에 중점을 둔 것으로, 정확하게 이들 동형이칭의 요도구의 용도를 판단하여야 한다. 본문에서 잡지나 보고서 상의 자료를 처리할 때에도 종종 요도구의 개념이 불확실한 상황을 만나는데, 이들은 금후 실제조사에서 진실이 더 밝혀지길 기다려야 할 것이다.

이하 각종 받침(점소구)의 형식과 원류에 대하여 초보적인 개괄을 하겠다.

(1) 분산형 단지점單支點 받침(눈받침)

이 종류의 받침에는, 탁주托珠(구슬받침) · 습니정濕泥釘(젖은점토눈) · 지마정芝麻釘(깨알눈) · 매사점煤渣墊(탄가루눈) · 퇴사堆沙(모래눈) · 사족입체받침四足立體支墊 등 여러 형식이 있다. 그 특징은 받침의 설치점이 고정적이지 않고 많을 수도 적을 수도 있으며, 크기도 마음대로 이다. 내화재료의 소모가 적고, 마른 점토눈泥釘과 젖은 점토눈의 두 종류가 있다.

① 탁주托珠(구슬받침) : 단지점 받침 중에 가장 흔히 보는 요도구로, 많은 발굴 보고문 속에 지정支釘, 점주墊珠 등으로 부른다. 탁주는 내화토 · 점토 · 규석 등을 비교적 규칙적인 점토환이나 점토덩이로 가공하여, 재임할 때 기물 저부에 3~8개를 놓고, 연후에 다른 배들을 쌓아올린다. 이로서 배와 배 사이가 유액에 의해 붙어 버리는 것을 방지한다. 탁주를 이용해 가마 내의 배를 5~10층으로 쌓을 수 있는데, 송대 사천성의 요장에 15층 이상에 달한 것도 많으며, 이에 따라 가마내 수직공간의 이용률이 확대되었다.

그러나 기물의 중첩이 너무 많고 높으면, 고온에서 내화도가 높은 단단한 탁주가 기벽을 움푹 파고들어갈 수 있고, 혹은 내화도가 낮은 탁주는 흐물흐물하게 변할 수 있다. 이

7) 『地中海文明與中世技術的歷史』卷3, 圖288(筑摩書房, 1962년).

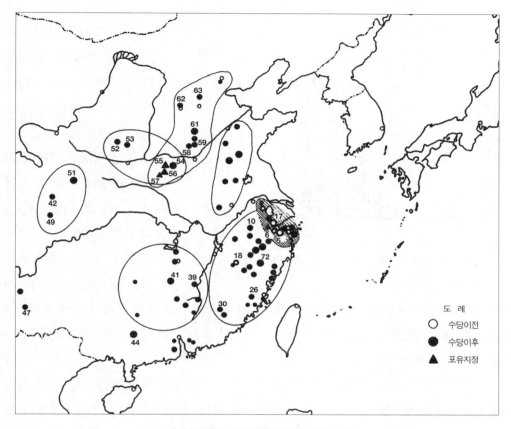

그림 5-2-3 중국 고대 탁주 장소법 유행 범위도

런 현상들은 모두 배퇴적이 평형을 잃게 만들어, 배퇴적이 쓰러지게 하여 대량의 폐품이 생기게 할 수 있다. 그리고 탁주를 사용해 번조한 기물은 내저와 외저에 뚜렷한 받침흔적이 남게 된다. (제일 위의 그릇 안에는 첩소흔적이 없다)

기타 받침눈이 고정된 요도구(예컨대 치형받침 등)와 다른 것은, 탁주 흔적이 3~8점으로 일정하지 않고, 분포가 불규칙한 점이다. 이것은 탁주가 손으로 놓여져, 분산점의 분포가 임의성이 크기 때문이다. 반대로, 고정지점支點 받침은 사전에 이미 받침눈이 견고하게 고정되어 있어, 남겨진 흔적이 작고 규칙적이다. 총명한 도공은 때로 요도구와 배의 서로 다른 수축률을 이용해 받침눈支釘이 더욱 쉽게 기물에서 탈락할 수 있게 하였는데, 젖은 점토눈濕泥点의 받침이 곧 이런 실천 예이다.

초기에 탁주를 이용한 요지는, 주로 태호 주변과 항주만 일대에 집중되었다(그림 5-2-

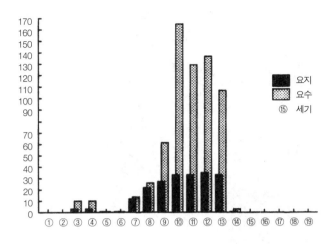

그림 5-2-4 중국 1~19세기 탁주 장소법 유행 시기 통계도

3). 중요한 유적은 서주 후기 ~춘추 중기의 절강성 덕청현 용산龍山, 화소산火燒山, 방풍산防風山 등의 요지가 있다. 그리고 춘추 중기~전국 초기의 절강성 덕청현 천원 오차로령泉源塢叉路嶺 요지, 전국 초기의 절강성 덕청현의 남삼 정자교 풍가산南山亭子橋馮家山 요지, 전국시대의 절강성 소흥현 부성富城 요지, 서진시기의 강소성 의흥현 용龍Y요 등의 요지, 남조 초기의 절강성 영파시 운호雲湖요지[8] 등등이 있다. 〈그림 5-2-3〉중에 빗금을 친 지구가 초기 탁주 요도구의 분포지점이면서 기술 전파의 근원지이다.

동진 시기에, 호남성 상음湘陰 청자요도 탁주를 채용하여 받침을 하였으며[9] 이후 계속 남방연해지구로 확전되었다[10]. 늦어도 수대에 탁주기술은 청자기술과 더불어 북방의 안양요安陽窯에 전해졌다. 1세기 이후 중국에서 운용된 탁주의 정황을 볼 때 탁주가 비록 기원전 8세기에 출현하였지만 대량으로 유행한 것은 기원후 7~8세기, 즉 수·당 이후이고, 13세기가 되어 보다 선진적인 받침으로 대체되었다(그림 5-2-4).

절강성에서 발달한 청자의 생산기술이 기타 지구에 미친 영향은 제품의 유통과 더불

---

8) 同 3). 춘추 중기~전국 초기의 절강성 덕청현 천원 오차로령德淸縣泉源塢叉路嶺의 원시청자요지(「浙江德淸原始青瓷窯址調査」, 『考古』, 1989-9, p.782). 전국시대의 절강성 소흥현 부성의 원시청자와 인문도요(「浙江紹興富盛戰國窯址」, 『考古』, 1975-3, p.231). 전국 전기의 절강성 덕청현 남산 장자교 풍가산南山亭子橋馮家山에 원시청자와 인문도요가 있다(「浙江德淸原始青瓷窯址調査」, 『考古』, 1989-9, p.782). 서진시기의 강소성 의흥현 용Y요 宜興縣龍Y窯 등의 청자요.

9) 당대, 호남성 상음현 상음湘陰縣 湘陰의 청자요(「從湘陰古窯址的發掘看岳州窯發展」, 『文物』, 1978-1, p.69).

10) 「廣東新會官沖古代窯址」, 『文物』, 1963-4, p.221. 「江蘇宜興南山六朝青瓷窯址的調査」, 『中國古代窯址調査發掘報告集』, p.45: 남조전기의 절강성 영파시 운호雲湖의 청자요(「浙江寧波雲湖窯調査」, 『中國古代窯址調査發掘報告集』, p.9).

어 퍼져나갔다. 동한 이전에는 월요의 제품 또한 영향이 크지 않은 고급 용기用器에 속하였고, 절대 다수가 생산 구역 일대에서 유행하였다. 동한 후기, 특히 삼국시기에 진입하여 손오孫吳의 수도 건업建鄴(지금의 남경시)은 월요청자의 일대 소비시장이었다. 손오의 관료와 소비능력이 높은 부유 인사의 활동과 더불어, 월요청자도 손오의 기타 정치 · 군사 거점과 상업이 발달한 도시로 광범위하게 유포되었다. 장강 중류인 무창武昌 교외의 오묘吳墓에서 출토한 적지 않은 월요청자가 이를 증명한다[11]. 이외에, 청자의 탁주托珠 첩소기술도 앞서거니 뒤서거니 하며 건업 부근의 의흥 남산요南山窯(서진), 무창요武昌窯(동진), 상음요湘陰窯(동진) 등지에 전해졌고, 심지어 멀리 사천성과 복건성 연해의 요장에까지 미쳤다[12]. 각지에서 출토한 청자에 남겨진 받침눈 흔적을 고찰해 보면, 〈그림 5-2-3〉에서 열거된 단지점 받침의 분포가 더욱 광범위해졌다.

탁주의 사용은 원시적인 간단한 일면이 있지만, 제작이 간단하고, 원료를 절약할 수 있고, 임의대로 놓을 수 있다. 동시에 바닥면이 비교적 큰 항아리나 타원형과 장방형의 자침瓷枕 등에 매우 많이 사용되었다. 이 때문에 이것이 출현한 이후, 계속해서 중급 제품이나 여러 민간 요장에서 성용되었으며, 지금도 광범위하게 운용되고 있는 요도구의 하나이다. 이 장소방법은, 뒤에 청자 기술과 더불어 10세기 전후에 한반도에 전해졌고, 다시 한반도를 거쳐 17세기 초에 일본에 전해져, 한국과 일본의 주요한 점격구의 하나가 되었다(그림 5-2-2: 4). 소재 면에서, 탁주는 내화점토로 제작하는 외에, 경질점토도 비교적 보편적으로 사용하였는데, 절강성 소흥현의 관산요官山窯에서는 매사煤渣로 만든 '탁주'의 예도 보인다[13].

② 젖은 점토눈 받침법濕泥点 墊燒法 : 어떤 연구자는 '점정법粘釘法'이라 부른다. 수기생水既生 선생의 보고에 의하면, 산서성의 송 · 원대 요장에서 일찍이 이 장소방법이 유행하였

---

11) 『鄂城六朝墓』, 科學出版社, 1995(待刊).

12) 「江蘇宜興南山六朝靑瓷窯址의 調査」, 『中國古代窯址調査發掘報告集』, p.45. 무창요는 비록 전형적인 요지를 발견하지 못했지만, 필자는 300여기의 육조묘에서 출토한 청자기를 정리하는 데에 참가하였는데, 월요청자와 현지에서 만든 청자를 비교하면 쉽게 구분이 되었다. 현지에서 만든 청자의 흔적을 보면 탁주 받침 방법을 사용한 것으로 명확히 구분할 수 있었고, 그 장소방법은 명확히 월요의 영향을 받았다. 구체적인 자료는 악성鄂城 육조묘의 청자부분을 참고하기 바란다. 1981년 필자가 호남성 출토의 청자를 고찰할 때, 주세영周世榮선생의 후의로 요지채집의 자편을 볼 수 있었는데, 탁주 받침의 흔적은 현지의 상음요 청자 중에도 매우 명확하였다.

13) 석탄재로 받침을 한 것은, 「紹興上灶官山越窯調査」, 『文物』, 1981-10, p.43에서 보인다.

다고 한다[14]. 이것은 일종의 내화도가 비교적 높은 고운 니장泥漿(흙탕물)을, 가루주머니에 넣고 짜내어 니정泥釘(점토눈)을 만들어, 완이나 반의 굽 접지면에 점점이 둔 것이다(그림 5-2-2-: 6). 배가 번조 과정 중에, 내화점토와 배의 수축율이 달라서, 점토눈은 배에 쉽게 붙지 않고 점격 작용을 하며, 또 쉽게 배에서 탈락한다. 비교적 경제적인 받침이다.

　③ 포유지마정包釉芝麻釘 : 단지점 받침의 응용상 최고 수준의 것이 '포유받침包釉支燒' 이다. 비교적 이른 시기에 이 기법을 채용한 것은 서진 시기의 월요이다. 필자는 사천성 만현 쇄망패萬縣晒網壩에서 동진묘를 발굴할 때 1점의 서진 시기의 만유滿釉 청자소완을 발견하였는데, 포유받침법을 채용해 번조한 것이었다. 당대 중기에, 지금의 하남성 노산현 성북魯山縣城北에서 흑자 · 화유花釉 · 분청자기를 생산한 양와단점梁洼段店 요장과 하남성 보풍현 대영진 청량사촌大營鎮淸凉寺村의 북송 중기의 여요汝窯, 광서성 영복현永福縣의 송대 청자요 등에서, 이런 견고하고 작고 가는 지정(받침눈)을 사용하였다(그림 5-2-3 ▲부호의 곳). 그중에도 여요에서 사용한 지정이 가장 작고 기술이 가장 정교하여, 이를 '지마정芝麻釘 포유받침'이라 부른다[15].『여요의 발견汝窯的發現』이란 책에 실린, 요주요 · 악주요 · 균요 · 교단하 관요 · 가요 · 고려청자의 기물의 저부에 남아있는 받침흔적에 근거하여 판단하건대, 지마정포유받침을 채용한 것이 여요 한 곳뿐이 아님을 알 수 있다. 그러나 그 기술상의 원류와 연대 서열을 확정하기 어렵다. '포유지정' 기법은 모두 청자 요장에 집중되며, 현재 가장 빠른 예는 월요계통에 집중되는데, 월요의 서진 시기에 창출된 장소방법으로 생각할 수 있다.

　한편, 무엇이 '지마정 포유' 기법인가를 확정할 때에, 왕왕 통일된 기준이 없다. 필자가 알기로는, 소위 '포유'는 만유滿釉한 기물에 사용하는 받침법을 가리키는 것으로 받침눈(지정)의 첨단부분이 직접 유가 씌워진 기저器底의 유층을 파고들어 닿게 되어 있다. 때로 용융된 유약이 받침눈의 첨단 부분에 흘러, 마치 받침눈에 한 층의 유를 씌운 것 같다. 받침과 시유된 배의 접촉 면적이 커지는 것을 방지하기 위해, 도공들이 받침눈의 지점을 매우 첨세尖細하게 만들어, 가장 가는 것이 마치 지마점芝麻点(깨알) 같다. 이것에서 '지마정

---

14) 水旣生,「山西古代窯具及裝燒方法的初探」,『中國古陶瓷硏究』, p.336 (科學出版社, 1987년).
15)『汝窯的發現』, p.8, 10, 29(上海人民美術出版社, 1987년).「寶豊淸凉寺汝窯址的調査與試掘」,『文物』, 1989-11, p.1.

포유받침'이라는 명칭이 유래한 것이다. 특히 여요와 송대 관요, 용천요 같이 유층이 비교적 두터운 기물에, '포유'의 특징이 더욱 뚜렷하다.

현재 보이는 각 요의 '포유지정'은 많은 경우, 지점흔이 여요에 비해 굵고 거칠어 전형적인 지마정 같은 정세함이 없다. 그중 고려청자는 비교적 단단한 규석을 이용해 지정을 만들었는데, 접촉면이 큰 것도 있고 작은 것도 있으며, 여요의 '지마정 포유' 방법과는 차이가 있다16). 필자는 고려청자가 장소기술상에 주로 월요의 직접적인 영향을 받았기 때문에, 규석을 이용한 받침의 기법도 절강성 청자산지의 일반적인 지정支釘 기법에서 발전해 나온 것으로 생각하고 있다. 여요는 유색과 장식수법 면에서는 월요의 영향을 받았음이 뚜렷하게 보이지만, 직접 요주요의 영향을 더 많이 받았다. 장소 기법 상에서 M형 갑발을 사용한 것을 제하고는, 삼차형받침(월요는 불용不用)과 다지점多支点 지점반支墊盤을 운용한 면은 요주요와 상통한다.

④ 4족입추형 받침四足立錐形墊燒具 : 한국에서만 보인다. 1989년 동양도자학회 회의기간에, 한국도자연구에 종사하는 일본인 한 분이 이 유형의 요도구의 사진을 보여주었다. 이 받침은 어떻게 놓든지 간에 모두 3족이 아래로 향하고, 1족은 위로 가게해서 지점支点이 된다. 유감인 것은 이런 요도구의 시대와 분포상태가 아직 미지수이며, 중국에서도 이런 요도구의 보도가 보이지 않는다. 특수한 유형의 것으로 기록해 둔다.

⑤ 모래눈砂堆 : 모래를 모아서 '받침눈(지정支釘)'을 한 것은, 사천성 팽현 자봉요彭縣磁峰窯의 남송 초중기 요지에서 알려져 있다. 발굴보고에서 소개하기를, "고리받침과 구슬받침을 없애고, 직접 석영모래로 매개물을 만든 것이다. 그 방법은 ① 먼저 석영모래를 갑발 안에 뿌린다. ② 석영모래 위에 첫 번째 완을 놓으며, 구연은 위로 향한다, ③ 첫째 완의 내저에 권족에 놓았던 5, 6개의 크고 작은 사퇴에 근거하여, 다시 두 번째 완의 권족을 사퇴 위에 놓으며, 이렇게 차례로 장갑裝匣을 진행시켰을 것"으로 유추한다. 이와 동시에 유행한 유구복소釉口伏燒(구부에 시유한 채로 거꾸로 번조함)도 같은 장소방법을 채용하였다. 금대말~원초 시기에 모래눈 받침을 사용한 요지로 하북성 자현 관병대磁縣觀兵臺

---

16) 1989년10월에, 필자가 한국 국립중앙박물관의 〈고려청자명품특별전〉을 참관할 때, 기물 저부에서 받은 인상이다. 1992년3월에, 하남성 고고연구소의 요지출토 표본진열실을 참관할 때, 조청방趙青芳선생이 보여준 여요의 발굴표본에서 얻은 인상이다.

요지가 있다. 기타 받침기법을 사용하면서, 동시에 모래눈 받침법을 사용하여 조질백자와 흑유자기를 구워낸 것이 매우 큰 비율을 차지하고 있다[17]. 주목할 것은 이 두 곳에서 모래눈 받침법을 채용하면서 또한 통저유구복소갑발通底釉口伏燒匣具를 사용한 사실이다 (그림 5-4-16 참조). 사천성에서 통저유구복소갑발와 함께 북방에 전해진 것 같다.

⑥ 패각받침 : 단지점 받침 중에, 특수한 질의 받침이 있는데, 바로 패각이다. 패각을 사용해 받침으로 만든 것은, 중국에서 아직 보도된 바 없다. 현재 다만 일본의 16세기 말기 이후의 '연방식 등요'의 요지 중에서 이런 자료가 보인다. 이들 요지는 주로 대륙과 한반도에 가까운 일본의 서부지구에 분포하며, 그중 사가현 이마리시佐賀縣伊万里市, 시마네현 카노아시군島根縣鹿足郡과 야마구찌현 하기시山口縣萩市 등 여러 지점이 있다. 패각은 고온에서 탄화하여 재로 변하는 동시에, 점격墊隔과 방점防粘하는 작용이 일어난다. 발굴 중에 비록 패각의 유물은 보이지 않지만, 분명하게 도자기 상에 패각 흔적이 있는 것은 보인다[18]. 일본에서 패각을 받침으로 사용한 것은 일본 열도의 일부 근해 요장이며, 일본에서 패류 자원을 이용한 방면에서 유구한 역사를 갖은 것이 밀접한 배경이 된 것 같다.

(2) 광면廣面 접촉의 받침

이 종류는 배의 저부에 접촉면이 큰 받침들을 가리키는 것으로, 주요한 것으로 점병墊餅과 붕가층판棚架層板 받침이 있다. 패각받침도 어느 정도는 이 종류에 속한다. 어떤 점병 위에는 3, 4개의 유정乳釘을 두기도 하고, 혹은 점병의 주변을 치변齒邊으로 만들었다. 이런 받침은 기물 아래 놓는 지점 흔적이 제4류의 고정 지점의 받침과 유사하기 때문에, 이들 받침류는 제4류에 함께 귀속시킨다.

① 점병 : 점병은 광면 접촉 받침 중의 주류이다. 이 명칭은 모양이 편원扁圓을 띠어, 마치 병형餅形(떡모양) 같기 때문에 붙었다. 내화점토로 제작하는데 보통 배와 함께 공방

---

17) 팽현 자봉요彭縣磁峰窯의 '사퇴첩소砂堆疊燒'(陳麗琼, 『四川古代陶瓷』, p.149). 「河北省磁縣觀台磁州窯遺址發掘簡報」, 『文物』, 1990-4, p.11-36

18) 일본에서는 탁주와 모래받침을 운용하는 동시에, 현지의 패류貝類 자원을 충분히 이용하여, 패각으로 받침을 하였다. 시대는 16세기말기부터 에도시대 전 기간이었다. 요지는, 사가현 이마리시佐賀縣伊万里市 가다쓰지무다니요形辻矛谷窯, 아호다니시다 요적阿房谷下窯迹, 카미야 요적神谷窯迹, 하기야끼 고요萩燒古窯, 토오진야끼 요적唐人燒窯迹 등, 자료가 많아 일일이 예를 들 수 없다.

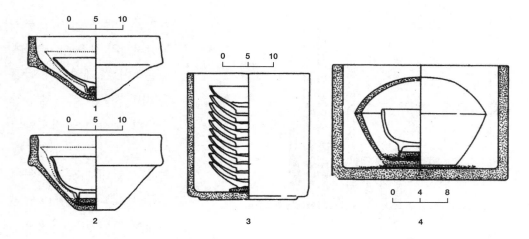

그림 5-2-5 경덕진요 각종 갑발의 장소 복원
(1~3도 : 劉新園, 景德鎭湖田窯各期碗類裝燒考, 文物, 1980-11)
(4도 : 1980, 御窯廠故址出土永樂宣德官窯瓷器, 香港)

에서 미리 만들어, 배와 동시에 장소한다. 이는 양자가 고온 번조 중에 수축률이 반드시 일치하게 할 목적인데, 양자의 수축률이 같지 않을 경우, 기물과 요도구가 위치가 옮겨져, 배가 터지거나 쓰러지는 것을 피하기 위한 것이다. 점병은 완접류碗楪類의 작은 바닥을 가진 기물의 받침으로 만들었으며, 그 두께는 장소방법에 따라 다르게 변한다. 윤형굽을 받치기 위해 만든 점병은 직경이 기물의 저경보다 크며, 직접 기족을 올려놓는다. 이때 점병은 상대적으로 얇다(그림 5-2-2:5-1). 일기일갑一器一匣 장소 시에는, 기물의 굽은 무유 상태로 처리하여(물레에서 깎거나 혹은 시유 후 접지면 상의 유를 닦아낸다), 배와 점병이 붙는 일이 발생하지 않게 한다. 때로 굽의 접지면까지 시유된 완·잔을 번조하기 위해, 점병 받침을 완의 굽에 하지 않고 굽의 내저에 한다. 이 경우, 직경이 기물의 저경보다 작아, 굽의 내심內心에 맞닿게 하며, 이때 점병의 두께는 굽 깊이에 따라 결정된다(그림 5-2-2: 5-2). 송대의 경덕진에서 이 종류의 받침방법을 채용하였다(그림 5-2-5).

현재 알려진 바로, 점병이 완·반의 받침으로 출현한 것은 동한 전기이다. 그러나 보편적인 것은 아니었다. 늦어도 7세기부터 일부 지구에서 채용되어, 10~14세기에 보편적으로 유행하였으며, 12세기가 그 정점이었고, 14세기 이후 뚜렷이 감소하였다(그림 5-2-6). 초기의 점병은 주로 절강성 동부와 태호반太湖畔에 분포하며, 이후 계속 쇠퇴 없이 성행하는데, 〈그림 5-2-7〉의 빗금으로 덮인 지구가 이것이다. 탁주와 마찬가지로, 초기의

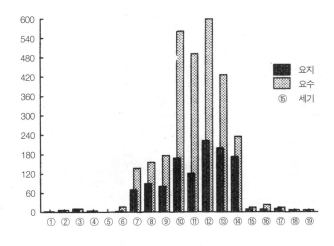

그림 5-2-6 중국 1~19세기 원병점병 유행 시기 통계도

점병을 사용한 요지도 모두 동방연해의 강절江浙 지구에 출현하며, 오래지않아 장강을 따라 서쪽으로 가서 장강 중류의 무창과 동정호반의 상음요, 장사요 등지에 도달하였다. 당대 이후 남전하여 광동연해와 광서성, 운남성 일대에 전해졌다. 북방으로는 안휘성과 산동성 일대의 협장狹長 지대를 경유하여 안양요에 도달하고, 연후에 북방 최대의 백자 생산지구에서 만연하였다.

점병은 탁주에 비해, 기물 저부의 접촉면이 커서, 받침을 하는 기물의 안정감이 강하고, 받치는 능력이 크다는 장점이 있다. 그러나 요도구와 시유된 기물의 접촉면이 커서, 붙게 될 가능성도 크다. 유물을 보면, 이런 종류의 받침을 사용한 기물은 모두 기심器心이나 저부에 크고 뚜렷한 점병 흔적이 남아 있다. 때로 유의 점결을 방지하기 위해 기물의 내저에 유층을 깎아 내기도 하지만, 이런 기법은 매우 빨리 외저에 유를 깎고 첩소하는 방법으로 대체된다. 요지 보고에서 얻은 정보에 의하면, 1기 1갑 장소 시에 점병을 많이 사용하였다. 이외에 재료의 경제적인 면에서 보면, 점병의 제작은 탁주나 삼차형받침 및 고리받침에 비해 더 많은 원료가 필요하다. 이런 점병 운용상의 결함을 보완하기 위해, 많은 요장에서는 여러 종류의 받침을 동시에 겸용하였다. 점병과 탁주를 동시에 사용한 요지로는, 일찍이 남조 초기의 절강성 영파시 운호요雲湖窯와 수대의 하남 안양요가 있다. 당대에 가면 이런 요장이 많아진다.

점병은 다른 받침 도구의 장점을 흡수하여 운용하기도 하였는데, 예컨대 점병 위에 3, 4개의 유정을 두거나, 치변점병 등으로 하였다. 이런 받침의 남겨진 기물상의 흔적이, 때로는 탁주나 삼차형받침의 흔적으로 오인될 수도 있다. 특히 점병 위에 3개의 유정을 둔 것이나 기타 3지점의 받침은, 기물에 남겨진 흔적이 삼차형받침과 거의 같아서, 양자가 명칭상의 혼란을 조성하는데, 기실 양자는 완전히 다른 요계窯系에 속한다. 삼차형받침을

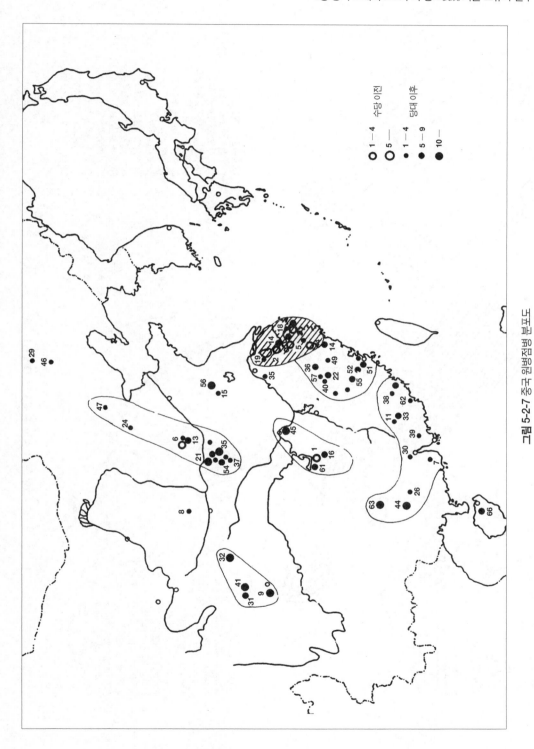

그림 5-2-7 중국 요변천점도

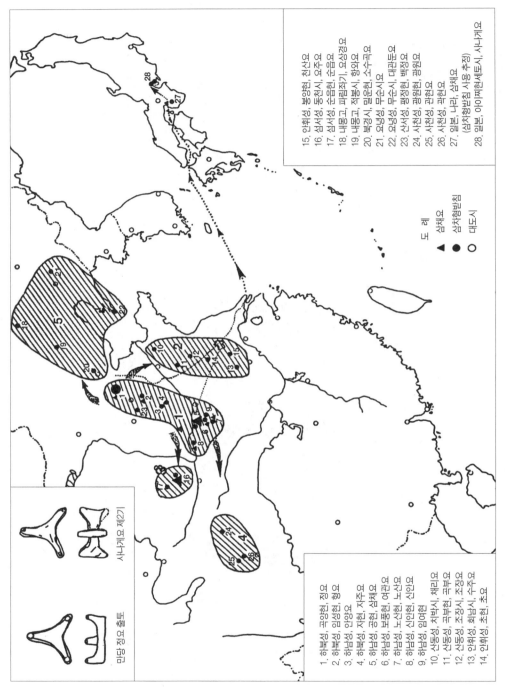

그림 5-2-8 중국 수~북송 삼차형받침과 삼채 생산지 분포도

도 례

▲ 삼채요
● 삼차형받침
○ 대도시

1. 하북성, 곡양현, 정요
2. 하북성, 임성현, 형요
3. 하남성, 안양요
4. 하북성, 자현, 자주요
5. 하남성, 공현, 삼채요
6. 하남성, 보풍현, 여관요
7. 하남성, 노산현, 노산요
8. 하남성, 신안현, 신안요
9. 하남성, 임여현
10. 산동성, 치박시, 체리요
11. 산동성, 국부현, 국부요
12. 산동성, 조장시, 조장요
13. 안휘성, 회남시, 수주요
14. 안휘성, 초현, 초요

15. 안휘성, 봉양현, 천신요
16. 섬서성, 동천시, 요주요
17. 섬서성, 순읍현, 순읍요
18. 내몽고, 파림좌기, 요상경요
19. 내몽고, 적봉시, 항와요
20. 복경시, 문두현, 소수곡요
21. 요녕성, 무순시요
22. 요녕성, 무순시, 대변둔요
23. 섬서성, 평정현, 배정요
24. 사천성, 광원현, 광원요
25. 사천성, 관현요
26. 사천성, 공현요
27. 일본, 나라, 삼채요
     (삼차형받침 시유 추정)
28. 일본, 아이찌현세토시, 사나게요

사나게요 제[2기]

만당 정요 출토

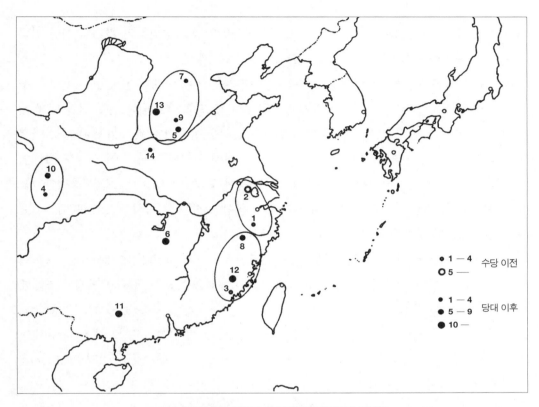

그림 5-2-9 중국 점병에 지정을 가한 점격구의 분포도

사용한 최초의 예는 수대의 하북성 임성현臨城縣의 형요邢窯이며[19], 그후 산동성·하남성·안휘성 북부 지구에 분포하여, 북방지구의 백자와 삼채 요장에서 가장 대표적인 받침 요도구가 되었다(그림 5-2-8).

그런데 점병 상에 유정(지점)을 놓는 요도구는 삼차형받침에 비해 일찍 출현한다. 현재 절강성 의오현 전심요義烏縣田心窯에서 발굴된 동한 전기의 유물과, 강소성 의흥현 용龍Y 서진요, 복건성 진강현 계구晋江縣溪口의 남조~오대요 등에서도 동류의 요도구가 출토한다. 당송 이후에 장강 남북의 여러 지구로 확대되었으며[20], 분포상에는 비록 어떤 규

---

19) 「隋代邢窯址的發現和初步分析」, 『文物』, 1984-12, p.51.
20) 점병 상에 유정을 둔 요지는 의오현 전심義烏縣田心의 동한요, 강소성 의흥 남산宜興南山의 육조청자요, 복건성 진강요晋江窯, 사천성 공래요邛崍窯, 하남성 휘현요輝縣窯, 장사 동관요長沙銅官窯, 보풍 여요寶豊汝窯, 덕화 굴두궁요德化屈斗宮窯, 산서성 곽서요霍西窯 등.

칙을 찾을 수 없지만(그림 5-2-9), 이런 요도구가 북방의 삼차형받침의 발생에 어떤 영향을 준 것이 아닐까? 현재는 아직 깊은 검토를 요하는 문제이다.

② 판가板架와 층판層板 점탁墊托 : 이 종류는 내화판耐火板과 내화전(봉)耐火塼(棒)을 조합하여 이루어진 것으로, 상품 진열대와 비슷한 받침 요도구이다. 배를 전부 선반 위에 배열하고, 배의 저부에 고리받침(점권)과 점병 같은 받침을 사용하지만, 포개쌓지 않고 안정되게 놓으며, 유결釉結과 변형의 가능성이 적다. 동시에 윗면의 층판이 어느 정도 아래면의 배를 보호하여 연기나 재 같은 오염을 적게 받게 한다. 이 노출번조법은 장소공간을 이용하는 면과, 배를 보호하는 면에서 일정한 우월성을 갖는다. 형식상으로 볼 때, 이 요도구는 도지미와 받침의 다중적인 효능을 겸비한다.

중국에서 최초로 이 요도구를 사용한 요지로, 산동성 치박시 박산대가淄博市博山大街의 북송 중후기 요지와 영하 영무현寧夏靈武縣의 서하요西夏窯가 있다. 유봉군 선생의 소개에 의하면, 산동성의 "점판墊板을 층층히 한 격식隔式 나소裸燒는, 북송 중후기에 유행한 번조법이다. 점판은 장방형과 방형으로 구분되며, 변장邊長 20~30cm, 두께 약 3~4cm이다. 사각의 소형 지주로 상하를 지탱한다. 소형 지주의 높이는 약 10~23cm, 직경 약 2~4cm, 점판과 점판 사이에 완·배杯·반盤·분盆 등 비교적 작은 기물을 놓는다……"라 하였다. 일본에서는, 이 요도구가 에도시대 후기에 사용되며, 지금까지 계속해서 유행한다[21]. 중국의 현대 터널형 가마에서도 주로 이 장소방법을 채용하고 있다.

(3) 고리나 선[권圈(선線)] 면 접촉의 받침 요도구

둥근 고리나 긴 띠 모양으로 접촉하는 받침은, 고리받침[점권(환)墊圈(環)]과, 배형杯形·관형罐形·발형·촛대형 등의 기형器形 받침 및 봉형받침(점봉墊棒)과 긴 받침(점조墊條) 등이 있다. 이 종류의 받침은 기물과 접촉시에 남겨진 흔적이 둥근 고리 모양이나 긴 띠 모양을 한다. 이중 일부 고리받침은 한 면이나 양면에 유정을 두어, 남겨진 흔적이 이들과 달라서, 제4류의 '고정지점固定支点 받침' 중에서 다루기로 한다.

중국에서, 받침 요도구 중에 가장 자주 보는 점상点狀과 광면廣面 접촉의 받침을 제하

21) 劉鳳君,「山東地區宋金元燒瓷窯爐結構和裝燒技術分析」,『中國古陶瓷研究』제2집, 1988, p.54.「寧夏靈武縣磁窯堡窯址調査發掘記」,『中國古陶瓷研究』, 창간호, 1987년.「淄博市博山大街窯址」,『文物』, 1987-9.

고는, 고리형 받침도 상당히 보편적이다. 이 받침은 일반적으로 완과 반 같은 작은 저부를 가진 기물의 점격물로 많이 만들어졌다. 재료의 사용이 적고 가벼우며, 포개쌓기가 빠르고 안정성이 좋은 등의 장점이 있다. 동시에 가공에 시간이 걸리고, 파손되기 쉬운 특징 때문에, 각 요장마다 필요에 따라 여

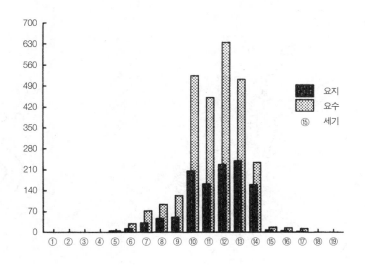

그림 5-2-10 중국 1~19세기 점권 유행 시기 통계도

러 종류의 받침들과 함께 사용하였다. 고리나 띠 모양의 받침은 가장 파손되기 쉬워, 일회성의 소모용 요도구이며, 사용된 것은 최종적으로 가마 양측의 퇴적 중에 버려진다. 기타 일회성 요도구와 같이, 그들과 잔여 폐기된 도자기의 비율을 통계를 내 보면, 그 요의 번조 중의 폐품율과 번조 능력 방면의 통계숫자를 얻을 수 있을 것이다.

어떤 지구에서는 진일보하여 받침 요도구의 기물에 대한 접촉면을 감소시키기 위해, 고리받침의 한 면이나 양면에 유정을 두거나(그림 5-2-12 시의도 참조), 혹은 고리받침의 구연을 치구齒口로 만들어(그림 5-3-8 참조), 기물 상에 남겨진 흔적이 다른 지정支釘과 같다. 차이점은 탁주는 대부분 젖은 받침[습니지점濕泥支墊]이고, 불규칙하게 놓는다는 점이다. 고리받침은 내화토로 미리 제조하여, 지점이 고르고, 사용이 편리하여, 양자는 각기 장점이 있다.

① 고리받침[점권墊圈] : 늦어도 동한 중후기에 출현하였다. 호남성의 상음요湘陰窯, 안정향 청죽사요安靜鄕靑竹寺窯, 장수항 백매촌요樟樹港白梅村窯 등에서 이 시기의 요도구 실물이 발견되었다. 그 다음으로 절강성 영파시 운호雲湖의 남조 요지와 하남성 안양시 북교외北郊外의 수대 요지, 산동성 곡부현 송가촌曲阜縣宋家村 수대 요지 등이 있다. 고리받침은 5, 6세기부터 점차 분포 범위가 확대되어, 10~14세기에 장강 중하류 지역과 동남연해 지대에 널리 분포한다(그림 5-2-10, 5-2-11).

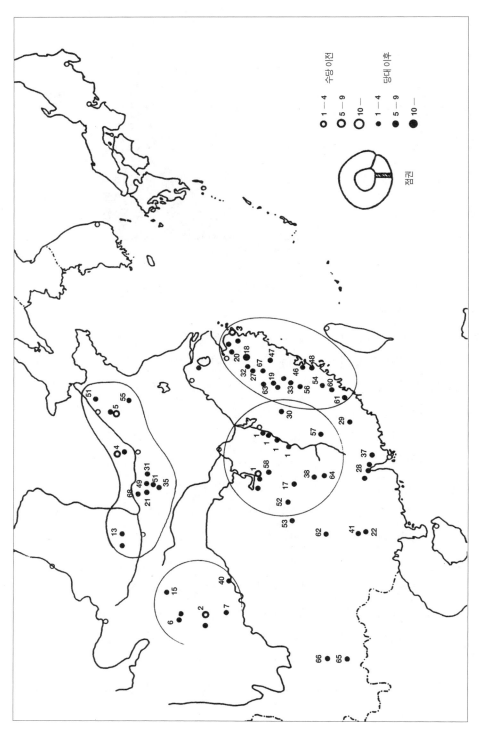

그림 5-2-11 중국 청권분포도

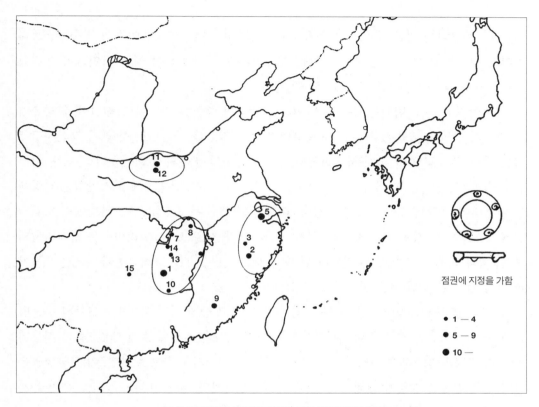

점권에 지정을 가함

● 1 — 4
● 5 — 9
● 10 —

그림 5-2-12 중국 점권에 지정을 가한 점격구의 분포도

　　초기에 고리받침을 사용한 요지들은 동시에 몇 가지 받침들을 함께 사용하였다. 예컨대 동한 중기의 상음요에는 점병과 병용하였다. 절강성 영파시 남조 초기의 운호 청자요는 동시에 직통상直筒狀 도지미·나팔상 도지미·탁발托鉢·점권·점조墊條·점병·탁주 등의 다양한 요도구들을 사용하였다. 북방에서는, 청자를 생산한 안양요도 삼차형받침을 사용하는 동시에, 지봉支棒·삼차고지탁三叉高支托·점권·탁주·점병 등의 도지미와 받침들을 겸용하였다.

　　당대 이후에 이런 현상은 더욱 보편화되어, 고리받침과 탁주를 동시에 사용한 요지가 적어도 16예에 이르며, 고리받침과 점병을 동시에 사용한 예는 18예 이상에 달한다. 절강성 무주요 요계의 분포지대에서는 거의 1기종에 1종류의 받침이 사용되었는데, 기초적인 조사통계에 의하면, 이런 특정 분포지역을 가진 요도구를 제외하고는, 매우 많은 요장에서 여러 종류의 요도구들을 동시에 채용하였다. 도공들이 제품의 조형적 특징에 근거하여 이에 부합되는 많은 장소용의 부속공구를 설계하였던 것이다. 이렇게 장소기술상의 차이가 각지 요도구의 조합상의 차이를 이끌어내었고, 개괄하여 이들 차이들이 우리가 요계를 구분하는데 주요한 근거의 하나가 된다.

고리받침의 분포 범위는 주로 동남연해와 장강의 중하류 지역에 집중되며, 황하유역 도 황하의 남안에 집중한다. 그러나 북방의 형요와 정요를 중심으로 한 백자 생산지구에 서는 이런 받침을 극히 적게 사용하였다. 삼차형받침의 분포와 고리받침의 분포가, 황하 남안지대에서 중첩이 일어나는데(그림 5-2-8, 5-2-11), 아주 분명하게 고리받침은 남방에 서 발생하여, 연후에 북방으로 나아갔다. 요지 중의 생산품 구조를 보면, 북방에서 비교적 일찍 고리받침을 접수한 곳은 거의 청자 생산지였다. 이로 보아, 고리받침은 청자기술의 북전北傳과 더불어 북방에 온 것이라 할 수 있다(그림 5-2-11). 고리받침에 유정乳釘을 가 한 받침 역시 함께 이 점을 설명하고 있다(그림 5-2-12).

② 띠나 봉 모양의 받침 : 띠 모양 받침은 요지 보고 중에 상견되지만[22], 그들의 사용방 법에 대한 명확한 설명은 없다. 천주 자요촌요泉州磁窯村窯에서 출토한 대반大盤의 저부에 있는 띠 모양 받침흔과[23] 기타 요지에서 출토한 점봉墊棒의 정황으로 보면, 이런 봉형물은 저면이 큰 기물을 받치기 위해 고안된 요도구로 생각된다. 금후 요지 발굴과 기물의 유흔 을 고찰할 때 더욱 주의하여 이 문제를 확정해야 할 것이다.

③ 기형器形 받침 : 배·관·발 등의 기물의 형상을 띤 것이 많다. 이들 받침은 대다수 가 그릇 뚜껑과 만유기滿釉器를 지탱하기 위해 특별히 제작된 것이다. 기형 받침은 늦어 도 육조 후기에 출현하며, 절강성의 월요와 무주요 소재지에 가장 밀집되어 분포한다[24].

---

22) 점봉墊棒과 점조墊條가 출토하는 요지로, 북제 안양요, 당대 수주요, 당·송 공래요, 당·송초 휘현요, 당·오대 초현 백토요肖縣白土窯, 송대 관현 라가요灌縣羅家窯, 서하 영하 영무요寧下靈武窯, 남송·원대 산동성 조장 요棗庄窯가 있다.

23) 『中國大百科全書』, 考古學卷, 中國大百科全書出版社, 1986, p.408. '송·원 시기의 자요 및 산품'조에 기재하기 를, "자요촌磁窯村은 청백자 위주로 생산하고, 기물에는 각 식의 반·완·세·화로·합·병 등이 있다. 절연대반折 緣大盤이 가장 많고, 반심에 조형條形 받침흔이 많다. 이런 받침흔은 조條, 봉상棒狀의 받침이 기물에 남겨진 흔적인 것 같다".

24) 배형杯形받침의 출토지점으로는, 산동성 치박 채리요淄博寨里窯, 절강성의 은현 곽가치요鄞縣郭家峙窯, 무의 수대주요武義水碓周窯, 사후향요寺后鄕窯, 동양형 갈부촌 래용산 복호산요東陽縣葛府村來龍山伏虎山窯, 상 우 요사전요上虞窯寺前窯, 난계 청주요蘭溪青珠窯, 숭산요崇山窯, 점오구요烏口窯, 금화 목진당요金華沐塵 塘窯, 동양현 마룡산東陽縣馬龍山, 관태산觀台山, 포죽요苞竹窯, 무의현 포롱구요武義縣抱弄口窯, 영강현 동

절강성 이외의 지구에서도 드물게 발견되는데, 그 발전서열은 현재 불분명하다. 분포한 밀도에 따른 분석에 의하면, 이 종류의 요도구의 발원지는 절강성일 가능성이 있으며, 기타 지방의 같은 종류들은 청자기술의 전파에 따라 간 것으로 생각된다.

(4) 고정눈[固定支点] 받침 요도구

고정눈 받침은 각 종류의 치형齒形 받침, 즉 치형점권·치형점통齒口墊筒·치변점병을 포괄한다. 점병 상에 유정을 두거나 고리받침에 유정을 둔 것도 이 종류에 속한다. 북방에 분포하는 삼차형받침과 쌍면삼차형받침도 받침눈이 고정된 요도구에 속한다.

탁주의 받침점은 임의대로 분산할 수 있고, 놓는 점이 자유롭고 원료를 절약하는 일면이 있지만, 배를 장치하는데 비교적 시간이 걸린다. 점병은 내화원료를 낭비할 뿐 아니라, 배와의 접촉면이 커서 남겨진 흔적이 매우 뚜렷하다. 그러나 치형받침과 삼차형받침은 위의 요도구의 단점들을 어느 정도 보완해 주었다.

① 치변齒邊 받침 : 치변점권·치구점통·치변점병을 포괄한다. 이것은 탁주·점권·점병 등에 비해 자신의 장점을 갖고 있는 또 다른 유형의 받침 요도구이다. 현재 발견된 비교적 이른 시기의 치형받침은 거의 모두 절강성 경내에서 나온다. 주요 요지로는 상우현 장자산의 서진요지, 덕청현의 동진 덕청요지, 여요현 상림호구余姚縣上林湖區의 양진요지가 있다. 이후 사천성과 산동성의 여러 지구로 확산되었다. 강소성의 의흥요, 광동성의 조주요, 안휘성의 수주요에서도 발견되며, 분포지점은 광범하지는 않으나, 기본적으로 절강성의 청자 산지가 갖고 있는 특징적인 요도구의 하나로 인식할 수 있다.

이런 치형지점은 용요와 더불어 청자기술과 함께 한반도에 전해졌으며, 현재 고려시

택요永康縣童宅窯, 금화현 외산金華縣外山, 고방古方, 후대 만두산 목진당요厚大饅頭山沐塵塘窯, 포강현 전왕요浦江縣前王窯, 완요요碗窯窯, 전오요前墺窯, 천주 완요촌泉州碗窯村 등, 일일이 열거할 수 없을 정도이다. 관형罐形 받침의 출토지점으로는, 평현 자봉신당향요衡陽新塘鄕窯 등이 있다.

발형鉢形 받침의 출토지점으로는, 안양현 북제촌요安陽縣北齊村窯, 우도현 동항요于都縣東坑窯, 회남 수주요淮南壽州窯, 공래요邛崍窯, 안휘 봉양 천산요安徽鳳陽泉山窯, 휘현 연촌묘 원풍요輝縣沿村廟院風窯, 안양 천희진 북요安陽天嘻鎭北窯, 관현 라가요灌縣羅家窯, 전남현요全南縣窯, 심오현요尋烏縣窯, 조장시 중촌남요棗庄市中村南窯 등이 있다.

촛대형 받침의 출토지점으로는, 치박 채리요, 은현 곽가치요, 무의 수대주요, 사후향요, 동양 갈부촌 래용산 복호산요, 상우 요사전요, 난계 청주요, 금화현 목진당요, 동양현 마룡산, 관태산, 포죽요, 무의현 포룡구요, 영강현 동택요, 금화현 외산, 고방, 후대 만두산 목진당요, 포강현 전왕요, 완요요, 전오요, 천주 완요촌 등이 있다.

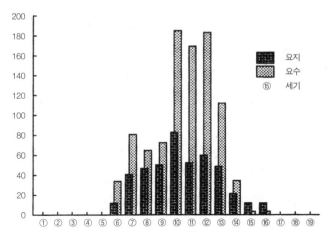

그림 5-2-13 중국 1~19세기 삼차형받침 유행 시기 통계도

대(약 10~12세기)의 경기도 용인군 이동면 서리 백자요지 중에 이런 요도구가 발견된다[25]. 이후 조선시대(약 16~17세기)의 광주군 선동리 2호 백자요지와 중부면 번천리 관요 백자요지 중에서도 출토된다[26]. 이 종류의 요도구와 M형갑발이 동시에 사용되는데, 분명히 이것은 절강성 월요에서 전해진 장소 요도구이다.

② **삼차형**三叉形 **받침** : 북방의 백자와 삼채자기의 생산 지구에서 유행한 주요 받침 요도구이다. 시대 순서로 배열하면, 가장 일찍 이 받침 요도구를 사용한 요지는, 수대의 형요와 안양요, 당대의 정요, 치박요, 수주요 등이다(그림 5-2-8). 일부 청자요지에도 이런 요도구가 발견되며, 그중 특히 복건성 복주 회안요福州懷安窯의, 당에서 원대에 이르는 삼차형받침에 주목할 가치가 있다[27]. 이는 남방에서 가장 일찍 삼차형받침을 사용함과 동시에, 이 일대의 남송 원대의 일부 요장에 영향을 미쳤다는 사실이다. 남과 북이 서로 매우 멀리 떨어져있는데, 쌍방의 기술 발원지가 결국 어디인가? 복건성의 같은 종류의 요도구가 북방에서 전래된 것인가? 이 문제는 반드시 계통적 기술을 비교하여야 만이 그 경위를 밝힐 수 있을 것이다. 삼차형받침은 6세기에 처음 출현한 후에, 당대의 보급을 거쳐, 북송 후기에 이르러 비교적 광범위하게 황하유역에 분포한다. 그리고 후에 다시 서쪽으

---

25) 고려시대의 경기도 용인시 이동면 서리 백자, 청자요(『용인서리고려백자요발굴보고서1』, 삼성미술문화재단 호암미술관, 1987년). 치형받침의 측량도는 본서 제6장 참조.

26) 『광주조선백자요지발굴조사보고』, 이화여자대학교박물관, 도로공사, 1986.

27) 복건성에서 출현한 삼차형받침은 원병圓餠 상에 3개 지점을 날출捏出 한 것과 근사하지만, 전체적으로 북방의 삼차형받침의 일종에 속한다. 자료는 曾凡, 「福州懷安窯的窯具與裝燒技術」, 『東方文化』(香港), 1985-2, p.195. 이 요의 시대는 남조에서 송·원까지로, 당대 이전에 삼차형받침의 유무에 대하여, 발굴자들은 의견이 불일치한다. 복건성 정계요汀溪窯에서 발견된 분욱삼차지점慣旭三叉支墊은 남송에서 원대시기에 속한다.

로 확산되어 사천성 관현灌縣과 광원현廣元縣 등지에 이르렀고, 북쪽으로는 내몽고와 요녕성 일부 지역까지 퍼져갔다. 10~13세기에 최고로 유행하였고, 16세기에 소멸로 향하였다(그림 5-2-13).

삼차형받침은 다시 당대에 삼채기술과 함께 일본에 전해져, 8~12세기 동안 일본의 게이키京畿지역의 삼채 생산과 녹유나 회유 등의 시유도기 번조 시의 주요한 받침 요도구가 되었다. 현재 일본의 중부지구에서 이런 요도구들을 사용한 요지들이 대량으로 발견된다[28]. 삼차형받침을 사용한 장소기술이 일본에 전해진 후에 계속적으로 관요의 범위 내에서 보호되어 외전外傳이 없었다. 8세기말에서 9세기에 이르러, 겨우 관부 관리 하의 반관반민의 녹유와 회유 등의 도기를 주로 생산하는 요장에서 응용되었다. 일본에서 가장 먼저 사용된 요도구가 된 것이다.

(5) 가루[粉], 모래[砂] 상태의 받침 방법

분가루 상태의 받침은 '요도구'로 부를 수는 없지만, '요도구'의 작용을 하기 때문에 일종의 장소방법에 속한다. 이 장소방법에 구체적으로 사용된 재료에는, 고려자분高鋁瓷粉(알루미늄 성분이 많은 자기 분말)·고령토 가루·석탄재·사립·곡물껍질·볏짚·겨재 등이 있으며, 간혹 고려자분과 겨재를 섞어서 사용하였다. 일반적인 상황 하에서 적어도 두 종류의 형태가 있다. 하나는 무기질 상태의 것으로, 내화도가 보다 높은 무기 규산염분말, 예컨대 고령토분(내화도 1,740℃정도), 내화점토의 분말(고알루미늄점토로 내화도 1,630~1,750℃), 고내화도의 자기분말(고려자분), 연소된 석탄재, 석영 강모래(내화석영모래 1,710~1,750℃)[29] 등이 채용되었다. 또 한 종류는 유기질의 분말로, 두 가지의 취득과 응용방법이 있다. 하나는 미리 볏짚이나 곡식껍질류를 연소시켜 초회나 강회 등의 재를 획득하는 것이다. 또 하나는 직접 볏짚이나 곡식껍질 혹은 패각 같은 것을 사용하는 것으로, 배와 요도

---

28) 일본 나고야시 미도리구 가메가호라名古屋市綠區龜洞 1호 녹유도기요지 출토의 헤이안平安 전기(8세기)의 삼차형받침과 기물이 붙은 예(『陶器的源流』, 1991, 名古屋市立博物館, 도28, 도36, 38, 45-2, 45-3, 45-5, 51-1 모두 뚜렷한 삼차형받침 흔적이 남아 있다. 나고야대학 문학부고고연구실이 발굴하고 수장한 대량의 세토요·사나게요(9~12세기)의 삼차형받침).
29) 素木洋一, 『硅酸鹽手册』, 1972, 日本技報堂出版, 표8-11 내화전의 성능표. 또 素木養一, 『硅酸鹽手册』, 1982, 輕工業出版社 同版 飜譯, p.101~426

구 사이에 깔아서, 이들 유기물이 번조과정 중에 고온에서 자연스레 재가 되어, 배와 요도구(받침, 갑발) 사이에 일층의 분말을 남기게 되며, 이것이 받침 작용을 하게 하는 것이다. 송대의 지권조합복소 요도구의 점계墊階에 이런 물질이 편리하게 이용되었다[30].

각종의 고온에 견디는 가루받침을 사용할 때, 흘러내리는 유액과 혼합되어 서로 붙게 할 수 있기 때문에, 가루받침을 사용할 때에는, 배와 요도구의 접촉면에 있는 유층을 깎아 낸다. 분말과 재로 받침을 만드는 주요한 목적은, 점착하는 것을 방지하는 것뿐만 아니라, 동시에 배와 요도구(갑발, 층판) 사이에 서로 다른 수축률이 출현할 때, 분말이 양자 사이에서 하나의 미끄럼판 같은 접촉면을 형성할 수 있다. 이 방법은 현대의 경덕진요에서 계속해서 매우 유행하고 있다. 이 장소기술은 유물 상에 어떤 흔적도 남기지 않기 때문에, 그리고 일반 요지발굴자도 요도구 상에 잔류한 분말의 중요성에 대해 주의하기 매우 어렵기 때문에, 지금까지 이 방면의 보고가 없다.

현재 재를 이용해 받침을 한 것은, 경덕진의 송대 복소망구반伏燒芒口盤에서 확인된다. 이후에 재 속에 고령토를 섞었으며, 원·명 시기에는 단순한 고령토분말을 받침으로 사용하였다. 똑같이 고령토를 받침으로 만든 요지의 예가 근년에 건요建窯(북송~남송 초기)에서도 발견되었다[31]. 곡물껍질로 받침을 할 때는, 받침면 상에 흔적이 남기 때문에, 비교적 쉽게 발굴자에 발견된다. 현재 보고된 것으로는, 광동성 혜양현惠陽縣의 원말·명 시기의 요지와[32] 광동성 박라게양징매博羅揭陽澄邁 명대 요지[33]가 있으며, 두 요 모두 기물 상에 잔류한 곡물껍질이 찍힌 흔적이 발견되었다. 이런 현상은 일본에서도 매우 보편적인데, 기초적인 조사에 의하면, 적어도 헤이안平安시대 개시(11세기)부터, 도기를 장소할 때 볏짚을 사용해 바닥에 깔거나 배의 받침물로 한 관습이 있었으며[34], 17세기의 에도시대

---

30) 劉新園, 白焜, 「景德鎭湖田窯各期碗類裝燒工藝考」, 『文物』, 1982-5, p.89. 『東洋陶瓷』, 1980, 제12·13호, p.121. 명대, 「景德鎭明永樂宣德御場遺存」, 『中國陶瓷』, 1982-7, p.171. 『御窯廠故址出土永樂宣德官窯瓷器』, 香港景德鎭文物展圖錄, 1988, p.49.

31) 「福建建陽縣水吉北宋建窯遺址發掘簡報」, 『考古』, 1990-12, p.1095.

32) 「廣東惠陽新庵三村古窯址發掘簡報」, 『考古』, 1964-4, p.198.

33) 「廣東博羅揭陽澄邁古瓷窯調査」, 『文物』, 1965-2, p.20.

34) 주로 사나게요구猿投窯區인, 에이찌현 세토시愛知縣瀨戶市, 에이찌현 오와리아사히시愛知縣尾張旭市, 나고야시 모리야마구名古屋市守山區와 에이찌현 도코나메시 찌다반도愛知縣常滑市知多半島에 분포하며, 이 방면의 보고는 매우 많아, 일일이 열거하기 어렵다. 금일까지, 일본 도코나메시 찌다반도의 전통가마에서 의연히 볏짚을 배의 받침에 사용하고 있다.

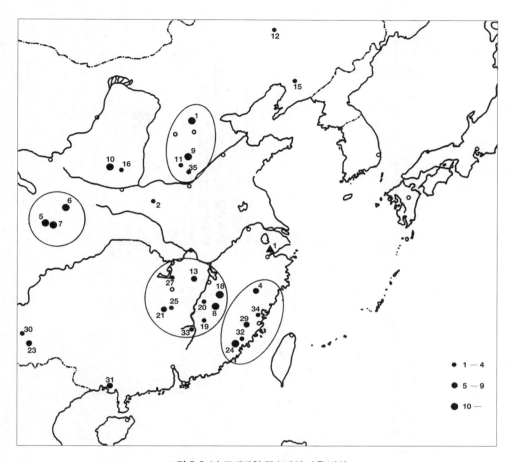

그림 5-2-14 모래받침 장소법의 사용 범위

전기에 와서, 큐슈지방의 가라츠요唐津窯는 탁주를 채용한 동시에 볏짚으로도 배의 받침을 하였다[35]. 현재 일본의 전통 가마의 장소방법 중에 계속해서 이런 종류의 전통적인 방법을 유지하고 있다. 이 방면의 자료가 한반도에서는 아직 보도된 것을 보지 못했다.

모래받침도 분말 상태 받침의 한 종류에 속하지만, 유기물의 재와 세분細粉 상태의 고령토나 마른 점토분과는 크게 구분된다. 후자는 비교적 정세하여 남은 흔적이 적거나 기

---

35) 사가현 이마리시 마쓰우라죠佐賀縣伊万里市松浦町는 에도시대 전기의 '에가라츠繪唐津' 도기 생산지이며, 탁주와 분말받침을 겸용한 것도 있고, 단독으로 볏짚을 받침으로 사용한 것도 있다. 자료는,『古窯迹分布調査報告書』1984, 佐賀縣伊万里敎育委員會, p.95.『阿房谷下窯迹』, 伊万里近世古窯調査, 1985년, 伊万里市 敎育委員會.

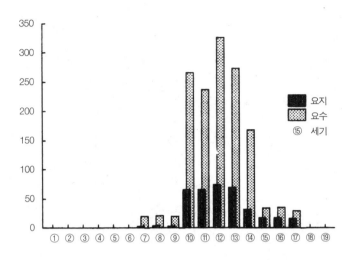

그림 5-2-15 모래받침 장소법 유행 시기 통계도

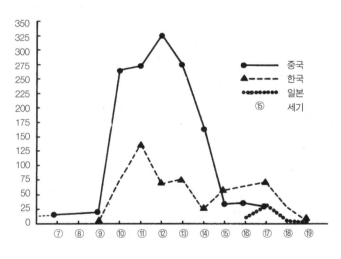

그림 5-2-16 동아 각국 모래받침 장소법 유행 시기 비교

본적으로 흔적이 남지 않지만, 모래받침은 비교적 거칠고 조잡하여 사립이 붙은 흔적이 뚜렷이 있다. 모래받침은 운용상에 두 가지 방법이 있다. 하나는 필요한 부위에 가득 뿌려서, 간격작용을 하는 충면을 만드는 것이다. 또 하나는 점퇴点堆로, 용법이 탁주와 같은데, 이 방법은 사천성 자봉요瓷峰窯와 자현 관태요磁縣觀台窯 등지에서 보인다. 모래받침의 응용에도 장점이 있다. 하나는 내화재료를 절약하는 점이며, 또한 점병·고리받침(점권) 등

과 같이 미리 가공성형할 필요가 없고, 탁주에 비해 사용하기 편하면서 더욱 마음대로 할 수 있다. 이 때문에 당시 덕청요德清窯 · 노산요魯山窯 · 정요定窯 · 용천요龍泉窯 · 광원요廣元窯 · 팽현요彭縣窯 · 관현요灌縣窯 · 남풍요南豊窯 · 자주요磁州窯 · 요주요耀州窯 · 상음요湘陰窯 등 매우 많은 요장에서 채용하였다(그림 5-2-14). 현재 중국에서 가장 일찍 모래를 사용해 받침물로 한 것은, 절강성 덕청현의 서주 후기에서 춘추 초 · 중기에 이르는 2기의 원시청자요지이다. 10~14세기에 모래받침은 비교적 보편화되었으며(그림 5-2-15), 또한 9세기말에서 10세기 초에 청자기술과 더불어 동전하여 한반도에 광범위하게 영향을 주었다. 16세기에 다시 한반도에서 일본으로 전해졌다(그림 5-2-16).

제3절. 도지미[지소구支燒具]

도지미를 이용하는 목적은, 가마 안에서 배들이 요 바닥 근처의 '저온대低溫帶'에서 잘 익지 않아 폐기되는 것을 피하고, 또한 요 바닥의 모래먼지로 유면이 오염되는 것을 방지하기 위함이다. 즉, 도지미는 번조물을 좋은 요 위치[36] 상에 받쳐 놓기 위한 보조 요도구이다. 도지미(지소구)의 주요한 양식들은 〈제2장, 도2-3-2〉를 참조하기 바란다. 이들 도지미는 요지 발굴보고서 속에 각종의 다른 관습적인 호칭으로 되어 있다. 요좌窯座 · 지주支柱 · 요주窯柱 · 점주墊柱 · 지점支墊 · 저각底脚 · 저탁底托 · 요점窯墊 · 소대燒台(일본) · 요대窯台 · 점소주墊燒柱 · 지탁支托 등등으로 부르는데, 본문에서는 모두 도지미라 부른다. 도지미는, 배들 사이에 두는 받침과는 다른 것으로, 요상窯床에 놓아서 배를 '지승支承' 혹은 '탁기托起'하는 것을 주된 효능으로 하는 요도구이다.

현재 파악된 자료를 보면, 도지미의 출현은 받침용 요도구에 비해 약간 늦다. 도공들이 아마 먼저 번조 공간의 충분한 이용에 주의를 하였고, 연후에 점차 요위窯位의 선택이

---

36) 5) 참조. 반도염식 가마를 말하면, 수직으로 공간을 상·중·하의 3층으로 나누면, 상층은 온도가 높고, 하층은 온도가 낮다. 가로로 공간을 전·중·후의 세 부분으로 나누면, 최후의 요 후미는 온도가 낮고, 세로로 좌·중·우로 나누면, 좌우 양측의 온도가 상대적으로 낮은 편이다. 용요는 평염식가마로, 비록 길지만, 요신에 밀집한 투시공이 있어 단을 따라 땔감을 넣어 온도를 더할 수 있어, 가로로는 온도 차의 구분이 없지만, 수직 공간의 구분은 명확하여 역시 요바닥의 온도가 보다 낮다.

번조의 성공률 여부에 중요한 작용을 한다는 것을 인식하였던 것 같다. 절강성 덕화현德化縣에서 발견된 서주~춘추시기의 원시청자 요지에 지금까지 가장 이른 받침이 발견되었다. 그리고 같은 곳에서, 약간 늦은 전국 중기에 비로소 도지미가 출현한다(그림 5-2-2: 1). 이후 근 1,000년의 발전을 거쳐, 가마의 구조와 화염의 통제기술이 부단히 개선됨에 따라, 도지미는 각 요계 속에서 복잡한 변화과정을 거쳤다. 당대에, 갑발이 보급되기 시작하였는데, 갑발은 기물을 재일 때 최대한도로 가마 내의 번조 공간을 획득할 수 있다는 점 외에도, 화염의 자극과 연기의 오염을 피할 수 있는 효과가 있다. 때문에 화염이 요바닥의 자배瓷坯를 충분히 익힐 수 있어, 요바닥에 둔 갑발도 '저온번조대'를 이용한다는 목적에 능히 도달할 수 있었다. 때문에 뒤에 가면서 규모가 비교적 크고 보편적으로 갑발을 사용하는 요장에서는 높은 도지미를 사용하는 것이 없어졌다. 그래서 최하 1층의 갑발을 비워두어 도지미용의 받침대로 만들었는데, 남송 관요에 보이는 바닥층의 갑발이 비어있고 기물이 없는 것이 그 증거의 하나이다(그림 5-4-12: 3 참조).

이론상으로 말하면, 화염의 통제기술이 요상 최저층의 배들을 자화시킬 수 있다면, 그리고 갑발이 또한 도지미의 존재를 능히 필요 없게 하는 상황이라면, 도지미는 요장에서 퇴출이 가능하다. 그러나 사실은 생각 이상으로 복잡하다. 왜냐하면 중국 각지 요장의 기술 발전 수준이 매우 고르지 않기 때문인데, 일부 요장들은 기술 개혁의 전면에 위치해 있지만, 대부분의 소규모 민간요들은 장기간 낮은 수준 상태에 처해 있으며, 어떤 곳은 심지어 원시 상태에 가깝다. 중국 고대 요업기술 발전의 전체적인 추세로 볼 때, 시종일관 선진과 낙후가 병존하고 있으며, 일부 선진 요장이 전체 요업의 발전을 선도하였다. 때문에 일부 선진된 요도구가 어떤 요장에 출현할 때에, 대체적으로 중국에서 어떤 시대에 어떤 종류의 요도구가 출현한지만 설명할 수 있을 뿐이며, 어떤 시대에 보편적인 경제적 의의를 갖게 되었는지는 설명할 수 없다. 예컨대 갑발은 남조 후기에 출현하였지만, 진정으로 보급된 것은 300년이 지난 후의 당대 중기 이후였다. 받침과 도지미라는 요도구와 가마기술은 낙후지역에서도 똑같은 정체현상이 존재한다.

또한 기술과 관련된 공구의 확장과 보급은, 상품에 비해 유통영역에서의 보급에 어려움이 많다. 다른 면에서 볼 때, 각각의 가마에서 번조 과정 중에 가장 좋은 번조대燔造帶와 그 다음으로 좋은 번조대의 요위窯位의 구분이 있으며, 이 같이 다른 번조대의 생산품은 품질에서 왕왕 큰 차이가 난다. 요장에서 통상 정精, 조粗의 도자기가 같은 가마에서 번조

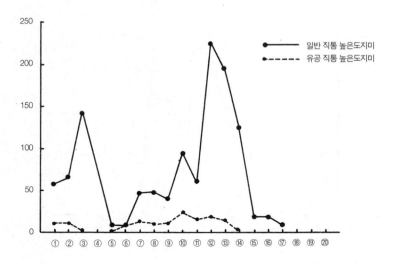

그림 5-3-1 1~20세기 직통형 높은도지미 유행 시기 곡선도(요군 수)

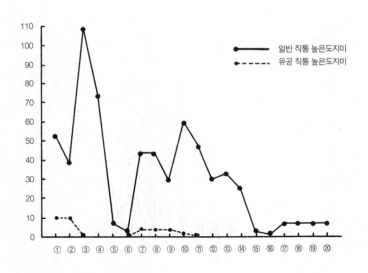

그림 5-3-2 1~20세기 나팔상 높은도지미 유행 시기 곡선도(요군 수)

되는데, 때문에 서로 다른 수준의 요도구가 동일 요장 내에서 사용되는 것도 이상할 것이 없다. 예컨대 여러 요장에서, 선진한 갑발 기술이 보편적으로 유행하는 때를 맞아서도, 간단하고 쉬운 나배裸坯(노출) 첩소 역시 동시에 존재한다. 이 때문에 각종의 도지미는 각지 요업의 성쇠와 더불어 다양한 수준의 요장 내에서 체류했을 가능성이 있다. 〈그림 5-3-1,

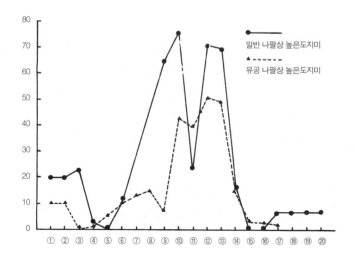

그림 5-3-3 1~20세기 실심과 낮은 도지미 유행 시기 곡선도(요수)

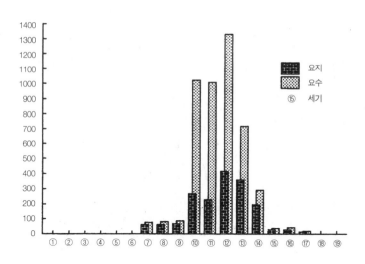

그림 5-3-4 중국 1~19세기 갑발 유행 시기 통계도

5-3-2, 5-3-3〉의 여러 종류의 도지미의 유행시기와 수많은 선진한 갑발 요도구의 사용을 비교한 바에 의하면, 곧 수준이 다른 요도구가 공존하는 현상이 출현하는 바를 능히 발견하고 이해할 수 있다.

도지미는 기원전 5세기에 출현한 이후로, 동한 시기에 이르러 겨우 일부 지구에 보급되었으며, 육조 시기의 발전을 거쳐, 남방의 청자 생산구역에서 보편적으로 채용되었다. 송대에 와서 무역도자의 대발전과 더불어, 도지미를 응용하는 요지도 크게 증가하였으며, 몇 가지 주요한 도지미의 발전 곡선은 요업발전의 전체적인 추세와도 일치한다(그림 5-3-1, 5-3-2, 5-3-3, 5-3-4 진행비교). 한걸음 나아가 지역별 비교를 할 때 당연히 고려해야 할 것은, 각 요장의 요도구의 조합에 매우 큰 차이가 존재한다는 사실이다. 이런 차이는 요업 생산의 발전 수준 상의 지역적 차별을 반영한 것이며, 또한 요계의 기술상의 차이를 반영한 것이다. 분포상으로 보면, 초기(전국~육조시대)에 도지미를 채용한 요장은 주로 항가호杭嘉湖, 영소평원寧紹平原 및 태호太湖 주변에 분포한다(그림 5-3-6 참조). 이곳은 중국의 도자기술이 비교적 일찍 발달하고 청자기술이 가장 성숙한 지역이었다(그림 5-2-7, 5-2-9, 5-2-11).

도지미의 분류를 단순히 그 효능면으로만 인식하면 여러가지 곤란한 점과 만나게 된다. 왜냐하면 일부 도지미는 받침 요도구의 작용을 겸유하기 때문이며, 특히 갑발은 일정한 정도로 도지미와 받침을 대체하는 작용을 갖고 있다. 여러 종류의 낮고 작은 도지미와 받침은 외형이 비슷하여, 복원 연구를 하지 않으면 그들의 용도를 구별하기 매우 어렵다(반형盤形, 판상板狀, 봉상棒狀 요도구 같은 것). 때문에 개별의 특수한 현상을 서로 비슷한 유형별로 귀속시켜 개요를 소개하고자 한다. 전체의 분류는 주로 일반적인 현상을 따라서 개괄적으로 진행한다. 개념상의 혼란을 피하기 위해, 도지미의 개념도(그림 2-3-2)를 참조하여 6종류로 나눈다. 즉,

(1) 높게 받치기 위함이 주된 목적인 높은 도지미 : 직통형 도지미 · 나팔상 도지미 · 삼차형 높은 도지미 · 치형 도지미 · 왕관형 도지미.

(2) 받치는 것이 주된 목적인 낮은 요바닥 도지미 : 실심實心도지미 · 발분형鉢盆形도지미 · 치구발형齒口鉢形도지미 · 내화전耐火塼도지미 · 수날소형手捏小形도지미 · 工자형도지미 · 삼족 도지미.

(3) 붕가식棚架式 승탁도지미: 판붕식지탁가板棚式支托架 · 다층우산형多層傘形도지미 · 대면탁반大面托盤.

(4) 요주窯柱 고정방법 : 경사진 진흙덩이斜底泥團 · 경사진 소형도지미斜底小形支燒具 · 바닥쐐기[저설底楔].

(5) 요주窯柱 지탱 방법 : Y형 쐐기.

(6) 특수 도지미 : 지봉支棒.

이하에 결합도를 예로 들어 각종 지소구의 형식과 원류에 대해 기초적인 개괄을 하겠다.

1. 높은 도지미

높게 받치는 것을 주된 목적으로 한 높은 도지미는, 직통형 도지미·나팔상 도지미·삼차형 높은 도지미·치형 도지미·왕관형 도지미 등 몇 가지 형식이 있다.

〈그림 2-3-2: 1, 2, 8, 22〉에 보는 바와 같이, 필자는 높이가 직경보다 크고, 높이가 15cm 이상이며, 양측이 기본적으로 직선이나 나팔형을 하며, 직접 요상 위에 놓고 배의 높이를 높게 하여 요바닥의 온도가 낮아서 익지 않거나 바닥재로 오염되는 것을 피하기 위해 사용된 지탁 요도구를, '높은 도지미'라 부른다. 반대의 것은 '낮은 요바닥 도지미'라 부른다. 실심實心(속이 찬)도지미도 높이에 의해 고高, 저低의 도지미로 분류된다. 높은 도지미를 안정되게 세우기 위해 저부는 나팔상으로 많이 만들며(그림 2-3-2), 그중에는 높이가 30cm를 초과한 예도 드물지 않다[37]. 직통형 도지미는 상대적으로 키가 작다. 대부분 통형 도지미에는 공기를 투과하는 둥근 구멍이 있는데, 목적은 화염이 요바닥에서 쉽게 흐르게 하여, 배가 열을 빨리 고르게 받게 하기 위함이다.

높은 도지미를 대량으로 사용한 것은, 당시 도공들의 화염통제 기술이 비교적 낮았고, 또 화염을 저온의 사각지대로 끌어갈 방법이 없었기 때문이다. 그래서 부득이 받침이 높은 것을 취하여 배의 번조 위치를 높게 하는 방법으로 배가 저온대에서 익지 않고 폐품이 되는 것을 방지하였는데, 당시의 기술이 낙후된 일면을 반영한 것이다. 갑발이 출현하기 이전에, 받침대는 요위窯位를 조절하는 주요 수단과 공구였다. 갑발 기술이 보급된 이후에는, 나소裸燒의 조질자기에는 도지미가 쓰였지만, 높은 도지미는 기본적으로 보이지 않는다.

높은 도지미를 운용하는 데는 많은 단점들이 있다. 즉 ① 제작이 크고 무거운 도지미는 대량의 내화재료를 필요로 한다. ② 체적이 비교적 큰 도지미가 요바닥을 점거하여 번

---

37) 특히 의흥 동한 시기의 높은 도지미는 높이가 34cm 이상에 달하고, 높이 30cm는 자주 보는 유형이다. 『中國古代窯址調査發掘報告集』, p.43, 55).

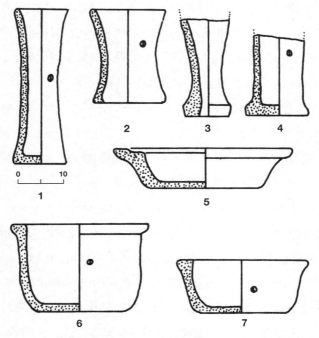

그림 5-3-5 강소성 의흥현 정촉진 동한요 출토 도지미
(江蘇宜興丁蜀鎭附近漢代窯址調査,『中國古代窯址調査發掘報告集』, 1984)

조공간을 빼앗기도 한다. ③ 높은 도지미에 놓인 배는, 가마 안의 바람이 급하게 불면 쉽게 쓰러지는 위험이 있다. ④ 도자기가 익어갈 때, 요도구 자신도 배와 함께 열을 흡수하여, 요도구가 점유하는 공간이 크면 클수록 소모되는 연료도 많아진다. 재료와 연료와 공간 이용율을 고려해 볼 때, 과다하게 도지미를 사용하는 것은 원가를 상승시키는 한 원인이 된다. 당대 이후, 도자기가 점차 사회적으로 흔히 보는 유통 상품이 되면서 요장이 경쟁적으로 출현하기 시작하였으며, 그들이 제작하는 생산품은 저렴한 가격과 높은 기술로서 사용자의 환심을 얻을 수 있었다. 그래서 요도구와 공간 이용 및 번조기물의 합리적인 배치가, 당시 장소기술 개혁의 요점이었다.

① 직통형 도지미, 나팔형 도지미 : 이들은 높은 도지미 중에, 유행한 시기가 가장 길고 분포가 가장 넓은 자주 보는 도지미이다. 높은 도지미를 응용한 가장 이른 예는, 전국시대 원시청자와 인문경도를 함께 번조한 절강성 덕청현의 남산南山, 정자교亭子橋, 풍가산馮家山의 3곳 용요 요지이다. 이 요들은 '자토분말로 받침을 채용'한 것 외에도, 동시에 '요바

닥에 받치는 요도구'를 사용하였다(그림 5-2-2: 1). 그 다음의 예로는, 태호반太湖畔에 위치한 의흥 정촉진宜興丁蜀鎭의 한대 요지이다. 보고에 의하면, 이곳은 서한 후기에서 동한 시기에 유행한 '원형승염요圓形昇焰窯'이며, 높이가 다른 도지미들을 사용하였다(그림 5-3-5). 그러나 조합을 이루어 사용했는지는 불명이다.

각 요지에서 발견된 원시청자와 유도釉陶를 보면, 당시의 가마온도는 1,100~ 1,200℃에 달하였다. 가마 내의 위치에 따라 온도차가 크고, 도공의 화염통제기술이 숙련되지 못하여, 이것이 유·태의 정색을 불안정하게 하고, 동시에 폐품은 만드는 주된 원인이 되었다. 주의할 것은, 한 요장에서 동시에 나팔형 도지미·통형 도지미·분형 도지미·발형 도지미 등등의 높이가 다른 형식들을 포괄해서 사용한 점이다(그림 5-3-5). 이들 높이가 다른 도지미의 배열은, 화염이 유동하는 곡선에 근거하여 계획된 것이다. 일반적인 상황 아래에서, 반도염요는 높고 낮은 요도구를 조합해서 사용하여, 키 낮은 것은 요 앞면에 배열하고, 높은 도지미는 뒤에 배열하여, 요주 사이에 화염이 유통하는 공도孔道를 남겨 두었다[38]. 그러나 평염 용요의 도지미는 상대적으로 높이가 비교적 통일되어 있다고 할 수 있는데, 일반적으로 요상에 내화토·모래·요사窯渣 등을 깔고, 도지미를 바닥의 모래 속에 묻어서 고정시키며, 도지미의 평탄한 정부頂部에 배를 안치하여, 기배를 이상적인 번조 위치에 놓았다. 도지미의 응용은 요위를 선택하는 것이 주목적이라 할 수 있으며, 제품 질을 높이고, 폐품율을 낮추기 위한 노력이었다.

높은 도지미의 분포는 나팔형도지미를 예로 들면, 〈그림 5-3-6〉에서 보듯이, 기원전 5세기 전후부터 5세기 이전까지의 높은 도지미는, 거의 태호 주위와 항가호杭嘉湖와 영소寧紹평원 일대에 집중하여 분포한다. 이곳은 청자 생산이 가장 발달한 지구이다. 당시의 기술 조건 하에서 이들 요도구를 사용한 것은, 그 시대의 도공이 가마에서 화염을 통제하는 기술이 아직 높지 않은 상황 하에서 각종의 도지미를 채용하여 이상적인 요위를 선택하고자 하는 노력을 반영한 것이다.

② 삼차형 높은 도지미 : 이것은 높은 도지미 중에 일종의 복합형 요도구에 속한다. 현재 산동성 치박시 자천구 채리淄博市資川區寨里의 북조~당·오대 요지와 하남성 안양시

---

[38] 고저高低 요도구 조합시의도는 수기생水旣生선생의 만두요 장소복원도(『中國古陶瓷硏究』, 1987, p.336)를 참고하였다.

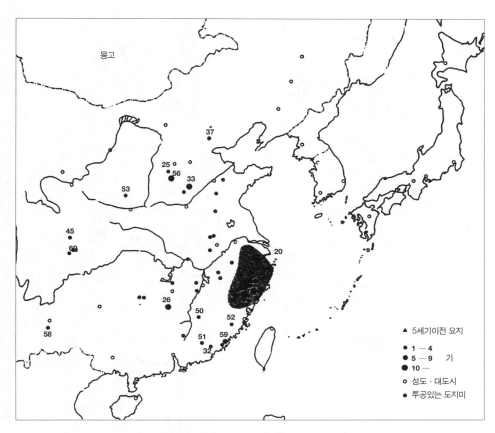

그림 5-3-6 중국 나팔형 도지미 분포도

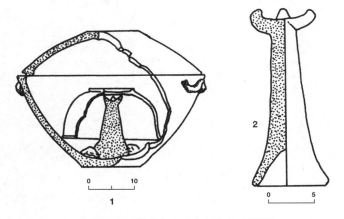

그림 5-3-7 삼차형 높은도지미 및 그 사용방법
1.15세기 전후 지중해 지구 삼차형도지미 사용 복원도(地中海文明與中世窯業, 技術的歷史, 제3권, 1962)
2.중국 산동성 채리요 북조 말기~당대 삼차형 높은도지미(1984, 中國古代窯址調査發掘報告集, p.357)

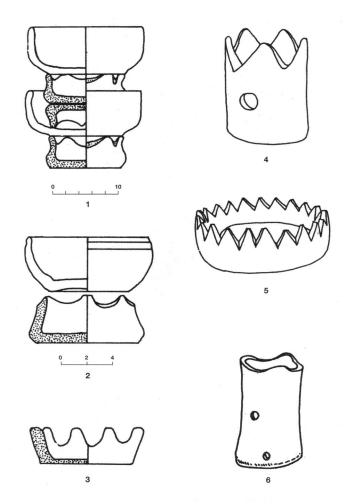

그림 5-3-8 치형(왕관형) 받침과 도지미 기능의 복합 발전 순서
1.절강성 초산현 동진요 2.절강성 영파시 동진요 3.강서성 우도현 수당요
4.사천성 관현 당대 중기~북송요 5.하남성 우현 균태요 북송요 6.강서성 전남현, 심오현 북송요

북교외北郊外의 수대 요지에서만 발견된다. 이 두 곳의 요지 모두 삼차형받침이 대량 사용된 요장이다. 이로 보아, 이 도지미는 삼차형받침과 요주窯柱가 복합된 산물인 것 같다. 채리요의 발굴자료에 의하면, 삼차형 높은도지미는 높이가 20cm 정도이고, 발굴자가 추측하기로, "심복深腹에 입이 작은 기물(관罐 같은 것)의 안에 두고 받치는"(그림 5-3-7: 2) 요도구이다. 이런 요도구의 사용법은 지중해의 15세기에 같은 종류의 요도구와 많이 비슷한데(그림 5-3-7: 1), 양자 사이에 모종의 연계가 있는지의 여부는 아직 알지 못한다.

③ 치형과 왕관형의 도지미(그림 2-3-2: 22) : 치형 받침에서 변화된 것으로, 치형 받침과 통형 도지미가 복합된 산물이다. 서진 시기에, 청자 생산지구에서 이미 치형점권과 점통墊筒 같은 받침 요도구들의 사용이 유행하였다[39]. 그중 일부의 치형받침 요도구가 동진 시기에 받침과 도지미의 이중적인 효능을 겸유하였는데(그림 5-3-8: 1, 2), 어떤 것은 이미 도지미로 전화하였다. 예컨대 절강성 영파시 은현 소백시鄞縣小白市의 동진 요지에서 출토한 요도구는, 발굴자의 소개에 의하면, "장소 공구는 비교적 원시적인데, 당시 사용된 것은 치형점탁齒形墊托이다. 장요 시에 요도구를 요바닥에 붙여 놓고 치구齒口 위에 자배를 올려 쌓았으며, 자배 사이에 탁주를 이용하였다."(그림 5-3-8:2)고 하였다. 수·당 시기에 이르러, 전용의 치형도지미가 정형화되었지만(그림 5-3-8: 4, 5, 6), 광범위하게 퍼지지는 않았다.

2. 낮은 요바닥 도지미

승탁承托(받치는 것)을 주된 목적으로 하는, 요바닥에 두는 대좌를 종합하는 것으로, 실심實心(속이 꽉 찬)도지미 · 발분형鉢盆形 도지미 · 치구발형齒口鉢形 도지미 · 내화전 도지미 · 수날소형手捏小形 도지미 · 工자형 도지미 · 삼족 도지미 등이 있다.

낮은 도지미가 높은 도지미 보다 약간 빨리 출현하였는지는, 아직 확실한 고고학적 실증 자료는 없다. 번조원리상의 해석에 따르면, 아마 요바닥의 모래 티끌이 기물을 쉽게 오염시키는 것에 도공들이 주의하였고, 그래서 이상적인 요위를 얻기 위해 보다 높게 할 필요가 있다는 기술적인 의식이 있었던 것 같다. 이 때문에 낮은 도지미가 높은 도지미 보다 더 일찍 출현한 것으로 추측된다. 그러나 실제 발견된 도지미는 일반적으로 가마 구조에 근거하여 세트를 이루어 사용된다.

낮은 요바닥 도지미의 형식은 다양하다. 전용專用의 것, 대용代用의 것, 전용轉用된 것이 있다. 모양의 차이는 지역성과 기술적 특징을 반영하며, 이의 특징을 토대로 분류함으

---

39) 참고할 것은, 서진 절강성 상우현 장자산上虞縣帳子山, 동진 절강성 덕청현 덕청요, 동진 절강성 영파시 자계현慈溪縣(여요현余姚縣) 상림호구上林湖區, 수·당·오대 사천성 공래현 십방당요邛崍縣十方堂窯, 송대 사천성 관현 라가요灌縣羅家窯, 북송후기 산동성 치박시 박산구 박성대가淄博市博山區博城大街이다.

로, 요계의 구분에 근거를 제공할 수 있다.

① 실심 도지미 : 보편적으로 유행하였고, 지방적인 제한이 없으며, 일찍 동한부터 늦게 명대까지 발견된다. 유적은 주로 남방의 광동성 고주현高州縣, 복건성의 건양현建陽縣·안계현安溪縣·광택현光澤縣, 강소성 의흥현宜興縣, 절강성의 태순현泰順縣·남계시 숭산南溪市崇山·용천현 금촌龍泉縣金村, 사천성의 성도시成都市·팽현 자봉향彭縣瓷峰鄉, 호남성의 익양시益陽市·형양현衡陽縣·회화현懷化縣 등에 분포한다. 북방에서는 주요한 곳이, 하북성 곡양현 간자촌曲陽縣澗子村, 산서성의 혼원현渾源縣·교성현交城縣, 섬서성의 동천현 황보진銅川縣黃堡鎮·순읍현 안인촌旬邑縣安仁村, 하남성 노산현魯山縣 등이 있다. 당대 이후에는 거의 남북 지방상의 차별이 없으며, 분포상으로 어떤 규칙성은 보이지 않는다.

② 기형器形 도지미 : 탁발托鉢, 탁분托盆, 치구탁발齒口托鉢이 있다. 기물과 같이, 물레에서 미리 성형 가공하는데, 다른 점은 내화점토를 사용해 제작하여 같은 형의 기물보다 거칠고 무겁다. 이런 유형의 요도구는 갑발과 비슷한데, 갑발에 비해 4, 5세기 일찍 출현하기 때문에, 갑발 기술에서 직접 영향을 받아 출현된 것은 아니다. 현재 알려진 기형도지미 중에, 탁발형도지미가 출토한 주요 요지로는, 동한 삼국시기의 절강성 호주성 서삼천문감산 동파요湖州城西三天門敢山東坡窯, 동한 후기의 절강성 영파시 강북구 묘산향 계보산요江北區妙山鄉鶏步山窯, 서진의 강소성 의흥현 용Y요龍Y窯, 진대의 절강성 호주성 남교 용산요湖州城南郊龍山窯, 동진의 절강성 영파시 은현 소백시요鄞縣小白市窯, 남조의 절강성 영가현 만두산요永嘉縣饅頭山窯, 남조 초기의 절강성 영파시 운호요雲湖窯 등이 있다.

분포상에서 하나의 매우 뚜렷한 특징은, 당대 이전의 요지는 모두 청자 생산이 발달한 항가호 평원과 영소평원 및 태호 주변에 분포하지만, 당대가 시작되면서 이런 요도구는 거의 출토하지 않는다는 점이다. 이는 갑발 같은 것이 다른 요도구를 대신하기 때문인지, 그 원인은 분명하지 않다. 그러나 하나의 주의할 경향은, 당대 이후 이런 요도구가 분포하는 지점은 당시 청자기술이 크게 발달하지 않은 이류二流 지구에 전해진 점이다. 예컨대 강소성 의흥, 강서성 의춘宜春, 광동성 조주, 강서성 전남全南과 심오尋烏, 사천성 중경, 안휘성 번창繁昌, 복건성 포성蒲城 등지이다. 동시에 장강 유역을 넘어가 황하유역의 일부 요지에 나타나는데, 하남성 임여臨汝, 섬서성 순읍旬邑, 하북성 자현磁縣 등지 같은 곳이다. 분형盆形도지미와 치구탁발의 분포 상태도 대체로 같다. 기형도지미의 출현과 분포는 중국의 청자 생산이 가장 발달한 동방 연해의 호소湖沼 구릉지대에 있었다.

③ 수날소형手捏小形 도지미, 工자형도지미 : 큰 것은 〈그림 2-3-2: 17〉과 같이 소량의 첩소기물을 받칠 수 있는 도지미의 일종이다. 또한 여러 작은 도지미들이 있는데, 두 가지 사용법이 있다. 하나는 工자형도지미 같은 것이다. 그러나 자주 보는 것은 대형의 도지미의 저부를 편평하게 놓기 위해 손으로 빚어(수날) 만든 것으로, 도지미의 보조용품으로 이해해야 한다. 많은 요지 발굴보고 중에, 이런 작은 것은 항상 발굴자에게 중시되지 못하여, 보고가 간략하거나 다루지 않은 것이 매우 많다. 기 보도된 자료를 보면, 보통 이들의 사용방법을 주의해 보지 않았다. 필자가 견문한 바로는, 글과 도판 자료로 이들의 효능상의 분류를 진행하기 매우 어렵다. 工자형 요도구는 실심의 도지미이고 바닥이 편평하기 때문에, 경사도가 없는(혹 경사도가 매우 작은) 만두요, 즉 마제요에서 배의 도지미로 사용하였다. 그러나 소형 도지미는 주로 용요 중의 저면이 큰 요도구의 점평墊平에 사용되었다.

工자형 도지미의 사용방법에 관해서는, 일본의 16세기 工자형도지미의 장소복원이 참고가 된다(그림 5-2-2: 4). 그리고 때로 저면이 큰 갑발 하면에 3개의 작은 도지미를 사용해 올려놓는데, 工자형 도지미의 또 하나의 용법이다. 중국에서, 현재 발표된 자료를 통계 내어 보면, 명확하게 工자형 도지미를 사용하였다고 판단되는 요지는 모두 30여 곳이지만, 분포상으로 남북의 차이는 보이지 않는다. 만두요와 용요 모두 사용하였지만, 한 가지 비교적 뚜렷한 점은 〈그림 2-3-2: 17〉에 보는 바 같은 전형적인 工자형 도지미는 모두 요바닥이 비교적 평탄한 만두요에서 나타나며, 바닥이 경사진 것은 일반적으로 일정한 경사도를 지닌 용요 유적에서 나타난다는 점이다. 사천성은 용요와 만두요가 교잡交雜해서 분포하는 지구인데, 이곳에서 왕왕 도지미 저부의 경사도에 근거하여 가마의 경사각도를 구별해 내며, 이에 따라 가마의 유형을 판단한다(그림 2-3-2: 18, 23, 25).

工자형 지소구는 16세기 중기에 한반도에서 일본으로 전해졌고, 최초로 큐슈 사가현佐賀縣에 분포한다. 17세기에 나가사키長崎, 후쿠오카福岡, 히로시마현廣島縣과 중부 지구의 기후현岐阜縣으로 확대되어 갔으며, 가마는 각종의 Ⅳ형요, 즉 부죽형剖竹形 분실용요, 횡실 연방식등요, 계룡요에 한정되었다[40]. 이 工자형 도지미는 일반적으로 부죽형 분실용

---

40) 일본에서 16세기 이후 工자형도지미를 사용하는 주요 요장은, ①16~17세기 전반의 사가현 니시마쓰우라군 아리타죠佐賀縣西松浦郡有田町 가마쓰지하라아게요窯辻原明窯 A. ②16세기의 사가현 아리타죠 얀베따구佐賀縣有田町山邊田區 얀베따요山邊田窯 7(도기). ③16세기 후반의 사가현 가라츠시 니시가와우찌 고도지구佐賀縣唐津市梨川內小十地區 B지地. ④17세기 전기의 나가사키현長崎縣 쥬도요中道窯. ⑤16세기~17세기 전기의

요 기술과 더불어 16세기에 일본에 전해졌다고 추정하고 있지만, 기술상의 원류는 아직 분명하지 않다. 중국과 한반도 방면의 工자형 도지미에 관한 조사가 아직 불충분하기 때문인데, 향후의 진일보된 고찰을 기다린다.

④ 삼족 도지미(그림 2-3-2:21 참조) : 이 도지미는 현재 보고된 것으로는 절강성 경내 태호변의 호주성 서삼문 감산 동파요(동한 시기), 성 남교 용산요(서진 시기), 영파시 옥항산玉缸山 일대의 요지(동한 말기)가 있을 뿐이다[41]. 3족의 아래는 비교적 통풍성이 좋다. 어떻게 사용한지 직접적인 증명은 아직 없으며, 동류의 도지미가 수대의 북방청자 생산지인 안양요에서도 발견된다(그림 2-3-2: 21). 안양요가 이 요도구를 사용한 것은 청자기술의 영향을 받은 것인데, 삼차형받침을 응용해서 계발하여 자발적으로 발생한 것인지는 새로운 증거자료를 기다려야 한다. 이외에 2족도지미가 있는데, 절강성 용유현 백양龍游

사가현 가라쓰시 나시가와우찌 고도지구梨川内小十地區 A지. ⑥17세기 초기의 기후현 도키시 이즈미죠 쿠시리岐阜縣土岐市泉町久尻. ⑦17세기 전기의 후쿠오카현 노오가타시 오오아자이만지아자 타쿠칸福岡縣直方市大字永滿寺字宅間999번지. 17세기 초기의 사가현 니시마쓰우라군 아리타죠 가미시라가와구 덴구요A佐賀縣西松浦郡有田町上白川區天狗窯A. ⑧ 17세기 전기의 사가현 아리타죠 가마쓰지하라아게요窯辻原明窯B. ⑨17세기 초기의 사가현 니시마쓰우라군 아리타죠 가미시라가와구 덴구요E. ⑩17세기 전기의 사가현 아리타죠 미나미가와하라지구南川原地區 덴진모리요天神森窯. ⑪17세기 전기의 사가현 니시마쓰우라군 아리타죠 가미시라가와구 덴구요D. ⑫17~18세기의 사가현 니시마쓰우라군 아리타죠 이와다니가와구岩谷川區 사루가와다니요지猿川谷窯址. ⑬17세기 중기의 사가현 키시마군 키타야마우찌군 오오아자미야노杵島郡 北山内郡大字宮野 24375과 사가현 아리타죠 얀베따구山邊田區 얀베따요 1(자기). ⑭17세기후반의 사가현 키시마군 키타야마우찌군 오오아자미야노北山内郡大字宮野 24480-1. ⑮17세기 후기의 나가사키현 사세보시長崎縣佐世保市 에나가요江永窯. ⑯17세기의 사가현 다케오시 야마우찌죠 이타가와우찌군武雄市山内町板川内區 핫켄요百間窯(자기). ⑰17세기의 사가현 아리타죠 미나미가와하라지구南川原地區 덴진모리요天神森窯(자기). ⑱17세기 중후기의 사가현 니시마쓰우라군 아리타죠 안개開岬. ⑲17세기 후기의 사가현 우레시노마찌 후도우야마嬉野町不動山 사라야다니요皿屋谷窯 3. ⑳17세기 후기의 후쿠오카현 구라테군 와카미야마죠 오오아자이누나키아자 사라야마福岡縣鞍手郡若宮町大字犬鳴字皿山. ㉑17세기 후기의 히로시마현 후쿠야마시 카모죠 오오아자모모다니아자 히메다니廣島縣福山市加茂町大字百谷字姬谷 2450번지. ㉒17세기 후기에서 18세기 초기까지 히로시마현 후쿠야마시 카모죠 오오아자모모다니아자 히메다니 2450번지. ㉓17세기의 사가현 아리타죠 오오아자미나미가와하라아자 마쿠도大字南川原字幕頭 762. ㉔18세기전기후반~중기의 사가현 아리타죠 가미시라가와구 덴구요上白川天狗窯 B. ㉕18세기 중기의 사가현 아리타죠 미나미가오아자 나시키하라南川原字梨木原3741 카키에몬柿右衛門. ㉖18~19세기의 사가현 니시아리타죠 히로세산佐賀縣西有田町廣瀨山. ㉗19세기 전기의 나가요長興窯. ㉘19세기 중기의 야마구찌현 하기시 찐도 나가노쿠라사카요山口縣萩市椿東中之倉坂窯 5.
41) 삼족도지미: 동한·삼국, 「浙江湖州古窯址調査」, 『中國古陶瓷研究』, 제3집, 1990, p.65. 동한 후기, 「浙江寧波古代瓷窯遺址槪述」, 『中國古陶瓷研究』, 제2집, 1988, p.15. 「河南安陽隋代瓷窯址的試掘」, 『文物』, 1978-2, p.48 등. 이족도지미: 한대, 「漫談衢州古代瓷窯」, 『中國古陶瓷研究』, 제3집, 1990년, p.81. 수대, 「靑羊宮窯址試掘簡報」, 『景德鎭陶瓷』, 1982-2, p.143.

縣白洋의 용요와 사천성 성도시 청양궁成都市靑羊宮의 수·당 요지[42]에서 보인다. 보고자의 소개에 의하면, 백양에서 용요를 사용한 것은 "쌍족지점雙足支墊은 요상이 일정한 경사도를 가졌음을 설명하는 것으로, 곧 산의 자연 경사도를 이용해 구축하여 만든 용요"라 하였다. 분명히 이는 경사면의 요상에 수평을 잡는 작용을 하는 보조 요도구인 것이며, 독립적으로 사용된 3족 도지미와는 차이가 있다.

⑤ 내화전耐火塼 도지미 : 내화전을 직접 요상에 놓고 그 위에 도배를 둔 것으로, 차용 혹은 전용된 도지미이다. 현재 보고된 것은 당대 요주요와 요·금대의 요양 강관둔요遼陽江官屯窯 뿐이다[43]. 간단하기도 하고 요전窯塼과 혼동하기 때문에, 보고되지 않은 것이 매우 많다.

3. 붕가식棚架式 승탁承托 도지미

① 판붕식板棚式 지소가支燒架 : 유봉군 선생의 산동성 지구의 장소기술에 대한 고찰에 의하면, 북송 시기에 3종의 지소방법이 유행하였는데, 나소裸燒(노출번조)와 투소套燒(갑발 번조) 외에 북송 중후기에 일종의 '점판 층층 격식 나소墊板層層隔式裸燒(점판을 층층으로 벌어지게 만들어 노출번조)'의 방법을 채용하였다고 한다. "점판은 장방형과 방형으로 나눌 수 있으며, 한 변의 길이가 20~30cm, 두께 약 3~4cm 이며, 네 모서리에 소형 지주를 이용해 상하를 지탱하였다. 소형 지주는 높이 약 10~23cm, 직경 약 2~4cm에, 점판과 점판 사이에 완·배·반·분 등 비교적 왜소한 기물을 두었다. 기물과 기물 사이에는 받침눈(점정墊釘)이나 고리받침(점권墊圈)을 사용해 격리되게 하였으며……"라 하였다[44]. 이런 장소방법은 산동성에 한정되어 보고되고 있다. 근대 일본과 서구 및 중국의 현대 터널요에서도 이 장소방법을 광범위하게 채용하고 있는데, 원류가 어느 쪽에서 왔을까? 현재 아직 설명할 수 있는 자료가 없다.

② 다층우산형多層傘形 도지미 : 이것은 높이 12cm, 직경 8cm 정도의 점토 기둥을 사용

---

42) 同 41).

43) 당대, 「銅川黃堡發現唐三彩作房和窯爐」, 『文物』, 1987-3, p.23. 「金代瓷器的初步探索」, 『考古』, 1979-5, p.467.

44) 「山東地區宋金元燒瓷窯爐結構和裝燒技術分析」, 『中國古陶瓷研究』, 제2집, 1988, p.54. 북송후기, 「淄博市博山大街窯址」, 『文物』, 1987-9.

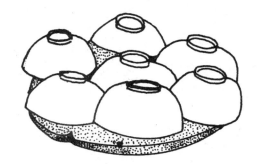

그림 5-3-9 대면탁반 장소법
(송대, 요두산요, 廣東惠州北宋窯址清理簡報, 文物, 1977-8)

해, 직경이 40cm 정도 되는 원반 1개를 지탱시키고, 원반의 중심에 다시 1주柱를 세우고, 그 주상柱上에 다시 원반을 설치하여, 형태가 여러 층의 우산 모양처럼 만들었다. 이같이 쌓아서 요천정에 닿으면, 높이가 2m 여에 달한다(일본의 하기요萩窯). 각 층의 원반의 사방 둘레에 완·명 같은 작은 기물을 쌓아 놓는데, 이런 장소기술은 늦어도 남송시기에 복건성 덕화요에서 발생한다[45]. 덕화요는 명대(14~17세기)에 계룡요가 유행한 소수 지점의 하나로 인정되고 있는데, 일본의 하기요는 대략 18세기 후반기에 역시 계룡요를 채용한다. 따라서 동시에 이런 장소방법을 사용했을 가능성이 있는데, 이 때문에 필자는 두 곳에서 기술자 사이의 직접 교류가 발생하였다고 추측하고 있다.

③ 대면탁반大面托盤 : 이것은 원반상, 혹은 원반에 굽이 달린, 받치는 요도구이다. 높이는 10cm를 넘지 않고 직경은 보통 20~30cm 사이이며, 여러 개의 작은 기물을 나란히 올려놓을 수 있다[46](그림 2-3-2:15). 그 아래는 응당 다른 지탱 요도구가 있어야 하겠지만, 조합을 이룬 정황은 불명이다. 이런 요도구는 육조 시기에 출현하며, 사용 방법은 뒤의 평

---

45) 曾凡,「關于德化窯幾個問題」,『中國古陶瓷論文集』, 1982, p.245-261. 福建省博物館,『德化窯』, 文物出版社, 1989.『萩燒古窯發掘調查報告書』, 日本工藝會山口支部, 1990.

46) 대저면大底面 탁지구托支具의 출토예 : 동한후기, 절강성 영파시 곽당요寧波市郭塘凹 한대요(「浙江寧波漢代窯址調査」,『考古』, 1980-4, p.343). 남조후기에서 당대, 호북성 악성현 신묘요鄂城縣新廟窯(「湖北鄂城縣新廟瓦窯口窯址調査」,『考古』, 1983-2, p.277). 수·당, 산동성 곡부현 송가촌요曲阜縣宋家村窯(「山東曲泗水隋唐瓷窯址調査」,『考古』, 1983-1, p.33). 오대·송, 하남성 의양현요宜陽縣窯(「河南宜陽窯調査簡報」,『中國古代窯址調査發掘報告集』, 1984-10, p.316). 북송, 광동성 혜양시 동교 요두산요惠陽市東郊窯頭山窯(「廣東惠陽北宋窯址清理簡報」,『文物』, 1977-8, p.46). 송대, 광동성 혜주 요두산요惠州窯頭山窯(「廣東惠州窯頭山窯」,『考古學第3次年會議論文集』, 1980, p.211). 송대, 광동성 혜주시 교구 동평요惠州市郊區東平窯(『廣東唐宋窯址出土陶瓷』, 香港大學馮平山博物館, 1984, p.144). 북송후기, 하남성 탕음현 학벽요湯陰縣鶴壁窯(「河南鶴壁集瓷窯遺址78年發掘簡報」,『中國古代窯址調査發掘報告集』, p.326). 남송·원대, 섬서성 순읍현 안인촌旬邑縣安仁村 Y7(「旬邑安仁古瓷窯址發掘簡報」,『考古與文物』, 1980-3, p.43). 금·원시대, 출처 동상. 남송, 하남성 탕음현 학벽요(「河南鶴壁集瓷窯遺址1978年發現」,『中國古代窯址調査發掘報告集』, p.326). 송·원대, 하남성 신안현新安縣(「河南新安古窯址的新發現」,『中國古代窯址調査發掘報告集』, p.339). 명대, 호남성 회화현 용정요懷化縣龍井窯(「湖南青瓷和青花窯址調査報告」,『湖南考古輯刊』제2집, 1984, p.93).

저천복平底淺腹의 분형盆形 갑발과 유사하다[47]. 기 발표된 자료를 보면, 이 요도구는 주로 절강성·호북성·호남성·섬서성·하남성·산동성에 분포한다. 시대의 폭은 동한 후기에서 명대까지 이르며, 분포상에서 특정한 규칙은 찾을 수 없다. 기 발표된 자료 중에 6예의 실물 묵선 그림과 1폭의 기물과 요도구가 붙어 있는 사진(그림 5-3-9)이 있어, 이 요도구의 사용방법을 시각적으로 이해할 수 있는 자료를 제공하였다.

4. 요주窯柱를 고정하고 수평을 잡는 방법

경사진 요상면 위에 도지미를 평평하게 배열하는 것은 쉽지 않으며, 반드시 여러가지 방법으로 이를 고정시켜야 한다. 앞서 말한 바닥에 깐 모래로 고정시키는 법이 한 방법이며, 이외 몇 가지 방법이 있다.

① 경사진 진흙덩이斜底泥團 : 젖은 진흙 반죽을 요주의 아래 면에 붙여, 고정 작용을 하는 받침대로 만들어 고정시키는 방법이다. 진흙 반죽이 불을 맞으면서 요주와 점토가 결합되어, 그 형태를 따라 경사진 면의 진흙덩어리가 되어 버린다. 〈그림 2-3-2: 25〉의 아래면 부분이 곧 요지에서 채집된 표본이다.

② 경사진 소형도지미斜底小形支燒具 : 두 가지 사용법이 있다. 일반적으로 10cm 이하의 것은 요주의 지평물支平物이며, 진흙 반죽을 손으로 만들어 요주의 벌어진 공간에 채워 넣어서 평평하게 붙게 하거나 평평함을 유지하게 하는 작용을 한다. 10cm 이상의 큰 도지미는 직접 기물을 지탱하는 도지미인 것 같으며, 工자형 도지미 같은 것이다(그림 5-2-2: 4 참조).

③ 저설底楔(바닥 쐐기) : 또 한 가지는 쐐기형의 점괴墊塊(그림 2-3-2: 23)로, 작은 것은 나무쐐기 같은데[48], 완전히 쐐기작용을 하는 보조용구이다. 보통의 도편과 석편도 이것의

---

47) 중국 출토 평저갑발의 요지로는, 당대의 하북성 임성현 기촌요臨城縣祁村窯. 당대 후기에서 북송의 절강성 소흥현 관산요紹興縣官山窯. 송대의 절강성 용천현 계구 와요장유지龍泉縣溪口瓦窯墻遺址, 광동성 혜주현 요두산요惠州縣窯頭山窯, 강서성 감주시 칠리진요贛州市七里鎭窯, 광동성 혜주시 교구 동평요惠州市郊區東平窯 Y-44. 남송의 강서성 경덕진 호전요景德鎭湖田窯, 하남성 탕음현 학벽요湯陰縣鶴壁窯, 복건성 덕화현 덕화요德化縣德化窯. 남송·원대의 하남성 탕음현 학벽요. 원대의 절강성 용천현 계구요, 남송·원의 강서성 경덕진시 동하東河 유역.

48) 낙양 동주성내東周城內 Y7, 서한 후기(『考古與文物』, 1980-3). 광동성 매현 남구요梅縣南口窯, 당대(『考古』,

대용품으로 만들 수 있다.

5. 요주를 지격支隔하는 방법 - Y형 쐐기

이것은 일종의 요주 사이에서 간격을 유지하고 고정 작용을 하는 보조용구이다. 그 양쪽 끝은 모두 Y 형으로 만들었는데, 하북성 곡양현 간자촌 정요의 당대 후기 요지와 강서성 경덕진 호전요湖田窯의 북송 요지에서 출토한 바 있다. 이것이 붙어 있는 유물을 복원한 것에 의하면, "갑발 장요 시에 두 줄의 갑발 사이에 쐐기를 박아서 그것을 견고하게 놓이게 하는"[49], 보조용구로 명확하게 인정될 수 있다. 이외에도, Y형 쐐기가 더욱 중요한 작용을 하는 것은, 요주 사이의 쐐기가 되어, 요주 사이에 적당한 간격을 유지시켜서, 불의 길을 만들어 화염이 막히지 않게 한 점이다. 이때 유통이 잘 되지 않으면 필시 불길이 편중된 폐품이 나온다. Y형 쐐기는 보통 길이가 10cm 정도이며, 미리 만들어져, 장요 시에 진흙 반죽으로 양 끝에 붙여 고정시킨다.

같은 종류의 Y형 쐐기가 일본 중부지구의 사나게요猿投窯(9~12세기), 고마키시 시노오까小牧市筱岡 고요지군에서도 출토한다[50]. 형상은 중국 출토 것과 완전히 같다(그림 5-3-10). 그러나 일본에서 Y형 쐐기의 사용방법을 복원한 보고가 없는데, 적어도 이런 요도구는 갑발주匣鉢柱를 지탱하는 용법과는 다르다. 왜냐하면, 당시 일본에서는 아직 갑발이 유행하지 않았기 때문이며, 아마 노출 번조하는 기물의 퇴적을 지탱하는 보조 요도구였던 것 같다. 그러나 이런 처리는 배와 요도구의 수축 시 위치가 떨어지는 문제를 해결하기 매우 어렵다.

이같은 Y형 쐐기가, 중국에서 삼차형받침과 같은 가마에서 사용된 예로, 당대 후기~

1987-3, p.215). 강소성 의흥 간중요宜興澗衆窯, 당대 중후기(『中國古代窯址調査發掘報告集』, 1984, p.56 '점편墊片'). 내몽고 파림기좌 요 상경 임황巴林左旗遼上京臨黃, 북송·요대, '토조지점土條支墊'사용(「遼瓷簡述」, 『文物』, 1958-8, p.17).

49) Y형 쐐기의 출토와 명확한 사용방법의 자료로는, 당대 후기의 하북성 곡양현 간자촌 요지(『考古』, 1965-8, p.440; 『考古』, 1987-12, p.1120). 북송의 경덕진 호전요(『文物』, 1982-5, p.86). 기타 동류의 요도구 출토지점으로는, 북송의 하남성 여현 엄화점요구 균요汝縣嚴和店窯區鈞窯, 사천성 팽현 자봉요彭縣磁峰窯; 남송·원대의 섬서성 순읍현 안인촌旬邑縣安仁村 등등. 이 방법은 그대로 현대까지 사용된다(도판3; 3 참조)

50) 『陶瓷全集, 猿投窯』, 1966, 平凡社, p.16, 도23; 小牧市筱岡窯址群, 1982.

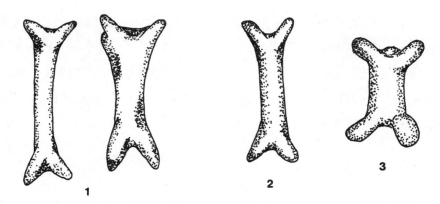

그림 5-3-10 중국 정요, 순읍요와 일본 사나게요 출토의 Y형 고정구
1.일본 중부 지방 사나게요 출토(헤이안시대 중후기, 1982, 小牧市筱岡古窯址群)
2.중국 하북성 곡양현 정요 출토(당대 후기, 河北曲陽縣定窯澗磁村遺址, 考古, 1985-8, p.400)
3.중국 섬서성 순읍현 출토(남송~원대, 旬邑安仁古瓷窯址發掘簡報, 考古與文物, 1980-3, p.65)

오대 시기의 하북성 곡양현 간자촌 정요 요지가 있다[51]. 똑같이 삼차형받침과 Y형 쐐기를 겸유하는 경우가, 일본의 사나게요에서도 보이지만, 이들 두 종류의 요도구가 동시에 사용된 것인지는 일본 쪽에서는 아직 명확한 보고가 없다. 또 반드시 주의할 것은 사나게요에서 비교적 많은 치형받침이 유행하였다는 점이다. 이 요도구는 주로 중국의 강남지대에 분포하며, 뒤에 청자기술과 함께 한반도에 전해졌는데, 일본에서 사용한 이 치형받침이 어디에서 전입된 것인지도 의문이다. 필자가 알기로는, 사나게요의 각종 요도구는 시대적 순서와 조합 관계가 아직 불명확하며, 그 전입이 한 번에 완성된 것이 아니고, 한 가지 경로를 통해서 전해진 것도 아니다.

6. 특수 도지미 - 지봉支棒

요지 발굴보고서를 읽을 때, 때때로 요도구 부분에서 '봉형물棒形物'·'지봉支棒'·'압형점조鴨形墊條'·'점조墊條'·'요봉窯棒' 등으로 불리는 요도구를 볼 수 있을 것이다. 그러

---

51) Y형쐐기와 삼차형받침을 함께 사용한 요지는 현재 당대만기 오대의, 하북 곡양현 간자촌 정요유적이 있을 뿐이다. (「河北曲陽縣澗磁村定窯遺址調查」, 『考古』, 1965-8, p.394; 「論定窯燒瓷工艺的発展與歷史分期」, 『考古』, 1987-12).

나 그들의 사용방법에 대해서는 확정된 설명이 없다. 천주 완요泉州碗窯에서 출토한 대반의 저부에 있는 점조의 남겨진 흔적[52]에 의거해 보면, 당시 일부 봉형물이 대반 같은 넓은 바닥의 기물의 받침 요도구로 사용된 것으로 추측된다. 영하 영무현 영무요寧夏寧武縣靈武窯에도 소위 '점조구소법墊條扣燒法'이 있으며, 북경 교외 용천무요龍泉務窯에서 원대에 백유리와를 소조할 때도 '지조支條'받침을 사용하였다.[53]

제4절. 갑발

갑발은 내화재료로 미리 제작하여, 도자기를 번조하는 과정 중에 배를 안에 담기 위한 중요한 용기이다. 아래의 일련의 그림에 보이는 자료들은, 중국 갑발의 주요 유형과 도자 고고연구자들이 장소 복원한 부분적인 성과들이다. 갑발은 도자기 생산에 중요한 공구로 다음과 같은 효능과 가치를 가진다. 즉, ① 갑발은 마치 하나의 찜통이나 보호갑 같아서, 안에 넣은 배를 위해 비교적 깨끗한 번조환경을 만들어 준다. 즉, 유층이 연기나 불의 자극을 받아 오염되지 않게 하여, 깨끗하고 매끈한 유면을 위한 좋은 환경을 만들어 준다. 중국 도자기의 "유가 중요하고 태는 중요하지 않다"는 공예전통에 의해 갑발이 발명되고 발전하였는데, 은銀 같고 옥玉 같은 유약이, 태토의 결함과 부족한 부분을 종종 보완하였다. ② 갑발은 내화재료로 미리 만들기 때문에, 무거운 것을 받치는 능력이 강해서 층층이 쌓아 올려 요 천정까지 이를 수 있다. 갑발 안에 넣어진 자배는 안정되게 놓여 지며, 배들을 높게 쌓았다가 도괴되어 많은 폐품들이 생기는 것을 면하게 한다. ③ 갑발의 보호 때

---

52) 同24). 기타 봉상棒狀의 '요도구'가 출토한 요지는 다음과 같다. 송대宋代의 '점조墊條'(「四川灌縣羅家窯」, 『四川古陶瓷研究』, p.247). 북제北齊의 '봉형물棒形物'(「安陽縣古瓷窯遺址調査」, 『中原文物』, 1986-3, p.50). 당대의 '직경 7cm의 대지봉大支棒'(「壽州瓷窯址調査紀略」, 『文物』, 1961-12, p.60). 당·송초의 '지봉支棒' (「四川邛崍縣尖子山窯」, 『四川古陶瓷研究』, p.47, 「邛窯調査紀要」, 『景德鎭陶瓷』, 1984-2). 당·송 초의 '지봉'(「河南輝縣古窯址調査簡報」, 『文物』, 1965-11, p.35). 당·오대의 '지봉'(「安徽省縣白土窯」, 『考古』, 1963-12, p.662). 수·당·오대의 '압형점조鴨形墊條'(「邛窯調査紀要」, 『四川古陶瓷研究』, p.46). 송대의 '점조'(「四川灌縣羅家窯」, 『四川古陶瓷研究』, p.247). 남송·원대의 '요봉窯棒'(「山東棗庄古窯址調査」, 『中國古代窯址調査發掘報告集』, p.377).

53) 서하 시대(1038~1227년). 『寧夏靈武窯』, 1988년, 紫禁城出版社, p.6. 「近年北京地區發現的幾處琉璃窯址」, 『考古』, 1986-7, p.629.

문에, 화염이 배에 직접 닿는 것을 피하게 하고, 배가 열을 고르게 받게 한다. 동시에 불이 꺼지게 되면서 외부에서 차가운 공기가 침입할 때, 요 내가 갑자기 온도가 떨어지면서 배들이 수축되어 파열되는 것을 피하게 한다.

종합해서 말하면, 갑발은 도자기 번조에서 보호와 장소용량을 확대하는 이중의 효능을 갖는다고 할 수 있다. 갑발의 발명과 보급은 중국 자기의 우수한 품질과 높은 생산력을 위하여 양호한 조건을 창조하였으며, 상품자기를 세계에 수출하고 국내외 문화교류를 촉진시키기 위한 기술적인 보증을 제공하였다. 갑발의 발명은 중국 도자기술의 발전과 요업경제 발전에 매우 중요한 역할을 하였다.

중국 최초의 갑발은 남조에서 출현하였다. 현재 호남성 상음요湘陰窯[54]와 산동성 곡부현 송가촌요曲阜縣宋家村窯[55]에서 남조 후기와 수대의 갑발이 발견된다. 그러나 유구한 청자기술 전통을 가진 절강성 월요에는 이 시기의 자료가 출현하지 않는다. 절강성에서 갑발이 사용되기 시작하는 것은 당대라고 이야기되고 있으며, 또는 송대라는 설도 있다. 그러나 한국 남부에서 월요의 M형 갑발의 출현과 용요의 사용 개시의 사실을 참조하면, 절강성의 월요는 늦어도 당대 후기에 이미 일종의 독특한 M형 갑발 장소법이 개발되었다고 본다(제6장 및 그림 6-8-1 참조).

그런데 왜 당시 청자기술이 가장 앞선 월요가 갑발장소법의 개발에 솔선하지 않고 오히려 상음요보다 300년이나 낙후되었을까? 이는 우리에게, 무릇 기술전통이 심후한 지방일수록, 보수적인 세력이 더욱 완고해지고, 혁신적인 의식이 더욱 약하다는 것을 말해준다. 역사의 교훈은 우리에게, '전통'에 대해 비판 없이 계승한다면, 전통 중의 침적물이 오히려 전진하는데 무거운 부담이 되어 개혁과 창신을 하는 데 소극적이게 하는 요소가 되며, 똑같이 기술혁신에 대해서도 장애가 되는 작용을 한다는 것을 알려주고 있다. 월요는 유구한 청자제조기술을 갖고 있으며, 당대 이전에, 각 요장에서 풍부한 도지미와 받침 같은 요도구들을 구비하고 있어, 설사 갑발 같은 요도구를 사용하지 않더라도 매우 우수한

---

54) 남조 말·수 초 무렵, 호남성 상음현 상음요(「從湘陰古窯址的發掘看岳州窯發展」, 『文物』, 1978-1, p.69). 주세영, 「岳州窯源流初探」, 『江漢考古』, 1986-1, p.78. 주세영은 최신 편저인, 『湖南陶瓷』의 p91, 97에서 갑발의 사용방법과 연대에 대해 진일보한 견해를 밝혔다. 즉, "이 종류의 갑발로 구울 때는 배, 완, 반, 세와 조합을 이루어 넣는 경우가 많다", "그 시대는 남조 양진梁陳 무렵에 해당된다"고 하였다.

55) 수대, 산동성 곡부현 송가촌요(「曲阜宋家村古代瓷器窯址調査」, 『景德鎭陶瓷』, 古瓷硏究 제2집, 1984-2, p.161).

질의 청자를 번조할 수 있었다. 뿐만 아니라 생산량과 경쟁능력도 아직 갑발 장소를 하지 않더라도 이류二流의 요장보다 낮을 수 없었다. 이 같은 기술 연속상의 관성慣性과 자연경제적인 초超 안정성은, 월요의 도공들로 하여금 제품의 질을 중시하는 의식을 상품경쟁의 의식으로 전향하지 못하게 하였다.

동시에 기술전통이 매우 희박한 곳에서도 요도구상의 중대한 혁신을 기도할 수가 없는데, 그들은 기점起點(스타트 라인)이 높지 않고, 연상聯想할 수 있는 기술 자료가 극히 적어, 혁신적인 것에 대한 요구와 동력이 결핍되어 있다. 역대로 기술상의 혁명은 모두 그러한 기술전통이 비록 제1류는 아니지만, 생산발전에 대한 강렬한 희망과 양호한 사회 환경이 잠재된 지구에서 발생하였다. 남조 시기에 동정호洞庭湖 상강湘江 유역에서 경제가 발달한 지구였던 상음요가 바로 이런 유형의 요장에 속하였다. 악성鄂城 서교西郊의 남조묘에서 출토한 청자와, 무창武昌의 수 · 당묘와 강서성 감강 파양호구鄱陽湖口의 구강九江 심양潯陽 유적에서 나온 대량의 남조와 수대의 청자를 조사해 알 수 있었던 것은, 호남성 상음요의 청자 제품이 이미 기타 요장의 위에 있었고, 그 판매 범위가 월요를 위협하였으며, 적어도 장강 중류지구에서는 이미 월요의 지위를 대체하였다는 사실이다.

갑발의 발생은 아마 도공이 도자기 번조 과정 중에 대기大器와 소기小器가 조합을 이룰 때, 외부의 큰 기물이 내면의 작은 기물을 보호하는 작용을 갖는 것을 보고 발견한 것 같다. 때문에 갑구가 출현하지 않은 시대에서는, 폐기된 큰 기물을 이용하여 '조구罩具(덮어 씌우는 기구)'로 충당하는 현상을 자주 본다. 갑발 출현의 원인은, 최초에는 자배를 덮어 유면의 광택을 보호하는 데서 나온 것 같다. 그러나 지금 발견되는 남조 후기와 수대의 갑발은 이미 비교적 성숙되었는데, 예컨대 상음요는 통형합이 많아, 단건單件 원기圓器를 장소할 수 있고, 또한 수 개의 완 · 반을 중첩할 수 있다. 반출된 청자완에 모두 첩소 흔적이 있으며, 일반적으로 대략 3~5개의 완 · 반을 장진할 수 있었다. 첩소방법은 나소裸燒첩소와 동일한데, 진흙덩어리로 받침을 하여 기물 내부에 뚜렷한 받침흔적이 남아 있다. 상음요에서 발견되는 갑발의 수량은 상당히 많아서, 당시 갑발의 사용이 이미 단순히 유면 보호에 사용되는 것이 아니라, 동시에 장소 수량을 확대한다는 명확한 목적을 갖고 있음을 설명해 준다.

갑발의 분포로 볼 때, 수대에 갑발을 사용한 요장은 수개 처에 불과하며, 당대에 신속히 전국 각지에 보급되어, 심지어 편벽한 강서성 남부의 산간지구인 용남현龍南縣에서도

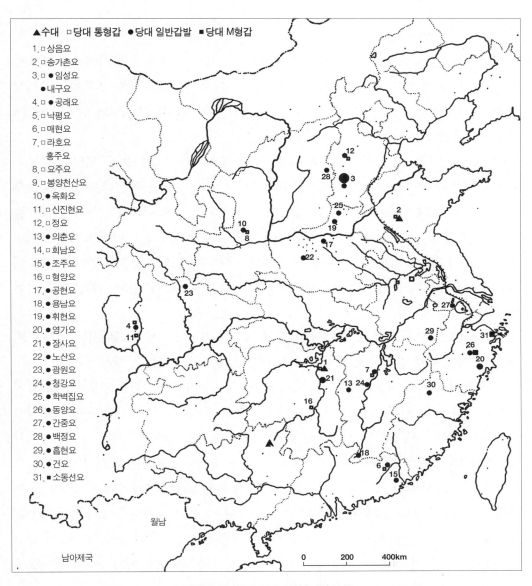

그림 5-4-1 중국 당대 이전 갑발의 분포

갑발이 보이는 요지가 발견된다[56]. 〈그림 5-4-1〉에서 당대 이전에 갑발을 응용한 요지

---

56) 당대, 강서성 용남현 상당요龍南縣象蓮窯, 갈유-잡색기(「江西樂平龍南兩縣發現窯址」, 『考古』, 1966-5, p.260).

분포의 특징을 찾아보면,

① 북방에서는, 태행산太行山 동록東麓과 화북華北평원의 서북 주변 사이에 분포하며, 대략 형요를 중심으로 한 백자계 요에 발형갑鉢形匣이 유행하였다. 당대 말기에 정요에서 매우 특징적인 지권支圈 앙소와 복소 기법이 출현하였고, 송대에 그 기법의 영향이 동남東南에 미쳤다(그림 3-8-2를 볼 것).

② 동부 연해는, 전통적인 청자생산 지역으로, 도지미와 받침이 매우 발달하였다. 이때문에, 갑발의 출현이 상대적으로 기타 지구보다 늦었으며, 이는 선진 속에 포함된 보수의 일면이라 하겠다. 현재 당대의 전, 중기에 갑발이 있는 지에 대해서는 의문이 매우 많다. 주로 유행한 일반적인 발형갑鉢形匣이 시작된 것은, 당대 후기로, 이때에 비로소 지방적 특색을 가진 M형 갑발이 출현하였다. 오대와 송대에는, 월요와 용천요 청자가 멀리 해외로 수출되었기 때문에, 동방연해의 도자 기술이 한층 발전하게 되었다. 갑발 기술도 이때 전파가 시작되었다.

③ 다시 남쪽으로 가서, 수계水系들이 많은 장강 유역이나 남방 연해에서는, 당대에는, 상품유통이 송대의 발달에 못 미쳤다. 당시 교통은 주로 수로였는데, 강물이 운항의 가치를 갖을 뿐만 아니라, 교통이 발달하지 않은 시기에는 자연적인 구역을 가르는 중요한 지리적 요소였다. 이 지역 가운데, 장강 유역에서 가장 중요한 동정호 상강 유역과, 파양호 감강 유역, 태호 수망水網지구 등의 경제구가 있다. 동정호 상강 유역에는 상음요 · 장사요 · 형양요衡陽窯 등 몇 개의 요계가 분포하는데, 현재까지 알려진 가장 이르면서 대량으로 갑발을 사용한 상음요도 그 속에 있다. 이런 전통 기술의 규제가 비교적 누그러진 지구에서의 새로운 기술의 개발은, 전통이 없거나 혹은 전통 기술이 너무 웅후하여 갈수록 보수에 빠져든 지구에 비해 빠르다. 예컨대 전술한 상음요의 갑발의 응용, 장사요의 유하채자釉下彩瓷와 고온 삼채의 개발, 동관요銅官窯의 회화와 서법을 도자기 장식에 끌어들인 것 등으로, 모두 중국 도자기술의 발전에 빼어난 공헌을 하였다.

④ 이와 동시에 파양호 감강 유역은, 동한 말기에서 삼국시대부터 이미 청자번조 기술을 장악하였다(현재 남창현南昌縣 문화관에 소장된 동한 후기묘에서 출토한 한 쌍의 청자가 이 유역에서 만든 것이다). 풍성현 라호요豊城縣羅湖窯의 가장 이른 유물은 동진까지 올라갈 수 있으며, 남조 시기의 생산량이 이미 매우 컸다. 감강 유역의 남조 묘에 부장된 청자는 대다수가 라호요 제품이다. 당대에 이르러 생산이 한걸음 더 발전하여, 홍주요洪州窯에서 발

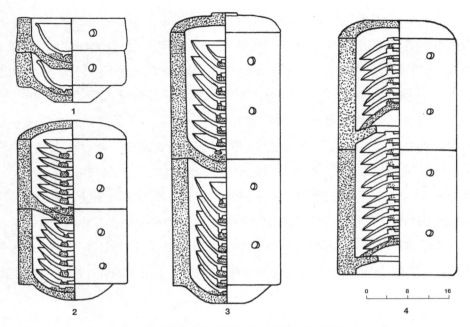

그림 5-4-2 사천성 팽현 자봉요 송대 장소법 복원도
(陳麗琼, 1987, 四川古代陶瓷)

형갑과 통형갑을 사용하였고, 그 갑발 기술은 같은 유역의 기타 지역의 편벽한 요장까지 영향을 미쳤다. 송대에 이르러 이 지구는 경덕진을 중심으로 한 전국 최대의 청백자 산지로 발전하였다. 남송이 시작되면서 경덕진요는, 한편으로는 다른 요계의 선진 기술을 흡수하면서, 동시에 자신의 생산품으로 주위의 여러 요에 영향을 주었다. 정요에서 흡수한 지권복소법은 경덕진요의 대외적인 영향에 따라 더욱 남방 각지로 전해졌다.

⑤ 다시 남쪽으로 가서, 남방 연해의 한강韓江 유역에 조주요潮州窯와 매현요梅縣窯가 분포한다. 당대 말기에, 먼저 조주요에서 광저廣底의 통형갑을 사용하였다. 송대에는 주로 대중화된 발형갑과 통형갑이 유행하였다.

⑥ 서쪽으로 사천분지가 있는데, 이곳은 역사상 상대적으로 독립된 능력을 가진 경제 구역이었다. 그곳이 처한 특수한 지리적 위치 때문에, 북으로는 황하유역 중류의 위하渭河 평원지구와 연결되어 북방의 모든 요계의 기술 정화를 흡수하였고, 동으로는 장강의 흐름에 연해 있어 장강 유역의 각 요계와 연계를 이룰 수 있었다. 이 때문에 사천분지의 요계는 다중성을 지닌다. 당대에는 상견되는 통형갑이 유행하였고, 송대가 시작되면서 유

구복소釉口伏燒 통형갑이 유행하였다. 이 특수한 복소갑발은 첩소량이 크고, 구워진 자기의 구연이 시유가 되어 있어, 정요가 발명한 망구복소지권조합芒口伏燒支圈組合 요도구의 장갑裝匣 방법과는 아주 다르다(그림 5-4-2). 측시추測試錐의 응용도 이 구역에서 발생하였으며(그림 5-5-1, 5-5-2 참조), 뒤에 이들 기술 또한 북방의 여러 요장에 전해졌다.

초기 갑발 분포의 큰 흐름을 통관해 보면, 각 지구마다 한두 곳의 기술 방면에서 선도적 역할을 하는 요장이 있음을 알 수 있다. 갑발이 막 출현한 수·당 시기에, 적극적으로 최신 기술을 채용한 요장을 지방 요업기술 발전의 선행자라 부를 수 있다.

갑발의 외형상의 변화는 장소하는 기물의 조형과 장식 기법을 받아들여 만들어진다. 각지의 도공들은 그곳의 기술 전통과 번조할 대상에 근거하여 여러가지 특색있는 요도구들을 설계하였다. 따라서 공구의 형식과 조합을 투과해 보면, 한 지구의 기술 구조와 문화적 면모를 살펴볼 수 있다. 이하 갑발을 종류별로 나눈 것에 대해 개략적인 설명을 하겠다.

1. 앙소仰燒 갑발

사람이 기물을 사용하면서 시선이 통상 닿는 곳은 내려다보는 기면器面과 수평으로 보는 기면일 것이다. 또한 지구의 인력引力은 번조할 기물의 아래 부위를 가마 안에서 반드시 받쳐주는 물체가 있게끔 요구하는데, 이 물체는 무유無釉 번조단계에서는 요상窯床이 되고, 유유有釉 시기에는 각종의 받침과 도지미가 된다. 도자기는 고온 번조 중에 도배가 구워지면서 흐물흐물해지고 유약이 달라붙는 등의 문제가 있기 때문에, 이를 막기 위해 기물의 아래 부위와 요도구가 접촉하는 부위에 불가피하게 보기 흉한 받침 흔적이 남겨지게 된다. 그래서 보이는 면 위에 흉터가 생기는 것을 피하고, 자기의 겉모양을 좋게하는 효과를 위해, 배를 바로 놓고 구우면(앙소), 보기 싫은 접촉 흔적을 잘 보이지 않는 기물 바닥에 둘 수 있게 된다. 이렇게 앙소갑구는 정교한 받침 물질과 배합하여 이런 목적을 달성할 수 있는 이상적인 도구인 것이다. 이것이 중국의 갑발 세계에서 앙소갑발이 주류가 되는 원인인 것이다(그림 5-4-3). 세계 각지의 요장에서도 앙소가 주요한 장소방법이었다. 현재 알려진 주요한 앙소갑발에는 직통형갑발直筒形匣鉢·발형갑발鉢形匣鉢·완형갑발碗形匣鉢·합식갑발盒式匣鉢·방형갑발方形匣鉢·타원형갑발橢圓形匣鉢·평저직벽천식갑발平底直壁淺式匣鉢 등이 있다.

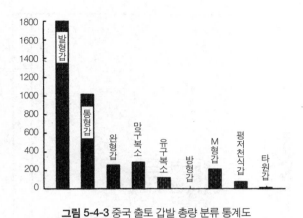

그림 5-4-3 중국 출토 갑발 총량 분류 통계도

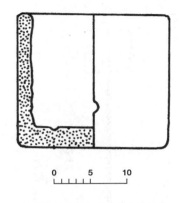

그림 5-4-4 중국 갑발의 초기 형태
(從湘陰古窯址的發掘看岳州窯發展, 文物, p.69)

① 통형갑발

직벽에 바닥이 있어, 형태가 통 모양 같다. 구경은 장소기물의 최대 직경에 따라 정해지며, 갑구의 높이는 장소하는 완·반의 첩소하는 높이와 배의 높이에 따라 정해진다. 통형갑발은 병·관 등 동체가 둥근 기물을 장소하는 주요한 갑발이며, 상당히 많은 요장에서도 완·반의 첩소(보통 5~10점 첩소)에 이용하며, 양산 시에 재임 공간을 확대하는데 유효한 요도구의 하나이다. 비교적 확실한 고고자료에 근거하면, 호남성 상음현 성관진湘陰縣城關鎭에서 육조 기물과 수반하여 출토한 대량의 통형갑발이, "배杯·완碗·반盤·세洗를 담아 씌우는" 장소 요도구였다[57].

초기의 갑발은 대다수가 통형을 띠는데, 예컨대 산동성 곡부 송가촌曲阜宋家村의 수대 자요지에서 채집한 갑발편이나 호남성 상음요에서 대량 출토한 통형갑발 등이다. 상음요는 현재 알려진 가장 이르면서 또한 대량으로 갑발을 사용한 유일한 요장이다(그림 5-4-4). 곡부 송가촌 출토의 수대 갑발은 북방에서 가장 일찍 갑발을 사용한 예로 알려져 있다. 당대 이후, 갑발의 분포 범위가 확대되어, 거의 전국 각지의 요장에서 보편적으로 이 종류의 요도구를 사용하였다. 전체적으로 보면, 당대 후기에 여러 지방에서 뚜렷한 지방적 특징이 나타나기 시작하는데, 예컨대 통형 갑발은 개조되어 정요의 통저망구앙소갑발

---

57) 同 54).

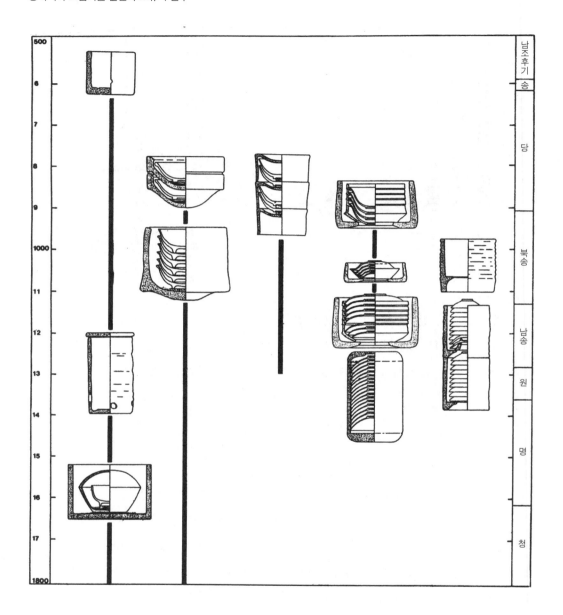

그림 5-4-5 중국 주요 갑발 유행 시기도

通底芒口仰燒匣鉢과 절강성의 M형갑발M形匣鉢 등이 되었다. 송대 이후 이런 지방적 특징은 더욱 뚜렷해져서, 요계의 특징을 구분하는 중요한 표지 중의 하나를 이루게 된다.

직벽평저갑발은 남조 말기부터 출현하며, 이후 역대의 응용을 거쳐 현재까지 존속하

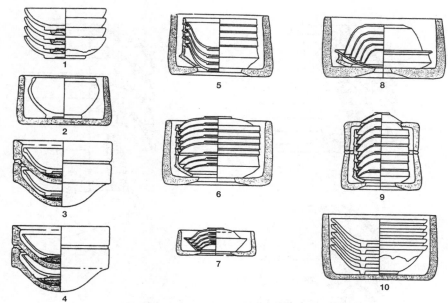

그림 5-4-6 정요 당대~원대 요도구 사용 복원도

1. 초당, 삼차형받침 첩소 복원   2. 중당, 정요 통상갑발 정소 복원
3. 당대후기, 누두상갑발 정소 복원   4. 만당, 누두상갑발 정소 복원
5. 당말, 지권 양소 복원   6. 북송후기, 반형지권 복소 복원
7. 송대, 완형지권 복소법 중1   8. 송대, 반형지권 복소법 중1
9. 원대, 첩소방법 복원도

(李輝柄, 畢南海, 論定窯燒瓷工藝的發展與歷史分期, 考古, 1987-12)

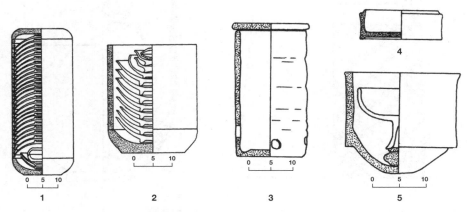

그림 5-4-7 남송~원대 갑발 및 그 사용방법 복원도

1~2.강서성 평향 남항요 지권조합복소 요도구(남송, 考古, 1984-3)
3.호남 형산요 심복통형갑발(남송~원대, 湖南考古輯刊 제2집, 1986)
4.하남 탕음현 학벽집요 천식갑발(남송, 中國古代窯址調査發掘報告集, 1983-2)
5.강서 경덕진 호전 유가오요 심복발형갑발(원대중후기, 景德鎭陶瓷, 1983-2)

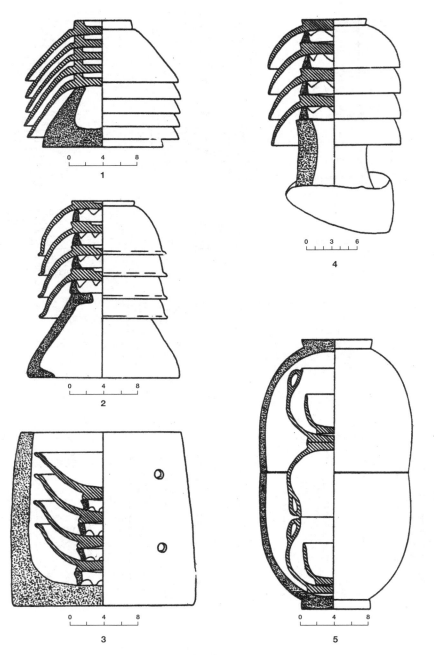

그림 5-4-8 사천성 당송시기 요도구와 장소법 복원도
1.사천성 송대 삽권복소 복원도(p.132) 2.사천성 당대 이전 명화明火첩소기술 복원도(p.125) 3.사천성 공래요 당대 중기 전후의 직통갑발, 치형받침과 완의 장소 복원도(p.125) 4.사천성 남조~수 사저소대, 도지미, 치형받침과 완의 장소 복원도(p.123) 5.사천성 송대 구부를 맞댄 장소기술 복원도 (陳麗琼,『四川古代陶瓷』에 근거해 도면 작성)

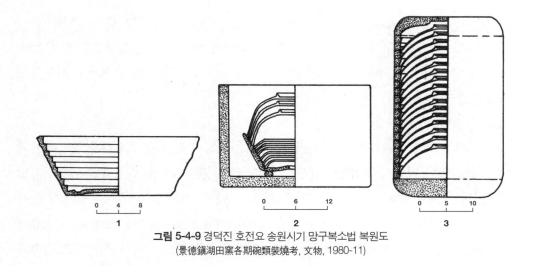

그림 5-4-9 경덕진 호전요 송원시기 망구복소법 복원도
(景德鎭湖田窯各期碗類裝燒考, 文物, 1980-11)

며 쇠퇴 없이 성행한다(그림 5-4-5). 이는 직벽평저갑발이 다양한 받침 요도구와 결합하여 각종의 그릇을 원활하게 장소할 수 있기 때문이다. 그리고 층을 쌓아 갑주匣柱를 이루기 쉽고 요 내의 공간을 충분히 이용할 수 있기 때문에 중국 갑발 중에 주류를 이루는 유형이 되었다(그림 5-2-5:3, 5-4-6:2, 5-4-7:1, 5-4-8:3, 5-4-9:2를 참조).

② 발형갑발鉢形匣鉢(누두형갑발漏斗形匣鉢: 깔대기형 갑발)

발형갑발은 중국에서 가장 일찍 출현한, 형태를 본 딴(수형隨形) 갑발이다. 외형은 완·발 같이 만곡형彎曲形이면서, 누두漏斗(깔대기) 모양을 띠며, 그래서 '누두상갑발'이라고도 부른다. 이 갑발의 어깨가 아래 쪽 갑발의 구연 위에 얹히게 되면서, 둥근 갑의 저부가 아래 쪽 완의 내면 공간 속으로 가라앉게 되며, 연후에 이렇게 다시 쌓아 올라가면 요천정에 이른다. 갑발은 완을 닮아서, 완이 갑층匣層 사이에 끼이게 되어(그림 5-4-6: 3), 갑발과 자배가 차지하는 첩소 공간이 축소된다. 갑발의 어깨와 갑발의 구연 서로 걸리게 되어, 갑발 사이에 설사 호니糊泥(풀 역할의 진흙)가 없어도 움직이지 않는다. 발형은 단건정소單件正燒에 비교적 이상적인 요도구이지만, 만약 갑벽을 높이면, 동시에 5점 정도의 완·반을 첩소할 수 있어, 통형구筒形具처럼 일반적인 양산의 요구에도 적합하다(그림 5-4-10: 4).

발형갑발은 통형갑발에 비해 약간 늦게 출현하지만, 통형갑발에 비해 더 광범위하게 유행하였다(그림 5-4-5). 이것은 완·반의 수요량이 일반적인 요장에서는 대종 제품이기 때문이다. 호남성 형산요衡山窯의 통계에 의하면, 각종 기물 중에 완류 한가지만이 44%~60%를 차지한다고 한다(그림 5-4-11). 발형갑발은 당대 후기에 유행하기 시작해, 이후 계속 명·청 내지 현대까지 사용되었는데, 중국에서 가장 넓게 유행하고 사용량이 최대였던 갑발이다.

③ 완형갑발碗形匣鉢

완형갑발은 형태가 완과 같고 평저이며, 큰 것은 분盆과 같고 동체가 깊은 것은 배杯와 같다. 장소방법이 일반적인 통형·발형과 다른 점은, 완형갑발은 발형갑발과 통형갑발 같이 갑구匣口 위로 순차적으로 첩소할 수 없으며, 단지 구부口部가 서로 마주보게 엎어 놓아서 장전裝塡하는 방법을 사용할 수 있을 뿐이다(그림 5-4-8: 5, 5-4-12: 1, 4, 5). 그중에 항주 오금산鳥金山의 남송관요의 용법이 가장 전형적인데, 주로 병이나 관罐 같은 원형기 圓形器나 원형기에 가까운 자배의 장소에 사용하였다. 발굴보고를 검색해 보면, 원형갑은 당대부터 출현한 이후에 다른 갑발과 함께 사용되었다[58]. 오대를 거쳐 송대에 이르러, 광범위하게 호남성·강서성·절강성·사천성·복건성·광동성·하남성·하북성·산동성의 여러 요장에 분포하였으며[59], 분포상에 규칙은 없다. 원대 이후에는 개별적인 지방의 사용을 제하고는 거의 소멸되었다.

④ 합식갑발盒式匣鉢

분형갑발과 발형갑발, 혹은 완형갑발 위에 평평한 뚜껑이나 특별하게 만든 뚜껑을 덮어서(그림 5-4-13: 4), 하나의 밀봉된 합식갑발을 구성한다. 대부분 고급자기를 1기1갑으로 정소精燒할 때에 사용되며, 장소방법은 영락·선덕 관요 같이 갑합匣盒을 통형갑발 안에 놓는 이중 보호의 장소법이 있으며, 또한 당대의 형요와 칠리진요七里鎭窯 등에서 일반

---

58) 당대, 의춘현 옥강점하 당대요지宜春縣屋江店下唐代窯址, 『江西歷史文物』, 1984-1, p.11. 당대 중기, 하남성 노산현 성북 양와단요魯山縣城北梁洼段窯, 『文物』, 1980-5, p.52.

59) 완형碗形 갑발이 보이는 곳 : 호남성의 형산요衡山窯, 익양현 양오령요益陽縣梁吾嶺窯, 절강성의 자계현 상림호요慈溪縣上林湖窯, 용천현 계구 와요장요龍泉縣溪口瓦窯墻窯, 상우현 요사전요上虞縣窯寺前窯, 하북성의 자현 관태진 관태요磁縣觀台鎭觀台窯, 사천성의 파현 강가배요巴縣姜家坯窯, 광원현 자요포요廣元縣磁窯鋪窯, 중경시 도산요重慶市塗山窯, 팽현 자봉향요彭縣磁峰鄕窯, 중경 도산 거목만요重慶塗山鋸木灣窯, 복건성의 복주시 북교 영궁 계향요福州市北郊嶺宮溪鄕窯, 경해 당계 백학취요慶海棠溪白鶴嘴窯, 광택현 화교향 모점요光澤縣華僑鄕茅店窯, 광동성의 조주시 필가산요潮州市筆架山窯, 하남성의 탕음현 학벽집요湯陰縣鶴壁集窯, 신안현요新安縣窯, 산동성의 치박시 치천 성남파지요淄博市淄川城南坡地窯, 강서성의 영풍현 산구자요永豊縣山口瓷窯, 낙평현 화가요樂平縣華家窯.

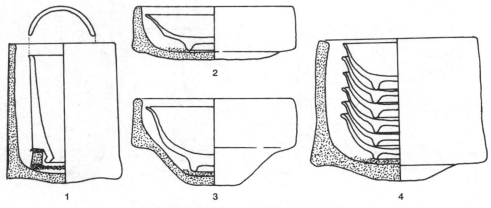

그림 5-4-10 경덕진 동하유역 고요 장소법 복원(원명시기)
1.대형 자와瓷瓦 장소   2.반접류 자기 장소
3~4.완류 자기 장소, 지권조합복소 요도구 생략
(江西景德鎭市東河流域窯址調査簡報, 中國陶瓷, 1982-7, p.128)

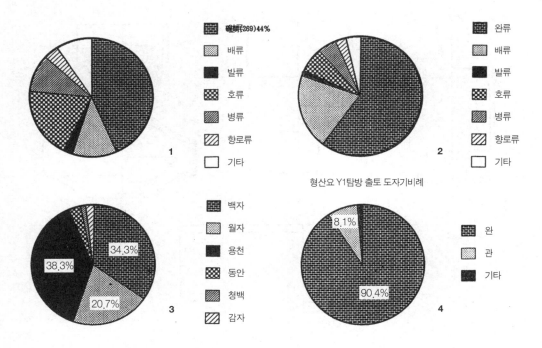

그림 5-4-11 중국 각류 기형의 생산비례와 소비상황 2례
1~2.호남성 형산요의 기형분류와 비례(衡山窯發掘報告, 湖南考古集刊 3, 1986)
3.일본 평성경 남도 사원 출토 중국자기 기종 비례(橿原考古學硏究紀要 7, 1982)
4.일본 평성경 출토 중국백자 기종 비례(橿原考古學硏究紀要 7, 1982)

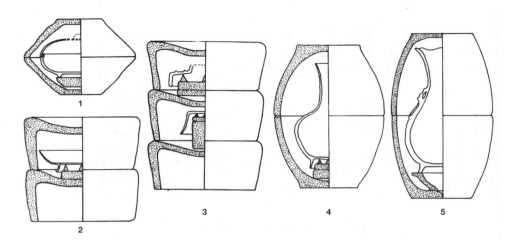

그림 5-4-12 항주 오구산 남송관요 사용의 갑발 장소 복원도
(李德金, 1989, 慶祝蘇秉琦考古五十五年論文集)

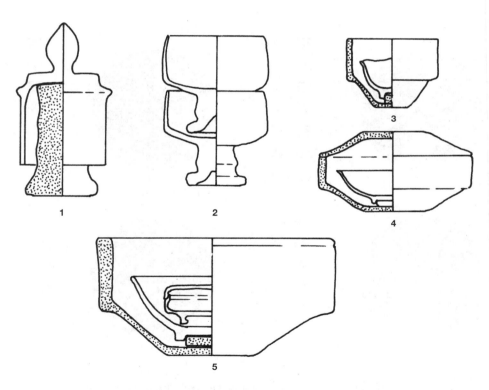

그림 5-4-13 강서성 칠리진요 각종 요도구 및 그 장소 복원도
(江西文物, 1990-4)

적으로 행한 정소법精燒法이 있다[60]. 합식갑발은 전술한 몇 가지 갑발 같이 대량의 첩소로 번조 공간을 절약하는 데는 미치지 못한다.

⑤ 방형갑발, 타원형갑발

수형갑隨形匣의 일종이다. 필자가 견문한 바에 의하면, 현재 방형갑발의 용례는 북경 용천무요龍泉務窯에서 원대에 백유리와를 번조할 때 사용한 것만 보인다[61]. 타원형갑발은 하북성 자현 관태요磁縣觀台窯 제3기 금대 층에서 출현하는데, 이것은 일종의 전문적으로 자침瓷枕을 장소하는 수형갑발이었다[62].

⑥ 평저직벽천식갑발平底直壁淺式匣鉢, 반형갑발盤形匣鉢

칠리진요와 일본의 세토요瀨戶窯에서 출토한 유물과 발표된 자료를 보면, 평저직벽천식갑발은 주로 작은 다관茶罐·소배小杯·완구玩具 등의 소형 기물에 사용되었다. 보통 직경이 30cm 정도이며, 높이는 장소할 배를 보고 정한다. 이런 갑발은 절강성의 소흥현 관산요官山窯, 용천 계구요溪口窯와 광동성의 혜주현 요두산요惠州縣窯頭山窯, 혜주시 교외 동평요東平窯, 강서성의 감주시 칠리진요, 경덕진 호전요, 경덕진 동하유역 요군東河流域窯群, 하남성의 탕음현 학벽요湯陰縣鶴壁窯, 복건성의 덕화현 덕화요 등 많은 요지에서 발견되었다. 기형은 〈그림 5-4-7: 4〉와 같으며, 통형갑발과는 단지 높이의 차이만 있다. 이 평저직벽천식갑발은 현대까지 많이 사용되고 있으며, 일본의 세토 등 많은 민요에서 소형 기물을 번조할 때 이런 갑발을 사용한다.

반형갑발은 실제로 한 개의 탁반托盤인데(그림 5-3-9), 판 위에 작은 기배들을 배치하고, 주위에 벽이 없어 첩소할 수 없다. 효능은 갑발과 받침 사이에 위치한다. 현재 광동성 혜주惠州, 조주요와 호남성 익양현 양오령益陽縣羊午嶺의 송대 요지에서 드물게 발견되며, 그 기능은 평저직벽천식갑발에 근접한다.

---

60) 당대, 하북성 임성현 기촌 형요(『文物』, 1981-9, p.37). 송대, 강서성 감주 칠리진요(『江西文物』, 1990-4, p.3). 명대, 호남성 회화현 용정요懷化縣龍井窯(『湖南考古輯刊』2, 1984, p.93). 명대 선덕연간, 강서성 경덕진 주산珠山 명대 어요장(「御窯廠故址出土永樂宣德官窯瓷器」, 『香港景德鎭文物展圖錄』, 1988, p.49).

61) 원대, 「近年北京地區發現的幾處琉璃窯址」, 『考古』, 1986-7, p.629.

62) 금대, 1152年, 「河北省磁縣觀台磁州窯遺址發掘簡報」, 『文物』, 1990-4, p.10, 도22.

2. 복소伏燒 갑발

복소는 완·반류의 배를 요도구 상에 거꾸로 엎어놓는 받침 방법으로, 망구芒口복소와 유구釉口복소의 두 가지로 나눌 수 있다. 이 두 장소방법은 기술계통상 완전히 다른 것으로, 발생과 발전 과정도 같지 않다.

① 유구釉口 복소

유구 복소는 늦어도 남조에 이미 출현한다. 「사천고대도자四川古代陶瓷」와 「산서 고대 요도구 및 장소방법의 초탐山西古代窯具及裝燒方法的初探」의 소개에 의하면, 그 장소복원도는 〈그림 5-4-8: 4〉와 같다. 즉 도지미 위에 치형점권을 두고, 완배를 거꾸로 엎어서, 치형점권(혹은 다른 받침도구, 혹은 받침도구가 없는 삽권澀圈첩소)의 꼭대기에 완의 내심內心을 닿게 하고, 연후에 다시 위의 완 바닥에 받침을 놓은 다음 거꾸로 엎어 놓는다. 이와 같이 해서 5~10층으로 쌓을 수 있다(그림 5-4-8: 1, 2, 4). 이런 갑발이 없는 노출의 복소 방법을, 어떤 연구자는 '정완식頂碗式' 지소대[63]라 부른다. '정완식' 노출 복소기법은 가장 먼저 사천성의 일부 요장에서 유행하며, 그 시대는 일찍 남조에 이르고, 송대까지 계속된다.

이외, 이 장소기법을 사용한 곳으로, 산서성 평정현요平定縣窯(당대), 혼원현요渾源縣窯(성당), 영하 영무현요寧夏靈武縣窯(서하), 하북성 자현 관태요磁縣觀台窯(오대~금대) 등이 있다[64]. 그 기술이 덮은 구역은 〈그림 5-4-14〉에서 보는 유구통저갑발釉口通底匣鉢이 유행한 지구와 비슷하며, 그들 사이에 일맥상통하는 발전 연속관계가 존재하는 것 같다(그림 5-4-15). 기술의 발원지는 사천분지인 것 같고, 뒤에 태행산 지역과 그 주변의 요장에 전해졌다.

---

63) '정완식頂碗式' 지소대란 말은, 『寧夏靈武窯』紫禁城出版社, 1988에서 나왔다. 요지자료 출처로는, 「山西古窯址群所見油滴和兎毫」, 『中國古陶瓷研究』제2집, 1988. 『寧夏靈武窯』, 1988, 紫禁城出版社. 「河北省磁縣觀台磁州窯遺址發掘簡報」, 『文物』, 1990-4 등이 있다. 이외 유구복소釉口伏燒 요지로는, 북송~원 초의 사천성 팽현 자봉요彭縣磁峰窯(「四川彭縣磁峰窯址調査記」, 『考古』, 1983-1, p.53). 송대의 사천성 관원현자요포요廣元縣磁窯鋪窯, 다구생산지(「四川廣元窯調査收穫」, 『考古與文物』, 1982-4, p.50). 「四川彭縣磁峰窯調査和試掘的收穫」, 『中國古代窯址調査發掘報告集』,1984, p.292). 송대의 사천성 중경시 도산요重慶市塗山窯(「重慶市塗山宋代瓷窯試掘報告」, 『考古』, 1986-10, p.987). 북송 중기~원대 말기의 하북성 자현 관병태 장하 하곡처磁縣觀兵台章河河曲處(「河北省磁縣觀兵台古瓷窯遺址調査」, 『文物』, 1990-4, p.23-36). 원대의 산서성 곽현 곽주요霍縣霍州窯(「山西霍縣發現重要窯址」, 『文物』, 1980-2, p.95).

64) 同 63).

② 망구芒口 복소

망구복소는 일종의 고밀도의 장요 방법으로, 일반적인 요도구에 비해 장소 밀도가 약 4배 정도 높다. 그 발생과 전파는 유구복소와는 다른 또 하나의 기술 계통으로, 정요에서 발생하였다. 그 편년에 관한 연구는, 이휘병李輝炳과 필남해畢南海의 연구 성과를 참조할 수 있다[65](그림 5-4-6). 북송 이후에 이 기술은 남방의 일부 지역에 전해졌는데, 경덕진에서 이 기술을 접수하여 더욱 발전시켰다. 경덕진요의 복소기술에 관한 조사와 연구는 유신원劉新園의 일련의 연구 성과를 참고할 수 있다[66](그림 5-4-9). 필자는 여기서 주로 망구복소기술의 분포와 전파 문제에 대해 간략히 서술하겠다.

망구 앙, 복소는 당말·오대에

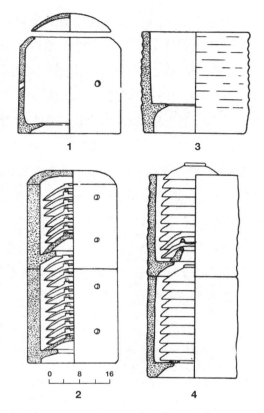

그림 5-4-14 유구복소 통저갑발의 장소 복원도
1.사천성 중경시 도산요(Y105, 송대, 考古, 1986-10)
2.사천성 팽현 자봉요(Y160, 송대, 中國古代窯址調査發掘報告集, 1984)
3.하북성 자현 관병태요(Y521, 북송 중기~원대 말기, 文物, 1990-4)
4.산서성 곽현 곽주요(Y337, 원대, 文物, 1980-2)

정요에서 창시되어, 송·요 시기에 사방으로 확산되었다. 북송에서 이 기술을 접수한 곳으로, 하북성 자현 관태요, 하남성 탕음현 학벽요, 하남성 신안현요新安縣窯, 섬서성 순읍현 안인촌요旬邑縣安仁村窯, 영하 영무현 영무요, 내몽고 파림좌기巴林左旗의 요遼 상경上京의 임황관요臨黃官窯, 내몽고 적봉시 항와요赤峰市 缸瓦窯[67] 등이 있다(그림 3-8-2 참조). 당

65) 同 45) 李輝炳, 畢南海, 「論定窯燒瓷工藝的發展與歷史分期」, 『考古』, 1987-12.

66) 劉新園, 「景德鎭宋元芒口瓷器與伏燒工藝初步研究」, 『考古』, 1974-6. 망구복소는 중국의 남방에서, 경덕진요의 제창과 개조로, 남방의 많은 요장에 광범위하게 영향을 주었다.

67) 북방에서 망구복소 기술이 유행한 곳은 다음과 같다. 당·송시기의 하북성 곡양현 정요간자촌 유적(『考古』,

시에, 이런 복잡한 기술은 기술자의 전수가 필요하였을 것이며, 그 전파는 반드시 장인의
교류를 거쳐 실현되었다. 그러나 민요 장인의 유동 상황은 비교적 복잡하였는데, 예컨대
정치와 전쟁으로 조성된 인구의 이동이 원인이 될 수 있고, 상인의 매개 작용으로 장인들
사이의 기술교류가 촉진되었을 수도 있다.

　　망구복소의 남전은 북송 후기에 시작되며, 당시 경덕진요와 동시에 이 기술을 접수한
요장으로 양송 시기의 절강성 태순현 옥탑촌요泰順縣玉塔村窯가 있다. 현재는 경덕진요와
옥탑진요에서만 '다급층반多級層盤, 발형복소요구鉢形伏燒窯具'가 발견된다[68](그림 5-4-9).
길주요에서 접수한 망구복소기술은 현재 지권조합복소구支圈組合伏燒具만 보이며, 장소방
법은 경덕진요와 유사하나 정요의 갑발과는 차이가 있다. 정요의 복소기술은 경덕진요에
서 개량되고 발전되었으며, 뒤에 경덕진요 기물의 외부의 영향에 따라, 동남연해 일대의
양산을 추구하는 데 열중하던 요장들에게 광범위하게 전해졌으며, 그중 상당히 많은 요
장들이 무역도자를 생산한 중요한 기지였다[69].

1987-12, p.1121, 1965-8, p.408. 「論定窯燒瓷工藝的發展與歷史分期」, 『考古』, 1987-12). 북송 요대의 내몽고 파
림좌기 요 상경 임황요지巴林左旗遼上京臨隍窯址(『文參』, 1958-2, p.17). 오대·북송·요대의 내몽고 적봉시 항
와요赤峰市缸瓦窯(『中國古代窯址調查發掘報告集』, 1984, p.393). 서하, 영하현 영무요寧夏縣靈武窯(『寧夏靈
武窯』, 1988, 紫禁城出版社). 금·원시기의 섬서성 순읍현 안인촌旬邑縣安仁村Y17(『考古與文物』, 1980-3; 『文
物』, 1987-3, 34). 금대(1152년) 하북성 자현 관태진 관태요磁縣觀台鎭觀台窯 제3기요지(『文物』, 1987-3, p.11).
남송의 하남성 탕음현 학벽집湯陰縣鶴壁集(『中國古代窯址調查發掘報告集』, p.326). 송·원시기의 하남성 신안
요新安窯(『中國古代窯址調查發掘報告集』, p.339).

68) 「浙江泰順玉塔古窯址的調查與發掘」, 『考古學集刊』2, 1982, p.212.

69) 남방에서 망구복소기술이 유행한 곳은 다음과 같다. 북송, 강서성 경덕진 호전요(『文物』, 1980-11, p.40). 남송,
강서성 경덕진 호전요(『文物』, 1982-5, p.87). 원대 중후기, 강서성 경덕진 호전 유가오요劉家塢窯(『景德鎭陶
瓷』, 1983-2, p.105). 남송·원, 강서성 경덕진시 동하유역東河流域 요지(『中國陶瓷』, 1982 -7, p.128). 송대, 복건
성 건양현 수길강요建陽縣水吉岡窯(『考古』, 1964-4, p.191). 송대, 복건성 건양현 화가산요建陽縣華家山窯(『考
古』, 1981-7, p.654). 원대, 복건성 건양현 원두자요建陽縣源頭子窯(『考古』, 1984-7, p.643). 송대, 절강성 태순 옥
탑요泰順玉塔窯(『考古學集刊』1, 1980). 남송, 절강성 태순현 옥탑촌泰順縣玉塔村 Y2(『考古學集刊』2, 1982-12,
p.212). 송·원, 강서성 길안현 길주요 본각사요吉安縣吉州窯本覺寺窯(『景德鎭陶瓷』, 1983-1, p.5). 남송·원,
호남성 익양현 양오령요益陽縣羊吾嶺窯(『考古』, 1984-4, p.334). 북송 중기, 호남성 형양현 동강요衡陽縣東江
窯(『湖南考古輯刊』2, 1984-9, p.90). 남송·원·명, 강서성 평향시 남갱요萍鄕市南坑窯(『考古』, 1984-3). 강서성
영풍현 산구자요永豊縣山口瓷窯(『江西歷史文物』, 1983-3, p.13). 송·원, 강서성 금계현 소파요金溪縣小坡窯
(『中國古代窯址調查發掘報告集』, p.106). 남송, 복건성 숭안현 선점등요崇安縣仙店等窯(『文物』, 1959-6, p.70).
남송·원대, 금계현 리요金溪縣里窯(『中國古代窯址調查發掘報告集』, p.110), 북송, 절강성 소흥현 관산요紹興
縣官山窯(『文物』, 1981-10, p.43). 남송·원초, 복건성 순창현 포상향 연갱북천 관산요順昌縣浦上鄕連坑北川官
山窯(『考古』, 1990-2, p.184). 송·원, 복건성 남평시南平市 요지(『景德鎭陶瓷』, 1984-2, p.144). 북송중기·원대,
복건성 남평시 태평향 다양촌요南平市太平鄕茶洋村窯(『文物』, 1988-9, p.92). 금·원, 복건성 안계현 귀두요安

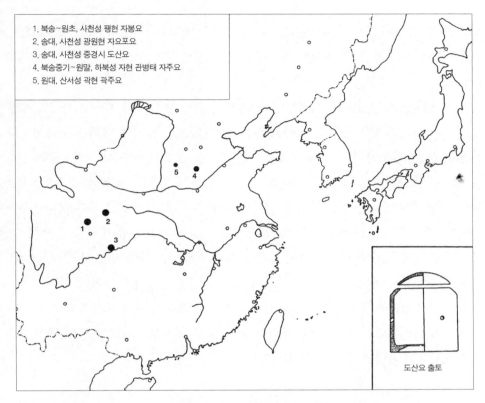

그림 5-4-15 유구복소 통저갑발의 분포

    복소의 망구 완·반은 무역상선을 따라 한국과 일본 및 기타 중국자기를 애호한 지방
으로 전해졌다. 그러나 망구복소의 기술은 주변 나라에 영향을 주지 못하였다. 이것은 기
술전파가 상품 전파보다 어렵다는 원인 이외에도, 주고받는 쌍방간의 가치관의 차이나,
기술적 기반이나 자연조건상의 차별 등 여러가지 요인이 존재하였다. 지권조합복소요구
의 응용은, 기술면에서 보면, 각종 장소 방법 중에 가장 정교하고 난이도가 높은 종류이
다. 한국과 일본의 당시 기술 수준을 보면, 아직 이 기술을 접수할 준비가 갖추어져 있지

溪縣鬼斗窯(『文物』, 1977-7, p.60). 남송, 광동성 매현시 요상서 북요梅縣市瑤上署北窯(『1986年度中國考古學
年鑒』, p.187). 북송, 광동성 석만진 기석촌요石灣鎭奇石村窯(『考古』, 1978-3, p.197). 원대, 강서성 영도현 고후
요寧都縣固厚窯(『中國古代窯址調査發掘報告集』, p.118). 원대, 강서성 영도현 황파요寧都縣黃坡窯(『中國古代
窯址調査發掘報告集』, p.115). 남송, 복건성 포성현 수북향 대구요浦城縣水北鄉大口窯(『文物』, 1959-6, p.66).
남송·원초, 복건성 광택현 화교향 모점요光澤縣華僑鄉茅店窯(『文參』, 1958-2, p.36).

않았다. 또한 그들의 요업이 예로부터 그때까지 양산이라는 의식이 매우 박약하였는데, 일본에서 10세기에 자발적으로 발생한 '갑발'은 완전히 양산의 의식이 없었다(제7장 일본 부분 참조).

한반도 남부에서는, 10세기에 월요로부터 M형 갑발 등의 요도구를 받아들인 이후에, 오래지 않아 갑발의 퇴첩 효능을 버리고 사용하지 않았다. 즉, 가마 안에 겨우 3, 4층의 갑발만 깔아 놓아, 갑구가 장소 용량을 확대하는 작용을 상실하였다. 이는 한·중과 중·일의 요업에서 경제관념상 매우 큰 차이가 있음을 말하는 것이다. 때문에 지권조합복소요구 같은 고난도의 기술은 주고 받는 조건이 서로 같지 않을 때는 기술상의 교류가 일어나지 않는다. 고고학적 발견 사실을 볼 때, 망구복소 기술은 낮은 수준의 요업지구에는 전해지지 않았는데, 주는 쪽에서 외전하는 좋은 기회가 있든 없든간에, 반드시 고려할 것은 받는 쪽이 이 기술을 용납할 수 있는 조건과 환경이 되어 있는지의 여부이다.

지권조합복소요구는 기술상에서 여러가지 장점이 있지만 한가지 부족한 것은 기물의 구연이 무유無釉인 점이다. 외관을 파괴하는 거친 망구를 남긴다는 결점이, 복소기술이 오래가지 못하고 쇠망한 주요 원인이 되었다.

3. M형 갑발

M형 갑발은 월요·용천요·무주요務州窯 범위 내의 요장에서 사용한 지방적 특색이 농후한 장소 요도구이다. 이것은 항주만 남안 일대에서 발생하였는데, 현재 발견된 비교적 이른 요지들로는 만당 시기의 절강성 진해현 소동선요鎭海縣小洞仙窯, 상우현 백관진 연강향 황사산上虞縣百官鎭聯江鄕黃蛇山, 요산요窯山窯, 오대 북송의 은현 곽가치鄞縣郭家峙 등의 요가 있다. 중도에 절강성 중부지구의 동양현 상당요東陽縣象塘窯(당말·송초), 또한 북송의 무주요와 용천요 분포지구에 전파가 일어났다(그림 5-4-16). 용천요는 이 도구를 가장 보편적으로 사용하였고, 원대까지 계속 사용하여, 사용기간도 가장 길다. 남송 및 그 이후, 복건성과 광동성에 확산된 M형 갑발은 용천청자 기술과 함께 전해졌던 것 같다.

M형 갑발은 항주 오금산의 남송 관요에서도 채용되었다(그림 5-4-12). 남송관요가 채용한 기술을 결합한 주체는, 설사 문헌 기록에서 북송 관요의 장인들이 남송관요의 자기 제작에 참여하였다고 하지만, 그들은 요장에서 아마 주로 요장 관리나 기양器樣을 제정하

그림 5-4-16 중국 M형 갑발 분포와 기술 전파

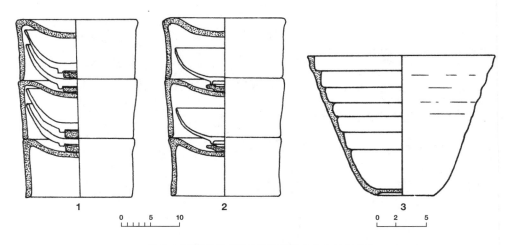

그림 5-4-17 절강성 용천요 M형 갑발과 초기 복소갑발
1, 2.절강성 용천현 안복요 출토(考古, 1981-6)
3.절강성 용천현 대요 출토(考古學集刊 제1집, 1980)

는데 종사하였고, 요장 기술의 대권을 잡은 것은 응당 현지에서 모집한 도공들이었다. 이
것은 왜냐하면, 북송관요의 도자 제조기술이 북송 도성 일대의 자연 풍토를 이탈하게 되
면서 남방에서 뿌리내리기가 매우 어렵기 때문이다. 즉 남북 쌍방이 채용하는 가마의 구
조가 다르고, 사용하는 연료가 다르고, 화염형이 다르고, 원료가 다르고, 번조기법도 같지
않고, 심지어 사용하는 요도구도 크게 같지 않기 때문이다. 말하자면, 남북 두 곳의 기술
계통이 다르기 때문에 남천한 송 정부는 현지의 도공들에게 새로운 관요체계의 중건을
의뢰할 수밖에 없었다. 이 새로운 기술을 응용하여 어떤 모양의 자기를 생산할 것인가에
대해서는, 남송 궁정과 관료들의 기호와 심미안의 요구에 따라 결정되었기 때문에, 양자
를 당연히 분별하여 연구와 토론을 해야 할 것이다.

　　M형 갑발은 일반적인 앙소 통형갑발이나 발형갑발과 비교하여 충분히 뚜렷한 장점을
갖고 있다. 먼저 갑발과 배의 장소 시의 조작 과정을 관찰해 보면, 일반적인 상황 하에서
갑발은 언제나 수동적인 위치에 처한다. 즉 갑발 속으로 배를 안치시킬 때 정지 상태에서,
배를 사람의 손으로 갑발에 넣으며, 번조 후에도 손을 써 갑발 속에서 꺼낸다. 갑발 속에
서 들고 나고 움직이는 것은 모두 배와 제품이다. 그러나 M형 갑발을 채용한 뒤에 갑발과
배의 운동 방향은 정반대가 된다. 그 장소 순서를 보면, ① 먼저 M형 갑발을 놓는 면이 다
른 앙소갑과 상반되는데, 구연이 아래로 가고 저부가 위로 가게 해서, 거꾸로 엎어 놓은

그림 5-4-18 섬서성 요주요 송대 M형 갑발과 기타 요도구
(1965, 陝西銅川耀州窯)

갑발과 같다. ② 연후에 이 '엎어진' M형 갑발의 위쪽의 凹한 대상臺上에 받침을 놓는다. ③ 순차적으로 받침 위에 완배 1점을 안치하거나(그림 5-4-17: 1) 혹은 2점을 안치할 때는 (그림 5-4-17: 2) 완배 사이에 받침을 배치한다. ④ 다시 또 한개의 M형 갑발로 이미 놓여진 배를 덮어씌운다. ⑤ 연후에 다시 중복하여 2~4번 정도 거듭해서 쌓인 갑발이 한정된

높이에 도달하면 그친다.

이 장소 방법의 최대의 장점은, 갑발의 체형을 적당하게 축소할 수 있어 갑발을 제작하는 내화재료를 절약하고, 요 내의 점유공간을 감소시킬 수 있다는 점이다. 무릇 갑발을 장치하는 사람은 모두 완배를 갑발에 장입裝入할 때 두 손도 반드시 동시에 갑발 속으로 펼친다. 이 때문에 갑발은 배를 용납하는 직경의 폭 외에도 조작할 때 손가락이 활동할 수 있는 공간을 반드시 남겨두어야 한다. 즉 '갑발의 직경＝완배의 직경＋양손가락의 두께'이다. 조작시 손가락이 점하는 공간을 절약하기 위해 경덕진의 도공은 명대에 사선조장絲線弔裝(견사조립, 즉 실을 사용해 그릇을 재임)의 방법을 발명하였다. 겨우 손가락 하나 넓이의 공간을 절약한 것이, 결국 같은 크기의 가마에서 25%의 장소량을 증가할 수가 있었으니, 중국 도공들이 장소의 공간 이용 방면에 얼마나 노력했는지를 알 수 있다[70].

명대의 사선조장법(견사조립법)은 물론 선진된 것이지만, 이런 의식이 명대에 가서야 출현한 것은 아니다. M형 갑발의 장소방법을 고찰해 보면, 멀리 당대 후기의 M형 갑발의 응용에서도 똑같이 이 방향으로 노력하였음을 알 수 있으며, 뿐만 아니라 어떤 면에서는 명대의 사선조장법에 비해 뛰어 넘으며 모자람이 없다. 예컨대 명대 선조배線弔坯는, 받침을 갑발 내에 두고 나서, 견사를 사용해 배를 안정되게 홀쳐맨 다음, 다시 배를 받침 위에 안정되게 놓았다. 이는 조작이 번거롭고, 매우 조심해야 하며, 약간만 신중하지 못하면, 미끄러져 떨어져 파손되거나 위치가 옮겨질 가능성이 있다. 일련의 불안정한 요소가 있는 것이다. 그러나 M형 갑발은, 받침을 놓거나 배를 설치할 때 모두 완전히 노출되어 방해가 없는 공간 속에서 진행되며, 최후로 갑발을 씌우는 것도 매우 편리하다. M형 갑발의 장소법이 명대의 사선조장법에 뒤떨어지지 않음을 알 수 있다. 바로 이런 M형 갑발의 여러가지 장점 때문에 남송 관요에서 주된 장소요구가 되어 오랫동안 사용되었다.

이 요도구는 10세기경에 월요의 도공을 따라 한반도에 전해졌는데, 한국의 요업이 흡수한 것은 당시 중국의 가장 선진적인 자기 번조기술이라고 할 수 있다. 오대에 이 갑발은 다시 청자 기술과 수반하여 북방의 섬서성 동천 황보요銅川黃堡窯(요주요의 전신)에 전해졌으며, 송대 요주요에서 대량으로 사용되었다(그림 5-4-18). 이곳은 북방에서 유일하

---

70) 劉新園, 「景德鎮湖田窯各期碗類燒成技術考」, 『東洋陶瓷』, 제12-13호, 1985년 9월.

게 월요 기술을 접수한 요장으로, 요주요만이 백자요장의 숲에서 청자로 입신할 수 있었던 것은, 정심한 기술과 독특한 아름다운 제품으로 완전히 힘을 얻었기 때문이었다. 그러나 이 기술의 원천이 멀리 떨어진 남방의 월요인데, 요도구의 비교 연구가 되지 않아 아직 확신하지 못하고 있다.

제5절. 화표火標 및 가마 온도 통제와 측정 기술

도자 기술은 어느 정도까지는 불의 예술이라 할 수 있다. 도공들이 가마불을 통제하는 기술을 발전시키기 위해 수 천 년 동안 노력하였는데, 가마의 구조 개선이나, 요도구의 혁신들이 모두 도공들이 화염 통제 기술을 모색하는 가운데 생겨난 것임을 역사는 증명하고 있다. 이와 동시에 도공들은 번조 과정 중 직접 가마 온도와 배들의 화학 변화를 통제하기 위해, 가마 온도를 측정하고 배의 내화도를 검측하는 수단들을 발명하였다. 남송의 장기蔣祈의 『도기陶記』에 기록하기를 "불 때는 일이 막 끝나갈 때, 그릇을 헤아릴 수 없어 요안으로 배를 엿보며, 익은 정도를 시험하는 것으로 화조가 있다. 火事將畢, 器不可度, 探坯窯眼, 以驗生熟則有火照"라 하여, '화조火照(불보기)'가 나오며, 이는 배를 안전하게 열에 익히기 위한 과학적인 검측 기술 수단을 제공하였다.

1. 시편試片

시편은 자기의 소결 정도를 측정하는 방법으로 두 종류가 있다. 하나는 번조 과정 중에 배의 자화 정도를 측정하는 시편으로, 일반적으로 입요를 준비하는 기배나, 같은 종류의 배의 파편을 잘라서 시편으로 하였다. 각 편에는 1, 2개의 구멍을 뚫어, 쇠갈고리로 가마 등부위에 있는 간화공看火孔(화안)을 통해 끄집어내어, 물에 담가 식힌 후에, 배의 자화 상태를 관찰하는데 이용한다. 이는 가마온도의 통제를 위해, 가마 안의 분위기를 조절하는데 가장 직접적이고 가장 믿을 수 있는 검증을 제공한다. 이들 시편은 요장의 기술 전통에 근거하여, 도공이 여러 형태로 만들었던 것 같다. 감람상橄欖狀(올리브모양)·추상錐狀·환상環狀 이거나 혹은 직접 소형의 완·배에 1개의 비교적 큰 구멍을 뚫어 화안 부근에 놓아두는데(일본의 에도江戸 시대 이후의 여러 요장에서 자주 보인다), 운용 면에서 시편의 원리와 똑같다.

이들 시편 자료는 요지 보고 중에 관습적으로 다르게 부르는데, 화표火標·화표火表·화조火照·조자照子 등의 명칭이 그런 예들이다. 남송 장기의 『도기』의 기록에서 알 수 있듯이, '화조'란 말이 늦어도 남송 시기의 경덕진 일대에서 광범위하게 사용되었다[71].

현재 비교적 일찍 시편을 사용했다고 알려진 요장은, 당대 중후기의 강소성 의흥 간중요澗衆窯(청자)와, 오대·송 시기의 사천성 성도시 화양현 유리장요華陽縣琉璃場窯(채자), 당 후기~남송 시기의 복건성 건양현 노화평요建陽縣蘆花坪窯(청자, 흑유자), 당대 후기~북송 시기의 광서성 항와요缸瓦窯(청백자, 흑유자) 등등이 있다(그림 5-5-1). 사실상 중국에서 최초로 시편을 채용한 요지가 어디인가에 대한 회답은 그다지 의의가 없다. 고고학상에서 소위 '최초'와 '제일'은 모두 상대적인 개념일 뿐이며, 이후의 새로운 자료의 끊임없는 출현에 따라, 오래된 견해는 반드시 수정되게 된다. 현재 한정된 자료로 볼 때, 시편의 분포에서 아직 규칙성을 띤 현상을 찾아보기 어렵다.

분포상으로 크게 본다면, 북방의 산서성 교성交城(당대 요), 개휴介休(요대 요), 곽현霍縣(원대 요)의 한 줄기에, 백자를 번조할 때 환상環狀 측시구測試具를 사용한 요장이 집중되어 있어(그림 5-5-1), 그들이 기술상에 친연관계가 있음을 반영하고 있다. 측견추測堅錐의 운용은 현재 사천성 중경의 도산요塗山窯와 산서성 임분요臨汾窯에서만 보이는데, 유구복소법釉口伏燒法의 분포와 매우 비슷하다. 이는 부득이하게 사천분지가 어떤 경로를 통해 황하 중류 지구의 요장과 기술상의 연계를 진행한 것인지 주목하게 한다. 가마의 구조와 제품 구성을 종합해서 비교하면, 사천성은 남북의 장점을 함께 취하여 자신의 특색 있는 독립적인 요업구를 형성하였다.

시편의 정확한 분포지는 거의 남방에 집중되는데, 이는 아마 용요(용량이 비교적 큰 만두요 포함)의 장소량이 커서, 화염통제가 보다 어렵기 때문에, 도공들이 부득불 이런 신중한 방법을 채용하여 전체 번조과정을 통제하였던 것 같다. 절강성의 남송 용천요, 경덕진 호전요와 원·명시기의 광동성 혜양요惠陽窯에서 출토한 자료를 보면(그림 5-5-2), 시편이 갑발(혹은 기타 용기) 속에 무더기로 쌓여져 있어, 도공이 자기가 다 되어갈 때 수시로

---

71) 남송, 장기蔣祈, 『도기陶記』(『景德鎭陶瓷』, 1981, 陶記研究專刊). 청대, 남포藍浦, 『景德鎭圖錄』, 卷4, 에도 비슷한 문자기록이 있다.

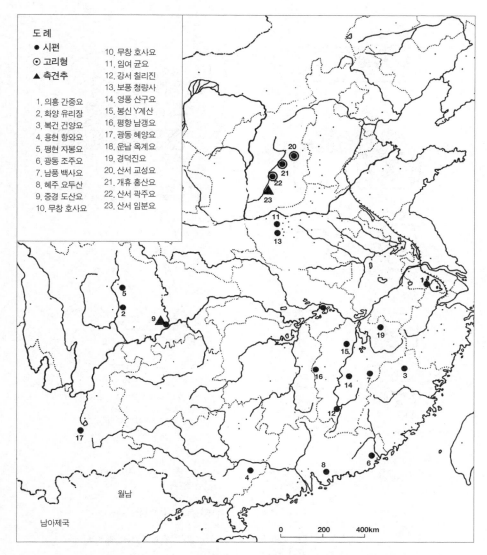

그림 5-5-1 중국 고대 각종 요온도와 원료 내화도 측정 요도구 분포도

가마 안의 불길을 장악하기 위해 빈번하게 가마 안에서 시편을 끄집어내어 관찰 검측하였음을 말해 준다. 이런 방법은 기술의 전파에 따라 한반도에 전해져, 11세기 이후에 한

319

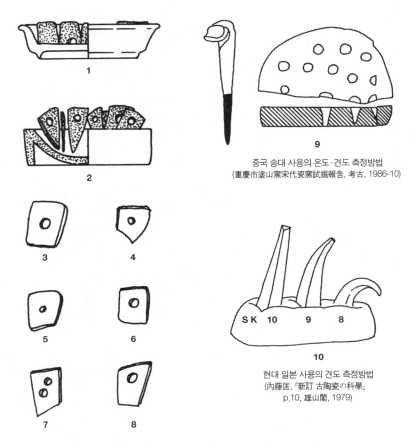

중국 송대 사용의 온도·견도 측정방법
(重慶市塗山窯宋代瓷窯試掘報告, 考古, 1986-10)

현대 일본 사용의 견도 측정방법
(內藤匡, 『新訂 古陶瓷の科學』
p.10, 雄山閣, 1979)

그림 5-5-2 중국 고대 도자 번조 과정 중 온도와 원료 측정 공구와 방법
1.절강성 용천현 계구요(남송, 考古, 1962-10)
2.광동성 혜양요(원말 명대전기, 考古, 1964-4)
3.광동성 조주요(북송, 1981, 潮州筆架山宋代窯址發掘報告)
4.광동성 혜주 두산요(북송, 文物, 1977-8)
5.사천성 팽현 자봉요(송대, 1984, 中國古代窯址調査發掘報告集)
6.강서성 봉신요(원대, 考古, 1986-4)
7,8.강서성 평향 남갱요(남송, 考古, 1984-3)
9.사천성 중경시 도산요(송대, 考古, 1986-10)
10.일본 현대 도자견도 측정방법(內藤匡, 1979, 新訂古陶瓷的科學)

국 요장에서 새로운 사물로 완성된다[72]. 이후 일본에도 전해져 에도시대 이후 완전한 소

---

72) 본서 제6장 도6-6-5, 右下圖 참조.

배小杯에 구멍을 파서 '화표'로 만들었는데[73], 이 '화표'는 중국에서 발견되지 않았으므로 일본 도공이 시편의 기초 위에서 개량시킨 것으로 추측된다.

2. 측견추測堅錐

〈그림 5-5-2〉에서 보는 바로, 요지 발굴보고에서 '측온추測溫錐'라 부른다[74]. 같은 종류로, 필자는 일본의 현지 요장을 살펴볼 때 자주 이런 측시구를 보았다. 일본에서 이것은 일종의 배를 만드는 점토나 자니瓷泥의 내화도를 측정하는 매우 간편한 방법이다. 통상적으로 내화판이나 내화벽돌에 작은 구멍들을 한 줄로 뚫어 놓고, 다양하게 조제한, 배를 만드는 점토나 자토를 세장한 추형체錐形體로 만들어 구멍 속에 삽입하고, 연후에 가마 안에 넣고 배와 함께 구우면, 최후의 결과가 〈그림 5-5-2〉에서 보는 바와 같아진다. 즉, 태골胎骨이 굳센 것은 의연히 서 있고, 나머지는 서로 정도가 다르게 휘어지는데, 시험자는 추봉錐棒이 휘어지는 정도에 의거하여 조제된 것들 각자의, 고온 중에서의 내화 성능을 판단한다. 이 방법은, 태토 성분의 합리적인 배합에 매우 과학적인 시험 수치를 제공한다.

중경 도산요와 산서성 임분요 두 곳의 흑유자를 구운 요장에서 관찰되는 동종의 요도구가 같은 효능을 갖는 지는, 공존을 고찰할 유물(추봉의 휘어진 상황)이 없는 한, 아직 정확한 판단을 내리기 어렵다. 구멍에 꽂아 넣는 배열 방식으로 밀집된 것을 보면, '시편'의 효능일 가능성이 크지만, 견고성을 측정한 존재일 가능성도 배제할 수 없다. 금후에 반드시 이런 측정공구를 깊이 조사해야 할 것이다. 이런 요도구의 효능을 확인하는 것은, 중국 고대 도자의 측정과 시험 기술의 수준 정도를 보다 자세하게 이해하게 한다.

---

73) 17세기말, 히로시마현 후쿠야마시 카모죠 히메다니요廣島縣福山市加茂町姬谷燒(『姬谷燒發掘調查報告』, 1984, 福山市教育委員會). 현대, 사가현 아리타쵸 시다미나미가와하라고佐賀縣有田町下南川原鄕카기에몬탁수柿右衛門濁手(『柿右衛門十三代의 濁手』, 講談社, 1979). 현대, 기후현 도키군 다지미죠歧阜縣土歧郡多治見町 시노세토요志野瀨戶黑(『荒川豊藏의 志野, 瀨戶窯』, 講談社, 1977). 현대, 야마구찌현 하기시山口縣萩市의 구하기번舊萩藩의 어용요御用窯 미와가 9대 설당이남三輪家九代雪堂二男, 하기야끼萩燒(『三輪休和的萩燒』, 講談社, 1978).

74) 송대요(「重慶市塗山宋代瓷窯試掘報告」, 『考古』, 1986-10, p.897). 남송후기요(「四川重慶塗山鋸木灣宋代瓷窯發掘簡報」, 『考古』, 1991-3, p.232). 水旣生, 「山西古代窯具及裝燒方法的初探」, 『中國古陶瓷硏究』, 科技出版社, 1987, p.341).

제6절. 요도구 조사와 도자 기술 교류사의 고고학적 연구

본문은 요도구의 분류 정리를 토대로, 중국 고대의 각종 요도구의 사용 복원 및 그 기술의 원류, 종류별 분포와 기술 전파의 사실에 대하여 객관적인 서술을 하고자 한다. 과거의 요지 조사 발굴 보고는 이 방면의 자료를 중시하지 않아서 연구에 여러가지 어려움을 주며, 불충분하고 현안으로 남겨진 미결된 문제들이 많이 존재한다. 이는 금후의 연구를 기다릴 수밖에 없다. 여기서는 요도구의 연구에서 발견된 여러 방법론적인 문제를 제시하여 논의를 진행하겠다.

최근 도자사연구계에는 유색과 조형, 장식으로 요계窯系를 구분하는 것이 유행하고 있다. 즉 도자기의 외관으로 요계의 분류를 진행하는데, 예컨대 월요청자 계통, 건요建窯흑유자 계통 및 소위 요주요 계통, 자주요 계통, 정요 계통, 경덕진요 계통 등등이 그러하다. 그런데 이들 '요계'에 포함되고 감추어진 면은 왕왕 매우 복잡하여, 위에 언급한 '요계'는, 자연환경과 기술 전통의 제약을 받아들여 형성한 것이 아니다. 이들은 경제적 유통 루트로서의 유대관계나 제품이 잘 팔려 경제적 이익을 얻는 유혹으로 결성된 '느슨한 동맹'인 것이다. 그렇지만 어떤 지방이나, 어떤 기술계통이나, 모두 이름난 상품자기를 근사하게 모방할 수 있으며, 진짜와 가짜를 구분하기 어렵게 하여, 가짜를 속여 폭리를 도모할 목적을 가질 수 있다.

그러나 도자기술의 전파는, 자연환경과 기술 전통의 제한을 받는 외에도, 기술을 주고받는 쌍방 간의 정치적 관계와 경제적 이해 및 문화 배경의 견제를 받으며, 그 전파는 제품의 유통 및 그 모방에 비해 더욱 많은 어려움을 갖는다. 이 문제는 〈제1장 제3절〉에서 이미 상세한 설명과 해석을 하였다. 중국에서는 지역이 광활하여, 각지의 자연 풍토와 경제 문화상의 차이가 비교적 크다. 도공들은 각자의 자연 환경과 문화 환경에 적합하게 서로 다른 기술계통을 창출하였으며, 또한 자신이 장악한 기술로 다른 곳의 소비 대상에게 적합한 제품(혹은 상품)을 생산하였다. 바로 이런 원인으로, 다른 기술과 다른 상품으로 특정한 문화 현상을 형성하게 된다. 또한 기술과 상품이 문화현상을 만들면서 어떠한 경우에도 통일적이지 않으며, 상품 외관에서 보여주는 문화는 왕왕 거짓된 일면이 내포되어 있다. 때문에 우리는 기술적 특징을 반영하는 생산 공구와 상품을 나누어서 연구를 진행할 필요가 있다. 그 목적은 서로 다른 각도에서 각 '요계'의 형성 발전의 과정과, 다른 요계와 기술 방면에서 상호 영향의 과정을 정리하는 것이다. 그리고 이 방법을 통하여, 고대 중국의 대외 문화 기술 교류 과정 중에 동아 문화의 발전에 끼친 공헌을 밝히고자 한다.

요도구는 도자기의 시유기술의 출현과 더불어 발전하였다. 이 때문에 시유도자기가 가장 먼저 발달한 남방이 당연히 초기 요도구의 발상지이다. 현재 가장 이르다고 알려진 번조받침과 도지미는 원시청자가 보다 일찍 발달한 장강 하류 지구에 거의 집중되어 있으며, 태호 유역과 항주만 지구가 이런 기술을 발생시킨 중심 지역이다. 이런 기술 전통은 수천 년간 그대로 그곳의 오월吳越문화의 발전과 더불어 계승되어왔으며, 중국 최대이면서 최고의 청자 생산기지를 형성하였다.

동한 이후, 이 일대의 청자기술이 더욱 성숙해졌고, 그 제품은 공사公私의 다양한 유통 경로를 따라, 끊임없이 주위 각지에 영향을 주었다. 서쪽으로는 사천성, 남으로 복건성과 양광兩廣, 북으로 황하 하류 요장의 청자 생산을 선도하였다. 기술 방면에서, 수계水系로 이어지는 인근 태호 주변의 요장과, 장강 유역의 강서성 남창과 풍성豐城, 호북성 무창, 호남성 상음湘陰 등이, 동한과 육조시기에 그 영향을 깊이 받았다. 그래서 명실상부한 강남 지구 최대의 청자 기술체계를 형성하게 되었다. 이 기술체계는 인근의 자연 조건과 문화 배경을 기초로 하고, 비교적 통일된 용요와 받침눈 기술을 채용하여, 기형이 서로 근사한 도자 용품用品을 생산하였다.

육조 후기에 남조의 정치 경제 세력이 계속적으로 위축됨에 따라, 청자 생산의 중심인 태호 유역과 항주만의 청자 생산규모도 점차 위축되었다. 이때, 장강 중류의 상음요와 장사요, 홍주요는 새로운 세력으로 돌연히 나타났다. 당대 후기 및 전씨錢氏 오월국吳越國에 이르러 다시 월요가 노력하여 왕년의 성황을 회복하였다. 그러나 중국 요업 생산은 이미 백화쟁염의 형세를 띠었고, 동방연해의 청자 생산은 절강성 한 곳으로 움츠려 들고 기술 상에서 상대적으로 보수적인 자세를 띠었다.

수·당이 시작되면서 중국 도자생산의 포국에 근본적인 변화가 발생하기 시작하여, 각지에서 기술상에 적지 않은 새로운 성과들이 있었고, 새로운 기술계통도 계속 형성되었다. 이것이 곧 북방 요업의 흥기이며, 백자생산이 스스로의 체계를 이루었다. 또한 연유의 삼채가 독자적으로 한 파를 형성하였고, 동정호 상강 유역의 유하채釉下彩가 우뚝 솟았다. 사천 분지의 제요는 다양한 가마와 번조기법을 도입하고 여러 종류의 자기가 공존하였으며, 회수淮水 유역의 수주요壽州窯도 독자적인 특색을* 이루었다. 남방 연해에서는 끊임없이 북방의 가마와 제자기술의 흡수에 주의를 기울였고 이것이 오히려 절강성의 보수적인 전통 산업에 영향을 주었다. 이 새로운 국면의 형성은, 북송 명요의 배출을 위해, 중국 자업이 중심을 옮겨 기술적인 기초를 놓은 셈이 되었다.

요도구 비교의 결과를 이용해, 중국 도자기술의 대외적 영향을 논하는 것은, 일반적인 중국 도자의 대외 영향을 논하는 것과는 각도가 다르며, 방법도 같지 않고, 완전히 다른 의의를 갖는다. 기왕에 한국과 일본 도자와 중국도자와의 관계를 연구하는데 주된 것은 도자의 외관(장식, 유색)에 치중한 비교였으며, '표층교류'의 상품 복사와 심층적인 기술교류의 구별에 소홀하여 연구에 여러 혼란을 발생시켰다. 문화비교의 각도에 따라 문화현상의 분층分層 연구를 하는 것은 이론의 문제일 뿐 아니라 방법상의 문제이다. 요도구의 대비 연구도 이런 점을 증명한다. 예를 들면 이렇다. 즉, 지금까지 연구결과의 발표를 보면, 제품의 기형과 장식면의 관점에 의해 비교한 결과, 한반도에서, 청자의 얕은 음각 장식기법을 포함하여 청자와 백자의 조형 등의 상당 부분의 '기술'이 중국 북방의 명요 제품의 외관의 영향을 크게 받은 결과라 하였다. 그러나 이런 현상은 어떤 기술교류의 결과는 아닌 것이다.

또, 일본 연녹유鉛綠釉도기(8~9세기)는 월주요 청자의 유색과 조형을 모방하였다. 그리고 사나게요猿投窯의 회유도기(9~11세기)는 월주요 기물의 조형과 북방 백자의 유색과 장식을 모방하여, 표면적으로 봤을 때 일본 8~12세기의 도기들과 월요와의 관계가 가장 밀접하다. 이 시기 동안에 월요와 뒤에 오는 용천요 제품이 대량으로 일본에 쏟아져들어와 일본인이 전통적인 기술을 사용해 월기越器의 조형과 장식을 모방하였지만, 사실 기술계통상에서는 서로 조금도 관계가 없다. 필자는 이러한 관찰 방법에 문제를 제기하여, 한국과 일본의 고도자 연구자들에게 '도자기술교류사'에 관련된 많은 중대한 문제에 대해 새로운 사고를 가질 필요가 있음을 알리고자 한다.

요도구 자료의 수집과 정리를 통하여, 필자는 중국의 기왕의 요지 발굴자들이 완전한 유물에 편중하고, 잔파된 생산 공구는 소홀히 하였으며, 유물의 정성定性분석은 중시하였지만 유적에서 추출할 수 있는 수량 개념은 경시하였음을 발견하였다. 이것은 곧 문물적인 가치는 중시하였지만 경제사와 물질문화상에 존재하는 의의에는 주의를 하지 않았다는 말이다. 고대 요업의 유존자료에 근거하여 고대의 요업이나 도자 기술 발전의 역사를 연구하는 것은, 도자고고학자의 기본적인 작업의 하나이다. 요지 발굴자와 연구자는 반

324

드시 고대 도자의 생산 상황을 복원하는데 유리한 역사적 정보를 모두 '자료'라는 범주 속에 포함하여야 한다. 이들 역사적 정보는 육안으로 볼 수 있는 실물 자료와, 물物과 물物 사이의 논리적 연계성도 포함한다. 이들 연계는, 생산 공구의 조합관계, 공구와 사람과의 관계, 심지어 공구와 자연, 경제적 연대관계 등등을 포함하며, 이들의 잃어버린 관계를 여하히 복원하고 재현하는 가를 표현하는 것이다. 이것이 발굴과 연구하는 중에 주의를 기울여 수집, 정리, 연구하는 중요한 과제의 하나인 것이다.

여하히 이들 '관계'를 발견하고 재현하는가는 인식의 문제일 뿐 아니라 방법과 기술상의 문제이기도 하다. 주지하는 바와 같이, 도자기술의 연구는 반드시 도자기술을 이해하고 배워야 한다. 그리고 위에 말한 공구와 인간과 자연의 각종 관계를 복원하려면, 현존하는 고도자의 기술을 조사하여 손에 넣고, 연접한 고금의 민속학 자료를 찾아내야만 한다. 그래야 비로소 생생한 기술을 따라 역사를 거슬러 올라갈 수 있으며, 지리멸렬한 유물 속에서도 그러한 감춰지고 나타나지 않는 역사적 정보를 발굴하고 발견할 수가 있다. 이런 면에서, 도자와 관계있는 민속과 민구학 방면의 민족학 조사와 기록 수단은, 이 방면의 지식을 얻는데 가장 효과적인 방법이다.

생활상식을 가진 사람이라면 누구라도 알 수 있듯이, 정상적인 상황 하에서 폐기된 요장에서 도공이 작업장을 떠날 때, 가치 있는 공구나 용구用具는 모두 가지고 갈 것이다. 그리고 몇 년 후에는 폐허가 될 것이며, 다른 인간의 활동층에 의해 덮여질 것이다. 수백 년이 경과한 후에는, 원래 입체적인 요장은 모습이 전혀 달라진 유적으로 변해지며, 유기질 유물은 끊임없이 썩어 없어지고, 무기질의 유물도 다양한 파손을 입게 되어, 지금 잔류하는 유물은 아마 당시의 5%도 되지 않을 것이다. 이 5%에 불과한 실물을 근거로 최대한도로 당시 생산의 개략적인 면모를 복원하고, 5%의 유물과 95%의 소실물 사이의 연계를 세우는 것이 고고발굴자의 가장 힘들고도 막중한 임무이다.

목적에 도달하기 위해 반드시 세 방면의 정보자료를 운용해야 한다. 즉 ① 고고발굴에서 얻어진 자료와 과학 분석 데이터. ② 고대 문헌 중에 도자생산과 제품에 관련된 기록. ③ 현대에 잔존하는 기술과 용구를 응용하고 있는 실태 조사와 기술 재현의 실험연구이다. 특히 제 3항은 민족학 조사와 시험에서 얻어진 지식으로, ①, ②항의 자료를 이해하는데 매우 중요한 의의를 갖고 있다. 그리고 이 제3항의 조사와 연구는 도자고고연구자가 과거에 크게 중요시하지 않았거나 최소한으로 연구했던 취약한 부분이다.

요지 발굴의 목적은 고대 요업의 물질의 유존을 기록함으로써, 고대 요업의 생산 기술과 사람들이 물질문화에 종사한 창조적 활동을 복원하는 것이다. 도자사 연구의 최종 목적과 전체적인 문과文科 연구의 목표는 일치하는 것으로, 즉 인류와 자연의 공존과 공동 발전의 내재된 규칙을 해명하기 위한 노력인 것이다. 고금의 인류생활과 밀접하게 관련된 도자기 생산은, 다른 부분에 비해 더욱 삶과 자연의 관계와 인류가 자연을 개조한 지혜를 체현할 수 있었던 부분이다. 때문에 우리는 요지를 발굴하는 동시에 고대 요장이 처해 있던 자연환경(원료 · 연료 · 수원水源 · 교통 · 환경파괴), 경제환경(물산 · 소비 · 가격 · 상업), 문화환경(전통 · 민속 · 민구 · 기술)에 대한 기록을 잊지 말아야 한다. 요지는 고고 발굴자에게 당연히 가장 직접적이고 가장 중요한 기록과 연구 대상이라 할 수 있지만, 또한 반드시 당시의 생산기술을 복원할 수 있는 그러한 무형의 자료들을 기록하는 것을 잊지 말아야 한다. 복원된 장소방법에 근거하여 1회 요의 번조량을 구할 수 있으며, 요도구와 폐품의 개체 비례에 근거하여 번조 과정 중의 폐품율을 구할 수 있다. 매년 개요開窯한 회수, 생산량, 유통과정과 행방을 조사하여, 사람과 물物, 사람과 사람 사이의 경제관계를 밝혀낼 수 있다.

기술 전파의 문화 환경과 주고받는 조건의 조사는 우리가 도자 기술의 남북 교류와 해외 교류에 대해 이해하는 데에도 매우 중요한 의의가 있다. 현재 상당히 많은 도자사 연구자와 경제사 연구자들이 인식하고 있기를, 북송이 나라를 잃은 후에, 북방의 제자制瓷공장工匠들이 분분히 남으로 건너와, 가져온 새로운 기술을 남방의 요장에 주어, 남방 요업을 크게 발전시켰다고 한다. 어떤 사람은 임안臨安의 남송 관요가, 북송 관요의 장인 및 그 기술이 주체가 되어 공방을 건립하였다고도 한다[75]. 또한 경덕진과 길주요 등의 조형과 장식수법 상에 북방 요계의 모종의 요소가 존재하기 때문에, 그것을 북방 장인들이 남천할 때 가져온 선진 기술의 공으로 돌린다. 이런 전통적인 관점은 모두 제품의 외관의 비교에 의해 입론과 결론을 추단한 것이다. 그들은 기술 층면層面의 비교 연구를 경시한 외에도, 적어도 아래의 몇 가지 문제에 대해 충분히 주의하지 않았다.

즉, ① 북방도자의 생산은 완전히 남방과 다른 별도의 기술 계통이다. 예컨대 북방에

---

75) 이덕금李德金 선생은 이미 그의 논문 중에서 이런 인식상의 착오를 지적하였다. 참고; 「烏龜山南宋官窯出土的 産品及燒成工藝」, 『慶祝蘇秉琦考古伍十年論文集』, 文物出版社, 1989, p.546.

서는 반도염 마제요를 채용하고, 북송 이후 석탄으로 연료를 하며 또한 산화염 번조로 변하였고, 요도구의 배치도 같지 않다. 기형의 외관 양식의 디자인 역시 중원인의 심미의식과 북송의 식食문화가 배경이 된 것이다. 이들 도공들이 유민을 따라 남방에 와서 가장 먼저 만난 것은 새로운 자연환경과 문화적 환경에 적응하는 문제였다. ② 북송 말에 남방경제의 발전은 계속 상승 추세에 있었으며, 대외 도자무역이 바야흐로 힘차게 발전하고 있어, 도자생산의 조직 구조가 비교적 견고하였다. 그래서 외래의 도공이 새로운 환경 속에서 신속히 독립하고, 기술상에서 주도적인 위치를 차지하였다고는 생각하기 매우 어렵다. 적어도 지금까지 남방에서 아직 북방 특색의 도자를 생산하거나 북방 마제요를 채용해 도자기를 만든 유적은 한 곳도 발견되지 않았다. 당연히 북송의 주요한 명요 대부분은 황하 중류에 집중해 있었고, 북방의 도공들이 일정한 기술적 우세를 갖고 있었음은 주지의 사실이지만, 그들의 기술은 새로운 환경 아래에서, 반드시 개조의 전제 하에서, 남방의 요장에 의해 흡수 응용될 수 있다. 이런 예들은 중국 대륙 뿐 아니라 한국과 일본에서도 마찬가지다.

일반적 상황 하에서, 각 도자 공방은 기술상에서 반드시 한 세트의 완전한 기술 계통을 갖고 있어야 한다. 즉, 원료의 선택 가공에서 부터 배의 성형 장식 및 가마의 불 때기 등 일련의 기술 과정이 완성되어 있어야 한다. 그리고 한 세트의 완전한 가공加工 공구를 사용하는데, 제품에는 이 공방의 문화적인(일종의 심미안에 기초하여 설계된 조형장식), 경제적인(생산 관리와 요장 내의 경제 관계), 그리고 기술적인(이상의 목적을 실현하기 위해 채용한 기술과 공구) 자국이 남아 있다. 이렇게 (광의의) 문화적 자국을 갖고 있는 도자 제품이 상업유통 루트와 사람의 유동을 따라 지리상의 이동을 하며, 또한 다른 문화 환경 아래에서 생활하는 도자장인들을 위해 참고와 모본을 제공한다. 곧 요장 간의 소위 기술상의 상호 '영향'(실제는 모방 효과)이 발생하는 것이다. '영향'은 문화비교 연구에서 양이나 질의 개념이 없는 어휘로, 단지 일종의 현상을 반영하고 그 속의 내용과 정도를 표현하지는 않는다. 제품의 상호 영향 중에서 가장 쉽게 흡수하는 것은 기물의 외관과 장식이다. 그 다음이 숙련자의 관찰과 발견을 통해 이해할 수 있는 기술 부분의 흔적이다. 예컨대 안색顔色과 화장토 등 재료의 응용 및 성형 중의 수식한 흔적, 받침 요도구가 기물 접촉면상에 있는 흔적 등이다. 이외에 도자기라는 상품의 심층에 반영된 요장의 경제적 관계나 기술 구조 같은 부분은 탐측하기 매우 어렵다. 이런 것들은 사람과 사람을 통한 것이고, 또한 기술자 사이의 교류를 통해서만 이해가 가능하고 손으로 배울 수 있다.

동시에 공방 간의 기술상의 교류와 흡수에는 많은 제약이 존재한다. 가장 먼저 경쟁의식을 갖고 있는 요장 간에는 기술에 대해 본능적인 보호의식이 있으며, 득의의 기술을 쉽게 밖으로 누설할 수가 없다. 송대 이래, 수공업계의 길드제도도 일정한 정도에서 이 방면의 역할을 행사하여, 설사 장인이 밖으로 나가도, 독립된 조업을 할 가능은 매우 적다. 만약 그가 다른 요장에 의탁한다면, 그가 갖고 있는 한 세트의 기술은 전면적으로 실시하기 매우 어려운데, 요장의 주재자는 그의 기술상의 장점을 흡수하되 그에 의해 고유의 기술계통을 타파하고 완전히 이 외래기술을 접수하기는 매우 어려울 것이다. 주재자의 문화의식(특히 가치관)은 특정한 자연환경, 경제환경 및 전통 기술 속에서 뿌리를 내린 것이기 때문이다. 오직 초超경제와 초문화적인 외부의 역량이 출현하여야만, 강제적 수단을 채용하여, 주재인에서 일꾼에 이르기까지 모두 새롭게 끌어들일 수 있다. 그렇지만 최종적으로 이러한 기술체계는 계속 질적 변화의 발생이 필요하여, 외부의 힘에 의해 해제되고 와해되거나, 새로운 환경 속에 현지의 기술계통을 소화·흡수하거나 한다. 이러한 이해에 기초하여야, 우리는 12세기의 북방 도공의 남천이 결국 남방의 요업발전에 어떤 촉진 작용을 가져왔는지, 또한 중국의 기술이 해외에 전파되어, 형제 민족들의 요업발전을 위해 얼마나 커다란 공헌을 한 지에 대해 정확히 인식할 수 있을 것이다.

제6장
한반도 요업 기술 발전과 교류사 연구

제1절. 한반도 도자 생산의 문화적 배경

한반도와 중국의 경제 문화교류는 늦어도 벼농사 기술과 청동기 · 철기 기술이 반도에 전해진 청동기시대 이전으로 거슬러 올라갈 수 있다[1]. 그러나 비교적 명확한 사실은, 한대漢代에 반도 북부에 낙랑군이 설치되어, 관부가 건립되고, 군대가 파견되기 시작하면서 부터이며, 당시 낙랑에서 생활한 한족인들이 중국의 선진한 문화와 기술을 반도에 데리고 갔다. '낙랑군'의 고고학적 성과가 유력하게 이 역사적 사실을 증명한다[2]. 그러나 한반도의 문화 속에 얼마나 많이, 얼마나 깊은 흔적을 남겼는지에 대한 문제는 금후의 또 다른 연구과제이다.

필자가 인식하기로는, 당시의 한민족漢民族의 문화와 기술은 단지 부분적으로 한반도인들에게 강제적으로 주입되었고, 경제 문화의 교류는 대부분 표층에 머물렀다고 본다. 간취되는 바로는, 한반도 고유의 것과 외래의 것 두 종류가 함께 융합된 문화가 아니라,

---

1) 金元龍主編,『韓國的考古學』, 講談社, 1989, p.30. 安志敏, 金元龍, 賀川光夫, 西谷正,「連接中日朝的稻米之路」, 『東南文化』, 1990-3, p.132. 김원룡의 발언 ; "한반도의 벼농사가 전입한 유적은 평양 남경南京유적이 가장 이르다고 생각하며, 약 기원전 10세기 정도로 추정한다. 그 다음이 남한강의 흔암리欣岩里 유적이며, 기원전 8세기에서 5, 4세기에 속한다. 이외에, 금강유역의 송국리松菊里유적에서도(기원전 5세기~기원전 3세기)대량의 탄화미가 출토하였다……".

2) 梅原末治,『支那漢代紀年銘漆器圖說』, 同朋社再版, 1985. 金基雄,『朝鮮半島的壁畵古墳』, 六興出版, 1985. 金元龍編,『韓國文化的源流』, 學生社出版, 1981. 및 한국과 일본에서 출판된 대량의 도록.

그들은 공존의 관계에 있었다. 당시 한반도의 정권들은, 외래문화의 채용을 단지 일종의 정치적 필요이거나 혹은 외래문화를 권력과 재부財富의 상징으로 삼았다. 이런 현상은, 정도의 차이는 있지만 그대로 고려의 건국 이전까지의 신라 왕조에서 계속되었다.

1989년 10월, 필자는 한국의 큰 박물관들을 참관하였고, 다량의 도록과 고고 발굴보고서를 열람하였다. 고려왕조 이전의 고대 한국의 귀족이 사용한 기물은 박래품 외에도, 외래문물을 모방한 복제품이 있었지만, 진정으로 자기 민족 문화의 중심으로 흡수 융합한 '복합'적인 제품은 많지 않았다. 또 다른 면은, 현지에서 생산한 일상생활용의 도기나, 제사용의 청동무기, 제기들은 외형과 장식 상에서 명확하게 고유문화의 농후한 숨결을 보여 주는데, 이것이 문화의 주류였다.

이와 선명한 대비를 이룬 것은 고려시대의 문물이다. 특히 고려청자는, 생산방식에서부터 제품의 조형, 장식, 유색에 이르기까지, 대륙의 북송 기물과 형사形似 외에도 신사神似와 창신의 독자적인 경지를 보인다. 이는 문화적 교류가 이미 간단한 이용이나 모방에서 벗어나, 직접적인 도공 간의 기술교류와 문화 융합으로 발전하여, 문화교류의 단계가 더욱 심화되고 풍부해졌음을 말한다. 이 문화의 새로운 면모의 출현은 당시의 역사적 배경과도 맞물린 것이다.

한반도는 9세기에 진입한 이후에, 특히 고려왕조 시기에는, 중국의 한문화 가운데 국가관리제도(율령제)를 도입하였다. 그리하여 그때까지 귀족계급 중에서 관료를 선발한 제도를 개혁하고, 중국 유교문화에서 성숙된 과거제도를 채용해, 비교적 공평하게 시험을 통과하여 합격한 인재를 선택하였다. 사회 중하층의 지식인들이 개인의 노력을 통하여 통치계층에 오를 수 있는 기회가 생긴 것이다. 또한 과거제는 반드시 유교 경전을 교과서로 삼는 것이 확립되어 있었기 때문에, 중국 문화의 정수를 반영한 유교 경전이 지식인에게 영향을 주고, 중앙관료들의 수신양성修身養性의 기본 준칙이 되었다. 동시에 중국식의 '율령제'도 상행하효上行下效의 법률과 행동규범이었다. 이 때문에, 중국 문화도 이 시기에 비로소 깊이와 넓이에서 진정으로 인심에 깊이 들어가게 됨에 따라, 고려인의 세계관, 가치관, 심미관과 문화적 수양에 커다란 영향을 일으켰다. 그래서 고려인이 문화적인 바탕과 감정적인 면에서 더욱 중국과 접근하게 되었으며, 더욱 쉽게 중국의 문화를 이해하고 흡수할 수 있게 되었다.

이와 비교하여 고려 이전의 왕조들은, 외래문화를 접수하는 태도 면에서 큰 차이가 있었다. 고고학적 관점에서 보면, 한반도의 삼국시대에는, 겨우 귀족계층에 국한하여 중국산 사치품을 사용하였다. 그들은 중국의 문물을 접수하여 일종의 정치적 교역 수단으로 여기고, 재부와 권력의 상징으로 삼았다. 이들 문물은 그들의 생전에 사용하거나, 사후에 순장되었지만, 전체적으로 말해, 당시 박래품의 수량은 매우 적었다. 그들은 실용주의적 태도로 중국 문화를 대하고 접촉한 범위도 협소한 귀족층에 한정되어, 이 때문에 이런 외래문화는 단지 한국문화의 표층에 떠돌 뿐이며, 고유문화를 장식하거나 보충할 뿐이었다. 이는 곧 소위 '표층문화교류'인 것이다. 공주 '무녕왕릉'이, 양조식梁朝式 묘장 구조이고 한족漢族의 매장 방식이지만, 그의 동시대인과 후세에 영향이 없었다는 것이, 바로 전형적인 예이다[3].

제2절. 중국과 한국의 요지 분포 상태의 비교

한반도 요지의 분포와 중국 남방의 요지 분포는, 표면상 비슷한 점이 많다. 중국의 남방과 같이, 한반도도 구릉지대가 위주가 되어, 산지山地가 요업을 위해 풍부한 연료와 원료를 제공한다. 동시에 구릉 사이를 흐르는 하천은 물살이 평온하여 양호한 수운의 가치를 지니고 있으며, 때문에 요장은 이들 구릉 하천의 부근에 분포한다.

고려 왕조 이전에, 한반도에서는 보편적으로 구릉의 경사지에 수축한 지하식 혹은 반

---

3) 필자는 1989년10월 백제 무녕왕릉을 실제 고찰할 기회가 있었다. 이것은 엄격한 남조 상장喪葬제도를 따라 건축된 능묘였다. 나의 기본적인 견해는, ①무녕왕릉은 남조 양梁 왕조의 예관禮官의 감독 하에서, 중국의 엄격한 등급제도에 따라 축조한 능묘이다. 장의葬儀나 부장품의 배치 모두가 남조의 예제禮制를 이용하였다. 무녕왕릉 묘실은 내전장內全長이 6.9m으로, 당시 3~5품과 특수 훈장을 받은 6품관 급으로, 제 번왕藩王도 이 열에 있다. ②조전造塼과 구축기술면으로 보면, 거의 중국의 공장들이 직접 능묘의 건축공정에 참가하였던 것 같다. 적어도 남조의 예부禮部도 전박塼의 모형과 세부설계도를 제공하였을 것이다. 그렇지 않다면, 종래 전실묘 전통이 없는 한반도에서 이와 같이 성숙한 전실묘 구조 기술이 나오기는 불가능할 것이다. 연화문전의 형상과 구조는 남경南京 근교 출토의 양묘梁墓와 전혀 차이가 없다. 남조의 제 왕릉과 비교하면, 무녕왕릉의 등급규격은 높지 않다. ③부장품 중 상당 부분이 남조에서 수입된 것으로, 심지어 조질의 청자반구호와 등잔도 모두 중국의 수입품이다. 청자 조합의 등급이 매우 낮아, 4개의 작은 등잔의 저부에는 3개의 작은 '지정'이 있다. 이것은 월요에서 상견되는 전용등잔이다(상세한 것은 『中國陶瓷全集』越窯, 上海美術出版社, 美乃美 美術出版, 1981). 당시의 한반도는 아직 청자를 생산할 기술을 갖추지 못했다. ④대륙에서 사용이 금지된 화형동관정花形銅棺釘을 사용하였다는 것은, 대륙의 한漢정권이 주위 국가에 대한 관용적인 태도를 설명해 준다. 전체적으로 보아 남조의 상장제도喪葬制度가 한반도에 어떤 광범위한 영향을 발생시키지는 않았다. 전실묘 제도는 백제국 세력의 쇠약에 따라 매우 빨리 소리 없이 자취를 감추었다.

지하식 교혈요窖穴窯가 유행하였다. 교혈요는 구릉 산지의 자연 경사면을 이용해 굴을 뚫었으며, 요신窯身이 가팔라서 경사도가 15°~40° 정도에 달하였다. 번조실이 하나의 기울어진 굴뚝과 같아서, 화염의 요 내에서의 충력沖力이 매우 크다. 그 형식은 중국 남방의 초기 평염용요와 구조면에서 같은 점이 있지만, 중국의 평염용요는 처음부터 지면에 건축하였으며, 지하식의 용요는 1기도 발견되지 않았다. 교혈요와 중국 북방에서 광범위하게 유행한 마제요를 비교해 보면, 그 차이는 훨씬 크다. 결국 교혈요, 용요, 마제요는 3개의 완전히 다른 요업계통에 속한다.

한반도의 요지 분포와 중국의 요지 분포를 비교하는 것은 상당한 의의가 있다.

중국의 고대 요장은, 거의 농업이 발달하고 삼림자원이 풍부하고, 인구가 비교적 집중된 지방에 자리하고 있다. 〈그림 5-1-1·그림 5-1-3〉에서 보듯이, 가마의 용량은 차치하고, 가마의 숫자만 통계해 보면, 동남연해의 절강성·복건성·광동성·강소성 태호太湖 지구가 요지의 분포가 가장 밀집한 지방이며, 전체 요지수의 64%를 차지한다. 그중 특히 절강성이 두드러져, 2위의 복건성에 비해 배 가까이 앞서 있다. 그 다음으로 강서성·호남성·호북성·사천성 분지 등 장강 중하류의 자급자족 경제가 발달한 내륙지구가 있다 (20.3%). 황하 중하류 지구의 요업의 발육은 비교적 이르지만, 발달은 비교적 늦어, 요지 수는 겨우 전국 총수의 13%를 차지하며, 송대에 수준이 최고에 이른다.

당대 중후기가 되면서, 산이 적고 밭이 많으면서 해운 교통이 발달한 연해지구(절강성·복건성·광동성)가 앞서고, 산이 많고 밭이 적으면서 원료가 풍부한 내륙지구(강서성·호남성)가 뒤서가며, 점차 규모를 형성하였다. 송대에 그 제품은 이미 지방 판매에 국한하지 않고, 주로 장거리 유통에 제공되어 심지어 해외로 판매되었다. 무역도자의 생산은, 요장이 이윤을 획득하고 정부는 관세를 거두는 중요한 수단이 되었다. 이들 요장은 절대다수가 민요인데, 그중 적지 않은 기술 진보가 있어, 제품이 우수한 요장에서는, 정상적인 상품자기의 생산에 종사하는 외에도, 종종 관부에 제공하는 '공자貢瓷'의 임무를 지게 되었다[4]. 다만 매우 소수의 민요에서 유통가치가 없는 조질의 자기를 생산하였는데, 이는

[4) 중국에서, 직접 관부官府를 파견하여 전문직 관리가 생산을 관리하는 요장은 많지 않았다. 그러나 도시의 대규모 건설이나, '국가의 대사'에 속하면, 건축공정을 일반적으로 관부조직이 감독하였다. 예컨대, 섬서성 임동현臨潼縣 시황릉의 진대秦代 만두요(「秦代陶窯遺址調查淸理簡報」, 『考古與文物』, 1985-5). 하남성 낙양시 수당궁 내洛陽市隋唐宮內의 수당대 만두형와요(「洛陽隋唐宮城的燒瓦窯」, 『考古』, 1974-4). 강소성 남경시 취보산南

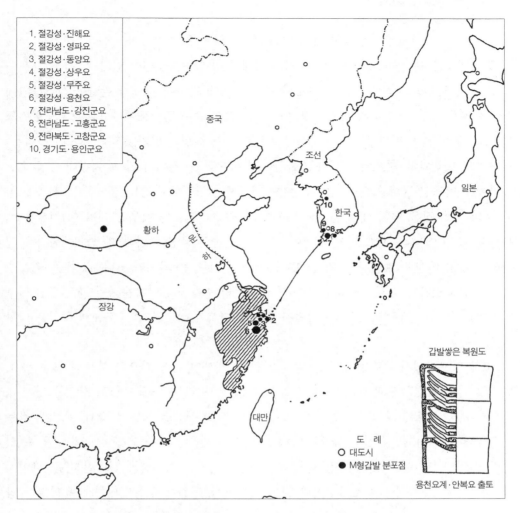

1. 절강성·진해요
2. 절강성·영파요
3. 절강성·동양요
4. 절강성·상우요
5. 절강성·무주요
6. 절강성·용천요
7. 전라남도·강진군요
8. 전라남도·고흥군요
9. 전라북도·고창군요
10. 경기도·용인군요

중국
조선
일본
한국
황하
장강
대만
갑발쌍은 복원도

도 례
○ 대도시
● M형갑발 분포점

용천요계·안복요 출토

그림 6-2-1 중국과 한반도 간의 M형 갑발 기술 전파 노선도

京市聚寶山의 명초 만두형와요(「明代南京聚寶山琉璃窯」, 『文物』, 1960-2). 모두 관부가 직접 조종한 요장이다. 궁정의 고급생활용 도자와 진설陳設도자를 생산한 관요는, 비교적 명확한 기록이 북송부터 시작되지만, 개봉開封의 북송 관요 유적은 오랜 황하의 범람으로 이미 지하 7m 속에 깊이 묻혀버렸다. 남송의 관요는 당시 도성인 임안臨安(현, 절강 항주시)에서 발견과 발굴이 있었다(「南宋官窯修內司窯址問題的商榷」, 『考古與文物』, 1985-6). 이후 원대에서 청대 초기에 이르기 까지, 진정한 관요는 경덕진에 설립되었다(「景德鎭明永樂宣德御場遺存」, 『中國陶瓷』, 1982-7. 「御窯廠故址出土永樂宣德官窯瓷器」, 香港景德鎭文物展圖錄, 1988. 「唐英窯及其工藝成就研究」, 『中國陶瓷』, 1982-7). 단, 관요가 존재하는 동시에, 황실과 궁정의 도자품은 역시 계속 우수한 민요에서 징집되었다. 역사상 비교적 유명한 것으로 송대의 건요·월주요·요주요·정요·균요·여요·형요·덕화요가 있다. 더 일찍 위진남북조 시기의 월요도 있다. 또한 지방 호족이 소유한 의흥 남산요宜興南山窯가 있다. 이 방면의 자료는 비교적 많아 일일이 열거하지 않겠다.

의심할 바 없이 현지에서 판매를 하기 위한 개별적인 작은 가마였다.

중국과 비교해 한반도와 중국의 요지 분포에는 상통하는 일면이 있다.

한반도의 요장은 역대 왕조의 수도와 중국 대륙에 면하여 경제가 발달한 서남해안에 집중 분포하며, 그중 전라남도에 가장 집중하고, 그 다음이 경기도이다. 다른 점은 한반도의 역대 요장이, 직접 관부가 경영하거나 관부의 감독을 받은 바가 많다는 점으로, 기술이 엄격하게 보호되어, 민요와 관요가 기술상에서 비교적 큰 차이가 있다. 예컨대 중국 동남해안에서 전해진 갑발 기술이, 장시간 관요 생산지인 경기도와 전남 강진군 및 전북 고창군 등의 매우 작은 범위 내에 봉폐되었고(그림 6-2-1), 민요는 매우 늦게야 이 기술을 채용한다. 뿐만 아니라 '관요'라는 개념이, 중국의 단순히 궁정을 위해 제공하는 원가를 계산하지 않는 비상품非商品 생산의 관요와는 성격상 매우 큰 차이가 있다. 그 제품 구조는, 중국의 상품도자 위주로 생산하면서 동시에 관부의 주문을 담당하는 우수한 민요인 월주요·정요·형요·요주요·균요·경덕진 민요의 형식과 비슷하지만, 소유제 형식은 명확히 상반된다.

중국 역사상에서 순수한 관요는 많지 않는데, 개봉의 북송 관요와 항주의 남송 관요, 원·명 시대의 경덕진 관요가 있다. 그들은 민요의 선진기술을 흡수하고 창신을 가하여, 민요의 기술 진보에 자극과 촉진을 일으키는 선도적인 작용을 하였다. 명대 이전에, 정부는 민요를 지정하여 '공자'를 생산하게 하였고, 기타 제품은 상품 유통 경로에 넣을 수 있었다. 그러나 명대가 시작되면서, 황궁에서 주문한 자기는 엄격하게 선택한 다음, 나머지 제품은 전부 그 자리에서 소각하거나 깊이 파묻어서, 민간에게 유입되어 사용되거나 방제하지 못하게 막았다. 최근 경덕진의 주산珠山 어요장御窯場의 명대 관요 창고 유적에서 대량의 자기 파편이 발견되었는데, 이것이 바로 일부러 파괴한 후에 폐기시킨 관영자기의 잔해였다[5]. 그러나 한국의 관요는, 한편으로는 관부와 궁정에서 사용하는 자기를 생산하면서, 동시에 국가가 '상품도자' 생산의 권리와 판매 시장을 통제하였는데, 이것이 중국의 비상품 생산의 관요와는 확실히 큰 차이를 갖는다.

요지 분포상의 또 하나의 문제는 생산 산지의 선택이다. 무릇 상품 생산의 성질을 가

---

5) 劉新園 主編, 『御窯廠故址出土永樂宣德官窯器』, 香港景德鎭文物展圖錄, 香港, 1988.

진 요장은, 경쟁에서 패하지 않기 위해, 생산 단가를 낮추고, 제품의 질을 높이는 것이 관건이다. 만약 쉽게 우수한 질의 자토를 채취할 수 있고, 풍부한 연료가 있고, 또 편리한 수운 조건과 우수한 기술이 있으면, 이런 요장은 계속 발전할 수 있음은 추호도 의심할 바 없다. 명요名窯의 발전 과정을 보면 대체로 이 점을 증명할 수 있다.

요장 발전을 구성하는 물질 조건은, 원료(점토와 자석瓷石 등), 연료(땔나무나 석탄), 물(작업장 용수)과 교통(육운과 수운)이며, 일정한 정도로서 소비시장의 원근 문제도 고려되어야 한다. 역사적 상황으로 보면, 여러 조건 중에, 원료 조건이 가장 중요한 요소인 것 같다. 중국은 물론, 한국과 일본도 마찬가지로, 원료가 단절되어 생산이 정지된 가마 수가 적지 않았다. 그러나 상업의 발전에 따라, 명요들은 원료가 단절된 상황 하에서도, 교통루트를 통한 방법으로 이 문제를 해결할 수 있었다. 역사상 저명한 대형 요장들은 모두 현지에서 얻어지는 자연 조건을 고려했을 뿐만 아니라 교통운송 조건의 발전 과정까지 고려하여 발달하였다. 예컨대 용천요·균요·경덕진요·길주요·칠리진요 등은 모두 요장의 분포가 해가 감에 따라 근처 하류河流 지대로 이동함을 볼 수 있다. 심지어 산이 없는 하천 근처의 충적평야 상에 흙을 쌓고 용요를 만들었는데, 그 목적은 하류 수운의 편리함을 이용하기 위한 것이었다.

동시에 볼 수 있는 것은, 대체로 깊은 산중에 건축하여 교통이 불편한 요장은, 제품이 시장에 진입하기 힘들어, 수입이 지출에 비해 부족하여 이윤이 없다고 할 수 있으며, 그래서 생산시기도 매우 짧다. 그러나 편리한 교통조건을 이용해 부가되는 원료를 현지에서 얻을 수 있다면, 능히 그 우세함을 더욱 발휘해 갈 수 있지만, 장거리 원료 운반과 제품의 운송은 대량의 인력과 자금을 소모시켜, 생산 원가를 높이게 하여, 직접적으로 경쟁력을 약화시킨다. 화남 연해에서 남송 이후에 대량으로 '용천청자', '경덕진 청백자·청화자기', '요주청자' 등등을 모방한 무역도자 산지가 출현한 것은, 바로 이 운송의 번잡함을 줄이고 현지에서 재료를 취하고, 현지에서 판매하여 직접 이익을 취하기 위해 발생하였다. 내지의 명요 제품이 연해 항구에 도착하는 데는, 현지 제품에 비해 가격이 10배나 되었다. 그래서 외상外商에게 믿을 수 있는 품질과 저렴한 가격으로 이들과 이익을 공유함으로, 각자가 만족하였다. 그러나 모방 제품이 비록 많은 이익을 취하였다지만, 이들 요장의 수명은 매우 짧았다.

원료는 생산에서 요장의 운명을 결정하는 작용을 한다. 경덕진은 남송 시에 이미 풍화

자토의 고갈로 인해 일차 곤경에 빠졌다[6]. 강서성 남풍요南豊窯와 광서성 등현 중화요藤縣中和窯가 원료 부족으로 문을 닫았다. 한국의 분원리 관요의 쇠퇴 또한 이것이 한 원인이었다. 물론 역사상에서 원료가 풍부하여도 정치와 군사 등의 원인으로 생산이 정지된 요장도 발견된다. 그러나 이 같은 정지 상태는, 외부의 간섭만 없어지면 생산이 회복되는 것은 시간문제일 뿐이다. 길주요와 경덕진요가 이런 경력을 거쳤다. 17세기에 중국은 내란으로 인해 도자의 해외 무역이 정지되었고, 일본의 아리타요有田窯가 동인도회사의 주문을 받았으며, 소위 '이마리자기伊万里瓷器'가 허점을 틈타 서아시아와 유럽의 자기 시장을 점거하였다. 그러나 중국이 일단 해금海禁을 해제하고 해외 무역을 회복한 후에는, 서방의 시장도 매우 빠르게 중국 쪽으로 돌아섰다. 이것은 중국자기가 품질이 우수할 뿐 아니라 가격이 저렴하기 때문으로, 역대 무역전쟁에서 오랫동안 번성하고 쇠퇴하지 않은 원인이 되었다.

각종의 발굴보고와 타이쇼大正 3년의 조선중앙실험장의 보고서에 제공된 자료에 의하면, 한반도의 도자원료는 주로 반도의 서남쪽에 분포한다. 현재 명확하게 발견된 고령토가 저장된 지방은 경기도 여주군 대신면 하림리大新面下林里, 충북 괴산군 남하면南下面, 황해도 해주군 서변리西邊里, 전남 광주군 소고룡면召古龍面, 전북과 경남의 일부 지구가 있을 뿐이다. 품질이 가장 우수한 백토산지는 경남 하동군과 경기도 여주군 대신면 하림리이다. 도자 원료가 집중된 지방은, 바로 반도에서 인구가 집중되어 요업이 발달된 지구(그림 6-2-2)이다. 그러나 이들 원료와 현지 요지 폐품의 분석 자료가 발표된 것이 극히 적어, 현재 중국과 일본의 동류의 자료와 비교하기 어려운 실정이다.

---

6) 劉新園, 白焜, 「高嶺土史考」, 『中國陶瓷』, 1982-7.

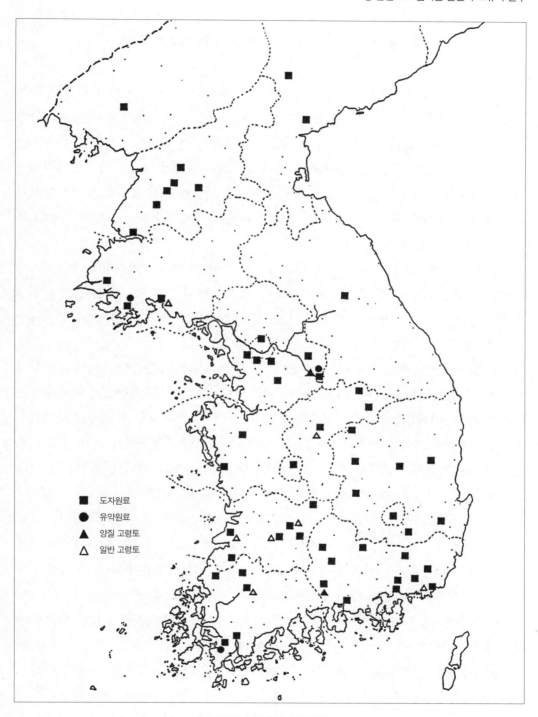

그림 6-2-2 한반도 자토 분포도

제3절. 원료의 순도純度로 본, 도陶와 자瓷의 구별

앞에서 논한 원료는 요업의 발전에서 중요한 작용을 한다. 소위 원료라 함은, 구체적으로 도자기의 성형과 장식에 필요한 자석(도석)과 고령토 및 유약재료 등 무기질 규산염 광물을 가리킨다. 그리고 도자기 품질의 우열을 결정하는 여러 요소 중에도 인공적인 원료의 가공과 배합에 대한 것도 포함된다. 아래에서 각종 성분이 자기를 이루는 과정에서 작용하는 바를 살펴보는 동시에, 도陶와 자瓷의 기본 개념에 대한 상대적인 인식을 하게 하려 한다. 고대 한국과 일본의 도와 자에 대한 함의含意가 불명확하기 때문에, 자료의 분류와 비교에 일정한 어려움을 주고 있다.

① SiO_2 : 이산화규소, 무수無水규산이라 부른다. 주로 석영石英 · 인석영燐石英 · 방석영方石英 · 비정질非晶質 등의 광석 중에 포함되어 있으며, 분쇄 후에 점성이 없다. 도자기 성형의 기본 원료이며, 도자 원료의 50% 이상을 차지하여, 가히 도자기 태체胎體의 '살(肉)'이라 할 만 하다.

② Al_2O_3 : 삼산화이알류미늄이라 부른다. 이론상의 화학조성은 규산 46.51%, 산화알류미늄 39.50%, 수분 13.99% 이다. 우수한 질의 고령토는 Al_2O_3의 함유량이 비교적 높으며(40% 좌우), 내화용점耐火熔点이 1,770~1,790℃ 사이이다. 그러나 그 속에 보통 운모 · 장석 · 석영 등의 불순물을 함유하고 있어, 그것이 내화도를 떨어뜨린다. 고대 중국과 한국의 고령토 저장이 비교적 풍부한 지방은 경덕진과 하동군이다. 경덕진 부근의 고령촌高嶺村에서 나는 고령토高嶺土는 Al_2O_3함량이 36% 정도에, Fe_2O_3함량이 0.6%이다. 하동군의 고령토는 Al_2O_3함량이 39.69%, Fe_2O_3함량이 1.05%로, 산화철 오염이 경덕진의 고령토보다 심하다.

원료의 배합에서 Al_2O_3의 비율이 높을수록, 자태의 고온 변형율이 작다. 이 때문에 대형 기물의 번조 가능성이 클수록, 박태薄胎기물의 제작도 가능해 진다. SiO_2가 도자기의 '살(肉)'이라면, Al_2O_3는 곧 자기의 '뼈(骨)'이다. Al_2O_3성분이 많을수록, 필요한 온도도 따라서 높아지며, 그렇지 않으면 태체가 소결되어 자기가 되기 어렵다. 소위 상대商代의 백도白陶는, 순수한 고령토로 제작되었으나 가마 온도가 1,100℃ 정도에만 도달할 수 있어, 태토가 소결될 수 없고 분말 상태를 띠어 흡수율이 매우 높다. 때문에 설사 사용한 것이 '자기'의 원료일지라도, 온도조건이 제한되면, 번조된 것도 반드시 자기라 할 수 없다.

풍화 자석(도석) 중에, Al_2O_3의 함유량이 최고 20~25%에 달하는 것도 있는데, 북송의 경덕진이 곧 대량으로 지표에 노출된 이런 풍화자석을 채취하였다. 설사 고령토를 배합하는 '이원배합二元配合'의 의식이 없다고 해도, 똑같이 이 시기에 태골이 견경한 백자를 생산할 수 있었으며, 이것이 북송 경덕진요가 매우 큰 발전을 이룰 수 있게 하였다.

③ Fe_2O_3 : 삼산화이철이라 부른다. 태체의 매용 원료 중의 하나이며, 유약재료의 중요한 착색제이다. 재료에 철분의 배합이 많을수록, 태체의 색채가 더욱 짙어지고, 투명도가 나빠진다. 이 때문에 Fe_2O_3는 백자 제작과정 중의 큰 적이며, 오늘까지 백자원료 가공의 주된 목적이 원료 속의 철분을 깨끗이 제거하는 것이다. 일본이 17세기에 도자 수출대국이 될 수 있었던 것은, 큐슈九州 이즈미산泉山의 백도白度가 높은 자토 원료가 있었기 때문이다. 고대의 요지에서 보통 자토를 수비하는 물통 시설을 발견할 수 있지만, 아직 고대에 자토 중의 철분을 깨끗이 제거하는 기술이 있었는지는 알 수 없다. 물론 현재나 과거나, 도자 원료 중의 산화철 함량의 다소가 자토 가격을 결정하는 주된 지표이다. 일본의 이즈미산석泉山石과 아마쿠사석天草石의 가격은 곧 Fe_2O_3함량에 근거하여 등급이 나누어진다[7].

'철'은 지구상에서 가장 널리 분포하기 때문에, 지면의 무기물 중 최대의 오염물이다. 산화철의 성능을 아는 것도 우리가 도자기의 태질胎質과 유조釉調 변화의 기본 법칙을 이해하는데 도움을 주는데, 백자 · 청자 · 흑자의 유색이 큰 차이가 있는 것은, 단지 산화철 용량의 차이 때문인 것이다. 서로 다른 철분함량이, 같은 환원염에서 다른 태색과 유조를 얻게 된다. 때문에 백 · 청자 · 흑자가 같은 요에서 번조된 것을 발견한다 해도 이상할 것이 없다.

기타 중요한 성분으로는 ;

④ TiO_3 : 삼산화티타늄. 태체의 매용 원료 중의 하나이며, 착색의 효능도 갖추고 있다. 회색을 띠며, 유탁유乳濁釉의 용재熔材 중 하나이다.

⑤ CaO : 산화칼슘. 태체의 매용 원료의 하나이다. 중국의 고대 고온유高溫釉의 주요 성분이다. 고대에는 일반적으로 초목회 · 석회석 · 방해석方解石에서 채취하였다. 일본과 한국의 회유도기 중에 이것을 매용제로 사용하기도 하였다. CaO를 대량으로 사용하는

---

7) 磯松嶺造, 『有關窯業原料及坯土的研究』, 三和書房, 1971. 표 2.1.3, 泉山石的化學分析. 도2.2.4, 各種泉山石原石 粉碎物的含鐵率和燒成物白度的關係.

것은, 동아 도자 기술의 매우 중요한 특징 중의 하나이다.

⑥ MgO : 산화마그네슘. 자태 매용 원료 중의 하나이다. CaO와 MgO를 합쳐 간략히 RO라 부른다. 고대에는 석회석과 초목회에서 획득하였다. RO 성분의 증가는 유약의 용융온도를 내릴 수 있어, 유층이 1,200℃ 전후에서 유리질화 되어 유면을 형성시킨다. 상·주시대 원시청자의 유면의 RO 함량은 10%이며, 산화칼륨의 성분이 낮아서 유수釉水가 희박하다. 한대에서 오대 기간에 산화칼슘이 18% 이상으로 증가하여, 유층이 두텁게 발라져도 최종적으로 고온에서 흘러내려, 얇고 전형적인 '회유'(한국과 일본에서 청유靑釉를 '회유'라 부르는데, 유료의 칼슘을 주로 초목회에서 얻기 때문이다)를 얻었다. 송대 이후, RO가 15% 이하로 낮아지고 칼륨과 나트륨(R₂O)의 비율이 커지면서, 유약에 점도粘度를 증가시켜 두터운 유의 형성을 위한 배합을 찾아내었다. 산화칼륨이 유의 조화제稠化劑(걸쭉하게 만든다)라면, 산화칼슘은 유의 희석제稀釋劑(묽게 만든다)이다.

⑦ K₂O : 산화칼륨. 매용 원료의 하나로, 유료에 점도를 증가시킬 수 있어, 유층이 고온에서 양호한 안정성을 가질 수 있게 한다. 송대, 특히 남송의 두터운 유의 번조는 K₂O 성분의 증가와 관계 있다[8]. K₂O 성분은 주로 견운모絹雲母에서 채집한다.

⑧ Na₂O : 산화나트륨. 매용 원료의 하나이다. K₂O와 합쳐서 'R₂O'라 부른다. R₂O의 함량이 증가하면 유의 번조온도를 낮출 수 있으며, 또한 유액을 걸쭉하게 할 수 있어, 유층의 두께를 높일 수 있다. 그러나 동시에 오는 문제는, 유층의 투명도가 나빠지고, 미세한 기포가 많아져, 유면에 일종의 유화감柔和感이 있는데, 경덕진의 원대 추부유樞府釉가 그러하다.

⑨ MnO : 산화망간. 매용 원료의 하나이다.

⑩ P₂O₅ : 오산화이인. 매용 원료의 하나이다. 유탁유의 용재로, 평소에는 초목회에서 획득이 가능하다.

이상의 각종 성분은 점토·고령토·자석(도석)·광석 및 일부 유기물 중에 분포한다. 그들이 함유된 성분의 비례가 다르고, 고체상태가 다르기 때문에, 그 특성에 따라 자석·

---

8) 『中國古代陶瓷科學技術成就』, 제5장; 郭演儀, 『中國南北方青瓷』, 도5-4: 『南北方青瓷釉中酸化鈣和鉀含量的分布圖』, 上海科學技術出版社, 1985, p.151.

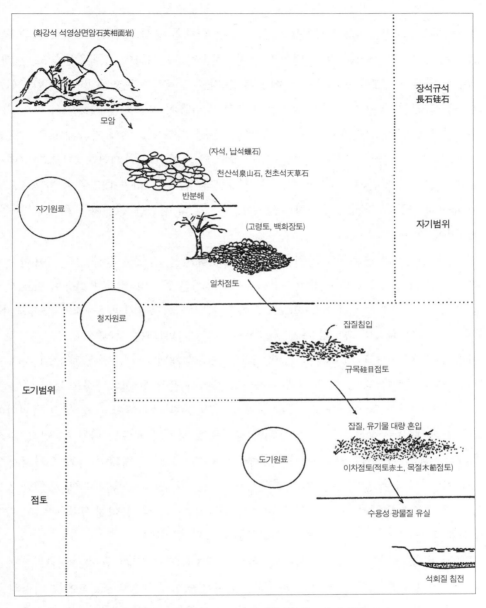

그림 6-3-1 자기, 청자, 도기 원료의 순도와 도자 개념도

장석·석영·견운모·초목회 등의 명칭을 부여한다. 대자연 속에서 그들이 처한 환경이 다르고, 풍화된 정도가 다르며, 분포상태도 같지 않아, 어떤 것은 암석 모양을 하고, 어떤 것은 풍화된 덩어리 모양을 띠며, 어떤 것은 모래나 점토 모양을 띤다.

소위 '자석瓷石'은, 일종의 자기를 이루는 기본 성분인 장석·석영·고령토 등을 함유한 암석을 가리키는 것이다. 이 돌덩어리를 이용해, 직접 분쇄하여 가루로 만들고, 기배를 제작하여, 백자를 번조할 수 있다. 또 어떤 것은 다른 잡물질이 혼입되어 있어, 반드시 적당한 가공을 거치거나, 혹은 기타 원료를 배합해야 사용이 가능해진다. 도기와 자기가 채용하는 것은 모두 규산염 재료로, 백자 제작의 원료를 기준으로 해서 가늠해 보면, 점토이나 암석이냐는 관계없이, 단지 원료의 순도純度상의 차이만이 존재한다. 제자制瓷기술은 제도制陶기술에서 발전해 온 것으로, 도와 자는 본래 규산염이라는 대가족 속의 동포형제이며, 때문에 그들을 엄격히 구분하려면, 반드시 그들의 성질을 결정하는 주요한 기준을 찾아내어야 한다.

필자는 도와 자의 근본적인 차이를 구분하기 위해서는, 반드시 각자 선택 사용한 원료에 대한 분류를 행해야 한다고 생각하고 있다. 왜냐하면 원료의 물리적 성능이 다르기 때문에, 원료 가공이나 성형기술 및 번조기술상의 차이가 생겨나기 때문이다. 이들 차이는 최종적으로 모두 원료의 순도와 가공 공정상의 차이로 귀결되는 것이다.

아래의 〈그림 6-3-1〉의 '자기·청자·도기 원료의 개념시의도'를 통해 도와 자의 원료상의 차이를 살펴본다. 그림은 위에서 아래로 가면서 암석 풍화의 과정을 보여 준다. 도자기 생산에 적당한 암석은 모암母岩에서 가장 먼저 풍화 붕괴되어 크게 생긴 석괴이며, 이들은 비교적 많은 장석과 규석을 함유한 암석으로 자기의 원료로 만들 수 있다. 자석, 납석蠟石, 일본의 이즈미산석泉山石과 아마쿠사석天草石 같은, 풍화되어 아직 오염되지 않은 종류이다. 사력상砂礫狀(자갈)에 가까운 자석으로, 경덕진의 북송 시기에 채굴한 것이 바로 이 종류의 원료였다. 이들 풍화된 자석은 순정하고 채굴이 용이할 뿐만 아니라 크게 복잡한 분쇄가공을 하지 않아도 자기의 성형에 이용할 수 있다.

도기의 원료는 자기의 원료에서부터, 일차성 풍화점토를 거쳐 규목硅目점토가 되고, 다시 여러 차례 풍화와 오염을 거친 후 2차성 점토를 형성한 것이다. 그 속에는 대량의 무기와 유기의 잡물질이 혼입되어 있다. 도니陶泥는 단지 물을 가하여 약간의 시간만 있으면 그릇을 만드는데 사용할 수 있지만, '잡질'을 철저히 제거하지 않으면 헛수고가 된다. 이들 '잡질'은 도기 태질의 내화도를 낮추고, 질이 긴밀하지 못하게 하고, 태색이 침중해지고, 기공이 많아 흡수율이 높아지는 등 물리적인 성능을 나쁘게 하는 근본 원인이 된다. 때문에 기술의 진보에 따라, 도공들은 원료의 순도에 매우 주의한다. 현대 도기의 생산에는, 항상 자석과 고령토를 섞어 넣어 도토의 물리적 성능을 증가시킨다. 의흥 정촉진宜興丁蜀鎭에서 생산하는 '정도精陶'가 그런 일례인데, 사실 이 정도의 도기는 이미 도와 자의 경계가 모호해진 것이다.

〈그림 6-3-1〉에서 볼 수 있듯이, 청자는 도기와 순수 자기 사이에 처해 있는 중간 산물이다. 청자는 장석과 규석이 풍화한 후에 오염이 심하지 않은 1차성 점토와 규목점토를 채용하기 때문으로, 청자 원료에 혼입된 잡질은 도기의 원료 같이 많지 않고, 그 물리적 성능은 자기에 접근한다. 다만 지면에 가장 광범위하게 있는 산화철의 오염이 청자의 태토로 하여금 환원염 분위기에서 회청색 색조를 띠게 한다. 도자 원료의 잡질 중에서, 산화철의 오염은 색조를 변화시키는 주요한 요소이며, 기타 유기물질은 태질의 물리적 성능(내화도, 견치도, 순정도)에 영향을 준다.

이상 살펴본 바에 따르면, 이렇게 자기 · 청자 · 도기에 대한 원료상의 구별은 단지 하나의 상대적 가치의 문제라 할 수 있으며, 원료의 '순도'가 이들의 성질을 결정한다. 그러나 이런 '순도'는 왕왕 하나의 기준을 확정하기 매우 어려우며, 잡질 혼입이 어느 정도라야 청자에 속할 수 있다고 절대적으로 말할 수 있는지? 어느 정도라야 도기인지? 적어도 현재는 아직 절대적인 척도는 없으며, 도자질의 판단에 대해서는 아직 감성적인 단계에 머물러 있다. 그러면 기준을 제정할 필요는 있는 것인가? 아니면 계속해서 관습화된 인식으로 적당히 분류할 것인가? 객관적인 조건으로 볼 때, 후자를 취하는 것이 보다 타당할 것 같다.

과거 청자의 분류를 위해 수십 년간 논쟁을 하였다. 처음에는 청자를 '반도반자半陶半瓷'라 칭하였으며, 현재는 청자 속에 '원시청자原始靑瓷'와 '청자靑瓷'라는 두 가지 명칭을 갖고 있다. 즉 동한東漢 이전의 청자는 원시청자라 하고, 동한 및 그 이후의 청자를 성숙한 청자로 부르고 있어, 청자가 최종적으로 자기의 행렬에 귀속되는 것은 거의 이론이 없는 것 같다. 사실 이러한 분류는, 자기의 범위를 크게 넓히는 것으로, 청자의 생산과 백자 생산으로 보면, 양자는 원료 가공과 성형에서부터, 번조까지 비교적 큰 거리가 있다. 청자는 실질적으로 백자와 도기 사이의 중간 존재인데, 이는 그가 사용하는 원료가 2차성 점토보다는 높은 위치이나, 1차성 점토보다는 낮은 것이 결정적인 이유이다.

자기는 원료의 선택이 엄격하기 때문에 반드시 오염이 없는 자석이나, 오염이 비교적 적은 고高알루미늄 점토, 즉 고령토를 사용해야 한다. 뿐만 아니라 자석의 채굴과 분쇄,

수비가공의 난이도가 크며, 때문에 공방의 설비와 공구의 조합과 일련의 가공 기술도 도기 제작과는 큰 차이가 있다. 자기 원료는 순정하고 잡질이 없으며, 그릇의 태질이 단단하고 치밀하여, 가공을 경교輕巧하게 할 수 있고 변형이 쉽지 않는 고급의 일상용품이면서 예술적 가치를 지닌 공예품이다. 자기는 최종적으로 "희기가 옥 같고白如玉, 맑기가 거울 같고明如鏡, 얇기가 종이 같고薄如紙, 소리가 편경 같은聲如磬" 경지에 도달할 수 있다. 기술상의 높은 요구 때문에, 자기 작업장의 생산 과정은 더욱 정밀화되고, 공구는 더욱 다양해지고, 공방의 관리도 더욱 체계화되어야 한다. 이는 소농小農 경제상태의 봉건사회에서, 개인이 자기 생산의 전 과정을 청부 맡는다는 것은 어려운 일이며, 반드시 분공分工과 합작의 사영私營 연합체가 이루어지거나, 관부조직을 통한 하나의 완전한 생산관리 계통이 형성되어야 만이, 비로소 자기의 생산에 종사할 수 있다. 이에 비해, 같은 규산염이란 대가족의 성원인 도기는, 재료 채취 범위가 광범위하고, 기술이 조방하지만, 실용적이고 가격이 저렴하여 보다 대중화 방향으로 발전하였다. 그리고 개인이 공방을 세우는 것도 어렵지 않아, 때문에 지방의 작은 요에는 도기요가 많이 보이며 자기요는 적다.

이상을 종합하면, 원료의 순도가 도자기의 서로 다른 질적인 단계를 결정하는 관건이라고 말할 수 있을 것이다. 제품의 질적인 것에 대한 요구는, 원료의 채굴과 가공, 성형과 온도상의 일련의 기술적 요구를 결정한다. 마지막으로 제품의 물리적 성능 면에서 보면, 태체가 0.5%의 흡수율을 분계선으로 하여, 이 수치보다 높은 것은 도기급이고, 낮은 것은 자기급이다. 기타 백도白度 · 량도亮度 · 후도厚度 · 투명도 등과 같은 것도 도와 자를 분류하는 부가조건이 된다.

제4절. 조선 백자원료의 고갈과 사기장의 국외 유출

과거 조선 사기장들의 해외 이주의 원인을 분석할 때, 정치적인 요인을 첫째로 꼽았다. 특히 17세기 초기 무렵, 임진왜란 동안에 일본이 조선의 일부 사기장들을 데려가, 일본 근세(에도시대) 자기생산의 효시를 이루었다. 그래서 어떤 책에서는 임진왜란을 '도자기 전쟁'이라고도 한다. 문헌기록으로 볼 때, 일본은 기술을 중시하고 기술 장인들을 존중하는 좋은 전통을 갖고 있었다. 그래서 조선의 사기장들이 일본에 온 후에 많은 우대를 받았으며, 그들의 기술과 재능이 이국땅에서 최대한 발휘되도록 하였다. 부정할 수 없는 것은, 이러한 소위 '도자기 전쟁'은 일정한 정도로 일본의 자기생산의 발생과 발전을 촉진시켰지만, 이는 단순히 이 문제의 일면일 뿐이다.

일본 땅은 자원이 척박한 섬나라이며, 장기간 고립되고 억압된 자연 환경 속에서, 강인하고 무실務實(구체적 사업수행에 힘쓴다)하며, 내향적인 성격을 길렀다. 역사상 여러 차례 밖으로의 발전을 도모하였는데, 임진왜란도 그중의 하나였다. 그러나 시도한 대외 무력확장은 거의 실패로 끝났으며, 임진왜란도 실현되지 못하였는데, 소위 '도자기전쟁'은 풍자의 의미가 없다고 할 수 없는 것이, 설마 이같이 중대한 군사 활동이 몇 명의 조선 사기장들을 얻기 위한 것이었을까?

무력을 사용해 확장하려한 외에, 일본 민족은 주위 국가로부터 조금씩 선진된 문화와 기술을 흡수하는 것을 더욱 중시하였으며 이를 이용해 충실히 자신의 발전을 도모하였다. 도자기술로 말하면, 늦어도 5세기 중엽에 이미 한반도의 서남지구로부터 스에끼須惠器(무유경도無釉硬陶) 장인들을 끌어 들였다. 한국의 교혈요 기술은 가장 먼저 오사카大阪의 스에무라陶邑에 뿌리를 내렸다[9]. 8세기에 일본은, 중국의 삼채를 모방하여, 일본 최초의 시유도기인 '나라삼채奈良三彩'를 번조하였으며[10], 이후 계속 삼채에 이용된 장소공구를 녹유와 회유도기의 생산에 이용하였다[11]. 16세기에, 한반도에서 유행한 소위 '부죽형剖竹形' 분실分室용요 기술(외형이 용요와 같으나, 내부에 분실 장벽이 출현해, 벽 아래에 화공火孔을 설치하여, 원래의 평염을 반도염 불길로 변하게 하였다. 내부 형태가 반으로 갈라놓은 대나무 통과 같다하여 일본에서 '할죽형割竹形 등요'라 부른다)이, '도자기 전쟁' 이전에 이미 사기장의 이주에 따라 큐슈의 가라츠唐津지구에 전해졌다.

지리상의 원인으로 인해, 일본과 한국의 기술교류와 장인들의 이동은, 역사상에서 거

---

9) 『講座日本技術的社會史』, 제4권, 窯業, 日本評論社, 1984.

10) 楢崎彰一, 『三彩·綠釉·灰釉』, 日本陶瓷大系, 平凡社, 1990.

11) 삼차형받침이 출토한 요지 중에, 중부의 사나게요가 가장 빠르고 가장 집중되어 있다. 나라사키楢崎彰一선생이 실물을 보고 자료 소개를 한데 따르면, 이 요도구는 사나게요에서 매우 보편적이며, 능숙하게 운용되었다. 보고서는 다음 수례를 들 수 있다. 에이지현 나고야시 미도리구 나루미도쿠시게愛知縣名古屋市綠區鳴海德重 NN-268窯, 사나게요 계통. 헤이안 중기, 『NN-282號古窯迹發掘調査及分布槪報』, 나고야시교육위원회, 1978년. 에이지현 나고야시 미도리구 나루미도쿠시게綠區鳴海德重 NJA-2, 헤이안 중기, 『NN-282號古窯迹發掘調査及分布槪報』, 나고야시교육위원회, 1978년. 에이지현 나고야시 미도리구 나루미도쿠시게N-267, 11세기 중경, 『NN-278號窯迹發掘調査報告書』, 나고야시교육위원회, 1981년 등.

의 끊이지 않았다고 말할 수 있다. 단지 16세기 이후가 되어, 한반도에서 백자 원료의 부족문제가 시급해져, 생산원가가 높아지고 사회의 수요 요구를 만족시킬 수 없게 되었다. 식기로 사용하는 것들 중에 금속기의 비율이 여전히 높아 떨어지지 않았으며, 도자 생산은 성황에서 쇠퇴로 돌아섰고, 조선 사기장들은 일본에로의 이주에 대한 압박을 많이 받았는데, 이주를 강요하고 유인하는 요인들은 매우 많았다.

한반도에서 도자 생산의 흥쇠를 증명하는 증거는 주로 현재 발견된 요지의 수량의 통계와 자기 품질의 우열의 변화에 근거하여 판단한 것이다. 북한의 자료 보도는 많지 않는데, 이는 반도 북부의 요지의 분포가 원래 적기 때문이며, 또한 북한의 정보가 많지 않기 때문이다. 그러나 기본적인 상황은 북한에서 출판된 서적과 한국과 일본 학자들이 갖고 있는 자료를 통해 볼 수 있어, 비록 통계는 불완전하지만 일정한 참고 가치는 있다. 남한의 정황은 한국과 일본학자들이 제공한 자료에 의해, 기본적으로 현재의 연구 현상을 반영하였다.

수집된 자료를 통계해 보면, 한반도에 분포하는 요지는 600개소에, 가마 유적은 1,685기 이상이지만, 절대다수는 지표조사에 의한 개요적인 보도이며, 가마구조는 명확하지 않다. 이들 요지의 시대는, 정식의 도요가 출현한 3세기부터 19세기까지 이며(무요의 노천번조 시기는 불포함), 1,700년 이상의 역사를 갖고 있다. 이상의 자료를 통계해 보면(그림 6-4-1), 9세기 이전까지가 한반도 고유의 교혈요가 유행한 시기임을 알 수 있다. 요지의 규모가 작고 지면에 남아 있는 유물이 적으며, 이은창李殷昌의 『신라가야 토기요지』[12] 및 일련의 연구 보고가 가장 상세하다. 그러나 구체적으로 열거된 요지 자료는 많지 않다. 이 때문에 가마 구조를 판단하여 통계에 넣을 수 있는 요지는 29개소, 173기에 불과하다. 이 숫자는 확실히 전면적인 것은 아니다. 그러나 〈그림 6-4-1〉에서 보여주는 전체적인 추세는 기본적으로 믿을 수 있으며, 특히 9세기 이후의 수치는 실제 상황에 많이 근접한다.

9세기 이전에, 한반도는 완전히 도기생산 시기였다. 자기(주로 청자)의 생산은 9세기에 중국 월요로부터 들어온 용요기술 이후에 시작되었다. 9~10세기가 한반도에서는, 도기 생산에서 자기생산으로 향하는 전환기이면서 비약적으로 발전한 시기였다(그림 6-4-2).

---

12) 이은창, 『신라가야토기요지』, 효성여자대학교박물관, 1982.

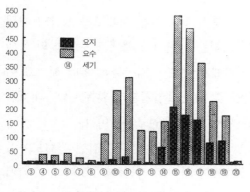

그림 6-4-1 한국 역대 요지 수량 변화도

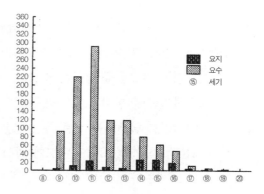

그림 6-4-2 한국 역대 청자 요지 수량 변화도

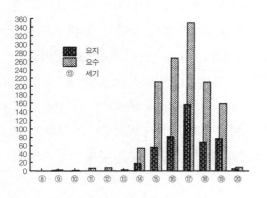

그림 6-4-3 한국 역대 백자(가백자) 요지 수량 변화도

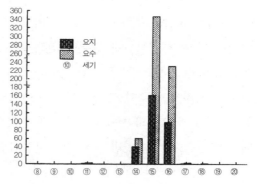

그림 6-4-4 한국 역대 분청사기 요지 수량 변화도

대륙의 성숙한 청자 기술을 접수하기 시작하면서, 한국은 매우 짧은 시간 내에 이를 장악하여 숙련되게 응용할 정도가 되었다. 10세기의 자료가 직접 증명하는 바로는, 중국 월요의 장인이 전남 강진 대구면 계율리의 관요 요장에 와서 요를 만드는데 지도하고 참여하고 청자의 생산 지도에 종사하였다. 그래서 한국의 자기 생산이, 시작에서 발전까지 우회로를 걷게 하지 않게 하였다.

고려청자 생산의 성숙 시기는 11세기 후반에서 12세기 전반경이며, 발견된 요지 수량도 가장 많다(그림 6-4-2). 12세기 후반부터 내려가기 시작하여, 이후 14세기에 이르러 점차 흥기한 백자 혹은 백색조白色調 도기의 생산이 그를 대신하였다(그림 6-4-3, 그림 6-4-4). 15세기 이후, 백색조의 도기와 백자의 생산이 신속히 신장되어, 17세기에 최고로 발전하였고, 동시에 17세기 후반에 백자 생산이 정상에서 내려오기 시작하였다. 한반도의 요업 생산의 전체적인 쇠퇴는 16세기가 시작되면서 부터이며, 이는 백색도자 생산의 쇠퇴에 비해 1세기 빠르다. 이는 곧 요업이 전체적인 쇠퇴를 하면서도 백색 도자 생산의 확대 때문에 끝나지는 않았음을 말하는 것이다. 이 시기에 조선의 사기장들은 이미 해외로 이주하기 시작하였는데, 한반도 요업의 흥쇠의 원인 및 조선 요업기술의 외류外流의 내재된 원인은 무엇인가를 탐색하는 것은 복잡하면서도 매우 중요한 연구과제이다.

이 문제를 논의하기 전에, 한반도와 인접한 나라에서 발생한 변화를 잠깐 살펴보아야 할 것 같다. 16세기의 중국은, 명대의 발전이 흥성에서 쇠퇴로 가는 시기였으며, 17세기 중엽경에 명나라가 멸망하고 청조가 건국되었다. 도자기의 생산과 도자 무역도 정치적인 동란으로 좌절되었다. 강희연간(1662~1722)에 이르러 중국 정치가 회복되어 안정을 찾고, 경덕진 요업도 부흥하여 도자 무역도 정상적으로 회복되었다. 한편 중국 대륙의 정치에 동란이 발생한 시기에, 일본에 의해 '분로쿠 게이초文祿 慶長' 년간의 전쟁이 일어났다. 한반도의 길을 빌려 곧 무너질듯한 명 왕조를 공격하려 기도하였지만, 결과적으로 조선인들의 반대에 부딪쳐, 한반도에서 한바탕의 전쟁이 불가피하게 일어났던 것이다. 주목할 것은, 조선 요업의 전체적인 흥쇠와 대륙의 정치 흥쇠의 곡선이 일치한다는 사실로, 명대가 멸망한 시기는 한반도 요업이 전면적으로 쇠퇴한 시기였는데, 그 속에 어떤 내재된 관련이 있는지 금후 검토를 기다린다.

무력으로 외침을 하는 동시에, 일본은 무역에서 이익을 획득하는 경로를 망각하지 않았는데, 당시 이름은 쇄국이라 하였지만, 각 번두藩頭 영지 내에서는 모두 자신의 이익을 위해 비밀히 반관방半官方의 해외무역을 실행하였다. 류큐 왕국이 이와 같으며, 토요토미 히데요시豊臣秀吉 등도 이에 못지않았는데, 당시 중국이 내란에 처해 있었기 때문에, 유럽 제국이 아시아의 무역을 일본과 조선으로 돌리기를 희망하였다. 이하 자료들에서 당시 동서 해상무역 상황이 매우 미묘한 관계에 있었음을 볼 수 있다.

1515년, 포르투갈인이 마카오에 주문하기를, 경덕진요에서 제작한 '부용수芙蓉手' 개광 문開光文 자기를 요구함. 서방인은 이미 동방의 무역시장의 개척에 주목하였음.

1567년, 명 정부가 해금海禁을 해제함.

1575년, 명 선박이 일본 분코豊后에 도착해 무역을 행함.

1584년, 히라도平戶의 마쓰우라松浦씨와 필리핀 총독이 상선 왕래 교역의 일로 회담함.

일본은 기독교를 금지하는 동시에, 특별히 서방 각국의 상인을 우대하였음.

1587년, 포르투갈인이 중국 광동의 자유무역권을 취득함.

1587년, 토요토미 히데요시가 포르투갈 상인의 일본에서의 자유무역권을 특허함.

1588년, 토요토미 히데요시가 직할하는 나가사키長崎에서 생사生絲 매매를 독점함.

1591년, 토요토미 히데요시가 영국총독이 일본에서 무역을 청구한 데 대해 동의함.

1592년, 분로쿠역文禄之役이 시작되어, 조선에 출병하고, 동시에 '이국도해주인장異國渡海朱印狀'을 발행함.

1600년, 영국 동인도회사 설립. 네덜란드 상선이 분코에 상륙하고, 토쿠가와 이에야스德川家康가 상선의 요인要人을 접견함.

1601년, 네덜란드 동인도회사 설립.

1602년, 일본이 공개적으로 '주인장朱印狀'의 상선무역제도를 실행함. 경덕진 장인들이 도감 심상陶監瀋相을 반대하여 어기창을 불태움.

1603년, 관부가 경덕진 고령토를 독점하자, 민간이 반대함.

1604년, 대마도인이 부산에 가서 무역활동을 하는 것을 윤허함. 프랑스가 동인도회사 설립함.

1606년, 일본국이 네덜란드인이 주인장을 갖고 통상하는 것을 허가함.

1609년, 토쿠가와 이에야스가 네덜란드가 히라도에서 상관商館을 설립하는 것을 윤허함.

1610년, 토쿠가와 이에야스가 복건성 총독에게 감합勘合 무역권을 청구함.

1611년, 토쿠가와 이에야스가 명인明人이 나카사키에서의 무역권을 허락함.

1612년, 토쿠가와 이에야스가 정지룡鄭芝龍을 접견함. 일본에 간 해상海商 복건인이 수만에 달함. 네덜란드 국왕이 토쿠가와에게 네덜란드 상선을 보호한 사건에 대해 감사를 표시함.

1613년, 영국인이 일본 히라도에서 상관을 설립함.

1614년, 포르투갈 상인이 중국에서부터 대량의 자기를 운반함. 같은 해 Badam에서 출발한 포르투갈 상선이 중국자기 69,057점을 가득 싣고 일본에 옴.

1616년, 아리타有田에서 이즈미산泉山 자토광瓷土礦을 발견하여, 일본에서 처음으로 자기를 제조함.

1620년, 1680년까지는 경덕진요의 수출자기를 위한 생산의 공백기임.

1621년, 네덜란드 동인도회사가 복건성 장주漳州 월항月港 등 암거래가 이루어지던 항
구에서 연해沿海 생산의 방倣 경덕진 무역자기를 수매함.

1624년, 네덜란드인 대만을 점령함.

1626년, 네덜란드 동인도회사가 복건성 장주에서 12,814점의 중국자기를 수매함.

1630년, 일본 히젠肥田의 적회赤繪 공방에서 네덜란드인의 주문을 접수, 경덕진요 자
기를 방제함.

1632년, 네덜란드 동인도회사가 복건성 장주에서 호화로운 중국 자기를 수매함.

1634년, 네덜란드 동인도회사가 일본의 요구에 응해 중국자기 대반大盤 600점을 실어감.

1635년, 네덜란드 동인도회사가 경덕진요에 청화 울금향수문鬱金香水文을 새기고 그
린 나무 모형으로 주문함.

1636년, 후금後金이 청淸으로 개칭함.

1637년, 나베시마번鍋島藩이 아리타의 요업을 정리 정돈하여 자연 상태를 회복시킴.

1640년, 아리타의 사라야마皿山 적회(채자)가 일본 국자國瓷(國燒)에 듬.

1641년, 정지룡이 일본에 가는 상선에 자기 1,447점을 실었고, 사탕판매가 대종이었
음. 정씨의 누계 97척의 배에 실린 자기는 약 2만점이었음.

1646년, 이마리伊万里에서 중국 적회자기를 방제하나, 수준이 매우 낮음.

1647년, 카기에몬柿右衛門이 적회를 번조함.

1650년, 일본 아리타요有田窯에서 번조한 유럽 풍미의 자기가 서방인의 환영을 받음.
아리타요가 유럽인이 요구하는 방경덕진양식의 자기 주문을 접수함.

1653년, 아리타요에서 생산한 2,200점의 '부용수'가 유럽에 수출됨.

1658년, 1682년의 25년간, 아리타요 자기가 이마리 항구에서 190만점 수출되었음.

1660년, 네덜란드인이 아리타요에 38,995점의 일본 수출자기를 주문함.

1661년, 정성공鄭成功이 네덜란드인을 패퇴시키고, 대만을 수복함.

1670년, 아리타의 사라야마 적회공방에서 정부 등록제도를 실시, 생산을 한정하고, 기
술의 유출을 금지함.

1673년, 영국인이 광동성, 마카오에서 53상자의 중국자기를 구매함.

1682년, 1602년에서 1682년간 네덜란드 동인도회사를 통해 중국자기 1,600만점을 판
매. 1684년, 강희 해금海禁 해제 선포, 중국의 자기 수출이 왕년의 성황을 회복함.

1690년, 카기에몬이 모제법模制法을 채용하여 자기를 제작해 유럽에 수출함.

이상 무역과 관련된 사실史實의 기록은 비록 불완전하지만, 일본의 해외무역에 대한 의욕이 왕성하였고, 동아시아 도자무역의 경쟁이 치열했음을 알 수 있다. 17세기 이전에, 일본은 무역을 위한 상품으로 목제·유황·금·수은·나두螺頭 등의 자원성 물질이 위주 였으며, 기술의 승리로 얻어진 공업제품의 무역은 자기의 무역으로 시작되었다. 자기 무역은 17세기 초 부터 생산을 모색하기 시작하여, 17세기 중엽에 이미 대량으로 서방인의 주문을 받았다. 이후 18세기 말까지, 약 100년간의 노력을 거쳐, 일본은 조선의 기술과 경 덕진 양식의 디자인을 모으고, 겸하여 새로 발견된 대형의 우수한 자토광을 갖게 됨으로 해서, 그 결과로 생산된 '이마리 자기'는 경덕진의 청화자기와 핍진한 수준에 도달하였다. 일본산의 '중국자기'와, 독특한 특색을 지닌 일본자기는, 당시에 거의 전체 서아시아와 유 럽의 자기 시장을 점거하였다. 히라도平戸·나가사키長崎·이마리伊万里 등 연해의 항구 는 일본의 대외 무역과 자기 수출의 중요한 개항지가 되었다. 금일 일본이 무역대국이 될 수 있었던 것은, 일찍이 왜구의 '무장무역'[13] 외에, 진정한 의미의 경제무역을 17세기에 이미 성공적인 첫 걸음을 디뎠기 때문이다.

주지하는 바와 같이, 17세기 이전의 일본에는 아직 자기 제작기술이 없었다. 그래서 상 류사회에서 사용된 백자는 대부분이 중국에서 실어왔고, 일부는 조선에서 왔다. 일반 시민 이 사용한 백자는 백자효과를 모방하여 표면에 백색 화장토를 바른 도기였다. 시장의 요 구를 충족시키기 위해, 거의 모든 일본의 큰 요장들은 조선의, 도기 위에 백화장토를 베푸 는 기술을 배워서 옅은 색조의 '자기'를 제작하였다. 1989년 11월에, 필자는 일본의 히라 도에 가서 동인도회사 네덜란드 상관商館 유적을 살펴보았는데, 유적에서 출토한 대부분 의 유물들도 보았다. 1610년 이전에 주둔한 히라도의 네덜란드 상관은 자기의 판매에 종 사하였는데, 전부 중국산 청화와 백자였다[14]. 특히 네덜란드 상관의 창고 유적에서 출토한 중국백자 파편은, 한꺼번에 무더기로 모아 제2차로 다시 말끔히 깨트린 후에 창고 부근에

---

13) 田村洋行, 『中世日朝貿易的研究』, 三和書房, 1967. 大石新三郎, 「鎖國日本的眞面目」, 中村質, 「1711年長崎出島 進出口貨物交易一覽表」, 『月刊歷史街道』, 1990-8. 『1709~1714년간 唐蠻貨物帳』, 內閣文庫版, 1977.
14) 『史迹平戸和藍商館迹 Ⅱ』, 平戸市敎育委員會, 1989.

묻었던 것이다. 이로 보아 네덜란드 상인들은 파편이 유출되어 수복을 거쳐 재사용되는 것을 우려하였음을 알 수 있으며, 혹은 민간에 흘러들어 모방할까 두려워했던 것일까? 이 점은, 당시 중국백자가 일본인에게 매우 진귀한 것이었음을 말해준다. 이들 중국자기의 태질은 매우 희고 얇으며 투광성이어서, 질이 매우 좋은데, 절대 다수가 경덕진요 제품이다. 이들은 판매 중 우연히 파손된 것으로, 때문에 파손된 수량 역시 많지 않다.

일본이 진정한 자신의 자기를 생산한 것은 1616년경에 시작된 것으로 인식하고 있다. 그리고 자기 생산을 개창한 공로는 조선의 사기장 '이삼평李參平'의 이름으로 기록되어 있다. 그가 큐슈 아리타 이즈미산泉山의 자토광瓷土礦을 발견하고, 연후에 아리타 지구에서 개요하여 자기 생산에 종사하였다는 이야기이다. 자기 생산의 시작을, 한 차례의 우연한 원료 발견에 귀속시킨다는 것은, 거기에 작용하는 기술을 경시하는 것으로, 이는 크게 편파적인 것이다. 사실 이삼평이 일본에 오기 전에, 이미 적지 않은 조선 사기장들이 일본에서 활동하였다. 전술한 스에끼 생산 시기의 역사를 계산하지 않더라도, 1598년 마쓰우라시게노부松浦鎭信 영지領地 시기에 조선 사기장이 히라도의 개요에 크게 관계했다는 일설이 있다. 임진왜란(1598년에 끝남) 중에 데려온 다수의 사기장들도 이삼평보다 일찍 일본에 정착하였다.

또한 정응貞應천황2년(1223년)에 가토가게마사加藤景正가 도겐道元을 따라 남송에 가서 제자기술을 배웠다. 오량태부五良太夫(오상서吳祥瑞)는 명대 정덕正德연간(1505 ~1521년, 오자키眉崎洵盛 설은 1594~1596년간)에 경덕진에 가서 기술을 배웠다는 등등의 전설이 있다[15] (필자 주: 이런 전설은 고고학적으로 증명할 수 없는 것으로, 아리타요는 적어도 번조기술 방면에서 경덕진요의 기술 계통과는 완전히 다르다). 때문에 자기의 생산기술을 일본에 전한 것을, 이삼평이 전파의 첫 번째 사람이라고 말하는 것은, 이삼평이 일본 자기생산의 발전을 촉진시킨데 대해 응당 기념할 만한 유공자라고 말하는 것과는 다른 것이다. 사실상 이삼평이 당시 제작한 자기가 어떤 독특한 모습을 하였는지, 또 어떤 수준에 도달하였는지, 지금까지 명확한 증거가 없다[16]. 기술의 진보는 많은 사람들이 장기간 생산경험의 교류와

---

15) 이런 전설에 관한 것이 각지 시사市史에 기록되어 있다. 예컨대『瀨戶市史』등.

16) 三上次男編, 『有田天狗谷古窯調査報告』, 1972년8월, 中央公論美術出版. 三上次男, 『日本朝鮮陶瓷史硏究』, 中央公論美術出版, 1989. 또 제7장 제3절 덴구다니요지天狗谷窯址 관련 부분 참고 바람.

누적된 과정을 거치는 것으로, 일본의 자기 생산을 개창한 영웅이 어찌 이삼평 1인에 그치겠는가?

현재 토론이 필요한 보다 중요한 문제가 있다. 유럽인이 중국자기를 애호하였지만, 17세기에 중국이 명·청 교체로 사회가 들끓고 불안하게 되어, 무역자기의 상품 공급원의 공수供輸가 불안정하게 되었다. 그래서 1620년부터 1680년까지가 경덕진요에서 고급 무역자기 생산의 공백기가 되었다. 그런데 이해할 수 없는 것은, 왜 당시의 동인도회사가 백자기술이 아직 성숙하지 않은 일본에 주문을 하고, 기술이 성숙한 조선에 주문하지 않았을까? 왜 16~17세기에 선진기술을 가진 조선 사기장들이 끊임없이 일본으로 왔을까? 이를 단순히 전쟁 중의 기술 약탈이라 하는 것으로는 충분한 해석이 될 수 없다. 외부 원인외에, 더욱 심각한 내재된 원인이 있지 않았을까?

〈그림 6-4-3〉, 〈그림 6-4-4〉에서 알 수 있듯이, 17세기는 한반도의 백자 가마의 수량이 가장 많이, 가장 넓게 분포한 시기였지만, 생산 질은 바로 이 시기부터 하강하기 시작했고, 제품이 거칠고 함부로 만들었다[17]. 17세기 후반에서 18세기에 이르러, 백자 요지의 분포 범위는 급격히 축소되었다. 요업이 급격히 쇠퇴한 원인이 무엇인가? 필자는 원료가점차 고갈된 것 때문으로 생각한다.

필자가 일찍이 한국의 국립중앙박물관과 오사카의 동양도자미술관 등지에 진열된 14세기 이후의 조선백자와 청화자기를 상세히 관찰한 바 있다. 중국의 동시기의 백자에 비해, 조선백자의 특징은 보편적으로 나타나기를, ① 태체가 두텁다(태토 중의 Al_2O_3함량이 낮은 편이어서 변형이 쉬워, 기벽을 두텁게 하는 방법으로 강도를 높였지만, 그 반면에 기물이 무거워지고 원료가 낭비되었다). ② 변형이 심하다(설사 기벽을 두텁게 해도 변형을 피할 수 없었다). ③ 색조가 회황색灰黃色이다(자토 중에 잡질이 비교적 많이 혼입되어 있으면서 수비가 없었거나 번조 과정 중에 분위기 통제가 좋지 않았다).

필자의 견문이 높지 않지만, 지금까지 아직 백도가 매우 높거나 태질이 순정한 백자를 직접 보지 못했다. 기타 조사 자료를 종합하여, 필자가 대체로 생각하기로는, ① 한반도에서, 순도나 백도가 매우 높은 자토광의 매장 가능성이 아주 적은 것 같다. 유명한 경남 하

---

17) 『高麗茶碗』, 茶道資料館編輯, 1989. 野守健, 『鷄龍山麓窯址調査報告』, 朝鮮總督府, 1925.

동군 고령토의 Fe_2O_3의 함량이 1.02%로, 일본의 이즈미산의 저등급인 '불량석'의 0.32% 보다 3배 이상이 된다. 가장 흰 것은 경기도 여주군 대신면 하림리大新面下林里 백토인데, 철의 함량이 또한 0.47%로 높으며, 이즈미산 일등석의 0.1%의 2.7배이다[18]. ② 자토 중의 잡질을 제거하는 방법이 아직 성숙되지 않았다. ③ 한반도에 분포한 주된 것은 Al_2O_3가 낮은 자토로, 함량이 일반적으로 20% 이하이다. 때문에 고온에서 변형율이 높다. ④ 고령토를 사용해 태체 중의 Al_2O_3 함량을 크게 하는 '이원배방二元配方' 기법이 없었던 것이(중국은 13세기 후반에 경덕진에서 나타남) 매우 큰 의문이다. 아리타야키有田燒의 기술이 조선에서부터 왔지만, 아리타야키는 '이원배방' 기술을 갖고 있지 않았다고 생각하고 있다[19].

그런데 하동군 고령토의 Al_2O_3 함량이 39.69%에 달하고, 여주군의 상백토는 37.45%에 달하여, 이들 원료는 단독으로 사용하면 자기 번조에 1,350℃ 이상의 고온이 필요하다. 그러나 이들 원료와 일반적인 자토를 배합하여 사용하면, 번조온도를 낮출 수 있을 뿐 아니라, 1,200℃ 정도에서 자기를 소결시킬 수 있다. 동시에 변형율을 크게 감소시킬 수 있어, 번조 성공률을 크게 높일 수 있다. 그러나 조선 사기장들은 이런 원료를 배합해 사용하는 '이원배방'을 갖고 있지 않았으며, 아울러 일본의 장인들도 경덕진요와 관계있는 이 방면의 지식을 접수하지 않았다. 현재는 아직 조사를 기다리는 수수께끼이다. 아리타요에서 대반大盤을 번조할 때 저부 중심에 지탱니支撑泥를 가해 기저器底의 함몰을 방지하게 하였는데, 대량의 변형된 폐품을 보면, 17, 18세기의 일본 도자장인들이 이 배합기술을 갖고 있지 않았음을 알 수 있다.

사기장들이 화장토를 남용하여 백자 효과를 추구하는 현상도, 한반도에서 백자 원료가 결핍된 것을 반증한다 할 수 있다. 중국의 화장토 기술은 절강성 무주요務州窯가 시원이다. 3세기에 창시되어, 주로 자토에 잡질이 많아 기면 효과가 나쁜 요장에 응용되기 시작했으며, 뒤에 가서 명요에서도 유법釉法을 보충하기 위해 채용하였다. 예컨대 동진 덕청요의 흑자, 당·송 형요의 백자, 당·송 요주요의 청자, 당·송 수주요의 황자黃瓷, 송대 형양요衡陽窯의 화유자花釉瓷 및 정요·여요·자주요·장사요·노산요魯山窯·동관요 등

---

18) 『채색판 韓國的陶瓷』2, 1977년, 淡交社, p.123.
19) 필자는 1989년11월에 아리타죠 큐슈도자자료관九州陶瓷資料館을 방문하였다. 오하시大橋康二 선생의 호의로, 창고에 수장되어 있는 요지 출토의 유물을 참관하였는데, 변형현상이 매우 심각하여, 변형으로 인해 폐기처분된 유물의 비중이 매우 컸다.

의 명요에서 모두 다양하게 화장토 이용을 중시하여 도자기 외관의 장식 효과를 향상시켰다. 그러나 사용한 빈도는 조선에 훨씬 못 미친다. 뿐만 아니라 다양한 장식 기법 중의 하나로[20], 조선을 상징하는 것 같은 하나의 큰 '자계瓷系'를 형성하였다. 그래서 도태백의 陶胎白衣의 '가짜 백자', '분청사기', '귀얄(하케刷毛)' 같은 것을 창출하여, 대량으로 화장토를 사용하고 또한 기발한 생각으로 독특한 예술적 효과를 조성하였다. 질이 조잡한 도기를 백자에 근접한 효과를 보게끔 미화한 작법은, 세계 도자사에서도 극히 드문 것이다.

아래의 〈한반도 역대 청자요지 수량 변화도〉(그림 6-4-2)와 〈한반도 역대 백자요지 수량 변화도〉(그림 6-4-3)을 보면, 14세기를 분계선으로 하여, 14세기 이전은 청자의 세계이고, 14세기 이후는 백색 도자의 세계임을 분명하게 볼 수 있다. 한국의 백색 도자기가 본격적으로 나타난 것은 14세기가 시작되면서부터이며, 당시는 바로 중국대륙이 '상백尙白'의 몽고족 통치 시기였다. 그리고 원과 고려 왕실은 매우 밀접한 친연 관계를 맺고 있었는데, 고려 후기의 왕비는 모두 원 왕실에서 맞아들였다. 따라서 원의 상백 풍속의 영향을 받은 것은 불가피하였다. 당시 상층계급에서 사용한 백자는 주로 중국에서 수입되었을 것이다. 본토에서 생산한 진眞 백자는 수량이 많지 않았고, 백자는 당시에 매우 진귀한 사치품이었다. 한국과 일본의 학자들은 심미적인 각도에서 한국인의 상백 관습의 사상적 근원에 대해 토론한 바 있다[21]. 필자의 생각으로는, 원의 영향이 적어도 이런 관념의 형성과 발전을 심화시켰으며, 백자의 생산이 14세기부터 신속히 발전한 것이 하나의 유력한 방증이다. 14세기 말에 원이 멸망하나, 한국의 상백 관습은 증가하고 감소되지 않았다. 15세기에 백색 기조의 도기와 자기가 주류를 형성하였으며, 17세기는 백자로 거의 단일 품종을 이루었다.

이렇게 청·백의 두 색에 대한 현저히 다른 심미의식의 변화는 매우 흥미로운 역사적 현상이다. 중국에서 백자의 유행은 수·당·오대부터 송·원·명·청을 거치면서 정지

---

20) 중국에서 가장 먼저 화장토 기법을 채용한 것이 한말·육조시기의 절강성 금화金華지구의 무주요務州窯라 공인되고 있다(「談務州窯」, 『中國古代窯址調査發掘報告集』). 그 다음이 절강지구의 동진 덕청요(「德淸窯調査散期」, 『文參』, 1957-10). 사천성 성도成都의 남조 성도요(「四川成都市金鎭橋窯」, 『四川古陶瓷硏究』, 1983). 하남의 수대 형요邢窯(「隋代邢窯址的發現和初步分析」, 『文物』, 1984-12). 당대의 요주요(「耀州窯的窯爐和燒成技術」, 『文物』, 1987-3) 등 공히 79편의 자료가 이 기법의 서로 이용한 정황을 소개하고 있다.

21) 김원룡, 『韓國美的探究』, 韓國文化選書之五, 成甲書房, 1982. 최순우, 『韓國的風雅』, 韓國文化選書之一, 成甲書房, 1981.

됨이 없었으며, 일본은 백자 효과를 모방한 회유도기를 10세기의 사나게요猿投窯에서 시작하였다. 그러나 중국과 일본은 백자 이외에도, 여러 종류의 도자기가 어깨를 나란히 하여, 한국인이 백색에 대한 편애와는 다른 것이다. 그러나 이 백색을 편애한 민족은, 그의 사기장들이 최종적으로 사회에 충분한 백자를 제공할 수 없게 되면서, 오히려 백자 생산의 쇠퇴를 막을 수가 없었다.

조선인의 백자에 대한 요구를 충족시키기 위해, 순백자는 매우 고가여서, 분청사기의 귀얄(하케刷毛, 미시마三島) 기법이 시작되었다. 이것은 유색 태토에 거칠게 화장토를 바른 것으로, 귀얄문이 뚜렷하고, 조작이 간단한 불가사의한 장식 수법이다. 백자가 생산된 시기에, 또한 대량의 도기에 백화장토를 발라 가짜 백자를 생산하여 일반인의 백색 식기와 다구茶具에 대한 심미적인 요구를 만족시켰다.

한편 한·중·일 세 나라의 식기 조합상의 차이를 비교해 볼 때, 민감하게 느낄 수 있는 것은, 중국은 자기를 위주로 하고 기타 잡기는 매우 적다. 일본은 도기를 위주로 하고 칠기도 같이 쓴다. 그러나 한국은 금속기를 위주로 하고 자기와 도기로 구색을 맞추었다. 자기·도기·금속기라는 3개의 식기 계통은 경위가 분명하다. 이런 차이의 형성은 분명히 많은 원인이 있지만, 자기 제조기술이 한반도에서 비교적 늦게 출현하였고, 청자와 백자의 가격이 비교적 높아서 광범위하게 보급할 수 없었던 것도 중요한 원인의 하나일 것이다. 이 모든 것이, 한반도의 자토 자원이 동銅·철鐵에 비해 많이 빈약하기 때문이다. 송대부터 중국인에게 '사대부 민가의 기명을 모두 동으로 하였다士民家器皿悉銅爲之'의 인상을 주었고[22], 현대까지도, 한국인의 식기 조합은 계속해서 당년의 관습을 바꾸지 않고 있다.

세계적으로 어떠한 용구用具의 관습일지라도, 자연이 부여한 물질의 기초에서 이탈할 수 없었다. 필자가 생각하기로 한반도의 도자기 생산 역시 식기 조합의 개혁을 위한 물질적 조건을 제공하지 못하여, 자기의 가격이 비쌌고, 금속기는 반대로 저렴한 것이 원인이 되었던 것 같다. 조선의 자기 생산은 불경기였지만, 기술이 모자란 것은 아니었고, 적어도 일본의 기술에 비해서 진보하였다. 서방인들이 중국자기를 방제하는 생산 거점으로 일본을 선택한 것은, 일본의 기술이 조선보다 선진이어서가 아니라, 일본이 중국자기에 근접

---

22) 宋史, 고려전 기록에, 高麗御使民官待郎 郭元(?~1029)이 고려 민정을 고찰하여 보고하기를, 고려는 "士民家器皿悉銅爲之"라 하였다. 당시 청자가 동기보다 귀했다.

한 복제품을 제공할 수 있었기 때문이다. 그러나 이런 물질상의 조건이 조선에는 없었다.

과거에 서방인이 쓴 『조선사정朝鮮事情』이란 책을 읽었는데, 그가 말하길, 1636년 이후, 조선과 중국, 일본은 모두 휴전 상태에 있었고, 조선인은 스스로 사치 욕구를 억제하는 방법을 채용하여, 금은 광산의 채굴을 금지하고, 외국과의 무역 왕래를 금지하였다. 또한 가능한 스스로 약소민족으로 가장하여, 자신과 남을 속이는 방법을 사용하여 강대한 인근 국가의 침범을 방지하였다고 하였다[23]. 다시 말해서, 약하고 무능한 것으로 난폭한 열강의 침략을 저지할 수 있었다. 그러나 필자가 생각하기로 이런 희망이 있다하더라도 역시 바라는 목적에 도달하기는 불가능하며, 역사적 경험이 알려주는 진리는, 낙후되면 반드시 매를 맞게 되어 있다는 사실이다. 당연히 일시적인 국책으로, 서방인과의 무역을 금지하는 것은 배제할 수 없지만, 지금에 와서 무역선진국가가 된 한국이, 그 무역품의 목록 속에 한국의 도자기는 매우 적으며, 그것도 겨우 일본에 수출하는 정도이다. 그러나 중국과 일본은 지금도 계속해서 국제 도자 무역의 경쟁 상대이다.

때문에 도자 원료의 부족이 언제나 한반도의 역사적 문제였다고 말할 수 있지만, 조선 사기장들이 일본으로 이주하게 된 주요한 세 가지 원인이 있다고 본다. 첫째로 조선에는 우수한 질의 원료가 없고, 생산 원가가 높으며, 시장이 협소하였다. 그래서 자신이 지닌 기술을 발휘할 수 없는 곳에서 필연적으로 밖으로 나가기를 도모하였다. 둘째는, 일본의 귀족 계층이 조선의 다구에 대해 특별한 편애를 가지고 있어 조선 다완을 방제하는 요장이 매우 많았다. 때문에 이런 기술을 가진 도공을 우대하여 일본에 와서 조업하게 하고, 또한 여러가지 특혜를 제공하여 일본과 가까운 조선 사기장들을 끌어들였다. 셋째로, 17세기 초에 조선 사기장의 협조 아래 대규모의 우수한 이즈미산 자석광을 찾게 되면서, 일본은 자기 생산 발전의 기본 조건을 구비하게 되었다. 따라서 일본은 각국 기술의 장점을 흡수하는 과정 속에서 스스로 발전하였고, 일본 백년간의 '이마리자기'가 유럽에서 횡행하는 견실한 기초를 마련하였다.

---

23) 金容淑역, 『朝鮮事情』, 東洋文庫, 367, 平凡社, 1979, p.39.

제5절. 한반도 요지 자료와 가마 구조

1. 동아 각국 요지 조사 연구와 자료의 현상

한국의 요지 자료를 정리하기 전에, 이미 중국의 자료에 대해 분류와 정리를 하였다. 아래의 분류는 한·중·일 3국의 자료를 종합하여 만든 분류방안이다. 필자는 자료를 수집하고 정리하는 과정에서, 3국의 도자고고발굴과 연구 방면의 성과를 비교할 수 있었다.

일본은 풍부한 경제력과 진지한 과학적 태도에 의거하여, 야외 발굴작업을 많이 하고, 작업도 가장 정밀하다. 그리고 야외작업이 끝난 후 일반적으로 매우 빠르게 보고서를 작성하여 공개 발표를 하였으며, 요지에서 획득한 역사적 정보를 상세히 기록하고, 풍부한 사진도판을 싣고, 겸하여 연대와 성분 측정 수치를 덧붙여, 종합적인 연구를 위한 양호한 기초 자료를 제공하고 있다.

중국은 요지에 대한 조사 작업은 적지 않게 했지만, 경제적 조건의 제약으로, 중요한 학술적인 발굴은 많지 않았다. 일반적으로 요지를 발굴조사한 후에도 여러가지 업무와 조건의 제한에 걸려, 자료의 정리와 연구가 단속적이어서 깊이 들어가기 어렵다. 통상적으로 간략한 보고문만 보이고 정식 발굴보고는 아득하여 기약이 없으며 연구자는 자료의 전모를 이해하기 매우 어렵다. 특히 기왕의 발굴보고는 보편적으로 유물을 중시하고 생산 유적과 기술 흔적의 보도와 분석을 경시하여, 가마 구조도와 실측도를 보고한 것도 매우 적다. 이런 현실은 요지의 정황을 전체적으로 이해하고자 하는 다른 발굴자와 연구자에게 어려움을 남겨 주고 있다. 중국의 유적은 매우 많으며, 유물은 도처에 있고, 문헌도 비교적 풍부하다. 중국은 동아시아 도자기술의 발원지이기 때문에, 중국의 도자유적의 발굴과 연구 수준의 고저高低가, 직접 한국과 일본의 연구 수준에 영향과 제약을 준다. 특히 기술 분류에 의한 요계의 정리와, 생산기술의 복원, 유물의 편년연구는, 국외의 연구자들이 열렬히 기대하는 과제이다. 때문에 중국의 도자사 연구는 반드시 본국에 입각하면서 또한 세계의 요구를 만족시켜야 하며, 비교의 기초 위에서만이 비로소 중국고대 도자기술의 발명과 창조의 의의 및 기술 발전의 진실한 역사를 진정으로 이해할 수 있을 것이다.

한국의 연구 작업은 비교적 늦게 시작되었다. 일본 제국주의의 식민지로 전락한 때에는, 한반도의 요지 조사를 포함한 고고학 조사는 모두 일본인들이 독점하였다. 1945년,

일본의 패전 이후, 반도는 남북으로 갈라져서 각자의 고고학 연구를 하였다. 요지에 대한 조사와 발굴은, 약간의 지표조사 외에, 정식으로 발굴된 요지는 극히 적다. 그러나 근래 10여 년 간 일본학자와의 교류를 적극 추진하고, 또한 각종의 경로를 통해 중국의 도자고고학적 연구 상황을 알게 되었고, 요지 발굴보고도 적극적으로 신속, 정확, 전면적으로 추구하여, 이미 몇 종의 큼직한 보고서가 출판되어, 후발 주자가 앞 사람을 추월하는 추세를 보이고 있다.

2. 한반도의 요지 자료와 가마의 종류

한반도에서 지금까지 발견된 요지는 600개소에, 가마유적은 1,750기 이상이다. 그중에 정식발굴을 거친 자료는 매우 적으며, 대부분은 지표조사에 그치고, 일부 자료가 개요적으로 보고되어 있다. 요지 유적의 연대별 수량 변화의 추이는 〈그림 6-4-1〉의 '한반도 역대 요지 수량 변화도'를 참고하기 바란다.

현재 알려진 가장 이른 가마 유적은 3세기 것이며, 정식 발굴보고서는 아직 발표되지 않았다. 요지의 분포 범위가 가장 넓고 수량이 가장 많은 시기는 15세기 전후로 바로 조선 초기이다. 당시는 청자 생산이 쇠퇴하고 백자가 성숙해 가는 시기였다. 분청사기는 청자와 화장토 기술이 결합한 산물이며, 청자에서 백자로 전환해 가는 과정 중에 일어난 과도기적인 작용이다. 조선 초기는 각종 도자 품종이 흥쇠 교체에 처한 시기였다.

현재의 자료를 보면, 한반도의 가마 유형은 중국과 일본에 비해 현저히 간단하다. 기본적으로 10세기 이전에는 지하식과 반지하식의 교혈요가 위주였고, 9세기 말 혹은 10세기 초에 중국에서 청자와 용요기술이 들어왔으며, 13세기에 중국의 영향을 받아 평염식 용요가 반도염 분실용요로 발전하였으며, 이 기술은 다시 일본에 전해졌다. 17세기 말 ~18세기에, 중국의 계롱요가 앞서거나 뒤서거나 하면서 한국과 일본에 전해졌다. 가마의 평면 구조에 따라 구분한다면, 중국은 원형과 방형에 가까운 만두요와 장조형長條形 용요의 양대 가마 계통이 있으나, 한반도에는 장조형요, 1 종류만 있다. 그러나 일본은 동아시아에 존재하는 모든 가마형식을 거의 포용함과 동시에, 자신의 독특한 가마 형식도 갖고 있어, 양식의 풍부함은 세계에서도 드물다.

전술한 바와 같이 9세기는 지하식 교혈요에서 지면식 용요로 가는, 발전상에서 돌변적인 교체가 나타난 시기였다. 10세기 이후 한반도의 관요 계통이 중국의 용요 기술을 접수하였으며, 지하식의 교혈요도 용요 기술의 영향을 받아 지하에서 지면으로 올라와 반지하식의 교혈요가 됨으로서 구조상으로 용요에 근접하기 시작하였다. 그러나 대부분은 기왕의 교혈요의 번조 경험을 기초로 하여 용요 기술을 흡수하였지만, 용요 공방의 심층적인 기술, 예컨대 장요기술, 갑발의 이용, 장식 기법 등등에 대해서는 여전히 깊이 알지 못했으며, 관요 중의 용요 기술의 정수는 보호되어 장기간 밖으로 전해지지 않았다.

한반도의 역대 사용한 가마에는 아래의 종류들이 있다.

① Ⅷa 사염斜焰 지하식 교혈요
② Ⅷb 사염 지하식 분염주分焰柱 교혈요
③ Ⅱa 평염식平焰式 사저斜底 용요
④ Ⅱb 평염식 사저 장염주障焰柱 용요
⑤ Ⅳa 반도염 사저 분실分室 용요
⑥ Ⅳg 반도염 계롱요鷄籠窯
⑦ Ⅳe 반도염 횡실연방橫室連房 계단요
⑧ Ⅲa 반도염 마제형 와전요

이상 각 유형의 가마와 관련된 개념도는 제2장에서 다루었다.

제2종인 'Ⅷb 사염 지하식 분염주교혈요'는 한반도에 존재하는지는 아직 의문이다. 현재 갖고 있는 자료를 보면, 일본 중부지구의 사나게요에서 7세기 후반에 출현한 분염주요가 이 종류에 귀속될 수 있을 뿐이다. 그러나 '분염주'를 설치한 진정한 목적이 '분염'에 있지 않은데, 이에 대해 제7장의 분염주 가마구조에 관한 논의를 참고하기 바란다.

제7종인 'Ⅳe형 반도염 횡실연방계단요'는 한국에서 아직 전형적인 자료가 발견되지 않았으며, 현재 갖고 있는 자료를 볼 때, Ⅳe형 가마는 한국에서 그다지 발달하지 않은 것은 분명한 사실이다. 그러나 일본은 18세기 시작부터 매우 유행하여 이후 일본 가마의 주류가 되었다.

이하 그 구조를 판단할 수 있어 분류를 할 수 있는 자료에 의거하여, 시대에 따라 출현한 선후 관계를 종합한 것이, 부표 〈한반도 가마 구조 및 그 계통 발전표〉(표6-1)이고, 또한 비교하는데 이용할 것이, 부표 〈중국 가마구조 및 그 계통 발전표〉(표6-2)이다.

제6절. 한반도 가마 기술의 원류

1. 한국 고유의 가마 - 교혈요

· Ⅷa형 사염 지하식교혈요 : 수도요隧道窯라고도 부른다(일부 반지하식 교혈요 포함). 상세한 보고는 많지 않다. 비교적 집중적인 서술은 이은창의 『신라가야 토기요지』를 참고할 수 있다. 현재, 필자가 본 자료는 적어도 29개소 173기 이상이다. 비교적 상세한 자료가 보도된 것이 29기이며, 전남 해남군 군곡리郡谷里, 경남 울주 검단리檢丹里, 충북 진천군 이월면梨月面, 충북 진천군 덕산면 산수리德山面山水里, 부산 동래구 두구동杜邱洞, 전북 익산군 금마면 신룡리金馬面新龍里, 전북 고창군 아산면 운곡리雅山面雲谷里, 전남 영암군 동구림리東鳩林里 등에 분포한다.

이상 29기 가마의 자료를 이은창의 저서에서 보고된 경북 경주시 교외의 교혈요 자료와 연합해 보면, 아직 충분히 완비된 것은 아니지만, 교혈요가 주로 서남연해 일대와 당시의 수도인 경주 부근에 분포함을 볼 수 있다(그림 6-6-1). 시대는 대략 3세기에서 7세기 사이에 집중되어 있다. 8세기의 교혈요 자료와 용요 자료는 밝혀진 바 없는데, 8세기의 교혈요가 용요로 발전해 가는 과정인지?, 혹은 외래의 용요 기술을 접수하여 가마 구조상에 커다란 발전과 변화가 출현한 것인지? 금후 주의 깊게 탐구할 문제이다. 8~9세기의 가마 자료는 한국의 청자 기원과 관련된 중요한 문제이므로, 연대 판단에 매우 신중해야 한다. 일견하여 교혈요는, 대체로 비교적 이르고, 청자 연대는 이보다 앞서지 못하여, 이 때문에 이런 작은 공백이 남아 있는지도 모른다. 필자가 알기로 청자의 발생은, 그 생산을 모색하는 과정이 극히 짧으며, 직접적인 기술 교류를 거쳐 비약적으로 발생하였다. 즉 중국이 2,000년에 걸쳐 쌓아온 청자 생산기술과 경험이, 역사적인 한 순간에 한반도의 장인들에게 전수되었던 것 같으며, 이후 반도에서 신속히 확대되었다. 10세기 이후에, 한반도에서 도자기 생산에 종사하는 요장은 거의 모두 교혈요가 아닌 신식 가마인 용요 및 이어서 출현한 분실용요를 채용하였다. 이렇게 한국의 자기 기술은 매우 짧은 시간 내에 중국 청자와 어깨를 나란히 할 수준에 도달하였다.

현재 알려진 최초의 교혈요는, 3세기에 전남 해남군 군곡리의 토기를 구운 교혈요이다. 요 길이는 6.3m, 폭 1.7m, 높이 1.26m, 번조실 면적은 4.2m² 이다. 가마 앞에 연소갱

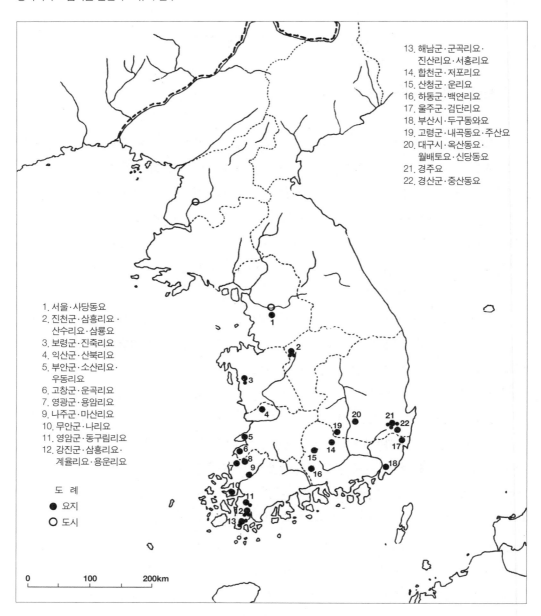

13. 해남군·군곡리요·
    진산리요·서홍리요
14. 합천군·저포리요
15. 산청군·운리요
16. 하동군·백연리요
17. 울주군·검단리요
18. 부산시·두구동와요
19. 고령군·내곡동요·주산요
20. 대구시·옥산동요·
    월배토요·신당동요
21. 경주요
22. 경산군·중산동요

1. 서울·사당동요
2. 진천군·삼홍리요·
   산수리요·삼룡요
3. 보령군·진죽리요
4. 익산군·산북리요
5. 부안군·소산리요·
   우동리요
6. 고창군·운곡리요
7. 영광군·용암리요
9. 나주군·마산리요
10. 무안군·나리요
11. 영암군·동구림리요
12. 강진군·삼홍리요·
    계율리요·용운리요

도 례
● 요지
○ 도시

0   100   200km

그림 6-6-1 한반도(토기) 교혈요 분포도

이 있고, 산 경사면을 따라 굴을 파서 가마 내부를 만들었으며, 연후에 점차 위로 올라가, 가파르게 지표에 접근하여 연돌구멍을 뚫었다. 요의 경사는 17°여서, 이후의 교혈요에 비해 평탄한 편이다. 특히 요실이 좌측으로 치우쳐 뚫어진 것은, 당시 가마 만드는 기술의

원시성을 보여 주는 것이다. 가마 내부에서 출토한 연질도기의 폐품을 관찰한 결과, 온도
는 800℃ 이하여서, 당시 가마 기술이 아직 초창기에 있었음을 말해 준다.

교혈요의 기본 구조를 비교적 잘 반영할 수 있는 예로, 전남 영암군 동구림리의 교혈
요를 들 수 있다(그림 6-6-2). 현재까지 알려진 가마 자료를 볼 때, 한반도의 교혈요는 대
략 2세기 전후하여 발생하였고, 7백년의 발전을 거쳐 9~10세기에 이르러 외래의 가마로
대체되었다.

2. 분염주分焰柱 교혈요에 관하여

· Ⅷb 사염 지하식 분염주교혈요 : 교혈요의 요문과 투시구投柴口는, 가마 앞의 연소실
에 집중되어 있으며, 장인이 그릇을 옮기기 위해 출입하는 곳이기도 하다. 또한 땔감을 던
질 때 연소실과 번조실 사이의 일부 요천정이 진동을 일으키는데, 이 모든 것이 가마 전
정부前頂部를 불안정하게 하는 요소들이다. 이 부분의 요정을 굳건히 하기 위해서 모종의
지탱하는 방법을 고려해야 하는데, 일본의 발굴자료에 의하면, 처음에 생각한 것이 목봉
木棒이었다. 그러나 목봉은 내화성이 없어, 이어 목봉에 진흙을 바르는 방법이 나타나서,
목심木心을 가진 진흙 기둥으로 만들어 요정을 지탱하게 설치하였다. 그리고 동시에 연소
실 안에서 분염의 작용도 갖추고 있어, 화염이 분산되어 번조실로 진입하여, 고르게 가마
안의 도기를 번조하게 하였다. 일본에서 이런 구조를 가진 지하식 가마를 '분염주 교요分
焰柱窖窯'라 부른다(제7장 교혈요 부분 참조). 이 가마 형식으로부터 도출할 수 있는 것은,
가마가 구조적으로 측면에 문을 만들 수 없어, 정면으로만 출입이 가능할 뿐 아니라, 투시
投柴와 출입구 모두 한 곳에 집중되어 있다는 점이다. 가마의 측면 개문開門은 반드시 가
마가 지상으로 올라오는 것이 전제가 되어야 하는데, 이 또한 지하식 가마가 최종적으로
지면식 가마로 대체되어야 하는 원인의 하나이다.

한국과 일본을 비교할 때, 교혈요에 분염주가 출현한 것이 누가 먼저인지는 아직 확실
한 자료가 없어 증명할 수 없다. 현재는 단지 충북 진천군 덕산면 산수리의 백제(4세기)
토기(니질연도泥質軟陶)가마의 중간에 1개의 입주立柱가 있는 것이 발견되었다(그림 6-6-
3). 그런데 그것이 연소실과 멀리 떨어져 있어, 기본적으로 '분염'의 작용을 하지 않기 때
문에 천정을 지탱하는 '지탱주'라 생각해야 한다. 일본은 분염주 교혈요의 수량이 많고

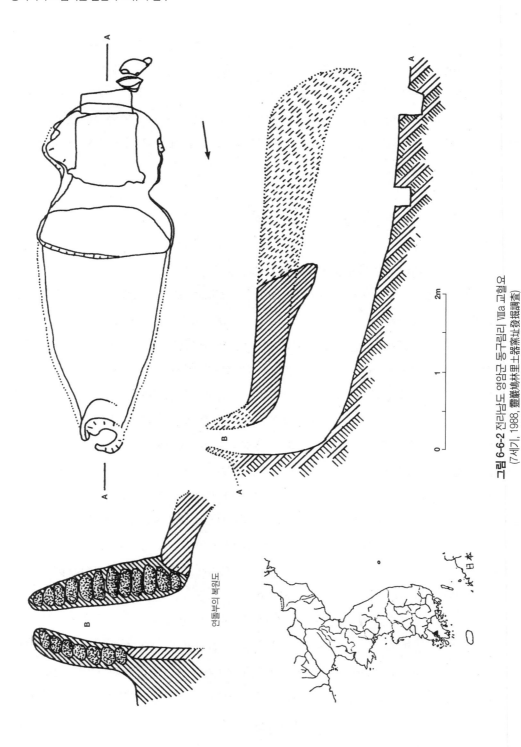

그림 6-6-2 전라남도 영암군 동구림리 Ⅷa 교혈 요

(7세기, 1988, 靈巖鳩林里土器窯址發掘調査)

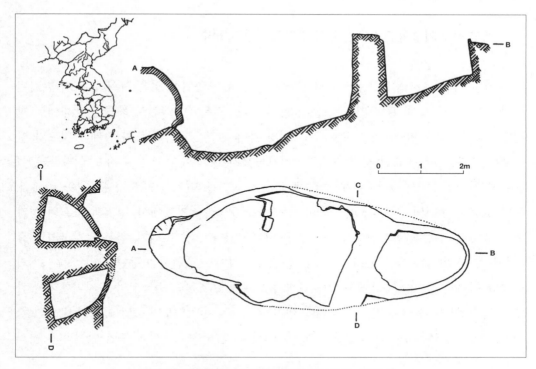

그림 6-6-3 충청북도 진천군 덕산면 산수리 Ⅷa 교혈요
(4세기, 7호요, 姜敬淑, 1989, 韓國陶瓷史)

분포도 넓지만, 한국의 이 1례 외에는 없다. 때문에 새로운 자료가 나타나기 전에는, 기본
적으로 분염주교혈요는 일본이 5세기에 한국의 교혈요를 접수한 후에, 이어서 8세기 후
반에 사나게요猿投窯에서 발생한 개량요라고 판단할 수밖에 없다. 5세기에 최초로 한국의
교혈요를 접수한 오사카 사카이시堺市 스에무라요陶邑窯에서는, 모두 비교적 순수한 외래
양식이며, 한국과 마찬가지로 분염주 구조를 지닌 교혈요는 전혀 보이지 않는다[24].

---

24) 中村浩, 『和泉陶邑硏究』, 柏書房, 1981, p.235, ´제2장, 窯體構造の時期變化´ 참조.

3. 월요 청자 기술의 전입과 한국 요업 기술 발전의 비약

· IIa 평염식 사저용요 : 한국에서 10세기에 용요가 출현한 것은 확실하다. 기 발견된 한반도의 가마구조에 관한 자료를 통해 볼 수 있는 것은, ① 인천시 북구 경서동에서 발견된 9세기(연대는 발굴자가 추정한 것)의 청자 가마 4기는, 가마 구조와 관계된 자료가 발표된 것이 없지만, 용요인 것 같다. 『한국청자도요지』란 책에서 제공한 자료에 의하면, 이곳에서 발견된 1기는 9세기말에서 10세기 초에 청자를 번조한 용요이다. ② 9~10세기, 전남 고흥군 두원면 운대리豆原面雲垈里에 분포한 5기의 청자요에서, 정질과 조질의 청자를 번조하였고, 정질 청자에는 M형 갑발을 사용하였다[25]. ③ 10세기, 전북 고창군의 용요 1기에서도 M형 갑발을 사용하였다. ④ 11세기초, 경기도 용인시 이동면 서리二東面西里의 백자와 청자를 겸소한 용요에서 M형 갑발과 대량의 보조적인 중국식의 도지미를 사용하였다. ⑤ 12세기, 전남 강진군 사당리에 청자 용요 1기. ⑥ 15세기, 충남 공주시 반포면 학봉리反浦面鶴峰리에 분포한 분청사기 용요 1기. ⑦ 16세기, 경기도 광주시 중부면 번천리樊川里 5호요는 백자 용요이다.

이상의 자료 중에, 9~10세기 청자요를 편년할 때에, 연대가 모두 비교적 애매한데, 편년의 근거가 주로 옥벽형저완玉璧形底碗의 조형에 의지하기 때문이다. 이 시대 구분법에는 적어도 아래와 같은 몇 가지 문제가 존재한다.

첫째는, 중국에서는 옥벽형저완의 분포 상태와 편년연구가 충분히 진행되지 않아서, 보다 정확한 단대斷代 기준을 제공할 수가 없다. 동시에 중국의 연구자들은 한국과 일본의 도자사 연구자들이 이렇게 옥벽형저완의 비교 연구를 중요시 하는지 모르고 있다. 필자가 아는 범위에서 보면, 옥벽형저완은 아무리 늦어도 당대 중기에 출현하였으며, 이후 북송 전기까지 그대로 연속되었고, 분포상에 남북의 구별이 없다. 그런데 완碗은, 어떤 민요에서도 대종이 되는 제품으로, 그 조형은 기본적으로 장소기술의 변화에 따라 변한다.

---

25) 1990년8월에, 나라사키楢琦彰一선생이 한국의 고대요지를 고찰할 때 전라남도 고흥군에서 조사를 진행하였다. 당시 정양모선생과 현지 발굴자가 지적한 9~10세기의 '녹청자' 요지는, 대량의 M형갑발이 나왔으며, 청자의 태질이 암흑색이고, 회유는 갈녹색을 띠었다. 나라사키 선생은 소위 '녹청자'라는 것이 갑발에 넣어 번조한 '정질청자'와 동시에 존재하는 '조질청자'라 하였다. 필자가 표본을 관찰한 후에, 나라사키선생의 정명定名에 찬성하였다. 이런 절강식 갑발을 사용한 가마는 용요로 추측할 수 있다.

다른 기물과 비교해, 완류의 조형은 비교적 간단하며, 일단 정형화되면 수백 년 간 변하지 않고 유지될 수 있다. 이 때문에 완의 '유형학' 연구는 상세하면서도 보편적인 의의를 띤 변화도를 만들기 매우 어렵다.

둘째로, 옥벽형저완은 중국에서 처음 만들어졌는데, 두터운 바닥을 만든 주된 원인은, 첩소 과정 중에 무게를 떠받치는 문제를 해결하기 위해서였다. 이 종류의 완은 일반적으로 1기 1갑의 정소방법을 채용하지 않았으며, 가마 불 속에 노출된 상태로 쌓거나 혹은 한 갑발 안에 여러 개를 포개어서 번조하였다. 한반도와 일본은 단지 무역자기의 외형에 근거하여 자신에게 익숙한 기법을 사용해 방제를 하였는데, 한국은 1기1갑으로 정소한 예들이 많지만, 이는 방제를 정교하게 하려는 것이 주목적인 작품이다. 그러나 한반도의 장인들은 1기1갑 기법이 주로 매우 경교輕巧하여 무게를 받칠 수 없는 기물을 위해 고안된 장소 방법임을 이해하지 못하였다. 이렇게 방제이기 때문에, 생산기술상의 요구에 의해 나온 것과는 비교적 큰 차이가 있게 되며, 때문에 설사 조형 상으로 완전히 같아도, 완에 남아 있는 장소흔적은 중국 것과는 다르며, 시대상에서도 큰 차이가 나타날 수 있다. 그래서 한국 청자의 편년에 중국의 기물로서 억지로 비교의 기준으로 삼을 수는 없다.

셋째는, 한반도의 청자 기원 문제를 해결하기 위해서는 반드시 청자 제작기술의 발생 문제를 중시해야 한다. 이 기술은 한국에서 자발적으로 된 것이 아니기 때문이다. 한반도에서 도기 단계에서 청자 생산 단계로의 비약을 실현할 수 있었던 것은, 장시간의 모색을 거친 것이 아니라, 극히 짧은 시간 내에 기술 이식을 통하여 실현된 것이다. 그리고 청자의 출현은 곧 일련의 상응하는 장요裝窯와 번조 기술이 수반되어 한반도에 출현하였다는 것이다. 때문에 한·일 양국이 청자의 조형을 기본으로 하여 그 기원의 시기 문제를 확정하기 위해 쉬지 않고 논쟁하는 것보다는, 일부의 정력이라도 돌려서, 한국의 가마와 요도구 등 기술적인 변화 과정에 대해 연구하는 것이 더욱 가치 있고, 보다 근본적인 문제 해결에 접근할 수 있을 것이다. 우리가 생각하기로, 동아 각지의 기술 계통과 특징을 개괄해 내기만 하면, 다시 중국과 관련이 있는 지역의 동류 자료와의 비교를 진행하여, 비로소 '고려청자'의 기원의 시기 문제와 기술의 출처 문제를 최종적으로 해결할 수 있을 것 같다.

한반도에서 용요가 보다 일찍 출현하는 지역은 대외 문화 경제 교류의 창구였던 전남과, 정치 경제 중심이었던 경기도이다. 이후 이 기술은 계속 확산되었지만, 생산 중심은 여전히 전남과 경기도에 있었고, 기타 지역은 드문드문 분포한다(그림 6-6-4).

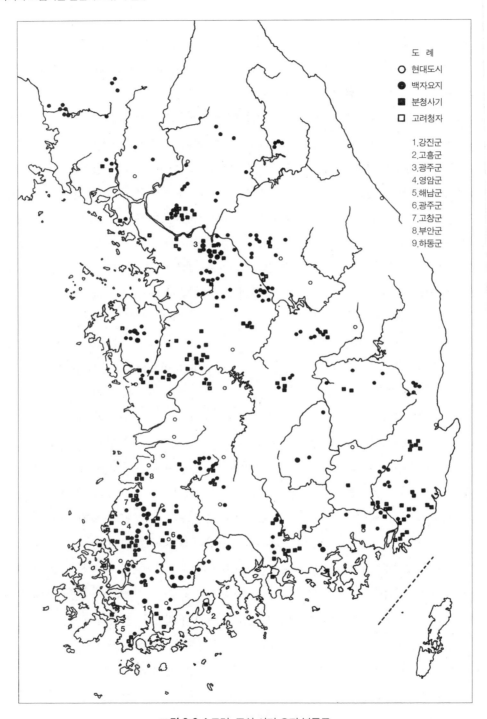

도 례

○ 현대도시
● 백자요지
■ 분청사기
□ 고려청자

1.강진군
2.고흥군
3.광주군
4.영암군
5.해남군
6.광주군
7.고창군
8.부안군
9.하동군

그림 6-6-4 고려, 조선 시기 요지 분포도

한국의 초기 용요의 구조는, 각종 글의 인용 자료만 보이고, 아직 정식 발굴보고는 보이지 않는다. 국립중앙박물관장이였던 최순우 선생이 일찍이 인천시 경서동景西洞의 청자요지 발굴을 주도하였는데, 최선생은 이것이 가장 빠른 (9세기) 지면식 청자요지라 한다. 가마의 잔존길이는 7.3m, 폭 1.05~1.02m, 잔존 높이 0.20m, 추정높이 1m 이상, 경사도는 22°이다. 점토로 된 요벽은 3차의 보수를 거쳤고, 요상은 약간 아래로 파고 모래를 깔았다. 발굴자는 특히 가마 내부에 요실을 나누는 장벽이 없음을 강조하였다. 가마 양측에 요문이 없으며, 배를 장요하는 출입구는 요 앞의 투시구에 집중되어 있다. 요상에 계단이 없고, 갑발을 사용하지 않았으며, 요상 위에 단면이 삼각형을 띠는 경사진 도지미를 사용하였다[26].

기물의 유면이 조잡하여 청회색을 띠며, 한국의 연구자들은 이를 '녹청자'(즉 조질청자)라 부른다. 가마 내부 공간의 이용률이 매우 낮고, 중국식의 요도구를 사용하지 않았으며, 가마 양측에 요문이 없다. 그 길이로 판단하건데 가마에 투시공 같은 장치가 있었던 것 같으며, 이런 기술 수준은, 당시 중국 대륙 요업의 전체적 수준과는 부합하지 않는다. 그러나 요상이 이미 지하에서 지상으로 올라왔다는 것은, 교혈요에서 '용요'로 발전한, 자발적인 탐색단계의 신식 가마임을 설명해 준다. 기술은 비록 중국의 영향을 받았지만, 중국의 장인이 이 요장의 생산에 참여하지 않은 것은 분명한 것 같다. 그렇지 않다면, 청자 생산 상의 여러 기술 문제, 즉 요측면 개문, 투시공, 갑발 등등 당시 중국 도공들이 간단한 기술적 상식이라 할 수 있는 것들을 빠트릴 수가 없다. 이렇게 도공의 교류 문제를 지적할 수 있다면, 조리정연하게 문제를 해결할 수 있을 것이다.

그러나 경서동 청자 가마에 반영된 기술적 진보는 주목할 가치가 있는데, 구체적으로 표현하면, ① 가마가 지면상으로 나타나기 시작한 점으로, 이는 이때까지 한반도에서 없던 것이다. ② 요상에 모래깔기를 시작한 점으로, 이는 한반도의 가마 내 모래깔기의 최초의 예이다. ③ 대량으로 사용된 도지미로, 이것도 이전에 보지 못한 것이다.

이들 기술상의 진보는 어떤 경로를 통해 얻어진 것인가? 중국에서 온 것인가? 아니면 일본에서? 이는 매우 주목을 끄는 문제이다. 위에서 말한 3가지 사항은, 중국에서는 모두

---

26) 정양모편저, 『國寶』, 한국7000년미술대계, 백자, 분청사기편, 竹書房, p.172. 『世界陶瓷全集』제18집, 高麗, 小學館, 1979, p.220.

기원전에 거의 해결한 간단한 기술적 문제이다. 그래서 위의 기술이 중국에서 전입되었을 가능성은 없다고 보는데, 그런 전입이 위와 같이 불완전하고 시대에 뒤떨어진 기술일 수가 없기 때문이다[27].

한편 동시대의 일본을 보면, 당시 아직 지면식 가마가 출현하지 않았다. 그러나 경시할 수 없는 것은 일본의 교혈요 구조가 개조를 거친 후에 한국에 비해 선진화되어 요상에 모래를 깔고[28], 도지미도 사용했다[29]. 뿐만 아니라 당시 동아시아 범위 내의 교류는, 한국과 일본 사이의 교류가 중국보다 더욱 빈번하였고, 때문에 우리는 기술 수준이 서로 비슷한 한국과 일본 사이에 발생 가능한 '기술교류'의 가능성도 배제할 이유는 없다. 기왕에 많은 한국 문화가 일본에 흘러갔다고 생각하지만, 매우 드물게 동등한 문화수준의 일본이 그의 인접국인 한국에 영향을 준 것도 고려할 수 있다.

진정한 용요의 예는, 경기도 용인시 이동면 서리의 백자와 청자를 겸소한 용요(10세기)와 전남 강진군 사당리 청자 용요이다. 특히 1987년에 발간된 『용인서리 고려백자요 발굴보고서 I 』은 지금까지 한국에서 나온 가장 상세한 요지 발굴 보고서이다. 필자가 비록 그곳을 방문하지 못했지만, 이 책에 제공된 각종 사진과 요도구 그림에 근거하여, 충분

---

27) 중국의 지면식 가마는 아무리 늦어도 기원전 1,000년경에는 출현하였다. 갑발이 없는 시대에는 각종의 높낮이가 다른 도지미와 조합하여 사용하였으며, 갑발이 출현한 이후에는, 일반적으로 가장 아래 부분의 갑발을 받침대로 하여 요상에 고정하였고, 그 위로 갑발을 쌓아 올려 요정까지 쌓았다. 요상에는 모래를 까는 것은, 현재 자료로 보아 늦어도 전국시대에는 시작되었다. 요상에 모래를 간 요지로는, 전국시기의 절강성 소흥현 부성요紹興縣富城窯(「浙江紹興富城戰國窯址」, 『考古』, 1975-3, p.231). 서한시기의 광서성 오주시 부민방요梧州市富民坊窯(「廣西梧州富民坊漢代印文陶窯址」, 『中國古代窯址調査發掘報告集』, p.174). 삼국시기의 절강성 상우현 안산上虞縣安山(「論我國古代的龍窯」, 『文物』, 1984-3, p.59). 서진시기의 절강성 상우 장자산上虞帳子山(출처 앞과 동). 당대의 섬서성 동천시 황보진 요주요銅川市黃堡鎭耀州窯(「耀州窯的窯爐和燒成技術」, 『文物』, 1987-3, p.32). 당대 이후는, 거의 모든 번조실에 모래와 요사窯渣를 깔았다.

28) 현재 불충분한 자료에 의하면, 일본의 9세기 이전의 교혈요에서 요상에 모래까는 법을 사용한 요지는 수례가 있다. 6세기 후반의 야마구찌현 우베시 오오아자히가시키와아자하나다니山口縣宇部市大字東歧波字花谷(『花池窯迹』, 山口縣敎育委員會, 1988). 7세기의 오카야마현 쿠라시키시 다마시마스에아자岡山縣倉敷市玉島陶字 간다寒田12-29호요(『寒田窯址』, 福島縣埋文報告31, 福山縣文物文化財保護會, 1979). 7세기말 8세기 초의 돗토리현 야즈군 고오게죠鳥取縣八頭郡郡家町 오리사카요下坂窯3(『下坂窯迹群』, 鳥取縣郡家町敎育委員會, 1988). 8세기 초의 히로시마현 미즈기군 구이죠 고바야시아자廣島縣御調郡久井町小林字 정안貞安134번지 2정목(『小林1號窯迹發掘調査報告』, 廣島縣埋藏文化財, 1984)……

29) 일본의 10세기 이전에 도지미를 사용한 요지로는, 5세기로 추정하는 쿠마隈, 니시오다西小田3호요와 스이타吹田32호요가 비슷하다. 5~7세기의 간다요寒田窯. 670년 전후의 오리사카요下阪窯 4호요. 680년 전후의 오리사카下阪2호요……

히 이것이 중국 절동浙東의 M형갑발 분포지구, 즉 월요 기술의 영향을 매우 강하게 받은 요장임을 판단할 수 있다[30]. 용인 서리요는 가마 길이가 20m 이상에, 요벽은 폐기된 M형 갑발을 쌓아 축조하였으며, 비록 요 측면의 투시공을 보지 못하지만, 이렇게 긴 가마는 분명히 분단分段 번조방법을 채용하였을 것이다. 출토한 대량의 갑발은 내화도가 높지 않고, 변형되고 부서지기 쉽다. 번조된 백자는 자화 정도가 매우 높아, 부근에 매우 좋은 자토가 있을 것으로 추측된다. 대량의 옥벽형저완을 생산하였고, 요도구 방면에서 중국 요장이 구비해야 할 종류들을 거의 갖고 있으며, 중국 도공들이 불기운을 측정하는 시편試片(화표火標)도 발견된다(그림 6-6-5). 기술상의 여러 특징을 종합해 보면, 이 가마는 절강성의 월요 도공의 기술상의 직접적인 지도를 받았다고 생각할 수밖에 없다.

4. 전남 강진군은 절강성 청자 기술이 한국에 동전東傳한 접점接點이었다.

· Ⅱb 평염식 사저 장염주용요平焰式斜底障焰柱龍窯 ; 전남 강진군 대구면 계율리요는, 현재 한국에서 발견된 유일한 '장염주' 혹은 '장염벽'을 가진 용요이다(그림 6-6-6). 이 요의 발굴 보고와 도면 자료는 노모리野守健의 저서인『고려도자의 연구』p.231에 실려 있다. 노모리는 자신의 발굴과 고찰에 근거하여, 고려시대의 청자와 백자의 가마 구조를 묘사하였는데, "당시의 가마는 주로 산의 경사진 구릉 상에 건축하여, 요신이 비탈을 따라 있어 일정한 경사도를 갖는다. 가마 기초는 얕은 구溝와 같으며, 폭이 4척1촌이다. 구의 양측은 폐기된 갑발을 이용해 요벽을 쌓아 올리고, 갑발 안에는 점토를 채웠다. 요벽 내면은 점토를 발랐다. 가마벽은 일정한 높이에 도달해서 다시 위로 궁륭상의 천정을 구축하였다. 가마 꼭대기 부분의 양측에 10여개의 투시공을 남겨 놓았다. 요의 전체는 하나의 세장한 단실방單室房과 같다. 마지막으로 가마의 가장 높은 곳의 벽 바닥에 출연공出煙孔을 만들었으며, 가장 낮은 가마 끝부분이 연소실이고, 요상窯床에 모래를 깔았다. 특히 계율리요는 요실 내에 폐갑발을 이용해 5줄의 낮은 층계(필자주: 아마 장염벽이나 장염주일 것이다)를

---

30) 경기도 용인군 이동면 서리 백자·청자용요(『용인서리고려백자요발굴보고서1』, 삼성미술문화재단 호암미술관, 1987). 전라남도 강진군 사당리 당전 청자용요(『세계도자전집18』, 1978, p.232). 『한국도자사』, 일지사, 1989, p.252.

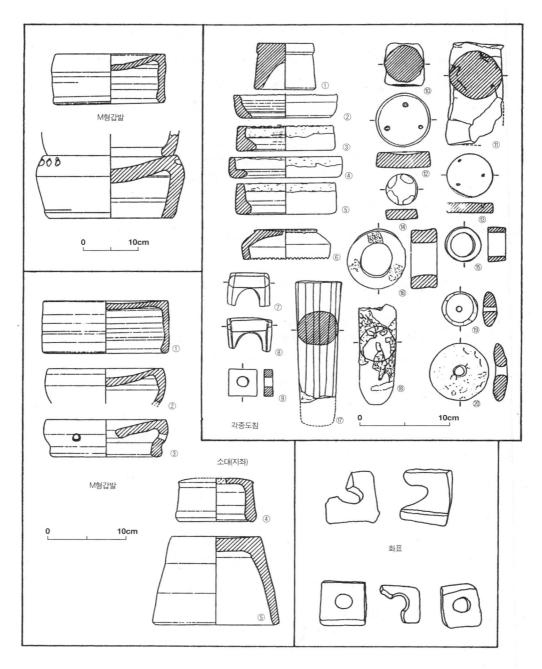

그림 6-6-5 경기도 용인시 이동면 서리요 요도구
(1987, 용인 서리 고려백자요 발굴 보고서)

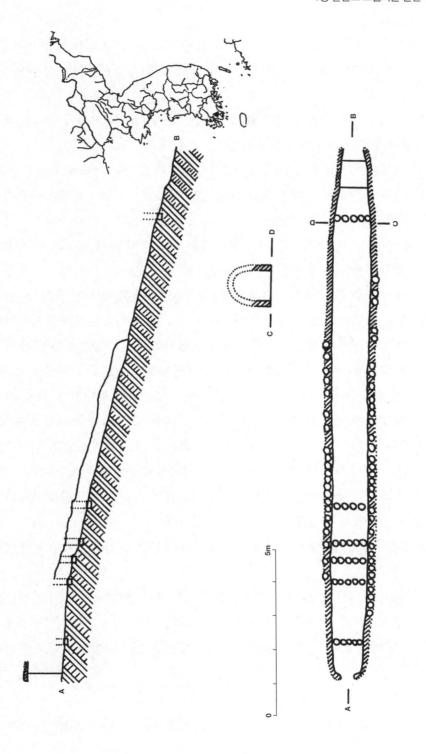

그림 6-6-6 전라남도 강진군 대구면 계율리 Ⅱb 요여
(10세기, 野守健, 1944, 高麗陶瓷的研究)

설치하였는데, 이런 요를 '수도隧道(터널)요'(필자 생각으로 응당 '용요'라 불러야 한다)라고도 부른다. 노모리 선생이 제공한 자료에 근거하여, 이하 몇 가지 세부적인 문제에 주목할 필요가 있다. 즉,

(1) "가마 기초가 얇은 구溝와 같다"는 말은, 강진요가 이미 지하식이 아니고, 중국의 용요처럼 지면에 구축한 신식 가마임을 설명하는 것이다.

(2) "요실이 세장한 단실 같다."는 것은, 평염식 용요의 일관된 구조와 완전히 같다. 세장한 단실은 가마 내부의 배 전체를 번조하려면, 반드시 연료 보충의 문제를 해결해야 하는데, 이것이 투시공 출현의 주된 원인이며, 이 요도 유사한 설치가 있었다.

(3) 요상에 모래를 까는 작법은, 중국 가마 기술 중에 적지 않게 보이는 부분이다. 한국의 요업 기술과 관계있는 절강성 용천요와 광동성 조주요潮州窯에서 똑같이 요 바닥에 모래 까는 작법이 매우 유행하였다. 요상에 모래를 까는 목적은, 경사진 요상 면 위에 갑발을 안정되게 놓기 위함으로, 두터운 모래층이 수평을 잡아 주고 갑발을 고정시키는 작용을 하는 것이다. 동시에 모래층은 열을 흡수하고 복사열을 방사하는 효능이 있어, 요내의 온도를 더욱 고르게 한다. 이 작법은 일찍이 전국시대의 절강성 소흥현 부성요紹興縣富盛窯에서 채용하였고, 이후 삼국·양진·당·송·원·명을 거쳐 현대까지, 용요 기술 중의 일반적인 예이다. 요지 발굴자가 측량한 수치에 의하면, 모래층의 두께는 보통 20cm 정도이다. 요장의 입지조건으로 볼 때, 요상에 사용하는 모래는 절대로 요장 현지에서 굴취한 것이 아니고, 멀리 떨어진 하천 같은 특정한 지역에서 운반해 온 것이다. 이로 보아 만약 모래가 번조 과정 중에 상당한 작용을 하지 않는다면, 도공들이 그렇게 다량의 무거운 모래를 운반하는 데 크게 힘쓸 필요가 없었을 것이다.

(4) 강진군의 가마는 폐갑발을 이용해 요벽을 축조하였는데, 절강성 지구의 축요 방법과 같다[31].

(5) 사용한 M형 갑발은, 월요가 구비한 장소공구로, 가장 잘 양 지역의 기술 관계를 증명해 준다. 전남 강진군의 가마 구조의 변화를 보면, 같은 청자 가마가 현지에서 3기가 발견되었는데, 연대 폭이 13세기 후반에서 17세기에 이른다. 중국 기술이 전래한 초기에는,

---

31) 폐기된 갑발을 이용해 가마를 축조한 중국의 요지는 적어도 20여 곳 이상이며, 일일이 열거하지 못한다.

기본적으로 원래의 특징을 유지한다. 그러나 시간이 감에 따라, 중국 기술의 '성분'이 점차 감소하고, 형식만 헛되이 남아서 원래 가졌던 의의를 잃어버린다. 예컨대 갑발의 응용은, 처음은 중국과 같아서, 번조과정 중에 배를 보호하여 요회窯灰의 침입을 받지 않게 하고, 또한 화염이 고르게 배를 익히게 하며, 동시에 갑발을 층층으로 쌓아 올릴 수 있어, 가마 내의 공간을 충분히 살렸다. 이 때문에 갑발의 사용은 번조량을 높이고, 폐품율을 낮추며, 제품의 질을 보증하는 매우 중요한 공구임에 틀림없다.

그러나 중국도공의 이런 의도는, 시간이 감에 따라 한국 도공들의 뇌리에서 점점 희미해져 갔다. 그들은 가마 안에 이따금 몇 개의 갑발을 사용하는 외에는, 일반적인 기물은 나소법裸燒法을 사용하였으며, 어떤 때는 심지어 고급 청자의 번조에도 갑발을 사용하는 것이 일정하지 않았다. 갑발을 사용하지 않고 또한 다른 도지미도 없어서, 배의 첩소는 필경 한정되게 되었다. 때문에 요실 내의 지면에서 50cm 이상 떨어진 공간은 전부 낭비되었는데, 이는 중국 도공들에게는 받아들이기 어려운 사항이다. 한국 도공들의 이러한 '공간의식'은 '분실용요'와 함께 17세기에 그대로 일본의 아리타(이마리)요에 전해졌다.

(6) 전남 강진군의 장염주와 장염벽의 설치는 절강성 용요의 특유의 기술이다. 계율리 가마의 요상에 남아 있던 불규칙하게 배열된 5줄의 갑발로 축성된 짧은 벽은, 원 발굴 보고서에는 비록 상세한 기록과 해설이 없지만, 필자는 화염의 유속을 조절하는데 이용한 장염벽으로 생각하며, 분류시에는 응당 Ⅱb형 요에 귀속해야 한다.

중국에서, 용요의 요신이 크게 길 때, 대형의 용요를 안치하기 적합한 산지山地를 찾기 쉽지 않다. 산 구릉이 너무 가파를 때는, 가마의 추력抽力이 과대해 지며, 화염의 유속이 빠를수록, 가마 내부에 머무는 시간이 짧아진다. 이때 배들은 한쪽 면에만 열을 과하게 받게 되고, 요풍窯風이 맹렬해져 배 퇴적과 갑주匣柱를 무너지게 할 뿐 아니라, 다수의 배들이 고르게 자질화 되기 어려워 폐품율이 크게 증가한다. 그래서 열의 효능을 충분히 이용하기 위해, 화염이 장시간 필요에 따른 유속으로 가마 내에 유동시켜서, 배와 불이 골고루 충분하게 열 교환을 하게끔, 도공들은 많은 방법을 채용하였다. 예컨대 가마의 각 단段의 경사도를 조정하여(앞은 급하고 뒤는 완만하게) 가마의 경사 차이를 줄이고, 요 머리와 요 후미의 고저 차이를 축소하여, 16° 전후의 경사각도를 유지하였다. 동시에 요 후미 부분에 연실煙室과 일정한 수량의 배연공排煙孔을 설치하여, 공기의 유량을 조절하여 화염의 유속을 통제하는데 이용하였다.

그러나 이렇게 해도, 가마의 입지 조건이 다르기 때문에, 요 가운데 어떤 부위에 불가피하게 가파른 현상이 나타날 수 있다. 이때에는 화염 유속이 빨라지는 우려가 있어, 경험에 근거하여 적당한 요단窯段에 '장염주'나 '장염벽'을 설치하여 저항력을 높게 해, 번조에 필요한 만큼만 화염의 속도를 조절하여 도자기를 굽게 하였다.

장염주를 가진 용요는, 현재 사천성의 성도成都와 관현灌縣, 절강성의 태순泰順과 용천, 광동성의 혜주惠州, 광서성의 계평현桂平縣과 영복현永福縣에서 발견된다. 10세기 때, 절강성과 사천성의 두 곳에서 많이 보이며, 그중 절강성에서 가장 유행하였다. 특히 절동浙東의 태순은, 용천계의 용요로, '장염주' 구조를 가진 용요인 동시에, M형 갑발을 사용하였다. 이는 강진군의 장염주 용요가 동시에 M형 갑발을 사용한 것과 완전히 일치한다. 이때문에 쉽게 전남 강진군의 용요 기술이 절강성 동부의 M형 갑발을 사용한 요장에서 전해진 것임을 연상할 수 있다.

놀라운 것은, 장염주 용요(Ⅱb형 요)는, 9~10세기의 중국에서도 막 개발된 신기술에 속하는데, 오래지 않아 한국의 도공에게 전수되었다는 점이다. 이런 가마는 현재는 비록 1기만 발견되고 있다. 그러나 전남에 청자 가마 분포가 가장 밀집해 있으며, 그중에서 강진군이 가장 집중되어 있고(그림 6-6-7, 6-6-8), 접수한 기술에 가장 정통하였다. 뿐만 아니라, 시대의 선후 배열에 따르면, 전남 강진군은 중국 요업계통 기술을 가장 빠르게 접수한 가장 중요한 지점이다. 때문에 강진군을 '한·중 요업 기술교류의 창구'라 해도 과언이 아니다.

5. 중국 남방 연해 요업 기술의 한국 전파

· Ⅳa 반도염 사저분실용요 : 9~10세기에, 전라남도와 경기도는 중국의 도공과 직접적인 기술 교류를 가져, 절강성 동부의 용요로부터 청자 기술을 접수하였다. 이후 늦어도 대략 13세기 이전에, 화남華南 연해의 'Ⅳa형 반도염 사저연실용요'도 한반도에 출현하였다(그림 6-6-9, 6-6-10, 6-6-11, 6-6-12, 6-6-13). 15세기에 'Ⅳa형' 요는 한국의 제1 요구窯區에서 제4 요구인 충남 공주시로 확대되었다. 이곳의 학봉리 5호요(그림 6-6-10)는 요 길이가 41.76m, 폭 2.27m에 달하며, 분실 구조가 매우 명확하고, 각 요실에 출입구가 있다. 도면을 보면, 요실 중간에 특설된 연소실이 없으며, 이 때문에 반드시 연료를 추가하는 투

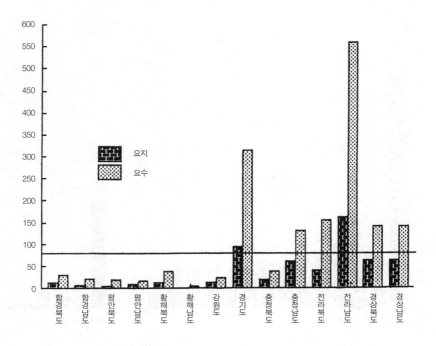

그림 6-6-7 한반도 14도 요적 분포 통계도

시공이 필요하다고 생각되지만, 자료 중에 이 방면에 대한 기록이 없으며, 도면도 상응하는 표시가 없다.

〈그림 6-6-10〉으로 보면, 당시 16세기 후반의 IVa형 요는, 구조상 매우 성숙되어 있으며, 길이가 41m 이상에 달하고, 내부 면적이 90여m²에 달하여, 장소용량이 상당하였음을 알 수 있다. 15세기는, 바로 조선 초기로, 조선시대 요업이 발전하는 중요한 시기였다(그림 6-4-1). 사람들의 애호가 백자로 옮겨져, 백색도자에 대한 요구가 격증하였고(그림 6-4-3, 6-4-4), 공주시 학봉리 가마는 이러한 수요에 응하여 대량으로 백자와 백화장토를 바른 가짜 백자를 생산한 대형 요장이었다.

IV형 반도염 분실용요는, 중국 강남지구의 전통 용요와 북방의 반도염식 마제요 기술이 결합한 신형 가마이다. 그 기원을 찾으려면, 필히 중국 용요 분포 지구에서 가장 빨리 반도염 기술을 채용한 요장을 조사해야 할 것이다. 필자는 현재 알려진 자료에 근거하여 〈수·당·북송 동아 마제형요 분포도〉(그림 3-3-23, 3-3-24 참조)와 〈동아 IV형 연방식용요 분포도〉(그림 2-2-11)을 제작하였다. 〈그림 3-3-24〉에 나타난 것처럼, 제 1, 2구역인

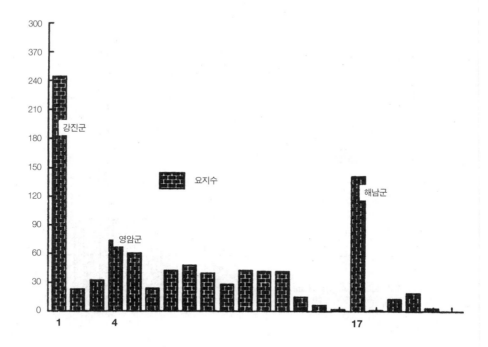

그림 6-6-8 전라남도 '조질청자' 분포 통계도

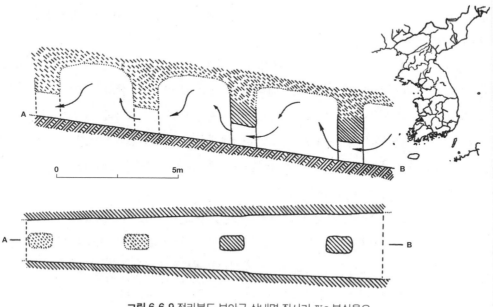

그림 6-6-9 전라북도 부안군 산내면 진서리 Ⅳa 분실용요
(13세기, 1982, 한국청자도요지보고서 2)

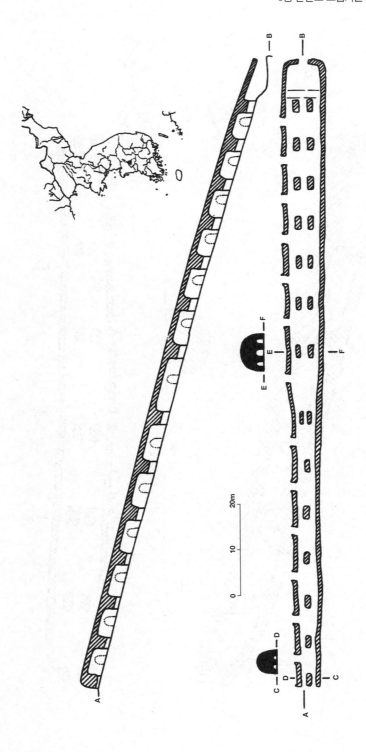

그림 6-6-10 충청남도 공주군 반포면 하봉리 IVa 분실용요
(15세기 후반~16세기 후반, 제5요요, 강경숙, 1989, 한국도자사)

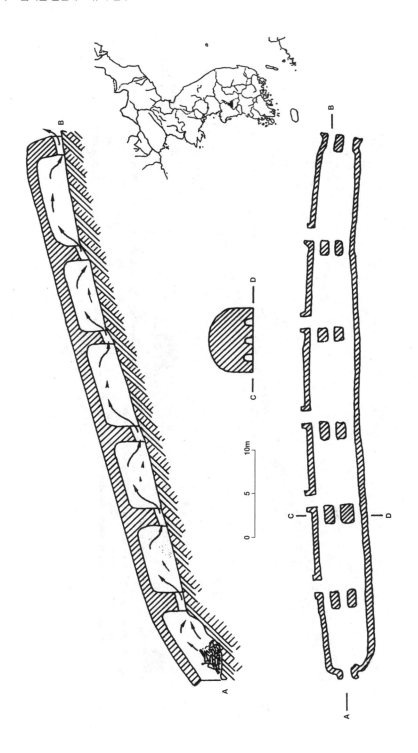

그림 6-6-11 충청남도 공주군 반포면 학봉리 계룡산Ⅳa 분실용요
(15세기, Ⅰa호요, 강경숙, 1989, 한국도자사)

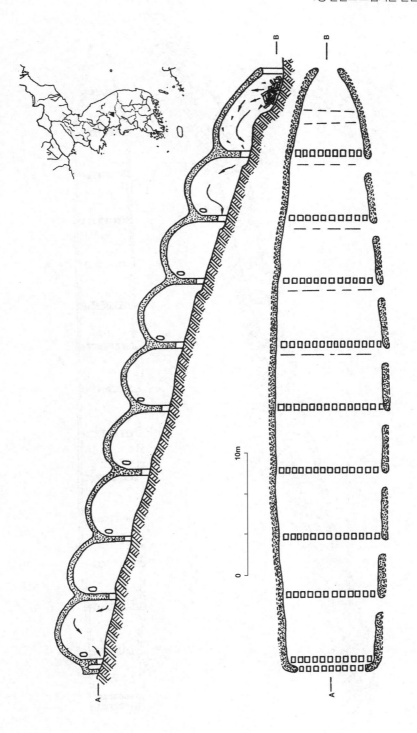

그림 6-6-12 경기도 여주군 금으리 IVd 횡실 연방식요
(18~19세기), 1979, 中國陶瓷見聞錄

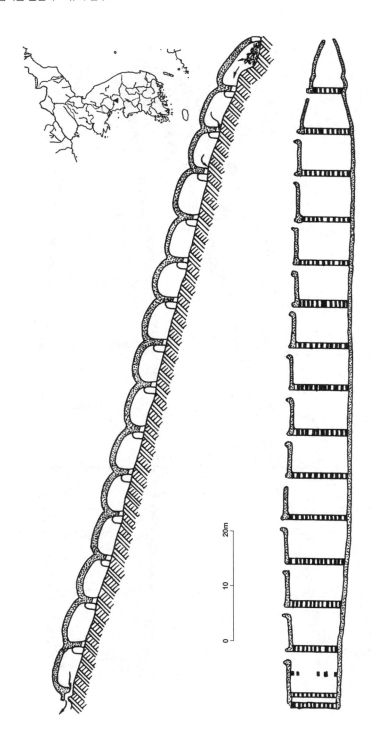

그림 6-6-13 경기도 광주군 남종면 분원리 Ⅳd 형실 연방식요
(18~19세기, 春本不苫冶, 1976, 朝鮮的陶瓷和古窯址)

황하 중류는 북방의 수·당 마제요의 집중지면서 백자 생산의 중심이었다. 마제요는 당대에 남방에 전해져, 비교적 빨리 그 기술을 접수하였다. 비교적 집중되어 분포한 곳은, 제9 지점의 광동성 조주요이고, 기타는 수량이 많지 않는 산포지이다.

남방에서, 북방 백자 기술을 보다 빨리 접수한 것은 청자 기술이 발달한 동방 연해(절강성, 강소성)가 아니라, 남방 연해의 광동성 조주와 혜주, 복건성 덕화 등지였다. 남방 연해에서 북방의 반도염 화염 통제 기술을 비교적 빨리 흡수하면서, 동시에 전통적인 용요 기술을 채용하였기 때문에, 두 가지 가마 기술이 결합하여 새로운 가마 종류가 발생하였다는 것이 사실에 가까울 것이다. 마제요를 이용해 자기를 구운 요장은 절강성에는 거의 분포하지 않는다. 때문에 'Ⅳ형 반도염 분실용요'가 절강성에서 가장 먼저 출현했다고는 생각하기 어렵다. 현재 발견된 개별적인 이 형식의 요는, 남방 연해 요장의 영향을 받아서 출현한 것 같으며, 시대는 대략 북송 시기이다.

중국에서 분실용요가 가장 빨리 출현하고 가장 집중된 지구는 남방 연해이다. 시작은 청자와 백자를 겸소한 광동성 조주요이고, 그 다음은 동쪽으로 옮겨가 남방백자의 명산지인 복건성의 덕화요가 되고, 연후에 비로소 복건성에서 가장 가까운 청자 생산지인 절강성의 용천요에 닿았다[32]. 이 형식의 가마는 10세기에서 16세기까지 유행하였으며, 이 때문에 현재 알려진 한반도의 13세기에 청자를 구운 반도염 분실용요는 10~13세기의 어느 단계에서 한국에 전해진 것 같다. 그러나 그중 두 가지 문제는 주의를 요한다. 즉,

(1) 13세기에 한반도에서 출현한 '분실용요'와 16세기 이후에 출현한 '계롱요'는, 거의 모두가 경사진 요상이다. 중국에는 전형적인 분실계단 용요(Ⅳb형)는 없으며, 또한 요상이 직선으로 된 '사저 분실용요'도 없다. 요실의 구분은 모두 지형과 번조상의 요구에 근거해 설계되어, 일정한 규격이 없으며, 형식은 비교적 자유롭다. 그러나 북송 시기에, 광동성의 조주요 중에 '사저요상+계단요상'의 가마(그림 3-6-1, 3-6-2, 3-6-5, 3-6-6, 3-6-7)가 있어, Ⅳa형 요에서 Ⅳb형 요로 발전해 가는 중간 형식으로 이해할 수 있다. 그렇지만, 중국은 분실용요의 발육이 불완전하고, 광범위하게 보급되지 않았으며, 요상은 기본적으로 '사저斜底'형태를 띤다. 요상의 형식으로 볼 때, 한반도의 분실 용요는 중국식에 더욱

---

32) 북송의 절강성 용천현 안복龍泉縣安福 18호요, 장7.2m, 폭2.4m(「浙江龍泉縣安福龍泉窯址發掘簡報」, 『考古』, 1981-6, p.504)

가까우며, 일본에 보편적으로 유행한 'Ⅳb형 계단요'와는 거리가 멀다. 때문에 'Ⅳa'와 'Ⅳb'형 요는 '한계韓系'와 '일계日系'의 두 종류의 가마 계통을 구별하는 주요한 지표의 하나이다.

(2) 한국의 도공은 어떻게 'Ⅳ형 분실용요' 기술을 획득하였을까? 한국 도공이 중국에 가서 배웠을까? 아니면 월요의 용요기술이 한국에 전파된 것과 똑같이, 중국도공이 한국에 가서 전파한 것인가? 한국에서 이 시기와 관련된 요도구의 자료가 발표된 바 없고, 친히 한국에 가서 이 시기 요지를 살펴볼 기회를 얻지 못해, 현재 긍정적인 판단은 하기 매우 어렵다. 그러나 필자가 현재 보이는 도면 자료에 근거해 볼 때, 한국의 Ⅳa형 가마는 보편적으로 가마 천정이 두텁고, 벽돌을 사용하지 않고, 가마벽 하부에 통화공通火孔이 크고 수가 적은 것 등의 특징이 있다. 이로 추단컨대, 한국의 분실용요는 중국의 동류의 가마 축조 방법과 구조에서 비교적 큰 차이가 있으며, 지하식 터널요의 모종의 특징을 띠고 있어, 때문에 이것이 한국 도공이 소화 개조를 거친 후에, 이미 퇴화된 흔적을 보이는 '한국식 사저 분실용요'가 아닐까 의문이 든다. 이런 기술이 일찍이 16~17세기에 일본 중부의 동해지구에 도달하였고, 이와 동시에 계롱요 기술이 또 다른 하나의 계통으로 일본 서부의 큐슈九州와 혼슈本州 서부에 전해졌다(제7장 일본 부분 참조).

6. 한 · 중 · 일, 가마 기술의 교차 영향의 시기

· Ⅳg 반도염 계롱요 : 발굴에서 나타나는 가마는, 요 천정이 이미 무너져 있다. 그래서 고대 가마구조 방면의 지식에 대해서는 민족학 조사의 방식을 통하여 얻을 수 있으며, 문헌과 회화가 제공하는 자료도 일정한 정도로 고금을 연결해 주는 작용을 한다. 이들은 고대 요업의 폐허로부터 당시의 생산 기술과 경제를 복원하는 중요한 역사적 정보들이다.

송응성의 『천공개물天工開物』은 17세기의 과학기술사 저서로, 그 속에 계롱요의 번조 방법을 기록하였고 가마 외형의 도면 형상을 보존하고 있다. 일본의 '하기야끼萩燒' 요에 18세기 계롱요의 잔해가 보존되어 있어 실제로 살펴볼 수 있으며, 이외 한국의 전남 장흥군 용산면 월송리蓉山面月材松里에서도 완전한 계롱요 유구가 남아 있다. 특히 최근 일본의 나가사키현 오오무라시 카게히라마찌長崎縣大村市陰平町에서 발굴한 17세기 후반의 계롱요는, 요정 부분이 보존되어 있는데, 현재 보이는 계롱요 중 가장 빠르고, 가장 완전한 실물 자료이다(제7장 계룡요 부분에서 상세히 다룸). 따라서 연방식 가마를 3개의 유형으로 나눌 수 있다(분류에 관한 상세한 정황은 제7장을 참조).

여기서 한국의 동류 요지의 예를 들면, 경기도 여주군 금오리今五里(그림 6-6-12), 경기도 광주시 남종면 분원리(그림 6-6-13)가 있으며, 18~19세기의 가마로 전한다. 본문 제7장 일본 부분의 연구 결과에 근거하면, 일본 중부지구에는 주로 분실용요가 분포하나, 서부 지구는 계룡요 분포지이며, 두 종류의 가마는 모두 16세기에 한반도의 남부에서 전해진 것이다. 그중 계룡요는 두 계통으로 나누어지는데, 하나는 '계룡요+산상傘狀도지미' 계통으로, 이 계통은 한국의 계룡요 계통과는 기술상의 교류가 거의 없다. 다른 하나는 가라츠唐津에 전해진 '계룡요+工자형도지미' 계통이다. 이 두 계통은, 하나는 중국의 화남華南 연해에서 왔고, 하나는 간접적으로 한국에서 왔다.

동아에서 산상傘狀도지미를 사용한 것은, 일본의 야마구찌현 하기시 하기야끼요山口縣萩市萩燒窯를 중심으로 한 기술권 외에(그림 7-3-12 참조), 중국의 복건성 덕화현 및 그 서쪽의 안계安溪, 민청현閩淸縣 등지가 주요 분포지구이다. 연대 순서로 보면, 산상도지미의 최초의 형식은 수대에 발생하였으며(그림 3-6-8:3 참조), 그 성숙한 형식은 늦어도 남송시기(13세기)에 복건성 덕화요에서 채용하였다. 일본에서는 18세기 중엽(1763년경)에 출현하여, 전후 차이가 400년이다. 그러나 덕화요의 산상도지미의 장소복원자료가 완전하지 못하고, 일본의 하기요萩窯에 100년 가까이 폐기된 계룡요와 요도구가 사용된 상태의 전모가 보존되어 있다(제7장 일본 부분 참조). 이들은 계룡요의 구체적인 구조와 장소기술의 복원을 이해하는데 매우 진귀한 실물자료가 되고 있다.

하기요의 산상도지미의 높이는 2m 이상에 달하여, 요내 공간 이용율이 매우 높다. 이는 한국 가마기술과, 일본의 전통 기술 중의 '공간의식'과는 매우 큰 차이가 있으며, 오히려 중국도공의 '공간의식'과 보다 근접하다. 이 관념상의 비교가, 일본과 한국의 계룡요의 근원을 찾는데 중요한 실마리와 근거를 제공해 준다.

『하기야끼고요萩燒古窯』란 발굴보고서 속에, 발굴자는 문헌기록과 '하기야끼萩燒' 생산의 다구 기형이 한국 다구와 유사한 점에 근거하여, 일본 하기야끼의 계룡요도 분실용요 같이 한국에서 전래된 것으로 생각하였다. 그러나 금일까지 한국에는 하기야끼요萩燒窯보다 빠른 계룡요 요지가 알려진 바 없으며, 뿐만 아니라 '산상도지미'는 한국에서 보도된 것을 보지 못했다. 한국의 도자연구자에게 문의한 바, 그들도 이런 요도구는 보지 못했다 한

다. 이상의 가마와 요도구의 세트 관계에 근거하면, 계룡요 가운데 두 개의 분파를 구분해
낼 수 있으며, 이 두 개의 분파의 근원은 모두 중국에 있다. 단지 한반도와 관련된 계룡요
자료가 아직 완전히 파악되지 못하여, 그것이 결국 중국의 어떤 요업구에서 기원하는지
혹은 간접적으로 일본에서 한반도로 전해진 것인지 현재로서는 하나의 수수께끼이다.

제7절. 한반도 요업 기술의 분기와 발전 서열

동아 가마 구조의 변화 순서는, 이론상으로 말하면, 대체로 무요 시기를 거쳐, 간단한
승염식원요 시기가 되고, 연후에 각자 다른 특징을 가진 유요 번조시기에 진입하였다. 이
러한 이론에 근거하여, 한반도 요업 기술의 발전은 아래와 같이 4시기로 구분할 수 있다
(표6-1).

① 제1기(3세기 이전) : 무요시기이다. 한국에서 지금까지 2세기의 가마 유적은 발견되
지 않아, 3세기 이전은 무요의 '노천퇴소露天堆燒' 시기로 추정된다. 이 때문에 요지가 발
견되기 어렵고, 유적도 판단하기 어렵다. 현재 민족학 조사 자료를 이용해 추론해 보는 것
외에는, 고고학적인 직접 증거가 결핍되어 있다.

'노천퇴소'에서 '교혈요' 출현에 이르는 중간에, 응당 '승염요' 시기가 있어야 할 것 같
다. 그러나 한반도에서 승염요와 관련된 자료가 발견되지 않고 있는데, 어쩌면 한반도에
서는 중국 대륙의, 교혈요에 비해 규모가 작고, 보다 낙후된 '승염요' 단계 같은 것을 거치
지 않았을 지도 모르겠다.

② 제2기(3세기~9세기) : 교혈요(Ⅷ 형) 시기이다. 이 시기에 번조한 것은 전부 무유도기
와 무유경도이다. 무유는 곧 유액으로 인해 서로 붙는 것을 방지하기 위한 요도구가 필요
없다는 것을 뜻한다. 교혈요는 언제 출현하였는가? 현재 아직 연대를 확정할 수 있는 요
지 자료가 없으며, 3세기의 교혈요 구조가 비교적 원시적인 것임을 고려하면, 가마의 출
현 시기가 이와 크게 멀지않다고 추정된다. 그래서 3세기 전후가 교혈요의 발생시기로 생
각된다. 9세기말 10세기초에, 중국의 용요 기술의 전입으로, 교혈요는 점차 도태되었다.
지하식 교혈요는 한반도의 독창적인 것에 속하며, 5세기에 일본에 전해졌고, 일본에서는
17세기 이후까지 계속되었다. 한반도와 일본 열도는 교혈요 분포의 주요 지구이다.

한반도는 3세기에 겨우 원시 교혈요 시기에 들어서지만, 중국은 일찍이 기원전 1,000년~600년에 남북 지구 모두 보편적으로 선진된 지상식 용요와 마제요(황토 고원의 지하식 마제요를 포함)를 사용하였다. 그러나 이 기나긴 1,000여 년 사이에, 중국의 축요 기술이 끝내 한반도에 영향을 주지 못했다. 이해할 수 없는 것은, 서한이 한반도의 북부에 '낙랑군'을 설치한 때에 와전의 번조가 있었다는 점이다. 특히 5세기에는 남조식의 마제요로 백제에서 와전을 구운 사실이 발견되었지만 중국의 가마기술이 한국에 뿌리내리지는 못하였다. 널리 퍼진 것은 여전히 고유의 교혈요로, 이는 기술이 가지고 있는 폐쇄성과 전파가 어렵고 힘든 면을 반영한 것이 아닌가 한다.

③ 제3기(10~12세기) : 용요(Ⅱ형) 시기이다. 9~10세기에, 중국의 절강성 지방에 있던 월요는, 그들의 도공들이 용요 기술과 청자 기술을 한반도에 전했다. 그래서 한국의 도공들로 하여금 매우 짧은 시간 내에 도기에서 자기로의 기술 갱신을 완성하게 하였다. 그리하여 기왕의 중국에서 수입한 자기에 의존하던 시대를 끝내고, 고려청자를 생산하는 신기원을 열었다. 중국의 청자기술은, 원시청자 시기부터 계산하면, 적어도 한국에 비해 2,500여년이 빠르며, 동한 시기에 출현한 성숙한 청자부터 계산하여도 한국에 비해 근 천년이 빠르다. 한국이 아직 무요번조에 있던 시절에, 중국 남북의 마제요와 용요는 성숙되기 시작하였다. 3세기 말에는 이미 번조 중간에 연료를 추가하는 투시投柴 기술문제를 해결하였고, 강남의 청자 생산이 장강 유역으로 널리 보급되기 시작하였다. 5세기는 마침 남조와 백제의 관계가 비교적 밀접한 시기였는데, 이때는 강남 청자 생산이 고조된 시기로, 월요의 청자가 한국에 보내졌고, 이에 한국인이 청자에 대해 주목하기 시작했던 것 같다. 그리고 이것이 만당·오대시기에 대규모로 월요의 청자 기술을 끌어들인 기초가 되었으며, 용요와 요도구가 청자기를 번조하는 데 중요한 조합관계를 이루는 시설이어서 함께 전해졌다.

④ 제4기 전반(13~17세기) : 분실용요(Ⅳa형)시기이다. 일본에서는 이 종류의 가마를 '부죽형등요剖竹形登窯'라 부른다. 늦어도 대략 13세기에, 한국의 용요가 기왕의 평염식 방법을 개변시켜, 가마 내에 일정한 거리를 두고 1단의 벽을 설치하여, 매우 긴 용요를 개개의 연속되는 방으로 나누었다. 연후에 격벽 아래에 1줄의 통화구를 설치하여, 화염이 각 칸의 요실 내에서 반도염 방식으로 운행되게 하였다. 이렇게 해서 화염이 가마 내에서 유동하는 노선이 연장되어, 열을 충분히 이용할 수 있게 되었다. 이 기술은 중국의 남부

연해 지구의 광동성 조주요에서 최초로 발생하였다. 11~14세기는 바로 광동성과 복건성 등 화남 연해의 무역 자기의 생산이 고조된 시기였으며, 대량의 제품이 세계 각지로 전해 졌다. 이때 한국과 일본은 그 주요한 투매지의 하나였으며, 분실용요 기술이 이 시기에 한 국에 전해진 것으로 추정된다.

⑤ 제4기 후반(17세기~현대) : 중국의 계롱요(Ⅳg형)가 한국과 일본에 동전을 시작하였 다. 계롱요는 화염을 통제하는 기술면에서 일반적인 반도염 분실용요와 본질적인 차이는 없어서, 크게 한 시기 안에서 구분하였다. 계롱요 기술도 분실용요와 같이 화남 연해에서 발생하고 유행하였으며, 전파 노선도 분실용요와 비슷하다.

이상의 네 시기에서 2기와 3기의 경계선은 매우 명확하다. 즉 10세기 이전은 한반도 전통의 지하식 혹은 반지하식 교혈요의 유행 시기였다. 장소 기술 방면에서 아직 요도구 의 사용을 알지 못했고, 구워낸 것은 전부 도기이며, 엄격히 말해 무유도기(스에끼須惠器) 와 일부 자연회유도기이다. 조형과 장식은 거의 한반도 고유의 양식이며, 가끔 중국 기물 의 조형을 방제한 것도 있으나 수량이 극히 한정되어 있다. 그러나 10세기 이후, 상황은 크게 달라졌다. 이하 교혈요·용요·분실용요·계롱요 등 각 단계의 가마 구조의 비교를 통해서, 한반도 가마기술 발전의 과정과 변화를 살펴보겠다.

1. 지하식 교혈요는 최종적으로 지면식 가마로 대체되어야 했다.

이것은 교혈요가 지하에 깊이 감춰져 있고 요신이 짧아서 장소 용량이 한정된 원시가 마이기 때문이다. 교혈요는 지하를 파내어 요벽이 두텁고 음한陰寒하다. 그래서 요내의 열량을 대량으로 흡수하게 하고, 온도를 느리게 상승시킨다. 보다 심각한 것은 요신이 지 하의 습기 찬 땅 속에 있어 항상 지하수의 침습을 받으며, 소요燒窯 시에는 요벽에서 대량 의 수증기를 발생시킬 수 있어 도기가 번조 중이나 유색의 환원과정 중에 필요한 '번조분 위기'를 얻기 어렵다는 점이다. 이는 이상적인 청자나 백자를 번조하는 데 매우 불리하다. 일본의 교혈요는 이를 위해 특별히 배수 시설을 설치하여 하나의 큰 특징을 이룬다. 필자 는 일본에서 교혈요를 발굴할 때 가마 내부가 매우 습한 것을 느꼈으며, 원래 있던 배수 구가 발굴 시에도 여전히 지하수를 배출하는데 이용되었다.

이에 생각해 볼 수 있는 것은, 교혈요는 정요停窯와 소요燒窯 기간 모두 정도는 다르지만 지하수의 침입을 당하는 걱정이 있다. 무엇보다 번조 중에는 요내의 수분이 수증기로 변하여, 직접적으로 번조의 질에 영향을 준다. 정요 시에는 침투한 지하수가 도배를 재이는 과정 중에 기배의 건조를 방해한다. 동시에 지하식 가마의 보수는 지면요 같이 시공이 쉽지 않아서, 일단 가마를 폐기하고, 장소를 바꿔 새로 파서 만들 수밖에 없다. 때문에 교혈요의 분포 면적이 크고, 폐품 퇴적이 빈약하다. 지하요의 길이는 10m 정도가 한도인데, 주요 원인은 요신에 투시공을 설치하여 연료를 추가할 수 없기 때문이다. 그러나 이상의 조건을 개선하려면 반드시 요신이 지면으로 올라와야 한다는 것이 전제되어야 하며, 이것이 지하식 가마가 결국 지면식 가마로 대체되어야 하는 원인이 되었다.

세계 각지의 가마는 모두 이렇게 지하에서 지면으로의 전환 과정을 거쳤다. 다만 이런 전환기가, 어떤 지방은 빨리 왔고, 어떤 지방은 늦게 왔다. 최후로 어떤 지면식 가마로 대체되었는가는, 그 소재하는 지리적 환경과 기술 전통에 의해 결정되었다. 중국에서, 이런 전환기는 상당히 일찍 출현하였다. 남방의 용요 계통을 보면, 늦어도 기원전 1,000년 전의 상대에 이미 지면 축조의 용요가 출현하였는데, 절강성 상우현과 강서성 장수시 오성樟樹市吳城의 상대 유적 중에 발견된 각 식의 가마가 이를 증명한다. 북방의 마제요 계통에서는, 대략 기원전 800년의 서주 시기에 이런 전환 과정이 이루어졌다.

불가해한 것은, 한반도와 대륙의 장기간의 '문화교류' 속에서, 기술의 교류가 이렇게 어렵고 느렸는지, 기원 후 9세기 내지 10세기가 되어서야 겨우 절강성에서 용요 청자 기술을 받아 들였다. 그리고 인근의 일본은 여전히 원시적인 교혈요 단계에 머물러 있었다. 지하식 가마에서 지면식 가마로 변한 것은, 한·중 간에 2,000년 정도의 시간 차이가 존재한다. 그리고 이 2,000여년 중에, 중국의 물레 기술과 연유, 삼채 기술과, 기물의 조형과 장식 등이 한반도에 영향을 주었다. 그러나 기술 계통의 경위는 분명하지만, 차이가 비교적 크다. 기술의 교류가 물산의 교류와 표면적 모방에 비해 어려움이 훨씬 많다고 볼 수 있다.

2. 평염식 용요에서 반도염 분실용요로의 변화

중국에서 이런 전환은 대략 10세기 무렵에 발생하여, 한반도에 비해 약 3세기 정도 빠르다. 기술의 근원지는 화남華南 연해의 조주요 일대인 것 같다. 용천요 일대에 출현한 분실용요 기술도 화남 연해의 영향을 받았던 것 같다. 그러나 현재 양 지역의 기술 교류 과정을 묘사할 수 있는 확실한 자료는 아직 없다. 13세기 무렵에, 이 기술은 중국 동남 연해에서 한반도의 서남부로 전해졌다. 그러나 한국에서 현재 발표된 자료가 적고, 함께 비교할 자료가 한정되어 있어, 이 기술이 중국의 어느 요업 기술 구역에서 전해진 것인지? 어느 시기에? 간접적인가 직접적인 기술 교류인가? 새로운 기술이 발생한 후에, 한반도의 요업에 어떤 영향이 발생하였는가? 등, 이 모든 것에 대해 정확한 해답을 할 방법이 없다.

3. 계룡요 기술에 관한 원류와 전파

명대 송응성의 『천공개물』 중에 계룡요의 도면이 실려 있고, 중국의 여러 연구자들이 덕화요에서 이를 발견하였다[33]. 현재 복건성 안계요安溪窯와 민청요閩淸窯에서 계속 사용하고 있으나, 정식의 발굴과 조사 보고는 보이지 않는다. 『천공개물』의 도면 자료에 근거해 판단하면, 일본의 야마구찌현 하기야끼山口縣萩燒의 가마가 전형적인 계룡요에 속할 수 있다(그림 7-3-18 참조). 유사한 가마가 한국의 전남 장흥군 용산면 월송리蓉山面月松里에서도 발견되었다[34](그림 판5:2).

계룡요가 중국에서 언제 출현하였으며, 이후 어떤 경로를 거쳐 한국과 일본에 전해졌는지는, 아직 수수께끼이다. 일본 서부의 하기야끼萩燒에서는, 1604년~1763년간에 한반도에서 전래된 분실용요가 유행하였다. 그러나 늦어도 1763년 무렵에 반관반민의 하기요가 분화하여 다른 한 갈래의 민요가 나왔는데, 거기서 독특한 Ⅳg형 계룡요를 채용하였고, 산상傘狀도지미를 사용하였다[35]. 이 요도구는 덕화현 완평륜요德化縣碗坪倫窯의 북송 말·남송의 지층에서 출토한 동류의 요도구와 조합은 물론, 크기와 사용 방법도 완전히 일치한다(그림 3-6-8 참조). 문제는 완평륜요가 사용한 보통의 용요는, 시대가 12세기인데, 하기야끼의 계룡요는 18세기 전반에 시작되어, 그 사이에 400여 년간의 시간차가 존

---

33) 葉文程, 「略談福建古代陶瓷窯爐類型的發展」, 『中國古陶瓷硏究』, 科技出版社, 1987, p.358, 용요가 계단요로 가는 과도적인 유형이라 추정한다.

34) 『彩色圖版 韓國の陶瓷』, 淡交社, 1977, p.29~33 채색판 사진 조선시대 계룡요.

35) 『萩燒古窯發掘調査報告書』, p.189, 窯爐遺蹟編年表.

재한다. 그래서 이 두 곳의 요업이 역사상에서 모종의 형식적 관련이 발생한 것인지를 알기 위해서는, 덕화요德化窯의 산상도지미의 유행시기의 하한과 하기요의 산상도지미 사용의 상한을 분명하게 조사하여, 가능한 두 곳의 시간차를 줄여야 한다. 연후에 다시 덕화요 일대의 용요·계단요·계롱요의 분포상황을 고찰하고 편년을 시도하며, 특히 발굴과정에서 계단요와 계롱요의 차이를 엄격하게 구별해 내야 한다.

어떤 의미에서, 계롱요는 분실용요에서 분화되어 나온 하나의 지류라 할 수 있다. 분실용요는 여러 요실을 공유하는 한 개의 직통형 천정이 있지만, 계롱요는 하나하나 독립된 '계롱(닭장)'을 배열한 것 같다. 그들의 요정窯頂은 비록 유적에서 발견되기 어렵지만, 요기窯基의 구조에 근거하여 그 유형별을 판단할 수 있을 것이다(제7장 제3절에서 상술함).

제8절. 여론餘論

1. 몇 가지 수정할 예들

본문은 '문화비교 단계론'에 기초하여, 문물의 표면적 모방과, 기술교류라는 두 사안을 서로 다른 문화 단계에 놓고 비교하여, 선학들과는 다른 결론을 얻었다. 고대에, 인류의 교통이 부단히 발달함에 따라, 각 민족과 각 국가들이 다양한 형식의 '물물교환'과 '예물증답禮物贈答' 및 '조공무역', '경제무역' 등을 통하여, 각국 특유의 물산에 대한 공간상의 이동을 실현시켰다. 고고학적 관점에서 고찰할 때, 보존가치를 갖고 있는 문물은 반드시 주의해야 할 점이 있는데, 이들이 시간의 제한을 받지 않을 수 있어, 몇 십 년 혹은 몇 백 년 후에도 방제倣製나 개조改造가 되어 사용될 수 있다. 그래서 문물의 옛 모습이 새로운 시대에 출현하거나, 혹은 옛 면모가 새 얼굴로 바뀌거나 하여, 시간 개념상의 도약이 일어나, 연구자들에게 혼란을 조성할 수 있다. 이 때문에, 도자기를 연구할 때, 단순히 문물의 외관만으로 비교를 행하면, 각종의 착각을 발생시킬 수 있고, 실제와 맞지 않는 결론을 얻을 수 있다. 현재 도자고고학 내지 일반 고고학 연구에서 이런 예들을 적지 않게 찾아낼 수 있다.

예를 들어 기왕의 도자기 연구가 표면 비교를 중시한 바가 많아, 출토 문물을 외관 혹은 문양 상의 '상象(닮다)'과 '불상不象(닮지 않다)'으로 '문화교류'의 유무를 판단하였다. 예컨대 고려청자가 대량으로 중국의 북방 명요기名窯器의 조형과 장식을 모방하였는데, 이 때문에 고려청자가 북방기술의 영향을 받았다고 판단하였다. 그러나 기술 교류의 각도에서 고찰해 보면, 고려·조선시대, 즉 9세기 이후의 한반도 요업기술의 주류는 중국 동남연해식이다. 그 특징을 보면, 가마 기술면에서는, 용요와 분실용요가 주체이고, 중국 북방의 마제요는 1기도 발견되지 않는다(와전요는 불포함). 또 석탄을 연료로 쓰는 관습도 없어, 한반도의 자요 기술면에서 중국 북방과는 기술상의 연관이 없음을 말해 준다. 요도구 면에서는, 북방에서 가장 유행한 삼차형받침은 일본에서는 발견되지만, 한반도에서는 1점도 출토하지 않는다. 반면에 절강성에서만 사용했던 'M형 갑발'은 한국의 주요 자기 생산지에서 비교적 보편적으로 채용되었다. 이는 곧 한반도가 중국 남방과 밀접한 기술 교류 관계에 있었고, 북방과는 직접적인 관계가 없었음을 더욱 더 실증하는 것이다. 이와 같이 외관을 관찰해서 비교하는 방법은 뜻하지 않게 상반된 결론을 얻게 될 수 있다.

똑같이, 일본 이마리에서 경덕진의 청화자기를 거의 핍진할 정도로 방제하였지만, 번조기술 방면에서는 양자 간에 어떤 필연적인 연계가 없으며, 확실히 한국과는 밀접한 관계가 있다. 만약 외관을 쫓아 기계적으로 비교하고, 기술적인 면의 연구를 소홀히 하면, 곧 착각을 줄 수 있어, 정확하게 당시의 동아 각국 사이의 정치와 경제 관계를 그려낼 수 없게 된다.

일본 중세 시기의 최대의 시유도기 산지인 사나게요猿投窯는, 8세기부터 중국 남북방의 청자와 백자의 조형을 모방하기 시작하였으며, 9세기에는 삼차형받침 위주의 다양한 요도구를 사용하였다. 삼차형받침은 중국 북방의 요장에서 유행한 요도구로(나고야대학 박사과정 1987년도 논문), 이는 사나게요와 중국의 도자기술과의 연관을 판단하는 중요한 단서이다. 그러나 사정이 그리 간단하지 않다. 연구 결과를 말하면, 9세기에 삼차형받침을 사용한 사나게요는 중국과 기술상의 직접적인 교류가 발생하지 않았다. 그 각종 받침은, '나라삼채'나 '녹유도' 등의 시유도기가 삼차형받침을 사용하여 유결釉結을 방지했던 기술 전통을 그대로 계승한 것이다. 이 기술은 8세기에 중국의 낙양삼채洛陽三彩 기술을 따라 일본 나라奈良에 전해진 것이다. 연후에 다시 기타 연유도기를 구운 요장으로 확대되었다.

필자가 이렇게 판단하는 이유는, 첫째, 9세기에 중국은 갑발 기술이 이미 매우 보편화되었고, 둘째, 남북 지구 모두 매우 선진적인 지상가마를 사용하였고, 셋째, 요장마다 '회유도기'보다 더욱 아름다운 유색을 만들 수 있는 각종 배합 능력을 소유하고 있었다. 이상의 세 가지 사항은, 만약 사나게요가 9세기에 중국의 도공과 기술상의 교류를 하였다면, 그렇게 전입된 것이 겨우 몇 종의 받침이나 도지미만이 아니었을 것이다. 필연코 한반도와 같이 도기에서 자기로 가는 기술의 비약이 이루어져, 응당 보다 선진된 장소 요도구를 사용하고, 여러가지 시유 기술이 출현하고, 가마도 지하에서 지면으로 올라왔을 것이다. 이 때문에 '문화교류 단계론'의 관점에 기초하여, 동아 각국의 도자기술 교류사 중에 존재하는 많은 중대한 문제들에 대해 새로운 사고가 필요하다.

2. 한국 청자의 기원에 관한 문제

월요의 청자 기술이 언제 한반도에 전해졌는가? 어떤 경로를 통해 한국에 전해졌는가? 이것이 바로 한·일 양국의 연구자들이 관심을 갖고 열렬히 토론하는 중대한 학술 문제이다. 필자의 기본적인 의견은, 신라와 당이 아직 대립적인 처지에 있던 9세기는, 정치 환경은 물론이고, 문화 배경 역시 월요 청자 기술을 전수하고 접수하는 조건을 갖추지 못했다. 다만 신라 이외의 비대립적인 정권과 지역에서는 양자 사이에 기술상의 수수授受 관계를 세웠을 가능성이 있다고 생각된다. 고려 왕조에 들어선 후, 정치가 안정되고, 한반도와 대륙 사이의 관계가 전면적으로 개선되며, 특히 중국에서 정치제도와 과거제가 도입된 이후에, 중국 문화를 받아들인 넓이와 깊이가 전대와는 크게 달랐다. 이 시기에, 도자기술이 기술자를 파견하는 방식을 통하여 직접 전수되었을 가능성이 가장 크다. 그러나 이같이 되면, 월요의 청자 기술이 한국에 전입된 것이 10세기 전반 내지 10세기 중반으로 늦게 추정되어야 한다. 그러나 고고학상의 증거는 거의 이 시기보다 빠르다. 합리적인 해석을 위해, 9세기에 신라와 대립적인 위치에 있던 기타 정권의 활동에서 그 답을 찾을 수 있을 것이다. 사서史書 기록과 현대 역사가의 연구에 의하면, 9세기 초반에 활동한 장보고張保皐(?~941년)와 9세기 후반의 후백제왕 견훤甄萱이 고려할 만한 중요한 인물들이다. 미까미三上次男 선생은 그의 『일본조선도자사연구日本朝鮮陶瓷史研究』의 p.250~253에서, 이 방면의 자료를 개괄하여 장보고의 활동 상황에 대해 간략히 소개하였다. 이노우에井上秀雄의 『고대조선古代朝鮮』의 p.249에도 후삼국 시기의 정권교체 상황에 대한 기술이 있다.

관계있는 정권을 선후 순서에 따라 배열하면, 장보고와 견훤에서 고려를 건국한 왕건까지, 세 사람 모두 청자의 전파와 일정한 관계가 있다. 그들의 공통된 특징은, 신라 정권과 대립하여 분열되어 나와서, 완도莞島를 근거지로 하거나 반도의 서남해상에서 활동하였다. 그리고 이 지역의 사람들은 대륙과 왕래할 기회가 비교적 많았으며, 사상과 감정상으로 중국인의 생활방식을 쉽게 받아들였다. 현대의 과학연구에 의하면, 이 일대의 해상교통은, 해류와 계절풍을 이용할 수 있어, 1월의 해류를 타면 항주만에 쉽게 도착할 수 있으며, 7월의 해류를 따르면 편안하게 한반도로 돌아온다고 한다[36]. 당말 · 오대시기에, 오월지구의 전씨錢氏는 북방 정권에 대해 납세하는 공물을 곧 이 해류를 이용해 북상해서 산동반도에 상륙하였다. 이 때문에 영파항에서 산동반도와 한반도를 오가는 교통이 편리하였다고 할 수 있다(그림 6-8-1).

장보고를 재론하면, 그는 청년 시절에 산동지구에 가서 서주절도사徐州節度使 문하의 장군을 맡았다가, 829년에 한반도로 돌아왔다. 후에 군인 신분으로 상업을 경영하여, 명주항明州港(중국의 영파시)과 하카타항博多港(일본의 하카타시博多市) 사이에서 활동하다가, 841년에 분규로 인해 피살되었다. 9세기 말, 견훤은 독립한 후에, 수차례 오월국에 사신을 파견하여 통교하였다. 왕건은 견훤이 오월국에 보내는 밀무역선을 포획하기도 하였다(고려사, 권1, '태조본기'). 이상의 사실은 9세기에 청자 기술이 한국으로 동전東傳했을 가능성을 고려하게 하는 배경 자료를 제공한다. 그러나 고고학적으로 이 점을 실증하기 위해서는, 반드시 월요와 한국 서남지구의 초기 청자의 가마 구조, 특히 요도구에 대한 계통의 편년과 비교 연구를 해야만 믿을 수 있는 결론을 얻을 수 있을 것 같다. 단순히 기물의 조형의 비교에만 의지해서는 한국 청자의 기원 문제를 해결하기는 매우 어려울 것이다. 현재 몇 개 지점에서 발견된 가마와 요도구 자료를 살펴보면, 포함된 중국식 기술이 모두 단순하며, 또한 같은 시대에 위치해 있는 것도 아니다. 필자가 추측하기로는, 이런 기술상의 교류는 한 차례로 완성되는 것이 아니며, 또한 청자 기술의 전파가 월요 도공을 납치해서 이루어진 것이라고는 생각하기 어렵다[37].

---

36) 陳正祥, 『中國文化地理』, 香港三聯書店, 1985.
37) 三上次男, 『日本朝鮮陶瓷史硏究』, p.252.

그림 6-8-1 9세기 동아 정치 정세

3. 기술의 적응과 전화轉化

한반도 도공들은 비록 중국의 기술을 접수하였지만 생산 목적은 달라서, 접수한 기술
이 점차 변질되었다. 적응하지 못한 부분은 '도태'되었고, 적응된 기술 성분은 '한국화'되

었다. 중국은 고대 자기생산의 대국으로, 특히 입송入宋 이후 도자기를 상품화 목적으로 만들어 대륙 각지에 유통시켰을 뿐만 아니라, 바다 건너 일본, 한국, 동남아, 심지어 유럽 등 멀리 떨어진 국가들에게 판매하였다. 때문에 중국의 도자기 생산은 제작수량을 증가시키기 위한 방법을 강구하고 원가 계산을 중시하였으며[38], 때문에 모든 요장들이 질적인 면을 첫 번째로 중시하지 않았다. 관부 수요의 진상자기를 만들기 위해 몇몇 선진 가마에서 임시로 생산 임무를 맡았을 뿐이며, 그들의 주요한 노력도 상품자기 생산에 투입되었다.

중국 요지의 요장 분포 상황을 보면 사방에 촘촘히 분포되어 있다. 그 경제적 배경을 생각해 보면, 당시 요장의 경쟁이 매우 치열하여 자신의 상품을 불패不敗의 위치에 세우기 위해 번조한 자기들이 반드시 물건도 좋고 값도 싸야 했다. 특히 값이 싼 것이 경쟁 중의 첫째 조건이어서, 이런 배경 하에서 실시된 기술은 각 생산 부분에서 시간과 원료와 연료를 절약하는 것을 매우 중시하고 생산원가를 낮추기 위해 노력하였다. 이런 목적에 도달하기 위해 도공들이 반드시 고려할 것은, 여하히 번조공간을 확대하고 공간을 충분히 활용하는 것이다. 또한 똑같이 소모되는 상황 아래에서 더 많이 더 좋은 제품을 생산하고, 폐품율이 커지는 것을 엄격히 통제하였다. 때문에 치열한 상품 경쟁 속에서, 가마의 구조를 개선하고 장소 기술 수준을 향상시키는 것이 곧 도공들이 밤낮으로 생각하는 중대한 과제였다. 그러나 이런 절박감을, 경쟁력이 결핍되어 있고 서로간의 경쟁이 치열하지 않았던 한국과 일본의 도공들은 가지고 있지 않았다.

가마와 요도구 중에서, 가마의 변화가 상대적으로 느리다 할 수 있다. 그리고 가마 구조가 일단 고정된 후에는, 경쟁에서 이기는 주요 요소가 장소기술이 된다. 그래서 장소기술의 수준을 반영한 주된 것이 요도구의 설계와 이용이다.

많은 요도구의 설계와 응용의 목적은, 기물을 번조 공간 내에서 효과적인 곳에 두어, 기물이 화염을 고르게 받게 하고, 시유도자기에 유와 붙는 것을 방지하며, 동시에 기물들이 요내의 연기와 먼지의 오염을 받지 않게 보호하는 것이다. 중국의 가마와 요도구의 혁신은 종합적으로 중국도공들의 가마의 '공간의식'과 제품의 '원가의식'을 반영하였다. 그

---

38) 중국고대요장의 원가와 수세收稅를 계산한 예가 있다. 고서적 중에도 다소의 기록이 있는데, "대체로 도기 130근에 장작 100근이 든다(大抵陶器一百三十斤, 費薪百斤)" 같은 류의 기록이다(明 宋應星, 『天工開物』, 鍾廣言 주석, 中華書局版, 1978, p.193). 도기의 성형 과정 중에 가공의 정·조합에서도, 도공이 작업 시간을 벌어야 할 때, 한 칼에 여러 개를 다듬는 것도 상관하지 않는 계산 심리를 엿볼 수 있다.

리고 이 모든 것들은 결국 상품세계 속의 '경쟁의식'을 반영한 것이었다. 따라서 한국과 일본의 요업기술이 중국기술의 영향을 받았는지 여부와, 직접적인 기술교류의 유무를 판단하는 데는, 기술 중에 포함된 '원가의식'과 '공간의식'을 조사하는 것이 중외中外 도자기술의 특징을 구분하는 관건이고 기본 방법이다.

유적과 유물을 고찰해 보면, 중국의 도자기술이 한반도에서 퇴화된 점과 한국화한 점을, 갑발 효능의 변화를 통해 한, 두 가지 볼 수 있다. 즉, 초기의 청자 요장에서 대량의 M형 갑발을 볼 수 있지만, 뒤에 가면 갑발의 사용량이 대폭 감소한다. 평시에 사용하는 갑발도 일부 기물에 그치고, 일반적으로 3층 정도 쌓아, 전체 공간높이의 1/3 이나 1/4을 점유하고, 요실의 대부분은 빈 상태이다. 한국 도공들이 갑발을 사용하는 것은 단지 유면을 보호하는 효과를 중시하기 때문이며, 중국인이 가장 중요시한 공간과 원가 의식을 소홀히 하였다. 뿐만 아니라 이런 갑발 사용 의식은 그대로 17세기의 일본 아리타요(이마리)에 전해졌으며, 이는 필자가 이마리요의 번조기술이 경덕진과 무관하다고 판단하게 하는 중요한 근거의 하나가 되고 있다.

제7장
일본 요업 기술 교류사론

제1절. 일본 요업사 연구와 가마 기술의 기원

일본 도자기술 발전의 원류를 찾기 위해, 일본의 학자들은 매우 많은 고고학적 조사와 정세한 연구 작업을 하였다. 또한 대량의 자료를 집적하고 세계 각국에서 다양한 연구 성과를 광범위하게 수집하였으며, 대량의 도자기 출토품과 전세품이 실린 아름다운 도록을 편찬하는 등, 종합적인 연구를 위한 양호한 기본 조건을 제공하였다. 본장은 일본을 중국과 한국의 고고자료와 대비하는 과정 중에 나타난, 일본 도자생산 기술 중의 장소(재임)와 번조기술 및 기술 교류에 관한 문제에 대해서만 필자의 견해를 밝히고자 한다.

일본에서 체류한 짧은 몇 년 동안에, 일본 도자사의 연구 상에 놓인 여러 구체적인 문제를 자세하게 해결하려는 것은 어려운 일이었다. 왜냐하면 일면으로는 일본이 날로 늘어나는 새로운 자료들의 누적과 광범위한 정보 출처 때문에, 거의 누구도 이들 정보를 종합하고 성과를 개괄하여, 일본의 방대한 학술 대오에 걸맞는 『일본도자사』를 편성하려는 능력과 용기를 갖지 못하고 있었다. 때문에 지금까지, 동아 제국 중에서도 일본만이 이런 종류의 전문저작이 없다.

또 다른 일면은, 일본학자들이 치학治學 방법상으로 세소細小하고 구체적인 문제에 대한 연구에 편중하고 있어, 일본 도자기술 발전사에 대한 폭넓은 관점의 종합적인 연구가 결핍되어 있었다. 필자는 '일본도자사 연구'라는 권역 밖에 서 있는 사람으로서, 일본 도자기술 발전의 여러 문제를 보다 광범위한 공간 속에 두고, 동아 문화교류라는 대 환경 속에서 한번 고찰을 시도해 보고자 한다. 만약 일본 도자사 연구에 보탬이 되는 몇 가지 의견을 제출할 수 있다면 필자에게는 더 없는 영광이 될 것이다.

필자가 알기로 각 민족 문화에는 교류를 진행하는 과정 중에 보편적으로 다각도와 다단계의 복잡한 관계가 존재하며, 교류의 루트가 다르고 얻는 효과도 다르다. 구체적으로 도자 기술의 비교 연구에서 표현한다면, 적어도 도자기 외관의 비교, 장소 기술의 비교, 가마 기술의 비교 등 3단계로 나누어 볼 수 있다. 그리고 문제를 관찰할 때 분야별로 고찰을 진행하고, 연후에 그 기초 위에서 종합해 가야 한다. 이하 구체적인 연구 대상을 분석하는 것을 시작으로, 일본 도자 기술 교류사의 약간의 문제에 대하여 논의하고자 한다.

1. 가마의 기원과 노천퇴소

도자기를 번조하기 위한 중요한 도구인 '가마'는, 언제 일본 열도에 출현한 것일까? 일본학자들이 그동안 발굴조사와 연구를 통해 대체로 5세기 전반에 한·일 관방官方교류의 경로를 통하여 한반도의 고화도 환원염 번조의 스에끼須惠器 기술과 교혈요 기술이 일본에 전해졌으며, 이로부터 일본이 유요有窯 번조단계에 진입하기 시작하였다고 생각하고 있다. 그러나 5세기 전의, 거의 1만년에 이르는 기나긴 조몬繩文시대와 야요이彌生시대 및 고훈古墳시대 전기까지 일본에서 수많은 도기(토기)는 결국 어떤 가마를 사용하여 구워냈는가? 이것이 당연히 관심을 가지게 되는 첫 번째 문제이다.

민구학民具學과 민속학자들은 원시 제자기술 조사에 근거하여, 일본에서도 세계 각지와 마찬가지로, 가마가 출현하기 이전에 보편적인 '노천퇴소'의 제도 방식이 존재하였으며, 기나긴 무요 시기를 거쳤다고 추정한다. 일본의 무요 번조시기는, 조몬도기가 출현한 때부터, 교혈요 기술이 한반도에서 일본에 전입될 때까지로, 공히 1만년 정도의 역사를 가진다. 동아에서 무요 시기가 가장 길다. 고고학 자료를 종합해 판단하면, 일본의 무요시기는 'Ⅰ-번조갱'과 'Ⅰ+지상노천퇴소'의 2종 이상의 번조 형식을 사용했던 것 같다. 그 형태는 이하 가마의 예를 들어 실증할 수 있다.

오사카부 톤다바야시시 키시大阪府富田林市喜志 유적에서 발견된 야요이 시대 중기의 Ⅰ-형 노천 번조갱(그림 7-1-1)은, 한 변의 길이가 2m, 1.9m에 방형에 가까우며, 깊이는 0.3m이다. 갱의 바닥에 자갈돌을 깔았는데, 이는 지하에서 올라오는 습기의 침습을 차단

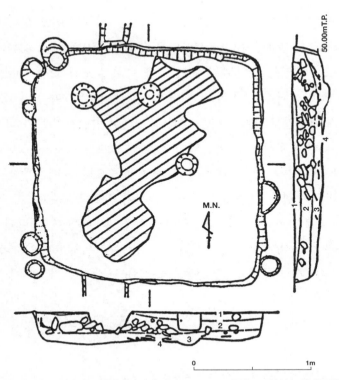

그림 7-1-1 오사카부 톤다바야시시 키시富田林市喜志유적 Ⅰ-형식 노천번조갱
(야요이 중기, 1986, 日本歷史考古學)

하기 위해 전문적으로 설치한 것 같다. 갱내에서 탄 재가 발견되는데, 이런 번조방법은 아마 먼저 갱내에 1층의 연료를 깔고, 그 위에 도배를 놓은 다음, 다시 대량의 연료로 기물을 덮어씌우고, 완전한 노천 상태에서 도배를 번조한 것 같다. 동류의 유적이 야요이시대 ~나라시대의 유적 등에서 자주 발견된다[1].

　　민족학 조사와 현대의 시험 번조한 경험에 의하면, 노천퇴소는 취미로 몇 개의 토기를 굽는 간단하고 쉬운 일이 결코 아님을 증명하고 있다. 기술의 실용성면에서 보면, 구워낼 토기는 일정한 수량이 요구되며, 번조된 도기는 반드시 사용가치를 갖고 있다. 가미사키

---

1) 일본연구자들은 죠몬繩文토기가 '번조갱'이라 명확하게 판단되는 '요지'에서 번조한 자료가 많지 않으며, 지면이 붉게 탄 흔적을 제하고는 기타 관련된 유물의 보존이 매우 어려워 '요窯'라고 하는 특징이 불명확하고, 설사 발견되어도 단정하기 어렵다고 말하고 있다. 자료출처, 『學習日本歷史考古學』, 有斐閣, 1986, p.40.

神崎宣武선생은 인도에서 민족학 조사를 하면서, 직접 3차례의 번조 실험을 하고 이에 대한 자료를 제공하였다. 선학들의 연구 성과와 종합해서 노천번조의 요점을 보면, ① 요 바닥과 도배는 반드시 예열을 거친 후에 뜨거운 불 속에서 구워질 수 있다. 그렇지 않으면 배가 급히 열을 받아 깨어진다. ② 바람과 비가 없는 날을 골라야 한다. 풍우는 노천번조에 대한 위험이 뚜렷하면서 쉽게 만나는 것이다. 그리고 바람이 비보다 더욱 불리한데, 기배가 열을 고르게 받지 못하게 하여 균열이 가게 하기 때문이다. ③ 지면이 건조하여 수증기가 침습할 우려가 없는 곳을 선택하는 것이 매우 중요하다. 때문에 번조하기 전에, 축축한 번조갱은 반드시 불을 사용해 표면을 소결시켜 건조하게 한다. 이 후에, 연료를 깔고, 다시 도배를 놓고 약한 불로 구워 어느 정도 건조시킨 후에 크게 화력을 올려 도기를 굽는다. ④ 수량과 질에 대한 평가를 중시하는 것은, 어떤 기술의 진보나 낙후성을 평가하는 중요한 기준이 되기 때문이다[2]. 노천퇴소 현상은 도기 제조의 역사를 가진 나라에서 대체로 존재하였지만(제3장 2절을 참조), 모두 자발적으로 발생한 것이고, 상호간의 어떤 교류 관계는 없다.

2. 교혈요의 다원多元 전파와 스에무라요陶邑窯

일본 최초의 가마는 '교요窖窯'이다. 이것은 스에끼(환원염 고온번조의 무유경질도기) 기술과 더불어 일본에 전해졌다. 『일본서기日本書紀』의 유라쿠雄略천황 7년(약 463년) 기록에, "천황이 대반 대연실옥에서 조칙을 내려 동한직국에게 명하기를, 신한도부고귀, 안부견귀, 화부인사라벌, 급부안정나, 역어 묘안나 등을, 상도원, 하도원, 진신원의 3개소에 옮겨 살게 하라 天皇詔大伴大連室屋, 命東漢直掬, 以新漢陶部高貴, 鞍部堅貴, 畫部因斯羅我, 錦部安定那, 譯語卯安那等, 遷居于上桃源, 下桃源, 眞神原三所"라는 내용이 있다. 그중 소위 '도부陶部', '안부鞍部', '화부畫部', '금부錦部'는 모두 특장한 외국 전문기술자가 영도하는 생산 집단을 보유하고 있었으며, '역어譯語'는 배치된 통역이다. 그중 '도부'의 설치는, '신한도부고귀'가 지도하는 공방으로 이해되며, 제품은 주로 수혜기였다. 이상 각 부의 직할 권력은 천황에 속하였다.

---

2) 神崎宣武, 『陶瓷紀行』, 未來社, 1984, p.17.

『일본서기』에 기록된 사실史實의 시기는 바로 중국 남조의 유송劉宋 대명大明 7년으로, 당시 유송은 백제나 왜국과 조공 무역 및 정치성 왕래가 있었다[3]. 그러나 남조시기에 중국 남방은, 부장품 내에, 이미 보편적으로 유행한 청자기를 포함하고 있으며(청자가 도자기 총수의 90% 정도를 차지한다), '스에끼' 같은 종류의 도기 기술은 위축된 상태였다. 동시에 가마 구조도 일본과 한국과는 다르다. 일찍이 전국시대에 강남은 이미 보편적으로 용요를 채용해 도기와 청자를 번조하였으며, 북방에서는 반도염 마제요가 유행하였다. 그러나 한국과 일본은 아직 교혈요 단계에 처해 있어, 기술 수준과 계통이 완전히 다르다. 따라서 한국과 일본의 스에끼 기술은 대륙과 전혀 관계가 없는 것으로 판단되며(기형의 모방은 다른 문제이다), 한·일 양국의 교혈요와 스에끼는 응당 독립된 하나의 요업기술 체계인 것이다.

일본은 스에끼 기술을 접수하기 이전에, 당연히 이를 수입해 사용한 과정이 있었을 것이다. 이때 이 신기술에 대한 흥미가 커졌을 것인데, 일본의 고분고고학 자료들이 중요한 단서들을 많이 제공해 주고 있다.

스에끼 생산 기술은 언제 일본에 출현하였는가? 현재 아직 약간의 논쟁이 존재한다. 예컨대 고야마小山富士雄선생은 큐슈 초기의 스에끼 편년표에서 5세기 초로 설정하였다. 이는 큐슈 지방의 고분에서 대량의 가야계 스에끼가 출토할 뿐 아니라, 동시에 이를 번조한 가마(오구마요小隈窯, 야마구마요山隈窯)가 발견되기 때문이다[4]. 나라사키楢崎彰一 선생은 5세기 초에 중부 일본에서도 스에끼의 생산을 시작하였다고 생각하고 있어[5], 이전의 전파와 공급이 일원적이라는 관점(나까무라中村浩)이 흔들리고 있다. 고고학 자료를 살펴보면, 최근 공인된 스에무라요陶邑窯와 큐슈의 초기 스에끼 요장 외에, 아이찌현 나고야 히가시야마愛知縣名古屋東山, 카가와현 미야야마香川縣宮山, 산로이케三郎池 등지에서 동 시기의 스에끼 요지가 발견되었다. 때문에 이 방면에 관한 연구자들이 한국의 일본 수혜기 전파에 대한 '다원론' 견해를 잇달아 내놓았다[6].

스에끼를 당시 일본의 전통적인 토기(산화염 저온 번조의 연질도기)와 비교해 보면, 현

---

3) 歷史學硏究會편,『新版日本史年表』, 岩波書店, 1984.
4) 楢崎彰一 등 주편,『陶質土器の國際交流』, 柏書房, 1989.
5) 日本古代施釉陶器生長의 過程, 1990.12.1. 한국 서울, "한국자기발생의 제문제" 국제학술토론논문집, p.80.
6) 同 4).

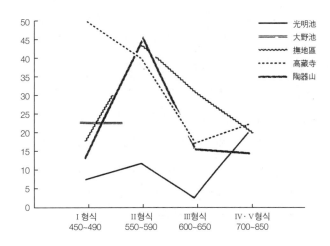

그림 7-1-2 스에무라陶邑요 각 요군 흥쇠 시의도

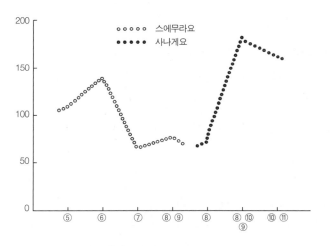

그림 7-1-3 스에무라陶邑요와 사나게猿投요 흥쇠 교체도

저하게 내용성耐用性이 좋아졌고, 제작과 번조기술도 커다란 차이가 있다. 토기는 손으로 빚고, 노천에서 구워, 도배가 대기 중에 노출된 채 산화염 속에서 번조되어, 도기색이 따뜻한 색조를 띤다. 그러나 스에끼는 물레로 성형하고, 지하식 교혈요를 사용해 번조하며, 번조시 가마의 입구를 봉폐하고 요 후미로부터 물을 스미게 하여, '가수훈소加水熏燒환원염(물을 가해 연기를 내어 만든 환원염)'의 번조상태를 만들었다. 그래서 도기색이 쥐색으로 되는데(오가와大川清), 양자는 질과 기술상에서 본질적인 차이가 존재하며, 전통적인 일본 토기에 대비하여, '스에끼'와 교혈요는 순수한 외래 기술이라 할 수 있다.

교혈요가 일본에 정식으로 들어온 것은 5세기 전반이고, 기술상의 착륙 지점은 다원적이라고 생각한다. 그러나 대규모 생산지가 형성된 것은 5세기 중엽 이후로, 대표적인 요지로 오사카부 이즈미 스에무라요大阪府和泉陶邑窯가 가장 유명하다. 일본 고고학계는 오랜 기간 이곳을 조사하였는데, 스에무라요에 대한 전면적인 발굴조사를 실시하여, 600기 정도의 가마 유구를 발견하였으며, 실

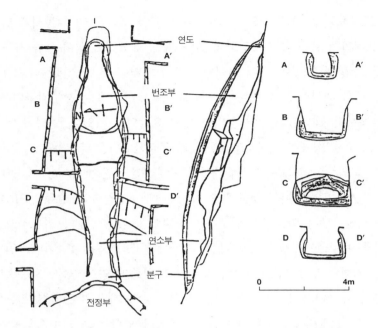

연도

번조부

연소부

분구

전정부

그림 7-1-4 오사카부 이즈미 스에무라요 TK-73 Ⅷa형식 교혈요
(5세기 중엽경, 1987, 『陶邑 Ⅲ 』)

제적으로는 1,000기 이상에 달할 것이다[7]. 가마의 밀집 정도로 볼 때, 이런 대형 요장은 절대 개인 소유가 아니다. 응당 대규모 생산을 조직하고, 생산 권리를 관장한 것은 지방 정권인 '이즈미국和泉國'이었거나 혹은 직접 천황 내부 관할로 귀속되어 있었을 것이다[8].

고고학적 관점에서 평가하면, 스에무라요는 일본 고훈시대의 최대의 요업 생산 중심지였다. 그리고 그 제품은 긴끼京畿의 왕실과 귀족에 공납되었을 뿐 아니라, 멀리 지방 호족들을 위해 전국 각지로 퍼져나갔다[9]. 요장의 생산은, 5세기 중엽에서 9세기 중엽까지 약 400년간 발전하였다. 나까무라中村浩선생의 분기 연구에 의하면[10], 4개의 발전단계와, 5개

---

7) 同 4), p.106.
8) 일본 『三代實錄』권2에 기록하길, 貞觀元(859)년, 河內와和泉 양국이 서로 도기를 굽는 나무를 베는 산 문제로 다투자, 조정에서 보낸 左衛門少尉紀今影이 감정한 바에 의해, 和泉國의 땅으로 하였다. 제Ⅴ기, 즉 최종기. 中村 浩, 『古代窯業史研究』, 柏書房, 1985, p.247에서 인용.
9) 『古代史の復元』권7, 古墳時代의 工藝, 講談社, 1990, p.289.
10) 中村浩, 『和泉陶邑窯研究』, 柏書房, 1981.

의 분포구역으로 나눌 수 있다(그림 7-1-2). 5개 구역의 생산은 거의 동시에 일어났으며, 고장사高藏寺 요지의 분포가 가장 밀집되어 있다. 제2단계에서 중심이 으뜸 지구인 토키야마陶器山 일대로 전향하였고, 9세기에 쇠퇴의 추세를 보였다. 또한 스에무라요가 쇠퇴하는 과정에 처하자, 이를 대신할 각 요장들이 도처에서 일어났다. 일본 중부지구의 사나게요猿投窯가 바로 스에무라요의 뒤를 이어 흥기한 대형 요장의 하나였다. 그리고 이후의 발전 속에서, 생산 규모와 영향력이 스에무라요를 훨씬 초과하였다(그림 7-1-3).

일본의 초기 교혈요의 형태는 스에무라요의 구체적인 예를 통하여 알 수 있다. 고장사高藏寺의 고훈시대 후기의 가마 유구를 보면(그림 7-1-4), 전장 10,8m, 폭2.32m이고, 요상은 15°의 경사각을 이루며, 연소부와 번조부의 구별이 분명하지 않다. 일반적으로 연소부는 비교적 평탄하며, 혹 연소갱이 있을 때는, 요상이 위로 경사진 곳이 바로 양자의 분계선을 의미한다. 가마는 뒤로 가면서 점차 축소되고, 한줄기 연도煙道가 지상으로 통하게 형성되어 있다. 스에무라요의 가마 구조는 일본의 초기 교혈요의 전형적인 양식에 속하며, 기타 동류의 가마도 대체로 이와 같다. 이 가마는 출현한 날로부터 소실될 때까지 천여 년 동안, 경사도 및 요상과 연소실에 단차段差가 출현하는 등의 세부적인 사소한 차이를 제하고는, 기본 구조에 큰 변화가 없었다. 이 때문에 Ⅷa형 가마의 편년 중에, 이후 역대 사용한 가마는 단지 수량상의 증가만 있고 질적인 향상이 없어 일일이 나열할 필요가 없을 것 같다.

일본의 각종 화염형의 가마 중에, 사염斜焰의 교혈요가 수량이 가장 많은 종류의 하나이며(그림 7-1-5 : 上), 많은 사염요(평염 포함) 중에서, 교혈요가 또한 선두를 차지한다(그림 7-1-5 : 下). 교혈요는 비록 한국인이 창조하였지만, 이 기술을 대량 사용한 것은 일본인으로, 일본은 세계적인 교혈요의 중요 분포지구이다.

교혈요는 통상적으로 산의 지하를 파서 만들었는데, 1기의 완전한 가마는 일반적으로 분구·연소부·번조부·연도의 4개 부분을 갖추고 있다. 가마는 지하에 건축하기 때문에, 요의 전단 부분이 출입구와 연소실, 투시구를 동시에 겸한다. 또 지하에 건축하므로, 교혈요의 요신은 온도가 낮은 부위에 연료를 보충할 수 없어, 이것이 교혈요의 길이를 제한시킨다. 동시에 교혈요의 수리가 매우 어려워, 이 때문에 교혈요의 사용 수명이 일반적으로 짧은 편이다. 또한 폐기된 가마 주위의 산 흙이 소결되어지면서 원래 자리에서 새 가마를 다시 굴착하기가 불가능해져, 반드시 위치를 이동하여 새로운 땅에서 따로 가마

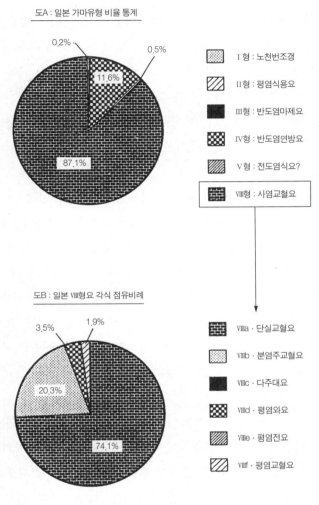

도A : 일본 가마유형 비율 통계

▦	Ⅰ형 : 노천번조갱
▨	Ⅱ형 : 평염식용요
■	Ⅲ형 : 반도염마제요
▦	Ⅳ형 : 반도염연방요
▨	Ⅴ형 : 전도염식요?
▦	Ⅷ형 : 사염교혈요

도B : 일본 Ⅷ형요 각식 점유비례

▦	Ⅷa · 단실교혈요
▦	Ⅷb · 분염주교혈요
■	Ⅷc · 다주대요
▦	Ⅷd · 평염와요
▨	Ⅷe · 평염전요
▨	Ⅷf · 평염교혈요

그림 7-1-5 일본 가마 유형 비율
(상; 유형 비율, 하; Ⅷ형요의 종류 및 비율)

를 만들어야 한다. 이런 한계들 때문에, 교혈요의 생산량이 높지 않고, 요지의 폐기물 퇴적도 두텁지 않으며, 일단 요지가 발견되면, 무리를 이루어 분포하는 현상을 볼 수 있다.

지금까지 발굴된 수천 기의 교혈요 자료의 통계에 따르면, 한국과 일본을 불문하고, 교혈요의 총길이는 일반적으로 10m 이하이며, 극소수가 15m를 초과한다. 그러나 가마 내의 실질적으로 유용한 번조공간은 5~8m 정도이다. 요 후미의 크게 단이 진 부분은 단지 배연의 통로로 사용되지만, 간혹 온도가 비교적 낮은 도기와 연유도기를 놓아두기도 한다. 요의 후미에서 보통 익지 않은 유물이 발견되는 것도 이런 사실을 증명해 준다. 연소실의 화염을 요 후미까지 힘껏 끌어들여 번조 면적을 확대하기 위해서는, 연소실의 용량을 증대하여 화력을 강하게 하는 외에도, 요내의 부압副壓(추력抽力)을 크게 하는 방법이 있다. 가장 주요한 방법은, 연돌煙突 부분과 연소실의 높이차를 크게 가져가는 것으로, 그래서 요신을 더욱 가파르게 하였다. 통계를 보면, 일본의 728기의 경사도를 계산할 수 있는 가마 유적 중에서, 20°를 이루는 것이 47%이고, 30°의 것이 10.5%이며, 40° 이상의 것도 10여기가 있다.

중국에서, 똑같이 산지의 경사면을 이용해 건축한 용요는, 일반적으로 15° 전후를 유지한다. 요신이 너무 가파르면, 요내의 추력이 과대해지고, 화염의 흐름이 매우 빨라진다. 그러면 도배가 한쪽으로만 열을 받게 되어, 쌓아놓은 배들이 앞으로 기울어지게 하는 폐단이 생길 가능성이 많다. 때문에 중국의 용요는 완만(상대~전국, 15°)→급경사(동한, 25~30°)→적당 경사(삼국 이후, 12~20°)의 조정을 거쳤다. 그리고 삼국시대에 이르러 정형화되었다. 산지가 가파를 때는, 용요를 우회적인 방법으로 사용하는데, 요신을 산 구릉 상에 횡으로 설치하여, 요신의 경사도를 감소시켰다. 부득이할 경우는, 가마 안에 장염주나 장염벽을 설치하여 화염이 기배에 대해 과열되게 충격을 주는 것을 막고, 화염의 유속을 조정하였다(제3장 용요 부분 참조).

일본 중부지방의 분염주는 후기 단계에서 이런 장염障焰의 효능도 겸유하였다. 일본에서 경사도에 의해 분류한 교혈요는, 분포상에서 어떤 규칙성은 없다. 거의 모든 교혈요의 분포지구에서는, 지형에 근거하거나 각자의 경험에 의해 설계된 경사도가 높은 가마가 출현하였다. 각도가 30°가 넘는 요지를 보면, 기후현岐阜縣 · 쿄토부京都府 · 야마구찌현山口縣 · 돗도리현鳥取縣 · 에히매현愛媛縣 · 오카야마현岡山縣 · 구마모토현熊本縣 · 오사카부大阪府 · 아이치현愛知縣 · 시즈오카현靜岡縣 · 후쿠이현福井縣 · 이바라키현茨城縣 · 도쿠시마현德島縣 등지에서 발견된다. 이는 경사각도가 크다는 점이, 교혈요가 공유하는 하나의 특징임을 말해 주는 것이다.

측정에 의하면, 고훈시대의 스에끼는, 번조온도가 일반적으로 800~1,000℃ 정도이며

[11], 소수가 1,100℃ 좌우에 도달한다. 그러나 '회유'가 녹으려면, 1,240℃ 이상의 온도가 필요하다[12]. 나라사키楢崎彰一 선생은 가마의 연소실과 출연구의 높이차에 근거하여 스에무라요와 사나게요의 일부 가마의 부압(추력)을 계산하였는데, 그 결과, 스에무라요 제1기는 3.17~5.30mmH2O, 제2기는 5.01~6.24mmH2O, 제3기 이후는 쇠퇴단계가 되어 압력의 수치가 일정치 않았다. 사나게요는 시작부터 비교적 높은 압력을 얻을 수 있어, 가마 온도가 비교적 높았다고 한다[13]. 당연히 이런 측정 방법에는 약간의 문제들이 존재한다. 예를 들어 말하면, 추력이 크다는 것은 가마 온도를 높이는 중요한 수단이지만, 추력이 과대해지면, 열효능이 빨리 유실되고 배가 열을 한 면으로 받게 되어, 배퇴가 앞으로 도괴될 수 있는, 번조상의 새로운 문제가 생겨난다. 여기서 필자가 생각하는 것은, 스에무라요의 번조기술이 유치한 단계에서 성숙한 단계로의 발전 과정을 거쳤을 것인가? 하는 문제이다. 현재 일부 연구자들은 이런 과정의 존재를 인정하고 있다. 그러나 필자는, 만약 이것이 자생적인 신기술이라면, 응당 이 같은 발전과정이 있어야 하지만, 스에무라요의 교혈요 기술은 자발적인 것이 아니며, 한반도의 도공의 직접 참여와 지도 아래에서 시작된 것으로 생각하고 있다. 이 때문에 일본의 제1대 도공들이 접수한 것은 당연히 보다 전형적인 한국 교혈요 기술일 것이다. 그리고 이후 시대에 따라 변화하면서, 새로운 환경(자연과 인문적인)과 새로운 생산 요구에 적응하기 위하여 가마 기술상에 여러가지 요구가 생겨났다. 도공들은 전통 기술의 기초 위에서 개조를 하였고, 이것이 곧 사나게요 같은 분염주 교혈요나 계단형 교혈요를 출현시켰다. 그래서 교혈요가 일본에 전입된 것은, 일본 요업 기술의 점진적인 과정에 영향을 끼친 것이 아니라, 일약 돌변하게 한 것이었다.

3. 사나게요猿投窯의 '회유灰釉'도陶 시작 문제

사나게요는 긴끼京畿 지구의 스에무라요에 다음가는, 일본 중부지구에 분포하는 '스에끼'와 '회유도기' 요업의 생산 기지였다. 스에무라요가 중앙관리 직할의 군집성 요군窯群

---

11) 『古墳時代の研究』 권5, 雄山閣, 1981.
12) 『學習日本歷史考古學』, 下册, p.52.
13) 楢崎彰一, 「日本古代の窯 - 窯の構造について」, 『陶質土器の國際交流』, 柏書房, 1991.

이라면, 사나게요는 민영 혹은 지방 관리 하의 분산된 요업 생산지였다[14]. 지방 요장의 신분으로서, 사나게요의 제품은 일찍이 '오와리국尾張國'의 공납품이 되어 경성京城에 운반되어졌다.

사나게요가 기술상에서 이룬 주요한 성취는, 회유도기를 처음 구운 것이다. 이는 일본에서 자발적으로 발생한 고온유 기술이다. 이 기술은 기왕의 단색연유와 삼채, 녹유 등의 저온유 기술과 고온 자연유를 계승하고, 이 두 가지의 전통 기술을 바탕으로, 중국에서 고도로 발달한 고온유 기술의 자극 아래에서 창조된 것이다. 저온시유 기술을 계승한 사실은, 삼채와 녹유에서 유가 흘러 서로 붙는 것을 방지하기 위해 사용한 장소용구(삼차형받침 등)에서 근거를 찾을 수 있다. 대량의 중국 청자와 백자는 일본의 중상류 사회에서 총애를 받았는데, 이 또한 회유의 발생을 촉진시킨 경제적 원인과 사회적 원인이었다.

회유도기가 출현하기 전에, 자연회유의 과정이 있었다. 자연회유의 발생에는 두 가지 조건이 필요하다. 첫째 조건은, 연료가 반드시 연소하는 과정 중에 나무재가 쉽게 발생하여, 이 재들이 가마 안의 공기 흐름에 따라 작열하는 도기의 표면에 부착되어, 그릇 태토에서 스미어 나온 규산질의 '요한窯汗(가마 땀)'과 결합하면서, 얇게 녹아 반짝거리는 유리상태의 물질을 이룬다. 이것이 소위 '자연회유'이다. 가장 쉽게 나무재를 발생시키는 것은 떡갈나무 · 졸참나무 · 상수리나무 등과 같은 원시림에 속하는 경목硬木이다. 그 다음은 2차림대帶인데, 적송赤松이 주로이다. 그러나 적송은 기름이 많고 불길이 부드러우며, 번조 과정에서 재가 극히 적게 나온다. 이 때문에 소나무로 연료를 한 가마는 자연회유가 쉽게 발생하지 않는다. 사나게요의 9세기 전반기에, 인위적인 '자연회유' 도기(이 요에서는 삼차형받침 등의 점착을 방지하는 받침을 사용)를 생산한 이와자키岩崎 45호 요지에서 출토한 86개의 목탄 시료를 분석한 바에 의하면, 연료 중에 광엽수廣葉樹(제1차림대)가 93%를 차지하고 있어, 그 당시에 사나게요는 계속 원시림을 연료로 이용한 시기에 있었음을 말해준다. 광엽수를 원료로 하면, 고온 조건만 구비되면, 자연회유가 발생할 수 있다. 이런 현상은 일본뿐만 아니라, 중국의 상대商代에, 원시청자가 발생하기 전에 모두 이런 자연회유

---

14) 전자는 밀집하여 함께 배열되어 있고, 후자는 드문드문 분포한다. 1955~1962년간의 조사에 근거해, 나고야시에서 아이치현 니시가모군愛知縣西加茂郡 일대의 20km²의 범위에서 단지 스에끼 가마 73기만 발견되었다. 또, 『東海考古之旅』, p.202.

→인위적인 자연회유→인공회유→인공유의 발전과정을 거쳤다. 두 번째 조건은 1,240℃ 이상의 고온이다. 걸 맞는 고온이 없으면, 도태陶胎에서 규산질의 '요한'이 스며나올 수 없으며, 이때는 설사 나무재가 있어도 자연유층을 형성하기 어렵다.

고고자료를 통해 일본 회유기술의 발생과정을 살펴보면, 확실히 무의식적인 자연회유 과정이 있었다. 나라사키栖崎 선생이 동해東海지구에서 행한 장기간의 조사에 의하면, 자연 회유도기가 가장 많이 출현한 시기는 7세기로 생각된다. 그리고 8세기말에서 9세기초의 짧은 기간에 자연 강회降灰의 원리를 이용해 회유 효과를 내는 인위적인 자연회유 단계가 유행하였는데, 대표적인 요지가 구로사사黑笹 7호요, 이타니井谷 78호요이다. 그러나 이 단계에서 이미 자연회유도 점유粘釉 현상을 만들 수 있다는 것을 의식하여, 이전의 삼채와 녹유도를 장소할 때 유와 붙는 것을 방지하기 위해 사용한 삼차형받침을 흡수하였다(이와자키 45호요). 이것은 재를 쉽게 발생시키는 경목을 연료로 선택하고, 재를 쉽게 받을 수 있는 요위에 배를 두어서 의식적으로 자연회유를 조장하는 방법으로, 일종의 독특한 '시유' 기술이라 할 수 있다. 이런 인식과 실행이, 직접 인공회유의 출현을 이끄는 중요한 조건이었다. 그러나 우연히 출현한 고온회유 현상에서부터, 일종의 인공적인 힘으로 자유롭게 통제하는 기술을 형성하기까지에는, 일정한 조건이 필요한데, 이것이 곧 고온 가마와 회유배합기술이다. 현재 최초로 인공 회유도기를 번조한 요지는 나루미鳴海 32호(760년경으로 추정, 나라사키栖崎)로 확인된다.

4. 고온 교혈요의 구조와 강도 문제

회유를 유리질의 유층으로 만들기 위해서는 반드시 1,240℃ 이상의 고온 조건이 갖추어져야 한다. 그런데 5세기에 한반도에서 전래된 교혈요 기술로는 미치지 못하였다. 이런 높은 온도를 발생시키기 위해서는 적어도 다음과 같은 조건을 구비하여야 한다. 즉, ① 연료를 충분히 사용하여 연소시켜, 1,240℃ 이상을 발생시킬 수 있는 가마구조. ② 가마는 반드시 1,240℃ 이상의 고온을 받아낼 수 있는 내화강도를 가져야 한다는 점이다.

첫째 조건에 대해서는, 가마 구조를 적절히 개선하여 1,240℃ 이상의 고온에 도달할 수 있게, 연소실의 용량을 확대시키거나, 요내의 추력을 향상시키거나, 또는 대량의 땔나무를 투입하여 충분히 연소시키는 등의 조치를 하여야 한다. 추력은 연소실과 출연구出煙

□ 사이의 높이차를 증가시켜 얻을 수 있지만, 교혈요는 높은 연창이 없어, 주로 요신의 경사각도를 증가시켜 요내의 부압을 증가시켰다. 회유도기 가마각도의 변화를 살펴보면, 20° 이하는 극히 적으며, 기본적으로 20° 이상 30° 사이에 있으며, 30°~45°의 것도 적지 않다. 이 수치는 똑같이 산 구릉의 경사면을 이용한 용요에 비해 확실히 크다. 청자 용요는 일반적으로 12°~18° 사이로 정형화되어 있으며, 25°를 초과하는 것은 매우 적다. 이와 같이 회유도기는, 교혈요로서 주로 가마의 경사도에 의존하여, 요내의 추력을 증대하여 연소를 촉진시켜 필요한 고온에 도달하였다. 그러나 용요는 단순히 가마의 각도에 의하지 않고, 주로 중간에 연료를 추가하는 방법을 써서 가마 온도를 높였다. 이렇게 양자는 구조상이나 방법상에서 모두 본질적인 차이가 존재한다.

두 번째는 가마의 내화도耐火度 문제이다. 교혈요는 직접 산 구릉의 자연 생토층을 파서 만든 것으로, 토질에 따라 내화도도 다르다. 일반적으로 잡질이 비교적 많아, 매용제가 풍부하게 함유되어 있다. 예컨대 석회는 3% 이상이고, 함철량은 8%보다 많은 점토여서, 용융점이 비교적 낮다. 가마는 이 같은 산 구릉 속에 만들어져, 고온에서 요천정과 요벽이 녹아내리는 위험이 생기는데, 이때 가벼울 때는 모래같이 떨어져 기배를 오염시키고, 심하면 가마가 붕괴된다. 가마의 강도를 증가시키기 위해, 천정과 벽에 풀을 섞은 내화 진흙을 발라 천정의 점토가 고온에서 녹아내려 모래가 떨어지거나 붕괴되는 것을 방지하는 것이 동아 각지의 가마에서 보편적으로 취하는 방법이다. 그러나 요벽 자체의 내화도가 너무 낮으면, 표면에 진흙을 바르는 것으로 근본적인 문제를 해결할 수 없으며, 이 때문에 가마가 고온을 견디지 못해 붕괴되는 현상이 종종 발생한다.

이런 현상은 현대에서 의식적으로 내화점토를 선택해 가마를 만들어도, 기술상에서 조금만 신중하지 않아도 가마가 도괴되는 사고가 출현한다. 일본고대요업연구소의 오가와大川清 선생의 소개에 의하면, 1983년 2월에, 도치기현 나스군 바토우마찌 고스나歷木縣那須郡馬頭町小砂에서 1기의 반지하식의 무계유단요無階有段窯(즉 연소실이 번조실보다 1계단 낮고, 요상이 계단상을 띤 가마)를 건조하고, 100여 점의 무유도기와 소량의 도기를 시험 번조 하였다고 한다. 그 결과, 점화 후 12시간이 지난 후에, 온도가 1,120℃에 도달하자, 천정이 용암熔岩 상태를 띠기 시작하면서 균열이 일어나고, 최후로 천정 부분이 붕괴되었다[15]. 이 시험가마는 고대의 교혈요 구조를 복원한 것으로, 천정은 내화도가 1,250℃ 이상의 점토를 사용했지만, 결과는 실패였다. 이 때문에 현대든 고대든 간에, 내화도가 높은 산지山地를 선택해 지하식이나 반지하식의 교혈요를 건조하는 것이 매우 중요하다.

그 다음 방법은 가마를 지면에 건축하는 것이다. 내화도가 높은 건축자재를 선택하여 요실을 축조하는 것이 문제를 해결하는 주요한 방법인 것이다. 이 방면에서, 중국은 장기간의 실행을 거쳐 약간의 효과적인 방법을 창조하였다. 과거 우리는 요지에 가면, 고대 가마가 부서진 요벽과 폐기된 갑발 및 깨어진 와전편들을 이용해 요신을 축조한 것을 볼 수 있었다. 그때는 대체로 절약하기 위해, 즉 가마를 만드는 원가를 낮추기 위한 것으로 생각했는데, 기실 그것은 문제의 일부일 뿐이다. 이런 폐기물을 이용하는 것이 단순히 절약하기 위함이 아니라, 이들 같은 이미 고온의 '검증'을 거친 폐기물을 내화재료로 사용한 것임을 알아야 한다. 이런 현명한 방법도 10세기에 한국에 전해져, 강진군 계율리에서 발견된 폐기갑발로 축조한 용요가, 바로 가마 내화의 관점에서 '폐기물 이용'으로 나온 것이다. 이런 사실에 기초하여, 교혈요의 내화도와 분염주의 효능 문제에 대해 살펴보겠다.

5. '분염주分焰柱'의 출현과 효능 문제

분염주는 동해지구에서 유행하여, 500여년에 걸쳐 사용한 일종의 지방적 특색을 가진 가마 시설로 인정되고 있다. 일반적으로 이것은 번조온도와 번조 효율을 높이기 위해 발명된 장치로 생각하고 있다[16]. 그러나 이는 우리에게, 마치 분염주가 먼저 있고 나서야 이상적인 고온이 발생한 것으로 오해를 생기게 한다. 필자가 알기로 분염주는 회유도기를 번조하는데 필요한 고온의 발생을 촉진시킨 것이 아니라, 이미 도달한 고온과 당시 양산의 필요로 인한 가마 폭의 증대로 인해, 천정의 강도가 약해지게 되자, 이를 굳건히 하는 방법의 하나로 출현한 것이다.

'분염주' 구조의 발전 과정을 약간 고찰해 보면, 전후 두 단계를 거쳤다. 첫째 단계는, 8세기~10세기 초에 발생하였는데, 중요한 것은 목봉木棒으로 지탱을 한 점이다. 그러나

---

15) 大川淸, 『古代窯業の實驗硏究 1』, p.21.
16) 同5), p.80. 日進町敎育委員會편, 『愛知縣日進町株山地區埋藏文化財發掘調査報告書』, 1984, p.155, 158.

목봉 표면에 진흙을 발라, 기둥 자체가 매우 가늘어 근본적으로 '분염'과 장염의 작용이 없었다. 대표적인 요지로, 나고야 지구의 나루미鳴海 32호요(8세기, 목심), 오리도折戸 10호요(8세기 말 9세기 초, 목심), 오리도 9호요(9세기 전반, 목심), 구로사사黑笹 5호요(9세기중엽, 목심), 이와자키岩崎 45호요(그림 7-1-6, 7세기중엽, 점토괴 축조), 이와자키 24호요(그림 7-1-7, 9세기 후반~10세기 초, 목심) 등이 있다. 이 일단계의 '분염주'는 임의로 이동할 수 있는 것으로, 예컨대 장요와 출요 시에 방해가 될 때에는 제거하였다가, 번조하기 바로 전에 다시 장치하였다.

뒷 단계는 11세기 중후기의 오리도折戸 53호요로 선을 긋는데, 고정식 분염주 단계로 진입하였다[17]. 분염주의 유행 추세는 〈그림 7-1-8〉을 보면, 12~13세기가 광범위하게 유행한 단계이고, 14세기에 쇠퇴하기 시작해, 15세기에는 이미 몰락의 처지가 되며, 16세기에 소멸되었다.

고정식 분염주요는 11세기 중후반에 출현한다. 그러나 회유도기는 8세기 후반에 발생하여, 분염주가 아직 출현하기 전에, 가마의 온도는 이미 자연회유를 발생시키는 수준에 도달하였다. 나라사키楢崎彰一 선생이 지적한 것처럼, 동해지구에서, 7세기는 자연회유도기가 가장 많이 출현한 시기였고, 가장 빠른 목봉식의 '분염주'는 8세기에 출현하였다(나루미 32호요, 목심주). 이 기둥의 출현은 가마의 강도 문제를 해결하기 위해 출현한 것으로 볼 수 있다. 즉, 고온에서 요정이 붕괴되는 위험을 면하고 단단하게 하는 작용을 하는 것으로, 아직 분염의 의식과 분염의 작용이 없었다.

'분염주'가 있는 위치로도 알 수 있듯이, 연소실에서 불을 때게 되면, 맨 먼저 공격을 받아 재난을 당하는 곳이 번조실과 단이 진 경계 부분으로, 이곳이 온도가 가장 높다. 동시에 이곳에 배를 놓아두면 화력이 맹렬하여 가장 쉽게 폐품이 되기 때문에, 마제요는 이곳에 장벽을 설치하고, 용요에서는 연소실 바로 다음의 요실을 비게 하여, 연소실의 화염이 직접 배퇴坯堆에 충격을 주는 것을 피하게 한다. 불에 가까운 쪽의 면만 온도가 너무 높아져, 배가 앞으로 허물어지는 현상이 나타나기 때문이다.(제3장 호북성 강릉 모가산江陵毛家山의 동주 마제요 참조) 이런 의미에서, 분염 작용이 없는 '분염주'를 고정하는 것은 일

---

17) 同 16), 齋藤孝正, 楢崎彰一 說.

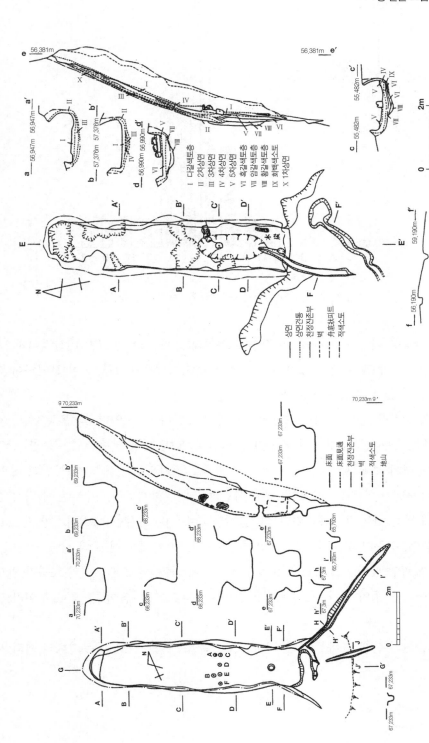

그림 7-1-7 아이찌현 아이찌군 닛신조 이와지키 목심분염주 교혈요
(9세기 후반~10세기 초, 24호요, 1984, 愛知縣日進町株山地區埋藏文化財發掘調査報告書)

그림 7-1-6 아이찌현 아이찌군 닛신조 이와지키 점토과두 분염주교혈요
(9세기 전반기, 45호요, 1984, 愛知縣日進町株山地區埋藏文化財發掘調査報告書)

I 다갈색토층
II 2차상면
III 3차상면
IV 4차상면
V 5차상면
VI 흑갈색토층
VII 암갈색토층
VIII 황갈색토층
IX 회백색소토
X 1차상면

상면
상면건통
천정잔존부
벽
舟底狀피트
적색소토

床面
床面見通
천정잔존부
벽
적색소토
地山

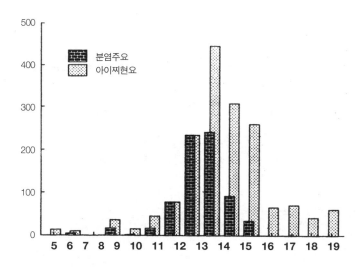

그림 7-1-8 아이찌현 요적 총수와 분염주 교혈요 유행 시기도

정한 장염 작용을 갖는 것이지만, 그 장염과 분염의 효과 모두가 그리 이상적이지 않다. 즉 장염의 높이가 천정에 닿지 않으며, 교혈요의 폭은 2m에 불과해, 굳이 분염하여 요실 양측의 배를 소숙燒熟할 필요가 없다.

분염주의 발생을 종합해 보면, 2단계 3개 과정으로 나눌 수 있다. 즉 목봉지탱→점토 괴 지탱→벽면지탱과 분염효능의 공존이다. 사실상 제1단계의 지주支柱는 '분염' 방면의 작용은 매우 적어 보잘 것 없다. 목봉 표면에 진흙을 발라도 고온에서 매우 빨리 타버려, 지탱하는 작용도 극히 작다. 이 점을 당시 사람들도 인식하게 되어, 이 때문에 직접 점토 괴를 이용해 쌓는 것을 생각해내었다. 제2단계는 계속 지탱이 주요 목적이지만, 연소실의 폭이 확대되어, 지주의 구조가 벽면을 형성하였으며, 벽 아래에 한 줄의 화공火孔들을 만들었다. 이때 화염은 비로소 고르게 요실에 진입하게 되어, 장염과 분염의 효과가 발생할 수 있다. 이에 분염주의 설치는 그 주요 효능이 지탱이고, 그 다음이 '분염' 효능이라고 할 수 있다.

분염주 출현의 선후 관계를 보면, 사나게요가 최초는 아니다. 스에무라요의 쇠퇴 시기에도 몇 예가 보이는데[18], 스에무라요도 똑같이 가마를 튼튼하게 하는 문제를 만났음을 말해 준다. 이 현상은 교혈요 기술의 기원지인 한반도에서, 일찍이 4세기의 백제시대에 출현하였는데, 제6장의 〈그림 6-6-3〉과 같다. 즉, 충북 진천군 덕산면 산수리德山面山水里 Y7의 번조실 중앙에 설치된 입주立柱가 곧 천정을 강화하기 위한 것으로, 분염 작용은 전혀 없다. 이 점을 이해하고, 다시 교혈요 중의 장벽과 주체柱體의 효능을 되살펴보면, 곧 합리적인 해석을 얻을 수 있다. 예컨대 6세기의 아이치현 카스가이시愛知縣春日井市 고장사高藏寺 Y23의, 연소실과 번조실 경계 지점의 '장벽' 및 요 후반부의 '이동식 분염봉'의 설치가 모두 지탱이 주요한 목적임을 알 수 있다[19](그림 7-1-9). 만약 스에무라요가 교혈요의 전통을 유지하였다고 말한다면, 사나게요는 고온 회유도기 생산의 필요에 응하여 교혈요를 개조하였다고 할 수 있는데, 이것도 분염주 교혈요 출현의 근본 원인이었다 하겠다.

6. 교혈요의 한계와 소멸

교혈요는 산지를 이용해 땅을 파서 굴로 만들어 편리한 일면이 있지만, 번조 기술의 발전 면에서는, 허다한 넘을 수 없는 장애들이 존재한다. 예컨대 똑같이 산지를 이용해 건축한 용요는, 요신에 투시공·관화공·요문 등등의 많은 시설을 부가할 수 있으며, 훼손된 부위를 보수하는 것도 비교적 쉽다. 동시에 임의대로 각종의 내화재를 선택하여 요신을 축조할 수 있으며, 가마 택지 면에서도 커다란 제한이 없고, 심지어 인공적으로 가마 기초를 쌓을 수 도 있다. 그러나 이들은 지하식 교혈요에서는 아무런 힘을 쓸 수 없다.

용요는 지면에 건축하기 때문에, 각종의 투시공과 요문 같은 부가설비를 추가할 수 있으며, 단段을 따라 번조하는 방법을 채용하여 요신을 연장할 수 있어, 용요의 길이는 생산의 필요에 따라 무제한 확대할 수 있다. 그러나 지하의 가마는 이렇게 할 수 있는 방법이 없다. 동시에 가마를 지하에 축조하면, 건조한 지대에서는 비교적 괜찮다 해도, 습하고 물

---

18) 大阪府堺市陶邑陶器山MT-214에서 옹甕, 원면다공연面多孔硯, 분염주 잔편을 발견하였다. 『陶邑』, 제1집, 財團法人大阪文化財센터, 1987, p.44.

19) 장벽은 화염의 속도를 감속시키기 위한 것이거나 혹은 화염을 반도염 흐름으로 만들기 위함이다. 그러나 이 요는 이 같은 필요가 없다. 요 뒤에 분염봉을 설치하여, 필요가 없을 뿐 아니라 분염작용을 하는 것도 불가능하다.

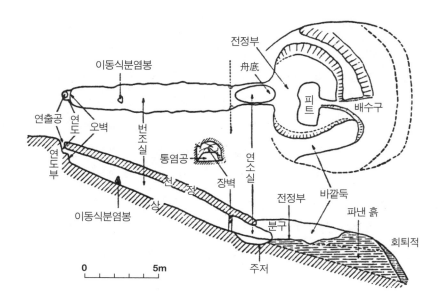

그림 7-1-9 아이찌현 카스가이시春日井市 고장사高藏寺 교혈요
(6세기, 제2, 3호요, 楡崎彰一, 日本的考古學 Ⅶ, 1967)

이 많은 지방에서라면, 번조의 초기에 도배가 완전히 수증기 속에 처하게 되어, 번조에 매우 불리하다. 비록 역대 도공들이 이의 결함을 보완하기 위해 많은 방법, 즉 지주로 천정을 튼튼히 하고, 요내에 배수구를 만들어 지하수를 배출하며, 가마의 경사도를 크게 하여 요내의 추력抽力을 증가시켜 불길이 멀리까지 뻗어갈 수 있게 하는 등을 생각해 내었다. 그러나 교혈요의 극복할 수 없는 약점은, 일단 지면요와 비교하게 되면, 즉시 그 졸열한 특성이 두드러져 보인다. 이런 점도 이후 지면 '연방식 등요'가 도착한 곳에서, 지하 교혈요를 신속하게 대체하게 되는 근본 원인이 되었다.

제2절. 일본의 대요大窯

대요는 일본 역대 가마 총수의 2% 정도를 차지하지만, 기술의 근원 문제에서 가장 의문이 많은 종류이다. 현재 발견된 93기의 유적은 모두 일본 중부의 세토瀨戶와 미노美濃 지구에 집중 분포되어 있다(그림 7-2-1). 정식 발굴조사를 거친 것은 10여 기뿐이며, 대요

의 연구는 아직 자료의 집적 단계에 있다. 종합적인 연구논문으로, 후지사와藤澤良祐의 「세토대요의 편년연구瀨戸大窯の編年的研究」[20], 이노우에井上喜久男의 『오와리도자1, 근세 초기의 세토모노 생산 尾張陶瓷Ⅰ, 近世初期の瀨戸物生産』[21], 세끼구찌關口廣次의 「미노, 묘토 대요의 복원과 그 구조에 대하여 美濃, 妙土大窯の復元とその構造について」[22]가 있다.

후지사와 선생은 대요에 대한 연대 서열을 정리하였고, 이노우에 선생은 편년연구의 기초 위에서 대요의 기술이 중국 명대 요의 영향을 강하게 받았음을 지적하였다. 세끼구 찌 선생은 대요의 구조와 장소기술에 대한 복원 연구를 진행하여, 갑발의 장소가 요정에 닿았으며, 대요의 기술이 경덕진의 전통인 단실요, 즉 압단요鴨蛋窯의 영향을 받은 것 같 다는 의견을 내놓았다. 이에 대해 필자는 기술계통의 관점에 의거하여 관련된 자료를 비 교 분석하여, 대요의 기술 근원 문제를 추정하고자 한다.

소위 대요는, 당시 규모가 보다 작은 교혈요에 대한 상대적인 용어로, 이미 1672년에 편집된 『다기판옥집茶器弁玉集』에 기재되어 있다[23]. 대요의 기본구조는 교혈요에서 변화 된 것으로, 가마쿠라鎌倉·무로마찌室町 시기에 점차 광범위해진 다구茶具 생산요구에 따 라 개창된 신식 가마이다. 대요는 전통적인 일본 회유도기 생산 중심지인 세토와 미노 일 대에 집중 분포하며, 15세기 이후 17세기 사이에(이노우에 선생은 대요가 15세기 말에 시작 되었다고 본다) 유행한다. 17세기가 시작되자 신속하게 보급된 연방식 등요에 의해 대체되 어 버려, 전후 약 120년간 연속되었다. 대요 유행 기간은 바로 세토가 일본 다도 생산의 중심을 이룬 흥성기였다. 이 신식 가마의 출현은, 많은 연구자들의 주의를 끌어 그 기술의 원류에 대해 쉴 새 없이 토론하였지만[24], 기초 자료의 부족과 중국과 한국 자료에 대한 이 해가 불충분하여 연구가 정체되어 있다.

대요의 출현은, 일본 도자사상에서 몇 가지 중요한 문제를 던지고 있다. 즉, ① 대요의

20) 『瀨戸市歷史民俗資料館 研究紀要 Ⅴ』, 1986, p.259.
21) 『愛知縣陶瓷資料館研究紀要 9』, 1990, p.26.
22) 『物質文化』, 제33집, 1979, p.26.
23) 同 20).
24) 楢崎彰一, 『美濃古窯迹群』, 日本陶瓷, 古代 中世편, 제2권, 瀨戸, 常滑, 渥美, 中央公論美術出版, 1975. 三上次 男, 「瀨戸古窯調查報告, 古代末,中世初瀨戸地區築窯技術及其發展」, 『古代研究』, 1955-2, 東京大學敎養部歷史 學敎室. 이 자료는 사이토齋藤孝正씨가 복사한 자료를 주었다. 감사드린다. 이외, 후지사와藤澤良佑, 세키구찌 關口廣次 등의 글이 있는 20), 22)에서 보인다.

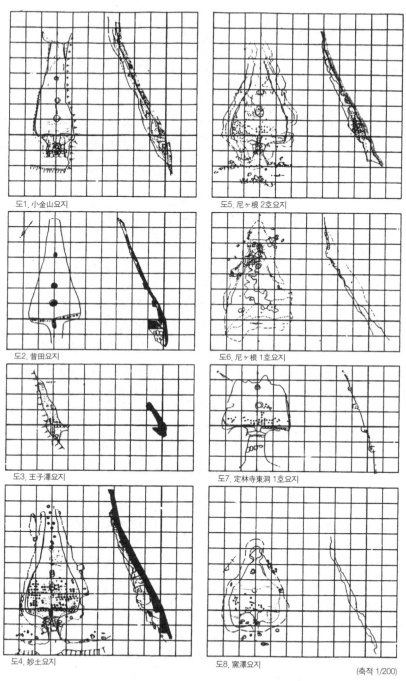

도1. 小金山요지

도5. 尼ヶ根 2호요지

도2. 昔田요지

도6. 尼ヶ根 1호요지

도3. 王子澤요지

도7. 定林寺東洞 1호요지

도4. 妙土요지

도8. 窯澤요지

(축적 1/200)

그림 7-2-1 일본 세토瀨戸, 미노美濃 대요 평면도
(井上喜久男, 愛知縣陶瓷資料館研究紀要 9, 1990)

가마기술과 장소기술의 선진성은, 16세기 '이삼평시대'의 한국에서 전입된 도자제작 기술보다 뒤떨어지지 않는다. 뿐만 아니라 이삼평이 갖고 온 연방식 등요와 갑발 기술에 비해 반세기 이상 빠르다. ② 대요의 장소기술은, 전통적인 교혈요와 크게 다르지 않으며, 농후한 양산量産 의식을 포함하고 있다. 독특한 누저漏底갑발을 채용하여, 갑발을 층층으로 쌓아서 가마 공간을 충분히 이용하였다(그림 7-2-2: 2). 이것은 한국과 일본의 기술 전통 중에 선례를 찾아볼 수 없다.

이런 기술들은 결국 어디에서 온 것인가? 중국과는 어떤 관계가 있는가 하는 것이 토론의 중점이다.

고세토古瀬戸 기술의 근원에 대해 말할 때, 일반적으로 중국의 용천 청자와 경덕진 백자와의 조형과 장식 면에서 비슷한 점이 매우 많다는 것을 지적하고 있다. 그러나 이런 외관의 모방은 당시 요업의 발전에 자극을 주는 작용일 뿐이며, 근본적으로 기술 변혁을 이끌 수는 없었다. 대요의 구조를 이야기할 때, 세끼구찌關口廣次선생은 그것을 경덕진 압단요[25]와 비교한다. 그러나 압단요는 17세기 명말 및 청대에 경덕진에서 유행한 특유의 양식으로, 양자는 외형상 약간 비슷한 점이 있지만, 구조상에서 본질적인 차이가 존재하며, 양자의 기술 근원은 완전히 다르다. 만약 대요와 동 시대로 인정되는 15세기 중엽, 혹은 15세기 말기의 경덕진요를 비교한다면, 그것은 다만 원·명 시대의 호로형요葫芦形窯가 있을 뿐이다(제3장 제6절 참조). 그러나 양자는 기술 수준에서 매우 큰 차이가 있어, 거의 "함께 놓고 말할 수 없는" 정도이다.

경덕진의 원대 호로형요는 가마 길이가 19m 정도이고, 용요와 유사하다. 번조 상에서 용요가 요신에 투시공을 설치하여 중간에 연료를 추가하는 독특한 기법을 계승하였다. 그러나 대요는 최장 길이가 10m를 넘지 않으며, 가장 전형적인 묘토요妙土窯도 7.83m이다. 경덕진은 용요 기술의 전통이 매우 깊고 두터운 강남 내지에 분포하며, 송·원 시기에 세제 등의 특수한 요인들이, 가마 형태를 길이가 짧으면서, 높이가 높고, 폭이 넓은 방향으로 발전하게 압박하였다. 기 발견된 요지 자료를 보면, 변형된 이후의 경덕진요는, 초기의 가마일수록 용요 구조의 성분이 많으며, 늦을수록 마제요의 기술 성분이 많아진다. 그러나

---

25) 同 22).

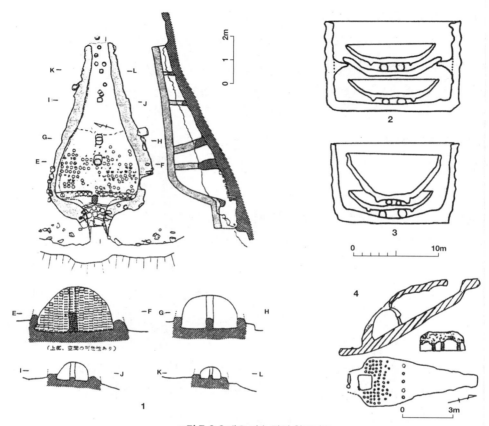

그림 7-2-2 대요 기술 관련 참고자료
1. 아이찌현 니시카모군 미요시죠 묘토요西加茂郡三好町妙土窯 장요 복원도
2, 3. 묘토대요 장소방법 복원도(16세기 후기, 關口廣次, 物質文化 33, 1979)
4.아이찌현 세토시 동백판東白坂 소장증小長曾 Ⅷb-c형식 대요? (15세기 중엽, 三上次男, 日本朝鮮陶瓷史硏究, 1989)

설사 마제요에 가장 근접한 압단요鴨蛋窯라 해도, 계속 전통 용요의 여러 특징을 보유하였는데, 예컨대 적당한 경사각도와 요신에 투시공·관화공·산열공散熱孔 등이 있는 점이다.

설사 압단요 중의 '마제요' 기술 성분이라 하여도 대요와는 다르다. 마제요의 연소실과 번조실 사이에 있는, 낮은 당화장擋火墙(불막이 담장)을 제하고는, 기본적으로 가로막아 격리시키는 시설이 없다. 그러나 대요의 연소실은 봉폐적封閉的이어서, 화염이 당화장 아래에 한 줄로 배열된 화공火孔을 통해 요실에 진입하게 되어 있어, 이는 마제요의 기본 구조와는 현저한 차이가 있다. 도리어 분실용요와 횡실연방요의 통화공과는 모종의 비슷한 면이 있다.

우리가 판단하기로, 대요는 응당 일본 고유의 전통가마, 즉 분염주교혈요에서 발전해 나온 것으로 보인다. 대요는 교혈요의 특징을 많이 보유하고 있으며, 그 시원始原의 일면을 반영하고 있다. 구체적으로 표현하면, ① 계속 교혈요의 반지하식 축조법을 사용하였다. ② 교혈요 분염주의 형식을 지키면서 확대시킨 바가 있는데, 중심 되는 분염주의 양측에 작은 분염주들을 배열하는 형식을 만들었다. ③ 연소실에 있던 지주를 번조실의 중간으로 이동시켜, 천정의 강도를 크게 하였다. 때문에 대요는 교혈요에 비해 넓으며, 요구하는 온도가 높다. ④ 요신에 투시공이 없어, 요 후미의 온도를 높이기 위해 투시공을 통해 연료를 보충해 줄 방법이 없다. 그래서 요상의 경사도를 높여서 가마 내부의 추력을 증가시켜 목적에 도달하였다. 그러나 비록 이와 같이해도, 요의 후미 부분은 역시 번조 효과가 없는 공간이 되어, 요벽에 소결燒結 현상이 없으며, 요 후미의 큰 부분은 단지 연통의 역할만 할 수 있었다. ⑤ 제품 구조 방면에서 더욱 큰 차이가 있는데, 경덕진의 호로형요와 압단요에서 번조한 것은 매우 정치한 백자·청화자기이며, 대요에서 번조한 천목다완·회유도기 등과는 제품 구성에서 다른 계통이다. ⑥ 특히 대요가 유행한 15~17세기는, 중국에서 바로 명대인데, 음다 관습이 이미 말다沫茶에서 명다銘茶(차잎)로 전환하였다. 그래서 다색茶色은 짙은 녹색과 홍색이고, 다기는 흰 것을 좋아해, 청과 흑색의 천목다완은 중국에서는 거의 자취가 끊어졌다. 그러나 일본은 말다를 음용하는 다도가 바야흐로 힘차게 발전하고 있어, 천목다완이 전 사회에 잘 팔려나갔지만, 중국은 음다 풍속이 변하여, 흑색다구는 생산이 정지되었다. 그래서 일본의 세토요는 중국에서 천목다구를 계속할 수 없는 상황에서 흑색 다구의 생산을 모색하였던 것이다. 그리고 세토가 소재한 지구는 일본의 분염주교혈요의 분포가 가장 밀집된 사나게요의 소재지였다. 따라서 흑색 다구의 생산의 최초는 분염주교혈요의 사용으로 시작되었으며, 이후에 비로소 대요 및 연방식요를 채용하였다.

1. 대요大窯, 고세토古瀬戶, 갑발 기술 및 다구茶具의 생산

다구의 생산이 세토를 선택한 것은, 순리적인 것이었다. 일찍이 8세기에, 세토시 일대에 분포한 사나게요에서 이미 당시 일본에서 가장 좋은 회유도기를 번조할 수 있었다. 13~15세기까지, 회유도는 청자를 방제하였지만, 회유에 칼륨과 나트륨 등의 조화제稠化

劑(뻑뻑하게 만드는 용제)가 결핍되어 있어 유층이 매우 얇고 흘러내리기 쉬웠다. 게다가 장소 중에, 갑발의 보호가 없어, 유면 효과가 매우 나빴다. 때로 환원염의 장악이 좋지 못해 초엽색焦葉色(잎이 탄 누런 색)의 청유靑釉 효과가 나타나고, 철녹의 반점이 기물에 점점이 엉켜 남아서 붉은 색이 생겨났다. 그런데 이들이 세토의 도공들이 자색赭色과 흑색의 다구를 창소創燒하기 위한 경험을 누적시키고 조건을 구비시킨 셈이 되었다.

청유 · 황유 · 자유赭釉 · 흑유는 모두 산화철을 착색제로 하였다.

유약의 기본성분은 이산화규소SiO_2와 삼산화이알류미늄Al_2O_3을 기초로 하여, 삼산화이철Fe_2O_3 · 산화칼슘CaO · 산화망간MgO · 산화칼륨K_2O · 산화나트륨Na_2O · 산화티타늄TiO_2 등등이 조용제助熔劑가 된다. 조용 성분이 많을수록, 유의 용융점이 낮아지고, 유의 강도는 못해진다. 그리고 여하히 유약의 기초와 조용의 성분 비례를 조절하느냐는, 경험에서 발전하는 기술적인 문제이다. 유약 속의 이런 성분은, 시대에 따라 다르고, 자연조건에 따라 다르며, 획득하는 방법도 같지 않다.

일본 중부지구의 회유는 주로 식물의 재에서 획득하였다. 고세토의 유료는 식물재에서 얻는 것 외에, 무기질의 광물, 예컨대 산화철 · 장석 · 와목蛙目점토 등의 원료를 이용하기 시작하였고, 유약의 점성도를 조절하는 것에 주의하기 시작하였다. 회유도기의 생산단계에는, 단순히 식물재에서 배유配釉의 성분을 획득하였다. 그 특징은 산화칼슘(생석회, CaO)의 성분이 너무 높아, 유층이 매우 얇고 흘러내리기 쉬운 점이다. 이것이 곧 회유도기의 유층이 매우 투명하고 얇은 특징을 형성하였다.

13세기가 시작되면서, 대량 수입된 두터운 유약의 용천 청자와 천목天目(흑유) 다구에 자극을 받아, 세토에서도 후유厚釉 제조의 비밀을 탐색하기 시작하였다. 현대의 과학적 분석 결과에 의하면, 유층을 두껍게 하려는 목적에 도달하기 위해서는, 반드시 유료 중에 산화칼륨과 철의 성분을 높여야 한다. 산화칼륨의 성분은 일반적인 식물재 속에는 매우 적으며, 현대는 주로 견운모絹雲母로부터 채집한다. 고대에는, 절강성 일대의 청자 요장과 경덕진 백자 요장에서는 주로 죽엽竹葉재에서 산화칼륨을 획득하였다[26]. 고세토의 유의

---

26) 張福康, 「中國傳統高溫釉的起源」, 중국과학원 상해규산염연구소편집, 『中國古陶瓷硏究』, 科學出版社, 1987, p.45. 中國古代陶瓷科學技術成就, 제5장, 郭演儀, 『中國南北方靑瓷』, 圖5-4, 상해과학기술출판사, 1985, p.151. 「景德鎭湖田窯考察紀要」, 『東洋陶瓷』, 제12-13호, p.104.

두께는 회유에 비해 뚜렷이 증가하였는데, 이는 유료의 출처와 배합방법에 커다란 변화가 발생하였다는 것을 말하며, 곧 천목다구의 생산을 위한 하나의 조건이 구비되었음을 말한다.

일본의 음다관습은, 승려인 에이사이榮西가 차나무를 들여온 후부터 시작되었는데, 1214년에 그가 돌아와 미나모토源實朝(1192-1219, 가마쿠라막부의 3代 장군)에게 헌증한 『흘다양생기吃茶養生記』에 게재되어 있다. 1223년에 승려 도겐道元이 불법과 다도를 배우려 중국에 갔는데, 4월에 영파에 도착하여, 천룡사天龍寺·천태산 만년사天台山萬年寺·태주 소취대台州小翠台·대매산大梅山 등지를 순방하고, 1227년에 일본에 돌아왔다. 이때 동행한 인물로, 뒤에 가서 다구의 명인이 된 도공 가토시로可藤四郎 사에몬左衛門 카게마사景正와 의생醫生 키노시타 도우쇼木下道正가 있었다. 가토시로는 귀국 후, 세토에서 비교적 이상적인 도토를 찾았으며, 그곳에서 개요하여, 현지에서 '도조陶祖'로 존숭되고 있다[27]. 이 역사적인 고사는 13세기 전기에 발생하였는데, 그것이 세토의 도자 기술이 중국에서 전해진 것임을 암시하는데, 이것이 사실일까?

비록 세토의 도공들이 가토시로를 '도조'라 받들고 있지만, 세토 지구의 요업은 13세기에 개시된 것이 아니다. 만약 그가 일본 다구 생산의 개창인이라 한다면, 혹시 사실과 다소 연관된 점이 있을 수 있다. 일본 다구의 생산이 13세기 후기에 개시되었으며, 중국의 천목다구의 수입도 이 시기에 있었는데, 시간상으로 가토시로의 귀국과 천목다완의 시험소성(13세기 중엽)에, 수십 년의 시간 차이가 난다.

세토지구에서 최초로 천목다완을 번조한 요지는, 13세기 후반의 부츠쿄다요佛供田窯이다(일본 천목은 1275년에 출현하며, 고세토 중기에 속한다). 필자가 직접 이 요에서 출토한 유물을 고찰한 바로, 다완의 조형은 중국의 천목다완을 방제하였고, 다완의 천목 유색은 불안정하였다. 유면이 담박하여 무색인 것도 있고, 유면의 유리질화 정도가 깊지 않아 목색木色에 무광인 것도 있어, 철유 생산의 탐색단계의 제품에 속한다[28]. 그것이 주는 감각은 직접 중국기술의 영향을 받은 제품이 아니라, 수입된 천목다완을 모방한 것으로, 흑유

---

27) 道元和尙行錄, 『瀨戶市史』, 1969.
28) 1991년11월 27일, 후지사와藤澤良佑, 오노尾野善裕 선생의 소개로 세토시 문화재시설과 고고자료관에 수장된 대요 출토품과 요도구 자료를 견학하였으며, 사진 찍는 편의를 제공해주었다. 감사드린다.

의 번조를 탐색하는 과도기적인 시험 단계의 제품으로 느껴진다.

회유와 흑유는 번조 온도와 장소기술상에서 그다지 큰 차이는 없으며, 중요한 차이는 유료 중의 산화철의 함량 문제이다. 현대의 분석수치에 의하면, 산화철 함량은, 회유는 1% 이하, 청유는 3%, 갈유는 4% 이상, 천목유(흑유)는 8% 이상이다. 과거에는 회유가 산화철 오염을 받을 시에 항상 갈색이나 흑색이 출현하였는데, 이 때문에 회유에서 흑유로 되는 데는 유료 중에 산화철 함량의 조절과, 환원염을 산화염으로 바꾸는 문제만이 존재하였다.

오와리尾張의 세토에서는 산화철이 4% 이상에 달하는 갈청광褐鐵鑛이 많이 나는데, 원토原土가 판상板狀을 띠어, 현지에서 '귀판鬼板' 혹은 '귀석鬼石'이라 부른다. 즉 흑유 원료가 현지에 매우 풍부한 것이다. 그래서 13세기부터 갈유와 흑유를 굽기 시작하여, 16세기에 성숙한 천목다완을 구워낼 수 있었다. 그 속에서 가마의 개조와 장소 기술의 혁신 방면에서도 장기간의 모색을 거쳤다. 늦어도 14세기 중, 후기에, 세토의 아가즈키요曉窯가 천목다완을 번조할 때 갑발을 사용하였지만, 경험이 부족하고, 통형갑발의 내화도가 비교적 낮아, 변형 현상이 매우 보편적이었다[29].

14~15세기에 계속 보통의 교혈요에서 다구를 번조하였는데, 기 발견된 요지로, 14세기의 야마지도요山路東窯, 마고우에몬요孫右衛門窯, 아나다요穴田窯, 나나마가리요七曲窯, 카사마츠요笠松窯, 요헤이우요踊平右窯, 슈세이요種成窯, 우마죠요馬城窯와 15세기의 히로쿠테요廣久手窯, 가시와이요柏井窯, 야마구치하찌만요山口八幡窯, 코나가소요小長曾窯, 묘토요妙土窯(대요)가 있다. 생산된 다구의 종류가 매우 풍부하여, 천목다완과 소다엽관小茶葉罐 외에, 야마지도요와 나나마가리요에서도 중국의 강서성 감주 칠리진요의 고정다엽관鼓釘茶葉罐(유두관柳斗罐이라고도 함)을 방제하였다[30].

대요의 요지로 확정할 수 있는 것은 늦어도 15세기 중기에 출현하였다. 그것은 한번 개시하자 곧 교혈요 시기에 개발한 갑발 기술을 계승하였다. 현재 코나가소요小長曾窯가 연대적으로 아직 의문이 존재하는 것 외에[31](그림 7-2-2), 코킨야마요小金山窯는 지금 확인할

---

29) 29) 同 28).

30) 『日本陶瓷全集 9, 瀨戶, 美濃』, 中央公論美術出版, 1977, 컬러사진 제36,76,73호. 『瀨戶市埋藏文化財年報』, 瀨戶市敎育委員會, 1989, p.35.

31) 藤澤良佑, 「瀨戶, 美濃窯の中世施釉陶器について」, 『考古學通迅』, 제280기, 1987.

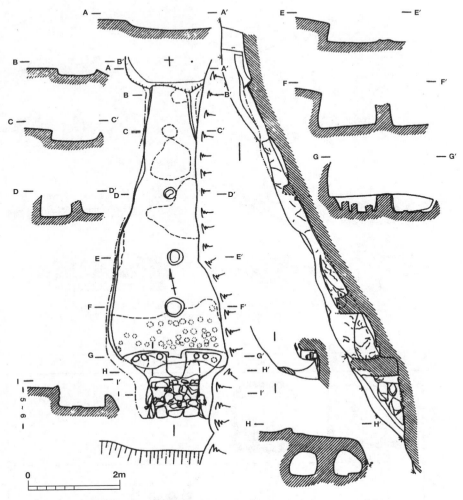

그림 7-2-3 아이찌현 세토시 스이후쿠죠水北町 코킨야마小金山 Ⅷc 대요
(15세기 중엽, 회유도기, 천목다완, 1986, 瀬戸市歷史民俗資料館研究紀要 Ⅴ)

수 있는 최초의 대요이다(그림 7-2-3). 이 요에서는 갑발을 채용하여 만유滿釉된 기물과 천목다완을 장소하였으며, 갑발 기술이 비교적 성숙하였다. 16세기에 세키타요昔田窯, 츠키야마요月山窯, 묘토요妙土窯(그림 7-2-4: 4)에서 발견된 갑발은 매우 규칙적이고 내화도가 매우 높다. 동시에 갑발의 종류가 증가하여 누저갑발漏底匣鉢, 내분층갑발內分層匣鉢(그림 7-2-5) 등의 새로운 요소가 등장하였다. 천목다완의 정색이 매우 안정적이어서 천목유 기술의 상징이 되었고, 대요 기술과 갑발의 장소기술도 성숙단계에 진입하였는데, 묘토요가

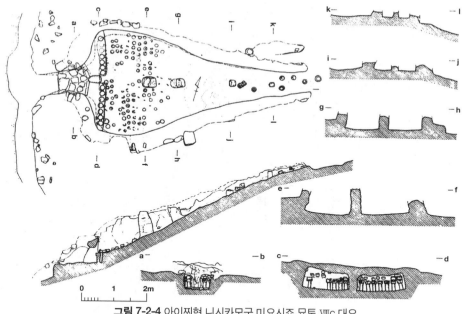

그림 7-2-4 아이찌현 니시카모군 미요시죠 묘토 Ⅷc 대요
(16세기 후반, 1976, 美濃古陶)

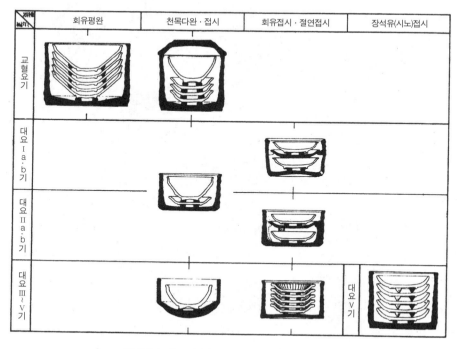

그림 7-2-5 일본 세토, 미노 갑발 장소 복원과 편년도

그 전형을 대표한다. 이상의 사실을 다시 정리하면, 고세토에서 대요 단계까지의 세토의 요업 발전은 4 단계로 구분할 수 있다. 즉,

(1) 사전史傳시기 : 전하길 1,228년에 가토시로加藤四郎가 도겐을 따라 중국에 가서, 다구 제조 기술을 배우고 귀국하였다지만, 고고학적인 증거는 없다. 어떤 인물을 도공들이 받들기 위해 공동으로 숭배의 대상으로 인정하는 것은, 일본인의 수호신 전통문화를 위한 일종의 수단이다.

(2) 모색시기 : 13세기 후기에 세토의 부츠쿄다요佛供田窯가 천목다완을 번조하기 시작하였는데, 질은 매우 불안정하였고, 아직 모색 단계에 있었다.

(3) 성장시기 : 14~15세기에 분염주 교혈요와 대요가 나란히 다구를 번조하는 시기이다. 다구의 종류가 많아졌고, 중국 강서성의 편벽한 산간 지역에서 다구를 생산한 칠리진요七里鎮窯에서 거의 한정적으로 생산한 고정다엽관鼓釘茶葉罐을 세토에서 방제해서 생산하였다. 최초의 대요인 코킨야마요小金山窯에서 갑발을 사용해 다구를 번조하였으며, 갑발 기술이 대요 출현을 촉진시킨 가장 중요한 내인內因의 하나였던 것 같다.

(4) 성숙시기 : 16세기이며, 세토의 세키타요, 츠키야마요와 미노의 묘토요의 갑발은 매우 규격화되어 있고, 내화도가 매우 높다. 동시에 갑발의 종류가 증가해 누저갑발이 나왔고, 천목다완의 정색이 매우 안정되었다. 대요 기술이 성숙 단계로 진입하였다.

2. 도조陶祖 '가토시로加藤四郎'에 관하여

위의 4 단계에서, 사전史傳 시기는 문헌에 근거해 설정된 것으로 의문이 비교적 많다. 이 점을 일본연구자들도 이미 충분히 주의를 하고 있으며[32], 아래에서 동아 요업 비교의 관점으로 '가토시로'에 대한 중·일의 기술전파사에서의 오류 등을 해명하고자 한다.

1223년에 '가토시로'가 도겐道元을 따라 입송한 사실은, 많은 서적에 기록되어 있다. 이 문헌 기록의 정확성에 대해, 필자는 상세히 고증할 수 없다. 일반적인 견해는 그가 다구의 제작법을 배우기 위해 도겐을 따라 중국에 간 것으로 생각하고 있으며, 어디에서 제

---

32) 加藤唐九郎편, 『原色陶器大辭典』, 1988, 淡交社출판, p.529-532.

도 기술을 배웠는지는 의견이 분분하다. 그가 복건성과 절강성에 갔다고 추측하는 사람들이 비교적 많다[33].

'가토시로'가 중국에서 체류한 시간은 1223년 4월에서 1227년 5월까지로, 약 5년간이다. 이때가 중국의 남송시기로, 투다翻茶 풍습이 쇠퇴하지 않고, 천목다완이 중국에서 깊이 환영을 받았던 시기였다. 당시 절강성과 복건성 일대의 요업을 보면, 절강성 동북부에서는, 월주요의 소재지인데, 이 요는 북송 중기에 쇠락하였고, 요업 중심이 이미 절강성 남부의 연료가 풍부한 용천현의 산구山區로 옮겨갔다. 중국의 천목유 다구 제조의 중심은 역대로 복건성과 강서성에 있었다. 절강성은 송대에 비록 흑유다구를 겸소한 약간의 요장들이 출현하였지만, 이들은 남송 시기에 이미 절남浙南 지구의 무의현武義縣, 용천현龍泉縣과 영가현永嘉縣 등지로 옮겨갔다. 도겐 일행이 도착한 곳이 만약 영소寧紹의 구릉지대라면, 당시에 이곳에는 이미 흑유자를 겸소하는 요장이 존재하지 않았다. 그러면 '가토시로'가 제도 기술을 배운 지역은 결국 어디인가? 복건성일 가능성이 있지 않을까?

'가토시로'가 중국에서 5년의 도자 기술을 배웠다고 전하는 것은, 정확하게 말해 다구와 도기 제작을 가리키는 것이다. 그러나 당시 동남연해는 자기 제작이 발달한 지역이며, 도기 제작은 규모가 작은 가내수공업적인 공방에 한정되어 있어서, 대외적인 연계는 극히 적었다. '가토시로'가 그런 기술을 배웠다 해도, 그가 일본에 돌아온 후에는 응당 얻은 것을 운용하였을 것이고, 전파하였을 것이다. 그러나 그가 귀국 후인 1227년에서 13세기 말까지 70여 년간, 세토의 요업기술에 어떤 커다란 변화도 발생하지 않았으며, 계속해서 전통의 교혈요를 사용하여 전통적인 회유도기를 번조하였다. 13세기 후반이 되어서야 비로소 세토의 부츠쿄다요佛供田窯에서 시험적으로 천목유를 굽기 시작하여, 다도茶陶 생산의 모색단계에 있었다. 그리고 15세기 말기가 되어서야 비로소 신형의 대요가 출현한다.

만약 '가토시로'가 절강성이나 복건성 지구에서 배운 기술을 이용해 세토에서 개요하였다면, 세토에 응당 알아 볼 수 있는 흔적들이 남아 있어야할 것이다. 매우 유감스럽게도, 모종의 외래요소를 구비하고 있다고 의심되는 자료들은 모두 '가토시로'가 귀국한 150년 이후에 출현하는데, 즉, 15세기의 갑발 장소기술과 15세기 후반의 대요 기술이 그

---

33) 木宮泰彦, 『中日文化交流史』; 葉喆民, 『中國陶瓷史綱要』.

런 것이다. 이들 새로 출현한 기술들은 그가 귀국한 시간과 연결되지 않는다. 이는 부득불 그가 도기를 구운 곳이 사원이 경영하는 요장에 속한 것이 아닐까? 아니면 기술이 비밀이어서 외전外傳되지 않았는가? 하는 의문이 들게 한다. 그래서 생산량이 크지 않고, 생산된 제품이 중국 원물原物과 거의 차이가 없어서, 우리가 '가토시로요加藤四郞窯'에서 번조한 다구를 식별할 방법이 없는 것인가?

계통론에 따라 양 지역의 기술적 배경을 고찰하면, '가토시로'는 중국에서 가장 발달한 자기 생산지로부터 5년간 기술을 배운 후, 요업 기술이 낙후된 일본에 돌아왔는데, 세토에 어떠한 기술 흔적도 남아있지 않다는 것은, 거의 불가능하다. 그런데 늦어도 14세기 이전에, 세토와 중국 사이에는 어떠한 직접적인 기술교류 관계가 존재하지 않았다고 인정되고 있다. 그래서 비록 세토가 당시 일본에서 요업기술이 가장 선진된 지구라 해도, 세토가 고수한 것은 비교적 낙후한 교혈요와 회유 기술이고, 생산한 것은 '당물唐物'을 닮은 도기였다. 이는 단지 중국 무역도자의 표면적인 모방일 뿐이며, 이들 자기를 제작하는 기술은 거의 알지 못했다.

'가토시로'의 대요 및 장소기술 방면에 대한 영향의 가능성을 배제한 후에, 응당 고려할 것은, 어떻게 14~15세기에 대요 같은 가마와 갑발 기술이 출현할 수 있었을까? 하는 문제이다. 아래에 대요를 동아東亞라는 대 환경 속에 두고 1차적인 전면 비교를 하여, 그것과 중국 계통 기술의 본질적인 차이를 발견해 본다.

첫째, 대요의 택지는 일반적인 교혈요와 용요와 같으며, 모두 산 구릉의 경사면을 이용해 요상을 구축한다. 그러나 3자를 비교하면 대요는 교혈요와 유사함이 보다 많다. 양자의 길이는 모두 공히 8m 정도이고 경사는 25° 정도이며 후기로 갈수록 요신이 짧아지는 추세를 보인다[34]. 대요의 요신에 투시공이 있는가 없는가의 문제는 아직 직접적인 고고자료가 없어 실증할 수 없으나, 요상 상에 남아있는 갑발(요위窯位)이 전반 부분에 집중해 있음을 보아 요 후미 부분은 거의 비어있는 상태거나 다소 낮은 온도가 요구되는 도배를 두었다. 그러므로 대요의 요신에 투시공이 없었던 것으로 생각된다.

그러나 용요는 중간에 연료를 추가하는 투시공과 관화공, 요문 등이 있으며, 요신은

---

34) 井上喜久男, 『尾張陶瓷1』, 「近世初期の瀨戶物生産」, 『愛知縣陶瓷資料館硏究紀要 9』, 1990, p.34-61.

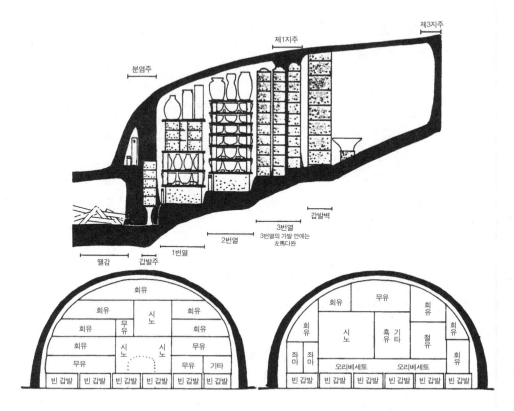

그림 7-2-6 일본 대요의 장요 방법 개념도
(加藤正, 愛知縣陶瓷資料館研究紀要 Ⅰ, 1982)

요주窯主의 재력과 생산량에 따라 무제한으로 연장할 수 있는데, 가장 짧은 용요도 30m 이상이고, 긴 것은 130m를 초과한다. 때문에 대요와 월요의 기술은 계통적으로 맞지 않는다. 그런데 마제요의 요상면은 역경사를 띠고, 연소실에 소위 '분염계통'이 존재하지 않는다. 그리고 화염의 통제는 주로 요 후미의 흡화공과 연통을 통하여 추력을 조정하여, 대요와 비교해 기본 구조는 물론이고 화염형도 같지 않다.

둘째로, 대요가 비록 교혈요의 지하 축조라는 소굴에서 탈출하였지만, 소위 반지하식으로 계속 1m 정도 깊이를 가지고 있어, 중국의 지면축조 가마의 방법과는 다르다. 그러나 한반도의 축요 방법과는 유사한 면이 있어, 일부 반지하식 교혈요의 축조 방법과 일치한다. 중국 가마의 발전은 16세기에 이르러, 각종 가마가 기본적으로 모두 지면 축조에, 다수가 벽돌을 사용하여 폭(경간徑間, span)이 3m나 되는 아치형 천정을 하고, 폭이 작은 것은 내화점토를 사용하였다. 요벽은 내화전이나 폐기된 갑발 등을 사용하였다. 대요의 축조 방법은 중국과 다르지만, 대요의 소분염주가 폐기된 갑발을 이용해 축조한 점은, 중국의 축요 기술과 약간 비슷한 점도 있다. 그러나 이 점만으로 중국과의 기술관계의 유무를 판단할 수는 없다.

셋째로, 대요는 분염주 교혈요와 마찬가지로, 연소실 가운데에 분염주를 두었다. 그렇지만 양측에 많은 작은 기둥을 증설하여, 화염이 소주小柱 사이의 공간을 통하여 번조실에 진입하게 하였다. 대요의 연소실과 번조실의 전반부의 폭은 3.5m 정도에 달하여, 교혈요의 같은 부위의 폭보다 거의 배이다. 폭이 커진 요천정의 강도를 위해, 연소실에 분염주를 설치하는 외에도, 번조실의 중간에 2~4개의 지주를 안치하여 천정을 지탱한다. 이런 현상은 중국에서 어떠한 단실單室 가마(용요, 마제요)에서도 출현하지 않았다. 중국의 아치를 만드는 기술은 매우 일찍 발달하였는데, 한대에 발달한 전묘는 폭이 일반적으로 2m 이상이며, 대형묘는 5m 이상에 달한다. 각지에 분포하는 홍교虹橋에 10m 이상의 폭을 가진 것이 매우 많이 보인다. 이런 기술 환경 속에서, 폭이 큰 축요 기술도 자연스레 발달하였다.

용요 중에 때때로 반쯤 높은 입주立柱와 낮은 담장이 출현하지만, 천정에 닿지 않고, 주로 화염의 유속을 막기 위한 것이다. 일반적으로 장염주, 장염벽으로 부른다. 분실용요와 연방식 등요는 요실과 요실 사이에 한 줄의 출화공出火孔이 있는데, 대요의 소분염주와 구조상으로 비슷한 점이 있지만, 연방식 등요의 출화공은 화염이 반도염을 띠게 만드는 장치의 하나로, 대요의 분염과 장염의 효능과는 전체 구조상에서 다른 계통에 속한다.

천목유天目釉(흑유)는 산화염에서 번조하며, 백자와 청자보다 더 높은 온도가 필요하다. 측정에 의하면 통상 1,300℃ 이상이다. 복건성의 건요建窯 천목자기의 측정은 1,350℃이고, 길주요吉州窯는 1,300℃이다[35]. 대요에서 천목자기를 번조하려면, 요신은 반드시 전통적인 교혈요보다 내온성耐溫性이 높아야 한다. 그래서 각 부위에 따른 가마의 강도를 크게 할 필요가 생겨, 연소실의 당화장擋火墻과 요실의 지탱주가 이 요구에 맞춰 설치된 것이다.

---

35) 『中國古代陶瓷科學技術成就』, p.211, 표.

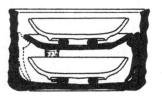

그림 7-2-7 일본 중부지구 15~17세기 갑발과 장소 방법 복원도
(1976, 世界陶瓷全集 5)

넷째로, 대요의 연소실과 요실에 천정에 닿는 당화장이 있어 서로를 격리시키는데, 때문에 요문은 요실의 앞 측면에 낼 수밖에 없다(그림 7-2-6, 그림판3:1). 이렇게 교혈요의 정면 출입 관습을 개선한 것은, 지하식 교혈요 계통 중에 가마 기술의 일대 혁신이었다. 갑발의 잔류 흔적을 보면, 가마의 전반 부분에 집중되어 있고, 요 후반의 큰 면적이 비어 있다. 이로 보아, 요신에 투시공이 없는 것은 분명한 사실로 판단된다. 이것이 곧 대요의 길이를 한정시켜 교혈요를 초과하지 못하게 하며, 기본 구조가 계속 교혈요의 범위를 벗어나지 못하게 하였다.

다섯째, 세끼구찌關口廣次선생은 묘토妙土대요의 갑발을 복원하면서, 갑발 퇴적이 요천정에 닿았을 가능성이 있다고 하였다(2m. 현지의 발굴자는 이 복원을 증명할 수 있는 직접적인 자료는 없다고 한다). 이런 고밀도의 가마 공간이용의 의식은, 일본의 전통 기술의 역사에서 전례가 없던 것이다. 인근의 한국도 단지 3, 4층으로 퇴적하였다. 그래서 일본의 수준은 당시 중국 대륙과 동일하지만, 결국 어떤 요장과 연계 시킬 수 있을까? 이는 지금 자료가 불충분하여 추단하기 매우 어렵다. 대요에서는 일종의 통저갑발通底匣鉢과 갑발 안에 탱각撑脚을 이용해 분층分層하는 장소방법을 사용하였다(그림 7-2-7, 그림판4:3). 통저갑발은 중국의 사천성·산서성·하북성에서 유사한 예를 찾을 수 있지만(그림 5-4-16 참조), 일본의 통저갑발과 어떤 관계에 있는지는 현재로서는 알기 어렵다. 대요의 장소 기술상에서의 혁신 및 그 기술의 근원 문제는 대요 연구 중에 걸린 미해결의 주요 문제이다.

이상 총괄하면, 대요는 교혈요에 비해 확실히 큰 발전이 있었으며, 구조상으로는, 교혈요와 일맥상통하는 관계라 말할 수 있다. 그러나 그런 고밀도의 장소기술은, 동 시대의 한국과 비교해 매우 두드러진 것이다. 그리고 당시 가라츠와 아리타의 장소 기술과 비교하면, 비록 동일 계통에 속하지는 않아도, 수준이 큐슈 지방보다 훨씬 높아, 당시 일본 요업에서 뛰어난 존재였다. 그러나 동 시대의 중국과 비교하면, 대요는 여러 면에서 원시성이 뚜렷하다. 예컨대 연소실의 구조나 요실 중간의 지주 설치, 요신이 매우 짧은 점 등이 그렇다. 생각해 보면, 만약 당시 중·일 간에 기술자 간의 교류가 발생하였다면, 그런 가마기술이 지금보다 훨씬 많은 변화가 출현했을 것이다. 그래서 겨우 교혈요의 기초 위에서의 개량이 아니라, 동 시기 중국자기의 제조기술이 세토의 요업에 심각한 영향을 주었을 것이다. 따라서 17세기 초에 큐슈로부터 연방식 등요와 자기 제조기술을 끌어들인 후에야 비약적인 변화가 발생하는 것을 기다릴 필요가 없었을 것이다.

어쨌든 '대요' 현상은 우리에게 여러 난해한 수수께끼를 남겨 놓았는데, 이 수수께끼를 해결할 수 없을 시에는, 일종의 직관에 의지할 수밖에 없다. 일본 도공들은 시종일관 간고한 조건 아래에서 부단한 탐색을 하였음을 느낄 수 있다. 즉, 8세기에는 녹연유綠鉛釉로 청자를 방제하였고, 9세기 말에는 스스로 회유를 발생시켜 백자를 방제하였으며, 동시에 가마의 강도를 높이기 위해 분염주교혈요를 개조해 내었다. 10세기에는 완전히 자신의 축적된 경험에 의지해, 갑발 장소방법을 창제하였지만, 단기간 후에 소실되었다. 13세기에는 자신의 기술 역량에 의지해 천목유의 번조를 탐색하였다. 똑같이 14세기에 재차 갑발 장소기술이 출현하였고, 중국과 한국의 영향이 일본 서부지구의 큐슈에 일찍 들어왔다. 15세기 후반에 대요기술이 출현하였다 등등.

무릇 이들은, 일본 요업의 한 차례의 진보가 있을 때마다 힘든 보행을 하였다. 이는 일본 열도의 기술 정보가 봉폐된 이유 외에도, 중국의 무역도자가 일본에 몰려 들어와, 오히려 일본 요업발전을 억눌렀던 것 같으며, 그러나 일단 중국도자기의 수입이 정지되자, 일본 요업은 곧 비교적 큰 발전을 이루었던 것 같다. 예컨대 원·명 시대에 중국에서 점차 천목자기의 생산이 감소하다 중단되자, 일본은 세토가 발전의 기회를 획득하여, 일본 다구의 생산지가 되었다. 마찬가지로 경덕진요가 일단 무역도자의 생산을 중단하자, 아리타에서 동인도회사의 주문을 받아들여, 일본자기가 유럽 시장에 진입할 수 있었다. 이렇게 동아 각국 간의 연동 관계를 파악하는 것은, 이들 역사적 현상을 분석하고 이해하는데 일종의 효과적인 루트이며 관찰 방법이다.

제3절. 연방식 가마의 원源과 류流

1. Ⅳ형요의 분류에 관하여

일본의 연방식요의 분류는, 3종 이상의 가마의 기술적 근원과 기술교류 관계에 관련된 큰 문제이기 때문에 중요하다. 과거에는 연방식요의 분류연구를 중시하지 않았는데, 그 이유는, 첫째는 분류할 수 있는 자료적 특징이 명확하지 않았으며, 둘째는 분류가 가지는 중요한 의의에 대한 의식이 없었다. 특히 후자가 깊이 있는 연구를 가로막는 주요한 원인이었다. 현재 필자가 제정한 분류방안에 근거하면, 요천정의 형식적 차이에 따라 3대 종류로 나눌 수 있는데, 각기 분실용요(일본은 '부죽형剖竹形 연방실요'라 부른다), 계룡요(우충형芋虫形 연방식요), 횡실계단요(횡실연방식요)라 부른다.

이 대분류는 주로 요천정의 구조에 근거한 것이나, 천정이 잔류한 요적이 극히 드물어, 분류에 어려움이 많을 수밖에 없다. 현재의 방법은 잔존한 근대 가마유적을 조사하고, 고대 문헌을 살피고, 가마 복원의 자료를 찾는 것이다. 이에 따라 일부 가마 유적에 대해 명확한 판단을 내릴 수 있게 되고, 연후에 이들의 기초 지식에 근거하여 각종 가마의 기술원류를 탐색해 갈 수 있을 것이다.

요정窯頂과 요상窯床 및 중간 연소실의 유무에 근거하여, Ⅳ형요는 3류 7식으로 세분할 수 있다. 분류에 관한 상세한 정황은 제2장의 부표(표2-4, 표2-5, 표2-6)를 참조 바란다.

2. Ⅳ형요 전파의 경과와 문제의 제출

(1) Ⅳa 사저분실용요의 전파 노선 문제 : 분실용요는 10세기에 중국의 광동성 조주요에서 출현하기 시작하였다. 그리고 늦어도 11세기에 한반도에 전입되었으며, 현지에서 유행하던 용요 구조에 변화를 일으켰다. 16세기 중후기에 두 루트로 일본에 전해졌다. 분실용요는, 전파 시기와 노선의 문제에서 많은 의문과 논쟁이 존재한다. 일반적인 설에 따르면, 한반도→가라츠唐津→기후岐阜가 된다. 그러나 가마구조와 연결해 비교해 보면, 일본의 중부지구 기후현 도키시岐阜縣土岐市에서 발견된 Ⅳa형요(부죽형 분실용요)는 한국의 동류의 가마구조와 비교적 근접하다. 그러나 큐슈 초기에는 이런 전형적인 '부죽형' 분실

용요는 매우 적고, 계룡요 구조가 주체이다.

때문에 필자는, 사저 분실용요 전파에 동시적으로 진행된 두 개의 노선이 있었던 것같이 생각된다. 즉, 〈그림 2-2-18〉에서 보듯이, 제4노선을 거친 3개의 과정, 즉 중국 조주요潮州窯→(13세기 이전) 한반도→(16세기 후기)일본 중부 기후岐阜와 서부 가라츠唐津에 동시에 전파되었다. 전통적인 관점과 다른 것은, 분실용요가 큐슈를 경유하여 일본 중부에 전해진 것이 아니라, 한반도로부터 서부와 중부지구로 나누어져 들어와 발생하였다는 것이다(뒤에서 상술하겠다).

(2) Ⅳg 계룡요 기술의 전파 문제 : 가장 먼저 지적할 것은, 전통적인 분류법은 왕왕 계룡요·분실용요·횡실연방등요를 통틀어 '연방식요'라 부르는 점이다. 그러나 일반적으로 '연방식요'는 한반도에서 일본에 전해진 것으로 인식하고 있으며, 따라서 이 기술의 원류인 중국의 '연방식요' 기술이 한국과 일본에 영향을 준 것을 경시한다. 동시에 이 기술이 전파상의 복잡한 관계가 있음을 아직 충분히 중시되지 못하고 있다. 사실상 상술한 분실용요 이외에, 일본 계룡요 기술의 근원도 다원적일 가능성이 높다. 계룡요와 분실용요가 전해진 한반도는, 아직 계통상의 분류와 분포 및 근원 문제에 대한 깊은 검토가 없다. 애석하게도 한국에는 이 방면의 자료가 매우 적으며, 또한 이 문제의 중요성에 주의를 주는 사람도 없다.

계룡요는 중국의 유행 기간과 분포지구에 대해 종합적인 연구를 할 수 있는 충분한 자료가 없지만, 문헌기록과 일부 고고학자의 견문자료로 판단해 보면 이 요의 출현은 명대(15세기)보다 늦지 않으며, 대체로 복건성·강서성·광동성 동부 일대에 분포한다. 복건성 박물관의 증범曾凡선생의 견해에 의하면, 계룡요는 일종의 요신이 비교적 낮은 민요이다. 명대 송응성의 『천공개물』에 기록된 계룡요는 항아리와 병 등의 조질도기를 굽는 가마이며 갑발을 사용해 자기를 굽는 가마와는 명확하게 구별된다. 이 가마는 어떤 경로를 통해 한국과 일본에 전해졌을까? 현재까지 미해결된 과제이다.

5년 전, 필자는 큐슈의 여러 지역과 야마구치현 하기야끼山口縣萩燒 등지에서 17세기에 계룡요와 함께 산상傘狀도지미(그림 7-3-1, 그림판6:3)를 사용한 것을 발견하였다. 이 두 종류의 특징적인 기술이 결합하는 현상은 중국에서 덕화德化의 남송~명대의 요지 중에서 출현하였다[36](그림 7-3-2). 한반도에 비록 계룡요가 분포하지만 아직 산상도지미의 보도는 보이지 않는다. 그러므로 일본 방면에 존재하는 계룡요와 산상도지미가 세트를 이루는 한 계열의 요장의 출현은, 일본과 복건성 요업의 연계를 탐색하는 데 실마리를 제공하며 일본 계룡요의 진일보한 계통 구분을 위한 근거 또한 제공한다.

(3) 분실용요와 계룡요의 구분에 관한 문제 : 〈그림 7-3-1, 7-3-3(17세기~19세기)〉 등의 요지를 보면, 모두 분명한 요정 구조에 근거한 확정적인 계룡요이다. 그래서 그 평면 유적을 관찰하고, 다시 과거에 분실용요라고 오인되었던 것들과 비교하여, 누구라도 간단하게 양자의 특징을 판별할 수 있게 되었다. 그리고 그들을 Ⅳg 계룡요에 귀속시켰는데, 그 속에 가라츠 초기의 '연방식요'의 대부분이 포함되었다. 예컨대 사가현 니시마쯔우라군 아리타쬬佐賀縣西松浦郡有田町 하라아게요原明窯A(17세기초, 도7-3-4)와 이삼평이 경영한 것으로 알려진 사가현 아리타쬬 시라가와다니佐賀縣有田町白川谷 덴구다니요天狗谷窯의 제요(에도 초기, 17세기초, 도7-3-5, 7-3-6)이다. 이상의 분류가 성립 가능하다면, 16~17세기 동아 요업 기술교류의 삼각관계를 새롭게 평가할 필요가 있다.

(4) 큐슈九州 근세 요업기술의 분기分期 문제 : 일본의 자기 생산은 일반적으로 이삼평이 경영한 덴구다니요天狗谷窯에서 개시되었다고 생각한다. 시대는 대체로 16세기말, 17세기초에 발생하였으며(미까미三上次男 등의 관점), 사용한 가마는 Ⅳg 계룡요였다. 이 시기에 앞서, 가라츠唐津지구에는 이미 계룡요를 채용하여 도기를 번조하였는데, 시대는 16세기 중기로 추정된다. 이렇게 큐슈는 근세 초기의 기술 분기에 적어도, ① 계룡요+가라츠도기, ② 계룡요+자기라는 두 개의 단계를 포함하고 있다.

이 문제의 제시는, 자기 기술의 전래와 '연방식요' 기술의 전래가 모두 '도자기 전쟁' 시기에 움직였다는 관점을 흔드는 것이다. 또한 '문록경장文祿慶長의 역役(임진왜란)' 이전에, 한·일 사이에 가마기술 방면에서 이미 반도염 연방요의 교류 시기에 진입하였다는 것을 말하는 것이며, 자기의 생산도 문록경장 전쟁(1596~1615) 후에 출현하였다는 이야기이다. '문록경장 전쟁'을 '도자기전쟁'이라 말하는 표현법에 새로운 평가가 필요한 것 같은데, 가마기술의 교류와 자기 기술의 교류는 응당 분별하여 토론해야 한다.

---

36) 제6장 참고.

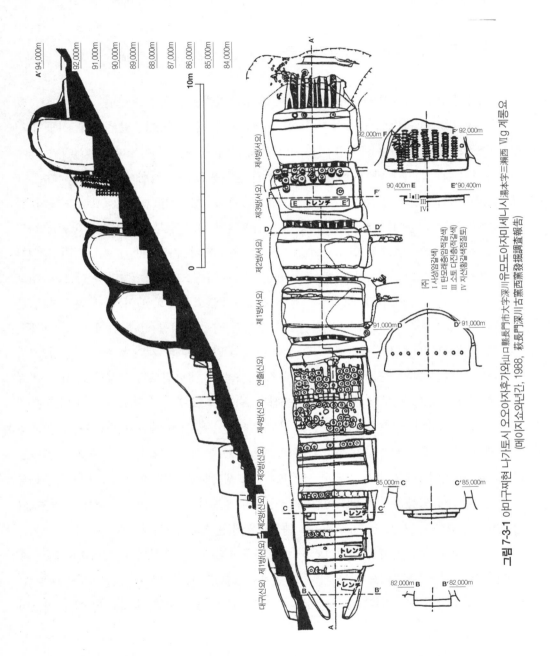

A 94,000m
92,000m
91,000m
90,000m
89,000m
88,000m
87,000m
86,000m
85,000m
84,000m

10m

0

A'

제4방(서요)
제3방(서요)
제2방(서요)
제1방(서요)
연출(신요)
제4방(신요)
제3방(신요)
제2방(신요)
제1방(신요)
대구(신요)

E トレンチ E'

F 92,000m   F'92,000m

90,400m E   E'90,400m

D'   D'

[주]
Ⅰ 사상(암갈색)
Ⅱ 탄모래층(암적갈색)
Ⅲ 소토 다짐층(적갈색)
Ⅳ 지산(흥갈색섞점질토)

91,000m D   D 91,000m

85,000m C   C' 85,000m

C トレンチ C'

トレンチ

トレンチ

82,000m B   B' 82,000m

B   B'

A

그림 7-3-1 야마구치현 나가토시 오오이지후카가와오오아자미세니시(湯本字三瀬西)유모도오지미 세니시(湯本字三瀬西) Ⅵg 제룡요(메이지소와년간)(深川市大字深川) 하기나가토深川市古窯西黒窯發掘調査報告), 1988, 萩長門深川古窯西黒窯發掘調査報告)

439

이상 제출된 4개의 문제를 두고, 구체적인 자료를 재결합하여 아래에서 논하겠다.

3. 일본 중부 지구의 연방식요의 기술 근원

먼저 분실용요 전파의 노선 문제에 대해 필자의 견해를 밝히고자 한다.

일본에서, 가장 최근에 알려진 전형적인 한국식 IVa 분염용요는 일본 중부 지구의 정림사定林寺의 일군의 가마유적이다. 1970년 이래, 기후현 도키시 이즈미죠岐阜縣土岐市泉町 정림사에서 발굴한 무로마찌 말기~에도 초기의 분실용요로는, 정림사 동동定林寺東洞 2호요(그림 7-3-7), 3호요(7-3-8), 서동西洞 2, 3호요(7-3-9), 청안사요清安寺窯(그림 7-3-10) 등이 있다[37]. 그중 서동에서 발견한 2, 3호요는 전형적인 한국식 분실용요와 극히 비슷하다(그림 7-3-11). 서동 2호요의 연대는 무로마찌 말기~아즈치 모모야마安土桃山 시기로, 일본 서부 최초의 가라츠시 키시다케산唐津市岸岳山 한도우가메요飯胴甕窯(그림 7-3-12)와 평행 발전한 두 곳의 요장에 속할 것 같다. 서동 2호요는, 연소실(인화실)이 남아 있으며, 남은 길이가 16.2m에 폭이 1.52~2.95m, 경사 25°, 요상은 직선 경사를 띤다. 전체 가마는 8개의 장벽에 의해 9개의 요실로 분리되며, 각 장벽 아래에 일렬로 난 5개의 통화공이 있다. 가마의 전체 모양은, 대나무를 쪼갠 죽통竹筒과 같다. 요신은 내화점토로 축성하고, 요신에 요문과 투시공이 있으며, 분단 번조법을 채용하지 않으면, 요 후미의 온도가 자기 번조에 필요한 만큼에 도달할 방법이 없다. 요신의 앞뒤의 폭은 통일적이 아니며, 발굴자는, 번조 능력이 매우 낮아, 오래 사용하지 못하고 빨리 포기하고, 본래 지점에서 다시 새 가마를 축조하였는데, 이것이 곧 2호요와 병렬한 서동 3호요로 생각하고 있다. 이 두 기의 가마는 한국의 충남 공주시 학봉리에서 발견한 15~16세기의 계룡산 IVa요(그림 7-3-11: 2) 제5호와 비교하면(그림 7-3-13: 3), 곧 이들을 IVa 분실용요에 분명하게 귀속시킬 수 있다.

정림사定林寺 부근에서 발견한 1기는 중부지구 최초의 '연방식요'로 생각하고 있는데, 이것이 바로 한때 '연방식요' 기술의 근원 논쟁을 일으킨 모토야시키요元屋敷窯(그림 7-3-13)이다. 모토야시키는 이즈미죠泉町 정림사 서동定林寺西洞에서 서남 5km 떨어진 이즈미

---

37) 『土岐市中央自動車道關聯遺蹟』, 土岐市教育委員會, 1971.

죠 쿠지리久尻에 위치하며, 조업 시기는 대략 16세기~17세기 초로 정해진다. 가마의 잔존 길이는 25m, 14연방이고, 요상은 약간 계단상을 띠지만 전체 추세는 직선 경사의 요상이며, 경사도는 27°이다. 전해지기로, 미노의 도조陶祖인 가토치쿠젠可藤筑前 守景延이 1596~1615년에 큐슈의 가라츠에서 제자기술을 배운 후에, 이즈미죠 쿠지리에서 개요하였다고 한다(이 문헌은 당시보다 80년 이후의 추기追記이다). 요벽 구조로 분석할 때, Ⅳa 분실용요의 범주에 속할 수 있다[38]. 모토야시키요와 공존하는 것으로 모토야시키 동·서에 두 요가 있다. 모두 대요 구조이며, 이는 현지 가마 기술의 공존과 교체 관계를 반영한다.

도키시 이즈미죠 정림사와 주변 요들은, 15세기부터 대요를 사용→16세기 중후기에 반도염 분실용요 사용→18세기에 횡실연방식요로 발전한다라는, 전후 계열이 분명하며, 생산이 끊이지 않고 지속되었다. 그러나 반드시 중시해야 할 것은, '대요'에서 '연방식요'에 이르는 이 과정의 변화가 예사 일이 아니었다는 점이다. 대요는 교혈요가 극단적으로 발전한 형식이어서, 비록 그것이 가마 기술상에서 적지 않은 중대한 혁신이 있다하지만, 분류 시에는 응당 전통적인 교혈요 계통에 귀속된다. 그러나 '연방식요'는 중국에서 한반도에 전해졌으며, 연후에 다시 한국에서 일본에 전해진 외래 기술로, 양자는 번조방법, 번조규모, 제품의 질에서 모두 큰 차이가 존재하고, 기술 계통상에서 경위가 분명하여, 혼동할 수 없다.

일본의 '연방식요'는 한국에서 전입되었다는 것이 거의 정론이지만, 전파된 시기와 노선에는 아직 몇 가지 의문이 있다. 토키시 이즈미죠의 분실용요에 대한 쟁점으로, 하나는 가마 구조의 분류 문제이지만, 일본의 학자들은 '연방식요' 중의 분실용요와 계룡요 분류의 의의에 주의하지 않는다. 필자가 조건 없이 친히 가마 유적을 살펴보았지만, 요바닥은 경사진 직선을 띠고 있어, Ⅳa 분실용요에 속할 가능성이 가장 크다. 두 번째 문제는, 이 기술이 결국 큐슈의 가라츠에서 전해진 것인가, 아니면 직접 한반도에서 전래된 것인가의 문제이다. 일본에서 기본적인 인식은, "한반도에서 가라츠를 경유하여 일본 중부에 전해졌다"는 것이다. 이유는 한반도에서 전해졌다면 반드시 호쿠리쿠北陸의 에치젠요越前窯에 흔적이 남아 있어야 하며(나라사키楢崎), 혹은 가마 기술과 제품의 특징에 조선 기술의

---

38) 『世界陶瓷全集』, 제5권, 제266호 채색사진, 小學館, 1976.

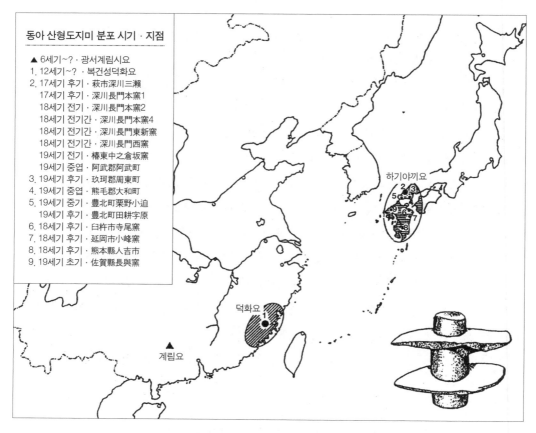

동아 산형도지미 분포 시기·지점

▲ 6세기~?·광서계림시요
1. 12세기~?·복건성덕화요
2. 17세기 후기·萩市深川三瀨
   17세기 후기·深川長門本窯1
   18세기 전기·深川長門本窯2
   18세기 전기간·深川長門本窯4
   18세기 전기간·深川長門東新窯
   18세기 전기간·深川長門西窯
   19세기 전기·椿東中之倉坂窯
   19세기 중엽·阿武郡阿武町
3. 19세기 후기·玖珂郡周東町
4. 19세기 중엽·熊毛郡大和町
5. 19세기 중기·豊北町栗野小迫
   19세기 후기·豊北町田耕字原
6. 18세기 후기·臼杵市寺尾窯
7. 18세기 후기·延岡市小峰窯
8. 18세기 후기·熊本縣人吉市
9. 19세기 초기·佐賀縣長與窯

그림 7-3-2 동아 산형도지미 유행과 분포

영향이 남아 있어야 한다[39]. 이 때문에 조선과 직접적으로 교류한 가능성은 절대적으로 배제한다.

그러나 필자가 한국의 사저 분실용요 기술이 직접 일본 중부에 도달하였다고 보는 것은, ① 서동西洞 2, 3호요는 전형적인 한국 사저 분실용요여서, 이는 도키시 이즈미죠土岐市泉町가 한국 요업과 관련된다고 판단하는 근거의 하나이다. ② 이 가마에서 번조한 백색 유탁유乳濁釉 도기는, 가백자假白磁 및 그 유탁유 다구의 영향을 받은 것으로, 연방식요를 따라 함께 출현한 것이다. ③ 역사적 전통으로 볼 때, 당시 일본 중부지구의 요업 수준이

---

39) 同 38), p.202, 今井靜夫 논문.

큐슈의 위에 있어, 미노의 도조인 가토치쿠젠加藤筑前 守景延이 1596~1615년에 가라츠에 가서 제자 기술을 배웠다는 것은 상상하기 어렵다. 이하 ②, ③번에 대해 더 논의하겠다.

소위 백색 유탁성의 시노유志野釉는, 일본의 전통적인 유색에서 없는 것이 아니다. 하야시야林屋晴三 선생은 중국백자의 영향을 받은 것이라고 하지만, '시노志野'와 유사한 유색은, 당시의 중국에서 유행하지 않으며, 적어도 그 당시의 중국무역도자 중에는 보이지 않고, 중국의 다구에서는 극히 드물게 보인다. 중국인이 추구한 완미完美한 심미의식과는 다르다. 한편, 일본의 다인 중의 일파가 숭상한 '와비차侘茶(わび茶)' 중의 고산고수枯山枯水는, 자연미를 추구한 심미적 정취로, '카라모노唐物'를 배척하였다. 그래서 천목다구 이외의 극히 조악한 중국의 '주광珠光자기'(토용천土龍泉), 조선의 유탁유 '이도井戶다완', '우루雨漏다완', '고세완御所碗다완' 및 백색 화장토를 바른 '훈인粉引다완', '미시마三島다완', '구마가와熊川다완' 등을 좋아하였다. 이런 기풍은 14세기에서 18세기까지, 와비차의 다인茶人들이 이런 자연감을 갖춘 다구를 열심히 사용하였고, 갖은 방법을 다해 구매하고 주문하였으며, 인공미를 추구했던 '카라모노'를 이들로 대체하였다.

일본에서 13세기부터 중국에서 말다沫茶가 들어와 천목다구가 중상류층 인사의 애호를 받았다. 16세기에 이르러 와비차 풍습이 출현하였는데, '카라모노唐物'가 다인 사이에 유행한지 300여년이 되었고, 이 300년 동안에, 중국은 말다沫茶와 투다鬪茶를 음용하는 관습이, 원대부터 전다煎茶와 명다법銘茶法 쪽으로 발전하기 시작하였다. 그래서 투다와 세트를 이룬 천목다구도 점차 감소하였고, 번다한 다례도 간소화와 쇠망으로 갔다. 이와 동시에, 투다의 습속은 한반도에 전해지지 않았고, 이 때문에 한국에서 말다를 마시지 않고 투다를 하지 않았으며, 천목다구의 응용과 출토도 보이지 않는다. 고려시대에 유행한 다풍茶風에 사용된 다구는 모두 청자와 백자였다. 12세기에 '금화오잔金花鳥盞'(청자상감)과 '비색소구翡色小甌'(청자)가 상류계층에서 크게 환영을 받았다(북송 서긍徐兢의『선화봉사고려도경』).

그런데 15세기 이후, 일본에서는 무라다 슈코村田珠光(1422~1502)가 조악하고 가격이 저렴한 중국의 화남 연해지구에서 생산한 무역도자기를 사용하길 제창하였다. 그는 복건성 동안요同安窯에서 제작한 정색이 불량한 청황색 자기가 '와비차侘茶'의 기풍이 있는 것으로 보았다. 그리고 동류의 거친 도자기가 한반도에도 매우 많아, 조선의 연한 색조의 다구를 사용하는 것이 하나의 유행을 이루었으며, 조선에 주문하는 사람도 점차 증대하였다.

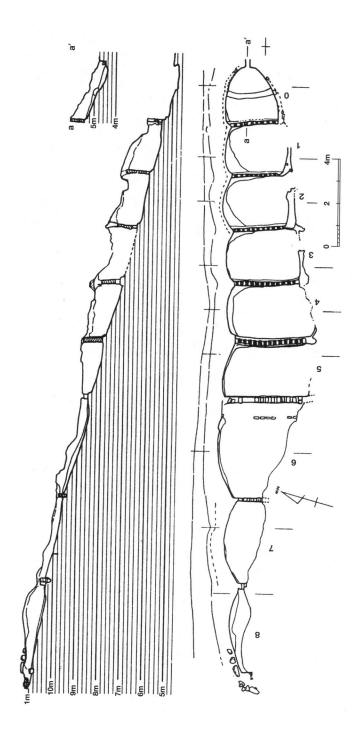

그림 7-3-3 나가사키현 오무라시 카끼하리마찌 도이우라(長崎縣大村陰平町土井浦 Ⅳg 계룡요
(17세기 후기, 2호요, 1991, 土井浦古窯迹)

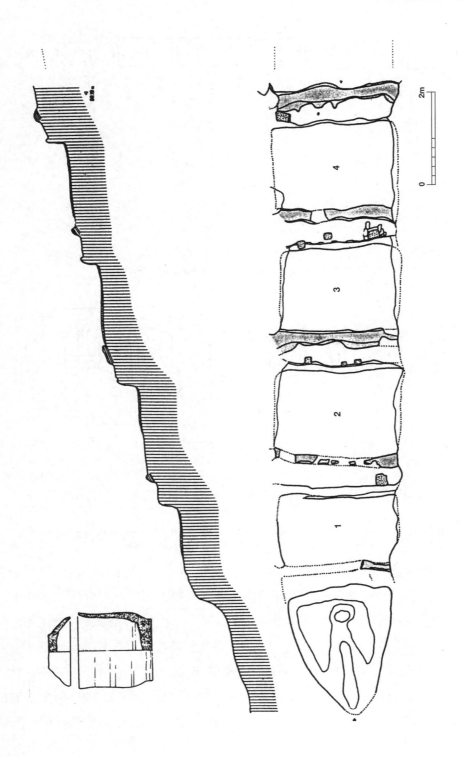

그림 7-3-4 사가현 니시마쓰우라군 니시아리타쵸 하라아케(西松浦郡有田町原明) Ⅳ g 계룡요 (17세기 전반, A.오, 1981, 原明古窯迹)

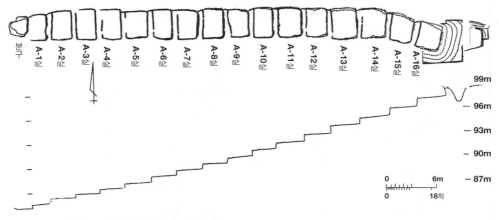

그림 7-3-5 사가현 니시마쯔우라군 아리타죠 가미시라가와구 덴구다니上白川區天狗谷 Ⅳg 계롱요
(17세기 초기, A요, 三上次男, 有田天狗谷古窯調査報告, 1972)

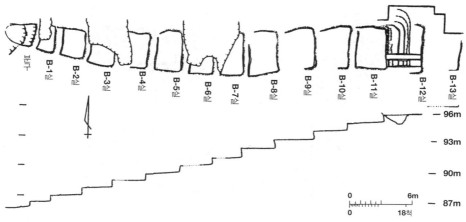

그림 7-3-6 사가현 니시마쯔우라군 아리타죠 가미시라가와구 덴구다니上白川區天狗谷 Ⅳg 계롱요
(17세기 초기, B요, 三上次男, 有田天狗谷古窯調査報告, 1972)

14세기가 시작되면서, 한국은 원의 영향을 받아 백자가 보급되기 시작해 17세기에 그 생산이 절정에 달하였고, 19세기에 돌연히 쇠퇴하였다(그림 6-4-3 참조). 여러 흔적들을 보면, 순백자는 매우 귀한 것이었고(제6장 참조), 민간은 다만 도기에 백분을 바른 가假백자를 사용할 수 있었다. 다구도 옅은 백유조 위주였고, 그중 유탁유 다완이 환영을 받았다. '이도井戸', '우루雨漏', '구마가와熊川' 등이 곧 당시의 명품 종류였으며, 16세기 일본 각 요에서 모방하여, 미노美濃와 세토瀨戸 및 약간 뒤의 하기야끼萩燒 등이 조선 다구를 방

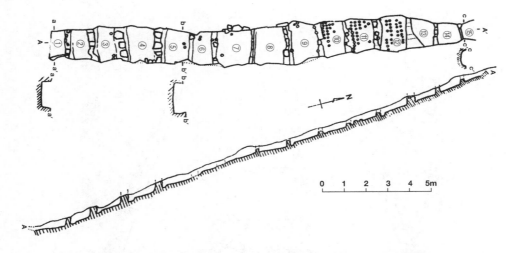

그림 7-3-7 기후현 도키시 이즈미죠 정림사동동土岐市泉町定林寺東洞 Ⅳa 분실용요
(모모야마 시대~에도 초기, 2호요, 1971, 土岐市中央自動車道關聯遺跡)

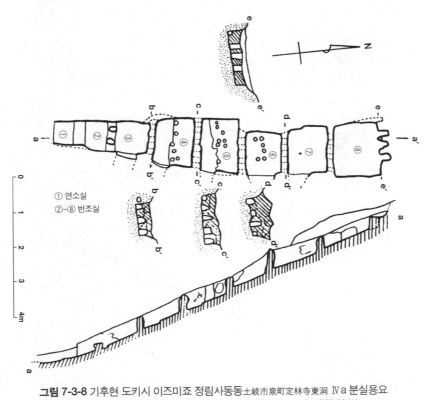

① 연소실
②~⑧ 번조실

그림 7-3-8 기후현 도키시 이즈미죠 정림사동동土岐市泉町定林寺東洞 Ⅳa 분실용요
(모모야마 시대~에도 초기, 3호요, 1971, 土岐市中央自動車道關聯遺跡)

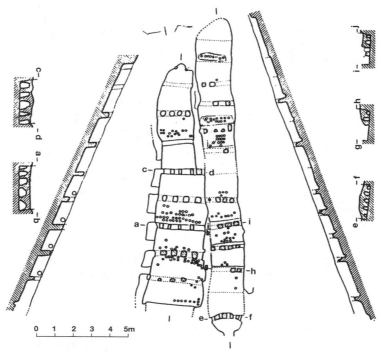

그림 7-3-9 기후현 도키시 이즈미죠 정림사서동土岐市泉町定林寺西洞 Ⅳa 분실용요
(모모야마 시대~에도 초기, 2, 3호요, 1971, 土岐市中央自動車道關聯遺跡)

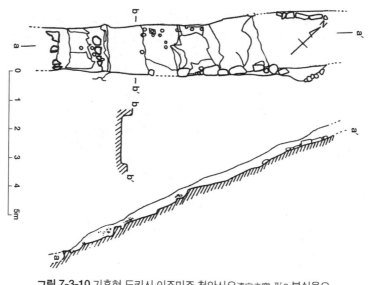

그림 7-3-10 기후현 도키시 이즈미죠 청안사요淸安寺窯 Ⅳa 분실용요
(에도 전기, 1971, 土岐市中央自動車道關聯遺跡)

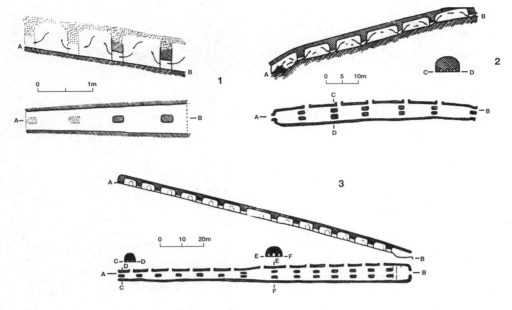

그림 7-3-11 한반도 13~18세기 Ⅳa 분실용요(참고도)

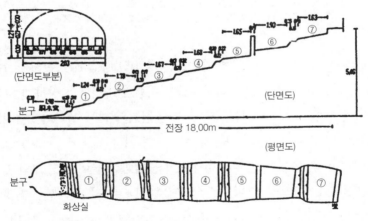

그림 7-3-12 사가현 가라츠시 키시다케산唐津市岸岳山 Ⅳg 계룡요
(16세기, 三上次男, 日本朝鮮陶瓷史研究, 1989)

제한 유명한 요장이 되었다.

일본은 13세기에 중국의 말다법을 접수하고 중국에서 천목다완을 대량으로 수입하였다. 14세기 중후기에 이르러, 중국에서 다법茶法이 개혁되어, 천목다완의 생산이 현저히

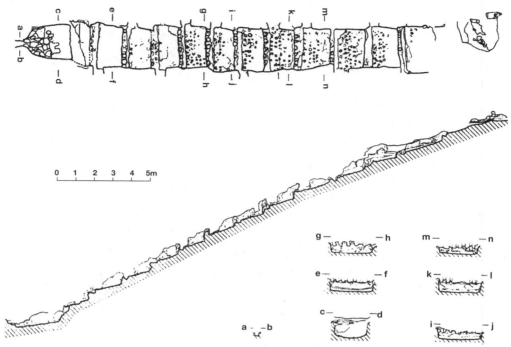

그림 7-3-9 기후현 도키시 이즈미쬬 쿠지리泉町久尻 모토야시키요元屋敷窯(에도 초기)
(16세기 말~17세기 초, 1964, 岐阜縣指定文化財調査報告書)

감소되고 멈춰지게 되었다. 이에 일본 다인들은 중국의 공급에 의존하기 어려움을 느끼게 되자, 세토와 미노가 이를 계승한 천목다완을 시험 번조하기 시작하게 되어, 일본 다도 생산의 중심이 되었다. 16세기에 이르러, 이 양 중심지의 다구 생산기술이 비교적 성숙되어, 다구 생산의 피크기에 들었고, 상응하는 가마의 기술 개조와 기술 수입도 이 시기에 완성되었다. 이것이 곧 15세기 중후기의 대요의 출현과 보급이었다. 또한 16세기 이후에 한반도에서 분실용요가 들어왔으며, 그 목적도 대량으로 다구를 생산하기 위한 것이었다. 대요 시기에는 중국식의 천목다구 위주로 생산하였고, 분실용요 시기에는 조선식의 유탁유 다구를 주로 생산하면서 천목완도 겸소하였다. 조선에서 들어온 것은 가마기술 뿐 아니라, 동시에 조선식 다구의 제작기술도 포함하였던 것이다.

출토유물로 보면, 토기시 아즈미쬬의 여러 연방식요는 모두 통형筒形과 발형鉢形 갑발을 사용하였다. 제품은 새로 출현한 백색 유탁성의 '시노유志野釉'와, 청색유 덩어리와 백색유가 서로 뒤섞여 장식된 '오리베織部도기' 이외에, 전통적인 구로세토黑瀬戶와 키세토

黃瀬戸 등의 다구도 계속 상당한 비율을 차지하였다. 이들은 일본 전통기술의 분위기가 상당히 농후하여, 이는 부득불, 조선의 도공들이 직접 이즈미죠에 오지 않았을 것으로 생각되게 한다. 혹은 미노의 도조인 가토치쿠젠加藤筑前 守景延 같은 인물이 그곳을 방문하여 가르침을 구한 것 같은 것을 고려하게 한다. 이렇게 하면, 서동西洞 2호요의 구조상의 유치하고 불합리한 점과, 신속하게 폐기된 점 등이 합리적으로 해석될 수 있다. 동시에 시노志野와 오리베織部 등의 신종 다구의 생산이 하나의 탐색적인 발전 과정을 거쳤음이, 그래서 순리적으로 이루어졌음을 알게 한다. 이들 모든 새로운 사물들은 조선 다구의 자극으로 발생한 것이다.

4. Ⅳ형요가 초전初傳한 큐슈九州의 유형類型과 동아 요업 기술의 교류

큐슈에서, 가라츠는 현재 최초로 한반도에서 Ⅳ형 연방식요 기술을 접수한 창구로 공인되고 있다. 가마 구조면에서 보면, 최초의 가마 유적은 사가현 가라츠시 키시다케산佐賀縣唐津市岸岳山 한도우가메요飯胴甕窯이다. 한도우가메요飯胴甕窯는 1956년에 발견되었는데, 가마경사가 15°이고, 8개의 번조실과 1개의 연소실로 구성되어 있다. 전장 17m, 폭 2.2m, 높이1.2m에 틀을 세우고 진흙을 바르는 법으로 축조하였다. 각 실의 높이차는 30cm이고, 요실 후벽 아래 한 줄에 7~8개의 통염공이 있으며, 오른쪽 위의 요벽에 투시공이 설치되어 있다. 갑발을 사용하지 않았고, 도지미만 사용하고, 패각과 모래 등을 받침으로 사용해, 장소방법이 비교적 원시적이다. 출토물은 전부 도기이고, 도편 중에 많은 것이 호·옹·발 등의 일상잡기와 소량의 백색 유탁유의 소위 '시노풍의 조당진雕唐津' 다완이다. 잔류 지자기 측정에 의하면 연대는 16세기 중후기로 추정된다[40]. 제5실에 잔존한 후벽으로 판단컨대, Ⅳa 분실용요일 가능성이 매우 크다(그림 7-3-12). 한반도의 동류 요지는 〈그림 7-3-7〉과 〈그림 7-3-8〉을 참고하기 바란다. 그러나 모두 중부지구의 정림사 서동定林寺西洞 2호요의 전형적인 모습에는 미치지 못한다(그림 7-3-9 좌측 요).

일본 서부지구에서 발견된 연방식요 중에, 덴구다니요(6기요)가 최초로 자기를 번조한

---

40) 同 3), 제7권, p.272, 「唐津上野高取陶瓷器研究的現狀」, 『月刊考古學雜誌』, 제297호, 1988 -1.

가마이며, 시대가 가장 확실한 것은 덴구다니 A요로, 1603~1616년으로 확정된다. 이 요에 비해 더욱 빠른 요장으로, 니시아리타죠西有田町 하라아게요原明窯, 아리타죠有田町 얀베따요山邊田窯, 덴진모리요天神森窯 등이 있다. 이들 요지의 가마 구조는 모두 덴구다니요天狗谷窯와 마찬가지로 계룡요류에 속하며, 가라츠시 키시다케산岸岳山의 한도우가메요飯胴甕窯와는 다르다[41].

사가현 니시마쯔우라군 아리타죠佐賀縣西松浦郡有田町 하라아게요原明窯 A는 대략 16세기후기~17세기초(에도 전기)의 요장이다. 가마는 현존장 45.76m, 폭 2.59m이며, 내화점토로 축조하였고, 경사는 16°이다. 각 실 앞에 깊이 21cm의 연소조가 나 있으며, 공히 17개의 연속된 번조실이 있다. 각 실의 앞뒤 깊이는 2.47m, 폭 2.59m, 용납면적 5m²이며, 후벽 아래 한 줄 7개의 통염공이 나 있다(그림 7-3-4). 요도구로는 유개완형有蓋碗形 갑발, 대량의 工자형 도지미, 원형점병 등이 있으며, 지정支釘 받침을 채용하여 번조하였다. 번조한 기물로는 청유도기와 소량의 청화자기가 있다. 청화 원료의 분석에 의하면, 초기 하라아게요原明窯에서는 중국의 청화 원료를 사용하였는데, 뒤에 가서는 부근의 류먼석龍門石을 사용하였기 때문에, 그 유독성으로 인해 폐요되었다[42]. 하라아게요 B는 길이 50.26m, 폭 2.26m, 경사 13°이며, 각 실의 요상은 모두 5° 경사에 면적은 3.45m²이다. 21연방이며 기타 정황은 A요와 같다. 하라아게요 C는, 7실이 잔존한다. D는 17실이 남아 있으며, E와 F요는 미발굴 상태로, 현재 국가에서 보호하고 있다. 종합적으로 보아, 이곳은 에도 전기에 경영된 요장으로, 중부지구 교혈요에서 상용하던 유개갑발(15세기, 도7-3-4 左上角 갑발도와 도7-2-5 참조)을 사용하였다. 그것과 기타 전형적인 계룡요의 평면 구조를 비교하면, 응당 Ⅳg 계룡요에 귀속되어야 한다.

사가현 아리타죠 얀베따구佐賀縣有田町山邊田區 얀베따요山邊田窯는, 도기를 주로 번조한 연방식요로, 뒤에 가서 자기 번조로 바뀐다. 시대는 약 16세기중기~17세기초기(에도시대 초기)이다. 제7호요의 잔존상태를 보면, 잔존길이 12m, 폭 2.48m, 5실이 잔존하며, 각 실은 앞뒤 깊이 2.38m, 폭 2,48m 이다. 대량의 工자형 도지미와 하라아게요原明窯와 유

41) 三上次男,『有田天狗谷古窯調査報告』, 中央公論美術出版, 1972.『佐賀縣有田町山邊田古窯址群調査, 遺構編』, 有田町敎育委員會, 1975.
42)『佐賀縣有田町天神森古窯址軍調査槪報』, 有田町敎育委員會, 1975.

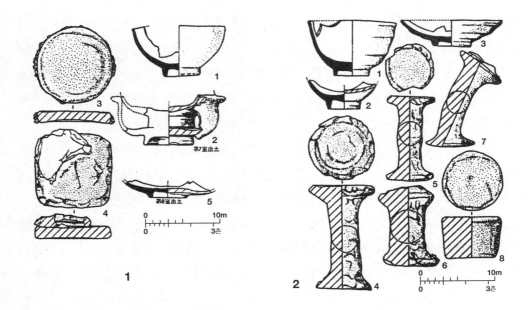

그림 7-3-14 사가현 니시마쯔우라군 아리타죠 가미시라가와구 덴구다니 A요 출토 유물

사한 유개갑발이 발견된다. 4호요는, 16실 연방이고, 길이 50m, 폭 2.39m이며, 모래받침 법을 채용하여 도기를 구웠다. 얀베따 1호요는 12실 이상의 연방형이고, 잔존장 40m에 폭 3.18m 이며, 백자와 청화자기를 번조하였다. 일반적으로 일본에서 자기를 굽기 시작 한 것은 덴구다니요 이후라 생각하고 있다[43]. 얀베따 요들의 출토상황으로 보면, 이 요장 은 가라츠도기를 번조하는데서 부터 자기를 생산하는데까지의 과정을 거치면서, 가마의 구조에 변화가 없으며, 시종 연방식요를 사용하였다. 이는 곧 큐슈에서 자기 생산이 출현 하기 전에 이미 연방식요를 사용하였음을 증명하는 것으로, 평면 구조로 보면, 이런 가마 도 하라아게요原明窯와 같이 계룡요에 속한다.

사가현 아리타죠 미나미가와南川지구 덴진모리요天神森窯(Y7)의 정황은 위와 같으며, 14실 연방이다. 백자와 청화자기 등을 한 요에서 번조했으며, 유개갑발을 사용했지만 수 량은 비교적 적다. 청화장식 시 취묵법吹墨法을 채용하였는데, 아리타의 초기 청화장식의

---

43) 同 41).

한 방법을 이룬다[44]. 덴진모리天神森 3, 4, 5, 6호요의 상황은 대체로 같다. 3, 4호요의 요신이 만곡된 현상을 볼 때, 분실용요와는 달라서(원보고 제2도 참조), 응당 계룡요에 귀속해야 한다. 8호요는 전다煎茶 다구를 주로 생산하였고, 완·접시·발의 수량이 극히 많다. 전부 회유도기로, 가마 온도가 매우 높다. 그래서 가라츠도기를 생산하는 가마와 백자·청화자기를 생산하는 가마와는 분업이 있었던 것 같다.

이상 덴구다니요를 시작으로 모든 가라츠 초기 연방식요의 공통된 특징은, ① 단순한 가라츠도기 생산→도기와 자기 겸소→단순한 자기생산의 3단계를 거쳤다. ② 요상은 전부 모래를 깔고 工자형 도지미(그림 7-3-14)를 사용했으며, 삿갓 모양 뚜껑이 있는 갑발을 사용하였다. 그러나 갑발을 대량으로 첩소할 수 없어, 양산의 의식이 박약하였다. 갑발의 형식은 당시 중부지구에서 유행한 유개갑발과 같은 줄기에서 나온 것 같다. ③ 제품의 구조는 중국, 한국, 일본 본토의 세 가지 근원을 포함하지만, 자기 제조는 시작과 함께 청화 장식이 출현하는데, 이는 주목할 만한 현상이다. ④ 가마의 잔존 구조로 판단할 때, 키시다케산요岸岳山窯가 분실용요일 가능성이 있는 것을 제하고는, 모두 계룡요로 판단된다. 중부지구의 다구 생산 중심지인 세토와 미노 같이, 가라츠는 조선의 반도염 연방식요를 배워 백색의 다구를 번조해 내었지만, 가마는 분실용요와 계룡요의 두 계통이 존재한다. 이는 가라츠가 한반도에서 끌어온 기술이 여러 루트라는 것을 증명하는 것이다.

5. 덴구다니요天狗谷窯의 기술 근원의 의문

덴구다니요는 사가현 니시마쯔우라군 아리타죠 가미시라가와구 덴구다니佐賀縣西松浦郡有田町上白川區天狗谷에 위치한다. 1965년10월~1970년 11월까지의 5년간 6차의 발굴조사를 거쳐, E→A→D→BⅠ→BⅡ→C의 중첩된 6기의 가마 유적을 발견하였다(그림 7-3-5). 이곳은 일본 최초의 자기 생산 요장으로 알려져 있다. 발굴자료를 보면, 덴구다니요는 17세기부터 자기를 굽기 시작해, 18세기 전 기간까지 계속되었다[45]. 미까미三上

---

44) 同 42).
45) 同 41). A, B 組 중간에 80여년의 단층이 존재하는 것은 아직 미해결이다. 미까미三上次男 선생은 연료 위기로 해서 시로가와다니白川谷 중류로 옮겨갔을 것으로 추정하며, 시로가와다니 상류의 수목이 정상적으로 회복된 이후에 다시 원래 곳으로 돌아갔다고 본다. 상세한 것은『日本朝鮮陶瓷史研究』, p.93. 참조.

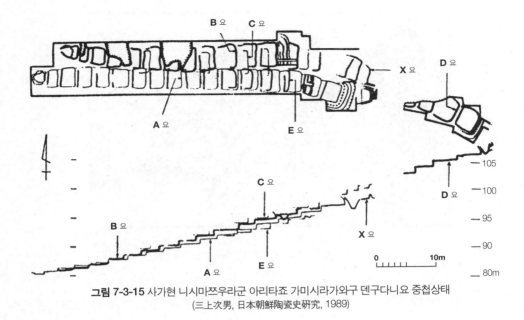

그림 7-3-15 사가현 니시마쯔우라군 아리타죠 가미시라가와구 덴구다니요 중첩상태
(三上次男, 日本朝鮮陶瓷史研究, 1989)

次男 선생이 문헌을 종합해 고증한 바에 의하면, 덴구다니요는 조선 도공 이삼평 및 그 자손이 경영한 요장으로 생각되고 있다. 6기의 중첩된 요지 중에서, E요가 가장 아래이지만, 보존이 불량하다. A요가 그 다음으로 보존이 완전하며, 전장 53m, 폭 2.8~3.5m, 16실 연방이다. 요신에 투시공(관화공을 겸함)이 16개 있었을 것으로 추측하며, 각 실은 대략 방형을 띠며, 요실 후벽 아래에 14개의 통염공이 한 줄로 나 있다. 요상에 30cm 두께의 모래를 깔았는데, 요상이 4층으로 중첩되었고, 제10실에서 3차례의 수리한 흔적이 발견되어 번조 기간이 비교적 길었음을 증명해 준다.

출토 유물 중에 요도구류로 工자형도지미와 유공직통유개갑발有孔直筒有蓋匣鉢이 있으며, 모래받침법을 채용하여 장소하였다. 제품에는 청자·청화자기·백자가 있으며, 완이 가장 많고 다음으로 발·접시·병류이다. 장소 시에 백자와 청화자기는 11실 이후의 요실에 놓고 번조하였다. 기술상에서 중국식의 장식법과 조선식의 제작법이 함께 결합되어 있어, 기술 성분이 비교적 복잡하다. 가마 구조만 말한다면, 응당 계룡요 계통에 귀속시켜야 한다. 덴구다니 B요는, 구조가 A요와 같으며, 시대는 백 여 년이 늦어, 18세기 전기 후반에서 중기에 속한다. 잔존 길이는 약 30m, 가장 폭이 넓은 곳은 4m에, 11연방이다. 갑발의 배합은 거의 1갑匣 1개蓋이며, 기종은 역시 청자·청화자기·백자이고, '대명

그림 7-3-16 고가라츠古唐津 등요 Ⅳg 계룡요
(佐賀縣立博物館소장, 肥前國産物圖考, 1980, 世界陶瓷全集 7)

大明'의 간지 연호와 부록富祿을 나타내는 문자 장식이 발견된다. 전체 장식 분위기는 중국 자기장식의 영향을 받은 것이 확실히 느껴진다.

덴구다니요의 가마 기술과 제자기술은 조선에서 전래된 것으로 공인되고 있는데, 주요 이유는『금강구기金江舊記』[46)에 기록된 이삼평의 사실史實이 실제 사실事實과 차이가 크지 않다는 점이다. 이로서 곧 이삼평과 그 후예가 경영했던 요장으로 인정되고 있다. 필자는 기술 비교의 각도에서 관찰하여, 아래와 같은 몇 가지 의문을 발견하였다. 즉,

첫째는, 덴구다니 가마 구조가 전형적인 조선식 Ⅳa 분실용요가 아니며, 계룡요인 점이다.『비젠국물산도고肥前國物産圖考』에 그려진 전형적인 계룡요 그림은 극히 훌륭한 주해註解가 달려 있다(그림 7-3-16). 문제는, 큐슈의 계룡요가 결국 어디에서 전래된 것인가? 만약 한국에서 전래된 것이라면, 한반도 어디의 계룡요가 또는 어디에서 전해진 것인가? 계룡요는 일본과 조선에서 결국 어느 쪽이 더 일찍 출현하였는가? 이들은 각자 어느 노선으로 해서 그곳에 전해졌는가? 현재 동아 각국은 이 방면에 대한 연구가 불충분하여, 금후의 해결을 기다릴 수밖에 없다.

둘째는, 덴구다니요는 일단 개시하면서부터 대량으로 청화자기를 생산한 점이다. 장

---

46) 1807년작, "金江三平衛文書"는 150년 이후의 추가 기록된 문헌이다.

식과 기물의 조형으로 볼 때, 그것은 조선의 영향을 받았으며, 중국에 가깝다고는 말할 수 없을 것 같다. 그런데 한반도의 청화자기 생산은 경기도 광주 관요에 한정되었다. 15~16세기에, 청화 안료의 수입이 곤란하여 산화철을 안료로 사용해, 홍색紅色으로 '청화'를 그렸는데, 후인들은 그것을 철화라 부른다. 민요는 거의 청화 안료를 쓸 수 없었다. 그러면 덴구다니요의 청화안료와 기술은 어떻게 왔는가? 이 또한 의문이다. 17세기에, 아리타 이마리에서 번조한 청화 무역자기의 청료는 주문한 유럽인이 제공한 것인가? 아니면 중국에서 수입한 것인가? 혹은 둘 다 가능성이 있는가? 전술한 하라아게요原明窯의 측정 수치가 이미 중국의 청화안료를 사용했다는 것을 실증하였다[47].

6. 전형적인 계롱요 및 그와 상관있는 가마의 귀류歸類

계롱요의 존재 양식을 확인하는 것은 충분히 중요한 문제이다. 일본에서, 전형적인 계롱요는 주로 야마구치현 하기시山口縣萩市 하기요萩窯에 집중되어 있다. 이 가마는 1605년에 사용이 시작된 이래, 쇼와昭和연간까지 계속 불이 꺼지지 않았으며, 독특한 풍격의 '하기야끼萩燒' 다도기를 번조하여 세상에 이름을 얻었다. 요장의 폐기가 오래되지 않아, 연속되어온 근대 가마의 보존이 극히 완전하며, 산상傘狀도지미를 사용한 상태도 처음 그대로 보존되어 있다(그림 7-3-1, 그림판6;1-3). 이런 현상들은 이 종류의 가마의 기본 형태를 직접 볼 수 있는 자료를 제공해 준다. 계롱요는 결국 어느 곳에서 부터 일본에 전입되었는가? 현재 아직 미해결된 수수께끼이다.

전술한 것처럼, 연방식요는 복잡한 내용을 포함하고 있으며, 적어도 크게 3류로 나눌 수 있으며, 각 류는 모두 그 독특한 기술 계통과 전파 노선을 갖고 있다. 분류상에서 가장 특징을 가진 부위는 요천정이지만, 요천정이 거의 존재하지 않는 상황에서, 다만 요기窯基 부분에서 분류 근거를 찾을 수밖에 없다. 이 종류를 분별할 수 있는 능력을 훈련하는 방법은 단 한가지로, 지금 구조가 기본적으로 잘 보존되어 있는 각 유형의 가마를 고찰하는 것이다. 남아 있기 어려운 요천정을 관찰하는 것을 제하고서, 그들의 요기 구조의 같고 다

---

47) 『原明古窯迹』, 佐賀縣西有田町教育委員會, 1981, p.8, 10, 44.

름을 더욱 주의해서 비교해야만 한다. 누군가가, 연방식요에 대한 정확한 분류를 할 수 있으면, 13세기 동아 요업기술 교류사 문제의 연구에 대한 열쇠를 갖게 될 것이다. 일본과 한국은 모두 비교적 상태가 좋은 가마 유적이 남아 있지만, 유감스럽게도 그들 연구자들이 아직 연방식요 분류의 의의를 인식하지 못하고 있다.

　　일본 혼슈本州 서부의 야마구치현山口縣에, 일군의 비교적 완전한 계룡요 유적들이 남아 있는데, 가장 상태가 좋은 것은 나가토시 오오아자후가와 유모도아자 산세長門市大字深川湯本字三瀬 서요西窯이다. 이 요는 길이 29.8m, 폭4.2m, 높이 3.52m이며, 요신은 돌과 흙을 섞어서 축조하였다. 8실 연방에 요실의 앞뒤 깊이는 2.88m에 경사는 22°이다(그림 7-3-1 참조). 가마 안에 산상도지미가 12층으로 퇴첩된 원상태가 보존되어 있으며, 기타 부속 요도구로 4개 지점을 덧붙인 점병墊餅과 소량의 직통갑발이 있으며, 도기와 잡기를 주로 구웠다[48]. 유사한 가마가, 야마구치현 하기시와 나가토시에 많이 보존되어 있다. 문헌 기록에 의하면, 임진왜란 동안에 조선에서 데려온 이작광李勺光, 이경李敬 형제가 야마구치현 하기시 친토 나가노쿠라 사카椿東中之倉坂에서 개요하였으며, 번주藩主의 조종 아래에서 다구를 주로 번조하였다고 한다. 발굴자의 고증에 의하면, 이씨가 경영한 요장은 하기시 마쓰모토 사카萩市松本坂 1호요인 것 같다(그림 7-3-17).

　　이곳의 5기의 요의 시대는 각기 다른데, 기술상에서 일맥상통하며, 메이지明治 연간까지 그대로 연속되었다. 잔존하는 근대가마 유적으로 추측해 보면, 하기시 사카坂 지구에서 유행한 것은 모두 전형적인 계룡요임을 알 수 있으며(그림 7-3-18), 요상은 직선의 경사면을 유지한다. 단 주의할 것은, 이곳의 초기 계룡요는 모두 산상도지미를 사용하지 않았으며, 18세기 중기에 이르러서야, 사카坂 4호요에서 이런 요도구가 발견된다. 이 요도구는 부근의 나가토시 후가와요長門市深川窯의 영향을 받은 것으로 추정된다. 나가토시 후가와深川는 야마구치현에서 계룡요가 집중한 또 다른 구역으로, 17세기 중기에 계룡요를 채용한 이래, 곧 바로 산상도지미를 사용했다. 18세기 후기에 현縣 밖으로 확산하기 시작해, 19세기에 야마구치현 외의 기타 지구로 확대되었다. 현재 야마구치현에서 발견된 친토 나가노쿠라 사카요椿東中之倉坂窯, 아부군 아부죠요阿武郡阿武町窯, 쿠가군 슈토죠요玖

---

48) 『萩長門深川古窯西發掘調查報告』, 山口縣教育委員會, 1988.

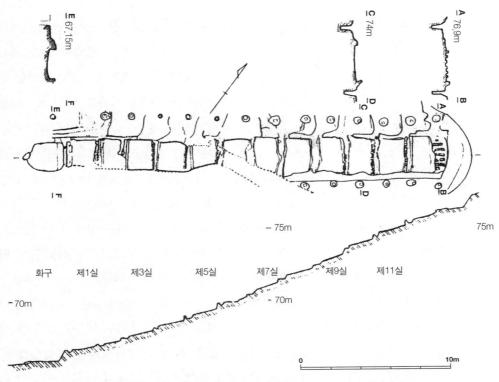

그림 7-3-17 야마구찌현 하기시 친토 나가노쿠라사카椿東中之倉坂 Ⅳg 계롱요?
(17세기 전반, 1호요, 1977, 萩燒古窯, 坂1號窯發掘調査槪報)

珂郡周東町窯, 구마게군 야마토죠요熊毛郡大和町窯, 호호쿠죠豊北町의 아와노 고사고요粟野小迫窯, 다스키아자 하라요田耕字原窯 등이 모두 산상도지미를 사용하였다. 큐슈 지구에서는 오이타현 우스키시大分縣臼杵市 데라오요寺尾窯, 미야자키현 노베오까시宮崎縣延岡市 고미네요小峰窯, 구마모토현 히도요시시요熊本縣人吉市窯, 사가현 나가요요長與窯도 똑같은 요도구를 사용하였다(그림 7-3-2 참조). 그중 미야자키현 노베오까시 고미네요小峰窯는 보존상태가 비교적 완전한 편이다. 요실의 평면이 횡치橫置 장방형을 띠며, 잔존한 일부 요벽과 천정으로 판단할 때, 요천정은 전형적인 횡실 연방요가 아니며, 만두형의 원정圓頂이어서, 이 때문에 Ⅳg 계롱요에 귀속시킬 수 있겠다[49].

---

49) 「延岡小峰窯址」, 『鄕土文化硏究所紀要 1』, 鄕土文化硏究所刊, 1984.

　현재 자료로 추측컨대, 산상도지미를 채용하는 요장은, 가마의 형식으로 계롱요가 많다. 그러나 계롱요를 채용한 요장에서 산상도지미를 사용하는 것은 일정하지 않다. 계롱요 계통 내에서 요도구 상의 차이가 나타나는 것은, 어떤 의미가 있는지, 아직 정확한 판단을 내리기 어렵다. 장소기술을 비교하는 관점에서 보면, 산상도지미를 사용하는 요장은, 가마 공간이용의 의식이 비교적 강하여, 보다 중국인의 양산 의식에 접근한다. 뿐만 아니라, 산상도지미는 중국에서 기원을 찾았으며(그림 7-3-2 참조), 산상도지미를 사용하지 않은 계롱요는 일반적으로 소량의 유개(립형笠形)갑발(그림 7-3-4의 좌각 갑발도左角匣鉢圖 참조)을 사용하였다. 이런 갑발의 퇴적 층수는 보통 5층을 넘지 않는다. 똑같은 요도구가 일본의 중부에서 14~16세기에 사용되었는데, 한반도에서도 유사한 현상이 있었으며[50], 그 양산의식은 중국과 차이가 크다. 이상의 견해들은 아직 성숙되지 못하였지만, 일본 계롱요 기술의 근원을 탐색하는 데에 중요한 단서를 제공하고 있다.

　1988년에 나가사키현 오오무라시 카게히라마찌 도이우라長崎縣大村市陰平町土井浦에서 발견된 계롱요는, 지금까지 발견된 것 중에 연대가 비교적 빠른 것으로, 보존이 비교적 양호하다. 그중 Y2요가 요천정의 일부가 보존되어 있고, 요상이 12~16°의 직선경사를 띤다. 전장 28.8m, 폭 2.3~3.7m 이상이며, 8개의 계롱형의 요실과 1개의 마제형 연소실(연화실)로 나누어져 있다. 각 요실의 폭이 모두 다르며, 연소실이 가장 협착하다. 연소실 후벽의 폭은 2.3m에 앞뒤 깊이는 2.36m이며, 요벽 아래에 한 줄의 통염공이 있어 불길을 제1번조실로 이끈다. 각 번조실의 후벽 아래에 10~16개의 통염공들이 한 줄 나있다. 요실은 앞이 좁고 뒤가 넓으며, 각 실의 후벽 폭을 계측하면, 순차적으로 2.3m→2.3m→2.54m→3.1m→3.56m→6?m→잔殘→잔殘으로 된다. 요실 사이에 통염공 이외에, 상통하는 문이 없고, 각 실 모두 각자의 요문이 있으며, 만실滿室 이후, 요문을 봉폐하고, 투시공을 남겨, 연료를 추가하는데 이용하였다(그림 7-3-3- 참조). 이 요에서는 갑발을 사용하지 않고, 工자형도지미·점병·탁주 등의 간단한 요도구를 사용하였다. 기물은 노출된 채 첩소하여, 가마 공간의 이용율이 비교적 낮다. 요정의 높이가 약 1.4~1.5m이며, 약환원염에서 '쿄야끼京燒' 풍격의 도기와 '고혼데御本手' 다완을 번조하였는데, 유

50) 三上次男, 『日本朝鮮陶瓷史硏究』, p.162.

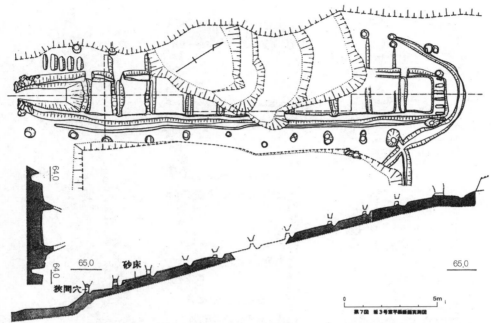

그림 7-3-18 야마구찌현 하기시 친토 나가노쿠라사카椿東中之倉坂 Ⅳg 계롱요?
(17세기 중기, 3호요, 1979, 萩燒古窯, 坂3號窯發掘調查槪報)

색은 황기를 띤다. 제1호요는 에도 전기(1550-1676년), 제2호요는 에도 중기(1676-1700년)이다[51].

　단순히 평면 구조상으로 보면, 도이우라요土井浦窯는 앞이 좁고 뒤가 넓으며, 요상이 직선경사를 띠어, 분실용요로 오인하기 쉽지만, 잔존하는 요정이 정확하게 이 요의 유형을 알려준다. 동류의 것이 현재 구마모토현 아마쿠사군 아마쿠사마찌熊本縣天草郡天草町 다카하마高浜A호요(19세기 중후기)에서도 실증되는데(그림 7-3-9), 요의 전장이 26.40m에 갑발을 사용하지 않고, 번조자기의 폐품율이 16.6%에 달한다. 평면 구조상으로 간단히 판단하면, 거의 횡실 연방식요에 귀속해야 하겠지만, 사실상 표준적인 Ⅳg 계롱요에 속한다[52].

　이상 언급한 많은 현상들은, 큐슈 및 일본 서부에서 지금까지 전형적인 Ⅳa 분실용요 유적이 아직 발견되지 않음을 알려주고 있다. 과거 일반적으로 '부죽형 분실용요'라 알고

─────────

51) 「土井浦的古窯迹」, 『大村市文化財調査報告 제16집』, 1991.
52) 『生産遺蹟基本調査報告書 Ⅱ』, 熊本縣敎育委員會, 1980.

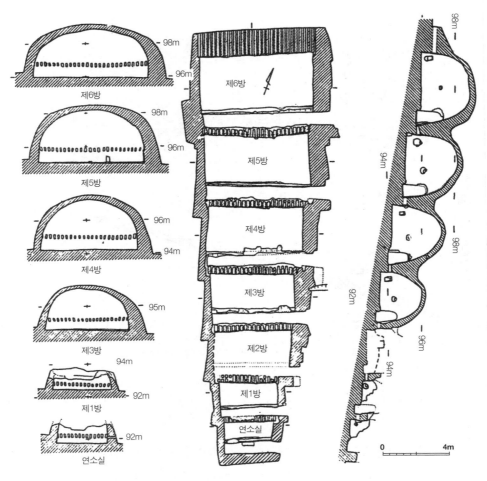

그림 7-3-19 구마모도도현 아마쿠사군 아마쿠사마찌 다까하마天草郡天草町高濱 Ⅳg 계롱요
(19세기 중후반, A요, 1980, 生產遺跡基本調查報告書Ⅱ)

있는것, 혹은 두리뭉실하게 '연방식요' 라고 부르는 것의 절대 다수가 Ⅳg 계롱요이다. 심지어 가장 혼돈하기 쉽지 않은 '횡실연방식요'까지도 일부는 계롱요에 속한다. 그러나 일본 중부지구의 초기 연방식요 중에, 분실용요로 보이고 계롱요로 보이지 않는 것이 있다. 이로 판단하건대, 연방식요가 일본에 처음 전해질 때, 적어도 2개 이상의 교류 노선과 2개 이상의 기술 계통이 존재하여, 일본과 접촉이 일어났던 것으로 생각된다. 즉,

　A. 조선 Ⅳa 분실용요의 일본중부 지구에 대한 전파.

　B. 조선 Ⅳa 분실용요의 일본 큐슈 북부에 대한 전파?

    C. 조선 Ⅳg 계룡요의 일본 큐슈 북부에 대한 전파.

    D. 조선 Ⅳg 계룡요의 일본 하기萩 지구에 대한 전파.

    E. 중국 Ⅳg 계룡요 + 산상도지미의 일본 서부에 대한 전파.

이상 분실용요이든, 계룡요이든 막론하고, 모두 반도염 계통의 연방식요에 속하며, 당시 가장 선진된 가마 종류이다. 이 신기술이 일본에 들어오자, 일본 요업은 혁명적인 충격을 받게 되었고, 일본 가마는 짧은 몇 십 년 내에 전부 갱신되었으며, 이에 일본의 요업기술은 세계의 선두 그룹에 진입하게 되었다. 그러나 이 신기술의 발생은 자기 생산의 필요에 의해 발생한 것이 아니라, '와비차侘茶'의 유행과 보급에 의해 조성된 음다 풍습의 변화 때문이었다. 즉, 중국식의 화려한 다풍을 숭상하던 데서, 조선식의 자연적이고 소박한 풍격을 추구하는 데로 전환하였다. 그리고 다구는 이런 풍조의 상징물이 되어, 조선인의 상백尙白 풍습에서 형성된 분청과 유탁유 계통의 자연천성적自然天成的인 다구에 대한 애호가, 일본 다인의 심미관과 부합되어, 일시에 조선의 다구가 곧 일본 요장에서 모방하는 주요 대상이 되었다. 이 기풍의 변화가, 전통적인 도예와 전통적인 도자 기술 모두에 심각한 영향을 발생시켰던 것이다.

7. 횡실연방식요

횡실연방식요는 종단면상으로 보면, 요정부窯頂部가 연속적인 기복 상태를 띠어, 계룡요와 큰 차이가 없다. 그러나 양측의 요벽을 비교하면, 계룡요는 안으로 만곡하여 궁륭형을 띠고, 횡실요는 직벽이다. 평면도상의 차이는 절대 다수가 명확하여, 〈그림 7-3-20〉과 같이 Ⅳe 횡실계단 연방식요로 판단할 수 있으며, 〈그림 7-3-21〉은 발굴자의 복원에 의하여, 횡실연방식요로 인정한다[53]. 횡실연방식요의 특징은 각 요실이 모두 독립된 요정이 있으면서 횡으로 놓여 있는 점이다. 이 때문에 옆으로의 길이를 자유롭게 설계할 수 있으며, 요실 혹은 아래에서 위로 점차 넓어져, 최고 넓은 것은 9m 이상에 달한다.

---

53) 『窯根古窯址』, 土岐市敎育委員會, 1970.

횡실연방식요가 언제 유행하기 시작한지는, 아직 확정하기 어렵다. 〈그림 7-3-21〉은 기후현 도키시岐阜縣土岐市 가마네요窯根窯의 예로, 늦어도 17세기 전기에 이미 초기 형태를 보인다. 분류상으로 곤란하기 때문에, 필자는 배타법排他法을 이용해 검색을 하여, 계룡요와 분실용요의 폭을 5m 이내로 한정(사실 3.5m 이상의 횡폭을 가진 분실용요나 계룡요는 많지 않다) 하고, 폭이 5m 이상의 '연방식요'는 '횡실연방식요'에 귀속시킨다. 조사를 거친 요들을 시대순으로 배열하면 아래와 같다.

나가사키현 마쯔우라시 시사죠 사라야마요松浦市志佐町皿山窯(17세기 자기요)

사가현 이마리 오오가와찌죠 아자산혼야기大川內町字三本柳(17세기 후기 쿄야끼풍京燒風 도기 · 자기 · 청화자기요)

사가현 니시마쯔우라군 아리타죠 마가리가와西松浦郡有田町曲川 카기에몬요柿右衛門窯 (17세기 후기~18세기 중기 청화자기 · 적회자기 창소요)

사가현 이마리시 와키다죠 빈오쿠죠요脇田町 瓶屋上窯(17세기 후기~18세기, 도기 · 청화 자기요)

사가현 이마리시 오오가와찌죠 아자니혼야기大川內町字二本柳(18~19세기, 에도 중후기 자기요)

사가현 아리타죠 미나미가와하라아자 나시키하라南川原字梨木原 3741 카기에몬柿右衛 門 (18세기 중기 청화자기 · 청자)

아이치현 세토시 시모하다가와죠下半田川町 동부東部 1,2호요(18~19세기 천목다완 · 회 유도기 · 청화자기요)

아이치현 세토시 시모하다가와죠 동부 3호요(18세기중기 천목다완 · 회유도기 · 청화자기요)

사가현 아리타죠 오오에혼다니요大繪本谷窯(18세기 백자 · 청화자기요)

사가현 아리타죠 히로세산廣瀬山(18~19세기 백자 · 청화자기요)

사가현 이마리시 오오가와찌죠 곤겐다니오즈大川內町權現谷乙(18세기 말~19세기 청화자기 · 청자)

사가현 아리타죠 오이지미아자 넨키다니大泉字年木谷(18~19세기 청화자기요)

사가현 이마리시 오오가와찌죠 아자고혼다니大川內町字五本谷(18세기 말~19세기 초 도자요)

사가현 이마리시 오오가와찌죠 아자고혼다니(18세기 말기~19세기 초기 도자 · 청화자기요)

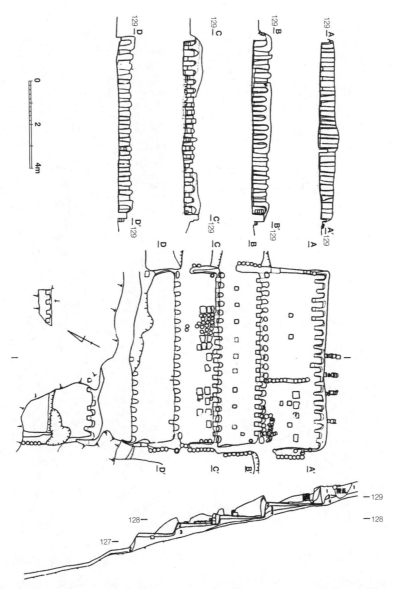

그림 7-3-20 아이찌현 세토시 니시이바라죠西茨町 용우위문요勇右衞門窯 Ⅳc 횡실연방식요
(1818~1860 文政年間, 西茨2호요, 1987, 瀬戸市歴史民俗資料館研究紀要Ⅵ)

미야자키현 노베오까시 고미에죠小峰町6428번지(18세기 말기~19세기 초기 도자·자기요)

사가현 아리타초 오이즈미아자 산山784-1넨키다니요年木谷窯(19세기 백자·청화자기요)

……

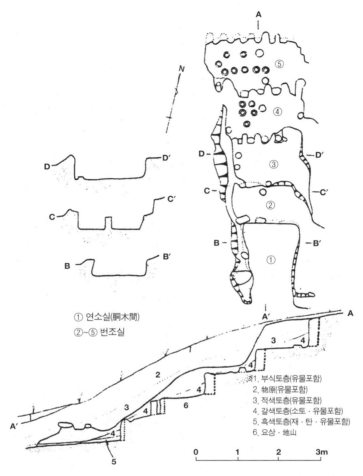

그림 7-3-21 기후현 도키시 가마네窯根 Ⅳe 횡실연방식요
(17세기 전기, 1970, 窯根古窯址)

① 연소실(胴木間)
②~⑤ 번조실

1. 부식토층(유물포함)
2. 物原(유물포함)
3. 적색토층(유물포함)
4. 갈색토층(소토·유물포함)
5. 흑색토층(재·탄·유물포함)
6. 요상·地山

이들 요지는 주로 당시 이미 자기생산의 중심을 형성하였던 사가현佐賀縣의 아리타와 이마리 일대에 분포한다. 그 다음이 중부지구의 세토와 미노이다. 횡실연방식요의 초기 형태를 상세히 알지 못하지만, 현재 확실한 자료로 들 수 있는 것으로 기후현 도키시 가마네요土歧市窯根窯가 있다(그림 7-3-21). 이것은 4 연방의 소형 계단요이며, 요실 사이의 장벽 아래에 갑발로 쌓아 만든 6~7개의 통염공이 한 줄 있는데, 통염공의 직경은 평균 15cm이다. 요실의 횡폭은 아래에서 위로 갈수록 점차 넓어지지만, 증가하는 폭 정도가 크지 않다. 가마 양측의 장벽이 수직으로, 이것은 분실용요도 아니고 계룡요도 아닌 것임

을 증명한다. 각 요실 면적은 아래에서 위로 가면서 차례로 제1실은 0.9m², 제2실은 1.44m², 제3실은 1.67m², 제4실은 2.2m² 이다. 장소 시에 갑발을 사용하였고, 기술상으로 같은 곳의 분실용요와 같은 수준에 있었다. 그러나 동류의 요지가 매우 적게 보여, 현재 횡실연방식요의 근원문제에 대해서는 아직 답을 낼 수 없다.

제4절. 일본의 요도구와 장소(재임) 기술

일본의 요도구는 중국에 비해 단조로울 뿐 아니라, 출현이 비교적 늦다. 교혈요에서 평평하게 놓기 위한 '소대燒臺'를 배제하면, 모든 요도구는 시유도기의 번조에 수반하여 출현하였다. 일본 요도구의 발전은 아래의 4단계로 나눌 수 있다. 즉,

① 제1단계 : 8세기~9세기 말. 외래 요도구 위주이며, 삼채 번조에 이용되었다. 후에 녹유와 회유도기 번조에 전용轉用되었다. 요도구 종류는 주로 받침용 도구이다.

② 제2단계 : 9세기 말~13세기. 앞 단계의 요도구를 계속 사용하는 기초 위에서, 기물과 동질의 태토로 제작한 '갑발'이 자발적으로 발생하여 단기간 사용되었다. 그러나 갑발 안에 전혀 유액이 묻어 있지 않다. 이런 갑발은 오직 배를 보호하는 작용을 한 것이며, 퇴첩하여 장소용량을 확대하는 효능은 없었다. 뿐만 아니라 중국의 무역도자가 일본에 대량 쏟아져 들어오자 빠르게 소멸되었다. 이 단계는 일본의 요업이 앞으로 나가지 못하고 우회하고 배회하는 발전 단계였다.

③ 제3단계 : 13세기 말~17세기 초. 고세토古瀬戶에서 두터운 철유鐵釉를 번조함에 따라 스스로 갑발을 창안하였고, 또한 광범위하게 교혈요, 대요 및 연방식요에 응용하였다. 이 단계는 사회적으로 다구 생산상의 여러 요구가 있어, 가마와 요도구의 혁신과 진보에 자극을 주었다. 장소裝燒(재임) 면에서는 일본 전통기술이 주체가 되고, 다방면의 기술정보를 흡수하여 일본 요업 발전과정 중에 가장 활발하였고, 가장 많은 성취가 있었던 단계였다.

④ 제4단계 : 17~20세기. 자기의 번조에 수반하여 각종 요도구가 출현하였다. 앞 단계의 기초 위에서 진일보하여 외래 기술을 흡수하여 신속히 일본화 시킨 단계이다. 구체적으로 보면, 일본 전통 갑발 기술의 보급과, 중국 산상傘狀도지미의 흡수, 판가식板架式 장소법의 발전, 조선식 탁주托珠와 모래받침 방법의 유행 등을 들 수 있다. 동아 요업 발전

의 전체적인 측면에서 보면, 일본 장소기술의 전체적인 수준은 높지 않지만, 조선과 비교해서 16세기 후반부터 오히려 앞서 나가기 시작하였다. 일본의 도자기는 이 시기에 와서 단순한 표면모방에서 벗어나, 도자기술의 민족성을 개창開倉하였다. 번조기술 상에서 대담하게 가마를 개조하고, 스스로 갑발과 판가지소법板架支燒法을 창안하였다. 그리고 조형과 장식 면에서 자연스럽게 개성이 함축되어 있으며, 일본의 요업이 독립적인 체계를 형성하기 시작하였다.

번조기술과 제품을 비교하는 가운데, 우리가 발견할 수 있는 것은, 가마·요도구·제품이란 3자의 조합관계가 고정불변의 것이 아닌 점이다. 기술교류 중에서 그들이 처한 단계에 따라서, 결합이 긴밀할 때는 한 벌이 되어 다니다가, 어떤 때는 분리되는 현상을 보인다. 그중에 가장 쉽게 변화를 일으키는 것은 제품의 조형 등 외관적인 요소이다. 그 다음이 경험이 많은 도공이 제품의 관찰을 통하여 발견하는 기술 성분으로, 예컨대 완심碗心의 거친 원권圓圈, 저부의 점사粘沙, 유면에 잔류한 받침흔적 같은 것으로부터 첩소 방법의 차이를 찾아낼 수 있다. 고도로 깨끗한 유면은 그릇 밖에 모종의 보호 장치가 있었을 가능성을 연상할 수 있으며, 이 때문에 창조적 생각을 격발시켜, 새로운 장소방법이 발생한다. 이상은 모두 기술자의 직접 교류를 통하지 않고도 발생할 수 있는 간접적인 '기술교류'이며, 이는 비교적 경박한 편이어서 기술의 '표층교류表層交流'라 할 수 있다.

직접적인 기술교류 중에는, 여러 방법이 존재한다. 예컨대 기술자의 교류, 기술자와 견문자의 교류, 기술자의 견문, 기술자가 공동으로 생산하는 과정 중에 파악하는 기술 등등, 모두가 교류의 단계와 심도에 영향을 줄 것이다. 곧 기술자들 사이의 교류는 다음과 같은 두 가지 상황으로 말할 수 있겠다. 즉, 하나는 갑甲이 을乙을 초청하여 갑지甲地에 가서 기술상의 전면적인 지도를 하는 것이다. 그러면 갑지가 얻는 기술은 원상의 수준과 비교적 근접할 수 있다. 다음은, 갑이 을에 가서 기술을 배우면, 학습 기간의 차이에 따라 접수하는 기술의 완전성도 달라진다. 그러나 긍정적인 것은, 갑이 을의 기술에 대한 이해의 심도가 전자를 초과할 수 있으며, 그래서 갑이 자신의 요장에 남긴 기술 흔적이 완전히 같지는 않게 된다. 왜냐하면 을의 기술이 그의 가공과 개조를 거치고, 그의 가치 관념에 의해 여과되었기 때문이다. 그래서 갑 쪽에서 위의 두 가지 기술 교류 방식을 조사할 때, 요장 유적을 통하여 발견할 수 있는 것은, 만약 을측이 갑지에 건립한 요장이라면 비교적 을의 기술의 세부적인 것까지 보지할 수 있어, 기술성분이 보다 을의 기술의 원상태에 가깝다는 사실이다. 이러한 세부 사항의 풍부한 정도를 분석하면, 당시 기술교류의 심도와 교류 쌍방 간의 친소親疏 관계를 이해하는 데 도움이 될 것이다.

1. 도지미[支燒具]

(1) 점토 지소대粘土支燒臺, 工자형 도지미

점토를 쌓아서 간단하게 만든 '지소대'는 스에끼 번조시기에 유행하였다. 그 주요한 작용은 경사진 요상 위에 기배를 놓기 위한 대면臺面을 만들기 위함이다. 그 배열이 순차적으로 되어 있어, 이를 근거로 교혈요의 장소 수량을 계산할 수 있고, 가마의 유효 번조 공간을 고찰할 수 있다(그림 7-4-1, 7-4-2). 또한 석괴나 대형기물의 파편으로 대체한 것도 있다. 연방식요 시기로 진입하여서는, 대부분 가마의 요상이 계단상으로 평탄해지고, 요상에 모래를 깔게 되면서, 工자형도지미의 사용이 유행하기 시작하였는데(그림 7-3-14: 1, 2), 한쪽 끝을 모래층에 매입하여 고정시켜, 안전하게 배를 받치게 하였다. 도지미의 대면 위에는 왕왕 모래를 깔거나 받침을 둔 후에, 배를 올려놓았다. 1회성으로 사용하는 점토로 만든 소대와 달리, 工자형도지미는 여러 차례 사용할 수 있다. 工자형도지미는 일반 점토대에서 변화되어 나온 것으로, 이 과정의 발생과 완성은 일본에 있으며, 한국에 있지 않다. 한국의 工자형도지미는 일반 점토대粘土臺에 가까우며, 일본과 같은 그런 전형적인 것은 없다. 工자형도지미를 대량 사용한 것은 당시 나소법裸燒法이 매우 유행하였고, 그래서 갑발의 이용은 그다지 보급되지 않았음을 알려주는 표지이다. 이는 일본의 장소기술이 중국과는 비교적 차이가 크며, 한국과 보다 가깝다는 사실을 반영한다.

(2) 산상傘狀 도지미

일본에서 17세기 후기에 출현하며, 야마구치현 하기야끼의 한 곳에 집중되어 있다가, 18세기 후기에 비로소 현 밖으로 확산되기 시작하였다(그림 7-3-2). 장소된 상황이 비교적 잘 보존된 경우는 〈그림 판6: 3 및 그림7-3-1〉에서 보는 바와 같으며, 적어도 12층 이상 쌓을 수 있었다. 하기야끼 가마의 높이가 2m 이상으로 추산하면, 18층 이상 쌓을 수 있으며, 각 층에 5점의 완이나 잔을 놓으면, 1 기둥에 90점이 용납된다. 각 실에 5줄 9열로 공히 45개 기둥이 있어, 한 연방에 4,000 여점의 도자기를 넣을 수 있는데, 각 요마다

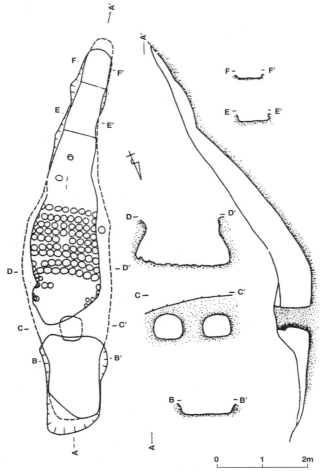

그림 7-4-1 아이찌현 오와리하사히시 미도리죠尾張旭市綠町녹구綠丘 분염주교혈요
(12세기 전중기, 1호요, 山茶碗窯, 1978, 尾張旭市古窯)

연방수가 다르지만, 10 연방식요로 계산하면, 한번에 4만점을 구울 수 있다. 이러한 장소 방법과 가마 공간 이용 의식은, 일본에서는 전례가 없던 것이며, 한반도에서도 많이 보이지 않는다. 본장 제3절의 계룡요 부분에서 서술한 바와 같이, 산상도지미는 통상 계룡요와 조합을 이뤄 사용한 것으로, 이 요도구는 중국의 복건성 안계安溪, 민청閩淸, 덕화德化 등의 계룡요와 산상도지미가 동시에 유행한 지구로부터 전입되었던 것 같다.

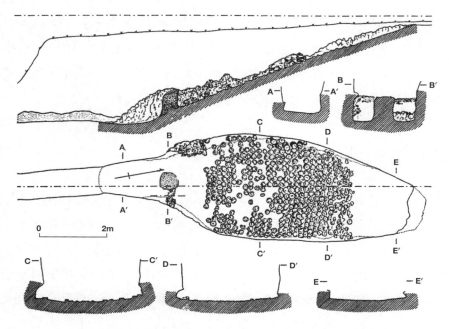

그림 7-4-2 아이찌현 찌다군 미하마죠知多郡美浜町 소원지小原池 분염주교혈요
(14세기 중후기, 1호요, 1979, 小原池古窯址群)

(3) 판가식板架式 도지미

18세기에 중부 지구에서 출현하였다. 아이치현 세토시 시모하다가와죠愛知縣瀨戸市下 半田川町 동부東部에 천목다완·회유도기·청화백자를 구웠던 여러 가마에서 이 장소방 법을 채용하였다[54]. 이것은 그대로 현대까지 이어져서, 일본에 매우 유행한다. 중국은 일 찍이 북송 중후기에 일종의 '점판층격식墊板層隔式 나소법裸燒法'을 채용하였다. 판은 장 방형이나 방형을 띠며, 한 변 길이가 20~30cm, 두께는 약 3~4cm이며, 네 모퉁이에 소형 의 지주를 이용해 상하를 지탱하였다. 소형 지주의 높이는 약 10~23cm, 직경은 약 2~4cm 이며, 판붕板棚 사이에 완·반·배·분 등의 비교적 왜소한 기물을 놓았으며, 기 물과 기물 사이에는 가는 눈받침이나 고리받침을 사용해 이격시켰는데[55], 현대 일본에서 채용하는 동류의 방법과 완전히 같다. 그러나 일본의 이 기술이 원래 어디에서 왔는지는,

---

54) 『瀨戸市歷史民俗資料館研究紀要Ⅷ』, 瀨戸市歷史民俗資料館, 1989, pp.37~128.
55) 劉鳳君, 「山東地區宋金元燒瓷窯爐結構和裝燒技術分析」, 『中國古陶瓷研究』, 제2집, 1988, p.54.

아직 설명할 수 있는 자료가 없다. 중국에서는 12세기에 이런 종류의 지가식支架式 요도구가 발생하였지만, 널리 퍼지지 못했으며, 일본에서는 18세기 이후에나 볼 수 있어, 양자 간의 어떤 연관성을 생각하기 어렵다. 양 지역의 판가도지미는 각자 독립적으로 개발한, 일종의 양산 의식이 매우 강한 장소 요도구인 것 같다.

2. 받침[점격구墊隔具]

일반적으로 무유도기 단계에는 어떤 받침 도구도 필요하지 않으며, 받침의 출현은 시유도기 생산이 양산 단계로 들었다는 표지이다. 즉, 시유도기가 고온에서 유가 흘러 배들이 서로 붙어버리는 것을 방지하기 위해서, 배의 중간에 간격 작용을 하는 부속구가 번조 과정 중에 빠질 수 없는 공구의 하나가 되었다. 시대와 지역적 차이에 따라, 각지에서 자신의 장소 경험에 근거해서 각기 다른 받침 도구를 설계하며, 이들 요도구들이, 한편으로는 지역의 기술 수준의 고저를 반영하고, 동시에 요장의 번조 기술상의 특색을 반영한다.

(1) 삼차형三叉形 받침[支墊]

이것은 일본에서 최초로 채용한 받침 요도구로, 8세기 초~12세기에 일본의 중부 지구에서 유행하였다. 단면 삼차三叉와 양면 삼차의 두 종류가 있으며, 일본에서는 양면 삼차가 위주이다. 제작이 매우 정세하여(그림 7-4-3: 1), 일반적으로 태토 원료보다 더 내온성耐溫性이 높은 점토로 미리 만든다. 이런 요도구는 반드시 배와 똑같은 수축율을 가져야만 하기에, 그 주요 성분은 도기 태토와 매우 가깝다. 일반적인 상황에서는 1회만 쓰고 폐기된다고 하지만, 필자가 일본 중부지방의 각지에서 발굴 출토한 삼차지점을 고찰한 바로는, 끝이 약간 끊어진 지점 상에 의외로 녹유가 가득 묻어 있어, 여러 차례 사용했을 가능성이 있는 것 같다. 이 점은 중국의 동류 요도구의 사용방법과는 다른 것으로, 중국 기술이 일본 도공의 '소화이해消化理解'를 거친 결과이다.

일본에서 최초의 시유기 생산은 나라삼채에서 시작되었으며, 당삼채에 비해 몇 십 년 늦다. 기물상의 흔적으로 판단하면, 나라삼채(또는 '쇼쇼인正倉院 삼채'라 한다)의 장소 기술은, 당삼채의 장소 방법과 일치하여, 모두 삼차형받침을 사용하였다. 일본의 삼채요지는 지금까지 발견되지 않았다. 이는 중국과 마찬가지로, 삼채를 번조한 것이 모두 지면의 소

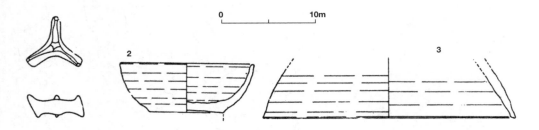

그림 7-4-3 아이찌현 니시카모군 미요시죠 구라사사黑笹 5호요의 요도구(9세기 후반, 교혈요)
1.삼차형받침 2.기형식 지점 3. '갑발', 떨어지는 재의 오염을 면하게 하는 도배
(1988, 愛知大學用地埋藏文化財發掘調査報告書)

형 가마이고, 제품이 황실과 귀족계층에 공납하는 것이 위주여서 생산량이 많지 않고, 가마도 많지 않았기 때문인 것 같다. 그리고 그 생산 필요에 따라 가마를 만들고, 공정이 끝나면 곧 가마가 훼손되어, 특히 삼채를 구운 가마는 보존되기 어려운 것 같다.

삼채는 대다수가 명기明器이고, 그 현란다채로움은 바로 당조唐朝의 온화하고 점잖으며 귀한 티가 나는 시대 풍격과 어울린다. 그러나 안사安史의 난 이후에, 삼채의 생산은 격감하고 소멸되어, 중국에서 유행한 것은 다만 몇 십 년이었다. 똑같이 일본에서 삼채를 사용한 방식도 중국과 같이, 8세기 초에 모방생산(729년명 고지야스다小治安田萬呂묘 출토의 삼채 소관小罐)을 하여, 8세기 후반에 역시 생산이 정지되었다. 그러나 유를 씌운 도기를 번조한 장소 기술은 남아 있어서, 약간 뒤에 오는 녹유도기의 생산에 계속 삼차형받침을 채용하였다.

삼채는 백자 기술의 기초 위에서 발전한 저온채유低溫彩釉 도기로, 거의 예외 없이, 삼채의 공방은 백자 공방과 함께 건립되었다. 백자 제작에 이용되고 남은 조질 자토로 가공성형하여, 1,000℃의 낮은 소형 가마에서 태와 유를 나누어 2차 번조하였다. 비록 사용된 것은 백자 원료이지만, 구워져 나온 것은 흡수율이 매우 높은 도질의 '자기'로, 이것도 삼채의 번조가 시종일관 백자의 생산과 함께 연계된 이유이다. 이를 감안하면, 삼채를 구울 때 사용된 삼차형받침이 북방의 백자요장에서 대량으로 보편적으로 사용된 것을 이해할 수 있으며, 동시에 당삼채의 공방과 백자요장의 관계를 반증해 준다(그림 7-4-4).

여기서 반드시 나오는 것이 '나라삼채'의 기술 원류 문제이다. 먼저, 나라삼채도 당삼채와 같은 요도구인 삼차형받침을 사용하였다. 이는 곧, 중·일간의 삼채 제작 공인 사이에 면대면面對面의 기술교류가 있었음을 말하는 것이다. 나라삼채 기형의 규정規整함을

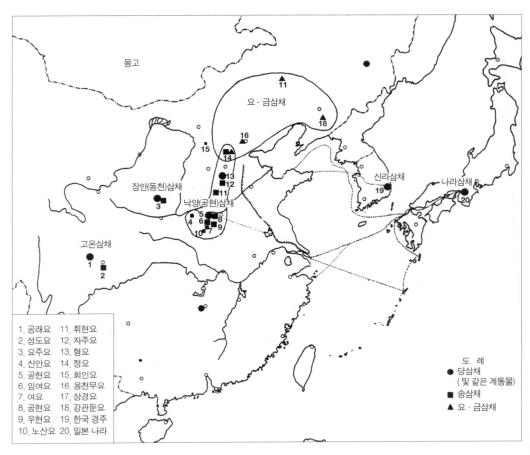

몽고

요·금삼채

11

18

16

15

14

13

12

11

장안(동천)삼채

3

낙양(공현)삼채

5

4　6　8

10　7　9

고온삼채

1

2

신라삼채

19

나라삼채

20

도 례

● 당삼채
　(및 같은 계통물)

■ 송삼채

▲ 요·금삼채

1. 공래요　　11. 휘현요
2. 성도요　　12. 자주요
3. 요주요　　13. 형요
4. 신안요　　14. 정요
5. 공현요　　15. 회인요
6. 임여요　　16. 용천무요
7. 여요　　　17. 상경요
8. 공현요　　18. 강관둔요
9. 우현요　　19. 한국 경주
10. 노산요　　20. 일본 나라

그림 7-4-4 동아 삼채 생산지와 견당사 해로도

보면, 공방에서 물레성형과 유색 배합을 맡은 장인은 장기간의 훈련을 거친 경험 많은 베테랑임을 알 수 있다. 그러나 그 장식을 보면, 당삼채에 상용된 조소彫塑, 첩화貼花, 교태交胎, 코발트색의 남채藍彩, 농염한 다채多彩 등의 현상은 보이지 않는다. 그들은 모두 산화동과 산화철로 착색제를 만들었으며, 기형은 단조로워서, 57점의 '쇼쇼인正倉院 삼채' 중에, 화고花鼓 · 탑塔 · 호 각 1점씩을 제하고는, 기타 95%가 모두 발 · 완과 소량의 접시이다[56]. 이들 기물의 총체적인 분위기를 보면, 중국의 북방에서 삼차형받침을 사용한 요장

---

56) 楢崎彰一, 『日本陶瓷大系, 三彩, 綠釉, 灰釉』, 平凡社, 1990.

에서 삼채기술을 배운 일본인이 제작한 것으로 이해할 수 있다. 그런데 생각하기 매우 힘든 것은, 훈련된 도공이 아니라면, 이런 고도의 기술을 갖기 불가능한데, 당시의 일본은, 아직 이런 도공을 배양할 수 있는 기술 환경이 없었다는 점이다. '쇼쇼인 삼채'를 제외한 당시의 도기를 약간만 살펴보아도, 이와 같은 결론을 얻을 수 있을 것이다. 그래서 1964년에 현대과학 수단을 이용하여 '쇼쇼인 삼채'가 일본 소산所産이라고 단정하기 전에는, 당연하게 모두가 중국에서 전해진 '당삼채'라고 생각하였다.

(2) 점병墊餠

단순한 원형圓形 점병과, 점병 상에 3지점支點이나 다지점多支點을 가한 것을 포함한다. 점병은 세계에서 가장 간단하면서 가장 유행하였으며, 동시에 가장 특징이 없다고 할 수 있는 요도구로, 그 형상은 받침을 할 대상의 원형기저圓形器底에 따라 결정된다. 9세기 후기에 일본의 중부 지구에서 출현하였으며, 회유도기의 받침에 사용되었고, 그대로 계속 사용되어 현대에까지 이런 전통 방식으로 도자기를 번조하는 요장이 있다.

점병에 3개 혹은 다지점을 가하는 것은, 삼차형받침과 탁주 장소법의 장점을 흡수하여 발명한 간단한 복합 요도구이다. 최초의 사용례는 중부 지구의 세토에서 출현하며, 이는 고세토와 천목다완의 번조와 대요에 수반되어 동시에 출현하였다. 이후의 연방식요도 계속 사용한 요도구로, 대략 16세기 후기에서 19세기까지 유행하였다.

(3) 고리받침[점환墊環]

주로 일본 중부의 세토와 미노에 분포하며, 10세기 후반~19세기 전기에 유행한다(그림 7-4-5). 18세기에 서부 지구의 큐슈와 야마구치현에서도 소수의 요장에서 사용하였다.

(4) 치형받침齒形支墊

치변점통齒邊墊筒, 치변점권齒邊墊圈을 포함한다. 분포지구는 점환과 같다.

(5) 지정支釘

탁주托珠와 단족입추單足立錐를 포함한다. 탁주 받침방법은 과거에는 조선에서 온 것으로 알았지만, 사실, 세토지구에서 14세기 중기의 아이치현 세토시 미야지⿱宮地町 5호요와

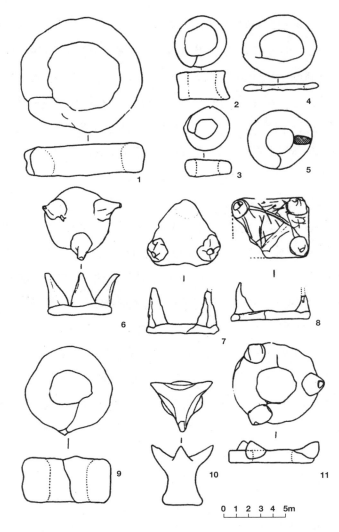

그림 7-4-5 기후현 도키시 이즈미죠 가마네窯根 출토의 각종 요도구
(18세기, 횡실연방요, 1970, 窯根古窯址)

15세기 아이치현 후지오카죠 구로사사요愛知縣藤岡町黑笹窯 등의 분염주 교혈요에서 천목
다완과 회유도기를 지소하는데 사용하였다[57]. 아이치현의 니시카모군 미요시죠西加茂郡三

---

57) 『瀨戶市埋藏文化財年報』, 瀨戶市教育委員會, 1989, p.27. 『愛知縣藤岡町笹窯發掘調査報告』, 藤岡町教育委員
會, 1982.

好町와 세토시 세키다죠昔田町, 기후현 도키시 묘토요妙土窯 등의 대요에서도 사용하였다. 16세기 후기에 사가현의 연방식 등요에서 유행하였으며, 사용 범위가 비교적 광범위하다.

(6) 기형器形 받침墊

점배墊杯와 점발墊鉢을 포함한다. 이 요도구의 주된 특징은 받침 요도구를 배·관·발 등의 그릇 모양으로 만든 점이다. 뚜껑류의 기물을 지탱하여 번조하는데 사용하였다. 지금까지 25곳에서 발견되었으며, 50여기 요에서 이 요도구를 사용하였다. 17세기 전에 중부 지구의 사나게요와 세토요에서 유행하였으며, 17세기 이후에는 주로 서부지구의 큐슈, 야마구치현 등지에 분포한다(그림 7-4-3: 2).

(7) 유기물 회신灰燼(재, 잿더미)

일본에서 겨재·볏짚·곡물껍질·패각 등의 유기물의 물질을 이용하여 시유도기 장소 시에 받침으로 만들었다. 12세기후기에 시작되었으며, 그중에서 패각을 이용한 것이 가장 특이하다. 현재 패각으로 받침을 만든 것이 발견된 가마의 예는, 중부 지구의 아이치현과 서부의 사가현, 야마구치현, 시마네현島根縣 등의 연해 요지에 분포한다. 12세기말부터 근대에 이르기까지 계속 유행하였으며, 야마구치현 나가토시 후가와 미세요長門市深川三瀨窯가 전형적인 예이다. 겨재·볏짚·곡물껍질로 받침을 한 요지는 일본 중부 지구의 12~13세기의 '산다완山茶碗' 요장에 분포하며, 모두 무유 도완陶碗 번조 시에 사용하였다. 발견된 요지 중에서 아이치현 니시카모군 미요시죠三好町 구로사사黑笹 20호요가 빠르다. 16세기후기에 주로 큐슈 북부에서 유행하였으며, 시유도기의 번조에 이용되었지만, 자기를 굽는 가마에서는 이런 방법이 사용된 것을 볼 수 없다.

(8) 무기물 분말

일본에서 무기물을 이용해 받침물을 만든 종류는 비교적 단순하여, 현재 모래받침 1종만 발견된다. 중국의 알루미늄 성분이 높은 자분瓷粉으로 받침을 하는 방법은 일본에서 발견되지 않는다. 시유도기는 모래받침을 사용해 서로 붙는 것을 방지하며, 일본의 여러 학자들은 17세기에 자기 제조기술을 따라 조선에서 일본에 전해진 것으로 생각하고 있다. 그러나 이전에, 중부지구의 사나게요에서 일찍이 12세기에 이미 모래받침을 이용해

'산다완'을 구웠다. 다른 점은, 전자는 인공유의 점결을 방지하기 위한 것이고, 후자는 자연유의 점결을 피하기 위한 것이다. 그들은 각기 세토와 큐슈의 두 개의 도자 생산 중심지에 분포한다.

3. 갑발

'갑발匣鉢'(xiabo)의 어원은 중국에 있으며, 한국어의 발음은 중국어 'xiabo'와 같으며, 한자로 쓰는 법도 같다. 일본어의 발음은 'saya'(さや)이고, 사용하는 한자도 '匣鉢'이다. 그러나 일본의 세토에서는 '원소로圓小爐'라 하고 'enkoro'라 읽으며, '배를 장전裝塡하는 원형의 작은 가마'라고 이해할 수 있다. 이는 바로 세토 도공들이 갑발의 효능에 대한 이해인 것이다. 어원 면에서 고찰하면, 거의 중국과 관계가 없는 것 같으며, 세토의 갑발 기술이 독창적인 것으로 판단된다.

(1) 통형갑발筒形匣鉢(통저갑발通底匣鉢 포함)

일본의 갑발 기술은 유치함에서 성숙함에 이르는 동안에, '2기起 1락落'의 발전 과정을 거쳤으며, 중국과 한국의 갑발 기술은 이에 대해 직접적인 영향은 없었던 것 같다. 일본 도공들이 갑발 장소기술에 대한 탐색 과정은, 배에 대한 보호 의식이 생기면서 시작되었다. 회유도기 생산 기간에, 이미 자연회유가 배를 오염시키는 문제를 걱정하게 되었다. 남아 있는 유물의 흔적을 근거로 판단하면, 아이치현 니시카모군 미요시조愛知縣西加茂郡三好町 구로사사黑笹 5호요에서 이미 일종의 '갑발' 의식과 보호의 효능을 구비한 복분형기覆盆形器를 사용하기 시작하였다. 그 목적은 시유도기에 뚜껑을 씌워 자연 강회降灰가 유면을 오염시키는 것을 차단하는 것으로(그림 7-4-3: 3), 이 요의 시대는 9세기 후기이다 [58]. 같은 현상이 9세기 후반경의 이와자키岩崎 24호요에서도 출현하는데, 조금도 유약이 묻은 흔적이 없는 것으로 보아, 녹유도기의 초벌시의 보호용구였던 것으로 생각된다. 그 목적은 소태素胎가 낙회落灰의 오염을 입지 않게 하는 것이다. 어떤 요장에서는 대형의 분

---

58) 『愛知大學用地內埋文發掘調査報告書』, 三好町教育委員會, 1988, p.72.

형기가 자주 출토하는데, 저부와 그릇 표면에 요회窯灰가 가득 묻어 있어, 이 기물이 덮개물로서 여러 차례 사용되지 않았을까하는 의심이 간다[59].

일본의 초기 장소기술의 발전상황을 고찰하기 위해, 필자는 일찍이 나고야시의 미하라시다이見晴臺 고고자료관에 가서 일본 초기의 '갑발' 자료를 조사하였다. 이들은 9~10세기의 사나게요 나루미鳴海 지군支群의 많은 요지에서 출토한 것으로, 회유도기를 제작하는 점토를 사용하여 테쌓기 수법으로 작성한 대형의 통형기이다. 그 태질은 매우 부드러우나, 기형이 불규칙하여 조잡한 느낌을 주는데, 발굴자는 "기물도 아니고 갑발도 아닌" 통형기라고 하고 있지만, 기실 이것이 곧 일본 초기의 자생적인 '갑발'인 것이다(그림판3:2). 그러나 이런 갑발은 다만 몇 십 년도 안 되게 유행하다가 사라졌다. 그의 출현은 중국백자류를 방제한 고급 회유도기를 굽기 위하여 설계된 것으로, 그 흥기와 소멸의 주요 원인은 모두 중국의 대일본 도자무역의 파동 곡선과 관계가 있다.

13세기 후기에 들어, 중국의 음다 풍습이 일본에 보급됨에 따라, 천목다완 등의 다구도 일본에 수입되기 시작하였다. 고대에 중국도자를 방제한 것으로 유명한 회유도요인 사나게요가, 세토와 나고야시 일대에 자리잡고 있었다. 세토는 곧 이런 기술 전통 속에서 산화철을 착색제로 한 '고세토古瀬戶' 도기의 번조를 시작하였다. 고세토의 유층은 기왕의 목회를 이용한 단순한 배합을 개변시켜, 칼륨과 나트륨이 함유된 장석을 삽입하여 조도稠度(점착력)를 크게 하여 유의 두께를 증가시켰다. 또한 산화철 함유량의 정도에 따라, 서로 다른 분위기 속에서 다른 색조를 얻을 수 있는데, 세토의 도공들은 배유配釉 방법을 모색하여, 중국식의 짙은 색유의 다구를 방제하는 것을 가능케 하였다. 그러나 당시의 번조 조건은 계속 원시적인 편이어서, 분염주 교혈요를 사용하고, 배를 불길 중에 노출시켜 번조하는 등, 중국의 천목다완 같은 깨끗한 유면에 도달하는 것은 거의 불가능하였다. 이에 도공들은 유면의 보호 조치를 탐색하기 시작하였고, 이에 따라 일본의 제2차 갑발의 발명을 이루게 되었다.

세토에서 가장 일찍 천목다완을 번조한 부츠쿄다요佛供田窯(13세기 말)의 발굴자료를 보면, 당시에는 아직 갑발을 사용한 흔적이 없다(그림 판4:1). 14세기 중기 아가즈키요曉窯

---

59) 『NN-282號 古窯迹發掘調查和分布槪報』, 名古屋市教育委員會, 1978.

에서 사용한 갑발은 아직 미숙한데, 천목다완과 갑발이 유에 의해 붙어버린 상황으로 보아, 갑발의 내화도가 비교적 낮고, 기술상에서 아직 유치한 단계에 있음을 알 수 있다. 15세기에 진입한 후에, 엄격히 말해, 15세기 중후기에 대요에서 사용한 이후, 갑발의 운용이 비로소 성숙 단계에 들었다. 〈그림 7-2-7〉의 장소복원도에서 보여주는 장소방법에 의하면, 비교적 두터운 점권이 주로 완의 저부의 내심을 받치며, 편평한 점권에는 굽 접지면을 올려놓는다. 키 낮은 접시류가 1갑 2점으로 장소하며, 갑발의 중층中層은 지차支叉로서 이격시킨다.

　독특한 것은, 16세기 중기의 세토시 게츠야마요月山窯를 대표하는 편평하고 키가 낮은 통저갑발通底匣鉢(그림 판4:3)이다. 갑발 저부에 큰 구멍을 내었는데, 이 구멍은 갑발 직경의 반 이상을 차지한다. 천목다완을 이 큰 구멍 위에 놓으면, 전체가 쑥 내려가면서 완의 하부가 구멍의 테두리와 접촉하게 되고, 바로 아래 갑발의 공간 속으로 들어가게 된다. 이렇게 하여 층층이 겹쳐 쌓는다. 그러나 이 두 가지 갑발의 장소 방법은 모두 불합리한 면이 있다. 즉, 3지각支脚을 이용한 갑발 분층分層 장소법은, 지각의 움직임으로 불안정한 요소를 갖게 된다(그림 판4:3). 그리고 천목다완을 갑발의 저공底孔 속에 끼워 놓으면, 배와 갑발이 고온 속에서 수축율이 다르고, 접촉면도 바로 완 외면의 시유된 곳에 닿게 되어, 번조 후에 반드시 한 줄의 흔적이 남게 된다. 이 두 가지 장소법은 중국에 존재하지 않는다. 다만 비슷한 예를 찾는다면, 중국의 사천성·하북성·산서성 등의 흑유자기 산지에서 유행한 유구복소釉口伏燒 통저갑발이지만, 장소방법이 달라서(제5장 갑발 부분, 도5-4-15 참조), 양 지역 간을 연계 짓기는 어렵다. 현재 아직 자료가 구비되지 못한 상황이지만, 세토의 이런 갑발은 자발적인 발명으로 해석하는 것이 타당할 것 같다. 그리고 중국 도자기의 고품질의 유면 효과가 이를 유도하고 촉진 작용을 하였으며, 세토 도공들이 추구한 하나의 목표가 되었다.

(2) 발형鉢形 갑발

　통형 갑발에 비해 늦게 출현하며, 현재 명확한 자료는, 거의 연방식요와 관계있다. 분포지점은 거의가 중부지구의 세토, 미노와 서부지구의 큐슈, 야마구치현 일대에 집중되어 있다. 유행 시기는 16세기 후기에서 19세기 초기까지 이다(그림 7-4-6).

　일본 갑발의 발명은 우여곡절의 발전 과정을 거쳤는데, 많은 의문점을 남기고 있다.

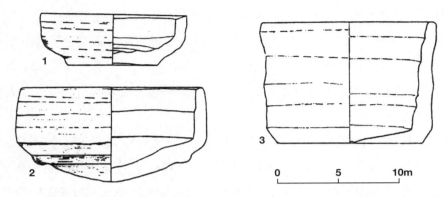

그림 7-4-6 기후현 도키시 이즈미죠 정림사 동동定林寺東洞 1호요 출토 요도구
(16세기, 대요, 1971, 土岐市中央自動車道關聯遺跡報告書)

즉, 9세기 말~10세기 초에 출현한 원시갑발은, 왜 11세기에 소실되었는가? 14세기 초에 재차 출현한 갑발은 어떤 의의를 갖고 있는가? 이 문제들은, 당시의 전체적인 동아 도자 생산의 시대적 배경, 특히 무역도자 생산과 유통의 동향을 충분히 이해하지 못하면, 답하기 어렵다고 생각된다.

중·일 도자무역의 역사를 회고하면, 나라奈良에서 가마쿠라鎌倉 시기까지의 600년간을 5시기로 나눌 수 있다[60]. 제1기는, 상한을 잡기가 매우 어려워, ?~8세기로 설정한다. 이는 조공 무역 단계로, 주로 증물로 받은 것과 학문승이나 유학생들이 일본에 돌아올 때 갖고 온 당삼채 및 청자와 백자들이 있다. 제2기는, 9~10세기 전반의 중국 만당과 오대 시기로, 진정한 의미의 도자 무역이 이 단계에서 시작되었다. 남방의 월주요 청자가 제품의 대종이었고, 장사 동관요의 유하채청황유釉下彩青黃釉 자기와 북방의 백자도 비교적 많으며, 기타 요장 제품은 극소수이고, 무역 규모는 크지 않았다. 제3기는, 10세기후반 경~11세기전반 경으로 북송 전기에 해당된다. 이때는 마침 월요가 연료 부족으로 생산이 쇠퇴하게 되었으며, 북송 중기에는 완전히 정지 상태에 빠졌다. 장사요는 오대에 이미 생산이 정체 상태에 처했으며, 기타 북방 요장도 보편적으로 연료의 위기를 만나게 되어, 메커니즘의 전환 시기에 봉착하였다. 남방의 경덕진요는 아직 생산 능력을 형성하지 못하

60) 荒川正明, 「日本出土的古代至中世前期的貿易陶瓷」, 1991, 『考古學通迅』 제340기, p.9.

였고, 때문에 중국 무역도자의 생산과 수출이 모두 저조한 시기였다. 수출이 보다 적어서, 중국자기가 일본에서 특히 진귀해졌다. 이때 역대로 중국자기를 모방하여 이름이 난 사나게요가 발전의 기회를 획득하여, 중국자기에 근접하는 고급 '회유도기'를 생산하기 시작하여, 중국 자기의 부족을 보충하였다. 갑발은 바로 이런 질적 향상의 요구에 응하여 출현한 산물이었다.

그러나 제4기인, 11세기 후반~12세기 전반(북송 중후기)에는, 경덕진요를 필두로 한 강서성의 제요와 연해에서 생산된 청백자와 청자의 무역자기들이 홍수처럼 일본을 포함한 동남아 각지에 몰려갔다. 이런 양산체재 하에서 생산된 중국자기는, 사나게요가 애써 만든 '고급회유도기'에 비해, 비할 바 없는 '가렴물미價廉物美'(가격이 저렴하고 물건은 아름다움)의 우세함을 갖고 있었다. 이에 일본 중부의 모든 요장은 사회 하층을 겨냥한 무유의 '산다완山茶碗'(일본에서 반완飯碗도 다완이라 부르며, 山자는 즉 농촌을 표시한다)의 생산으로 돌아섰다. 때문에 12세기에 산다완을 생산한 요장이 배로 증가하였고, 13세기에 최고로 발전하였다. 〈그림 7-1-8〉에서 보듯이, 12세기 초에 회유도기의 생산이 최고봉에 도달한 후에, 곧 바로 무유조질도기의 생산으로 전향하였다. 요지가 수량 상으로는 급격히 증가하였지만, 품질 면에서는 급격히 하락하였던 것이다. 흡사 일반적인 가치법칙을 보는 듯, 낮은 단계의 수요가 많으면 많을수록, 생산은 더욱 확대되지만, 동시에 질은 더욱 저하되었다.

이런 현상은 중국에서도 똑같이 여러 차례 출현하였다. 제1차는 남조 청자의 보급이 질을 보편적으로 하강시켰다. 제2차는 남송의 백자가 북송 제품의 명성과 이미 개척한 해외 시장에 의지하여, 근해의 민요에서 마구잡이로 생산된 경덕진요의 영청자影靑瓷를 방조해 가짜의 저질 제품이 동남아나 일본에 널리 퍼졌다. 제3차는 명말·청초의 청화자기로, 경덕진요가 내란으로 생산이 위축되자 서방인의 경덕진 청화자기에 대한 기호를 만족시키기 위해 한 차례 발전의 기회를 획득한 화남 근해지구의 열등한 제품을 국제시장에 내보냈다. 그리고 동인도회사가 고품질의 자기를 획득할 방법이 없을 때, 일본의 아리타가 일정한 생산 능력을 구비한 것을 발견하고 이에 일본자기가 국제시장에 진입하기 시작하는 계기가 되었다. 요컨대 역사적으로 매번 제품의 수량이 고조된 후에는 이어서 곧 질적인 저조 현상이 나타났다. 그래서 일본의 회유도기 생산이 막 질을 추구하는 추세가 출현한 때에, 중국 무역자기라는 홍수에 부딪쳐 흔적도 없이 사라졌던 것이다. 이밖에 외부요인 외에, 내부 원인도 경시할 수 없다. 곧 당시 사나게요의 시유기술이 아직 발달하지 못하였고, 갑발 기술도 매우 원시적인 단계에 있어, 기술적으로 불완전하였다. 그래서 그 우월성을 충분히 체현하지 못해, 자신의 요업에 미치는 선진국 무역자기의 충격을 막기가 어려웠다. 이것이 곧 제1차 갑발 기술이 출현하여 오래지 않아 사라져 버린 원인이었다.

갑발 기술의 2차 발생은 14세기 초에 있었다. 이는 중국의 천목다구를 모방하기 위해 발생한 신기술이었다. 일본의 시유기술은 3개의 발전 과정을 거쳤는데, 즉, 8~9세기는 저온연유의 생산시기였고, 9~14세기는 고온의 박층薄層 회유 생산시기였으며, 14~19세기는 고온의 후유厚釉와 색유色釉 번조시기였다. 제3단계에서 갑발이 출현하였는데, 제1차 갑발 출현과 비교해, 그 시대적 배경이 달랐다. 즉, ① 가장 먼저 일본 중부 지구에서 장석을 사용해 기초유를 만들고, 산화철을 이용해 착색제로 하는 신형 유약을 알고 있었다. 그 특징은 유질이 걸쭉하고 두터운 것으로, 이로서 천목유의 출현 조건이 준비되었으며, 동시에 '고세토' 성립의 상징이 되었다. ② 13세기 후기에, 대요의 출현으로 번조 조건이 개선되었다. ③ 13세기 후기에 중국의 천목다완 등의 다구가 끊임없이 일본에 수입되었지만 14세기에 중국의 다풍이 변하여, 전다煎茶와 명다銘茶가 유행하자, 천목다구의 수입이 감소 내지는 정지되었다. ④ 일본 다인들은 말다沫茶 다구茶具에 대한 강렬한 추구가 계속 강경하고 쇠하지 않아, 천목다구의 사회적 수요를 만족시킬 수 없었다. 이상의 4가지 사항이 세토와 미노美濃로 하여금 다구의 생산을 위한 공헌을 하게 한 전제조건이 되었다. 그리고 요업 기술상의 개혁은 반드시 이러한 시대적 요구에 적응해야 나오는 것이다.

일본의 갑발 기술에는 하나의 중요한 특징이 있다. 즉, 도자기의 유면을 깨끗하게 보호하는 효능은 중시하지만, 갑발 퇴소로 번조 공간을 절약하는 효능은 경시한 점이다. 그런데 중국 후기의 갑발 이용은 주로 고도로 가마의 번조 공간을 점유하기 위한 것으로, 가마를 가능한 수직으로 발전하게 하였다. 때문에 송대 이후에 용요와 마제요 할 것 없이, 요실의 높이가 2m 정도에 달하였다. 그러나 일본은 교혈요는 물론이고 대요와 연방식 등 요도 일반적으로 1.5m 정도의 높이를 유지하였다. 주된 원인은 갑발이나 기타 산상도지미, 판가형 도지미 등의 요도구를 사용한 경험이나 요실의 수직 공간을 이용한다는 요구가 결핍되어 있었기 때문이다. 현재 알려진 자료를 보면, 일본은 갑발을 이용할 때 일반적으로 3~5층 정도를 퇴적하여, 높이가 1m 이하여서, 중·일 양국의 '공간의식'에 매우 큰 차이가 존재한다. 이것도 일본의 갑발 기술이 중국에서 직접 수입되지 않았다는 방증의 하나로 판단된다.

4. 온도 측정 요도구

이런 자료는 보고된 것이 비교적 적다. 지금까지 발견된 것은 전부 연방식요에서 나왔다. 가장 이른 예는 17세기 말기의 히로시마현 후쿠야마시 가모쵸 오오아자햐쿠다니아자 廣島縣福山市加茂町大字百谷字 히메다니요姬谷窯이며, 이 요는 정품精品 자기를 주로 생산하였다[61]. 그 다음은 모두 19세기 이후의 요에서 보이며, 특히 현대 도예가들이 이런 시편試片을 채용하고 있다. 대부분 작은 기물로 만들고, 기벽에 구멍을 뚫어 놓고, 화안火眼을 통해 갈고리로 끄집어 낼 수 있게 하였다. 꺼낸 후에는 물에 담가 냉각시켜 요내의 온도와 유 · 태의 익은 정도를 관찰하였다.

중국에서 시편을 사용한 역사는 비교적 빠른데, 일찍이 당대 후기의 강소성 의흥宜興 간중澗衆의 청자요에 이런 실물이 발견된다. 남송의 장기의 『도기陶記』에서 '화조火照'라 불렀는데, 이에 대해 앞서 소개하였다. 시편 방법의 출현은, 배의 안전한 숙성을 위한 일종의 과학적 기술 조건을 제공하였지만, 일본의 시편 기술이 자발적으로 발생한 것인지 외부에서 전입된 것인지 아직 설명할 자료가 없다.

온도를 측시測試하는 시편 외에, 또 일종의 '측온추測溫錐'가 있다. 일본에서, 이것은 배를 만드는 점토나 자토의 내화도를 측정하는 매우 간편한 방법이다[62]. 필자가 아이치현도자자료관愛知縣陶瓷資料館의 도예실에서 도자기 제작을 배울 때에도 이 방법을 사용해 점토의 내화도를 측정하였다. 사용방법은, 내화판이나 내화전 위에 한 줄의 작은 구멍들을 여러 개 뚫어 놓고, 서로 다르게 배합된 점토와 자토로 세장한 추형체錐形體로 만들어 그것을 작은 구멍 속에 나란히 삽입시킨 다음에, 가마 안에 넣고 배와 함께 굽는다. 그러면 번조 후의 상태가 제5장의 〈그림 5-5-2: 10〉에서 보듯이, 태골이 견강한 것은 곧게 서있고, 기타 연한 정도에 따라 서로 다르게 휘어진다. 시험자는 추봉의 휘어진 정도를 보고 각종 배합의 고온에서의 내화 성능을 판단하게 된다. 이런 방법은, 태토 성분의 합리적인 배합을 위하여 매우 과학적인 실험수치를 제공한다.

중국에서 이런 요도구가 최초로 출현한 것은 중경重慶 도산요塗山窯와 산서성 임분요

---

61) 『姬谷燒發掘調查報告』, 福山市敎育委員會, 1984, pp.17~89.
62) 大西政太郞, 『陶藝的釉藥』, 理工學社, 1981, pp.6~41.

臨汾窯, 두 곳의 흑유자기를 구운 요장인 것 같다. 삽좌插座한 구멍의 배열 방식이 밀집되어 있는 것으로 보아, '시편' 효능을 위주로 한 것 같다. 이런 보조 요도구를 조사하는 것은, 우리에게 도공들이 불길을 장악하여 요업기술을 과학적인 궤도에 진입시키는 진보과정을 이해하는데 도움을 준다.

제5절. 일본 요업 기술상의 탐색과 독창

1. 일본 가마 기술 발전의 원류

멀리 13,000년 전에, 일본은 이미 도기를 제작할 수 있었다. 그로부터 기나긴 죠몬繩文 문화시기와 야요이彌生 문화시기를 거치면서, 계속 지면퇴소법을 사용하여, 번조기술의 발달이 비교적 늦으며 낙후되었다. 그리고 고훈古墳 문화 중의 5세기 전기에 이르러, 겨우 한반도에서 교혈요 기술이 들어왔다.

일본이 유요有窯시기에 진입한 이래, 16세기를 경계선으로 하여 전, 후의 양대 시기로 나눌 수 있다. 그리고 일본에 도기가 나타난 시작부터 분기를 해 보면, 3기로 나눌 수 있다. 즉,

① 제1기 : 5세기 이전의 기나긴 무요 소조시기.

② 제2기 : 교혈요 유행 시기. 5세기 개시부터 16세기까지로, 기간이 1,100년에 달한다. 교혈요는 한반도 남단의 가야국에서 일본국에 전입된 것이다. 5세기 중기에 일본 중부의 경기지구의 스에무라陶邑 구릉지대에 깊숙이 들어와, 대형의 요장을 건립하였다. 여기서 생산된 제품은 주로 경성에 수송되어 황실과 귀족층의 향용에 제공되었으며, 또한 상사품賞賜品이 되어 전국 각 번지藩地로 흩어져 갔다. 8세기가 시작되면서, 회유도기를 굽는 가마로 개조시켜나갔으며, 11세기가 되어 요천정을 강고하게 하기 위한 분염주가 교혈요 내에 출현하였다. 15세기 중기에는, 분염주요 등의 축요 기술의 기초 위에서, 독창적인 대요大窯를 만들었다. 이 시기 동안에, 요업의 중심이 스에무라요에서 중부지구의 사나게요猿投窯로 옮겨갔다. 16세기 중후기에 이르러 연방식요가 출현하여, 중부 지구는 줄곧, 일본 요업기술의 중심이 되었다.

③ 제3기 : 연방식요 유행 시기. 16세기 후반 경에 한·일 다도茶陶의 빈번한 교류에 자극을 받아, 중국에서 발명되어, 한반도를 거쳐 일본에 전해진 분실용요와 계룡요가 거의 동시에 출현한다. 이상을 종합해서 창출한 횡실연방식요도 17세기에 탄생하였으며, 이것은 이후 일본 가마의 주류가 되어 지금까지 계속되고 있다(부표, 표7-1 참조).

본문에 실린 가마 수량의 통계수는 4,400여 기이지만, 실제로는 7,540기 이상이 존재한다. 연방식요가 일본에 전입되기 이전까지는 모두 교혈요인데, 교혈요가 일본 가마 총수의 87%를 차지한다. 때문에 역대 교혈요의 변화된 숫자만 통계내도, 기본적으로 17세기 이전의 요업 변동의 추세를 읽을 수 있다(제2장 도2-2-16 참조).

통계도 상에서, 역사적으로 두 차례의 가마숫자상의 피크가 나타나는데, 1차는 7, 8세기이고, 2차는 13세기이다. 전자는 교혈요와 수혜기의 보급시기에 속하고, 후자는 대중적인 '산다완'의 대량 생산에 직면한 시기에 속한다. 일본 요지분포의 전체적인 상황으로 볼 때, 일본의 고대 요업중심의 변동은, 스에무라요(1,000)에서, 사나게요(1,510), 다이토요大戶窯(400), 시즈오카현靜岡縣 요군窯群(240), 사가현佐賀縣 요군(205), 오카야마현岡山縣 요군(200) 등지로 확산과 간접 확산의 과정을 거쳤다(그림 7-5-1 참조). 이 과정이 피크를 이룬 시기가 곧 7, 9세기이다.

두 번째의 피크의 요장은 주로 중부지구에 분포하는데, 그중 특히 아이치현愛知縣에 가장 집중되었다. 일본에는 고대 '6대 고요설古窯說'이 있다. 유명한 사나게요는 그 안에 포함되지 않고, 세토요瀨戶窯·도코나메요常滑窯·아즈미요渥美窯의 3대 명요가 있다. 동시에 인근 기후현에 미노요美濃窯가 있으며, 다시 북쪽의 동해 해안에 이르러 에치젠요越前窯와 슈스요珠州窯가 그러하다. 이들 명요들은 모두 일본의 중부지구에 분포한다. 때문에, 중부지구는 일본 고대의 최대의 도기 생산 중심지라 할 수 있다. 이와 상대적으로 사가현을 중심으로 한 서부의 큐슈九州는 17세기 이후의 일본 최대의 자기 생산 중심지이다. 양대 중심의 형성은, 하나는 정치 중심지를 둘러싸고 분포한 요장 밀집 구역이고, 하나는 도자무역의 자극 아래 형성된 자기 생산지로, 양자는 성격이 서로 다르다. 홋카이도北海道에서는 요지가 발견되지 않는데, 이는 그곳이 날씨가 춥고 땅이 얼어서 요업의 발전에 적응하지 못하기 때문이던가, 아니면 대자연이 부여한 다른 재료, 예컨대 화수피樺樹皮 용기와 목기 및 피혁기의 보급이 도자기를 대신할 수 있었기 때문인지 모르겠다. 본문에서는 제외한다.

2. 미행尾行과 탐색 속에 전진한 일본 요업

동아 요업기술 발전의 전체 속에서, 일본은 후진국에 속한다. 그 주요 원인은 일본의 요업이 대외 교류의 기회가 비교적 적었기 때문인데, 제일 중요한 기술정보가 봉폐된 열도에 뚫고 도달하기가 매우 어려웠다. 때문에 언제나 저급선상에서 배회하였고, 단지 중국과 한국의 뒤를 따라가면서 작은 걸음으로 발전을 할 수 밖에 없었다.

일본 도기의 번조역사는 매우 유구하지만, 시종 낮은 수준의 무요 번조단계에 처해 있었다. 현재의 자료에 의하면, 한반도는 2세기에 교혈요를 독창하여, 이를 5세기에 일본에 전하게 되면서, 일본은 처음으로 유요 단계에 진입하였다. 가마 출현의 시간으로 보면, 한반도에 비해 200여년이 늦고, 중국에 비해서는 2,000여년이 뒤떨어진다. 왜 이렇게 큰 차이가 나는지, 이하에서 시험적으로 자연 조건의 비교에 의해 그 원인의 하나를 살펴보겠다.

인류가 자연을 정복하는 능력이 약하면 약할수록, 각 지역 간의 교통능력도 낮아지게 되고, 소식과 정보 교류의 기회도 훨씬 적어진다. 기술의 발전도 이와 같아서, 정보를 알려주는 출처가 없으면, 기술 개선의 목표가 없게 되고, 또한 기술 이용의 가능성과 기술의 진보도 없게 된다. 사람들이 교통의 장애를 극복하게 되면서, 각지의 풍부다채한 문화들을 서로 상대방의 면전에서 펼쳐 보일 수 있게 되었다. 그렇지만 장기간 봉폐되어 압박을 받던 변두리 지역에 위치해 생활문화가 상대적으로 낙후된 일본인들은, 이에 대해 대단히 절박한 갈망을 보여주었다. 그들은 외계의 문화와 문물을 획득하길 소망하고, 물질생활의 각 방면에서 생산 기술과 생활 지혜를 얻어 경제적으로 개선하고 발전시킬 수 있기를 희망하였다. 이런 욕망이 너무도 강렬하여, 그들이 수단을 가리지 않게 하였고, 동아의 다각적인 정치 교류 중에서 각국 간의 관계를 정확하게 처리하지 못하였다. 동시에, 장기간 출현한 '왜구'의 소란은 주변 각 민족에게 좋지 않은 영향을 주었다. 그래서 대륙과 한반도의 정권들이 '일본정권'에 대해 항상 일종의 경계심을 갖게 되었다.

정상적인 교류 중에서, 세속적인 관념이 희박하고 이해 충돌이 없는 종교 방면의 교류나 또는 서로 각자가 가진 물산의 무역 교류를 제하고는, 대륙과 일본 사이의 기술 교류는 시종 보행이 곤란하였고, 진전이 느렸다. 이런 가운데 당대의 삼채기술이 일본국에 전해져 '나라삼채'가 출현한 것을 제외하고는, 기타 요업 방면의 중요한 기술은, 거의 한반도를 경유하여 일본열도에 전해졌다.

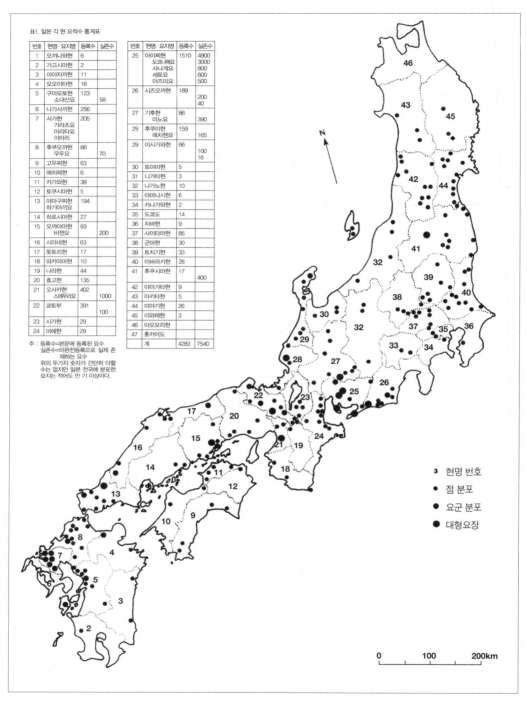

표1. 일본 각 현 요적수 통계표

번호	현명·요지명	등록수	실존수	번호	현명·요지명	등록수	실존수
1	오끼나와현	6		25	아이찌현 도코나메요 사나게요 세토요 아즈미요	1510	4900 3000 800 600 500
2	가고시마현	2		26	시즈오까현	189	200 40
3	미야자끼현	11		27	기후현 미노요	86	390
4	오오이타현	16		29	후쿠이현 에치젠요	159	165
5	구마모토현 소대산요	123	58	29	이시가와현	66	100 16
6	나가사끼현	256		30	토야마현	5	
7	사가현 가라츠요 아리타요 이마리	205		31	니가타현	3	
8	후쿠오까현 우두요	66	70	32	나가노현	10	
9	고우찌현	63		33	야마나시현	6	
10	에히메현	6		34	카나가와현	2	
11	카가와현	38		35	도쿄	14	
12	토쿠시마현	5		36	치바현	9	
13	야마구찌현 하가야끼요	194		37	사이타마현	85	
14	히로시마현	27		38	군마현	30	
15	오까야마현 비젠요	93	200	39	토치기현	33	
16	시마네현	63		40	이바라키현	28	
17	돗토리현	17		41	후쿠시마현	17	400
18	와카야마현	10		42	야마가타현	9	
19	나라현	44		43	아키타현	5	
20	효고현	135		44	미야기현	26	
21	오사카현 스에무라요	402	1000	45	이와테현	3	
22	쿄토부	391	100	46	아오모리현		
23	시가현	29		47	홋카이도		
24	미에현	29		계		4283	7540

주 : 등록수=본문에 등록된 요수
실존수=미완전등록으로 실제 존
　　　재하는 요수
위의 두가지 숫자가 간단히 더할
수는 없지만 일본 전국에 분포한
요지는 적어도 만 기 이상이다.

3　현명 번호
•　점 분포
●　요군 분포
●　대형요장

그림 7-5-1 일본 큐슈九州, 혼슈本州 요지 분포도

　　지금까지 일본의 고대요업이 중국과 한국보다 낙후된 점에 대해 이야기할 때, 항상 자원의 결핍이라는 명목을 내세워 일을 얼버무려왔다. 특히 일본 자기의 생산은, 조선 사기장 이삼평이 이즈미산의 자토광을 발견하지 않았더라면, 거의 일본은 자기 생산 단계에 진입하기 어려웠을 것이라고 생각하는 것 같다. 그러나 필자는, 기술의 발생은, 정보교환과 정보 종합의 결과이며, 사회적 요구가 없으면, 기술의 혁명과 개혁은 곧 목표가 없게 된다고 생각한다. 또 새로운 기술이 없으면, 자연물에 대한 재인식과 재이용이 불가능해진다. 그래서 기술의 교류와 종합은, 신기술 발생의 전제 조건의 하나이며, 사람들은 탐색하는 가운데 독창을 이루든지, 아니면 외부로부터 끌어들이든지 하는데, 후자가 기술 발전의 첩경이다.

　　이삼평이 이즈미산의 자토광을 발견하기 이전에, 중국과 한국은 자기의 생산과 사용이 이미 보편적이었으나, 일본은 장기간 이들 나라의 수입에 의존하였다. 일본도 일찍이 모방생산을 거쳤는데, 예컨대 5세기부터 스에끼를 모방하였고, 8세기에는 녹유로 청자를 모방하였으며, 회유로 백자를 모방하였고……. 이는 일본인의 대륙의 각종 도자기에 대한 동경과, 자기 제작 기술에 대한 동경을 나타낸 것이다. 그러나 자기 제조기술은 계속 일본에 전해지지 못했다. 그 원인을 규명하는데, 적어도 아래의 두 가지 사항을 경시하면 안 된다. 하나는, 전술한 것 같이, 중국 위주의 대규모 무역도자가 일본 요업의 발전을 압박한 점이고, 둘째는, 동아 제국 간의 관계의 긴밀과 소원疏遠에 관련된 것인데, 이 때문에 중국과 한국이 일본에 대한 기술의 봉쇄가 나왔다. 이것 또한 일부 사학자들이 16세기 말에 발생한 임진왜란을 '도자기전쟁'이라 부르는 것도 이상할 것이 없는데, 전쟁의 중요한 목적 중의 하나가 한반도에서 도공을 약탈하는 것이었다. 이로서 이삼평을 획득하여, 그의 혜안으로 이즈미산의 우수한 질의 자토광을 발견하였고, 일본이 자기 생산의 새로운 시대로 진입하게 하였다고 생각한다. 그러나 18세기 이후, 일본 각지에서 계속적으로 이용 가능한 자토 자원을 발견하여, 독자적인 자기 생산을 시작한 것은 또 어떻게 해석할 것인가? 왜 16세기 이전에 일본인이 그들의 자원에 대해 보지 못했을까? 그 이유는 당시의 일본 도공들에게 아직 자토 자원을 이용한 제자製瓷 기술을 장악하지 못한데 있었다.

　　자기의 생산은 고도의 기술이 요구되며, 이 기술의 형성은 특정한 자연 인문 환경 속에서 잉태되고 육성되는 것으로, 하나의 자연과 인문 전통이 매우 긴밀하게 결합한 전체이다. 그것은 원료의 채굴 · 가공 · 배합 · 성형 · 장식에서 번조 등에 이르기까지, 외관상에 영향을 미치는 심미관을 포함하고, 요업경제 발전에 대한 제약을 주는 가치관념을 포함한다. 동시에 이 일련의 제약 아래에서 발생한 일련의 세트를 이루는 생산공구로 형성된 '기술계통'을 포괄한다. 이 '기술계통'을 가지면, 도공들은 그때서야 천연자원의 식별과 이용을 이야기할 수 있다. 뿐만 아니라, 설사 자원이 결핍된 상황에서도 전용轉用, 운수運輸, 혹은 유연하게 단점을 피하는 수단을 이용하는 등의 국부적인 보완을 진행하여 단기간의 발전을 구할 수가 있다.

이런 사례는 중국과 한국에서도 매우 많다. 예컨대 중국에서 매우 많은 요장의 자토가 순정하지 못하면(산화철의 오염), 곧 유색으로 사용자의 환심을 사는데, 천목유나 용천청자, 균유 등의 번조가 곧 비교적 전형적인 '중유부중태重釉不重胎(유가 중요하고 태는 중요하지 않다)'의 예들이다. 한반도에서도 순정한 자토가 부족하고, 사회는 백색도자를 필요하게 되자, 분청·귀얄·미시마三島 등의 일련의 '가짜 백자'가 출현하였다. 그러나 일본은 자기 제작의 계통적 기술을 구비하지 못하여, 원료를 식별하지 못하고, 유료의 배합과 가마 기술 및 장소기술도 낮은 수준에 머물러 우회할 뿐 나아가지 못하였다. 이런 상태를 조성한 근본 원인은, 곧 민족 관계의 악화이다. 이로 인해 기술 정보 교류의 루트가 막히게 되거나, 지나치게 외래의 제품에 의존하여 기술의 흡수와 향상이 결핍되었다.

3. 음다飮茶 풍습의 변화와 일본 요업의 개혁

도자기술 발전사를 연구할 때에, 음다 풍습이 요업 발전에 미친 영향을 소홀히 한다면, 연구 상에서 하나의 실수가 될 것이다. 중국은 물론이고 한국과 일본도, 다풍茶風의 흥기와 유행은 언제나 사회 상류층 인사들에 의해 개시되었다. 당시 정계에서 상당한 지위에 있는 인사가 제창하면, 이를 사람들이 흉내내기 시작하였다. 예컨대 중국에서, 말다가 유행한 후에 투다의 풍습이 출현하면서 다인들이 흑유다완를 좋아하는 풍조가 생겼다. 명 초기에는 명 태조 주원장朱元璋이 홍무洪武 24년(1391년)에 조서를 내려 사치한 '용단봉병龍團鳳餠'(명 심덕부沈德符의 『만력야획편萬歷野獲編』에 있음)을 금하자, 음다가 명다銘茶 위주로 되었고, 송·원 이래의 짙은 색 다구의 자취가 끊어지고, 그 대신으로 일어난 것이 백자와 청화자기 다구이다. 그리고 중국에서는, 요장 제품의 변화가 가마 구조와 번조 기술에 중대한 변화를 일으키지는 않는다. 그러나 일본에서는 이와 달리, 다풍의 변혁이 요업 기술의 대변혁을 초래하였다. 이것이 곧 '와비차侘茶'의 제창인데, 원래의 '카라모노唐物'을 숭상하는 화려하고 사치스러운 음다 습속에 대한 반발에서 이루어졌다. 다케노 조소武野紹鷗(1503~1555년), 센리큐千利休(1522~1591년), 요시다 오리베吉田織部(1544~1615년) 등의 다인의 제창과 개혁 아래에서, 간단소박한 쪽으로, 자연스런 정취를 추구하는 방향으로 발전하였다. 그래서 다실이 서원화書院化 경향에서 초암풍草菴風으로 전향하는 변화가 생긴 외에도, 다구도 기왕의 오로지 중국의 화려한 다구의 패턴을 모방하는 데서 탈출하여, 자연스런 간박簡朴함을 추구하기 시작하였고, 개성을 체현하는 방향으로 발전하였다.

이것과 당시 중국의 다구 생산과 비교하면, 청자나 천목다완을 막론하고, 모두 요장에서 대량으로 생산된 것으로, 다완의 기형이 규칙적이고 천편일률적이어서, 품질은 높아도 개성이 결핍되어 있었다. 이에 비해, 조선의 분청·미시마三島·이도井戸 등의 가백자假白磁는 제작이 간략조방하고, 인공으로 만든 흔적이 상대적으로 적어, 보다 자연스런 아취에 가까웠다. 그래서 일시에 다인들의 주의력은 중국의 2, 3류의 제품이나 심지어 조악품으로 돌려졌고, 특히 조선의 도자, 즉 그렇게 조방하게 만들어 자연스런 흥취가 있는 도자기를 다구의 범주 속으로 끌어들였다. 일부 도자기는 본래 전문적인 다구가 아니었는데, 일본 다인들이 번조를 지정하여[63], 점차 유행하는 다구가 되었다. 그래서 가마쿠라 시대부터 유행한 중국식 다구는, 형형색색으로 풍부다채롭게 변하기 시작하였다. 또한 이때에, 역대로 다인들의 요구를 만족시키기 위해 중국도자를 모방했던 세토와 미노가 조선도자의 작법을 배우기 시작하였다. 다인 요시다 오리베吉田織部가 창조한 것으로 전해지는 '오리베유織部釉'는, 물레성형에 의한 기하학적 조형을 타파하였으며, 또한 독특한 유탁유의 시노야끼志野燒와 시로덴모쿠白天目다완 등은, 모두 이런 풍조 아래에서, 도공이 자유롭게 창조하고, 개성을 체현한 결과였다. 조선식의 연방식요도 이런 요구에 따라 한반도에서 세트를 이루어 들어온 새로운 가마 기술이었다.

'와비차'의 풍조 속에서 개성을 체현하는 창조적 의식은, 일본 도자의 발전에 엄청난 촉진 작용을 하였다. 다인은 개성의 체현을 요구하였고, 도공은 다인의 주문과 요구에 의거해 노동력과 자본을 아끼지 않고 탐색하여, 불과 흙이 가마 내의 변화 과정 중에서 발

---

63) 『茶道集錦, 11권, 茶具 Ⅱ』, 小學館, 1984. 『世界大百科全書 18권』, 平凡社, 1988.

생하는 자연미를 극력으로 발굴하였다. 이런 전통적인 작풍은 그대로 오늘날까지 계속되며, 도예계에서, 매 가마에서 1점의 흡족한 작품만이라도 나오길 염려하고 조금도 아까워하지 않는다. 이런 힘써 추구하는 작풍이 일본의 도자기가 민족적 특색을 형성하는 기본적인 동력이 되고 있다. 동시에 명확하게 알 수 있는 것은, 일본도자의 발전이 16세기가 시작되면서 이미 새로운 역사 시기에 진입하였는데, 이 시기의 발단은 자기 기술의 장악을 특징으로 하는 것이 아니다. 기왕에 중국과 한국의 뒤를 한걸음씩 따라가면서, 도자기 외관의 화려한 아름다움을 추구하던 피동적인 국면에서 해방되어, 엄청난 열정으로 불과 흙을 결합시켜 발생하는 자연적인 소박미를 탐색하였다. 이는 마치 자전거의 두 개의 바퀴와 같아, 한 개는 계속해서 인공미의 궤도를 따라 발전하고, 한 개는 자연미 방향으로 발전하였다. 그래서 그의 오랜 선배인 중국이, 단선궤도 위에서만 달리는 것을 계속 견지하여 중국의 도자 공업이 공예의 울타리 안에서 배회하고 앞으로 나가지 못하는 동안에, 일본의 도자공업은 이미 예술 창작의 전당으로 들어섰다.

제8장
문화와 기술 교류의 역사적 고찰

기술은 일종의 문화적 현상이어서, 그 스스로 발전의 역사와 법칙을 갖고 있다. 그러나 기술의 변동은 최종적으로 문화라는 커다란 환경 속에서 벗어날 수 없기 때문에, 기술 자체는 곧 자연과 문화의 산물인 것이다. 이 때문에 우리가 기술 교류의 역사를 탐색할 때에, 반드시 문화교류라는 커다란 배경 아래에 두고 전면적인 고찰을 해 나가야 한다.

동아에는, 일본열도와 한반도, 중국대륙이라는 3대 구역이 분포하고 있다. 그들은 각자의 환경에 순응하는 기초 위에서 자신의 문화를 발전시켰고, 자신의 기술계통을 확립하였다. 금일에서 보면, 대자연에게서 부여받은 각지의 구조는 비록 다르지만, 인류가 자연에게서 받아낸 자원으로, 향수할 수 있는 은혜는 동등한 수준의 것이었다. 그러나 어째서 옛날부터 지금까지, 문화와 기술 발전의 격차가 이와 같이 큰 것인가! 무슨 원인이 이런 발전의 불균형을 조성한 것인가? 인간인가? 문화인가? 혹은 민족적 가치관에 의해 조성된 것인가?

요업발전은 중국이 가장 빠르며, 언제나 기타 각지에 앞장서서 선두를 달렸다. 거기에는 자연과 인위의 이중적 원인이 있다. 즉, 도기의 제조기술로 말하면, 일찍이 7,000년 전에, 중국대륙은 무요無窯 제도制陶에서 유요有窯 소도燒陶 단계로 진입하여, 횡혈과 수혈 가마를 이용해 각종 도기를 구울 수 있었고, 그들의 정착생활을 풍부하게 하였다. 이런 기술의 발생은 황하유역의 고도로 발달한 문명 및 인간생활과 생산의 갖가지 요구에 적응하는 데에 달려 있었다. 〈동아 요업기술 구역도(그림 2-2-11)〉를 보면, Ⅰ형 승염식원요昇焰式圓窯의 요업구역은 황하 유역의 중심 지구에서 발생하였다. 뒤이어 서주西周 시기에,

Ⅲ형 반도염半倒焰 마제요도 같은 지구에서 연이어 출현하면서 또한 동쪽으로 나아갔다. 세계적인 범위 내에서 마제요는 당시에 선진적인 가마의 하나라고 감히 말할 수 있으며, 그것은 Ⅰ형요 기술의 누적과 종합의 기초 위에서 창출된 신형요였다. 그리고 그 반도염 기술의 기본 원리는 그대로 오늘날에도 실제 사용되고 있다. 마제요는 주로 황하 유역에 분포하며, 또한 북방지구에서 하나의 매우 안정된 기술계통을 형성하였다.

이에 상대하는 장강 유역도 중국 문명의 요람의 하나이다. 현재 대륙에서 가장 빠른 시기의 도기는 중국의 남방에서 발견된다. 그리고 지금부터 대략 4,000년 전에, 남방에서 도 Ⅰ형 승염요를 사용하였지만, 분포범위와 수량은 극히 제한적이었다. 대략 3,200년 전에는, 다시 일종의 장조형長條形 가마인 용요가 출현하였다. 이것이 중국의 남방에서 광대한 Ⅱ형 평염요 요업구역을 형성하였고, 북방과 상대되는 새로운 기술계통을 이루었다. 이 양대 요업기술 계통은 형성 과정 중과 형성과정 이후의 수 천 년 동안에 줄곧 빈번한 제품 교류와 기술 교류 관계를 유지해 왔다. 교류 과정 중에서, 쌍방은 자연조건의 제약을 받고, 적용하는 부분을 흡수하고 소화하여, 어떤 것은 결합, 개조되어 새로운 기술체계를 형성하기도 하였다.

이런 기술상의 변동과 잡교雜交는, 대륙에서 특히 일찍 진행되었고 신속하였다. 예컨대 ① 강서성 오성吳城의 상대商代 원시청자와 하남성 정주鄭州의 상성商城에서 출토한 원시청자의 남북 교류. ② 황하 유역의 마제요 기술이 강남 용요의 중심 구역인 절강성에 도달한 점. ③ 한대漢代에, 황하 유역의 와전 기술과 마제요가 장성 이북, 화남연해, 사천분지 등 사방으로 전파된 점. ④ 절강성을 중심으로 한 요업구가, 동한 중기에 성공적으로 청자를 번조한 후에, 그 기술이 동한 후기에 장강을 따라 서쪽으로 확산되기 시작하였고, 북조 시기에 황하 유역 전역에 파급된 점. ⑤당대에 서역문화의 영향을 받아들여 출현한 당삼채가, 황하 유역의 공현 황야촌鞏縣黃冶村, 동천 황보촌銅川黃堡村에서 생산 규모를 형성한 이후에, 기술이 따로 나뉘어져 사천성 공래요邛峽窯와 호남성 장사요에 영향을 주었으며, 이에 따라 고온유하채회高溫釉下彩繪와 채유彩釉가 출현한 점. ⑥ 오대 시기에 월요의 도공이 서쪽의 섬서성에 가서, M형 갑발을 특징으로 하는 장소기술을 동천 황보요에 전한 점. ⑦ 송대, 남북에서 6대 명요가 출현하여, 그 제품에 대한 사회적 인정을 반영하였는데, 동시에 연이어서 명요 제품을 모방한 소위 '요계窯系'를 형성하여, 요업 내의 각 단계의 교류가 매우 활발하였다. 예컨대 정요定窯의 지권조합支圈組合 요도구가 남쪽으로 전파되어 연해의 무역도자 산지에 이르렀다. 자주요磁州窯의 장식 수법은 길주요吉州窯와 요주요耀州窯 등의 남북 민요에 영향을 미쳤다. 특히 송대의 투다鬪茶 풍습은, 진한 색의 다구茶具의 생산을 복건성의 건요建窯에서부터 전국 각지로 널리 퍼지게 하였다. 특히 주목할 것은, 광동성 조주潮州에서 고유의 용요 기술의 기초 위에서 마제요 반도염 기술을 흡수하여 연방식요를 개조해 내었다는 점으로, 가마 기술에서 새로운 계통을 형성하였다. ⑧ 원대 이후, 경덕진요에서 청화자기를 창소創燒하고, 각지에서 다투어 모방하였다.

이 일련의 제품 교류와 기술 교류는 비록 단계상의 차이는 존재하지만, 모두 어떤 면에서든지 제품 정보와 기술 정보를 교환하였으며, 쌍방의 기술 발전을 촉진시키는 외적 원동력을 이루었다. 특히 도자업은 송대에 상품생산 단계로 진입하였고, 이러한 정보 교류가 더욱 더 중요하다고 생각해, 교류가 더욱 빈번해졌다. 이에 따라 송대 명요가 그 생산량을 크게 하여 국내의 수요를 충분히 만족시킬 수 있었을 뿐만 아니라, 동시에 동아와 동남아 각국에 수출하여, 중국의 대외 관세의 중요한 수입원의 하나가 되었다. 요업 기술상의 주요한 성취는 모두 이 시기에 충분히 이용되었으며, 또한 실행하는 가운데 개조가 더해져, 기술 혁신이 발생하기도 하였다.

원대에 들어, 관요가 새로운 형식으로 출현하고 정형화되기 시작하였다. 관요의 생산은 이윤이나 원가를 계산하지 않는 '국영경제'이며, 그 기술의 발전은 민간 상품자기의 생산 기술의 발전과는 서로 반대의 방향으로 갔다. 즉, 전자는 제품의 아름다움만을 추구하였고, 후자는 원가를 낮추어 이윤과 수익을 높이는데 힘을 기울였다. 그러나 관요의 기술은 민요를 흡수한 기술 위에서 형성된 것으로, 당시에 일류라고 부를 만하며, 당시 자업 기술의 최고 수준을 대표하였다. 그래서 민요들이 이를 모방하였으며, 관요의 기술과 제품은 그 시대 요업 발전을 영도하는 최고의 권위를 가졌다. 경덕진요가 원대 이후 중국 자기 기술의 중심이 되고, 수출자기 생산의 중심이 된 것은 이런 이유 때문이다. 경덕진요의 변동은 직접적으로 전국 도자업계에 영향을 미쳤고, 심지어 동아와 동남아 전체의 무역 도자 생산과 이들 국가 요업의 발전에 영향을 미쳤다.

요컨대, 대륙 내부의 기술 정보의 전파는 동서남북 간의 경제 문화의 교류에 수반되어 재빠르게 활기를 띠었으며, 문화의 전체적인 수준은 수창선고水漲船高(물이 불어나면 배도 높아진다)의 형세가 되어 요업 기술의 발전을 촉진시켰다. 그러나 이와 비교하여, 황하 유역과 장강 유역의 양대 중심 구역 이외의 주변 지구의 요업은 발전이 느렸고, 상대적으로 낙후된 상태에 있었다. 본문 중에서 대비 자료가 된 한국과 일본의 요업은, 유요有窯 단계의 진입이 3세기와 5세기로 나누어지며, 번조한 것은 무유도기 한 종류였다. 그러나 대륙은 일찍이 이미 청자의 보급단계에 진입해 있었다. 이후, 대륙의 선진된 문화와 기술이 끊임없이 인접국에 전해졌는데, 한반도는 위치와 관계가 가까워 더 많은 혜택을 받았다. 지리상과 정치상의 원인으로, 중국의 문화와 기술이 비교적 빠르게 한반도에 전해질 수 있었으나, 일본 열도는 지리적으로 떨어져 있고 민족 관계에 제한이 있어, 대륙의 문화 정보를 획득하려면 반드시 각종의 천연적인 장애와 인위적인 장애를 뛰어 넘어야 했다. 그래서 인근인 한국이 곧 간접적으로 대륙문화를 이해하고 흡수하는 창구가 되었다.

중국과 일본의 교류의 유래는 오래되었지만, 단속적이었다. 확실한 실물 자료가 증명하는 바에 의하면, 죠몬繩文문화 말기에서 야요이彌生문화 초기(기원전 400년 전후)에 이미 중국식의 농경 문화를 접수하였다. 일본 큐슈의 나바다케菜畑, 이타즈케板付 유적과 오사카만大阪灣에서 발견된 이케가미池上, 소네曾根 유적이 이 방면의 증거를 제공해 준다. 야요이시대 후기(약 1~3세기)인, A.D. 75년에 왜노국왕倭奴國王이 동한 광무제光武帝의 '한왜노왕인漢倭奴王印'을 받았다. 239년에는, 야마타이국耶馬台國의 여왕인 히미코卑彌呼가 삼국시기의 조위曹魏와 밀접한 관계를 가져, 조위에서 300점의 동경銅鏡을 접수하였고, '친위왜왕親魏倭王'의 칭호를 받았다. 이와 동시에 일본에서는 이 시기보다 약간 늦은 삼각연신수경三角緣神獸鏡이 대량 출토되어, 당시 대륙과의 문물 교류가 계속 진행되고 있었음을 말해준다.

당대唐代의 교류는 하나의 피크였는데, 수견사隋遣使를 포함해, 607년에 오노노 이모코小野妹子를 파견하기 시작한 이래로, 838년에 스가와라 미치자네菅原道眞의 권고를 듣고 사관使官의 파견을 중지할 때까지, 관방 사절의 왕래가 19차례나 있었으며, 기타 학문승과 유학생들의 교류도 적지 않았다. 그리고 당대에는 당시 일본의 사절과 유학생들이, 많이들 한반도를 경유하거나 신라의 선박에 탑승하여 대륙에 갔다. 만약에 대해大海를 횡도橫渡하려면, 필시 감진화상鑑眞和尙이 6차례의 도해를 강행하면서 만나게 된 그런 구사일생의 위험과 어려움을 겪게 될 것이었다.

그러나 송대에 이르러, 상황이 변하였다. 북송 전기에 월요의 생산량이 격감하면서, 관방 무역은 정체 상태에 놓이게 되었다. 이때 연해의 밀무역이 이런 허점을 이용해 들어오기 시작했으며, 중·일 간의 민간 무역이 이때부터 시작되었다. 1180년에, 송선宋船이 효고항兵庫港에 도착하여, 일·송 관방무역이 시작되었다. 중국의 무역선은 동아와 동남아 각국에 광범위하게 출입하였으며, 중국의 선진된 선박 제조기술 그 자체도 무역의 대상이 되었다. 쌍방에서 파견한 무역선은 곧 중외中外와 소통하는 교량이 되었다. 무역이 비록 물산과 물자의 유통이 위주라고 하지만, 인적인 교류가 있기만 하면, 많든 적든 간에 이국 타향의 문화 정보가 전달될 수 있었고, 사람들을 유혹하여 이를 추구하고 탐색하게 하였다. 송대 이전에는, 중·일 간의 교류는 거의 정계, 학술계, 종교계에 한정되어 있었다. 그러나 송대 이후, 중·일 간의 교류는 사회 중상층에서 중하층으로 깊이 들어가기 시작하여, 중국 문화의 일본 국민에 대한 영향이 깊어지기 시작하였다. 특히 12~14세기의 가마쿠라鎌倉시기에, 일본은 주도적으로 출격하여 대외 문화를 섭취하는 능력을 갖추기 시작하였다. 예컨대 송대의 조칠雕漆기술이 이때 일본에 전해졌다. 그러나 요업은 대량으로 쏟아져 들어온 용천요 청자에 억눌려 뻗어나갈 기회를 얻지 못하였다. 14세기 후기에, 이런 인습에서 벗어난 후에, 전통과 외래 기술 정보를 종합한 기초 위에서 천목다구의 번조를 모색하였고, 가마와 요도구 등의 기술상에서도 혁신적인 발전을 이루었다.

그밖에, 대륙이 비교적 일찍 도자기술 방면에서 개화하고 거대한 발전을 이룰 수 있었던 이유는, 대륙의 자연 조건의 혜택뿐만 아니라, 대륙 각지에서 생활하는 각 민족과 부락의 광범위한 교류와 융합이, 기술 발달을 촉진시킨 주요한 동력이었다. 넓은 시각으로 대륙을 보면, 지세는 서고동저西高東低로, 서북은 넓디넓은 고원·사막·초원이고, 동쪽은 광활한 대해와 연이은 산봉우리들이 있다. 중간은 거대한 평원과 구릉이면서 동서로 두 줄기 대하大河가 누워있어, 황하와 장강으로 연결된 양대 유역을 형성하고 있다. 인류의 교통 능력이 아직 약한 시절에는, 대륙은 마치 하나의 거대한 봉폐된 구역 같았다. 이 봉폐된 속에서 독자적으로 계통을 이루었고, 인류의 성장을 양육하기에 충분한 일체의 자연 조건을 갖추고 있어, 이 때문에 중국 문명은 비교적 빨리 개화하였다. 또한 이런 지리적인 특징으로 인하여, 대륙은 분할할 수 없다는 통일 의식이 조성되어, 어떤 민족을 막론하고 중원에 입주하면, 가장 먼저 고려한 것이 대륙을 통일하는 것이었다. 그래서 변경을 위무慰撫하고, 수성守成을 추진하여 안정된 통치정책을 촉진시켰는데, 땅을 가르고 다스리는 만리장성이 곧 이런 사상의 유력한 증거이다.

대륙에서 또 하나 경시할 수 없는 특징은, 그 넓은 경도와 위도의 폭과 해발의 고저 차이이다. 이것은 지리 환경적인 자연을 다양하게 구획하였고, 다양한 특징의 민족과 지역 문화를 생겨나게 하였다. 인류가 아직 강하江河의 가로막힘을 정복할 능력이 없었을 때에, 부족 간의 교류는 단절 속에 있었고, 발전은 느렸다. 그러나 일단 이런 장애를 뛰어 넘어, 산을 오르고 강을 넘는 능력을 갖게 되었을 때, 대하大河와 대천大川의 수운은 곧 인류가 가장 일찍 이용한 교통수단이 되었으며, 또한 고대의 하류河流가 문명의 발생을 배양한 지리적 요인이 되었다. 대륙의 문화가 신속하게 발전할 수 있었던 이유는, 대륙 상에 공존하는 각종 문화가 이런 교류의 유리한 지리적 조건을 매우 빨리 획득한 이점 외에도, 동시에 인류가 가진 창조와 발전의 욕망이 부락과 민족 간의 물산의 교환, 상호 기술의 전파, 감정의 융합을 촉진시켰기 때문이었다. 그래서 이런 문화의 상호 환심을 사는 작용 아래에서, 이에 편승하여, 대륙인은 각지의 우수한 문화 요소를 하나로 융합하였으며, 오랜 기간에 걸친 누적과 발전이 지금 보는 특유의 대륙 문명을 이루었다. 도자 기술은 바로 이런 토양과 문화 환경 속에서 뿌리를 내렸으며, 폭 넓은 기술 교류 속에서 충분한 발전을 이루었다.

한반도는 일본열도에 비해, 대륙과 긴밀하게 연결된 지리적 우세를 차지하고 있다. 그러나 결국은 대륙 문화의 중심에서는 멀리 떨어져 있으며, 당시의 육로 교통의 불편으로 제한을 받아, 대륙 중심지구의 선진문화 정보를 섭취하는 기회가 비교적 적었다고 할 수 있다. 한대에 진입한 후, 한반도의 북부는 낙랑군 관할 내에 편입되었으며, 한 왕조가 원격 조정하는 변방 지구가 되었다. 현대인의 개념에 따르면, 실은 대륙 중심지구 통치자의 '식민지'였으며, 문화의 교류는 강제된 상태 하에서 진행되었고, 기술의 교류는 상당히 얕았다. 당시의 요업을 고찰하면, 사람들이 일상에 사용하는 도기는 비록 몇 가지 외형적으로 한기漢器와 유사하지만, 전체적으로는 의연히 한반도의 고유 양식이다. 3세기가 시작되면서, 한반도는 독자적으로 발명한 교혈요를 갖게 되고 이를 이용해 무유도기를 구웠다. 그러나 중국은 그보다 수천 년 일찍 유요 번조시기에 진입하였는데, 당시 대륙에서 보편적으로 사용된 각종 성숙된 가마 기술이 한반도에 대해 조그마한 영향도 없었다는 것은 뜻밖이다.

한반도의 통치정권이 주동적으로 대륙과 교류를 진행시킨 것은 위·오·촉의 삼국 분쟁시기부터 시작되었다. 당시 중국 대륙이나 한반도를 막론하고, 모두 정치적인 분열 속에 있었다. 한반도의 제 왕조는 정치와 군사적 목적으로 각기 나누어져 대륙의 남, 북 정권과 빈번한 접촉을 하였다. 동시에, 쌍방은 '조공무역'의 형식을 통하여 부단히 물산의 교류를 진행하였다. 그러나 이들로서는 단지 간접적으로 대륙 문화의 일부 영향을 접수할 수 있었을 뿐이었다. 기술적인 관점에서 고찰하면, 건축기술과 상관된 와전요 기술의 동전이 그 성과의 하나이다. 무녕왕릉의 건설도 하나의 전형적인 예이다. 특히 주목할 필요가 있는 것은 불교 전파에 따른 것으로, 불교예술과 관계있는 건축·조와造瓦·조소彫塑·회화·한문경전 등등 및 종교적인 세계의 우주관, 세계관, 가치관념 등이 점차로 한반도에 전해졌으며, 이들은 반도의 통치계층과 접촉이 이루어졌다. 그러나 현실 사회 속의 민생과 밀접하게 관련된 산업기술은 여전히 교류가 매우 적었다. 이런 현상은 줄곧 계속되다가, 고려 왕조가 건립된 이후에야 비교적 큰 진전을 이루었다.

요업으로 이야기하면, 고려왕조는 아마 직접 월주요 도공을 초청하여 반도 상에 청자 제조기술을 전수시켰던 것 같다. 그리고 당시 고려 관요의 생산 공구와 기술을 전면 갱신시켜, 이로 인해 고려청자는 극히 짧은 시간 내에 일약 중국의 청자 기술과 어깨를 나란히 하게 되었다. 이후 중국과 한반도의 교류는 중단되지 않았는데, 13세기 이전에 발생한 제2차의 대규모적인 가마 개조로 용요가 분실용요로 변했다. 제3차는 14세기 계룡요 기술의 전입이었다. 동시에 원대 시기에는 한·중 사이가 특수한 생구甥舅(생질, 외삼촌) 관계여서, 원의 상백尙白 습속이 한국에 영향을 주어, 조선백자와 가假백자의 생산을 촉진시키는 특징을 형성하였다. 대륙으로부터 한국과 일본에 대한 도자기술 교류의 과정을 보면, 명확하게 그들 사이의 친소 관계가 드러나며, 뿐만 아니라 이런 관계는 직접적으로 민족과 민족, 나라와 나라 사이의 문화 기술 교류의 깊이와 넓이에 영향을 주었다.

아마도 바로 이런, 특정한 자연환경과 주위의 문화 환경으로 인해, 고대 일본인은 봉폐적이고 내향적인 성격 및 완강한 진취적인 정신을 양성하였던 것 같다. 전체적인 일본 도자 기술 발전의 역사를 통관해 보면, 일본의 도자기술은 외래의 영양을 흡수하는 것이 주로 이고, 연후에 일정한 범위 안에서 기술 개조를 진행시켜, 뜀뛰듯이 발전하는 형식을 보인다. 동아 각국의 요업 기술의 발전 과정을 비교하는 중에, 필자는 일본 민족의 진취정신이 왕성하고 강인하다는 것을 강렬하게 느꼈는데, 설사 어려운 조건 아래에서도 권태를 모르고 꾸준히 추구하였다. 예컨대, 나라시대의 당삼채 기술을 배운 후 '나라삼채'를 발생시켰으며, 월주의 고온 청자의 모방을 이루지 못하자 저온 연유기술을 채용하여 '녹유도기'로 방제하였다. 헤이안시대에 북송백자의 모방을 이루지 못하자 자연회유의 번조경험을 총결하여 백자의 효과를 갖춘 '회유도기'를 번조하였고, 그것을 백자라 불렀다. 가마쿠라 시대에 남송의 말다沫茶와 투다鬪茶의 풍습이 들어오고, 중국에서 흑유다완의 수입이 끊긴 때에, 세토요가 책임지고 천목다구의 번조기술을 탐색하여, 일거에 성공을 거두었다. 명말·청초에는 경덕진요의 청화자기의 디자인과 장식을 배워, 이마리 자기에 도입하여 유럽 시장에 팔았다. 특히 무로마치 후기에 일본 다풍茶風이 원래의 '카라모노唐物'을 숭상하는 화귀華貴하고 사치한 음다 작풍에서 일변하여, 자연스런 간박簡朴함을 추구해 가면서, 개성을 체현하는 방향으로 발전하였다. 이에 일본 도공들은 자유로운 창조로 개성을 체현하는 기회를 획득하였으며, 일본의 도자는 마침내 기왕의 단순하게 중국이나 한국 도자기술의 발전 상태를 뒤쫓아 따라가는 데에서 뛰쳐나와, 흡수와 종합의 과정 속에서 자기 개성의 체현을 중시하는 방향으로 발전하기 시작하였다.

독특한 지리적 위치와 생존 환경 및 장기간의 역사 조건 아래에서 형성된 일본 민족의 성격은, 자연 조건이 우세한 대륙과 한반도 상의 민족들에 비해 더욱 진취적인 정신을 갖고 있고, 더욱 활력이 충만하였다. 기왕에는 교통상의 가로막힘으로 제한을 받아 교류가 잘 되지 못하여, 일본의 발전은 줄곧 느리게 진행되어왔다. 그러나 오늘날, 근현대 과학기술의 발전으로, 과거 일본 민족의 발전을 가로막았던 소극적 요인들이 모두 소멸되자, 이 민족이 역사상에서 양성된 진취와 탐색의 전통이 신세대에서 비할 바 없이 중요한 작용을 발휘하고 있다. 때문에 현대의 정보 사회 속에서, 일본은 물 만난 고기처럼, 고도로 발달한 교통과 통신 수단으로, 일본을 위해 지리상의 장애를 초월하는 조건을 창조하였다. 일본의 문화 전통 속의 저력과 현대과학이 결합하여, 다른 민족에 비해 더욱 큰 발전을 이룰 수 있을 것이라고 생각된다.

이에 비해, 중국은 고대 요업 기술상에서 취득한 성취는, 대륙 내부의 빈번한 교류와 정보를 종합하고 정련한 결과였다. 그런데, 오늘날의 물질·사람·기술의 교류는 옛날과 비할 바가 아니고, 과학기술의 신속한 발전은 이미 인류를 정보화 사회로 나아가게 하여, 상품과 기술의 전파는 지리적, 시간적, 그리고 국경의 한계를 이미 초월하였다. 우리가 아직 고대의 찬란한 성취에 도취되어 있을 때, 시대는 이미 변하였으며, 우리가 깨달았을 때는, 이미 다른 사람들에 의해 뒤편에 멀리 던져져 있을 것이다. 우수한 전통은 물론 자랑할 만한 가치가 있으며, 민족의 자부심을 조장하는 작용을 한다. 그렇지만 이런 전통이 단지 유지 보호하는 차원에서 머무는 것은 부족하며, 응당 기술 발전의 경험 속에서 교훈을 흡취하여야 한다. 그것은 곧 외부 문화의 연구를 중시하여, 광범위하게 기술과 기술 정보를 흡수하고, 연후에 종합 정련하여 새로운 기록을 다시 창조해야 한다. 그렇지 않으면 우리 조국은 진보하기 어려울 것이다.

부 표

표 2-1 Ⅰ형 승염식원요 분류와 분포표

형식	요명	중국	한국	일본
Ⅰ+	번조갱	●	?	●●
Ⅰ-	지상노천퇴소	●	?	●
Ⅰa	지하승염횡혈식요	●●●●		
Ⅰb	지하승염동혈식요	●		
Ⅰc	지하승염수혈식요	●●●●		
Ⅰd	지면승염와전요	●●		●

주 ● 기호의 다소 표시 : 보편, 많음, 비교적 많음, 적음, 극히 적음의 5개급별
? 기호 표시 : 존재 가능 혹은 존재가 의심스러움.
이하 각 표는 이와 같음

표 2-2 Ⅱ형 평염식용요 분류와 분포표

형식	요명	중국	한국	일본
Ⅱa	평염사저용요	●●●●●	●●	○
Ⅱb	평염사저장염주용요	●●	●	
Ⅱc	평염계단용요	●●	?	
Ⅱd	지상평염사저와전요	●		
Ⅱe	지하식평염사저수도요		●	

표 2-3 Ⅲ형 반도염식마제요 분류와 분포표

형식	요명	중국	한국	일본
Ⅲa	반도염마제요(도자기)	●●●●●		
Ⅲa-2	반도염토축마제요	●●●●		
Ⅲa-3	반도염전출마제요	●●●		
Ⅲb	반도염쌍실마제요	●		
Ⅲc	반도염마제형와전요	●●●●●	●	●
Ⅲd	반도염장방형요	●●		
Ⅲe	지하식마제요	●●●		
Ⅲf	반지하식마제요	●●		

표 2-4 Ⅳ형 반도염식분실용요 분류와 분포표

형식	요명	중국	한국	일본
Ⅳa	반도염사저분실용요	●●	●●●	●●
Ⅳb	반도염계단분실용요	●		●●●
Ⅳc	반도염다연소실계단용요	●		

표 2-5 Ⅳ형 반도염횡실연방식요 분류와 분포표

형식	요명	중국	한국	일본
Ⅳd	반도염횡실사저연방식요	●		●
Ⅳe	반도염횡실연방식계단요	●		●●
Ⅳf	반도염다연소실계단요	●		●●●●

표 2-6 Ⅳ형 반도염계롱요 분류와 분포표

형식	요명	중국	한국	일본
Ⅳg	반도염계롱요	●●●	●●	●●●●

표 2-7 Ⅴ형 전도염식요 분류와 분포표

형식	요명	중국	한국	일본
Ⅴa	전도염마제요	●		
Ⅴb	전도염방형요(근대)	●		●
Ⅴc	전도염삼각평면요			?●

표 2-8 Ⅵ형 경덕진특수형요 분류와 분포표

형식	요명	중국	한국	일본
Ⅵa	반도염호로형요	●●●		
Ⅵb	소형반도염마제요	●●		
Ⅵc	반도염압단형요	●●●●		

표 2-9 교혈요 분류와 분포표

형식	요명	중국	한국	일본
Ⅶa	단순교혈요		●●●	●●●●●
Ⅶa-2	층계형 연도			●
Ⅶa-3	층계형 요상			●●●
Ⅶb	분염주 교혈요			●●●●
Ⅶc	다분염주 대요			●●●
Ⅶd	평요(와요)	?	●	●●●
Ⅶd-2	요상화구 와요	?	●	●●●
Ⅶd-3	봉정개정 와요			●
Ⅶe	평요(전요)			●
Ⅶf	평요(교혈요)			●●

표 2-10 동아 요도구 분류표

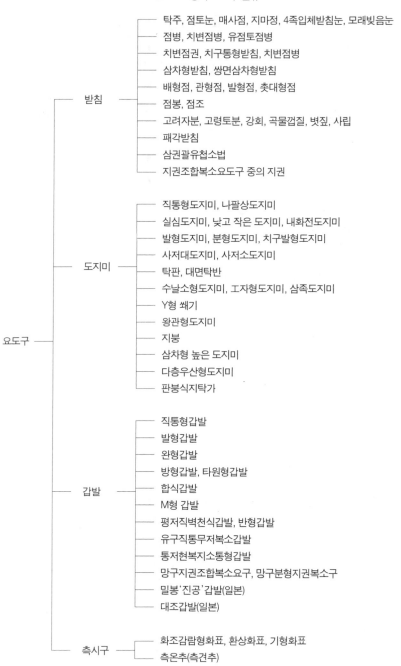

요도구

받침
— 탁주, 점토눈, 매사점, 지마정, 4족입체받침눈, 모래빚음눈
— 점병, 치변점병, 유점토점병
— 치변점권, 치구통형받침, 치변점병
— 삼차형받침, 쌍면삼차형받침
— 배형점, 관형점, 발형점, 촛대형점
— 점봉, 점조
— 고려자분, 고령토분, 강회, 곡물껍질, 볏짚, 사립
— 패각받침
— 삼권괄유첩소법
— 지권조합복소요도구 중의 지권

도지미
— 직통형도지미, 나팔상도지미
— 실심도지미, 낮고 작은 도지미, 내화전도지미
— 발형도지미, 분형도지미, 치구발형도지미
— 사저대도지미, 사저소도지미
— 탁판, 대면탁반
— 수날소형도지미, ㄱ자형도지미, 삼족도지미
— Y형 쐐기
— 왕관형도지미
— 지붕
— 삼차형 높은 도지미
— 다층우산형도지미
— 판붕식지탁가

갑발
— 직통형갑발
— 발형갑발
— 완형갑발
— 방형갑발, 타원형갑발
— 합식갑발
— M형 갑발
— 평저직벽천식갑발, 반형갑발
— 유구직통무저복소갑발
— 통저현복지소통형갑발
— 망구지권조합복소요구, 망구분형지권복소구
— 밀봉 '진공' 갑발(일본)
— 대조갑발(일본)

측시구
— 화조감람형화표, 환상화표, 기형화표
— 측온추(측견추)

표 3-1 Ⅳ형요 분류와 분포표

1. Ⅳ형요 제1류 (분실용요)

형식	요명
Ⅳa	북송 중기, 광동 조주시 필가산 Y6
Ⅳa	북송 중기, 광동 조주시 필가산 Y4
Ⅳa	북송 중기, 광동 조주시 필가산 Y3
Ⅳa	북송 중기, 광동 조주시 필가산 Y4
Ⅳa	북송 후기, 광동 조주시 필가산 Y1
Ⅳa?	북송, 광동 조안현 북관 송대 요지
Ⅳa	북송, 복건 뢰화현 굴두궁 덕화요
Ⅳa	북송, 광동 혜주시 동교 요두산
Ⅳa	북송, 절강 용천현 안복 Y18
Ⅳa	북송말 남송초, 광서 영복현 요전령요 Y2
Ⅳa?	북송말 남송초, 광서 영복현 요전령요 Y1
Ⅳa?	송대, 광동 혜주시 교구 동평요
Ⅳa	송대, 광동 혜주현 요두산요
Ⅳa	송대, 절강 용천현 안복 Y58
Ⅳa?	남송, 절강 용천현 안복 석대문산
Ⅳa	요대, 내몽고 적봉현 송주 서10km 항와요
Ⅳa?	명대 중기, 복건 창포현 평수요
Ⅳa	명대, 절강 용천현 소매진 대요 Y6
Ⅳc?	명청, 복건 화안현 동계Y3
Ⅳc	송대, 사천 광원현 자요포요
Ⅳ	현대, 절강 봉천 목대오요

2. Ⅳ형요 제2류 (횡실연방요)

형식	요명
Ⅳd	명대, 강서 감현 대호강요
Ⅳd	명청, 복건 화안현 동계 Y9, 15
Ⅳe	근대, 사천 고란현 대리채 완잡기민요
Ⅳf	명대, 호남 회화현 용정요

3. Ⅳ형요 제3류 (계롱요)

형식	요명
Ⅳg?	남송, 복건 덕화현 덕화요
Ⅳg?	북명대, 복건 덕화현 보미조요 등
Ⅳg?	북명대, 복건 덕화현 삼반조령 등
Ⅳg?	송원, 복건 덕화현 보미굴두궁요교내 등
Ⅳg?	송명, 복건 덕화현 융태 대초포요
Ⅳg?	송명, 복건 덕화현 동산양 동평요
Ⅳg?	청대, 복건 덕화현 보미석배제경동
Ⅳg?	원말 명초, 광동 대포현 고파진 청자요
Ⅳg?	명대 중기, 광동 대포현 삼하패구 어리촌
Ⅳg?	명대 가정도광, 광동 대포현 광덕구 구사
Ⅳg?	청대, 광동 대포현 광덕진 반계 정란면
Ⅳg?	청대 말, 광동 대포현 도원진 모평갱요
Ⅳg?	청대 후기, 광동 대포현 완요

표 6-1 한반도 가마구조 및 그 계통 발전표

0						무요시기	
100	Ⅲa		100				
200			200				
250	교혈요		250				
300			300			교혈요시기	무 유
350			350				
400			400				경질도기
450			450				
500		Ⅲa	500				
550			550				
600		반도염단실와전요	600			신라삼채
700	Ⅱb		700				
800			800				
850	Ⅱa		850			청자기	
900		Ⅳa	900				청유
1000	용요	장염주요	1000			용요시기	
1100			1100				조질청자
1200			1200				
1300			1300				
1350			1350				
1400	Ⅳg		1400			연방식요 Ⅰ	분 청
1450			1450				백 자
1500			1500				백유도
1550	계룡요	분실연방요	1550				청화자
1600			1600				
1650			1650				
1700			1700			연방식요 Ⅱ	
1800			1800				
1900			1900				
2000			2000				

중국M형갑발 · 보통갑발

표 6-2 중국 가마구조 및 그 계통 발전표

연대	형식			가마	도자	구	구
-6000	Ⅰ형 · 승염원요			승염요	채도	직적구	지소구
-5000							
-4000					도기		
-3000					흑도		
-2000							
-1500							
-1400							
-1300			Ⅱa				
-1200							
-1100		Ⅲa	Ⅱ형 · 평염용요	평염요	원시 청자		
-1000							
-500				반도염요			
-400							
-300					연유 흑유 청자		
-200		Ⅲ형 · 반도염마제요					
-100							
0							
100							
200							
250				투시공 분단번조			
300							
350							
400							
450							
500				백자			
550							
600			Ⅱb				
700			장염못수용요	갑발 이용	갑발		
800				삼채			
850		Ⅳa					
900				분실용요	백자 천목유 청백자 청화자		
1000	V		Ⅳg				
1100							
1200				전도염요			
1300	전도염			계룡요			
1400							
2000							

표 7-1 일본열도 가마유형 편년표

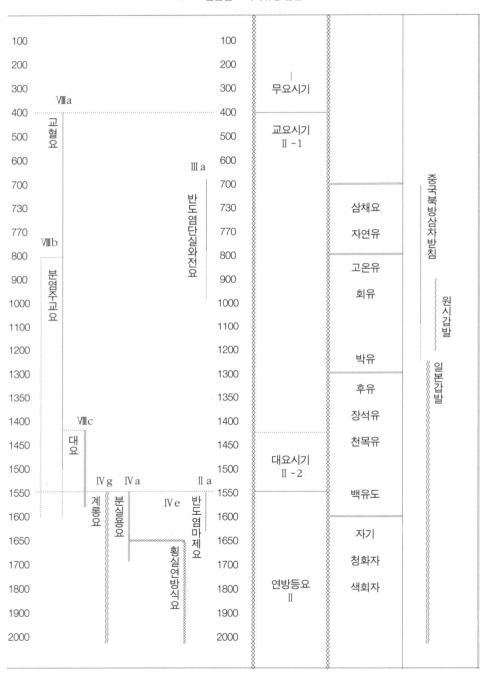

주요 참고문헌

발굴조사보고와 논문

1955, 党華, 浙江肖山縣上董越窯窯址發現記, 文參, 1955-3.

1955, 三上次男, 瀬戸古窯調査報告, 古代末中世初瀬戸地區の築窯技術と其發展, 古代研究 제
    2, 東京大學教養歷史學敎室

1957, 汪洋, 德清窯調查散記, 文參, 1957-10

1957, 王士倫, 浙江肖山進化地區古代窯址的發現, 考古通訊, 1957-2

1957, 李文信, 遼陽三道壕西漢村落遺址, 考古學報, 1957-1

1957, 東北博物館, 遼陽道壕西漢村落遺址, 考古學報, 1957-1

1958, 甘肅省文物管理委員會, 酒泉下河清漢代磚窯窯址, 文參, 1958-12

1958, 毛寶亮, 鄭州西郊仰韶文化遺址發掘簡報, 考古, 1958-2

1959, 金祖明, 浙江余姚靑瓷窯址調查報告, 考古學報, 1959-3

1959, 河北省文物管理委員會, 河北武安縣午汲古城中的窯址, 考古, 1959-7

1960, 南京博物院, 明代南京聚寶山琉璃窯, 文物, 1960-2

1961, 唐金裕, 西安市西郊唐代磚瓦窯址, 考古, 1961-9

1962, 網干善敎, 橿原市飛蟬町瓦窯迹, 奈良縣文化財報告 5

1963, 胡謙盈, 1961-62年陝西長安豊東試掘簡報, 考古, 1963-8

1964, 唐金裕, 西安北郊漢代磚瓦窯址, 考古, 1964-4

1964, 曾廣億, 廣東潮安北郊唐代窯址, 考古, 1964-4

1964, 莫稚, 李始文, 廣東增城, 始興的戰國遺址, 考古, 1964-3

1965, 林洪, 河北曲陽縣澗子村定窯遺址調查與試掘, 考古, 1965-8

1965, 金祖明, 溫州地區古窯址調查紀略, 文物, 1965-11

1972, 竺可貞, 中國近代五千年來氣候變遷的初步研究, 考古學報, 1972-1

1973, 中國科學院考古研究所山西工作隊, 山西內城東庄村和西王村遺址發現, 考古學報,
    1973-1

1973, 侯仁之, 俞偉超, 烏蘭布和沙漠的考古發現和地理環境的變遷, 文物, 1973-2

1974, 劉新園, 景德鎭宋元芒口瓷器與覆燒工藝的初步研究, 考古, 1974-6

1974, 洛陽博物館, 洛陽隋唐宮城內的燒瓦窯, 考古, 1974-4

1975, 江西省博物館등, 江西淸江吳城商代遺址發掘簡報, 文物, 1975-7

1975, 李科友, 彭适凡, 略論江西淸江吳城商代原始瓷器, 文物, 1975-7

1975, 楢崎彰一, 美濃古窯迹群, 日本陶瓷, 古代中世편, 제2권, 瀨戶, 常滑, 渥美, 中央公論美術출판

1977, 鄭期中등, 我國東南部地區兩千年來旱勞災害及濕潤狀況變化的初步硏究, 氣候變化和超長期豫報會議文集

1977, 四川省博物館, 西昌地區博物館, 西昌縣文化館, 四川西昌高見唐代瓦窯發掘簡報, 1977-6

1977, 河南省博物館, 安陽地區文化局, 河南安陽隋代瓷窯址的試掘, 文物, 1977-2

1978, 寧夏回族自治州博物館, 銀川缸瓷井西夏窯址, 文物, 1978-8

1978, 山東淄博陶瓷史編寫組, 山東淄博市淄川區磁村古窯址試掘簡報, 文物, 1978-6

1978, 周世榮, 從湘陰古窯址的發掘看岳州窯發展, 文物, 1978-1

1978, 北京市文物管理處, 北京市門頭溝龍泉務發現遼代瓷窯, 文物, 1978-5

1979, 紹興縣文物管理委員會, 浙江紹興富城窯戰國窯址, 考古, 1979-3

1979, 關口廣次, 美濃, 妙土大窯の復元とその構造について, 物質文化, 제33기

1979, 李知宴, 浙江象山唐代靑瓷窯址調査, 考古, 1979-5

1980, 林士民, 浙江寧波漢代瓷窯調査, 考古, 1980-4

1980, 唐金裕, 李壽芝, 陝西省固五郎卫宋代磚瓦窯發掘簡報, 考古與文物, 1980-2

1980, 李輝柄, 李知宴, 河南魯山段店窯, 文物, 1980-5

1980, 陳麗璟, 四川武勝匡家堰漢代磚瓦窯試掘記, 考古與文物, 1980-2

1980, 長沙市文物管理委員會, 唐代長沙銅官窯窯迹調査, 考古學報, 1980-1

1980, 劉新園등, 景德鎭湖田窯考察紀要, 文物, 1980-11

1980, 曾廣億, 廣東古陶瓷窯爐及有關問題初探, 中國考古學會第二次年會議論文集1982年, 文物出版社

1980, 浙江省考古硏究所, 溫州地市文管會, 浙江泰順玉塔古窯址的調査與發掘, 考古學集刊 1

1981, 曾廣億, 湖州唐宋窯址初探, 潮州筆架山宋代窯址發掘報告, 附錄, 文物出版社

1981, 劉新園, 蔣祈, "陶記"著作時代考辨, 景德鎭陶瓷"陶記"硏究專刊

1981, 浙江省博物館, 浙江龍泉縣安福龍泉窯址發掘簡報, 考古, 1981-6

1982, 鍾起煌, 羅學正, 唐窯及其工藝技術成就研究, 中國陶瓷, 1982-7

1982, 劉新園, 白焜, 高嶺土史考, 中國陶瓷, 1982-7

1982, 周仁, 歷代龍泉靑瓷燒制工藝的科學總結, 中國古陶瓷硏究論文集

1982, 南京博物院, 宜興小窯敦晋唐窯址調査報告, 中國陶瓷, 1982-7

1982, 周仁 등, 陶瓷試驗場工作報告, 中國陶瓷硏究論文集

1982, 劉可棟, 試論我國古代的饅頭窯, 中國古陶瓷論文集

1982, 徐元邦, 我國新石器時代~西周陶瓷綜述, 考古與文物, 1982-1 1982, 重慶市博物館, 四川廣元瓷窯的調査收穫, 考古與文物, 1982-4

1983, 江西省博物館, 吉州窯遺址發掘報告, 景德鎮陶瓷, 古陶瓷硏究全集 1

1983, 鄂城縣博物館, 湖北鄂城縣新廟瓦窯口窯址調査, 考古, 1983-3

1983, 貢昌, 浙江武義縣管湖三國務州窯, 考古, 1983-6

1983, 朱伯謙, 我國黑瓷的起源及其影響, 考古, 1983-12

1983, 洛陽市文物工作隊, 1975-79年洛陽北窯西周鑄銅遺址的發掘, 考古, 1983-5

1983, 洛陽市文物工作隊, 洛陽東周王城內的古窯址, 考古與文物, 1983-3

1983, 朱伯謙, 試論我國古代的龍窯, 文物, 1984-3

1984, 廣東省博物館등, 廣東普寧虎頭浦古窯發掘簡報, 文物, 1984-12

1984, 蔣贊初, 熊海堂, 賀忠香, 湖北鄂城六朝考古的主要收穫, 中國考古學會論文集

1984, 江西省博物館, 江西豊城羅湖窯發掘簡報, 中國古代窯址調査發掘報告集

1984, 薛翹등, 江西贛州七里鎭古瓷窯址調査, (출처동상)

1984, 山東淄博寨里北朝靑瓷窯址調査紀要, (출처동상)

1984, 南京博物院, 江蘇宜興洞衆窯, (출처동상)

1984, 周世榮, 湖南靑瓷和靑花窯址調査報告, 湖南考古輯刊, Ⅱ

1984, 洛陽市文物工作隊, 洛陽紗廠路北宋磚瓦窯場遺址, 中原文物, 1984-3

1985, 洛陽市文物工作隊, 洛陽市東郊漢代開式磚瓦窯, 中原文物, 1985-4

1985, 秦俑考古隊, 秦代陶窯遺址調査淸理簡報, 考古與文物, 1985-5

1985, 李家治, 中國陶器和瓷器工藝發展過程的研究, 中國古代陶瓷科學技術成就

1985, 郭演儀, 中國南北方靑瓷, (출처동상)

1985, 郭演儀, 中國制瓷原料, (출처동상)

1985, 曾凡, 福州懷安窯的窯具與裝燒技術, 東方文化, 1985-2(홍콩)

1986, 曾凡, 福州懷安窯發掘的歷史意義, 제2차중국고도자국제학술토론회

1986, 趙光林, 近年北京地區發現的幾處琉璃窯址, 考古, 1986-7

1986, 上海博物館, 浙江龍泉安仁口古窯址發掘報告, 上海博物館集刊, 3

1986, 鉛山縣博物館, 江西鉛山縣發現幾處古窯址, 考古, 1986-11

1986, 藤澤良澤, 瀨戶大窯編年研究, 瀨戶市歷史民俗資料館研究紀要, Ⅴ

1987, 藤澤良澤, 瀨戶, 關于美濃窯中世施釉陶器, 考古學通訊, 제280기

1987, 羅西章, 周原出土的陶制建築材料, 考古與文物, 1987-2

1987, 陝西省考古學研究所銅川工作站, 銅川黃堡發現唐三彩作房和窯爐, 文物, 1987-3

1987, 水旣生, 山西古代窯道具及裝所方法的初探, 中國古陶瓷研究, 科學出版社

1987, 杜保仁, 耀州窯迹窯爐和燒成技術, 文物, 1987-3

1987, 浙江省文物考古研究所, 浙江上虞縣商代印文陶窯址發掘簡報, 考古, 1987-11

1987, 林士民, 浙江寧波出土的長沙窯瓷器探索, 湖南考古輯刊, 四

1987, 李家治, 中國陶器和瓷器工藝發展過程的研究, 中國古陶瓷研究, 科學出版社

1987, 張福康, 中國傳統高溫釉的起源, (출처동상)

1987, 郭演儀, 中國南北方靑瓷, (출처동상)

1988, 林士民, 浙江寧波古代瓷器遺址概述, 中國古陶瓷研究, 제2집

1988, 貢昌, 唐代務州窯概況, (출처동상)

1988, 劉新園, 景德鎭明御窯廠故址出土永樂, 宣德官窯瓷器之硏究, 景德鎭珠山出土永樂宣德
官窯瓷器展圖錄, 1988(홍콩)

1988, 劉鳳君, 山東地區宋金元燒瓷窯爐結構和裝燒技術分析, 中國古陶瓷研究 2

1988, 李剛, 越窯衰落與龍泉窯興起, 越瓷論集, 浙江人民出版社

1988, 李輝柄, 畢南海, 論定窯燒瓷工藝的發展與歷史分期, 考古, 1988-12

1989, 河南省文物研究所, 寶豊淸凉寺窯址的調查與試掘, 考古, 1988-11

1989, 朱建民, 浙江德淸原始靑瓷窯址調查, 考古, 1989-9

1989, 李玉林, 吳城商代龍窯, 文物, 1989-1

1989, 李德金, 烏龜山南宋官窯出土的産品及燒成工藝, 慶祝蘇秉琦考古五十五年論文集, 北京,

文物出版社

1989, 安志敏, 金元龍, 賀川光夫, 西谷正, 連接日中韓的水稻之道, 文明的十字路口, 제31호, 1989-8

1990, 北京大學考古系, 河北省文物研究所, 河北省磁縣觀台磁州窯址發掘簡報, 文物, 1990-4

1990, 季志耀, 漫談耀州古代瓷窯, 中國古陶瓷研究, 제3집

1990, 任大根, 陳新吾, 浙江潮州古窯址調查, (출처동상)

1990, 黃石林, 四川江油市靑蓮古瓷窯址調查, 考古, 1990-12

1990, 福建省博物館, 建陽將口唐窯發掘簡報, 東南文化, 1990-3

1990, 井上喜久男, 近世初期的瀨戶物(陶瓷)生産, 愛知縣陶瓷資料館研究紀要 9

1990, 楢崎彰一, 日本古代施釉陶器發生의 過程, 한국자기기원의 제문제, 한국서울학술토론 논문집, 1990

1990, 張嶺均, 沖繩的古窯, 考古學通訊, 제322호

1990, 大石愼三郎, 鎖國日本的眞相, 月刊歷史街道, 1990-8월호

1990, 中村質, 1711年長崎出島輸出入與交易一覽表, 月刊歷史街道, 1990-8월호

1991, 熊海堂, 中朝窯業技術交流史論, 東南文化, 1991-1, 2

1991, 李建毛, 長沙窯興衰斷想, 湖南博物館文化, 岳麓書社

1991, 馬淸林, 李現, 甘肅古代各文化時期制陶工藝硏究, 考古, 1991-3

1991, 廣東省文物考古研究, 廣東五華獅雄山漢代建築遺址, 文物, 1991-11

1991, 社會科學院考古研究所漢城工作隊, 漢 長安城1號窯址發掘簡報, 考古, 1991-3

1991, 中國社會科學院考古研究所內蒙隊, 寧夏靈武縣回民巷瓷窯址調查, 考古, 1991-3

1991, 重慶博物館, 重慶市南岸區文管所, 四川重慶塗山鋸木灣宋代瓷窯發掘簡報, 考古, 1991-3

1991, 荒川正明, 日本出土の古代~中世前期の貿易陶瓷, 考古學通訊

1991, 村田文夫, 被發掘的燒炭窯的基地研究, 古文化談叢, 1991-12

1991, 金誠龜, 扶餘百濟窯迹とその出土遺物, 古文化談叢, 1991-12

1991, 渡邊誠, 瓦と木棉-從東亞の視角考察, 歷史と民俗, 제8호

단행본

1771, 朱炎, 陶說(伝振倫, 陶說譯註, 北京, 輕工業出版社, 1984)

1743, 唐英, 陶冶圖說

1815, 藍浦, 景德鎭陶錄(日本, 五月書房, 朝紀書庄分別有注釋版發行)

1925, 野守健, 鷄龍山麓窯址調査報告, 일제강점기, 조선총독부발행

1955, 중국과학원고고연구소, 唐長安大明宮, 북경, 科學出版社

1956, 中國叢書編纂會, 中華民間工藝圖說, 臺灣, 중국총서위원회발행

1958, 周仁等著, 景德鎭瓷器的研究(冶金陶瓷研究所專刊), 북경, 과학출판사

1959, 중국사회과학원고고연구소, 廟底溝與三里橋, 북경, 과학출판사

1967, 田村洋行, 中世日朝貿易の研究, 三和書房

1968, 渤海帝國與沿海州及其文化遺蹟, 列寧格勒, 列寧格勒出版社

1970, 土岐市교육위원회, 窯根古窯址, 土岐市교육위원회

1971, 矶松嶺造, 窯業原料と坯土の研究, 동경, 三和書房

1971, 財團法人大阪文化財센터, 陶邑, 제1집, 大阪, 財團法人大阪文化財센터

1971, 土岐市교육위원회, 土岐市中央自動車道關聯遺蹟, 土岐市교육위원회

1972, 三上次男, 有田天狗谷古窯調査報告, 동경, 中央公論美術出版

1972, 駒井鋼助, 瓦の日本史, 동경, 雄山閣

1972, 有田町교육위원회, 佐賀縣有田町天神森古窯址群調査槪報, 有田町교육위원회

1974, 楢崎彰一감수, 五島美術館편집, 日本三彩と綠釉, 동경, 光琳社

1974, 加藤偉三, 南亞陶瓷隨筆, 古川書房

1976, 楢崎彰一감수, 美濃古窯研究會편집, 美濃の古陶, 동경, 光琳社

1976, 楢崎彰一, 日本陶瓷全集 5, 中央公論社

1978, 錘廣言注釋, 明, 宋應星天工開物, 홍콩, 中華書局홍콩分局

1978, 동경국립박물관편, 日本出土の中國陶瓷, 동경, 東京美術

1979, 金容權역, 朝鮮事情, 동경, 平凡社(東洋文庫367)

1980, 陳正祥, 中國地理圖集, 홍콩, 天地圖書有限公司

1980, 熊本縣교육위원회, 生産遺蹟基本調査報告書 Ⅱ, 熊本縣교육위원회

1981, 광동성박물관, 潮州筆架山宋代窯址發掘報告, 북경, 문물출판사

1981, 上海美術出版社편집, 中國陶瓷全集, 越窯, 상해미술출판사, 일본, 美乃美미술출판사

1981, 中村浩, 和泉陶邑窯研究, 京都, 栢書房

1981, 西有田町교육위원회, 原明古窯迹, 佐賀縣西有田교육위원회

1981, 大西政太郎, 陶藝の釉藥, 동경, 理工學社

1981, 김원룡편, 韓國文化の源流, 동경, 學生社

1981, 최순우, 韓國的風雅, 일본, 成甲書房(韓國文化選書之1)

1982, 陳正祥, 中國歷史, 文化地理圖册, 동경, 原書房

1982, 중국규산염학회편, 中國陶瓷史, 북경, 문물출판사

1982, 중국규산염학회편, 中國古陶瓷論文集, 북경, 문물출판사

1982, 중국과학원지리연구소, 中國自然地理, 歷史自然地理편, 북경, 과학출판사

1982, 藤岡町교육위원회, 愛知縣藤岡町世窯發掘調査報告, 藤岡町교육위원회

1982, 이은창, 신라가야토기요지, 효성여자대학교박물관발행

1982, 김원룡, 韓國美の探究, 일본, 成甲書房(韓國文化選書之5)

1983, 四川古陶瓷研究編輯組, 四川古陶瓷研究, 成都, 사천사회과학원출판

1983, 문화공보부 문화재관리국, 신안해저유물, 서울, 동화출판사

1983, 直方市교육위원회, 古高取, 永滿寺宅間窯迹, 直方市교육위원회발행

1983, 大西政太郎, 陶藝の土と燒窯, 동경, 理工學社

1983, 大川淸, 古代窯業の實驗研究 1, 일본요업연구소발행

1983, 森郁夫, 瓦と古代寺院, 京都, 六興出版

1984, 素木洋一, 硅酸鹽手册, 북경, 輕工業出版社

1984, 강서성박물관, 中國江西省文物展, 일본, 岐阜縣美術館, 中日新聞社

1984, 神崎宣武, 陶瓷紀行, 동경, 未來社

1984, 楢崎彰一감수, 日本陶瓷の源流, 探索須惠器出現之謎, 京都, 栢書房

1984, 문물편집위원회편, 中國古代窯址調査報告集, 북경, 문물출판사

1984, 문물출판사편, 中國古代窯址調査發掘報告集, 북경, 문물출판사

1984, 永原慶二, 山口啓二편, 日本技術の社會史講座, 제4권 窯業, 동경, 日本評論社

1984, 福山市교육위원회, 姬谷窯發掘調査報告, 福山市교육위원회발행

1984, 永竹威, 永竹威陶藝論集, 동경, 五月書房

1985, 陳正祥, 中國文化地理, 홍콩, 天地圖書有限出版公司

1985, 大川淸, 日本古代の瓦窯增補本, 동경, 雄山閣出版

1985, 中村浩, 古代窯業史の硏究, 京都, 栢書房

1985, 李家治等著, 中國古代陶瓷科學技術成就, 상해, 상해과학기술출판사

1985, 광동성박물관, 廣東唐宋窯址出土陶瓷, 홍콩大學馮平山博物館

1985, 중국과학원 자연과학사연구소 主編, 中國古代建築技術史, 북경, 과학출판사

1985, 조선사회과학원, 고구려의 벽화, 평양, 조선화보사

1985, 김기웅, 朝鮮半島の壁畵古墳, 동경, 六興社

1985, 정양모편집, 國寶, 韓國7000年美術大系, 백자, 분청사기편, 일본, 竹書房

1986, 중국대백과전서고고학편집위원회, 中國大百科全書考古學編, 중국대백과전서출판사

1986, 이화여대박물관, 광주조선백자요지발굴조사보고, 이화여대박물관/도로공사

1986, 韓儒林主編, 元朝史, 북경, 인민출판사

1986, 坂吉秀一등, 學習日本歷史考古學, 동경, 有斐閣

1987, 馮先銘, 馮先銘中國古陶瓷論文集, 북경, 紫禁城出版社/홍콩, 兩木出版社

1987, 陳麗璟, 四川古代陶瓷, 重慶, 중경출판사

1987, 李殿福, 孫玉良, 渤海國, 북경, 문물출판사

1987, 李全慶, 劉建業, 中國古建築琉璃技術, 북경, 중국건축공업출판사

1987, 중국과학원상해규산염연구소편, 中國古陶瓷硏究, 북경, 과학출판사

1987, 馬正林, 中國歷史地理簡論, 西安, 섬서인민출판사

1987, 汪慶正등, 汝窯的發現, 상해인민미술출판사

1987, 호암미술관, 용인서리고려백자요발굴보고서Ⅰ, 삼성미술문화재단

1987, 町田章, 古代東亞の裝飾墓, 京都, 同朋社

1988, 豊原源太郎等編, 日本の植生, 燃料文明と植物社會, 東海大學出版會

1988, 국립광주박물관, 전남지방도요지조사보고Ⅱ, 국립광주박물관발행

1988, 徐榮편, 中國陶瓷文獻指南, 북경, 輕工業出版社

1988, 周世榮편, 湖南陶瓷, 북경, 자금성출판사

1988, 貢昌, 務州古窯, 북경, 자금성출판사

1988, 李剛, 越瓷論集, 杭州, 절강인민출판사

1988, 경덕진도자박물관, 景德鎭珠山出土永樂宣德官窯瓷器展覽圖錄, 홍콩판

1988, 三好町교육위원회, 愛知大學用地內埋文發掘調査報告書, 三好町교육위원회

1988, 加藤唐九郎편, 原色陶器大辭典, 동경, 淡交社출판

1989, 김원룡감수, 韓國考古學, 동경, 講談社

1989, 金丙基, 物語韓國史, 中央公論美術出版(中公新書925)

1989, 三上次男, 日本朝鮮陶瓷史硏究, 동경, 중앙공론미술출판

1989, 田中淡, 中國古代の磚瓦, 中國建築史硏究, 동경, 弘文堂

1989, 茶道資料館편집, 高麗茶碗, 京都, 茶道資料館발행

1989, 楢崎彰一, 中村浩감수, 陶質土器の國際交流, 동경, 栢書房

1989, 大橋康二, 肥前陶瓷, 동경, 新科學社

1989, 한국국립중앙박물관, 고려청자명품특별전, 국립중앙박물관

1989, 한국국립부여박물관, 백제의 와전, 특별전도록, 국립부여박물관

1989, 平戶市교육위원회, 史迹平戶荷蘭高館迹Ⅱ, 平戶市교육위원회

1989, 강경숙, 한국도자사, 일지사

1990, 山口縣교육위원회 일본공예회, 萩燒古窯發掘調査報告書, 일본공예회

1990, 馬雍, 西域史地文物叢考, 북경, 문물출판사

1990, 大橋康二, 肥前陶瓷, 동경, 新科學出版社

1990, 복건성박물관, 德化窯, 북경, 문물출판사

1990, 중국사회과학원고고연구소 西安工作隊, 西漢京師倉, 북경, 문물출판사

1990, 三重縣매장문화재센터, 綠釉陶器源流, 삼중현매장문화재센터

1991, 朱伯謙, 朱伯謙論文集, 북경, 문물출판사

1991, 중국사화과학원고고학연구소, 文物工作十年, 북경, 문물출판사

1991, 長崎縣大村市교육위원회, 土井浦古窯迹, 大村市문화재조사보고 제16집

총서, 전집, 잡지

0. 중국

중국고도자연구회편, 中國古陶瓷研究(부정기), 북경, 자금성출판사

故宮博物院, 故宮博物院刊(계간), 북경, 자금출판사

문물편집위원회편, 文物(월간), 북경, 문물출판사

중국사회과학원고고연구소편, 考古(월간), 북경, 과학출판사

중국사회과학원고고연구소편, 考古學報(계간), 북경, 과학출판사

고고편집부, 考古學集刊(부정기), 북경, 중국사회과학출판사

문물편집위원회, 文物叢刊(부정기), 북경, 문물출판사

중국고고학회, 中國考古學會年會議論文集, 북경, 문물출판사

중국고고학학회편, 中國考古學年鑒, 북경, 문물출판사

강서성문화청, 江西文物/南方文物(계간), 南昌, 강서문물편집부

南京博物院, 東南文化(격월간), 南京, 동남문화잡지사

考古與文物편집부, 考古與文物(격월간), 西安, 考古與文物편집부

하남성박물관, 中原文物(계간), 鄭州, 중원문물편집부

문물연구편집부, 文物研究(부정기), 合肥, 黃山書社출판

복건성박물관, 福建文博(계간), 福州, 복건성박물관발행

上海博物館集刊편집위원회, 上海博物館集刊(부정기), 상해, 上海古籍出版社

절강성문물고고연구소, 浙江省文物考古研究所學刊(부정기), 북경, 문물출판사

호남성문물고고연구소, 호남성고고학회, 湖南考古集刊(부정기), 長沙, 岳麓書社

하남성문물연구소, 華夏考古(계간), 鄭州, 華夏考古編輯部

호북성박물관, 省考古學會, 江漢考古(계간), 武漢, 江漢考古編輯部

흑룡강성문물관리위원회, 北方文物(계간), 하얼빈, 북방문물편집부

요녕문물편집부, 遼寧文物(부정기), 심양, 요녕문물편집부발행

섬서성고고연구소, 半坡博物館, 史前研究(부정기), 西安, 史前研究編輯部

0. 일본

동양도자학회편, 東洋陶瓷(년간), 동경, 동양도자학회

慶應義塾大學文學部編, 月刊考古學通訊, 동경, 신과학출판사

물질문화연구회편, 物質文化(계간), 동경, 물질문화연구회

일본고고학회편, 考古學雜誌(계간), 동경, 일본고고학회

後藤茂樹(代表)감수, 世界陶瓷全集(전22권), 동경, 小學館

谷川徹三, 川端江成감수, 日本の陶瓷(전14권), 동경, 中央公論社

중국상해인민미술출판편집, 中國陶瓷全集(전34권), 동경, 美乃社

芹澤長介(代表), 日本陶瓷全集(전12권), 동경, 平凡社

茶道集錦(전12권), 小學館

후기

    필자는 1985년 나고야名古屋 대학 문학부에 가서, 유기창일楢崎彰一 교수, 삼정부森正夫 교수, 도변성渡辺誠 부교수와 강촌치수江村治樹 부교수를 따라 〈한당문물과 중일문화교류漢唐文物與中日文化交流〉 연수를 하고, 이후 이 학교 대학원에 들어가, 계속해서 유기창일楢崎彰一 교수, 도변성渡辺誠 교수를 따라 도자고고학과 물질문화의 고고학연구를 전공하였다. 1992년 문학위 논문으로 「동아 요업기술발전사와 기술교류사 연구東亞窯業技術發展史與技術交流史研究」(일문판)를 제출하였고, 이것으로 나고야대학 박사학위를 받았다. 「동아 도자기술발전과 교류사 연구東亞陶瓷技術發展與交流史研究」는 곧 학위 논문에 근거하여 중문中文으로 요약하여 만든 것이다.

    나고야대학 고고학연구실은 일본에서 도자고고학의 인재들을 배양하는 센터로, 연구실에는 풍부한 실물자료와 일본, 중국, 한국과 서양 도자고고의 허다한 발굴보고서 및 정미한 채색도록이 수장되어 있었다. 교수 개인이 수장한 도서도 매우 풍부하였다. 이와 동시에 수석지도교수이며, 일본 동양도자학회 상무위원장인 유기창일 교수는 외관내엄外寬內嚴한 분으로, 그는 항시 기술사를 연구하는 자는 본인이 반드시 철저하게 몸소 공방에서 기술을 학습하여, 해당기술의 기본적인 오의를 이해하여야 한다고 강조하셨다. 그의 기술 고고학 인재들에 대한 독창적인 훈련방법은 우리가 본받을 만한 가치가 있다. 도변성 교수는 문화학文化學에서 이론적인 지도를 해 주시어, 필자로 하여금 협소한 울타리에서 벗어나서, 거시적인 각도로 살펴보고 미시적인 방법을 이용해 현상을 관찰하게 하여, 비로소 본 연구가 단순한 서술적인 수준에 머물지 않을 수 있게 하였다. 그러나 이러함에도 불구하고, 필자는 연구와 이 논문의 초고를 작성할 때, 재능이 모자라, 여전히 두루 다돌볼 수 없어, 문제를 제시하지만 바라는 대로 답을 만들지 못한 부분이 많았다. 그리고 다루는 문제도 요지 중의 관찰이 가능한 허다한 과제 중에서 다만 가마구조와 장소裝燒 기술의 두 방면에 관련된 고고자료에 그쳤으며, 기타 성형과 장식 등 여러 방면의 자료들은 이미 데이터베이스화 하였지만, 일본에 체재하는 시간이 너무 길어지는 압박이 있어, 우선 가마와 요도구 자료로 이 논문을 작성하기 시작하여, 일단 7년의 학업에 대한 1차 총결산을 하였다. 이는 곧 금일 독자들에게 봉헌하는 이 책이 완전하지 못한 작업인 셈이 되었다. 사실, 동아시아 도자기술발전사와 기술 교류사의 계통연구에 관하여, 나는 단지 하나의 서두를 열었을 뿐이고, 한편의 완전한 기술발전사와 기술교류사를 써 내려면, 장차 동아시아 제국의 학자들이 힘을 모아 합작하기를 기대하며, 뒤에 가서 그에 대해 다시 전면적인 총결을 이루어 내고, 더욱 정채로운 결론을 제시하기를 기대한다. 본서의 출판은, 실로 포전인옥抛磚引玉(벽돌을 던져서 구슬을 끌어들이다; 졸렬하고 성숙되지 않은 의견으로 다른 사람의 고견을 끌어내다)에 속할 것이다.

일본 유학 기간 동안, 나는 나고야 대학 문학부 고고학 연구실의 여러 선생님들의 지도를 받는 행운을 얻은 외에도, 또한 동양사 연구실의 삼정부森正夫교수에게도 감사드리는데, 그는 학습과 연구에서 나를 지도한 외에도, 내가 유학 중에 부딪치는 각종의 어려움을 해결해 주셨다. 미술 연구실의 궁치소宮治昭 교수 및 강촌치수江村治樹 부교수는 학술적으로 나에게 도움과 격려를 주었으며 역시 깊은 감사를 드린다.

이외, 내가 전심 전력으로 학술 연구에 몰두할 수 있었던 것은, 부인 정립헌程立憲과 처부모님이 나를 위해, 가정을 지탱해야 하는 뒷걱정을 해결해 주신 덕분이라 하겠다. 동시에 립헌立憲은 여러 차례 혼자 일본에 건너와 나의 조사와 자료 검색을 진행하는 데 도움을 주었으며, 본문에 인용한 가마와 요도구의 도면 대부분도 그녀의 정리와 제도 작업을 거쳤다.

본 연구가 완성될 수 있었던 것은, 만약 일본 문부성 국비 장학금과 문부성 소속 국제 일본문화연구센터에서 자금 방면의 지원이 없었더라면 생각하기 어려웠을 것이다. 남경 대학출판사에서 출판할 때에도 일본 국제교류출판기금회에서 50%의 특별 비용 지원을 받았는데, 이렇게 보면 이 저서의 완성은 중일 학술 교류의 결정이라 말할 수 있겠다.

이 책의 편집과 출판을 맡은 설지홍薛志紅여사는, 이를 위해 힘들게 부지런히 노력을 하였으며, 그녀의 지혜는 장과 절을 안배하고 레이아웃을 하는데 발휘되었다.

이 책은 나의 심신을 길러주신 어머님께 바치며, 나의 재능을 키워주신 여러 은사님과 아낌없이 가르침을 주신 분들께 바치며, 나의 구학求學을 지지해준 가족 및 나의 일에 관심을 가져준 각급의 지도자들께 바친다!

熊海堂 謹志
1994년 11월 6일 南京大學 南秀村 新居에서

개정 후기

『동아요업기술발전과 교류사연구東亞窯業技術發展與交流史研究』가 곧 출판되려 하는데, 누가 생각이라도 할 수 있었으랴, 해당海堂이 이 책의 최종심을 보지 못하고 결국 갑자기 영면하게 되었음을, 병상에서 나에게 집안 일을 묻고 답할 때는, 해당海堂은 말이 적거나 묵묵부답이었으며, 그의 심중은 오직 이 책과 끝내지 못한 일에 대한 염려뿐이었다. 해당海堂은 얼마나 애써 일어나 다시 친히 1차 수정을 하고, 직접 표지를 디자인하고, 그가 심혈을 기울인 저작의 출판을 보고 싶어 했는지 모른다. 그러나 이 모든 것은 그의 평생의 유감으로 되어버렸다.

1951년, 해당海堂은 한 청빈한 가정에서 태어나, 13세에 부친을 여의고, 모친과 함께 생활의 무거운 부담을 지며 살았다. 그는 타고난 자질이 총명하고 근면하게 호학好學하여, 1974년에 남경대학 역사과 고고전공에 들어가 공부하였으며, 1981년에 석사학위를 받은 후 학교에 남아 교직을 맡았다. 1985년에 일본에 건너가 깊이 연구하여, 우수한 성적과 독창적인 견해의 박사 논문으로, 1992년 10월에 일본 나고야 대학 개교 이래 중국인으로는 처음으로 문학 박사 학위를 획득하였으며, 또한 이는 중국 고고학계에서 지금까지 제일 첫 번째로 일본의 국립 대학의 문학 박사를 받은 것이었다. 해당海堂은 나라에 보답한다는 절실한 마음으로, 일본에서 하루도 더 있지 않고, 의연히 돌아와 모교에서 교직을 맡았다. 환국 후, 그 뛰어난 작업으로 학교와 학과의 중시함을 받을 준비가 되어 있어, 다음 해 교수로 특별 초빙되었으며, 중국물질문화연구소 소장으로 임명되었으며, 역사과 고고전공의 주임이 되었다. 금년에는 교무위원회 위원으로 초빙되었다. 그는 영예를 채찍질로 보고, 종일 열심히 일하였다. 바야흐로 그가 뛰어난 재능을 막 펼치고, 포부를 가질 때에, 돌연히 중증의 간병肝病이 발생하였다. 입원 기간 동안, 학교와 학과의 책임자들이 그를 높이 중시하여, 여러 차례 친히 병문안을 오고, 비록 병원 전문의들이 전력을 다해 위급에서 구하려했지만, 마침내 병이 악화되어, 1994년 12월 18일에, 나와 14살의 어린 자식을 남겨두고, 우리 곁에서 영원히 가버렸다. 해당海堂이여! 그의 나이 겨우 43세, 학교는 한사람의 젊고 우수한 학자를 잃었고, 나는 15년을 함께 산 친인을 잃어버렸고, 아직 어린 것은 자애로운 부친을 잃어버렸으니, 지금 나는 아직도 이 엄혹한 사실을 받아들일 수가 없고, 해당海堂의 음성과 얼굴, 웃는 모습이 마치 눈앞에 있는 것 같다.

　　나는 학교와 학과의 책임자와 해당海堂의 스승님, 친우들이 해당의 생전과 사후에 보여준 관심에 대해 충심으로 감사드리며, 출판사 동지들이 해당의 유작의 출판을 위해 전력을 다해 부지런히 노력해주신데 대해 충심으로 감사드린다. 비록 해당海堂이 전서全書의 최종심을 보지 못하였지만, 이 책은 결국 그의 심혈과 지혜의 결정인 것이다. 책 중에 부족한 곳이 있음을 면치 못하지만, 그가 생전에 말한 바처럼, 잠시 포전인옥抛磚引玉의 작품을 만들어, 조국의 문화사업이 더욱 번영하는데 보탬이 된다면, 해당海堂은 틀림없이 구천九泉에서 미소지을 것이다.

程立憲
1994년 12월 28일에 울면서 쓴다.

◇◇◇◇◇◇◇◇◇◇◇◇◇◇◇◇◇

이 책은 1995년 중국 남경대학출판부에서 출간한 도자사 전문도서입니다.

국제저작권법에 따라 계약을 체결하기 위해 에이전시를 통하여 해당 출판사에 십여 차례 연락

하였으나, 저자는 이미 사망하였으며 출판사에는 계약 체결권이 없다는 답변을 받았고 저작권을

가진 미망인 또한 수차례 수소문하였음에도 아직까지 소재를 확인하지 못했습니다.

이 책에서 발생하는 제반 문제는 이후 저작권자와 합법적으로 해결할 것을 전제로 하고,

먼저 500부를 한정판으로 출간하여 도자사를 연구하는 학자들에게 편의를 제공하려 합니다.

◇◇◇◇◇◇◇◇◇◇◇◇◇◇◇◇◇

동아시아 요업기술 발전과 교류사 연구

2014년 1월 25일 초판 1쇄 인쇄
2014년 1월 30일 초판 1쇄 발행

지은이 熊海堂
옮긴이 김재열
펴낸이 권혁재

편집 박현주·조혜진·오미선
출력 CMYK
인쇄 한일프린테크

펴낸곳 학연문화사
등록 1988년 2월 26일 제2-501호
주소 서울시 금천구 가산동 371-28 우림라이온스밸리 B동 712호
전화 02-2026-0541~4
팩스 02-2026-0547
E-mail hak7891@chol.net

ISBN 978-89-5508-313-2 91910
ⓒ 김재열
협의에 따라 인지를 붙이지 않습니다.

책값은 뒷표지에 있습니다.
잘못된 책은 바꾸어 드립니다.